한국목간학회총서 29

木簡과 文字 연구

29

| 한국목간학회 엮음 |

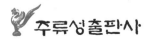

주류성출판사

신년휘호
(2023.2.7.)

木簡과 文字

第30號

| 차 례 |

특집

한국목간연구의 지평 – 聖語制(hieroglossia)로 본 한국 목간

이성시 著*

한상현 譯**

〈국문초록〉

　한국목간의 본격적인 연구는 20여 년에 불과하며 출토점수 역시 아직 1000점에 이르지 못하고 있다. 하지만 그 연구성과에 의해 이전에는 알 수 없었던 한국고대사 상의 새로운 지견을 가져왔다. 한국출토목간에 의해 6~10세기에 이르는 시대의 '문자와 사람과 장소'에 대한 시야는 현격히 확대되었다. 특히, 문자 전달, 물자의 유통, 식생활, 제사, 신앙에 이르는 모든 방면에서 큰 성과를 얻었다. 이러한 것들이 가져온 성과는 한반도의 고대사뿐 아니라 동아시아 규모 속에서도 확장성을 보여주고 있다.

　그렇기에 한국목간을 개척한 고대사의 새로운 세계에 대해 돌아보면서 고대인의 정신세계에까지 다다른다고 하는 이후의 가능성에 대해 검토하고자 한다. 즉, 보편어로서 漢語·한문(히에로글로시아)의 세계로부터 한국고대사의 개별성을 추구한다고 하는 과제를 설정하여 지금까지 출토된 한국목간을 돌아보면서 새로운 과제에 대해 제시하고자 한다.

▶ 핵심어: 聖語制, 韓國木簡, 歌木簡, 祭祀木簡, 呪符木簡, 心性史

---

* 와세다대학 명예교수

** 와세다대학 박사과정

I. 들어가며

한국목간의 본격적인 연구는 근 20여 년에 지나지 않으며, 출토점수 역시 아직 1000점에 이르지 못한 상황에 있다. 하지만, 국제학술회의가 1999년에 처음 개최된 이래 한국목간연구는 국내외의 연구성과에 의해 이전에는 알 수 없었던 한국고대사 상의 새로운 지견을 가져왔다. 단적으로 말하자면, 한국목간에 의해 6~10세기에 이르는 시대의 '문자, 사람, 장소'에 대한 시야는 현격히 확대되었다. 특히, 문서목간에 의한 문자 전달, 하찰목간에 의한 물자의 유통, 식품부찰목간에 의한 식생활, 주술목간에 의한 제사·신앙 등 모든 방면에서 큰 성과를 얻었다는 점을 지적할 수 있다. 이러한 연구가 가져온 성과는 한국고대사뿐 아니라 동시대의 중국, 일본열도에도 넓힐 수 있는 주제로도 되었으며, 한국목간 연구를 통하여 각각의 주제는 동아시아 규모로 진개되고 있었다고 해노 과언이 아니다.

이에 본고에서는 한국목간이 개척한 고대사의 새로운 세계에 대해 돌아보면서 고대인의 정신세계에 다다른다고 하는 이후의 가능성에 대해 검토하고자 한다. 즉, 보편어로서 漢語·한문(히에로글로시아)의 세계로부터 한국고대사의 개별성을 추구한다고 하는 과제를 설정하여 이후 기대되는 새로운 검토과제에 대해 제시하고자 한다.

그런데, 히에로글로시아(hieroglossia 聖語制)는 익숙지 않은 말이다. 프랑스의 일본불교학 연구자인 장 노엘 로베르가 제창한 개념이자 조어이다. 그것이 의미하는 바는 라틴어나 아라비아어가 민족, 국가를 넘어 폭넓은 지역에 걸쳐 보편어로서 존재했던 것처럼, 한자·한문을 보편어로서 다루고자 하는 시도이다. 중요한 것은 일정 지역에 두 가지 혹은 두 가지 이상의 언어가 동시에 존재하면서 서로 의존 혹은 교차한다는 것이다. 보편어는 압도적인 권위와 영향력을 가졌다가, 보편어가 보급되고 종교상의 성스러운 언어로서 기능하면서 점차 세속화된다. 머지않아 '지역어(vernacular)'의 시대가 되면 지역어가 권위화되어 보편어와 동시에 존재하면서 보편어보다 보급되어 '국어'가 되는 과정이 상정되고 있다.[1]

로베르의 설명에 따르면, 일본의 보편어는 중국의 고전인 한문이다. 사서오경을 중심으로 한 중국 문명이 일본에 전달되지만, 그중에서도 聖語로서 한문에 진정한 권위를 부여한 것은 한역 불교 경전이었다고 본다. 성어는 사서오경과 같은 도덕적, 정치적인 전문지식을 전달하는 매개일 뿐 아니라 불교라는 진리에 도달하기 위해 불가결한 도구이기에 한문이 성어의 지위를 획득하게 되었다고 보는 것이다.

---

1) ジャン゠ノエル゠ロベール・、ハルオ・シラネ、小峯和明, 2015, 「『聖なる言葉』が結ぶ世界」, 『文學』 2015年 3·4月号에는 다음과 같은 규정이 보인다. "hieroglossia(히에로글로시아)를 일본어로 번역해보면, '聖語制'라고 말할 수 있지 않을까요. 사전에 실려있는 단어는 아닙니다. 언어 간의 관계를 설명하는 시도로부터 태어난 단어와 관념입니다. 하나의 언어가 아니라 몇 가지, 적어도 두 가지 이상의 말 사이의 교류와 그 상하관계의 변천을 묘사하여 설명하고자 한 것으로 생각하고 싶습니다." "하나의 聖語와 몇 가지의 俗語 사이에서 묶인 상하관계와 교류 즉, 히에로글로시아(聖語)입니다. 俗語 화자의 입장에서 보면 종교적, 철학적인 내용을 바르게 전달하는 매개는 聖語 그 자체입니다. 유라시아 대륙에 있는 모든 문화권에 걸쳐 히에로글로시아라는 현상이 중대한 문화적 요소로서 존재하고 있습니다. 한정된 수의 聖語를 중심으로 현대의 주된 여러 나라의 말이 발전해 온 것입니다. 저는 이 히에로글로시아라는 개념을 일본의 和語와 漢語간의 관계를 관찰하면서 생각하게 되었습니다."

로베르의 이러한 시점은 가마쿠라 시대의 天台僧 慈圓(1155-1225)이 불교 교리를 와카(和歌)로 번안한 釋敎歌에 대해 노래이면서도 번역이면서 또한 주석인 것에 주목하여 석교가의 역할을 새로운 시점으로 평가하고 있다. 즉, 범어·한어·일어(和語)라는 세 언어의 융합의 장으로서 석교가의 성격을 밝힘과 동시에 중세 詩歌를 통해 종교와 문학 사이의 관계에 통합적 시점을 가져와 석교가를 더 넓은 문학적 문맥 속에서 다룬 것이다.

이와 같은 로베르의 석교가를 발견한 시각이란, 동아시아의 불교에 대한 이해가 한문에 의거하고 있다는 점에 착목하여 이를 서양의 라틴어가 가진 역할에 비정한 것이다. 이는 속어(和語)에 대비되는 성어(漢語)라는 시각을 통해 일본문화를 국제적인 문화사의 문맥 속에서 다루었다고 할 수 있다. 성어제의 개념을 활용하여 한어와 일어(和語)의 관계를 다루는 분석 시각은 국제적으로도 보편적인 시점을 통해 일본문화를 논하는 새로운 시도로서 歐美 연구자들에게도 주목되고 있다.[2]

그러한 시각은 당연하지만 한국사 연구자로서 일본사뿐 아니라 거의 같은 위상에 있는 한국고대에도 응용이 가능할지도 모른다고 생각하지 않을 수 없다. 단, 로베르의 견해에는 한국고대사 연구에 대한 이해가 결여되어 있다. 솔직히 말하자면 로베르가 전개하는 일본문화에 대한 평가는 한국의 한자문화에 대한 부정적인 평가와 대비하여 자기 주장을 강화하고자 하는 경향이 있다.

예를 들어 일반적으로 수용되고 있는 일본문화론이란, 중국 문명과의 거리가 한반도에 비해 충분히 멀기 때문에 중국문명을 주체적으로 수용할 수 있었으며, 중국 문명에 휩쓸린 한반도에 비해 일본열도는 독자성을 유지할 수 있었다는 것이다. 로베르의 일본문화론은 이러한 통속적 사고[3]가 논의의 전제로서 작용하고 있다. 지금까지의 연구에서 밝혔지만, 중국 문명화가 진행되면 진행될수록 이에 동반하여 그 지역의 고유성이 심화된다고 하는 동아시아 문화권 특유의 현상을 일본의 전통적인 연구는 간과하고 있다.[4] 중국 문명에 완전히 포섭되는 '漢化'와 중국 문명화는 완전히 다르다. 예를 들어, 파촉 지역은 예로부터 장강 유역과도 다른 문명이 상정되는 것처럼, 파촉 지역은 황하문명과는 다른 고유의 문화권이었다. 이 지역은 이전의 문화 흔적이 지금에 이르러서는 남아있지 않으나, 한반도, 일본열도, 인도차이나반도에서는 비중국적인 개성이 역사적으로 배양되어 지금에 이르러서도 그러한 사실을 무시할 수 없다.[5]

현재의 한국출토목간은 이러한 거시적인 문화론에도 응답할 수 있는 자료이며, 이에 걸맞은 문제의식을 가지고 대비하는 것이 가능하다고 생각한다. 이하에서는 목간이 개척한 세계가 정치·사회·문화라고 하는

---

2) 한국에서 '히에로글로시아'를 소개한 것은 로스 킹, 2021, 「'다이글로시아'라는 용어의 문제점 : 전근대 한국의 말하기와 글쓰기의 생태계에 대하여」, 『한문학보』 제43집을 참조.

3) 丸山眞男, 1984, 「原型·古層·執拗低音 - 日本思想史方法論についての私の歩み」, 『日本文化のかくれた形』, 加藤周一他 編, 岩波書店.

4) 이성시, 2004, 「동아시아에서의 낙랑 : 과제와 방법에 대한 시론」, 『한국고대사연구』 34.

5) 金文京, 2010, 『漢文と東アジア - 訓読の文化圏』, 岩波書店은 로베르의 연구를 대폭 수정하지 않으면 안 될 정도의 연구 수준을 보여준다. 이 책은 이미 영어, 중국어, 한국어(김문경 저/김용태 역, 2023, 『한문과 동아시아』, 성균관대학교출판부)로 번역 간행되어 있으며, 통설이 뒤집히는 것은 시간문제이다.

넓은 분야에 이르는 것을 확인함과 동시에, 그중에서도 정신세계의 문제에 미치는 것을 논하고자 한다.

II. 한국목간에 보이는 고대인의 심성

1. 신라의 기우제

고대인의 心性史에 관한 목간 중 대표적인 것이 창녕 화왕산성의 정상부에 소재한 연못으로부터 출토된 용왕목간이다. 2002~2015년의 발굴조사에 의해 석축 護岸施設이 검출되었으며, 이 堆積土의 바닥에서 7점의 목간과 여러 종의 유물(大刀, 香盒, 열쇠, 鐎斗, 마구[등자, 재갈], 청동기, 가위 등)이 출토되었다. 이러한 유물은 토기의 편년을 통해 9~10세기로 추정되고 있다.[6]

출토된 7점의 목간 중에서도 주목되는 것은 높이 49㎝, 최대폭 10.6㎝, 원주 형태의 목재(3호 목간)이다. 위부터 3분의 1정도 되는 부분에 홈이 파여 있어 사람의 목을 표현하고 사람의 얼굴과 몸을 형상화하고 있다. 얼굴의 윤곽선 외에도 눈, 눈썹, 코, 입, 치아가 그려져 있으며, 동체 부분도 가슴, 배, 손, 발이 그려져 있다. 또한 정수리, 목, 가슴, 양손을 합쳐 6개 부분에 철못을 박은 구멍이 있으며, 발견했을 때 정수리, 왼쪽 가슴, 왼손의 세 곳에는 못이 남아있었다. 동체 부분의 뒷면에는 묵서가 있으며, 다음과 같이 쓰여 있었다.

「□□古仰□□□年六月廿九日眞族
「龍王開祭」

이 외에도 短頸壺의 내부에서 3점이 한 세트인 목간(1호 목간)이 검출되었다. 3점의 상하가 철못으로 연결되어 있었다. 그곳에는 呪文으로 볼 수 있는 符籙이 기재되어 있던 것이 확인되었다.

더욱이 납작병의 내부에서 길이 28.8㎝, 최대폭 6.8㎝의 남근형 목재(2호 목간)가 발견되었다. 목간의 두 곳에 작은 小刀가 꽂혀 있었다. 6각형으로 조각된 목간에는 '龍?王', '二日' 등 숫자가 쓰인 묵흔이 확인되었다. 이상의 출토목간은 모두 祭具로 추정되고 있다.

3호 목간에 쓰여 있는 '龍王'이란 고대 중국에서 연못과 같은 물에 깃드는 신이며, 비를 다루는 힘을 가졌다고 생각되었다. 이 용왕에게는 주로 기우제를 지냈으며, 일반적으로 기우제는 최대한 하늘에 가까운 곳에서 거행되기에 산 정상에서 이루어지는 경우가 많았다. 화왕산성 정상부는 이러한 제사에 걸맞은 장소이며, 목간에 쓰인 6월 29일은 작물의 성장이 가장 기대되는 시기이다. 실제로 『삼국사기』 신라본기에도 음력 5월, 6월에 기우제가 국가적 의례로서 행해졌다는 것이 기록되어있다.

정상부의 연못에서 출토된 토기, 유물의 편년은 위에서 언급한 바와 같이 9~10세기로 추정되고 있으며,

---

6) 박성천·김시환, 2009, 「창녕 화왕산성 蓮池 출토 木簡」, 『목간과 문자』 4; 김재홍, 2009, 「창녕 화왕산성 龍池 출토 목간과 제의」, 『목간과 문자』 4.

제사 역시 당시의 제사를 반영하고 있다고 여겨진다.

또 다른 신라의 사례로서는 경주 傳 仁容寺址에서 '大龍王'이라 기재된 刀子型 목간이 우물 유적에서 출토된 것이다. 그곳에는 '大龍王'으로 시작하는 문장이 앞뒤로 연속해서 3행에 걸쳐 쓰여 있다. 3행 중 한 가운데에 있는 1행은 문자의 방향이 위아래가 거꾸로 되어있다. 이처럼 1행만 방향을 거꾸로 쓰는 사례는 중국이나 고려시대의 買地券에도 보인다. 또한 일본 중세의 呪符木簡에도 같은 기재형식이 보인다. 즉, 현실세계의 문서가 아니라 신과의 계약 혹은 신에게 기도할 때 작성된다는 점에서 위 사례들은 공통된다. 이러한 점들을 통해 전 인용사지 출토 용왕목간도 역시 주술적인 의미를 담아 문자를 썼다는 점은 의심할 여지가 없다. 뿐만 아니라 도자형이라고 하는 형상이나 양방향으로 문자가 쓰여 있는 점을 통해서도 목간이 제구로 이용됐다는 가능성이 높으며, 기우제에 이용되었다고 추정된다.[7]

2. 백제의 경계제사

백제목간 중에서도 가장 많은 출토점수를 자랑하는 부여 능산리사지 출토목간 중에 '道禓立立' 혹은 '道緣立立'이라 쓰인 남근 형상을 한 양물목간(295호 목간)이 있다. 목간에는 穿孔이 있어 매달 수 있었다고 여겨지며, 往時의 상황을 복원하면 목간에 쓰인 문자는 거꾸로 되어있었다는 점을 유의해야 한다.

'禓'이라 판독한 윤선태는 이 글자가 『초학기』에 '道上祭'로 정의되어 있으며, 『광운·양운』에는 '道神'이라 되어있으며, 『예기』 儺禮儀式을 의미하는 문자인 것을 바탕으로 '道禓立'이라는 자구를 '道神인 禓이 일어섰다'라고 해석하여 양물(남근)을 세워 사악한 귀신을 퇴치했다는 것을 상징한다고 추정한다.[8]

한편, 히라카와 미나미(平川南)는 윤선태의 '禓' 자 판독을 '緣'이라 판독하여 '道緣立'이라 읽으면서, 이 자구가 양물목간을 '道의 緣에 세웠다'라고 해석하였다. 그것이 의미하는 바는 '활력 또는 위협의 기능을 상징하는 辟邪 주구'를 나성의 동문 입구 부근의 '道緣'에 세우는 것을 통해 왕이 거주하는 왕경을 항상 정상적인 상태로 유지하고 사악한 것이 왕경에 침입하는 것을 막기 위한 역할을 했다고 추정한다. 어쨌든 두 사람 모두 지적하는 것처럼, 고대일본의 나니와노미야(難波宮) 유적, 다가성(多賀城) 유적, 아키타성지(秋田城址) 등 수도나 성책의 안과 밖을 격리하는 공간에서 양물이 출토되는 사실을 참조해야 할 것이다. 이미 능산리사지 출토 목간과 같은 사례가 검출되고 있기에 백제의 수도 동문입구 부근에서 경계제사가 행해졌다고 볼 수 있다.[9] 이병호의 자세한 조사에 의해 사용·폐기연대가 554~567년경이라 추정되고 있다는 것은[10] 백제가 일본열도보다 앞서 경계제사를 행하였다는 것을 나타낸다. 경계제사(혹은 道神제사)가 도성과 관련된 신앙으로서 동아시아 규모로 확대되고 있었음을 엿볼 수 있는 귀중한 사례이다.

---

7) 권택장, 2010, 「경주 傳仁容寺址유적 발굴조사와 木簡출토」, 『목간과 문자』 6; 이재환, 2010, 「傳仁容寺址 출토 '용왕' 목간과 우물·연못에서의 제사의식」, 『목간과 문자』 6; 이재환, 2013, 「한국 고대 '呪術木簡'의 연구 동향과 展望 −呪術木簡'을 찾아서−」, 『목간과 문자』 10.

8) 尹善泰, 2004, 「扶餘 陵山里 出土 百濟木簡의 再檢討」, 『동국사학』 40.

9) 平川南, 2006, 「道祖神の源流 − 古代の道の祭祀と陽物木製品から」, 『國立歷史民俗博物館研究報告』 133.

10) 李炳鎬, 2008, 「扶餘 陵山里 出土 木簡의 性格」, 『목간과 문자』 창간호.

III. 신라목간과 농경제사유구

고대인의 심성에 관한 목간 및 유구에 대해 최신 자료로서 언급해야 하는 것은 2019년 8월에 경상북도 경산시 하양읍 소월리 소재 저수지 부근에서 발견된 수혈유구에서 출토된 목간이다. 이 수혈 107호(직경 286㎝, 깊이 180㎝, 바닥 직경 92㎝)의 성격에 대해서는 이미 주보돈, 히라카와 미나미가 지적한 바와 같이 유구 부근의 지형(臺地와 대지를 쪼개는 나뭇가지 형태의 계곡)에 기반하여 골물(谷水)을 이용해 水田을 개발한 것에 관한 제사유적이라는 점은 거의 확실하다.[11] 특히 중요한 것은 출토된 신라목간에 의해 6세기 신라에서 이루어진 수전 개발의 양상과 개발에 관한 제사의 실정에 초점이 맞춰진 것이다. 이는 일본열도의 사례를 참조하여 지금까지 알 수 없었던 신라의 수전개발과 이에 동반한 제사의 실태가 동아시아의 시점을 통해 해명되었다는 점에서 매우 중요하다. 히라카와가 지적한 것처럼, 소월리 유적은 그야말로 한국 역사의 새로운 문을 엶과 동시에 고대일본 연구에 있어서도 획기적인 발견이기에 동아시아 규모로 주목해야 하는 유적이다.

한국목간학회에서도 주목한 다각형의 신라목간(길이 74.2㎝, 최대직경 4.3㎝, 최소직경 2.8㎝)에는 5면에 걸쳐 '田', '畓'. '結', '負', '某谷' 등 문자가 쓰여 있다. 6세기로 추정되는 유물의 편년을 바탕으로 동시대 신라의 수전 벼농사에 관한 지견을 비약적으로 높였다. 이와 동시에 제사유적으로서 무엇보다도 중요한 것은 수혈유구에 목간과 함께 人面裝飾甕, 시루, 싸리다발 등이 공반된 사실이다.

발견 당초, 목간에 이어 주목된 것은 이형의 인면장식옹이었다. 하지만, 그 외에도 공반된 유물 중 빠트릴 수 없는 것이 싸리다발이다. 목간의 출토 상황 사진을 보면, 목간이 싸리에 싸여있는 정황이 확인된다. 이는 마치 길이 74.2㎝의 목간이 싸리 다발과 묶여 빗자루의 장대로 재이용된 것과 같은 형상을 하고 있는 것처럼 보이며, 이에 유의해야 한다.

이와 같은 싸리 다발과 함께 출토된 인면장식옹은 한반도에서는 처음으로 발견된 것이지만, 고대일본에서는 8~9세기 유적을 중심으로 일본열도 전체에 수천 점에 이르는 人面墨書土器가 출토되고 있다.[12] 이들과의 친연성을 통해 유구에서 보이는 제사의 성격을 도교에서 그 연원을 찾을 수 있다는 지적 또한 있다.

제사와 관련된 구체적인 사상을 특정하는 것은 여기서 다루지는 않지만, 제사유적으로서의 성격을 물을 때는 공반된 유물의 성격을 한층 더 주시할 필요가 있다. 혹시, 목간과 싸리 다발을 빗자루로 볼 수 있다면, 참조해야 하는 것은 후술하는 바와 같이, 『삼국유사』에서 '속세의 먼지를 퇴치하여 끊어버리는' 도구, 즉, 사악한 귀신을 퇴치하는 상징으로서 불교제사가 이루어졌다고 전하는 점이다.

또한 빗자루가 사악한 귀신을 퇴치하는 상징으로써 사용된 것은 중국에서도 사례를 찾을 수 있다. 중국 河南省 方城縣 楊集鄕에 있는 漢代 묘의 畫像石[13]에는 사람이 빗자루를 거꾸로 쥐고 있는 모습이 그려져 있

---

11) 주보돈, 2022, 「경산 소월리 목간과 금호강 문화」, 『경산 소월리 목간의 종합적 검토』, 주류성; 平川南, 2022, 「古代朝鮮と日本における谷戸と村の開発」, 『경산 소월리 목간의 종합적 검토』, 주류성.
12) 三上喜孝, 2022, 「古代日本における人面土器と祭祀」, 『경산 소월리 목간의 종합적 검토』, 주류성.

다. 이처럼 빗자루를 거꾸로 쥐고 있는 것은 사악한 귀신을 퇴치하는 벽사의 행위라는 지적이 있다. 또한 쇼소인(正倉院)의 南倉에는 네노히노메도기노호우키(子日目利箒)라 불리는 빗자루가 소장되어 있으며,[14] 궁중의 연중행사에 쓰였다고 추측된다. 뿐만 아니라 헤이죠쿄(平城京)에서는 싸리비가 출토되어 이동주가 지적한 것처럼, 그 형상은 소월리 목간과 이를 둘러싼 싸리 다발과 유사하다.[15] 따라서 소월리 출토목간은 이미 많은 지적이 있는 바와 같이, 당초에는 토지 면적을 기록한 기초자료로써 사용되었다고 해도 제의를 위해 빗자루로써 재이용되었다는 가능성은 매우 높다.

소월리 목간이 빗자루로서 제의에 사용되어 매납되었다고 한다면, 더욱 주목되는 것은 공반된 유물이다. 이 목제의 출토유물은 자귀이다. 자귀 자루의 중간 지점에서 석제로 가공한 날도 출토되었다.[16] 자귀는 원래 목재를 가공하는 도끼의 일종이며, 상술한 漢代 화상석에 보이는 '도끼'와 같은 의미를 지니고 있었다고 추정된다. 이 도끼는 빗자루와 함께 사악한 귀신을 물리치는 제기로서 이용되었을 가능성이 있다. 즉, 『三國遺事』권4, 義解5 진표전간조에 의하면,

> "『舍利佛問經』에 의하면, 부처가 長者의 아들 반야다라(邠若多羅)에게 '너는 일곱낮밤 동안
> 네가 지은 죄를 참회하여 모두 깨끗이 하여라'라고 말하자 다라는 이를 받들어 밤낮에 걸쳐
> 정성을 다하니 5일째 밤이 되자 그 방안에서 여러 물건이 비처럼 내려 수건, 襆頭, 빗자루,
> 칼, 송곳, 도끼 같은 것들이 눈앞에 떨어졌다. 다라가 환희하며 부처에게 묻자 부처는 '이는
> 속세의 먼지를 퇴치하여 끊어버리는 도구이다'라고 하였다."[17]

라고 한다. 즉, 여기서 '속세의 먼지를 퇴치하고 끊어버리는 도구'로서 빗자루, 칼 등과 함께 '도끼'가 언급되고 있다. 이 출전은 『사리불문경』인데, 속세의 먼지를 퇴치하는 도구로서 빗자루와 함께 도끼가 보이고 있다. 이에 빗자루와 도끼는 사악한 귀신을 퇴치하는 도구였다고 볼 수 있을 것이다. 이미 언급한 한대의 화상석에서도 '胡奴'가 거꾸로 들고 있는 빗자루와 도끼를 들고 있는 그림이 있는 것처럼 사악한 귀신을 퇴치하는 제의에서 빗자루와 도끼는 이른바 세트였다고 보아야 할 것이다.

단, 앞서 언급한 유물을 통해 동시대의 수전 개발에 관한 제사가 고대의 한국과 일본에서 같았는가 아닌가에 대해서는 신중해야 한다. 예를 들어, 일본의 사례를 따르면, 농경제사에서 인면토기 등을 하천에 떠내려 보내지만, 소월리 유적에서는 마치 흙구덩이에 봉인하듯 인면장식옹, 빗자루, 도끼 등 사악한 기운을 퇴치하는 제사에 사용되었다고 추정되는 제구를 매장하였다. 邪氣를 퇴치한다는 의미가 있었다고는 해도 제

---

13) 設楽博己, 2021, 『顔の考古學 - 異形の精神史』, 吉川弘文館.
14) 한상현의 교시에 의함.
15) 이동주, 2022, 「경산 소월리 목간과 유구의 성격」, 『경산 소월리 목간의 종합적 검토』, 주류성.
16) 위의 논문, p.191.
17) 『삼국유사』권4, 진표전간조, "如舍利仏問教, 仏告長子邠若多羅曰, 汝可七日七夜, 悔汝先罪, 皆使清浄, 多羅奉教, 日夜懇惻, 至第七夕, 其室中, 雨種種物, 若巾若帊若拂箒若刀錐斧等, 堕其目前, 多羅歓喜, 問於仏, 仏言, 是離塵之相, 割拂之者也."

사의 방식에 차이가 있다는 것이다. 이를 한반도 남부와 일본열도의 차이라고 볼 수 있을지 없을지를 포함하여 이후의 검토가 기대된다.

위와 같은 사례는 지금까지 문헌사료 등에서는 알 수 없는 제사, 신앙의 문제이며, 이와 관련된 개별적이고 구체적인 자료를 제공하는 것이기도 하다.

IV. 신라의 노래목간(歌木簡)에 대한 기대

일본열도에서 출토되고 있는 다종다양한 목간의 주요한 유형의 목간이 한국에서 거의 확인되고 있지만, 아직 확인되고 있지 않은 유형이 소위 노래목간이다. 일본열도에서는 왕경이나 그 주변뿐 아니라 여러 지역에서 출토가 확인되고 있다. 종래에는 노래가 기록된 목간을 습서·묵서로 취급해왔다. 하지만 노래목간은 하찰목간이나 문서목간과 견줄 수 있으며, 노래를 쓰기 위해 제작된 '노래목간'을 하나의 유형으로서 다루어야한다는 지적이 있다.[18]

사카에하라(榮原)의 '노래목간' 유형 제창의 요체는 2척 정도 길이의 목간에 표면에만, 그것도 한 首를 한 행에 쓰고, 一字一音식 표기로 노래 구절(歌句)을 쓰는 양식이며, 典禮 때에 지참하여 구두로 노래를 불렀다고 하는 기능을 가지고 있었다고 추정한다. 세워서 걸거나, 걸어서 보이게 하는 등의 방식을 상정하는 것이다. 노래가 쓰인 목간이 존재했다고 해도, 노래목간이라고 유형화할 수 있을 정도의 기능을 가진 목간이 성립했다고 하는 사카에하라의 주장에 대해 일부에서는 엄한 비판이 있다.[19] 하지만, 한편에서는 그 이전인 7세기 말 이후, 노래를 만들어 쓰는 것이 율령관인들의 필수 교양이었으며, 관인들이 습득한 노래는 전례·축연의 장에서 구두로 불러 목간에 썼다는 지적도 있다.[20] 그중에서도 '나니와즈의 노래(難波津の歌)'[21]는 그러한 전형으로서 율령관인이 전례의 장에서 직무의 일환으로서 노래를 부르고 쓴 노래를 조정이 수집하고 있었던 것은 확실하다고 말한다.[22]

유의할 점은, '나니와즈의 노래'가 헤이안시대(平安時代) 때 '아사카야마의 노래(安積山の歌)'와 함께 와카(和歌) 작법의 견본이었다는 사실이다. 특히 '나니와즈의 노래'가 주목되는 것은 기노 츠라유키(紀貫之)가 『古今和歌集』의 가나서(假名序)에서 닌토쿠천황(仁德天皇)이 나니와즈에서 황태자였을 때 오진천황(應神天皇) 뒤에 동생과 서로 즉위를 양보했을 시절에 일을 언급한 것이다. 이때 王仁이 '나니와즈의 노래'를 읽어

18) 栄原永遠男, 2008, 「歌木簡の實態とその機能」, 『木簡研究』 30(栄原永遠男, 2011, 『萬葉歌木簡を追う』, 和泉書院에 재수록).
19) 渡邊晃宏, 2012, 「新刊紹介 - 『萬葉歌木簡を追う』」, 『木簡研究』 34.
20) 犬飼隆, 2008, 『木簡から探る和歌の起源』, 笠間書院.
21) 『古今和歌集』의 편자 중 한 사람인 기노 츠라유키(紀貫之)가 썼다고 알려진 가나서(假名序)에는 '나니와즈에 피는 이 꽃, 겨울에 숨고 지금은 봄이라 피는구나, 이 꽃(なにはづに咲くやこのはな冬ごもり今は春べと咲くやこのはな)'이라는 노래 구절을 일반적으로 '나니와즈(難波津)의 노래'라 흔히 부르고 있다.
22) 犬飼隆, 2005, 「歌の習書木簡 - 律令官人が「難波津の歌」を書いた理由」, 『木簡による日本語書記史』, 笠間書院.

바치고 '겨울이 지나 꽃이 피는 것처럼' 지금이 즉위할 때라고 천황의 겸양의 덕을 칭송하면서 즉위를 재촉했다고 기술한 점이 주목된다. 이에 의하면 '나니와즈의 노래'는 백제로부터 온 도래인·왕인에 의해 만들어졌다. 성립된 사정을 보면, 이것이 설화라 하더라도 와카의 기원을 상징적으로 이야기하는 설화에 왕인이 등장하고 있다는 것이다.[23] 고대일본에서 와카의 기원 설화에 백제의 도래인·왕인이 등장하는 의미에 대한 추구는 이후의 과제이기는 하다. 어쨌든 왕인에게는 『논어』나 『천자문』을 일본에 가져왔다고 하는 설화가 있다는 점을 참조하면, 왕인과 와카의 표기법을 관련짓게 한 전승이라고 추측할 수도 있다.

사카에하라가 제창하는 '노래목간'의 유형을 인정할지 말지는 제쳐두더라도, 고대일본에서 노래를 기록한 목간이 다수 출토되고 있는 건 사실이다. 노래가 전례·축연의 장에서 구두로 불려졌으며, 이를 목간에 기록했다는 사례나 이러한 의례 공간에서 '나니와즈의 노래'라는 대표적인 노래의 작자가 왕인이었다는 설화를 통해서도, 노래를 기록한 목간이 한반도의 고대국가에 존재했다는 것을 추구하는 것은 당연한 이치이다.

실제로 일본의 노래목간 연구는 한국학계에도 영향을 미치고 있다. 그중에서도 이승재의 선구적 연구가 있다. 이에 의하면, 고대 일본의 노래목간 연구가 참조되고 있기에 이러한 연구에 의해 촉발되었다고 추정된다. 즉, 이승재는 안압지 출토목간이나 국립경주박물관 미술관지 출토목간에 한시 및 향가가 기록되어있을 가능성을 추구하고 있다.[24]

이승재의 설을 따른다면, 안압지 출토 206호 목간은 다음과 같이 판독할 수 있다.

　　·「尌藝犯権称慰
　　　　璧□琴現碧
　　·「憂辱犯送日壬
　　　　是法念□宿

이상의 어구를 가지고 해석을 했을 경우, 불완전하지만 한시에 해당한다는 추정을 바탕으로 목간의 앞의 두 글자를 따서 이를 '憂辱歌'라 이름 붙였다. 하지만, 이 목간은 안압지 출토목간 중에서도 가장 출토점수가 많은 식품부찰목간에 사용된 같은 자구가 판독이 가능하기 때문에 이승재가 판독한 '우욕'면의 1행은 아래와 같이 판독이 가능하다.[25]

　　·「受鹿醢送付宅四缶
　　　　是法念□□

23) 犬飼隆, 2008, 앞의 책.
24) 이승재, 2017, 『목간에 기록된 고대 한국어』, 일조각, pp.208-250.
25) 橋本繁, 2014, 『韓國古代木簡の研究』, 吉川弘文館.

더욱이 이승재는 경주국립박물관 미술관지 출토목간에 대해서도 새로이 전면 16자, 후면 6자의 판독을 시도하여 이를 바탕으로 자구의 고증을 하여 이를 향가라고 보아 「萬身歌」라 이름을 붙였다. 많은 수의 독자적인 판독문을 바탕으로 향찰로 고증하고자 한 것은 공을 많이 들이기는 했으나, 그 근거가 되는 16자의 판독이 기존 판독과 크게 다르기 때문에 판독의 근거는 아직 검토의 여지가 있다.[26]

한편, 김영욱은 부여 능산리사지 출토목간에 대해 아래와 같이 판독되어 온 마지막 한 글자 '事'를 '來'라고 판독하고, 백제인의 마음을 표현한 사언사구 형식의 소박한 '가요'라고 추정한 바 있다.[27]

> 宿世結業同生一處是
> 非相問上拜白事

하지만, 이 시도에 대해서도 판독에 이의가 있어 이 가설은 찬성 받지 못하는 상황이다.[28]

V. 한국 고대의 詩歌木簡에 대한 가능성

아직 한국목간에는 노래를 기록한 것이 확실한 목간은 없다. 그렇다면 한국에서 노래를 기록한 목간이 출토될 가능성은 없는 것일까.

잘 알려져 있듯이, 신라의 향가에 대해 『삼국유사』에 14수가 전하고 있을 뿐 명료하지 않은 점이 많다. 均如의 전기인 『均如傳』(『大華嚴首座圓通兩重大師均如傳』, 1075년 赫連挺 찬술)에는 균여의 작품인 '普賢十願歌' 11수가 있다. 이에 고려 초기의 1수를 더해도 한자의 음·훈을 구사한 향가가 오늘날에 전해지는 것은 26수에 불과하다. 향가는 이른 시기에 폐지되어 전래된 노래가 적은 것도 있기에 역사 연구자의 고찰 대상이 되는 경우는 거의 없다. 일본의 신라사 연구자 중에서는 애당초 전래된 수가 적은 것이 아니라 현존하는 향가도 불교 관계가 많기 때문에 불승에 의해서만 만들어졌다고 추측한다. 이에 원래부터 향가라는 장르의 가요는 거의 존재하지 않았다고 볼 수 있지 않을까라고 보는 견해조차 있다. 무지와 다를 바 없는 폭론이기는 하나, 이는 일본에서 몇 안 되는 신라사 연구자의 발언이다. 향가에 불교 관계 노래가 많은 것은 후술하는 바와 같이, 성어제의 관점을 통해 보면 승려가 속어로 시가를 만드는 행위는 지극히 당연한 현상이라고 볼 수밖에 없다.

그런데, 향가에는 勅撰 가집인 『三代目』이 있었다는 것이 『삼국사기』 진성왕 2년조에 다음과 같이 보인

---

26) 해당 목간은 국립중앙박물관, 2011, 『문자, 그 이후 한국고대문자전』에 의하면 '용왕' 제사목간으로 소개되어 있으며, 적외선 사진과 함께 거의 실제 크기(24.1㎝)의 사진이 게재되어 있다.

27) 김영욱, 2003, 「百濟 吏讀에 對하여」, 『구결학회』 11.

28) 犬飼隆, 2008, 앞의 책, p.91.

다.

> 왕은 평소부터 각간 위홍과 통하고 있었다. 위홍이 내정에 들어가 권세를 휘두르기에 이르
> 자, 이에 대구화상과 함께 위홍에게 명하여 향가를 수집케 하였다. 이를 『삼대목』이라 이름
> 지었다. 위홍이 죽자 추증하여 혜성대왕이라 하였다.[29]

　진성왕의 왕명에 의해 『삼대목』이 편찬된 사실에 대해서는 잘 알려져 있지만 향가의 勅撰歌集이 9세기 말에 편찬된 사실은 향가가 신라 사회에서 어떤 위치를 점하고 있었는지를 인식하는 데 있어서 경시할 수 없다. 향가집 편찬의 전제로서 향가의 수집과 편찬이 왕조에게 의의가 있는 것이라고 인식되고 있었다고 생각되기 때문이다.

　또한 향가를 낳은 배경이 된 한자의 음훈을 가지고 표현하는 독자적인 표기법인 향찰 및 이에 의해 속어(신라어·고려어)로 번역하는 것이 불교 경전의 세계에서 이루어지고 있었다는 점에 주의할 필요가 있다. 예를 들어, 속어에 의한 번역 저작은 균여에 의한 『釋華嚴經分記圓通鈔』, 『華嚴經三寶章圓通記』, 『釋華嚴旨歸明圓通鈔』, 『十句章圓通記』가 있으며, 義天은 화엄, 반야의 本疏를 번역하여 이는 300권에 이르렀다고 전한다. 균여의 저작은 13세기 중반에 제자들에 의해 전면적으로 삭제되었기에 오늘날에는 전하지 않는다.

　나카무라 하지메(中村元)는 이러한 사태를 "향찰의 사용영역 내지는 사용층은 한문을 교양의 증거로 삼는 지식인층과는 다른 확장성을 보이고 있다. 극히 한정된 범위이기는 하나 이와 같은 佛書의 장을 바탕으로 하여 처음으로 쌍방이 접근하여 공통의 연결점을 가지게 되었다"[30]라고 표현하였다. 고유언어로 번역한 경전이 실재했던 것은 일본의 역사 연구자에게는 잘 알려지지는 않았지만, 여기서 중요한 것은 불교의 疏가 신라어로 쓰이고, 고려어로 번역되었다는 사실은 그야말로 성어제를 바탕으로 향가가 어떤 위치를 점하고 있었는지를 이야기하는 것이기에 주목된다.

　애당초, 『균여전』에 게재된 균여의 '보현십원가' 11수는 균여가 세상을 교화하기 위해 굳이 향찰로 만든 노래였다. 하지만 주목해야 하는 것은 균여의 작품이라고 알려진 11수의 향가에는 균여(917-973)와 동시대 사람인 崔行歸[31]가 한시로 번역한 것이 있었다는 점이다. 즉, 한문에 通曉한 최행귀는 동시대의 향가에도 통달해있었다는 것이다. 최행귀는 서문(균여의 譯歌에 관한 서문은 967년에 성립했다)에 다음과 같이 말하고 있다.

> 당의 글(한문)은 우리나라가 중국과의 교통망 속에 편입되어 있기에 우리나라에서는 읽기

---

29) 『삼국사기』 권11, 신라본기 진성왕 2년조, "王素與角干魏弘通, 至是入內事, 仍命大矩和尙集修鄕歌, 謂之三代目云, 及魏弘卒, 追諡爲惠成大王."
30) 中村元, 1976, 「史的名辭「吏讀」の槪念とその意識について」, 『朝鮮學報』 78.
31) 신라 말 고려 초의 문인 崔彦撝의 아들. 오월국에서 王祕書郎을 제수받고 귀국 후에는 광종을 모셨다.

쉽다. 향찰은 범어의 문자를 늘어놓고 있는 것과 닮아있기에 중국에서는 이해하기 어렵다.[32]

    이러한 최행귀의 언사로부터 상기되는 것은 자원이 歌集『拾玉集』의 歌論中에서 '공자의 가르침은 문장을 만드는 데는 우수하나 야마토코토바(和語, 속어)로부터 떨어져 있어 그 마음은 전달되지 않는다', '범어는 반대로 가까워 야마토코토바와 같기에', '단지 와카가 불교의 교리에 걸맞을 뿐이다'라고 취지의 내용을 소개하고 있는 사실이다.[33] 이러한 자원의 인식에 기반하여 김문경은 자원이 白樂天의 한시를 와카로 번안한 것을 최행귀와 비교하였다. 최행귀는 균여의 향가를 한시로 고쳤지만 이는 고려에서도 훌륭한 문학이 있다는 것을 중국인에게 알려 보이기 위한 것이다. 이에 중국에 대한 대항 의식 혹은 중국과 문화적으로 대등하다는 입장을 세우고자 한 의식은 자원과 같다고 하였다. 이러한 의식은 최행귀뿐만 아니라 균여도 포함한 당대의 많은 사람들이 공유하고 있었을 것이라고 지적한다. 무엇보다도 최행귀의 발언은 자원보다 백년이나 빠른 것에 주목하여 이야말로 신라 이래의 불교문화가 가지는 선행성을 읽어낼 수 있다고 지적한다. 오히려 균여나 최행귀와 같은 사고방식이 고려에서 일본으로 전해졌을 가능성에 대해서도 김문경은 시사하고 있다.

    그렇다면 신라의 '노래목간'은 존재할 수 있었을까. 나는 아래와 같은 근거로 신라 노래목간의 가능성을 고려하고자 한다.

    먼저, 향가집『삼대목』의 편찬에 대해『삼국사기』는 이미 제시한 것처럼 기록하고 있으나 앞선 기사를 보면 魏弘이 '入內用事'한 것이 大矩和尙과 함께 향가를 편찬하도록 이끌어냈다고 설명한다. 즉, 향가 편찬의 경위에는 위홍이 힘을 얻은 계기가 된 '入內用事'가 주목된다는 것이다. 애당초 '入內用事'는 여왕에 빌붙은 위홍이 궁중에 들어갔다고 하는 해석도 가능하지만, 오히려 하대의 추세를 생각해보면 왕권 기반이 된 內廷에서 '用事(권세를 휘두름)'한 것을 의미한다고 해석할 수 있다. 그리 말할 수 있는 것도 御龍省이 8세기 말부터 9세기에 걸쳐 內省에서 분리 독립하여 장관인 私臣은 재상의 반열에 더해져 하대의 새로운 권력 집중이 형성된 핵심적 기관이기도 했기 때문이다.

    그러한 어룡성의 관할관사 중에는 永昌典과 古昌典이 있는데, 이들이 궁중의 노래를 관장하는 관사였을 가능성이 있기 때문이다. '永'에는 '노래하다', '마디를 붙이다'라는 의미가 있기에 '詠'과 통한다. '昌'은 美言의 의미가 있다. 또한 昌을 '唱'의 略字로 볼 수도 있다. 이에 비하면 '古昌'은 가요를 수집 관리하는 관청이지 않았을까. 한대에는 樂府가 설치되었으며, 고대일본에서도 오오우타도코로(大歌所)가 설치되었던 것이 상기되기 때문이다.

    영창전과 고창전이라는 두 개의 내정관사가 궁중의 노래를 관장하는 관사였다고 한다면, 중앙관사에 永昌宮成典이 주목된다. '成典' 관사는 국가사원의 조영과 관련된 관사라는 사례가 있기에, 영창궁성전은 영창

---

32) 朝鮮史學會 編, 1938,『三國遺事』, 付錄, "唐文如帝網交羅, 我邦易読, 鄕札似梵書連布, 彼土難語."
33) 金文京, 2010, 앞의 책, p.39.

궁의 조영과 관련된 관사였다고 할 수 있지만, 영창궁이 내정의 영창전과 어떤 관계였는지는 전혀 알 수 없기에 이후의 과제로 둘 수밖에 없다.

그런데 오구라 신페이(小倉進平)는 균여의 '其序云'이라는 문언을 가지고 향가를 제작한 동기가 세상 사람들이 이해하기 쉽게 속어(한국어)를 사용하여 노래를 만드는 것이었다고 지적한다. 또한 항상 사람들에게 이를 송독케 하여 얕은 이해에서 점차 깊게 이해하도록 이르게 하여 불교의 哲理를 체득하게 하는 시도였다고 보았다. 즉, 이것이 바로 균여가 기술한 序라고 보아 균여가 제작한 11수는 신라시대의 문자 사용법이라고 본다.[34] 더하여 오구라는 균여전에 향가 11수를 기재한 후에 기록된 다음과 같은 기사에 주목한다.

> 앞의 노래는 사람들 사이에서 퍼져가 때때로 담장에 쓰이기도 하였다. 平沙郡의 那必 及干은 3년간 병으로 고생하여 의사도 고칠 수 없었다. 어떤 승려가 그를 찾아와 그 고통을 연민하여 이 노래를 구두로 내려주고 항상 노래하도록 권하였다. 그러자 후에 하늘로부터 이를 부르는 목소리가 들려 말하기를, '네가 大聖歌의 힘에 의지하면 아픔은 반드시 낫는다'라고 하였다. 그러자 저절로 그 말처럼 효험을 보았다.[35]

즉, 이 기사에서 '향가가 당시 사람들에게 널리 퍼져 친숙해졌고, 병을 치료하는 주문으로 사용되기까지 이르렀다는 것을 알 수 있다. 이러한 종류의 노래가 얼마나 俗耳에 들어가기 쉽고, 또 교화의 목적을 달성했는가 그 일단을 알 수 있다'라고 말해 균여를 높게 평가하고 있다. 성어를 바탕으로 속어에 의해 민중을 마음을 휘어잡은 향가는 한동안 담장에 쓰였다고 한다. 이러한 향가가 목간에 쓰였을 가능성을 읽어내는 것은 어렵지 않을 것이다.

VI. 나가며

굳이 본고에서 로베르의 성어제라는 개념을 원용한 것은 두 가지 목적이 있다. 첫 번째는 국제적인 관심이라는 문맥 속에서 한국목간을 도마 위에 올리고자 했기 때문이다. 국제적으로 일본 문화에 대한 관심이 높다는 것은 부정하기 어렵다. 중국 문명권에 속해있으면서도 일본의 독자적인 문화가 형성·전개된 점에 대한 관심은 고대부터 현대라는 광범위한 시대에 이른다. 로베르가 굳이 성어제라는 프레임을 이용하여 자원에 주목한 것은 한역 불교 경전이라는 텍스트에서 석교가(와카)로 轉成되는 과정에 한역불교 텍스트(성어)로부터 전해진 고유의 심성을 와카(속어)에서 발견하고자 하는 시도일 것이다. 이러한 논의의 전개 속에

---

34) 小倉進平, 1929, 『郷歌および吏読の研究』, 京城帝國大學.

35) 朝鮮史學会 編, 1938, 『三國遺事』, 付録, "右歌播在人口, 往往書諸墻壁, 沙平郡之人, 縣痼三年, 不能瘳, 師往見之, 憫其苦, 口授此願王歌, 勸令常読, 他日有空聲唱言, 汝賴大聖歌力, 痛必差矣, 自尒立効."

서 로베르는 한국(한반도)에서는 이른 시기에 한어의 세계에 매몰되어 이러한 계기를 잃어버렸다는 오해를 전제로 논의를 전개한 부분이 있다. 일본을 고립시켜 성어제를 논해도 그 의의는 반감할 뿐이다. 고대 한국의 사례와 함께 논해야만 성어제라는 틀에서 각 지역의 특색이 떠오를 것임이 틀림없다.

뿐만 아니라 이미 김문경이 밝혔듯이, 자원과 같은 지향과 영위는 자원보다 백 년 앞서 최행귀가 균여의 향가를 한역한 것에 의해 이루어졌다.

두 번째는 성어제의 문맥 속에서 고대 한국에서 살았던 사람들의 심성이 보이도록 하는 방법론적 시각을 도입하기 위해서이다. 문자의 전달 수단인 목간은 한국에서는 유실된 종이 문서를 대체하여 동시대의 문자문화(지역 고유의 문자문화)를 직접 알 수 있는 귀중한 자료이다 '성어에서 속어로'라는 구체적인 전환을 동시대 자료인 목간을 가지고 읽어낼 수 있지 않을까하는 기대이기도 하다.

말하자면 외국어인 한자한문을 쓰면서도 이로부터 고유의 소리를 듣기 위한 추구인 것이다. 예를 들어, 같은 '용왕'을 쓰더라도 동아시아 각국의 용왕제사는 같다고 할 수 없다. 거기에 담긴 신앙은 각 지역의 고유 신앙과 융합하지 않으면 토착화는 이루어지기 어렵기 때문이다.

그런데 冒頭에서 로베르에 의한 성어제의 의의에 대해 범어·한어·일어라는 세 언어의 융합의 장으로서 석교가의 성격을 밝힘과 동시에 중세 詩歌를 통해 종교와 문학 사이의 관계에 통합적 시점을 가져와 석교가를 더 넓은 문학적 문맥 속에서 다루었다고 지적하였다. 세 언어의 융합의 장을 더 심화하자면 김문경이 다음과 같이 지적하여 유의할 필요가 있다.

한문 훈독은 일본의 독자적인 발명이라 여겨지고 있으며, 불교 경전의 한역 프로세스와 밀접한 관계가 있다는 것을 알 수 있다. (중략) 유교로 대표되는 중국문화의 수용은 중국이 절대적인 권위를 가지는 것에 비해 인도 기원인 불교에서는 중국의 존재가 상대화된다. 중국의 한문을 일본어로 읽는다는 훈독의 발상은 이러한 중국문화의 상대화, 특히 인도의 범어와 일본어가 유사한 언어라는 인식을 지렛대로 생겨난 것이라고 생각된다.[36]

성어인 한역불전과의 관계 속에서 스스로의 정신세계를 속어로 표현하는 것을 추구한 결정이 향가의 세계라고 한다면, 이것이 불승의 손에 의해 이루어졌다는 것은 당연하다고 생각된다. 실제로 오늘날 전해지는 향가의 대다수는 불승이 연관되어있다. 이는 또한 김문경의 지적처럼 중국문화의 상대화를 이루어낸 것과 크게 관련되어있다는 점은 우연이 아니라고 생각된다. 한국목간학회에서는 가까운 시일 내에 향가를 본격적으로 연구하고자 한다고 한다. 한국에서 향가가 쓰인 목간이 출토되기를 희망함과 동시에, 이에 의해 고대인의 내면세계를 다룬 심성사의 문제로서 전개되는 날이 빨리 오기를 기대한다.

투고일: 2023.06.03.   심사 개시일: 2023.06.03.   심사 완료일: 2023.06.19.

---

36) 金文京, 2010, 앞의 책, p.34.

참고문헌

『삼국사기』
『삼국유사』

犬飼隆, 2008, 『木簡から探る和歌の起源』, 笠間書院.

橋本繁, 2014, 『韓國古代木簡の研究』, 吉川弘文館.

金文京, 2010, 『漢文と東アジア – 訓読の文化圏』, 岩波書店.

設楽博己, 2021, 『顔の考古學 – 異形の精神史』, 吉川弘文館.

小倉進平, 1929, 『鄕歌および吏読の研究』, 京城帝國大學.

이승재, 2017, 『목간에 기록된 고대 한국어』, 일조각.

犬飼隆, 2005, 「歌の習書木簡 – 律令官人が「難波津の歌」を書いた理由」, 『木簡による日本語書記史』, 笠間書院.

권택장, 2010, 「경주 傳仁容寺址유적 발굴조사와 木簡출토」, 『목간과 문자』 6.

김영욱, 2003, 「百濟 吏讀에 對하여」, 『구결학회』 11.

김재홍, 2009, 「창녕 화왕산성 龍池 출토 목간과 제의」, 『목간과 문자』 4.

渡邊晃宏, 2012, 「新刊紹介 – 『萬葉歌木簡を追う』」, 『木簡研究』 34.

로스 킹, 2021, 「'다이글로시아'라는 용어의 문제점 : 전근대 한국의 말하기와 글쓰기의 생태계에 대하여」, 『한문학보』 제43집.

박성천·김시환, 2009, 「창녕 화왕산성 蓮池 출토 木簡」, 『목간과 문자』 4.

三上喜孝, 2022, 「古代日本における人面土器と祭祀」, 『경산 소월리 목간의 종합적 검토』, 주류성.

栄原永遠男, 2008, 「歌木簡の實態とその機能」, 『木簡研究』 30(栄原永遠男, 2011, 『萬葉歌木簡を追う』, 和泉書院에 재수록).

尹善泰, 2004, 「扶餘 陵山里 出土 百濟木簡의 再檢討」, 『동국사학』 40.

이동주, 2022, 「경산 소월리 목간과 유구의 성격」, 『경산 소월리 목간의 종합적 검토』, 주류성.

李炳鎬, 2008, 「扶餘 陵山里 出土 木簡의 性格」, 『목간과 문자』 창간호.

이성시, 2004, 「동아시아에서의 낙랑 : 과제와 방법에 대한 시론」, 『한국고대사연구』 34.

이재환, 2010, 「傳仁容寺址 출토 '용왕' 목간과 우물·연못에서의 제사의식」, 『목간과 문자』 6.

이재환, 2013, 「한국 고대 '呪術木簡'의 연구 동향과 展望 –'呪術木簡'을 찾아서–」, 『목간과 문자』 10.

ジャン＝ノエル＝ロベール、ハルオ・シラネ、小峯和明, 2015, 「『聖なる言葉』が結ぶ世界」, 『文學』 3·4月号.

주보돈, 2022, 「경산 소월리 목간과 금호강 문화」, 『경산 소월리 목간의 종합적 검토』, 주류성.

中村元, 1976, 「史的名辞「吏読」の概念とその意識について」, 『朝鮮學報』 78.

平川南, 2006, 「道祖神の源流 – 古代の道の祭祀と陽物木製品から」, 『國立歴史民俗博物館研究報告』133.

平川南, 2022, 「古代朝鮮と日本における谷戸と村の開発」, 『경산 소월리 목간의 종합적 검토』, 주류성.

丸山眞男, 1984, 「原型·古層·執拗低音 – 日本思想史方法論についての私の歩み」, 加藤周一他 編, 『日本文化のかくれた形』, 岩波書店.

〈Abstract〉

The Research Possibilities of Korean Mokkan:
Reconsidering Korean Mokkan from the Viewpoint of Hieroglossia

Lee, Sungsi

Research on Korean mokkan (inscribed wooden tablets) only began in earnest some twenty years ago, and less than a thousand mokkan have been excavated to date. Even so, such research has already deepened our understanding of ancient Korean history in exceptional ways. To put it briefly, the excavation of Korean mokkan has led to the dramatic broadening of views on "script and people and place" in ancient Korea from the 6th to the 10th centuries. Of particular note are the major insights we have gained regarding the concrete realities of life, including the transmission of writing, the circulation of goods, dietary habits, rituals, and religious beliefs—insights that are not limited to the Korean peninsula but extend across East Asia. In other words, research on Korean mokkan has made it increasingly possible to finally connect academic scholarship in mainland China and Japan and explore the dynamics of cultural transmission and reception in the East Asia region.

In this article, I argue that Korean mokkan allow us to reexamine the particularity of ancient Korean history within East Asia. In doing so, I draw upon the notion of hieroglossia – understood in this context as the ways that sinitic characters acted as a universal language and informed even the inner worlds of people in the ancient period. I begin by discussing the characteristics of mokkan used in rituals in Shilla and Paekche and their similarities to tablets from Japan; I also consider the probability of the existence of "poem tablets" – or mokkan inscribed with poetry written in hyanch'al (hyangga) – based on an analysis of extant historical materials, although such tablets have yet to be excavated from the Korean peninsula. Next, I contend that it is eminently possible to use extant materials to examine the hieroglossic relationship between sacralized and secular ("vulgar" or vernacular) languages in Korea, just as it has been examined in Japan. I then propose that it may be possible in the future to foster joint discussion with Japanese academia on the hieroglossia of sacralized (sinographic) and vernacular languages, through the mediation of hyangga (poem tablets).

▶ Key words: hieroglossia, Korean mokkan (inscribed wooden tablets), mokkan inscribed with poetry, mokkan used for ritualistic purposes, mokkan used for talismanic purposes, history of mentalities

부여 지역 백제 목간의 발굴 현황과 분포

심상육[*]

I. 머리말
II. 백제 목간 출토 현황과 양상
III. 사비도성 속 목간 출토의 一段
IV. 맺음말

〈국문초록〉

2022년까지 부여 사비도성에서는 166점의 목간이 출토되었다. 그리고 이 목간에는 도성을 5부로 관리하였음을 보여주는 증빙이 그대로 적혀 있다. 그러나 현재의 행정구역처럼 사비도성 내부를 구획하는 데는 한계가 있다.

이 논문에서는 사비도성에서 출토된 목간의 출토현황을 통해 목간이 출토지 주변에서 자연스럽게 유입되었다는 점과 목간이 백제시대의 것임, 도시화된 장소에서 확인되는 점을 다시 확인하였다. 그리고 목간이 지역 단위의 군을 이루어 출토된 것과 쌍북리 일원의 목간은 금속 공방과 연결되는 것을 확인하였다. 그리고 사비도성 일제강점기 이전 마을의 중심이 백제와 비슷했음을 확인하였다. 이에 사비도성에서 출토된 목간이 왕실 및 중앙 관청보다는 도성 5부 중심으로 사용되었음을 확인하였다.

▶ 핵심어: 부여, 사비도성, 발굴, 백제, 목간, 오부

I. 머리말

부여에서 백제시대의 판독 가능한 목간 또는 묵흔만 관찰되거나 묵흔마저 관찰되지 않은 목간형 목제품

---

* 국립부여문화재연구소 특별연구원

은 1983년 관북리유적 연지에서 출토되기 시작하여 2023년 2월 말까지 20개 유적에서 총 158점이 보고[1]되었다. 그리고 쌍북리 280-5유적에서 문서 목간의 축으로 볼 수 있는 題籤軸에 판독 가능한 문자가 기재된 예가 확인되어 넓은 의미에서 목간과 관련된 제첨축이 출토된 쌍북리 북포유적과 궁남지 그리고 쌍북리 현내들유적에서 출토된 것까지 포함하면, 넓은 의미에서 목간[이하 여기에서 사용하는 목간이란 위의 것을 모두 포함한다]과 관련된 유적 수는 21개소로 볼 수 있다.

목간 보고는 1983년 이후 10여 년 지난 1995년 백제 후기 사비도성 내부의 궁남지를 찾기 위한 발굴에서 보고되었고, 1997년부터 2002년까지 쌍북리유적Ⅱ·궁남지·능산리사지·관북리유적에서도 보고되었다. 그리고 부여의 최대 목간 출토지인 쌍북리 일대에서 2007·2008·2010·2017·2018년에 거듭하여 보고되었고, 구아리 일대에서는 2010·2014년에, 석목리에서 2017년과 2022년에 보고되었다. 그리고 2022년에 동남리 49-2 유적에서 목간이 보도자료를 통해 공개되었고, 2023년에는 관북리유적 연지의 추가분과 구아리 325·326-1번지 유적의 목간이 보고되기도 하였다.

이 글은 부여 지역에서 출토된 백제시대의 목간을 고고학적으로 살펴보고, 목간 출토유적의 성격을 추론하여, 백제 후기 도성인 사비도성 내부의 공간에 대한 一段의 의견까지 피력하고자 작성한 것이다.

II. 백제 목간 출토 현황과 양상

1. 목간 출토 유적[2]

1) 관북리유적[3]

사비도성의 내부 북쪽 중앙부인 해발 100m가 조금 넘는 부소산의 남사면 자락에 자리를 잡은 유적으로 사비도성지에서 왕궁지로 유력[4]시되는 곳이다. 유적은 공방과 창고 시설로 구성된 하층과 동·서·남·북의 구획을 갖춘 도로와 축대, 정전급 건물, 석축 연못 등의 상층 유구로 구성[5]되어 있다. 목간은 상층 유구인 구획시설 안에 있는 석축 연지에서 16점[6]과 판독 가능한 목간 1점이 다지구 3피트 돌무지에서 출토되었

---

1) 능산리사지에서 출토된 묵흔이 남은 削片 125점은 포함되지 않은 숫자이다.
2) 목간 출토 유적은 가급적 간략하게 표기하였음을 밝혀둔다. 그리고 이하의 그림에서 목간이 출토된 곳은 별표(☆) 등으로 표시해 놓았다. 유적 설명 등은 목간이 출토된 유구의 시기인 백제 사비기를 중심으로 기술했다. 유구 및 목간 도면은 각 보고서의 도면에서 인용하여 편집하였음을 밝혀 둔다. 그림 내에서 목간의 크기는 축척을 동일하게 해서 편집했다.
3) 충남대학교박물관, 1985, 『부여관북리백제유적발굴조사보고(Ⅰ)』; 국립부여문화재연구소, 2009, 『부여관북리백제유적발굴보고Ⅲ』; 충남대학교박물관, 2023, 『부여관북리유적Ⅵ』.
4) 홍사준, 1971, 「백제성지연구」, 『백제연구』 2, 충남대학교 백제연구소; 田中俊明, 1990, 「왕도로서의 사비성에 대한 예비적 고찰」, 『백제연구』 21, 충남대학교백제연구소; 朴淳發, 2000, 「사비도성의 구조에 대하여」, 『백제연구』 31, 충남대학교 백제연구소; 심상육, 2020, 「발굴자료를 통해 본 사비도성의 변천과 경관」, 『백제문화』 62, 공주대학교 백제문화연구소.
5) 심상육, 2019a, 「부여의 백제왕도 핵심유적」, 『백제왕도』, 문화재청, pp.67-68.

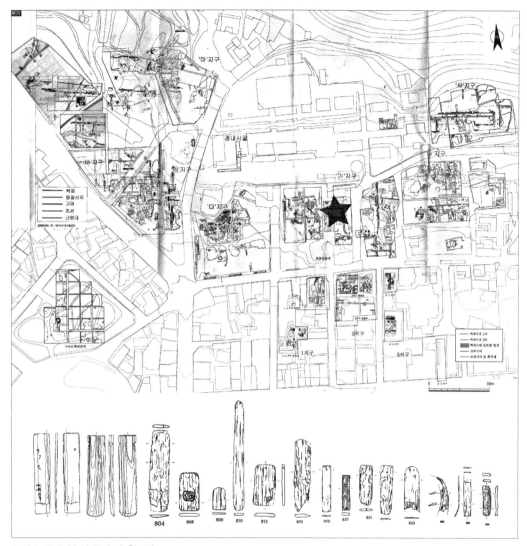

그림 1. 관북리유적 목간 및 출토지

다. 목간은 연지가 용도 폐기된 시점 전후의 것임은 토기와 기와 그리고 목기가 뒤섞인 유물 集積 양상을 통해 확인된다. 또한, 공반된 開元通寶를 통해 목간의 연대 추정도 가능하다.

관북리유적의 연지 출토 목간은 연지 주변으로 근접한 시설물이 확인되지 않고 있는 것으로 보아 인위적으로 연지 내부에 목간이 버려진 것으로 추정된다. 목간의 연대는 공반된 개원통보를 통해 사비기 중 7세기 중엽으로 추정된다.

---

6) 판독 가능 유물 6점, 묵서만 확인 유물 3점, 묵서마저 확인되지 않은 유물 1점.

2) 구아리 363-1 유적[7]

사비도성 내부의 북서부에 위치하며, 낮은 구릉지의 동남쪽 평탄지에 유적이 위치한다. 관북리유적과는 약 300m 떨어져 있다.

유적에서는 남북 방향과 동서 방향의 도로가 확인되었고, 도로는 폭이 2.5m 정도이다. 목간형 목제품이 1점[8] 출토되었고, 사비기의 유물이 공반·출토되었다.

구아리 363 유적에서 출토된 목간은 도로에 딸린 배수로에서 출토되었고, 도로 주변으로 명확한 건물의 흔적은 확인되지 않았지만, 건물의 목주로 볼 만한 기둥이 도로 주변에서 확인된 것으로 보아 도로 주변의 건물 등에서 유입된 목간으로 보이며, 태극문수막새 등이 출토[9]되어 목간의 시기는 7세기 이후일 가능성

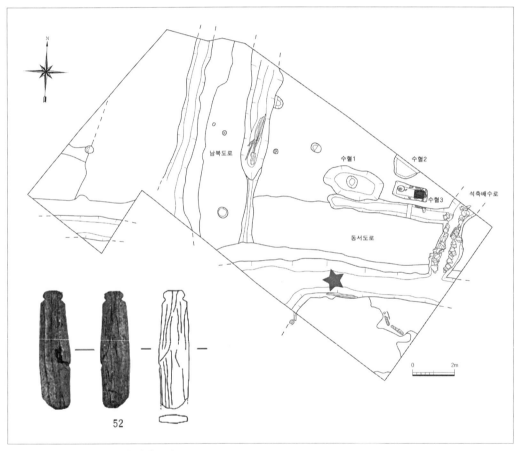

그림 2. 구아리 363 유적 목간 및 출토지

---

7) 심상육·이화영·이명호, 2016, 『부여 구아리 363·361 유적』, 백제고도문화재단.

8) 묵흔마저 확인되지 않은 유물임.

이 크다.

3) 구아리 325·326-1 유적[10)]

사비도성의 중앙부에서 약간 서부에 있는 유적으로 정림사지에서 서북으로 약 300m 떨어져 있다. 이곳은 사비도성 내부에서 백제시대의 지표면이 낮은 곳으로 해발 6.4m 정도에서 건물지와 도로 시설이 확인되었다. 도로 방향은 이곳의 지형과 유사하게 남서-북동 축으로 너비 3.2m로 구축되어 있다.

목간은 남서-북동 축으로 구축된 도로의 서측 배수로에서 後部가 적힌 1점이 출토[11)]되었다. 도로 바로 옆에 벽주건물지 등이 있어, 목간은 건물지 등에서 유입되었을 수도 있지만, 도로가 유적의 북동부에 있는 관북리유적 등으로 진행되고 있어, 북동부의 어느 시설에서 유입되었을 가능성도 있다.

목간은 보고서에서 삼국시대 3단계 중 2단계에 해당하는데, 사비기의 늦은 대부완류가 2단계에는 출토되지 않은 것으로 보아 목간은 6세기 후반이 중심으로 편년하고 있다.

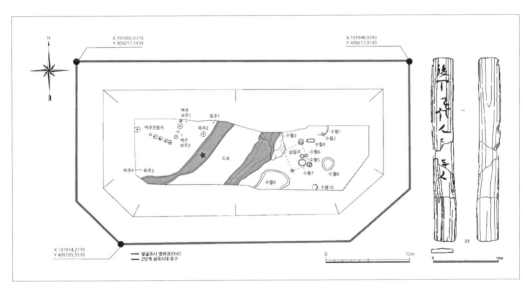

그림 3. 구아리 325 유적 목간 및 출토지

4) 구아리 319 유적[12)]

구아리 325 유적의 남편에 있는 구아리 319 유적은 사비도성의 중앙부에서 지대가 비교적 낮은 곳이다.

---

9) 태극문수막새의 편년은 이병호(2002, 「백제 사비도성의 조영과정」, 『한국사론』 47, 서울대학교 인문대학 국사학과, pp.71-90)의 논문을 인용하였음을 밝혀둔다.

10) 한국농어촌공사·백제역사문화연구원, 2023, 『부여 구아리 325·326번지 백제 생활유적』.

11) 보고서에서는 '役丁○'으로 판독(위의 책, p.68)하였으나 '後部'의 誤讀이다.

유적 주변으로 얼마 전까지 개천이란 작은 지류가 금강으로 흘렀다. 정서편 270m 정도에 정림사지 5층 석탑이 있다.

구아리 319 유적은 1단계의 웅덩이와 수로 유구 등에서 2단계의 벽주건물지로 유적의 성격이 변화하는 유적으로 목간은 1단계와 연계되는 웅덩이와 화장실 관련 유구, 벽주건물지 노출 중 출토되었다. 출토된

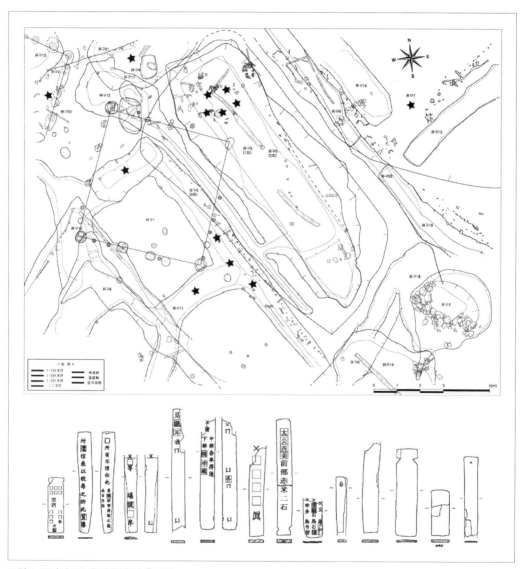

그림 4. 구아리 319 유적 목간 및 출토지

---

12) 심상육·이미현·이명호, 2012, 『부여 구아리 319 부여중앙성결교회 유적 발굴조사보고서』, 부여군문화재보존센터.

목간은 13점[13]이며, 목간 중 편지목간[14] 1점과 中部와 下部 그리고 前部가 기록된 목간도 확인되었다.

목간의 출토 상황은 웅덩이·수로 등에서 수습되어 가까운 근거리에서 유입된 것으로 판단되며, 소와 돼지 등의 동물 뼈와 바다 물고기 뼈 및 전복, 중국 隋代의 청자 벼루편 등이 다량의 토기와 목제품 등과 함께 출토되어, 한때는 쓰레기장처럼 사용되었던 것으로 보인다. 이 쓰레기를 발생한 곳은 비교적 위계가 높은 계층의 시설물로 추정해 볼 수 있다.

구아리 319 유적의 목간 중심연대는 유적의 2단계가 형성되는 7세기 전반 이전인 6세기 후반에서 7세기 초반이다.

5) 궁남지 유적[15]

『삼국사기』에 기록된 궁의 남쪽 못[16]은 아직 확인되지 않았다. 다만, 1960년대 만들어진 현재의 궁남지 일대가 국가 사적인 '궁남지'로 관리[17]되고 있다. 이 일대는 1990년대 초반부터 2000년대 초반까지 단속적으로 발굴조사가 진행되어 습서목간 등 14점의 목간[18]과 제첨축 1점[19]이 보고되었다.

현재의 궁남지는 사비도성의 중앙부에서 약간 남쪽에 위치하며, 관북리유적에서 정남으로 1.6㎞ 떨어져 있다. 유적 동편에는 화지산유적이, 서편으로는 군수리사지가, 북서편에는 동남리사지 등이 위치한다. 그리고 주변 일대보다 유적 일원의 지대가 낮아 물이 궁남지로 모여 남동 및 남서쪽으로 흘러 금강에 합류한다.

궁남지에서는 너비 10m 정도의 동서도로와 도로 양변으로 설치된 배수로 그리고 북측 배수로와 연결된 북쪽에서 내려오는 남북 방향의 수로, 수로 주변으로 굴립주로 만들어진 건물 등이 들어선 모습이다.

궁남지에서는 西部後巷 목간이 목조 저수시설의 남동 모퉁이에서 수습되었고, 너비가 10m 정도인 동서도로의 측구와 이 측구로 연결된 남북수로에서도 목간이 출토되었는데, 수로의 바닥에 돌출된 턱이 있는 곳 등에서 목간과 목제품 등이 수습되어 목간 등은 주변 일대에서 수로로 유입된 후 일정 부분 흘러가다가 출토지에 안착한 것으로 판단된다.

궁남지에서는 목간의 출토지가 각각 상당히 떨어져 있고, 유적 일대에 백제 사비도성의 국가시설물이 들어서 있어 주변 유적에서 목간이 궁남지로 유입되었을 가능성이 높아 보인다. 그리고 일부 목간의 경우 목간 상부를 덮고 있는 층에서 開元通寶가 출토되어[20] 7세기 전반 이전이 중심이다.

---

13) 판독 가능 목간 8점, 묵흔만 있는 유물 1점, 묵흔마저 없는 유물 4점임.

14) 심상육, 2015, 「부여 구아리 319 유적 출토 편지목간의 이해」, 『목간과 문자』 15, 한국목간학회.

15) 국립부여문화재연구소, 1999, 『궁남지 발굴조사보고서』; 국립부여문화재연구소, 2001, 『궁남지 Ⅱ - 현 궁남지 서북편일대-』.

16) 『三國史記』 권27, 武王 35년, "三月, 穿池於宮南, 引水二十餘里, 四岸植以楊柳, 水中築島嶼, 擬方丈仙山."

17) 정우진, 2017, 「사적 제135호 부여 궁남지의 정비과정으로 살펴본 전통의 남용과 발명」, 『한국전통조경학회지』 35, 한국전통조경학회, pp.31-37.

18) 판독 가능 유물 3점, 묵흔마저 없는 유물 11점임.

19) 제첨축은 이병호의 조언이 있었음을 밝힌다.

20) 국립부여문화재연구소, 2001, 앞의 책, p.386.

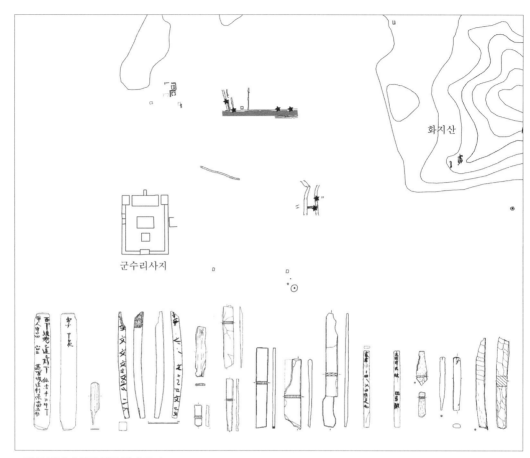

그림 5. 궁남지 유적 목간 및 출토지

6) 동남리 49-2 유적[21]

사비도성의 중앙부에서 약간 남동부에 유적이 위치한다. 즉, 해발 100m가 조금 넘는 금성산의 남서사면과 해발 50m 정도의 화지산 북서사면 자락이다. 이곳은 두 산 사이의 물길이 주변 일대로 지나는 곳이기도 하다.

유적 서남부로 離宮址로 전해지는 화지산유적[22]과 사비도성의 三山 중 하나인 日山으로 비정되는 금성산[23]이 유적의 북쪽에 그리고 금성산의 남사면 자락에 금성산와적기단건물지와 가탑리사지 등이 위치한

---

21) 고상혁, 2023, 「부여 동남리 49-2번지 신출토 목간 소개」, 『제38회 한국목간학회 정기발표회 신출토 문자자료의 향연』, 한국목간학회.

22) 심상육, 2019b, 「사비도성 발굴조사의 최신성과」, 『동아시아 도성 경관의 상진 백제왕도』, 문화재청, p.68.

23) 장인성, 2016, 「고대 동아시아사상의 백제 삼산」, 『백제문화』 54, 공주대학교 백제문화연구소, p.34.

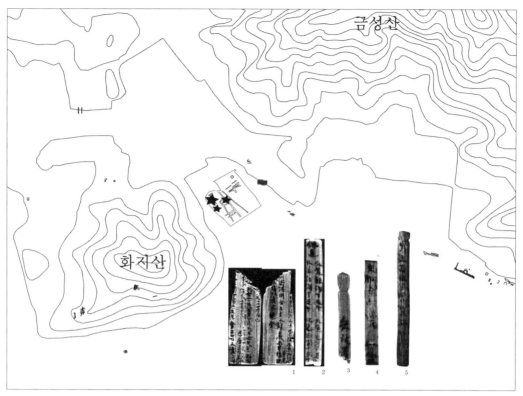

그림 6. 동남리 49-2 유적 목간 및 출토지

다.

　동남리 49-2 유적에서는 금성산과 화지산 사이의 자연지형과 마찬가지로 도로와 수로가 북서-남동방향으로 개설되어 있고 도로에 인접하여 건물이 들어서 있다.

　목간은 유적의 2문화층에서 도로와 건물지 인근에서 판독 가능한 목간 5점이 출토되었다. 따라서 목간은 도로변에 인접한 건물에서 유입되었을 가능성이 높아 보인다. 목간의 중심연대는 아직 정식 발굴보고서가 미간되어 정확하지 않지만, 유적을 3단계로 나누어 중간단계에서 목간이 출토된 것으로 보아 6세기 후반부터 7세기 전반으로 추정된다.

7) 쌍북리 북포 유적[24]

　사비도성의 북부인 부소산의 동쪽에 위치한다. 유적은 부소산에서 동쪽으로 연결된 낮은 구릉의 북쪽 완사면으로 유적 북쪽으로 가증천이 동에서 서로 흘러 금강에 합류한다.

---

24) 이호형·이판섭, 2009, 『부여 쌍북리 현내들·북포유적』, 충청문화재연구원.

쌍북리 북포 유적은 『삼국사기』에 기록된 北浦[25]에서 기인한 유적명으로 포구는 확인되지 않았지만, 부여 나성 중 동-서로 연결된 북나성의 성벽 바로 남쪽에 설치된 동서 도로가 확인된 유적이다. 도로의 노폭은 7m 정도이며, 도로 주변으로는 건물지와 제사유구가 확인되고, 이 도로는 부소산과 나성의 문으로 연결될 것으로 예측된다.

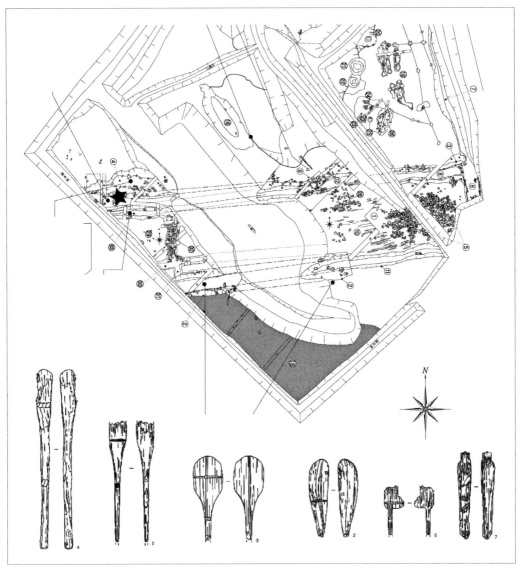

그림 7. 쌍북리 북포유적 목간 및 출토지

---

25) 『三國史記』 권27, 武王 37년, "三月, 王率左右臣寮, 遊燕於泗沘河北浦. 兩岸奇巖怪石錯立, 間以奇花異草, 如畫圖. 王飮酒極歡, 鼓琴自歌, 從者屢舞. 時人謂其地爲大王浦."

북포 유적에서는 목간은 확인되지 않았다. 하지만 목간이 유적 주변에 있었을 가능성을 유추해 볼 수 있는 제첨축이 6점 출토되었다. 제첨축은 제1호 1차 도로유구 건널목 시설에서 출토된 것으로 보아 유적 주변 일대에서 도로의 배수로로 들어온 제첨축이 어느 정도 흘러 건널목 시설에 걸린 것임을 알 수 있다.

한편, 제첨축의 중심연대는 사비기로 볼 수 있는데, 공반된 유물 중에 연화문수막새와 중국자기 파편 등이 출토되어 유적 일대에 위계가 있는 시설물이 있었음을 유추할 수 있다. 유적 서편에 부소산성이 동편에 청산성 정상부 유적, 남편으로 다수의 건물지 등이 지속적으로 발굴되고 있다.

8) 쌍북리 뒷개 유적[26]

사비도성의 동북 모서리 내측에 위치한다. 뒷개 유적은 사비도성의 국가시설물지로 추정되고 있는 청산성 정상부 건물지 바로 남동부로 이곳은 부여 나성의 동북문지가 위치한 곳 내부이다. 이곳의 문지는 사비도성에서 舊都인 웅진으로 가는 육로의 시발점으로 볼 수 있다.

유적에서 목간은 수로에서 다량의 유기물과 함께 2점[27]이 출토되었는데, 수로의 방향이 청산 일대에서 저지대인 월함지 쪽으로 향하는 수로에서 출토된 점으로 미루어 청산성 정상부 유적의 하단부에서 유입된 것으로 생각해 볼 수 있다.

목간은 유적에서 하층유구로 상층부에는 대지조성층과 축대 및 우물 등이 확인되었다. 하층은 6세기 말에서 7세기 초 이전으로 보고되었다.

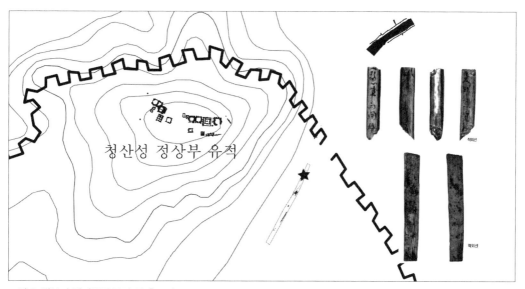

그림 8. 쌍북리 뒷개유적 목간 및 출토지

---

26) 심상육·이미현, 2013, 『부여 뒷개 유적』, 부여군문화재보존센터.
27) 판독 가능 유물 1점과 묵흔만 있는 유물 1점임.

9) 쌍북리 328-2 유적[28]

사비도성의 동북부에 해당하며, 부소산에서 동향하여 청산성 정상부까지 이어지는 능선부의 남사면 끝자락이다. 이곳에는 대단위의 성토대지와 그 위로 석축담장지[29]와 건물지 등이 다수 확인되고 있다. 또한, 유적은 나성의 동북 문지로 연결된 도로의 주변부에 해당한다.

유적에서는 3점의 판독 가능 목간이 출토되었는데, 1점에 구구단이 적혀 있다. 목간의 출토상황은 수혈유구와 구상유구 등에서 출토되어 주변 일대에서 목간이 유구로 유입되었을 가능성이 커 보인다. 목간의 중심연대는 사비기이다.

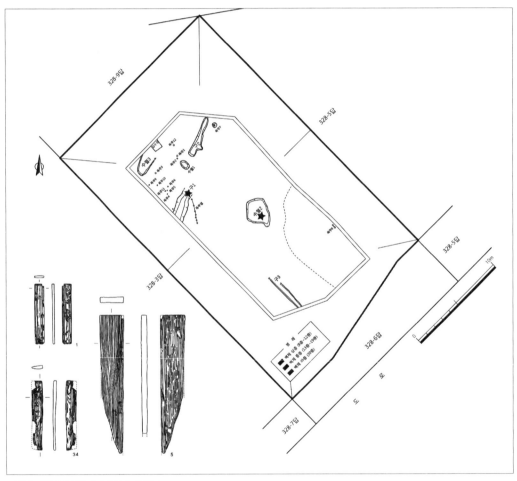

그림 9. 쌍북리 328-2 목간 및 출토지

---

28) 한국문화재재단, 2013, 「6. 부여 쌍북리 328-2번지 유적」, 『2011년도 소규모 발굴조사 보고서Ⅲ-충남1-』.

29) 가경고고학연구소, 2021, 『부여 쌍북리 329-3번지 유적』.

10) 쌍북리 280-5 유적[30]

사비도성의 동북부에 해당하며, 부소산의 동사면 동편이다. 유적 바로 동편으로는 금성산에서 발원한 물길이 남에서 북으로 흐른다.

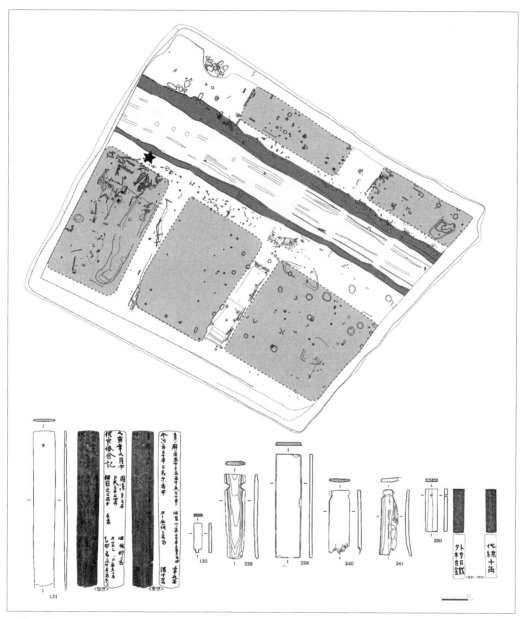

그림 10. 쌍북리 280-5 유적 목간 및 출토지

---

30) 정해준·윤지희, 2011, 『부여 쌍북리 280-5 유적』, 백제문화재연구원.

유적에서는 자연 지형에 맞는 북서-남북 축으로 구축된 도로 시설과 도로 양편으로 건물지가 들어선 모습으로 발굴되었다. 목간은 1호 건물지 등에서 6점[31]과 판독 가능한 묵서가 적혀 있는 제첨축 1점이 출토되었다. 목간은 佐官貸食記와 戊寅年, 外椋部 등이 적혀 있다.

목간은 도로변의 1호 건물지 등에서 유입된 것으로 보이며, 무인년을 618년으로 보고 있어 목간의 중심 연대는 7세기 전반으로 판단된다.

한편, 유적에서는 철촉 등 금속제품과 도가니 등이 다수 출토되었다.

11) 쌍북리 현내들 유적[32]

사비도성의 동북부에 해당하며, 부소산과 능산리산 그리고 금성산에 의해 둘러싸인 충적대지에 형성된 유적이다. 유적 주변에서는 도로 시설 및 건물지, 우물, 그리고 금속공방과 관련된 도가니와 爐시설 등이 다수 확인되었다.

목간은 14점[33]이 자연 쇄굴에 의해 형성된 것으로 추정된 제2호 수혈에서 출토되었다. 목간이 출토된 주변으로 건물지 등이 확인되었는데, 목간은 이 건물지 등에서 유입되었을 것으로 보인다. 목간 중에는 상

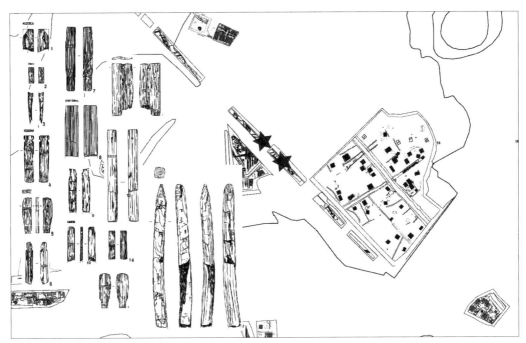

그림 11. 쌍북리 현내들유적 목간 및 출토지

---

31) 판독 가능 유물 2점과 묵흔마저 없는 유물 4점임.

32) 이호형·이판섭, 2009, 앞의 책.

33) 판독 가능 유물 7점, 묵흔만 확인 유물 1점, 묵흔마저 없는 유물 6점임.

부가 적힌 목간과 습서목간 등도 포함되어 있다. 한편 1점의 제첨축이 출토되기도 하였다.

목간의 중심연대는 사비기인데, 유적의 2구역 제방 부근에서 五銖錢이 출토되어 유적의 연대를 6세기 후반에서 7세기 전반으로 유추할 수 있다.

12) 쌍북리 184-11 유적[34]

사비도성의 동북부에 해당하며, 쌍북리 현내들 유적과 마찬가지로 부소산과 능산리산 그리고 금성산에

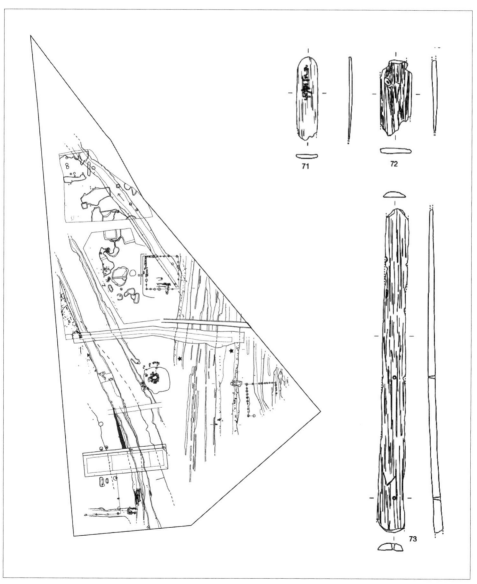

그림 12. 쌍북리 184-11 유적 목간 및 출토지

의해 둘러싸인 충적대지에 형성된 유적으로 유적 중심부로 금성산의 북사면 일원에서 발원한 물길이 유적을 남에서 북으로 흐르고 있다. 유적 주변에서는 도로 시설 및 건물지, 우물, 그리고 금속공방과 관련된 도가니와 노시설 등이 다수 확인되었다.

유적은 3단계로 형성되어 있고, 우물, 벽주건물지와 금속공방 관련 시설지 등이 남북도로변에 설치된 유적이다. 목간은 남북도로1의 서측과 동측 배수로에서 3점[35]이 출토되었다. 출토된 목간은 유적 남쪽에서 유입되었을 가능성도 있고, 유적 일원의 건물지 및 공방 시설지에서 유입되었을 수도 있다.

목간은 1차 생활면에서 출토되었고, 2차 생활면에서 오수전이 출토되어 목간의 중심연대는 6세기 중엽일 가능성이 있다.

13) 쌍북리 56 유적[36]

사비도성의 동북부에 해당하며, 부소산과 능산리산 그리고 금성산에 의해 둘러싸인 충적대지에 형성된 유적이다. 유적 중심부로는 능산리산과 금성산에서 발원한 물줄기가 남동에서 북서로 진행한다. 유적 주변

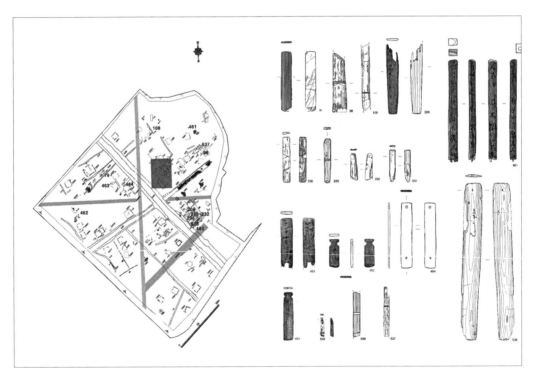

그림 13. 쌍북리 56 유적 목간 및 출토지

34) 심상육·이화영·최유정, 2014, 『부여 쌍북리 184-11 유적』, 백제고도문화재단.
35) 판독 가능 유물 1점, 묵흔마저 없는 유물 2점임.
36) 울산발전연구원문화재센터, 2020, 『부여 쌍북리 56번지 유적』.

에서는 도로 시설 및 건물지, 우물, 그리고 금속공방과 관련된 도가니와 노시설 등이 다수 확인되었다.

유적은 남동에서 북서로 개설된 도로를 중심으로 도로 좌우편으로 직교하는 도로가 개설되어 있고, 이로 구획된 공간에 우물과 건물지 등을 비롯하여 금속공방 관련 시설 등이 배치되어 있다.

목간은 17점[37]이 보고되었는데, 공방시설물이 집중된 19호 건물지의 주변 중심도로의 배수로 일대와 38호 건물지 주변의 중심도로 배수로 일대, 21호 건물지 주변에서 출토되었는데, 도로의 배수로에서 출토된 목간의 경우 주변 일원에서 흘러들어왔을 가능성도 있으나, 19호 건물지 주변의 공방시설이 집중된 곳의 목간은 이 일대의 공방에서 유입되었을 개연성이 높아 보인다.

보고된 목간에는 597년으로 추정한 정사년 목간과 논어 목간이 있으며, 공반유물로 오수전과 개원통보가 확인되어 목간의 중심연대는 6세기 말에서 7세기 중반으로 볼 수 있다.

14) 쌍북리 154-10 유적[38]

사비도성의 동북부에 해당하며, 부소산과 금성산에 의해 둘러싸인 충적대지에 형성된 유적이다. 그리고 유적 인근으로는 서에서 동으로 연결되는 물길을 유추할 수 있다. 유적 주변에는 도로 시설 및 건물지, 우물, 그리고 금속 공방과 관련된 도가니와 노 시설 등이 확인되었다.

유적은 보고서 이름에서 볼 수 있듯이 금속 공방과 관련된 유적으로 다수의 도가니가 출토되었으며, 우물과 벽주건물지, 남북도로와 제방시설 등이 4단계에 걸쳐 형성되어 확인되었다. 묵흔마저 없는 목간형 목제품 2점이 제2차 생활면의 가로수 옆 추정 도로 구간의 상면에서 출토되어 6세기 후반을 중심연대로 볼 수 있다.

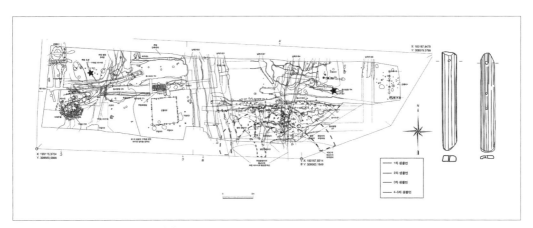

그림 14. 쌍북리 154-10 유적 목간 및 출토지

37) 판독 가능 유물 7점, 묵흔만 있는 유물 2점, 묵흔마저 없는 유물 8점임.
38) 김성남·김영·최유정, 2014, 『부여 쌍북리 154-10 사비 공방구 유적』, 백제고도문화재단.

15) 쌍북리 201-4 유적[39]

사비도성의 동북부에 해당하며, 부소산과 금성산에 의해 감싸여진 충적대지에 형성된 유적이다. 그리고 유적 인근으로는 금성산의 북사면에서 발원한 물길이 남에서 유적지 주변을 지나 북으로 이어지고 있다. 유적 주변에서는 도로 시설 및 건물지, 우물, 그리고 금속공방과 관련된 도가니와 노시설 등이 확인되었다.

쌍북리 201-4번지 유적에서도 주변 유적과 마찬가지로 도가니가 출토되었고, 남북방향의 수로와 수로변으로 굴립주식 건물지와 기단을 석축으로 구축한 건물지 등이 확인되었다. 목간은 유적에서 가장 늦은 제5문화층의 배수로인 구상유구 5에서 3점[40]이 출토되었다. 출토된 목간은 남쪽 일원에서 유입되었을 수도 있지만, 서편에서 확인된 석축기단 건물에서 유입되었을 가능성이 더 커 보인다.

출토된 목간의 중심연대는 공반된 소문수막새와 굽이 낮은 대부완을 통해 7세기 이후임을 알 수 있다.

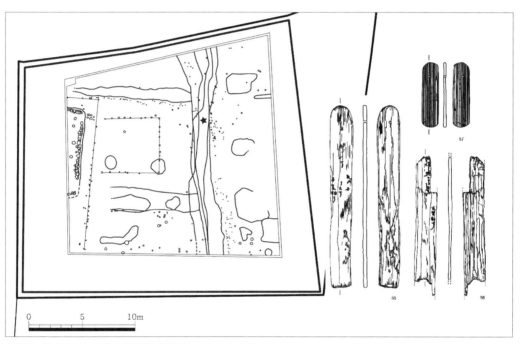

그림 15. 쌍북리 201-4 유적 목간 및 출토지

16) 쌍북리 173-8 유적[41]

사비도성의 동북부에 해당하며, 금성산의 북사면 골짜기와 연결된 충적대지에 형성된 유적이다. 유적

---

39) 한국문화재재단, 2015, 「1. 부여 쌍북리 201-4번지 유적」, 『2012년도 소규모 발굴조사 보고서 V-부여2-』.

40) 판독 가능 유물 2점과 묵흔마저 없는 유물 1점임.

41) 동방문화재연구원, 2013, 『쌍북리 173-8번지 유적』.

그림 16. 쌍북리 173-8 유적 목간 및 출토지

인근으로는 금성산의 북사면에서 발원한 물길이 남에서 유적지 주변을 지나 북으로 이어지고 있다. 유적 바로 북편으로 쌍북리 201-4 유적이 위치하며, 주변에서는 도로시설 및 건물지, 우물, 그리고 금속공방과 관련된 도가니와 노시설 등이 확인되었다.

유적에서는 벽주건물지와 공간을 구획했을 것으로 여겨지는 목책이 동서방향으로 6기나 확인되었고 남북방향으로도 1기가 확인되었다. 그리고 이 유적도 주변 유적과 마찬가지로 다수의 도가니와 청동 용해로 등의 유구가 노출되었다.

목간은 백제 사비기 제2문화층에서 5점[42]이 확인되었다. 출토상황이 정확히 기재되지는 않았지만, 문화층에서 수습된 것으로 기술된 것으로 보면 주변의 건물지 혹은 청동 용해로 주변에서 유입되었을 가능성이 높다.

목간의 중심연대는 함께 출토된 오수전을 통해 6세기 말에서 7세기 초로 볼 수 있다.

17) 석목리 143-16 유적[43]

사비도성의 동북부에 해당하며, 능산리산과 금성산 사이의 북서 사면부의 골짜기와 연결된 충적대지에

---

42) 판독 가능 유물 4점과 묵흔마저 없는 유물 1점임.

형성된 유적이다. 이에 남동-북서로 진행되는 물길이 유적의 주변을 지난다. 유적 바로 북서편으로 쌍북리 56 유적이 위치하며, 두 유적은 중심도로가 연결되고 있음이 발굴로 확인되었다.

석목리 143-16 유적에서는 중심도로를 중심으로 도로의 한쪽으로 금속 공방과 관련된 도가니와 숫돌 그리고 爐시설이 확인된 곳이다. 목간은 쌍북리 56 유적으로 연결되는 중심도로의 측구에서 판독 가능한 3점이 확인되었다. 목간 중 전부 목간도 포함되어 있다. 도로 유적의 주변에 위치한 공방시설에서 목간이 유

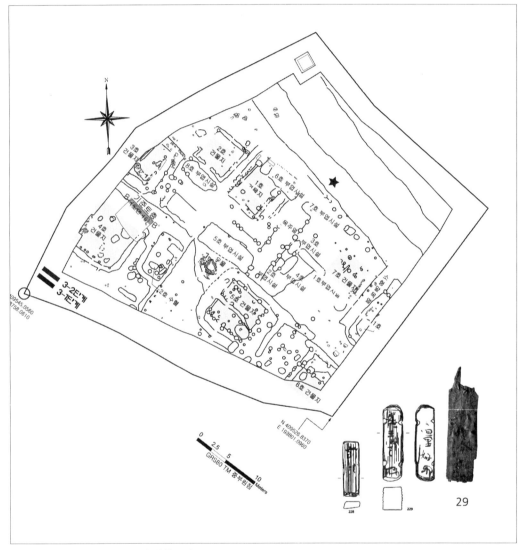

그림 17. 석목리 143-16 유적 목간 및 출토지

---

43) 심상육·이화영·박종현·김문옥, 2019, 『부여 석목리 143-16번지 유적』, 백제고도문화재단; 백제고도문화재단, 2022, 『부여 농협 밭작물공동경영체육성사업 품질관리시설 증축공사부지 내 유적 약식보고서』.

입되었을 수도 있고, 유적의 남동부에서 유입되었을 수도 있는데, 이곳에서도 금속공방과 관련된 유구가 확인[44]되기도 하였다.

목간의 중심연대는 유적의 최후단계인 3단계로 7세기 전·중엽이다.

18) 쌍북리 유적 II[45]

사비도성의 동북부에 해당하며, 금성산의 북사면 골짜기와 연결된 충적대지에 형성된 유적이다. 그리고 유적 인근으로는 금성산의 북사면에서 발원한 물길이 남에서 유적지 주변을 지나 북으로 이어지고 있다. 유적 바로 북편으로 쌍북리 173-8·201-4 유적이 위치한다.

유적에서는 쌍북리 201-4 유적의 구상유구와 쌍북리 184-11 유적의 남북도로 유구와 연결될 것으로 예측되는 남북축의 수로 및 우물이 확인되었다. 유적에서는 목간 3점[46]을 비롯하여 당척을 단위로 하는 자와 부피를 재는 되 등 도량형과 관련된 유물이 출토되어 시장 경계와 관련된 유적으로 추정하기도 하는 유적이다. 목간의 중심연대는 백제 사비기이다.

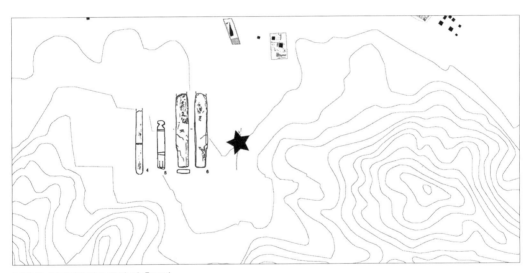

그림 18. 쌍북리유적II 목간 및 출토지

19) 가탑리 백제 유적[47]

사비도성의 동부 중앙에 위치한 유적으로 금성산과 능산리산 사이의 남사면 곡간부의 충적대지에 해당

---

44) 박대순·정화영, 2008, 『부여 쌍북리 두시럭골 유적』, 충청문화재연구원, pp.198-201.

45) 이강승·山本孝文·이현정·신정옥·한진숙·박미라, 2013, 『扶餘 雙北里遺蹟II』, 충남대학교박물관.

46) 판독 가능한 유물 2점과 묵흔마저 없는 유물 1점임.

47) 김성남·황재훈·이화영·심상육, 2010, 『부여 가탑리 백제유적』, 부여군문화재보존센터.

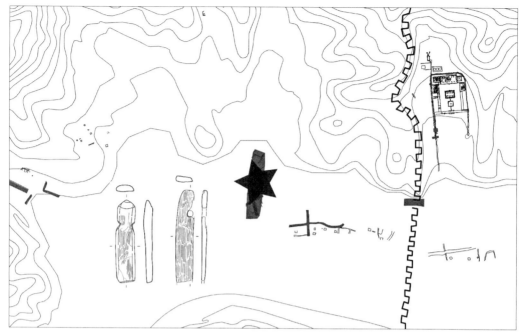

그림 19. 가탑리 백제유적 목간 및 출토지

한다. 유적 남편으로는 동에서 서로 흐르는 왕포천이 있다.

유적이 위치한 곳은 사비도성의 중심부인 부소산과 관북리 일원에서 부여 왕릉원으로 연결되는 도로의 남편에 해당하며, 유적 북쪽 골짜기 안쪽에 관음사지가 있다. 또한, 동쪽으로 부여 나성의 동쪽 정문인 동나성 제3문지 밖에는 능산리사지와 왕릉원이 있다.

가탑리 백제유적은 충적지대에 자연지형에 따라 형성된 초기 경작지에서 격자상의 도로망 속에 건물이 들어선 생활공간으로 변모된 곳에 해당한다.

목간은 묵흔마저 없는 것이 2점 보고되었는데, 출토 정황이 기술되어 있지 않지만, 유적의 북편 혹은 유적지 내에서 목간이 유입되었을 것으로 보이며, 목간의 중심 시기는 사비기이다.

20) 능산리 동나성 내·외부 유적[48]

사비도성의 동부 중앙에 있는 유적으로 능산리산과 필서봉 사이의 충적대지에 해당한다. 유적은 왕포천 주변으로, 사비도성의 내부(2~4지역)와 외부(1지역) 그리고 나성의 흔적 일부(1지역과 2지역 사이)도 확인된 유적이다.

유적은 3단계로 이루어져 있는데, 1단계는 수전과 왕포천 구하도와 합류되는 유로와 목교시설 및 추정 제방시설이 확인된 경작면 단계이다. 2단계와 3단계는 단절 없이 연속선상에 건물지 및 교차로가 있는 가

---

48) 이호형·구기종, 2006, 『부여 능산리 동나성 내·외부 백제유적』, 충청문화재연구원.

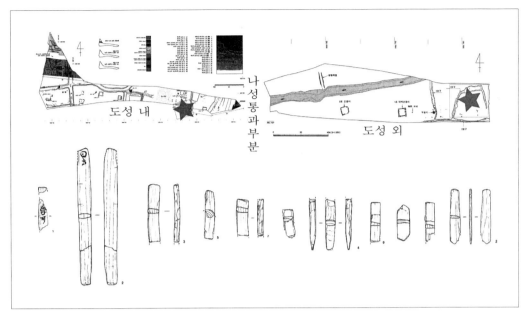

그림 20. 능산리 동나성 내·외부 유적 목간 및 출토지

로 구획으로 구성된 단계이다.

목간은 모두 11점이 출토되었다. 특히, 1지역 건물지 조성면 단계의 1호 구의 유기물 집적층에서 10점[49]의 목간이 출토되었는데, 이곳은 사비도성의 밖에 해당하며, 능산리사지에서 흘러들어오는 물길보다 더 동쪽에 있어 능산리사지에서 유입된 목간이라기보다는 왕릉원 혹은 왕릉원의 동고분군 동쪽 곡간부에 위치한 공방지[50]에서 유입되었을 가능성이 더 커 보인다.

한편, 묵흔이 없는 목간형 목제품 1점은 2지역의 2차 건물지 조성면 단계의 4호 구에서 출토되었고, 이곳은 사비도성 내부에 해당한다. 목간의 중심연대는 사비도성이 축조된 이후인 사비기이다.

21) 능산리사지[51]

사비도성의 동부 중앙의 외부에 있는 절터로 능산리산의 남사면 곡간부에 해당한다. 유적 남편으로는 왕포천이 동에서 서로 흐르고 있다. 사지 서편으로는 사비도성의 외곽인 부여 나성의 성곽이 남북으로 구축되어 있고, 동쪽으로는 왕릉원이 위치한다.

능산리사지는 목탑지의 심초석에 새겨진 연대를 통해 567년에는 사역 일대의 대지조성이 마무리되었을

---

49) 판독 가능 유물 1점, 묵흔만 있는 유물 1점, 묵흔마저 없는 유물 8점임.

50) 부여군문화재보존센터, 2010, 『부여 능산리 고분군 관리사 및 주차장 조성공사 부지 내 매장문화재 발굴(시굴)조사 약보고서』, pp.18-20.

51) 국립부여박물관, 2007, 『능사 6~8차 발굴조사보고서』; 이병호, 2008, 「부여 능산리 출토 목간의 성격」, 『목간과 문자』 창간호, 한국목간학회.

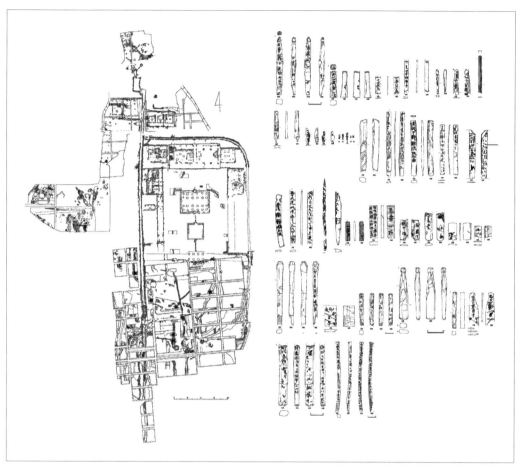

그림 21. 능산리사지 목간 및 출토지

것이다. 능산리사지에서는 목간 32점[52]과 削片 125점이 출토되었는데, 목간 대부분은 중심사역 남편의 초기 자연 배수로에서 출토된 상황이다. 능산리사지는 산사면 곡간부의 중심부에 인공의 성토대지를 조성한 후 중심가람을 설치한 사찰이다. 따라서 대지조성은 사역 전반에 걸쳐 이루어진 후 각각의 건축물이 들어섰을 것[53]이기 때문에 목탑지의 심초석에 새겨진 567년 전후에는 터다지기가 마무리되었을 것이다. 그럼 자연스럽게 초기 자연 배수로에서 다수의 목간이 출토되어 중심 시기는 567년 이전일 가능성이 높다. 이게 타당하다면 이곳에서 확인된 목간은 사찰과는 관련되지 않은 목간일 수 있다.

능산리사지에서 출토된 목간은 분명히 출토된 곳보다 더 북쪽에서 유입되었을 가능성이 높다.

---

52) 판독 가능 유물 28점, 묵흔만 있는 유물 1점, 묵흔마저 없는 유물 3점임.

53) 황룡사지의 대지조성 또한 부지가 모두 조성된 상황에서 건축물이 들어선 것으로 밝혀졌다(李旼馨, 2022, 「新羅 眞興王代 新宮 垈地造成」, 경주대학교 대학원 박사학위논문, pp.73-74).

22) 동남리 216-17 유적[54]

사비도성의 중앙에서 약간 서부에 위치한다. 유적의 바로 남서편에는 동남리사지가 위치한다.

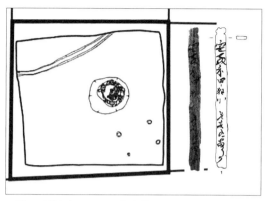

그림 22. 동남리 216-17 목간 및 출토지

동남리 216-17 유적에서 우물에서 목간 1점이 통일신라시대 유물과 함께 출토되었다. 따라서 고고학적으로는 통일신라시대의 목간으로 보아야 한다. 그리고 백제 사비기의 목간 출토와 완연한 차이점은 우물에서 출토되었다는 점이다. 사비기의 목간은 우물에서 출토된 예가 아직 보고되지 않았다.

이상 백제 사비도성지에서 출토된 목간을 그림 23과 표 1로 나타내면 다음과 같다.

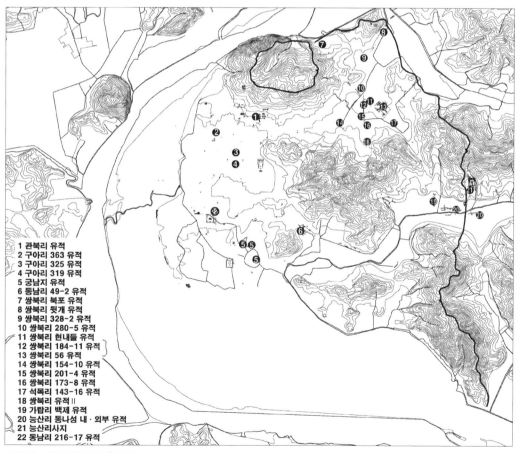

1 관북리 유적
2 구아리 363 유적
3 구아리 325 유적
4 구아리 319 유적
5 궁남지 유적
6 동남리 49-2 유적
7 쌍북리 북포 유적
8 쌍북리 뒷개 유적
9 쌍북리 328-2 유적
10 쌍북리 280-5 유적
11 쌍북리 현내들 유적
12 쌍북리 184-11 유적
13 쌍북리 56 유적
14 쌍북리 154-10 유적
15 쌍북리 201-4 유적
16 쌍북리 173-8 유적
17 석목리 143-16 유적
18 쌍북리 유적 II
19 가탑리 백제 유적
20 능산리 동나성 내ㆍ외부 유적
21 능산리사지
22 동남리 216-17 유적

그림 23. 사비도성 목간 출토지

표 1. 유적별 목간 수량 및 출토양상

유적명	유적번호	목간 관련 유물					출토유구	유입	중심시기
		총 수량	묵서 판독 가능 유물	묵서 확인 유물	목간형 유물 (묵서 x)	제점축			
관북리 유적	1	17	7	3	7		석축 연못	투기(投棄)	7C 전·중
구아리 363-1 유적	2	1			1		도로 배수로	자연 유입	6C후
구아리 325·326-1 유적	3	1	1				도로 배수로	자연 유입	6C후
구아리 319 유적	4	13	8	1	4		물 웅덩이	자연 유입	6C후·7C초
궁남지 유적	5	15	3		11	1	도로 관련 수로	자연 유입	~ 7C전
동남리 49-2 유적	6	5	5				도로 관련 수로	자연 유입	6C후·7C전
쌍북리 북포 유적	7	6				6	도로 건널목시설	자연 유입	6C 전 ~ 7C 중
쌍북리 뒷개 유적	8	2	1	1			구상유구	자연 유입	6C말·7C초
쌍북리 328-2 유적	9	3	3				구상유구	자연 유입	6C 전 ~ 7C 중
쌍북리 280-5 유적	10	7	3(제점축1)		4	(1)	도로 주변 건물지	자연 유입	7C전
쌍북리 현내들 유적	11	15	7	1	6	1	세굴에 의한 수혈	자연 유입	6C말·7C초
쌍북리 184-11 유적	12	3	1		2		도로 배수로	자연 유입	6C중
쌍북리 56 유적	13	17	7	2	8		공방, 도로 주변	자연 유입	6C말~ 7C중
쌍북리 154-10 유적	14	2			2		구상유구	자연 유입	6C후
쌍북리 201-4 유적	15	3	2		1		구상유구	자연 유입	7C전·중
쌍북리 173-8 유적	16	5	4		1		문화층 수습	-	6C말·7C초
석목리 143-16 유적	17	3	3				도로 배수로	자연 유입	7C 전·중
쌍북리 유적Ⅱ	18	3	2		1		도로 배수로 인접	자연 유입	6C 전 ~ 7C 중
가탑리 백제 유적	19	2			2		-	-	6C 전 ~ 7C 중
능산리 동나성 내·외부 유적	20	11	1	1	9		유기물 층, 구	자연 유입	6C 전 ~ 7C 중
능산리사지	21	32 (삭편 125)	28 (삭편 8)	1	3		초기자연배수로	자연 유입	6C 전·중
동남리 216-17	22	1	1				우물	투기	통일신라
수량	백제	166점 (삭편 별도 125점)	86점 (삭편 별도 8점)	9점	63점	9점	사비도성 내부 123점 출토, 사비도성 외부 43점 출토		
	통일신라	1점	1점						

---

54) 忠清南道歷史文化研究院·扶餘郡, 2007, 『부여 동남리 216-17번지 유적』.

2. 출토 목간 양상

앞서 본 것과 같이 부여에서는 백제시대 판독 가능한 목간 86점과 묵흔만 확인된 목간 9점, 그리고 제첨축 9점 등 166점이 21개 유적에서 출토되었다.

목간이 출토된 유적은 부소산과 금성산~능산리산 사이의 충적대지인 쌍북리 일대에서 가장 많은 12개 유적이 확인되었고, 부소산 남사면 아래와 금성산의 서사면의 배후습지 지역, 궁남지 인근 그리고 능산리산 아래의 왕포천변의 충적지대에서도 출토되었다. 또한, 사비도성 내부에서 대부분의 목간이 확인되었는데, 도성 외부 공간인 능산리사지 하부와 부여 왕릉원 남편의 왕포천변에서도 출토되었다. 목간이 출토된 유적은 나무로 만들어진 목제품이 유존될 가능성이 높은 지하 토양 환경을 갖춘 곳이다.

목간 출토유적 중 다수는 사비도성의 가로 구획 중 도로 시설인 배수로[55]에서 다수 확인되었는데, 도로에 인접하여 건물지 등이 배치된 것으로 보아 목간이 출토된 인접지에서 물에 의해 자연적으로 유입된 것[56]으로 판단해 볼 수 있다. 다만, 관북리유적에서 출토된 목간의 경우는 다르게 보아야 할 것 같다. 왜냐하면, 목간이 석축 연못에서 확인되었는데, 이 연못은 우물에서 수키와로 연결된 입수구가 있고, 연못 외곽으로 석렬 시설이 설치되어 있어, 외부에서 자연적으로 목간이 유입되기 어려운 구조이기 때문이다. 따라서

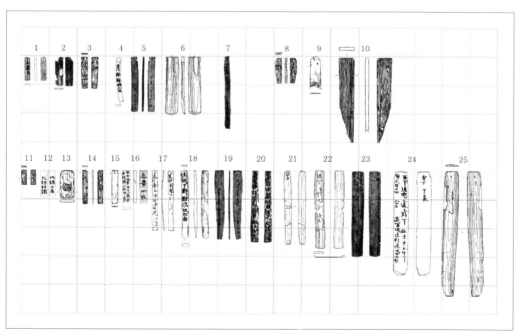

그림 24. 부여 목간 종류 모음(그림 내 방형 간격은 10cm임)

---

55) 도로의 側溝를 말한다.

56) 여기에서 자연 유입으로 표현한 것은 목간 출토지 주변을 말하는 것이다. 물론 왕포천변 등 물의 유량이 비교적 있는 곳의 경우 박태우의 논리(박태우, 2009, 「목간자료를 통해 본 사비도성의 공간구조」, 『백제학보』 1, 백제학회, pp.64-66)처럼 상당 거리를 浮游하여 흘러갔을 수도 있지만, 그 수는 극히 일부에 불과할 것으로 판단된다.

연지의 경우 자연 유입보다는 인위적으로 목간을 연못에 투기했을 가능성이 높아 보인다.

목간의 중심연대는 대부분 6세기 전엽부터 7세기 중엽까지로 확인되었다. 특히, 능산리사지의 사역을 조성하기 위한 성토대지를 조성하기 이전의 초기 자연 배수로에서 다수의 목간이 출토되어 백제가 사비로 천도한 이후부터 목간이 사용되었음을 짐작할 수 있고, 백제의 패망 전후의 모습을 간직하고 있는 관북리 유적 연못에서도 다수의 목간이 출토되어 7세기 중엽인 백제 멸망기까지 사용되었음을 알 수 있다.

한편, 왕성으로 여겨지는 부소산성의 경우 집수정 등 목제품이 보존되어 출토될 가능성이 높은 유구를 발굴했음에도 목간이 아직 보고되지 않았다. 이는 석축으로 만들어진 집수시설이 다수 발굴된 공산성의 내부에서 목간이 출토되지 않은 것과 같은 양상으로 파악해 볼 수 있는데, 지방성인 고사부리성과 백령산성에서는 목간이 출토[57]되어 차이점이 관찰되어 주목된다. 하지만 비교 예가 많지 않아 그 정확한 이유는 알 수 없으나, 백제 왕성에서는 목간을 일반적으로 사용하지 않았던 것이 아닌가 한다.

부여에서 확인된 목간은 수종 분석이 모두 이루어진 것이 아니지만 소나무로 가장 많이 만들어진 것으로 판단된다. 왜냐하면 166점의 목간과 제첨축 중 수종 분류가 이루어진 16점 중 소나무가 8점이기 때문이다. 여기에 편백류 3점, 삼나무와 벚나무가 1점이며, 쌍북리유적Ⅱ에서 대나무로 만든 것이 2점[58] 출토[59]되었다.

목간의 형태는 대부분 기다란 판자형을 띠는데 146점이 이에 해당한다. 목간의 길이는 15㎝ 이하 군과 20~30㎝ 사이군, 30㎝ 이상군으로 나눌 수 있고, 너비는 2~4㎝가 가장 많으며, 두께는 0.4~0.7㎝ 정도이다. 그리고 단면이 정사각형을 띠는 막대기형인 사면 목간도 15점 확인되었다. 사면 목간의 너비는 2.1~3.2㎝ 사이가 대부분이다. 한편 구구단이 적혀 있는 한 변이 사선을 띠는 것과 둥근 반원형을 띠는 형태의 목간도 확인되었다.

특히, 판자형을 띠는 목간의 경우 판자 양쪽에 홈을 판 것과 홈이 없거나 구멍이 뚫린 것으로 구분해 볼 수 있는데, 홈을 판 것은 길이 15㎝ 이하의 것과 15~25㎝ 사이의 것만이 확인되었다. 이에 비해서 홈이 없거나 구멍이 뚫린 것은 15㎝ 이하부터 20~30㎝ 사이군, 30㎝ 이상군으로 크기가 다양한 편이다.

III. 사비도성 속 목간 출토의 一段

538년부터 660년까지 백제의 서울인 사비도성지는 영세한 기록으로 그 모습을 완벽하게 추측하기란 무척이나 곤란하다. 아니 가장 핵심 시설인 왕의 居所인 왕궁마저도 부소산성에 있는지 아니면 부소산 남록

---

57) 윤용구·이용현·이동주, 2022, 『한국목간 총람』, 주류성출판사.
58) 쌍북리유적Ⅱ 보고서에 '둥글게 만들어진 대나무편'과 '대나무로 만든 죽간'으로 보고된 목간이다.
59) 국립부여문화재연구소, 1999, 앞의 책; 국립부여문화재연구소, 2009, 앞의 책; 이강승·山本孝文·이현정·신정옥·한진숙·박미라, 2013, 앞의 책, p.52; 국립부여박물관, 2007, 앞의 책.

의 관북리유적 일원에 있는지, 아니면 초기에 부소산성에 있다가 부소산 남록으로 내려왔는지 등 아직 衆志를 모으지 못한 상황이다. 따라서 사비도성의 내부 구조 특히, 사비도성의 五部와 五巷이 적혀 있거나 찍혀 있거나 새겨있는 목간과 기와 그리고 표석의 존재에도 오리무중이다.

본 장에서는 백제 사비도성지의 목간을 통해 도성 내부의 구조에 대한 일단을 살피고자 한다. 하지만, 목간 중 내용이 정확히 판독되지 않은 것이 상당하고, 필자가 판독된 목간을 복합적으로 해석할 능력도 부족해서, 이곳에서는 목간이 출토된 고고학적 정황과 사비도성의 발굴유적과의 관계를 통해 사비도성 내부의 구조에 대한 한가지의 견해를 피력해 보겠다.

앞 장에서 살핀 것과 같이 사비도성지의 목간은 사비도성의 동북부와 북부 중앙, 북서부 그리고 동부와 중앙부에서 群의 모습으로 출토되었다. 그리고 관북리유적을 제외하고는 대부분 산지의 곡간부와 충적대지의 지류 주변부에서 확인되었다. 이는 어쩌면 이러한 곳이 목간이 보존될 수 있는 장소라는 당연한 결론에 도달할 수 있지만, 비슷한 조건을 갖춘 곳임에도 불구하고 목간이 출토되지 않는 정황이 확인됨에 따라 신중하게 접근할 필요는 있다. 그리고 앞에서도 보았듯이 문자 생활이 다른 곳에 비해 높았을 것으로 유추되는 국가시설물지로 여겨지는 부소산성과 사찰 등에서는 목간이 거의 출토되지 않았다는 점과 왕궁지로 유력시되고 있는 관북리유적에서도 목간은 연지에서만 출토되는 특징이 있다. 따라서 목간을 사용하는 공간 혹은 집단, 계층이 있을 가능성도 있기 때문이다.

부여 지역에 대한 발굴은 1915년 부여 왕릉원에 대한 발굴로 시작되었고, 도성 내부에 대한 조사는 1930년대부터 시작하여 사비도성의 산지 끝자락인 비교적 완만한 곳에는 대부분의 백제 주민의 생활 흔적이 관찰됨을 알 수 있게 되었다. 그리고 산지의 비교적 넓은 곡간부와 지류천의 충적대지에도 가로 구획과 건물, 우물 등이 들어선 사실 또한 알게 되었다. 이뿐만 아니라 부소산과 청산성 정상부 등의 산지 정상 부근에도 국가시설물인 王城과 계단식의 건물군이 정연하게 배치된 정황이 밝혀지게 되었다. 그리고 사비도성은 538년 천도 전 구축하였고, 당시의 모습은 거점방어성과 나성, 왕궁지 등이 존재하는 모습이었다. 이후 위덕왕 대인 6C 3/4분기부터 도성의 내부는 점진적으로 개발이 이루어졌고, 이러한 개발은 7C 1/4분기까지 이어진다. 하지만 금강의 하류 주위에 있는 저평한 곳의 자연 파괴적 개발은 필연적인 자연재해를 수반하게 된 것으로 보인다. 그리고 이를 극복하기 위한 개발이 7C 2/4분기에 주요 시설지의 재개발로 이루어진다.[60] 그러나 현재까지의 사비도성 내부의 발굴 현황을 보면, 부소산의 아래부터 금성산과 화지산 일대까지인 왕포천 북안까지는 다수의 생활 유구 흔적을 통해 상당한 개발 현황을 확인할 수 있다. 그런데 왕포천 남쪽과 도성 서부의 백마강 언저리 일대는 주택이 들어서는 도시화보다는 경작지 등으로 활용된 양상임을 알 수 있다.

사비도성지에서 목간이 출토된 곳도 대체로 사비도성 내부에서 도로 및 생활공간으로 都市化 (urbanization)[61]된 곳 중에서 목간이 보존될 환경에서 출토되었다. 특히, 도성의 동북부 일원인 현재의 부

---

60) 심상육, 2020, 앞의 논문, pp.38-42.

61) 여기에서 도시화는 도시가 아니었던 구역, 혹은 낙후된 지역이 발전되거나 개발되는 것을 말한다. 주거지의 발달로 일컬어질

여읍 쌍북리 일원의 유적에서는 목간이 다른 곳에 비해 밀도가 상당수 높게 출토되었다.

쌍북리 일원은 사비도성 내부의 동북부이다. 이곳의 유적은 다른 곳과는 다르게 금속제품을 만드는 공방과 관련된 유구와 유물이 다수 출토되었다. 즉 고화도를 낼 수 있는 爐 시설과 유물로서는 금속을 녹이는 용기인 도가니, 금속제품 마연에 사용하는 숫돌 등이다. 그리고 이곳의 금속 관련 공방시설물은 물의 공급을 쉽게 받을 수 있는 충적대지뿐만 아니라 쌍북리 두시럭골 유적[62]처럼 금성산의 북향한 사면에도 존재하고 있다. 즉, 이 일대가 面으로 금속공방단지였을 가능성을 유추[63]할 수 있다는 점이다.

한편, 목간이 출토된 쌍북리 일대 이외에도 비약이지만 群 단위로 유적을 무리지어 공간을 구분할 수 있다. 즉, 구아리 일원의 유적에서는 5部가 적힌 목간이 다른 곳보다 출토 빈도가 높은 측면이 있으며, 관북리 유적의 경우 목간의 형태가 비교적 작은 것이 많다는 점을 통해서이다. 그리고 중정리와 왕포리 등 왕포천 남쪽 및 군수리 일원에서는 다수의 곳에서 발굴이 이루어졌지만, 목간이 출토되지 않는다는 점에 따라 이곳도 공간을 구분할 수 있다.

『周書』 등의 기록과 같이 사비도성은 5부 혹은 더하여 5항으로 구분[64]되며, 이 구분에 대해 일부 연구자들은 왕궁구를 고려한 사비도성 내부를 개념적으로 구분[65]하기도 하였고, 일부는 사비도성 내부의 산지를 고려한 5부 구획을 제시[66]하기도 하였다. 그리고 사비도성의 5부 그리고 5항을 직접적으로 이해할 수 있는 표석도 수습되었지만, 원래의 위치에서 얼마간 이동한 것으로 이해되어, 현재 사비도성 5부와 5항은 개념으로만 이해되고 있다.

그런데 언급한 바와 같이 사비도성의 동북부 일원인 쌍북리와 석목리 일대에서 금속공방과 연관이 있는 유구와 유물이 출토되어, 사비도성 내부의 공간을 구분할 수 있음을 고고학적 발굴로 확인(표 2)할 수 있게 되었다. 물론 이 공간이 5부와 일치한다는 근거는 없다. 다만, 현재의 시점에서 사비도성의 공간 구분을 발굴된 유구와 유물을 적극 활용할 필요는 있을 것이다.

표 2. 사비도성 내부 행정구역별 주요 유구 및 주요 출토유물 현황

유적명	목간 출토 및 유구	주요 유구	주요 출토유물
관북리 유적	연지 출토	하층: 공방지, 지하창고지 상층: 건물지, 도로시설, 석축 연못	하층: 귀금속 도가니 등 상층: 와당 및 도가니, 목간 등
관북리 160 유적	-	벽주건물지 등	와당, 흑갈유도기 등

수 있다(https://namu.wiki/도시화 검색 자료).

62) 박대순·정화영, 2008, 앞의 책,

63) 심상육·이화영, 2019, 「부여 석목리 143-16번지 유적 문자자료 소개」, 『목간과 문자』 22, 한국목간학회, pp.314-315.

64) 백제 사비도성의 5부와 5항에 대한 문헌 기록은 서정석, 2021, 「백제 사비도성의 왕궁과 5부·5항」, 『한국고대사탐구』 37, 한국고대사탐구학회를 참고하였음을 밝혀둔다.

65) 田中俊明, 1990, 앞의 논문, p.213.

66) 이병호, 2003, 「백제 사비도성의 구조와 운영」, 『한국의 도성』, 서울시립대학교 부설 서울학연구소, p.66.

유적명	목간 출토 및 유구	주요 유구	주요 출토유물
구아리 백제 유적	-	우물 등	와당, 석제전, 석제 용범, 목기
구아리 434	-	우물, 도로 등	목기, 와당 등 소량
구아리사지	-	사지?	와당, 석제전 등
구아리 363 유적	도로 배수로	도로시설	목간, 숫돌 1점 등
구아리 325 유적	도로 배수로	도로시설, 건물지	목간, 숫돌 1점 등
구아리 319 유적	물 웅덩이	하층: 물웅덩이 등 상층: 건물지	유리질 슬래그 1점, 청자벼루, 목간, 목기, 철도자 등
구교리 5-1 유적	-	폐기장	벼루, 등잔 등
구교리 구드래 일원 유적	-	건물지, 빙고, 도로 등	벼루, 숫돌 등
구교리 367 유적	-	건물지 등	녹유 벼루 등
궁남지 유적	도로 관련 수로	목조저수조, 수로, 도로	목간, 목기, 도가니 1점, 숫돌
동남리 49-2 유적	도로 관련 수로	도로, 건물지 등	목간 등
동남리 172-2 유적	-	건물지, 저수시설 등	기대, 삼족기 등
동남리 유적(동남리사지)	-	건물지, 저수시설	와당, 향로형토기, 기대,
동남리 백제생활유적(한국 농어촌공사)	-	건물지, 우물 등	호자, 연가 등
군수리사지	-	사지	상자형전, 와당 등
군수리 134-4 유적	-	도로	뚜껑 등
군수리 130 유적	-	벽주건물지, 우물 등	삼족기, 와당, 개원통보 등
부소산성	-	건물지, 저수조 등	와당, 도가니, 찰갑 등
청산성정상부 유적	-	건물지, 담장 등	중국자기, 와당, 기대 등
쌍북리 북포 유적	도로 건널목시설	도로 등	제첨축, 목기, 기대, 도가니 1점 등
쌍북리 뒷개 유적	구상유구	축대, 구상유구, 우물 등	목간, 와당 등
쌍북리 328-2 유적	구상유구	구상유구, 목주열	목간, 가공목, 기대 등
쌍북리 280-5 유적	도로 주변 건물지	도로, 건물지 등	목간, 목기, 철못 다수, 도자, 도가니 3점, 숫돌 등
쌍북리 현내들 유적	세굴에 의한 수혈	도로, 건물지, 제방 등	목간, 도가니 4점, 기대 등
쌍북리 184-11 유적	도로 배수로	공방시설, 도로, 건물지 등	목간, 도가니 14점, 숫돌 등
쌍북리 56 유적	공방, 도로 주변	노시설, 도로, 건물지, 우물 등	목간, 목기, 도가니 13점, 숫돌, 금속제품 다수
쌍북리 154-10 유적	구상유구	건물지, 저수지, 우물 등	목간, 목기, 도가니 9점, 깃대꽂이 등
쌍북리 201-4 유적	구상유구	건물지, 구상유구 등	목간, 도가니 2점 등
쌍북리 173-8 유적	문화층 수습	건물지, 목책, 청동 용해로	목간, 도가니 41점, 숫돌 다수, 금속제품 등
쌍북리 유적Ⅱ	도로 배수로 인접	도로 배수로, 우물	목간, 자 등

유적명	목간 출토 및 유구	주요 유구	주요 출토유물
석목리 143-16 유적	도로 배수로	노시설, 건물지, 도로 등	목간, 쇠솥, 도가니 16점, 숫돌 27점 등
가탑리 백제 유적	-	도로, 건물지 등	목간, 연가, 숫돌 등
능산리 동나성 내·외부 유적	유기물 층, 구	도로, 건물지, 목교 등	목간, 숫돌 등
능산리사지	초기자연배수로	사지	목간, 철제 화살촉, 와당 등
왕포천변 유적	-	건물지, 도로 등	흑옥 패식, 벼루 등

그러기 위해서 사비도성의 공간을 좀 더 구체화하고자 사비도성지 일원의 현 행정 구분을 살펴보면, 구교·구아·관북·쌍북·석목·동남·군수·가탑·왕포·중정리로 구분되어 있다. 우리나라의 洞里가 대부분 여러 개의 마을을 합친 것이기에 일제강점기 이전의 현황을 보면, 목간이 다수 출토되고 금속공방과 관련된 쌍북리는 雙九里와 北浦里의 촌락 명을 조어하여 만든 지명으로, 조선시대 후기만 해도 쌍구리, 북포리[뒷개], 黑川里(거무내) 등의 마을이 위치한 곳이다. 관북리의 경우 官北里·학샘, 구아리의 경우 舊衙里·紅門里·虛門里, 구교리는 구드래·氷庫里·鶴栖里·舊校里, 석목리는 眞木里·石橋里, 군수리는 軍守(군수평)·꽃정[꽃노들, 곳노들]·新基亭·새뜸말·城末, 동남리는 東山里·馬川里·新垈里·南山里·마래마을·부장골·향교골, 가탑리는 佳束里·塔洞·구장터, 왕포리는 大旺里·구포리·왕호리·대왕리·구정리, 중정리는 中里·東里·唐里·모숙골 등으로 구분되었다.[67] 이처럼 현재는 10개의 행정리가 있지만, 조선 말~일제강점기에는 30개 정도의 동리가 있었음을 확인할 수 있다.

한편, 당시 마을의 중심은 대체로 산지의 사면 자락에 있고, 중정리와 왕포리·군수리·구교리의 금강변과 가탑리와 쌍북리의 왕포천 언저리와 월함지 등은 주택이 들어서지 않은 공간이었다. 그런데 이러한 양상은 사비도성의 발굴 결과와는 공통점과 차이점이 관찰된다. 공통점은 금강변을 따라 형성된 마을 양상은 비슷하지만, 왕포천과 쌍북리 일대의 충적대지, 즉 근래까지 경작지로 활용된 곳과는 달리 백제시대에는 도시화가 상당히 이루어진 생활공간임을 알 수 있다.

그래서 사비도성지의 과거와 현재의 모습은 공통점과 차이점이 있기 때문에 목간이 출토된 지점과 발굴로 확인된 사비도성의 유적 배치, 일제강점기 이전 마을의 중심, 지표조사에서 확인된 백제유적 및 건물터 등을 일제강점기 지적원도와 일제강점기 제작 특수지형도, 1980년대 홍재선 연구자의 논문,[68] 1990년대 제작된 문화유적분포지도[69] 등을 합성 백제시대의 모습을 연상할 수 있는 그림 25를 작성해 보았다.

이 그림을 통해 보면, 사비도성 내부는 북쪽에서 남쪽으로 가면서 마을의 밀집도가 낮아지는 양상인데,

---

67) 일제강점기에 제작된 특수지형도에 나온 촌락 명을 참고하였음을 밝혀둔다.

68) 홍재선, 1981, 「백제 사비도성 연구」, 동국대학교석사학위논문.

69) 문화재청 gis통합인트라넷시스템을 참고하였음을 밝혀둔다.

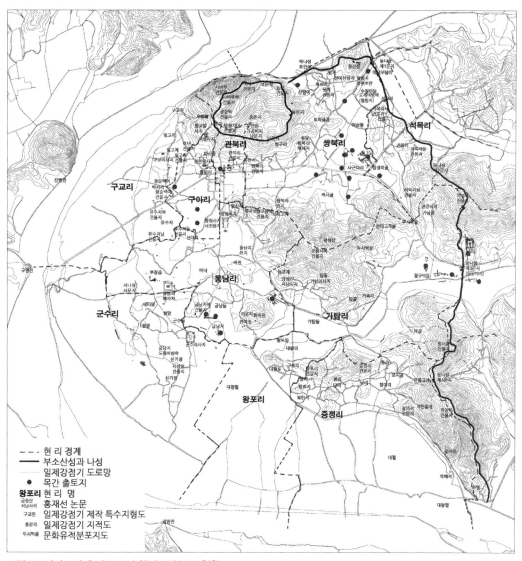

범례:
- – – – 현 리 경계
- ─── 부소산성과 나성
- ───── 일제강점기 도로망
- ● 목간 출토지
- **왕포리** 현 리 명
- 금형산·서남사지 홍재선 논문
- 구교전 일제강점기 제작 특수지형도
- 흥문리 일제강점기 지적도
- 두시락골 문화유적분포지도

그림 25. 사비도성 유적 분포와 행정구역 분포 현황

발굴로 확인된 백제시대의 양상 또한 비슷하다. 그리고 백제시대의 문화층 또한 북쪽이 남쪽보다 백제 사비기 당시의 지표층 수가 많음을 알 수 있는데, 이는 사비도성이 538년 천도 이후 도성 내부가 북쪽부터 남으로 전개된 결과와 일치한다. 그리고 능산리 일대의 왕포천 북안과 남안의 백제시대 유구 밀도에서 북안이 남안보다 상당히 높은 양상을 보이고 있는데, 능산리의 남쪽 왕포리의 산기슭에는 다시 유구 밀도가 높은 양상을 띠고 있는 점도 관찰된다. 이점은 이전의 연구[70]와 마찬가지로 사비도성의 전개가 북에서 남으

70) 이병호, 2002, 「백제 사비도성의 조영과정」, 『한국사론』 47, 서울대학교 인문대학 국사학과.

로 일괄적으로 전개되지는 않고, 산지 남쪽의 양지바른 곳의 개발은 주변보다 일찍 이루어졌음을 알 수 있는 자료이다.

그래서 사비도성지 내부를 일제강점기 이전의 동리 중심부를 지도에 표현해 보면 그림 26이 된다. 여기에서 보면 알 수 있듯이 부소산을 남으로 감싸고 있는 동리가 다른 곳에 비해 밀집된 모습을 볼 수 있다. 이는 백제가 538년 사비로 천도한 초기에는 부소산 자락 및 구릉지 일대로 도시화가 이루어졌다는 연구 결과[71]와 합치될 수 있다. 그리고 이후 마을의 공간 확대로 마을 사이의 충적대지로 개발이 이행된 것으로 볼 수 있다.

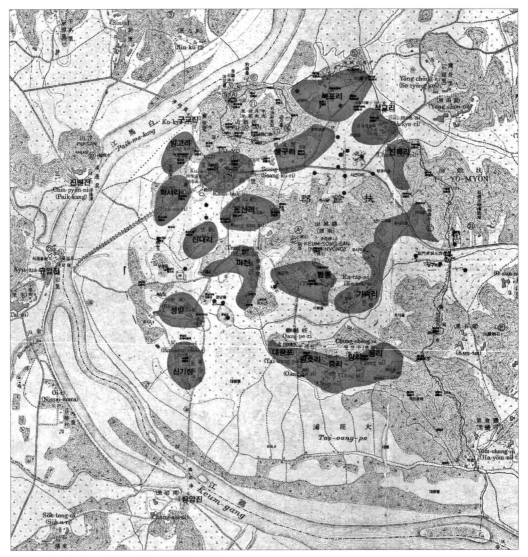

그림 26. 사비도성 유적 분포와 행정구역 분포 현황

이러한 생각이 타당하다면, 왕궁과 왕성 그리고 외곽 정도만 갖춘 상태에서 사비로 천도한[72] 백제 중앙이 사비도성의 내부를 5부로 구획했다면, 천도 당시 원지형에 가까운 사비도성 내부는 당연하게 자연 지형을 따라 5부로 구분하였다고 판단하는 것이 개연성이 높을 것 같다. 그리고 천도 이후 도성 내부의 점진적 개발은 도성 각 부의 확장으로 연결된다. 즉, 구릉지의 부 중심부에서 도성 가장자리 및 밖으로까지 부가 확대되지 않았나 한다. 이점에 대해서는 아직 밝혀진 바 없지만, 앞장에서 살핀 동나성 내외부 유적에서 목간이 동나성 밖에서 출토된 점과 이 유적의 동북쪽 400m 부근에 금속공방 유적[73]이 도성의 외곽시설 밖에 존재하고 있음을 통해 논리적 비약이 많지만 현시점에서 추측해 보면, 사비도성은 처음 만들어진 이후 도성의 외곽시설 밖으로까지 도성민의 생활공간 즉, 도성권[74]이 확대된 것으로 추정해 볼 수 있지 않을까 한다. 이 점에 대해서는 사비도성의 나성 밖으로 어느 정도의 생활권과 묘역을 인정할 수 있다는 연구[75]을 통해서도 유추할 수 있지 않을까 한다.

이상을 사비도성 5부와 연관해서 정리해 보면, 초기 사비도성 내부는 왕궁구와 자연지형 그리고 방위에 따라 5부가 사비도성의 공간 내부에 배치되어 있었을 것이고, 部의 중심은 구릉지 일대였을 것이다. 이후 부의 확장에 따라 구릉지의 아래인 충적대지까지 도시화되면서 사비도성지의 내부는 구릉지에서 충적지로 그리고 북쪽에서 남쪽으로 도시화가 점진적으로 전개되다 도성의 외곽을 넘어 부가 확장된 것이 아닌가 한다. 그리고 5부의 공간은 사비도성 내부에서 공방 관련 시설지가 쌍북리 일원에 군집을 이루고 있는 것과 같이 공간이 구분되었을 것이며, 쌍북리 일원은 조선시대 동리명 중 하나가 北浦임에 따라 북부인 後部였을 가능성이 크다.

한편, 현재까지 목간이 출토된 유적 중 주변부 지근에 백제 사비기의 국가시설 등의 중앙 관청건물 및 사찰이 발굴된 예는 관북리유적과 능산리사지뿐이다. 그리고 목간이 중심적으로 출토된 쌍북리 일원은 도성 5부 중 후부 내에 속하는 금속제품을 직접 생산하는 생산지였을 가능성이 높은 곳이다. 따라서 사비도성 내부의 목간 중 쌍북리 일원의 금속공방 단지에서 출토된 목간은 공방에 물품 등을 납품하거나 거래하면서 발생한 것이 아닌가 한다. 즉, 왕실 및 중앙 관청 주도보다는 도성 5부의 部와 관련된 것으로 볼 수 있지 않을까 한다.[76] 즉, 목간의 사용이 왕실 및 국가 중심의 중앙 관청보다는 部 중심의 장부나 물품 교환 등의 징표가 아닌가 조심스럽게 추정해 본다. 이점은 목간이 사비도성 내부의 상당한 곳에서 목간이 출토되고 있는 양상과 목간이 출토지 인접지에서 유입되었을 가능성이 높은 점, 목간의 형태는 비슷하나 크기 등

71) 이병호, 2003, 앞의 논문.

72) 심상육, 2020, 앞의 논문.

73) 부여군문화재보존센터, 2010, 앞의 책.

74) 권순홍, 2019, 「도성권의 개념과 고구려 도성권의 등장」, 『고구려발해연구』 64, 고구려발해학회, p.17.

75) 김영심, 2000, 「사비도성의 행정구역 편제」, 『사비도성과 백제의 성곽』, 국립부여문화재연구소; 장재원, 2021, 「백제 사비도성의 범위」, 『호서고고학』 48, 호서고고학회.

76) 중앙 관청와 도성 5부를 구분한 것은 이병호의 조언이 컸음을 밝힌다. 그리고 사비도성의 중앙 관청은 田中俊明, 1990, 앞의 논문의 개념도에 따라 부소산 남록에 위치할 것으로 판단하기 때문에 부소산 남록과 거리가 있는 쌍북리 일대의 충적대지는 5부에 소속된 곳으로 판단하여 논지를 전개하였다.

이 상당한 차이가 있어 단일한 규격성을 확인하기 어려우므로 왕실 혹은 중앙 관청보다는 도성 5부 혹은 지방에서 만들어져 사용한 것이 아닌가 한다. 이러한 판단은 기존의 판단[77]과는 상당한 차이가 있음을 밝힌다.

IV. 맺음말

2022년까지 부여의 사비도성지에서는 판독 가능 하거나 묵흔이 있는 목간이 100점에서 조금 모자라게 출토되었고, 목간형 목제품 63점과 제첨축 9점이 출토되었다. 그리고 이 유물에는 도성을 5개 부로 관리했음을 나타내는 증거가 고스란히 적혀 있다. 하지만 현재의 행정구역과 같이 사비도성의 내부를 구획하는 것에는 한계가 있다.

이 논문에서는 사비도성에서 출토된 목간의 출토 현황을 통해 목간이 출토된 곳 인접지에서 자연적으로 유입되었음과 목간의 중심 시기가 백제 사비기란 것, 도시화한 가로 구획 시설에서 확인된 점을 다시 한번 확인했다. 그리고 목간이 지역 단위의 군을 이루고 출토됨과 쌍북리 일원의 목간은 금속공방 단지 등과 연결됨을 확인하였다. 그리고 사비도성지의 일제강점기 이전 마을의 중심이 백제시대와 비슷했음을 확인하였다. 그래서 사비도성지에서 출토된 목간이 왕실 및 중앙 관청보다는 도성 5部 중심으로 사용되지 않았나 비약적으로 추정해 보았다.

투고일: 2023.05.28.   심사 개시일: 2023.05.31.   심사 마감일: 2023.06.27.

---

77) 박태우, 2009, 앞의 논문; 장미애, 2017, 「목간을 통해 본 사비도성의 구조와 기능」, 『사림』 61, 수선사학회.

『三國史記』

가경고고학연구소, 2021, 『부여 쌍북리 329-3번지 유적』.

고상혁, 2023, 「부여 동남리 49-2번지 신출토 목간 소개」, 『제38회 한국목간학회 정기발표회 신출토 문자 자료의 향연』, 한국목간학회.

국립부여문화재연구소, 1999, 『궁남지 발굴조사보고서』.

국립부여문화재연구소, 2001, 『궁남지 Ⅱ - 현 궁남지 서북편일대-』.

국립부여문화재연구소, 2009, 『부여관북리백제유적발굴보고Ⅲ』.

국립부여박물관, 2007, 『능사 6~8차 발굴조사보고서』.

권순홍, 2019, 「도성권의 개념과 고구려 도성권의 등장」, 『고구려발해연구』 64, 고구려발해학회.

김성남·황재훈·이화영·심상육, 2010, 『부여 가탑리 백제유적』, 부여군문화재보존센터.

김성남·김영·최유정, 2014, 『부여 쌍북리 154-10 사비 공방구 유적』, 백제고도문화재단.

김영심, 2000, 「사비도성의 행정구역 편제」, 『사비도성과 백제의 성곽』, 국립부여문화재연구소.

동방문화재연구원, 2013, 『쌍북리 173-8번지 유적』.

박대순·정화영, 2008, 『부여 쌍북리 두시럭골 유적』, 충청문화재연구원.

朴淳發, 2000, 「사비도성의 구조에 대하여」, 『백제연구』 31, 충남대학교 백제연구소.

박태우, 2009, 「목간자료를 통해 본 사비도성의 공간구조」, 『백제학보』 1, 백제학회.

백제고도문화재단, 2022, 『부여농협 밭작물공동경영체육성사업 품질관리시설 증축공사부지 내 유적 약식 보고서』.

부여군문화재보존센터, 2010, 『부여 능산리 고분군 관리사 및 주차장 조성공사 부지 내 매장문화재 발굴 (시굴)조사 약보고서』.

서정석, 2021, 「백제 사비도성의 왕궁과 5부·5항」, 『한국고대사탐구』 37, 한국고대사탐구학회.

심상육·이미현·이명호, 2012, 『부여 구아리 319 부여중앙성결교회 유적 발굴조사보고서』, 부여군문화재 보존센터.

심상육·이미현, 2013, 『부여 뒷개 유적』, 부여군문화재보존센터.

심상육·이화영·최유정, 2014, 『부여 쌍북리 184-11 유적』, 백제고도문화재단.

심상육, 2015, 「부여 구아리 319 유적 출토 편지목간의 이해」, 『목간과 문자』 15, 한국목간학회.

심상육·이화영·이명호, 2016, 『부여 구아리 363·361 유적』, 백제고도문화재단.

심상육·이화영, 2019, 「부여 석목리 143-16번지 유적 문자자료 소개」, 『목간과 문자』 22, 한국목간학회.

심상육·이화영·박종현·김문옥, 2019, 『부여 석목리 143-16번지 유적』, 백제고도문화재단.

심상육, 2019a, 「부여의 백제왕도 핵심유적」, 『백제왕도』, 문화재청.

심상육, 2019b, 「사비도성 발굴조사의 최신성과」, 『동아시아 도성 경관의 상진 백제왕도』, 문화재청.

심상육, 2020, 「발굴자료를 통해 본 사비도성의 변천과 경관」, 『백제문화』 62, 공주대학교 백제문화연구소.

울산발전연구원문화재센터, 2020, 『부여 쌍북리 56번지 유적』.

윤용구·이용현·이동주, 2022, 『한국목간 총람』, 주류성출판사.

이강승·山本孝文·이현정·신정옥·한진숙·박미라, 2013, 『扶餘 雙北里遺蹟Ⅱ』, 충남대학교박물관.

李旼馨, 2022, 「新羅 眞興王代 新宮 垈地造成」, 경주대학교 대학원 박사학위논문.

이병호, 2002, 「백제 사비도성의 조영과정」, 『한국사론』 47, 서울대학교 인문대학 국사학과.

이병호, 2003, 「백제 사비도성의 구조와 운영」, 『한국의 도성』, 서울시립대학교 부설 서울학연구소.

이병호, 2008, 「부여 능산리 출토 목간의 성격」, 『목간과 문자』 창간호, 한국목간학회.

이호형·구기종, 2006, 『부여 능산리 동나성 내·외부 백제유적』, 충청문화재연구원.

이호형·이판섭, 2009, 『부여 쌍북리 현내들·북포유적』, 충청문화재연구원.

장미애, 2017, 「목간을 통해 본 사비도성의 구조와 기능」, 『사림』 61, 수선사학회.

장재원, 2021, 「백제 사비도성의 범위」, 『호서고고학』 48, 호서고고학회.

장인성, 2016, 「고대 동아시아사상의 백제 삼산」, 『백제문화』 54, 공주대학교 백제문화연구소.

田中俊明, 1990, 「왕도로서의 사비성에 대한 예비적 고찰」, 『백제연구』 21, 충남대학교백제연구소.

정우진, 2017, 「사적 제135호 부여 궁남지의 정비과정으로 살펴본 전통의 남용과 발명」, 『한국전통조경학회지』 35, 한국전통조경학회.

정해준·윤지희, 2011, 『부여 쌍북리 280-5 유적』, 백제문화재연구원.

충남대학교박물관, 1985, 『부여관북리백제유적발굴조사보고(Ⅰ)』.

충남대학교박물관, 2023, 『부여관북리유적Ⅵ』.

忠淸南道歷史文化硏究院·扶餘郡, 2007, 『부여 동남리 216-17번지 유적』.

한국농어촌공사·백제역사문화연구원, 2023, 『부여 구아리 325·326번지 백제 생활유적』.

한국문화재재단, 2013, 「6. 부여 쌍북리 328-2번지 유적」, 『2011년도 소규모 발굴조사 보고서Ⅲ-충남1-』.

한국문화재재단, 2015, 「1. 부여 쌍북리 201-4번지 유적」, 『2012년도 소규모 발굴조사 보고서Ⅴ-부여2-』.

홍사준, 1971, 「백제성지연구」, 『백제연구』 2, 충남대학교 백제연구소.

홍재선, 1981, 「백제 사비도성 연구」, 동국대학교석사학위논문.

〈日文要約〉

扶餘地域百濟木簡の發掘現況と分布

沈相六

　2022年まで扶餘の泗沘都城では166点の木簡が出土した。そして、この木簡には都城を5つの部に管理したことを示す証憑がそのまま記されている。だが、現在の行政区域のように、泗沘都城の内部を区劃には限界がある。

　この論文では、泗沘都城から出土した木簡の出土現況を通じて木簡が出土地周辺から自然に流入した点と、木簡が百済時代のものであること、都市化された場所で確認される点を改めて確認した。そして木簡が地域単位の群を成し、出土したことと双北里一円の木簡は金属工房と連結されることを確認した。そして、泗沘都城の日帝強占期以前の村の中心が百済に似ていたことを確認した。そこで、泗沘都城から出土した木簡が王室および中央官庁よりは都城五部中心に使用されたことを確認した。

▶ キーワード: 扶餘, 泗沘都城, 發掘, 百濟, 木簡, 五部

⟨Abstract⟩

Excavation and Distribution of Baekje Wooden tablet in Buyeo

Shim Sang-Yuck

By 2022, 166 wooden tablets were excavated in Buyeo's Sabi City Wall. In addition, this wooden tablet contains evidence that the capital city was managed in five parts.

In this paper, we reaffirmed the fact thatwooden tablet naturally flowed in from around the excavated site, thatwooden tablet were from the Baekje period, and that they were confirmed as urbanized places. In addition, it was confirmed that thewooden tablet formed a group of regional units and excavated, and that the wooden shank of Ssangbuk-ri was connected to the metal workshop. In addition, it was confirmed that the center of the village before the Japanese colonial period of Sabi Castle was similar to Baekje. Therefore, it was confirmed that wooden tablets excavated from Sabi Castle were used mainly in the five parts of the capital rather than royal and central government offices.

▶ Key words: Buyeo, Sabi City Wall, Excavation, Baekje, Wooden tablet, Five parts of the capital

부여 동남리 49-2번지 출토 백제 목간의 재검토

윤선태[*]

〈국문초록〉

부여 동남리 49-2번지 출토 목간은 이 유적의 건물지에서 생산 폐기되었던 백제 사비기의 목간이다. 〈목간1〉은 형태적으로나 묵서 내용으로도 중국 漢代의 木牘과 유사하다. 〈목간1〉의 앞면과 뒷면에는 이 유적(관서)에서 사용했던 지출 내역을 항목별로 나누어 기록하였는데, 정식의 장부에 정리할 때 참고하기 위해 작성했던 메모용 목간으로 추정된다. 〈목간1〉의 앞면에는 '夫逆'의 지출항목만을 기록하였고, 그 뒷면에는 그 외의 기타 지출항목들을 일괄 기록하였다. '逆'은 〈목간2〉에도 나오는데, 종래 이를 '수납'의 의미로 해석하였다. 그러나 이는 〈목간2〉에는 맞지 않는다. 〈목간1〉과 〈목간2〉에 나오는 '逆' 자는 서로 일관성 있게 해석할 필요가 있다. 이에 필자는 이 유적의 위치와 관련하여 '逆' 자를 유적 남쪽의 왕포천을 운하로 활용하여 백마강 본류에서 '거슬러(逆)' 올라오는 각종 물품의 하역 작업을 뜻하는 의미로 새롭게 해석하여 보았다. 〈목간2〉는 '夫逆'의 특정 사례로 보이는 '稗逆', 즉 곡식인 피(稗)를 왕포천으로 운송 하역할 때 所用된 비용을 凡進, 凡逆, 凡運, 凡送 등 하역의 하위 작업별로 나누어 그 일을 담당했거나 관리했던 인물들에게 각각 지급했던 5두의 금액을 기록했던 장부용 목간으로 이해된다.

지출 내역들을 총괄해 기록한 〈목간1〉에 '夫逆'만을 별도로 구분하여 앞면에 메모하였던 점, 또 '夫逆'은 기타 지출과 달리 일자별로 소용된 비용의 출납 사항까지 상세히 메모해둔 점, 그리고 '夫逆'에 소용된 지출

---

[*] 동국대학교(서울) 역사교육과 교수

규모가 뒷면의 기타 지출에 비해 월등히 큰 점 등으로 볼 때, '夫逆'이 이 관서의 가장 핵심적인 업무였다고 생각된다. 이러한 목간의 내용으로 볼 때, 목간출토유적은 왕포리 일대 금강 본류로 漕運된 세금을 왕포천을 운하로 활용하여 사비도성 남단으로 재차 운송하는 하역 업무를 관할하였던 관부가 아닌가 생각된다. 한편 〈목간2〉로 볼 때 세세한 지출에 곡식이 사용되었음을 분명히 알 수 있는데, 그 지출 내역을 총합하여 최종 정리한 〈목간1〉에는 이를 金으로 환산하여 기록하였다는 점이 주목된다. 이는 기존에 출토된 '一斤銘' 석제 거푸집 등을 함께 고려할 때, 사비기 백제에서 세금의 수납이나 세부 지출에 곡식이나 포목 등 현물화폐가 사용되었지만, 歲入歲出 등 국가재정의 운영이나 회계장부상에는 金이 기축통화로 환산 사용되었을 가능성이 있음을 의미한다. 앞으로 관련 자료의 증가를 기대해본다. 또 〈목간1〉에는 메모할 공간이 부족할 때 각 행 하단의 여백과 행간을 활용하여 기록한 독특한 서사 방식도 확인되어, 백제의 문서행정을 묵묵히 수행했던 말단 관리의 일상도 엿볼 수 있게 해준다.

▶ 핵심어: 百濟木簡, 逆, 漕運, 文書行政, 國家財政, 旺浦川

I. 머리말

부여 동남리에서는 현재 3곳의 유적에서 목간이 출토되었다. 1999년과 2001년 궁남지 인근 유적들에서 4점,[1] 2007년 동남리 216-17번지 유적에서 1점이 발굴되어 학계에 보고되었다.[2] 이후 이에 관한 활발한 연구가 이루어졌다.[3] 최근 여기에 덧붙여 동남리 49-2번지 유적에서도 2022년에 5점의 백제 목간이 발굴되었다는 반가운 소식이 전해졌다. 이 동남리 49-2번지 유적에서 출토된 목간은 묵서의 양이 많을 뿐만 아니라 기존에 보고된 바 없는 서식과 내용이 기록되어 있어서, 백제의 문서행정과 역사상을 복원하는 데 큰 도움이 될 것으로 기대된다.

부여 동남리 49-2번지 유적은 LH대전충남지역본부에서 마을정비형 공공주택 건설사업을 계획하면서 울산문화재연구원에 의해 2021년 10월 26일부터 2022년 10월 28일에 걸쳐 정밀발굴 조사(조사면적: 13,088㎡)가 이루어졌다. 이 유적에서 발견된 목간은 총 5점으로 백제문화권 문화재 보존·관리 정책사업의 일환으로 국립부여문화재연구소에서 목간의 보존처리를 지원하였다. 또 목간의 묵서 판독을 위해 관련

---

1) 국립부여문화재연구소, 1999, 『궁남지』.
   국립부여문화재연구소, 2001, 『궁남지Ⅱ』.
2) 충남역사문화연구원, 2007, 『부여 충화면 가화리유적·부여 동남리 216-17번지 유적』.
3) 동남리 216-17번지 유적 출토 목간은 애초 백제 목간으로 학계에 소개되었고(姜鍾元, 2009, 「扶餘 東南里와 錦山 栢嶺山城 出土 文字資料」, 『목간과 문자』 3, 한국목간학회), 이후 윤재석 편저, 2022, 『한국목간총람』, 주류성에도 백제 목간으로 집계 처리되었지만, 필자는 이 목간을 신라 목간이라고 생각한다. 처음에는 본고에서 이 점도 다루려 했지만, 분량이나 주제의 집중도가 분산되는 문제가 있어 이에 대한 분석은 후일을 기약한다.

전문가들을 초청하여 여러 차례 자문회의를 개최하여 묵서 판독에 만전을 기하였다. 이들 목간 중 2022년 11월 10일 보도자료를 통해 2점이 일반 공개되었다.[4] 이후 경북대학교 인문학술원 HK+사업단이 주최한 제5회 국제학술회의 〈목간에 반영된 고대 동아시아의 법제와 행정제도〉에서 이용현의 관련 발표가 있었고,[5] 국립중앙박물관과 한국목간학회가 공동주최한 학술대회에서도 발굴을 담당했던 울산문화재연구원의 고상혁이 목간 출토 유적에 대해 상세히 보고하였다.[6]

부여 동남리 49-2번지 유적에 관한 발굴측의 공식적인 보고서가 나오기 전부터 학술대회에서 관련 논고들이 속속 발표되고 있는 것은 그만큼 이 유적에서 출토된 목간의 내용이 중요하고, 학계에 미칠 파급력도 크기 때문이라고 생각된다. 그런데 발굴측의 약보고와 그간의 발표 논고들을 살펴보면 목간 묵서의 판독에도 보완되어야 할 점이 있고, 묵서의 내용 해석도 좀 더 세밀히 검토되어야 할 점이 있다고 판단된다.

특히 목간의 묵서에서 확인되는 '逆' 자의 의미에 대한 천착이 필요하다. 보도자료에서 판독을 미룬 이 '逆' 자는 자형상 '逆' 자가 분명하다. 이 글자는 〈목간1〉과 〈목간2〉에 모두 나온다는 점에서 그 정확한 해석이 목간의 내용뿐만 아니라 출토 유적의 성격을 이해하는 데에도 매우 중요한 키워드라고 생각된다. 필자는 본고에서 이 '逆' 자의 의미를 통해 목간의 내용과 용도를 새롭게 분석하고, 이를 토대로 이 목간을 작성했던 곳으로 추정되는 출토 유적의 성격을 사비도성의 공간구조와 관련하여 이해하여 보았다. 諸賢의 叱正을 바란다.

II. 유적의 위치와 목간 출토 상황

백제 목간이 출토된 동남리 49-2번지 유적은 금성산(124.3m)과 화지산(43.8m) 사이 남북으로 형성된 계곡부에 위치하고 있다(도 1 참조). 또 능산리 가탑리를 거쳐 금성산 남편을 흐르는 왕포천이 이 유적의 남방에서 꺾여 금강의 본류로 들어간다. 지형상 목간이 출토된 지점은 부여읍 남쪽의 중정리, 왕포리 등에서 부소산 아래 관북리로 나아가는 길목에 해당한다. 이 길은 백제 당시에도 사비도성의 남쪽 지방에서 도성의 중심부인 부소산 아래 왕궁으로 들어갈 때 반드시 거쳐야 하는 가장 핵심적인 교통로였을 것으로 짐작된다.[7]

---

4) 국립부여문화재연구소, 2022.11.10., 「백제 행정부의 물자 출납상황과 무게단위 단서 확인-올 3~4월 출토된 부여 동남리유적 목간 5점 보존처리 및 판독-」, 보도자료.

5) 이용현은 경북대학교 인문학술원 HK+사업단 주최 『목간에 반영된 고대 동아시아의 법제와 행정제도』 제5회 국제학술회의 (2023.01.30.)에 발표한 논문을 백제학회지에 투고하였다(李鎔賢, 2023, 「백제 왕도 출납 문서의 일례-부여 동남리49-2 유적 木簡1, 2의 분석시론-」, 『백제학보』 43, 백제학회 pp.117-158).

6) 고상혁, 2023, 「부여 동남리 49-2번지 신출토 목간 소개」, 『신출토 문자자료의 향연』, 국립중앙박물관·한국목간학회 공동학술대회 발표논문집.

7) 목간 출토 유적의 위치와 목간의 출토 상황에 대한 본장의 서술은 고상혁, 2023, 앞의 발표문을 참고하였다.

발굴측은 이 유적에 대한 시굴조사에서 총 3개의 문화층(Ⅳ·Ⅵ·Ⅷ층)을 확인하였다. Ⅳ층은 제1문화층으로 갈색 사질점토층이며 도로, 수혈, 구상유구 등이 확인되었다. Ⅵ층은 제2문화층으로 갈색 사질점토층이며 백제시대 건물지가 확인되었다. Ⅷ층은 제3문화층으로 갈색사질점토층이며 백제시대 유물이 포함된 층위였다. 출토 목간을 중심으로 발굴 상황을 정리하면 다음과 같다.

제1문화층의 상층에서는 4차에 걸쳐 증개축이 이루어졌던 남북도로가 확인되었다. 이 도로의 초축은 제2문화층에서 시작되었지만, 마지막 사용은 제1문화층까지 이어진다. 동서도로도 확인되었는데, 동서도로 하부에서 제2문화층의 건물지가 확인된다. 목간은 제2문화층에서 출토되었는데(도2 참조), 발굴측에서는 목간이 건

도 1. 동남리 49-2번지 유적과 주변 지형

물지에서 생산 폐기되었던 것으로 보았다.

제2문화층 상층의 1호 건물지는 초석식 건물지로 정면 8칸, 측면 3칸으로 구성되어 있다. 남쪽은 초석식(4칸), 북쪽은 목주식(4칸)으로 구성되어 있다. 건물지에서 동쪽으로 340㎝ 정도의 공간(마당)을 두고 남북으로 길게 작은 목주열이 형성되어 있고 이 외곽으로 구가 설치되었다. 구의 평면형태는 'ㄱ'자 이고 규모는 길이 19.3m, 폭 110㎝, 깊이 15~36㎝ 정도이다. 유물은 토기, 목기, 철검편, 교구 등이 출토되었다. 2호 건물지는 굴립주 건물지로 정면 2칸 측면 1칸으로 이루어져 있고 주 방향은 동서향이다. 주혈의 평면형태는 원형이며 규모는 직경 25~30㎝이며 한 칸의 폭은 130~190㎝, 깊이는 25~35㎝ 정도이다. 한편 수로는 남북도로와 직교하며 남북도로 이전에 형성된 유구이다. 규모는 폭 250㎝, 깊이 약 80㎝ 정도이다. 북서쪽의 수로는 유적 내에서 가장 낮은 남서쪽으로 연결되어 남쪽으로 진행된다. 내부에서 토기, 기와, 목간 등이 출토되었다.

제2문화층 중층의 수로는 1호 건물지 앞에 트렌치를 설정한 후 토층조사에서 북서쪽에도 수로가 연결되는 것을 확인하였다. 평면형태는 격자상으로 남서쪽 수로와 연결되는 것으로 추정된다. 2지구 서쪽에서도 수로가 추가로 조사되었다. 남북방향이며 북서쪽 1호 건물지 아래로 진행한다. 토층으로 볼 때 자연퇴적된

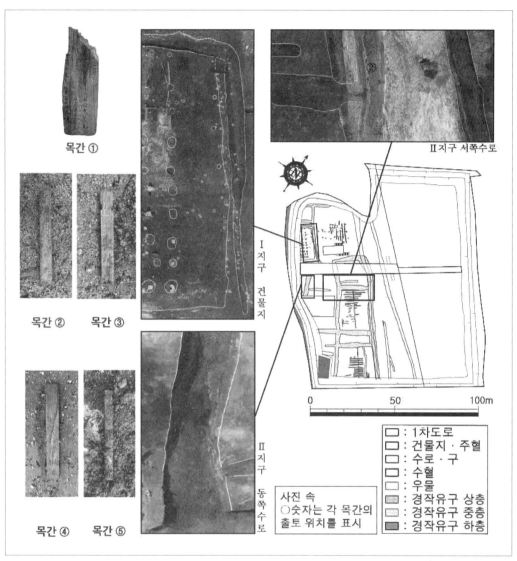

목간 ①

목간 ②　　목간 ③

목간 ④　　목간 ⑤

Ⅰ지구 건물지

Ⅱ지구 동쪽수로

Ⅱ지구 서쪽수로

0　　　　50　　　　100m

□ : 1차도로
□ : 건물지 · 주혈
□ : 수로 · 구
□ : 수혈
□ : 우물
■ : 경작유구 상층
■ : 경작유구 중층
■ : 경작유구 하층

사진 속
○숫자는 각 목간의
출토 위치를 표시

도 2. 부여 동남리 49-2번지 유적의 목간 출토 유구

양상이다. 토층양상은 모래, 점토가 반복 퇴적되거나 점토만 퇴적되는 것으로 볼 때 기존 남서쪽의 수로와 동일하다. 북쪽에서는 목교로 판단되는 시설이 확인되었다. 목교는 수로 내부의 양측에 말목을 박고 그 위에 수로와 평행하게 약 1m 전후의 나무를 올려놓은 형태이다. 수로의 규모는 폭 약 100㎝, 깊이 40~65㎝ 이며 내부에서 토기편, 목간이 출토되었다.

　앞서 언급한 바와 같이 목간은 모두 제2문화층에서 출토되었다. 출토된 목간 중 Ⅱ지구 도로와 인접해 있는 수로에서 확인된 1점(목간2)을 제외하면 4점 모두 Ⅰ지구 1·2호 건물지와 관련된 유구에서 확인되었다. 이 중 1점(목간5)은 건물지의 마당으로 추정되는 건물지와 동쪽 ㄱ자 형태의 구 사이에서 출토되었으며, 3점은 1호 건물지 남쪽 수로 내부에서 확인되었다. 1호 건물지 남쪽 수로는 기준토층으로 인해 연결 여부를 확인할 수 없었으나 평면상 배치 방향을 고려할 때 건물지를 둘러싸고 있는 수로와 연결되는 것으로 볼 수 있다.

1호 건물지 남쪽 수로의 내부와 건물지 상부에는 인위적으로 절단된 나뭇가지 이외에, 각종 동물 뼈와 취식된 것으로 보이는 밤껍질, 살구씨, 탈곡된 곡식 등이 다량으로 확인되었다. 목간은 이러한 유기물 속에서 출토되었다. 이러한 잔존 유기물의 구성은 일종의 생활 쓰레기로 추정된다. 이에 의거하여 발굴측에서는 건물지 주변에서 확인된 목간은 당시 건물지에 거주하였던 인물이 생활하는 과정에서 발생된 쓰레기와 함께 수로에 폐기한 것으로 추정하였다.

한편 도로와 인접한 수로에서 확인된 〈목간2〉는 주변의 폐기 양상을 확인할 별다른 흔적이 발견되지 않았다. 그러나 뒤에서 상술하지만 묵서 내용상 〈목간2〉에도 〈목간1〉의 '逆' 자가 동일하게 기록되어 있는 공통점이 확인된다는 점에서, 출토된 목간 5점 모두 제2문화층의 건물지에서 생산되어 폐기되었다고 보는 것이 합리적이라고 판단된다.

III. 〈목간1〉과 〈목간2〉의 묵서 판독

출토된 목간은 벚나무류, 소나무류, 삼나무류에 속하는 나무를 가공하여 사용하였고, 목간의 형태나 판독된 묵서의 내용으로 볼 때 〈목간1〉과 〈목간2〉, 〈목간4〉는 문서목간이며, 〈목간3〉과 〈목간5〉는 꼬리표목간으로 추정된다. 본고에서는 적외선 사진이 일반공개된 〈목간1〉과 〈목간2〉를 중심으로 이들 목간의 내용을 검토하고 이를 통해 출토 유적의 성격을 이해해 보려고 한다. 이를 위해서는 〈목간1〉과 〈목간2〉의 묵서를 정확히 판독하는 작업이 무엇보다도 긴요하다. 문화재청의 보도자료 공개 이후 이용현의 관련 논고가 발표되어 목간 묵서의 판독에 상당한 보완과 진전이 이루어졌다. 또 한국목간학회가 주최한 학술대회에서 발굴을 담당했던 고상혁의 보고와 토론 때에도 목간의 출토 상황과 묵서 판독에 대한 심도 있는 논의가 이루어졌었다. 이러한 과정들을 거치며 보도자료 단계에서 판독이 미확정된 글자들에 대해 의견이 수렴되는 상당한 성과가 있었다.

우선 〈목간1〉과 〈목간2〉의 '逆' 자는 逆 자로, 〈목간1〉의 '亡' 자는 亡 자로 확정할 수 있다. 다음으로 〈목간1〉에 兩 아래의 무게 단위로 기록된 '主(또는 重)' 자로 판독한 글자는 목간 내에서 主로 명확하게 읽을 수 있는 경우도 있지만(도 3 뒷면의 붉은 원내 글자), 重으로도 볼 수 있는 경우도 확인된다(도 3 앞면 붉은 원내 글자). 그러나 重으로 읽을 수 있는 경우들도 같은 목간 내의 '金' 자처럼 主에 가획을 한 이체자일 가능성도 있기 때문에, 무령왕릉 출토 왕비 팔찌에 기록된 主에 의거하여 일단 모두 主로 읽고, 후일 관련 자료가 더 발굴되면 그때 최종 확정하는 것이 합리적이라고 판단된다.

이번에 발굴된 동남리 출토 〈목간1〉을 통해 종래 무령왕릉에서 출토된 왕비의 팔찌에 기록된 '主' 자는 백제에서 사용했던 兩 아래의 무게 단위라는 점이 확실해졌다. 이 왕비 팔찌의 主를 종래에는 중국에서 사용했던 무게 단위 '銖'의 통가자로 이해하였었다. 그러나 부여 궁남지목간에 이어 나주 복암리목간에서도 확인된 백제의 토지 면적 단위인 '形'처럼, 이 主 역시 백제 독자의 무게 단위였을 수도 있다. 관련 자료의 증가가 기대된다.

〈목간1〉은 상단부가 파손되었다. 잔존크기는 13.7×4.6×0.3㎝이다. 기존의 백제 목간 중에서도 매우 얇은 목간에 속하며, 목간의 크기에 비해 묵서의 양이 상대적으로 많아서 글자의 크기가 작다. 이로 인해 서사자가 각 행의 글자가 선명하게 인지될 수 있도록 의도적으로 행간의 폭을 넓게 기록했던 것으로 보인다. 〈목간1〉은 앞뒷면 모두 일정한 서식으로 기록되어 있고, 특히 앞면은 월일과 숫자와 수량사여서, 묵흔이 희미한 글자들도 추독이 가능해 거의 대부분의 글자들을 읽을 수 있다.

앞면   뒷면

도 3. 부여 동남리 49-2번지 출토 〈목간1〉

다만 목간에 서사할 공간이 부족해 행의 하단이나 행간의 여백을 활용해 기존 묵서와 서사 방향을 바꾸어 90도로 180도로 돌려서 서사한 글자들에 대해서는 연구자들 사이에 이견이 있다. 이렇게 돌려가며 쓴 서사 방식은 〈목간1〉 앞뒷면 모두에서 확인되는데, 이 중 뒷면의 관련 부분에 대해 이용현은 1행에서 90도 돌려서 '金'을 쓰고(도 3 뒷면 참조), 이어 1행과 2행 사이의 행간에 180도 돌려서 기존 묵서의 방향과 반대로 '五主'를 묵서하였다고 파악하여 1행에서 돌려쓴 부분을 이어서 末水作金五主로 읽어야 한다는 의견을 피력하였다. 필자 역시 매우 타당한 견해라고 생각한다.[8]

〈목간1〉의 앞면과 뒷면은 '刀子作'처럼 공통된 글자들로 볼 때,[9] 앞뒷면의 서사자는 동일인이었다고 판단된다. 따라서 〈목간1〉 앞면의 마지막 행에서 90도로 돌려서 쓴 부분도 뒷면 1행에서 90도로 돌려서 쓴 金자 부분과 같은 방식으로 서사되었을 가능성이 크다. 그런데 이용현은 앞면의 이 부분에 대해서는 보도

---

8) 작년 문화재청이 보도자료를 통해 이 목간를 일반공개하기 전, 국립부여문화재연구소는 관련 연구자들을 초청해 여러 차례 자문회의를 개최하였다. 필자도 2022년 7월 21일자의 회의에 검토위원으로 참여한 바 있는데, 그때 중국의 갑골과 금문의 서예를 전공한 박재복 교수와 함께 하였다. 당시 박교수도 이용현 교수의 견해처럼 〈목간1〉의 뒷면 "첫째줄과 (첫째와 둘째줄 사이에) 돌려 쓴 줄은 ○甲可子作用三重, 又已涱(漲 혹은 張). 木末水用金五量(重)으로 읽을 수 있다."라는 견해를 피력한 바 있다(박재복, '백제문화권 출토 목간 판독 자문회의' 검토위원 의견서 참조).

9) 문화재청의 보도자료에서는 앞면의 刀를 兩으로, 뒷면의 刀를 可로 판독하는 안을 제시하였지만, 필자는 앞뒷면 모두 이용현의 견해처럼 '刀子作'으로 읽는 것이 옳다고 생각한다.

적외선 사진   적외선 사진에 加筆(필자)

도 4. 〈목간1〉 앞면 하단 부분(90도 회전)

자료와 마찬가지로 기호가 있는 것으로 보았다. 그러나 필자는 앞면의 이 부분 역시 기호는 사용되지 않았고, 뒷면의 金 자처럼 글자만을 90도로 돌려서 서사의 회전 방향을 따라가며 글자를 이어 썼던 것으로 보고 있다.

이용현은 앞면 마지막 행의 끝 글자를 '卅'으로 읽었다. 마지막 행의 끝 글자인 十 자 오른편에는 또 다른 十 자처럼 보이는 획이 있지만, 크기가 작고 十 자의 가로획 아래로 내려가 있다. 즉 이 글자는 가로획(一)이 세로획(11) 두 개를 관통하는 卅 형태의 글자가 분명 아니다. 〈목간1〉의 앞면을 90도로 회전하여 이 부분을 보면(도4 참조), 마지막 행의 끝 글자는 十 자이며, 이 하단을 시계방향으로 90도로 돌려서 十 자의 오른쪽 측면에 바짝 붙여서 '九' 자를 썼음을 분명히 알 수 있다. 이 九 자는 서사의 방향을 알려주기 위해 九 자의 乙획을 3행 끝 글자인 且 자에까지 여백을 꽉 채워 글자를 길게 늘여 썼다. 이어 日 자를 九 자 아래 3행 하단의 여백에 이어서 썼고, 內 자부터는 다시 90도로 회전하는 방향을 의식적으로 표현하기 위해 內 자를 45도로 기울여 썼다. 이를 이어 애초의 목간 서사방향에서 보면 180도로 거꾸로 2행과 3행 사이의 행간 여백에 딘 이하의 문구를 썼다. 이는 뒷면 1행에서 90도로 돌려 金 자를 서사 방향으로 45도로 기울여 쓰고, 이어 1행과 2행의 행간에 五主를 거꾸로 써 내려간 것과 완전히 일치하는 서사 방식이다. 〈목간1〉의 앞면 묵서 전체를 판독하여 제시하면 다음과 같다.

동남리 49-2번지 출토 〈목간1〉 앞면

1행	×△二兩內巳
2행	×九主十一月八日內巳月九日亡夫逆金五
행간	×　　、主七兩三金逆夫亡日卅月巳內
3행	×刀子作之 十一月十一日亡夫逆金二兩且日
4행	×十二月十一日亡夫逆金二兩六主月十 九

한편 〈목간1〉의 뒷면은 보도자료의 판독과 달라진 글자들만 언급하려 한다. 1행의 피는 刀라고 판단된다. 이는 앞면 3행의 '刀子作'과 같은 문구로 보인다. 또 1행의 漲은 氵변이라기보다는 弓변으로 판단되어 '張'으로 판독하였다. 2행의 困도 그 글자로 보기에는 세로획이 하나 더 있다. 필자는 이 글자를 困으로 읽었

다. 보도자료에는 2행의 가운데 글자들을 '△來'로 판독하였지만, 이용현은 載來로 보았다. 載와 비슷하지만, 車처럼 ㅣ획이 관통되지 않았다는 점에서 戟으로 읽는 것이 옳다고 생각된다.[10] 그 아래는 來가 아니라 耒 자로 보인다. 來 자도 초행서에서 耒 자처럼 쓰기는 하지만, 이 글자는 첫 획을 우에서 좌로 그으면서 끝에서 시계방향으로 회전하여 ㅣ획을 내려그은 것으로 보이기 때문에 耒 자로 이해된다. 2행의 끝 글자는 囚이 아니라 用 자가 분명하다. 3행의 分 자는 不 자로 읽는 연구자도 있지만, 이 글자의 첫 획 역시 우에서 좌로 쓴 것으로 보아 分 자로 이해된다. 그 다음 글자는 좌변이 糸로 보여 縺 자로 판독하였다. 〈목간1〉의 뒷면 묵서 전체를 판독하여 제시하면 다음과 같다.

동남리 49-2번지 출토 〈목간1〉의 뒷면

1행	×△甲刀子作用三主又己張木耒水作金
행간	×　主五
2행	×△困涇用金三主又戟耒尓牟作用
3행	×　△作八主分縺金

끝으로 〈목간2〉는 하단부가 파손되었다. 또 목간 좌우변 가장자리의 글자 획들이 훼손된 점이 확인된다. 이는 자연적으로 가장자리 목질이 떨어져 나간 손상일 수도 있고, 문서목간의 오용을 막기 위해 목간의 좌측과 우측을 삭도로 잘라내는 폐기행정이 실행되었을 수도 있다.[11] 목간의 잔존크기는 16.5×1.9×0.9㎝이다. 발굴측에서는 앞면의 묵서만 공개하였지만, 뒷면에도 묵흔이 있는 것으로 보고하였다. 그런데 이용현은 이 목간을 직접 실견하고 뒷면의 묵서를 확인하였는데 앞면과 서식이 유사한 것으로 소개하였다. 필자는 이 목간을 실견하지 못했기 때문에 본고에서는 공개된 앞면만을 판독하려고 한다. 〈목간2〉는 3단으로 단을 나누어 기록하였는데, 이는 백제의 문서목간에서 많이 확인되는 서사 방식이다. 이용현은 보도자료에서 '凡△'로 읽었던 네 곳의 글자들을 모두 '瓦進'으로 판독하였다. 그 타당성을 검토하면서 〈목간2〉에 대한 필자의 판독안을 제시해보려고 한다.

우선 凡과 瓦는 서체에 따라서는 글자의 형태가 매우 유사하지만, 아래 〈도 6〉에 제시된 『五體字類』의 사례처럼,[12] 일반적으로 凡 자는 사선의 점획을 먼저 찍고 아래에 几를 쓴다. 이 경우 几 안에는 점을 찍거나 찍지 않는 등 일률적이지 않다. 또 처음에 사선의 점획을 하지 않고 几만 쓰는 경우에는 대체로 그 안에 점 하나를 찍는 것이 일반적이다.

---

10) 목간학회가 주최한 학술대회에서 고상혁의 발표 이후 토론 시간에 최연식 교수가 이 글자를 戟으로 판독하는 견해를 피력하였다. 필자 역시 이러한 판독이 타당하다고 생각한다.

11) 이 목간을 필자가 직접 확인하지 못했다. 추후 보완을 기약한다.

12) 法書会編輯部 編, 2006, 『五體字類』, 東京: 西東書房, 凡 및 瓦.

〈도 5〉에 제시된 능산리사지 출토 목간에 묵서된 목간의 凡자는 사선의 점획을 먼저 찍고 几를 쓰고 그 안에 점을 찍었다. 이 글자는 '爲之. 凡六部'처럼 문맥상 문

| 능산리목간 凡 | 능산리목간 凡 | 백령산성 출토 기와(상) 백제 인각와(하) |

도 5. 백제 문자자료의 凡자와 瓦자 실례

장이 끝나는 어조사 뒤에 와서 瓦로 보기 어렵기 때문에, 백제에서 凡 자를 어떻게 썼는지 명확히 보여주는 실례라고 할 수 있다. 동남리 49-2번지 출토 〈목간2〉의 두 번째 단 우측의 첫 번째 글자가 바로 이에 해당한다.

반면 瓦 자는 가로의 직선이 첫 획으로 강조되거나, 그 가로 직선 없이 几만 쓰는 경우에는 일반적으로 그 안에 두 개의 점획을 찍는 형태로 쓴다. 백령산성에서 출토된 백제 기와의 명문에도 几 안에 두 개의 점획이 확인되며, '葛那城丁巳瓦' 등 기타 백제의 금석문에서 瓦 자는 대부분 几 안에 두 개의 점획을 찍는 방식으로 쓰여 있다. 이처럼 凡 자와 瓦 자가 쓰여있는 백제 문자자료의 실례들로 볼 때, 〈목간2〉의 글자는 瓦 자가 아니라 凡 자로 읽는 것이 합리적이라고 생각된다.

〈목간2〉 앞면의 두 번째 단 오른쪽 행 凡자 아래 두 번째 글자는 필자도 이용현의 판독안처럼 '進' 자로 보고 있다. 이 進자는 隹의 우에서 좌로 찍는 사선의 획을 필두로 隹의 핵심 필획들이 모두 확인되며, 〈도 6〉의 『日本木簡字典』에도 동일한 자형이 확인된다.[13] 그런데 이 進 자를 제외하면 凡 아래 나머지 세 곳의 글자들에서는 隹의 필획이 확인되지 않는다. 오히려 세 번째 단의 이 글자들은 첫 획 부분이 모두 丷나 ⺈로 보이는 초서획들로 되어 있다. 자형상 세 번째 단 오른쪽 행의 이 글자는 逆 또는 運, 왼쪽 행은 送 또는 運으로 판단된다(도 6의 逆·送 자형 사례 참고).[14] 한편 두 번째 단의 왼쪽 행 글자는 약간이지만 좌변이 잘려 나가 글자 판독을 확정하기 어렵다. 남은 필획으로 볼 때 逆 자에 가깝다고 생각된다. 〈목간2〉의 전체 묵서에 대한 필자의 판독안을 제시하면 다음과 같다.

동남리 49-2번지 출토 〈목간2〉의 앞면

| 稗逆 | 凡進斲得丁五斗
凡[逆]仁得丁五斗 | 凡[運]毛若丁五斗
凡[送]苗丁五斗 | × |

13) 奈良文化財研究所 編, 2013, 『日本古代木簡字典(改訂新版)』, 東京: 八木書店, 進.

14) 박재복 교수의 검토위원 의견서에는 두 번째 단의 오른쪽을 進, 왼쪽을 逆, 세 번째 단의 오른쪽을 逆 또는 運, 왼쪽을 進으로 판독하고 있다. 그러나 세 번째 단의 왼쪽을 進으로 보기는 어렵다.

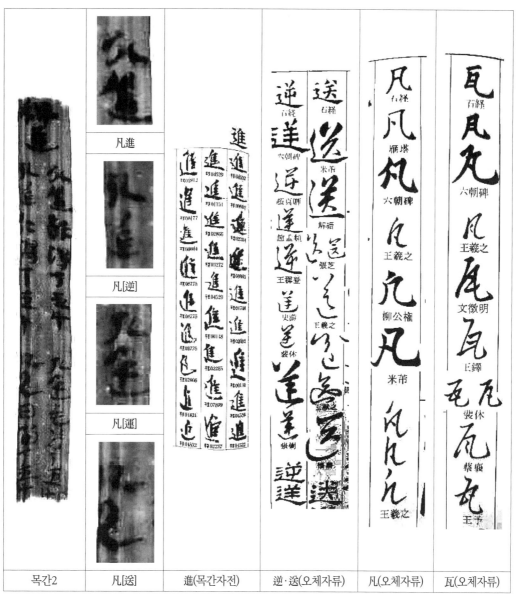

목간2	凡[送]	進(목간자전)	逆·送(오체자류)	凡(오체자류)	瓦(오체자류)

도 6. 〈목간2〉 앞면의 묵서와 참고자료

　필자는 두 번째 단과 세 번째 단의 네 글자를 모두 다르게 판독하였다. 두 번째 단의 오른쪽 進 자는 묵흔이 선명해 글자를 확정하였지만, 세 번째 단의 두 글자는 逆, 送, 運 등의 가능성도 남겨둔다. 후일 선본의 적외선 사진을 구해서 다시 재판독할 필요가 있다. 다만 두 번째 단의 왼쪽 글자와 세 번째 단의 오른쪽이든 왼쪽이든 모두 進 자가 아닌 것은 분명하다고 생각하고 있다.

IV. 목간의 내용과 출토 유적과의 관계

이제부터는 동남리 49-2번지 출토 〈목간1〉과 〈목간2〉에 대한 필자의 판독안을 기초로 하여 목간의 내용을 해석하고, 이를 기초로 이 목간들을 생산 폐기했던 것으로 짐작되는 목간 출토 유적의 성격을 이해해 보려고 한다. 다음은 〈목간1〉 앞면의 필자 판독문이다. 이것부터 내용을 분석해 보자.

동남리 49-2번지 출토 〈목간1〉 앞면

1행	×△二兩內已
2행 행간	×九主十一月八日內已月九日亡夫逆金五 ×　　丶主七兩三金逆夫亡日卅月已內
3행 4행	×刀子作之 十一月十一日亡夫逆金二兩且日 ×十二月十一日亡夫逆金二兩六主月十 九

〈목간1〉 앞면의 1행 '×△二兩內已'는 아래에 여백이 있음에도 비워두었고, 그다음 행도 空行으로 처리하여 1행과 2행 사이에 상당한 폭의 여백이 있다. 이로 인해 앞면의 1행은 마치 '앞면의 제목'처럼 보인다. 따라서 앞면은 제목 같은 1행 부분과 2행 이하의 기록 부분으로 크게 나누어 볼 수 있다. 그런데 목간의 상단부가 파손되어 1행의 의미는 그 자체로는 분석이 어려우므로, 2행 이하의 내용이 밝혀지면 그것을 총괄하는 제목처럼 보이는 1행의 의미도 자연스럽게 드러날 것으로 생각된다.

2행 이하의 내용에서 우선 주목되는 것은 서사할 공간이 없어 마지막 4행에 이어지는 내용을 3행의 하단과 행간의 여백을 활용하여 메모하였다는 점이다. 이는 두 가지 사실을 알려준다. 첫째, 〈목간1〉의 앞뒷면 서사자는 동일인이지만 그는 앞면과 뒷면을 다른 용도로 사용하여 그 내용을 엄격히 구분하였음을 알수 있다. 즉 서사자는 앞면에 더 이상 메모할 공간이 없어도 앞면과 관련된 메모는 뒷면으로 넘겨서 기록하지 않았다. 이로 인해 앞면에 국한해서 다른 행의 하단이나 행간의 여백을 최대한 이용하는 서사 방식이 나타났다. 둘째, 이러한 서사 방식은 앞면 4행과 그에 이어지는 행간의 메모가 앞면의 마지막 기록이었음을 알려준다. 이는 앞면의 2행 이하 내용의 서식을 이해할 때 매우 중요하다.

결국 앞면의 마지막 메모는 '夫逆金三兩七主丶'로 끝났다고 생각된다. 종지부로 보이는 점획까지 찍은 것도 바로 그 때문이라 생각된다. 이와 관련하여 기록 중에 보이는 '且'라는 접속사도 주목된다. 후술하겠지만 〈목간1〉의 뒷면에는 '又' 자가 전체 내용 속에서 하나의 의미를 갖는 단락을 구분하는 기능을 수행하였는데, 앞면에서는 且가 그와 비슷한 기능을 한 것으로 생각된다. 그런데 이 且자의 앞도 '夫逆金 수량'의 서식으로 끝났다. 더욱이 且의 앞에서 11월 기록이 끝나고, 且의 뒤에서 12월의 기록이 시작되고 있다는 점에서 且는 메모의 내용을 월 단위로 구분하는 기능을 수행하였던 것 같다. 이러한 필자의 추론에 의하면, 앞면 2행 이하의 내용은 '夫逆金 수량'이 각 하위 단락의 마지막 구절일 가능성이 크다. 이러한 기준으로 앞면 2행 이하를 하위 단락별로 끊어서 구분하면 다음과 같다.

×△二兩內巳

(×月×日內巳×月×日亡夫逆金×)九主
十一月八日內巳月九日亡夫逆金五(×主)
(×月×日內巳)×刀子作之 十一月十一日亡夫逆金二兩
且(十二月×日內巳)十二月十一日亡夫逆金二兩六主
月十九日內巳月卅日亡夫逆金三兩七主、

　　괄호 속의 빨간색 글자는 완벽히 남아있는 하위 단락들에 기초하여 파손된 목간 상단부의 내용을 서식이나마 복원해본 것이다. 그런데 완벽히 남아있는 하위 단락의 내용을 보면 '十一月八日內巳月九日亡夫逆金五(×主)'나 '月十九日內巳月卅日亡夫逆金三兩七主、'처럼 모두 각 사항의 일자별 전개가 하루 차이로 똑같이 규칙적으로 이루어졌다는 사실을 발견할 수 있다. 다른 일자에도 이러한 규칙성을 적용해 일자까지 복원해서 앞면의 2행 이하 내용을 각 단락별로 제시하면 다음과 같다.

×△二兩內巳

(×月×日 內巳. ×月×日 亡. 夫逆金×)9主.
11月8日 內巳. (11)月9日 亡. 夫逆金 5(×主).
(11月10日 內巳), ×刀子作之. 11月11日 亡. 夫逆金 2兩.
且(12月10日 內巳). 12月11日 亡. 夫逆金 2兩6主.
(12)月19日 內巳, (12)月20日 亡. 夫逆金 3兩7主、

　　하위 단락 중에는 亡의 일자 앞에 '×刀子作之'와 같은 특별한 기록이 있는 불규칙한 패턴도 확인되기 때문에, ×刀子作之 앞을 (11月10日 內巳)로 복원하는 것은 망설여진다. 또 다른 부분도 현재는 망실되어 없기 때문에 內巳와 亡의 日差가 복원안처럼 반드시 규칙적으로 전개되었다고도 확언할 수 없다. 그러나 완벽히 남아있는 두 개의 사례가 동일한 규칙적 패턴을 보여주고 있는 점 또한 쉽게 간과할 수 없기 때문에, 필자의 복원안은 2행 이하의 내용을 이해하기 위한 서식적 복원으로 이해해준다면 大過는 없다고 생각된다.
　　그렇다면 앞면 2행 이하의 세부 내용은 대체로 서식상 '某日 內巳/ 그 다음날 亡/ 夫逆金 수량'으로 정리되어 있었다고 생각된다. '內巳', '亡', '夫逆金' 등은 무슨 의미일까? 우선 內巳의 뜻과 관련하여 앞면 전체의 총괄 또는 제목과 같은 성격의 1행에 주목할 필요가 있다. 이 1행은 內巳로 끝나 있는데 그 앞에 수량이 적혀있어 2행의 內巳와는 서식이 다르다. 2행 이하 세부 내용에서 內巳는 그 앞에 모두 날짜가 기록되어 있다. 2행 이하 세부 내용을 총괄하는 또는 그 제목에 해당되는 1행이 '△수량+內巳'로 되어 있다는 사실은 2행 이하 세부 내용의 '일자+內巳'가 실은 '일자+(수량)+內巳'에서 수량을 생략한 서식일 가능성을 말해준다.

이때 생략된 수량은 문맥상 해당 단락의 마지막에 기록된 '夫逆金의 수량'일 수밖에 없다. 결국 '某日 內已/ 그 다음날 亡/ 夫逆金 수량'이라는 서식은 '某日 (夫逆金의 수량) 內已함/ 그 다음날 (夫逆金의 수량) 亡함/ 夫逆金의 수량'을 표기한 것으로 이해된다. 이 경우 內已와 亡이 대비된다는 점에서 夫逆金의 수량을 某日에 內入(=內已)하였다가 그 다음날에 消盡(=亡)한 것으로 해석해볼 수 있다. 지금까지의 검토를 정리해보면 2행 이하 내역은 일자별로 夫逆金의 수량이 內已(내입)되었다가 亡(소진)된 사실을 기록한 것으로 이해된다.

좀 더 억측해본다면 제목 같은 1행의 '△수량+內已'는 2행 이하 일자별로 夫逆金의 수량이 內已(내입)되었던 사안을 집계했던 것일 수도 있다. 1행이 2행 이하에 앞서서 기록되었다기보다는 2행 이하에 일자별로 夫逆金의 內已와 亡이 정리된 후에 최종적으로 일정 기간에 內已되었던 夫逆金의 총량을 합산하여 2행 이하 內已의 총괄분으로 그 앞에 기록했던 것이 아닌가 생각된다. 후술하지만 뒷면의 1행도 서사방식상 뒷면에서 제일 마지막에 기록된 행이었다. 그때그때 일자별로 메모를 이어갔던 〈목간1〉은 서사자가 삭도로 기존의 묵서를 깎아내고 새로 메모할 수 있다. 이 경우 현재 눈으로 보이는 행의 순서가 곧바로 당시의 서사순서를 의미하지 않을 수 있다.

이러한 추론과 관련하여 앞면 2행의 하단 '金五' 구절 우측에 직선으로 내리그은 선이 주목된다. 무리한 추측일 수 있지만 혹 이 선 우측에 있었던 메모들을 삭도로 잘라내기 위한 경계선을 표시한 것은 아닐까? 이 부분을 깎아낸 뒤 이 선 좌측에 메모했던 11월에서 12월까지 內已한 夫逆金의 수량을 합계 총괄하여 1행을 적었던 것은 아닐까? 앞서 언급하였지만 〈목간1〉의 두께는 0.3㎝에 불과하며, 백제 목간 중에서도 매우 얇은 축에 속한다. 이는 이 목간의 메모가 최종 보고용이나 보존용 장부에 정리된 후, 삭도로 목간의 기존 메모들을 깎아내고 다시 다른 메모용으로 재사용하였던 반복적인 과정을 통해 목간의 두께가 얇아졌기 때문으로 추정된다. 이 목간이 폐기된 것도 더 이상 묵서를 깎아내면 부러져 메모장으로서 기능할 수 없었기 때문이 아닐까? 이러한 필자의 추론이 허락된다면 앞면 1행은 11월~12月 사이 夫逆金의 총수량을 집계한 것일 수 있다.[15]

'夫逆金'은 무슨 의미일까? 이에 대해 이용현은 逆을 收納의 의미로 해석하여 금공품 제작 관련 '人夫가 金을 收納'한 사실을 기록한 것으로 이해하였다. 夫逆金의 夫를 인부로 해석한 것이다. 또 逆 자에는 收納의 뜻이 있다. 이용현은 마지막 행의 끝 구절을 '十九日'이 아니라 '卅日'로 잘못 판독하고, 금공품 제작과 관련하여 일정한 양의 金이 먼저 亡出되고, 그와 같은 양이 나중에 內入되었다고 2행 이하의 서식을 이해하였다. 즉 금공품 제작에 필요한 금을 먼저 지급하고, 물품제작 완성후 이를 회수 납입받는 과정에서 금의 출납을 기록한 것으로 보았다. 그러나 이 견해는 마지막 행의 끝 구절을 '十九日'이 아니라 '卅日'로 잘못 판독한 것에 근거한 것이어서 논리적 기초가 약하다. 또 이용현은 〈목간1〉의 앞면은 금공품의 제작에 따른 일자별 기록이고, 뒷면은 제작품별 기록이라고 보았다. 그러나 후술하지만 〈목간1〉의 뒷면에 기록된 물품들이 금공품이라는 점을 증명하지 않고 이를 추론하였다는 큰 문제가 있다. 더욱이 〈목간1〉과 〈목간2〉는 출토 유적의 건물지에서 생산하여 이후 폐기하였던 것인데, 목간 출토 유적이 금공품 제작과 관련된 시설이

---

15) 이 메모들이 최종의 보고문서에는 '夫逆金內已記'라는 문서명으로 정리되었을 수 있다.

라는 점이 물질적으로 확인된 바 없다. '夫逆金'의 의미에 좀 더 접근하기 위해 〈목간1〉의 뒷면 묵서를 마저 검토해 보자.

동남리 49-2번지 출토 〈목간1〉의 뒷면

1행	×△甲刀子作用三主又己張木末水作金
행간	× 主五
2행	×△困湮用金三主又戟未尔牟作用
3행	×　△作八主分縺金

뒷면의 1행은 목간의 제일 우측에 기록되어 있기 때문에 '1행'이라고 명명하였지만, 이 행의 끝 글자인 '作'에 이어지는 '金五主'를 90도로 돌려서 다시 180도로 돌려서 행간에 거꾸로 기록하였다는 점에서 2행 이하보다도 늦게 서사되었다고 생각된다. 즉 뒷면의 1행은 오히려 뒷면 최후의 기록으로 추정된다. 이런 방식으로 서사한 것은 '金五主'를 현재의 1행과 2행 사이 행간의 상단(현재 망실된 부분)에 쓸 수 없었기 때문에, 窮餘之策으로 목간의 하단 여백에 90도로 180도로 돌려서 썼다고 생각된다. 〈목간1〉의 앞면에 대한 해석과 연결지어 보면 혹 1행과 2행 사이의 행간 상단에는 뒷면 2행 이하와 관련된 전체 총괄이나 제목이 쓰여 있었을 수 있다. 행간 상단의 이 총괄부분이나 2행 이하를 전부 깎아내지 않은 것은 당시로는 아직 행간 상단이나 2행 이하의 메모를 최종 정리하지 않았기 때문일 수도 있다. 이러한 추론에 입각해 뒷면의 묵서를 시간순으로 복원해보면 다음과 같이 정리해볼 수 있다.

×총괄(제목)
×△困湮用金三主又戟未尔牟作用
×　△作八主分縺金

×△甲刀子作用三主又己張木末水作金五主

2행 이하와 1행은 서로 시차를 달리하는 메모가 분명하지만, 서식상으로만 보면 차이가 없다. 따라서 〈목간1〉의 뒷면은 이러한 종류의 내용을 계속적으로 메모하고 보고용 문서에 정리하면 다시 삭도로 깎아내고 새로 메모를 시작하는 일을 반복했던 메모장이었다고 생각된다. 이 뒷면의 서식은 又에 의해 항목별로 세분된다.

　　　　×총괄(제목)
　　　　×△困涇用金三主
　　　　又戟耒尓牟作(金×主)
　　　　(又)×△作八主分縺金

　　　　×△甲刀子作用三主
　　　　又己張木耒水作金五主

　　괄호 속의 붉은 색 글자는 내용 이해를 위해 온전한 항목들의 서식에 의거하여 복원한 것이다. 서사자는 내용상 반드시 쓰지 않아도 될 用이나 金 등을 생략하는 경우가 잦았음을 알 수 있다. 혹 金이 생략되고 수량만 기록된 것은 金이 아니라 銀일 수도 있지 않느냐는 의문을 제기할 수도 있지만, 만약 그렇다면 서사자가 오히려 그것을 생략해서 기록할 수 없었다고 생각된다. 금과 은은 액수 차이가 크기 때문에 그것을 생략할 수는 없었을 것이다. 결국 뒷면은 '항목별로 그에 소용(用)된 金의 수량'을 기록한 메모라고 생각된다.

　　그런데 각 항목들을 보면 이것이 이용현의 견해처럼 금공품이기 때문에 用金의 수량을 기록한 것이라고 해석할 수 있는지가 의문이다. 우선 作의 앞이 모두 물품명인지 또는 무령왕릉 왕비팔찌처럼 '기술자 이름+作'의 서식이 가미된 것인지[16] 명확하지 않다. 이들 각 항목에서 '戟耒(물품명)尓牟作'이나, '△甲刀子(물품명)作', '己張木(물품명)耒水作'처럼 물품명으로 볼 수 있는 것도 분명히 확인된다. 그런데 이 물품들은 이름만으로 보면 금공품이라기보다는 무기나 농기구 같은 일상용품에 가까운 것들로 보인다.[17]

　　이는 이 물품의 제작에 소용된 금의 수량을 통해서도 충분히 짐작할 수 있다. 이 물품들의 제작에는 3주, 5주, 9주의 금이 소용되었다. 백제의 '一斤'명 거푸집을 통해 복원된 1근의 무게와 230주가 소용된 무령왕릉 왕비팔찌의 무게를 비교해보면, 1근=16량, 1량=24주로 환산되며 1주의 무게는 0.72g임을 알 수 있다.[18] 결국 3주=2.16g, 5주=3.6g, 9주=6.48g으로 물품 제작에 소용된 금이 제일 많은 것이 현재의 금으로 2돈도 되지 않는 양이다. 더욱이 '×△困涇'의 항목은 作이 없는 서식이어서 물품 제작으로 보기 어렵다. 文義로만 본다면 이 항목은 농사와 관련된 관개 공사비일 수도 있어서,[19] 뒷면의 항목들이 모두 물품의 제작과 관련된 것이라고 말하기도 어렵다.

　　이용현이 〈목간1〉의 뒷면을 금공품의 제작으로만 좁혀 보려 했던 것은 애초 앞면의 '夫逆金'을 '뒷면의

---

16) 「百濟武寧王陵出土銀釧銘」(520년), "庚子年 二月 多利作 大夫人分 二百卅主耳."

17) 戟耒를 戟과 耒로 끊어 읽을 수도 있지만, '×△困涇'을 관개 공사와 관련된 것으로 본다면 혹 戟耒가 농기구인 '극젱이'의 백제식 표기가 아닌지 모르겠다. 전라도 김제지역에서는 현재 볏이 없는 쟁기를 극젱이라고 부르는데 조선 후기의 농서에는 이를 '胡犁'(『山林經濟』)로만 표기하고 있다. 관련 자료의 증가를 기대해본다.

18) 서오선, 2007, 「백제의 도량형」, 『백제의 사회경제와 과학기술』, 충청남도역사문화연구원.

19) 이와 관련하여 복암리목간에 기록된 '涇水田'의 묵서가 주목된다. 이를 통해 당시 백제에서 논에 물을 대는 灌漑를 涇 자로 표현하였음을 알 수 있다.

금공품 제작에 관련된 人夫의 金 수납'으로 해석한 것에서 기인한다. 그러나 이는 앞서 검토한 금의 액수로 볼 때 성립하기 어렵다. 필자는 이 뒷면은 금의 액수나 내용으로 볼 때 각종 물품 생산이나 여러 잡일 등에 소요된 비용을 금의 액수로 환산하여 적은 것이 아닌가 생각하고 있다. 후술하지만 〈목간2〉로 보면 국가가 役價를 곡식으로 지출하였다는 점에서, 실질적으로 작은 비용들은 곡식이나 포목 등 현물이 비용처리에 사용되었던 것이 분명하지만, 이를 문서에 최종 정리할 때는 금으로 환산하였던 것으로 짐작된다.

이와 관련하여 종래 크게 주목하지 않았던 백제의 '一斤銘' 석제 거푸집에 유의할 필요가 있다. 현재 동일한 형태를 한 1근명 거푸집이 두 개나 더 발굴되었다는 점에서, 당시 백제에서 이러한 거푸집이 상당히 많이 제작되었을 것으로 보이며, 금이나 은이 1근 단위의 화폐로 사용되었음을 가능성이 예상된다. 무리한 추측일 수도 있지만 1근명 거푸집과 〈목간1〉의 기록을 좀 더 적극적으로 연관 지어 해석해본다면, 사비기 백제에서 곡식과 포목 등이 세금 수취나 세세한 지출에 현물 화폐로 사용되는 가운데, 금이나 은도 국가재정 운영의 기축 화폐로 활용되었을 수 있다고 생각된다. 이러한 환경에서는 곡식이나 포목과 금·은 사이에 국가의 공식적인 交換 折價가 존재하고 있었을 것으로 생각된다. 이 경우 〈목간1〉의 뒷면처럼 국가재정의 지출 내역 등을 해당 관리들이 총합할 때 모두 금으로 환산하여 충분히 정리할 수 있다.

따라서 필자는 〈목간1〉의 뒷면이 백제의 관리(목간의 書寫者)가 물품의 생산비나 여타의 공사비 등 국가재정의 지출 내역을 항목별로 정리하면서 비용을 所用된 金의 액수로 환산하여 기록한 메모가 아닌가 생각하고 있다.[20] 이러한 뒷면의 서식에 주목할 때 앞면의 '夫逆金 수량'도 뒷면처럼 '夫逆(항목), (소용된) 金 수량'으로 해석하는 것이 합리적이라고 생각된다. 이렇게 해석하게 되면, 〈목간1〉의 앞면은 '夫逆'이라는 항목의 지출 내역만을 특화시킨 메모장이 되고, 뒷면은 그 외 기타 항목들의 지출 내역을 정리했던 메모장으로 각각 구분해 사용하였다고 추론해 볼 수 있다. '夫逆'이라는 항목만을 특화시켜 메모하였다는 점에서, 또 소용된 금의 수량으로 볼 때 뒷면의 기타 항목들과 비교할 수 없을 정도로 '夫逆' 항목의 지출 비용이 큰 규모라는 점에서, '夫逆' 항목은 서사자(관리)에게는 가장 중요했던 핵심적인 업무였다.

그런데 과연 '夫逆金 수량'이 필자의 해석대로 '夫逆(항목), (소용된) 金 수량'으로 해석하는 것이 맞을까? 이를 밝혀줄 자료가 바로 〈목간2〉이다.

동남리 49-2번지 출토 〈목간2〉의 앞면

稗逆 凡進斷得丁五斗 凡[運]毛若丁五斗 ×
      凡[逆]仁得丁五斗 凡[送]日苗丁五斗

---

20) 물품의 생산비나 여타의 공사비 등 지출 내역을 일체 '金의 수량'으로 환산 표기하였다는 필자의 추론이 사실이라면, 〈목간1〉은 실로 이점 하나만으로도 기존의 백제사를 새롭게 쓸 수 있는 엄청난 자료의 발굴이라고 생각된다. 아직 관련 자료가 이 하나에 불과해서 속단하기는 어렵지만 앞으로 국가재정에 관한 메모들이나 보고문서들이 확인된다면 필자의 이러한 추론을 증명해갈 수 있을 것으로 짐작된다. 관련 자료의 증가를 기대해본다.

〈목간2〉는 세 개의 단으로 구분되어 있는데, 글자 크기나 두 번째 단 이하를 割註 형식으로 서술한 방식 등으로 볼 때, 첫 번째 단의 '稗逆'이 〈목간2〉의 전체 내용을 총괄 대표하는 제목에 해당하는 것이 분명하다. 稗는 곡식인 피를 의미한다. 이용현은 凡進을 '瓦進'으로 판독하고, 이에 기록된 인물들을 기와의 제작과 조달 업무를 담당한 직역자로 이해하였다. 또 '稗逆'은 逆을 字義상 受(수납)의 의미로 해독하고 두 번째 단 이하에 나열된 인물들이 피를 수령한 것을 의미한다고 보았다. 두 번째 단 이하의 네 명에게 일의 대가로 5두씩 주었다고 본 해석은 옳다고 생각된다. 그러나 稗逆을 피를 수령한 직역자의 관점에서 稗의 수령(逆)이라는 제목으로 국가의 관리가 문서의 제목을 달았다고 보는 것은 성립하기 어렵다.

〈목간1〉과 〈목간2〉의 逆 자는 서로 일관성 있게 해석해야만 한다면, 稗逆의 逆 자를 단순히 수납·수령의 의미로만 한정하지 않고 또 다른 字義를 궁구할 필요가 있다고 생각된다. 이와 관련하여 두 번째 단 이하의 凡進, 凡逆, 凡運, 凡逆 등이 주목된다. 이 하위 네 항목의 글자들은 모두 이동이나 운송과 관련되어 있다. 첫 번째 단의 '稗逆'은 이 두 번째 단 이하의 하위 네 항목을 포괄하는 제목이라는 점에서, 稗逆의 의미는 결국 곡식 稗의 운송과 관련된 것일 가능성이 크다고 생각된다.

그런데 고대 일본의 사례지만 760년경의 고문서인 「調足万呂解」에 보이는 '逆'의 사례는 물품의 운송과 관련된 것이어서 유의할 필요가 있다(도 7 참조). 이 문서는 小塔料木事(소탑 재료인 목재의 일)에 관한 것이다. "전체 90物 중에서 76물은 앞서 進上을 마쳤고, 18물은 이번에 葛野井津에서 漕下하였다."라는 내용인데, "右件의 나무들이 可逆曳狀되었다"라는 운송방식을 특기하고 있다. 漕下와 逆曳의 대응 관계로 볼 때, 逆은 소탑의 재료인 목재를 "강물을 거슬러" 조운 하역한 것으로 해석된다.[21] 앞서 필자는 '稗逆'이 〈목간2〉의 전체 문맥으로 볼 때 稗의 이동이나 운송과 관련된 뜻으로 볼 수 있다

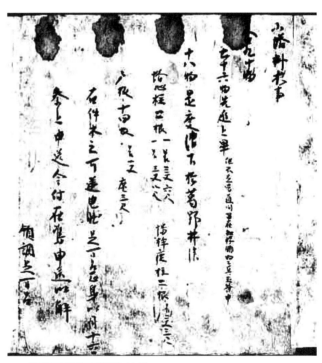

도 7. 調足万呂解(天平寶字 4年?)

---

21) 필자가 稗逆의 의미에 대해 고민하고 있던 중, 고상혁의 발표가 있었던 목간학회의 학술대회 토론에서 경북대 방국화 교수가 고대 일본의 고문서인 「調足万呂解」의 사례를 소개해주었다. 이후 방국화 교수로부터 관련 고문서의 사진과 방교수의 내용 해석과 관련된 발표문(PPT)을 입수할 수 있었다. 이 자리를 빌려 감사의 뜻을 전한다.

도 8. 동남리 49-2번지 유적지와 왕포천

는 대략적인 추론을 한 바 있는데, 이를 고대 일본의 사례와 연관 지어 보면, '稗逆'은 세금인 稗를 강물을 거슬러 운송하였던 하역을 의미하는 것일 가능성이 있다. 목간이 출토된 동남리 49-2번지 유적 남쪽에는 왕포천이 흘러 중정리에서 금강 본류에 합류한다. 역으로 왕포천은 금강 본류에서 거슬러 사비도성의 남단 내부까지 물길로 물류를 연장할 수 있는 운하로서 최적의 조건을 갖추고 있다고 하겠다(도 8 참조).

조선 후기 지리서인 이중환의 『擇里志』에 의하면 금강은 강경에서 비로소 바다 조수와 통하여 백마강 이하 진강 일대 모두 배를 통한 운송이 가능하였다고 한다. 또 바다 조수가 만조 시에는 강경을 지나 금강의 작은 지류인 논산천으로도 출입하여 은진, 연산까지도 배가 드나들며 교역하였던 사실을 전해주고 있다.[22]

백제에서 각 지방의 세금들은 상당 부분 금강의 漕運 시스템을 통해 사비도성(충남 부여)으로 집결되었을 것으로 짐작된다. 세금을 수송하는 큰 배들은 금강 본류에 정박하고 세금을 하역할 수밖에 없었을 것이다. 부소산성 가까이 구교리 나루나 북포로 조운된 세금들은 육로를 통해 왕궁이나 궐외 각사로 운반되었겠지만, 사비도성 남단에 공급할 필요가 있는 물자들은 만조시에 왕포리 나루에 하역된 세금 꾸러미를 작은 배에 나눠 싣고 왕포천을 운하로 활용해 강물을 거슬러 올라와 사비도성 남단의 내부 각지로 하역하였을 가능성이 크다고 생각된다.

이에 필자는 〈목간2〉의 '稗逆'을 금강 본류에 조운된 세금 稗를 왕포천을 거슬러 동남리 목간 출토 유적 남단으로 운송하였던 하역 작업의 의미로 해석하려고 한다. 한편 凡進, 凡逆, 凡運, 凡送 등은 稗逆의 하역 과정에서 이루어졌었던 하위의 네 가지 작업들로 이해된다. '凡'은 일반적으로 항목별로 서술할 때, 예를 들어 고대 율령에서 條文들을 하나하나 항목별로 나누어 기술할 때 많이 사용되었다는 점에서, 백제에서 세금 운송 하역 작업과 관련된 공적인 조문들이 존재하였고, 그 하역 작업 항목들을 하나의 글자로 압축적으로 표기하여 凡進, 凡逆, 凡運, 凡送 등으로 표현한 것이 아닌가 생각된다. 그 아래의 인명들은 해당 하역을 담당했던 인부(또는 중간관리자)들이며, 5斗는 해당 작업에 대한 役價로 각 인물들에게 지불된 것으로 추정된다.

결국 〈목간2〉의 稗逆은 왕포천을 거슬러 세금 稗를 사비도성 남단의 각지나 동남리 49-2번지까지 운송

---

22) 『擇里志』, 八道總論, 全羅道 및 忠清道.

하는 하역 작업을 가리키는 어휘이며, 이 稗逆은 크게 凡進, 凡逆, 凡運, 凡送의 네 가지 운송 작업을 거쳐 완료되었다고 짐작된다. 각 작업을 담당했거나 중간 관리한 인물들에게 그에 대한 役價로 5斗를 지급하고 이를 최종 정리한 장부가 바로 〈목간2〉였다. 이러한 稗逆에 대한 해석에 의거하면, 〈목간1〉의 앞면에 기록된 '夫逆金 수량'도 '夫逆(항목), (소용된) 金 수량'으로 끊어 읽을 수 있다고 생각된다. 이 경우 '夫逆'은 稗逆을 포함하여 米逆, 銚逆 등 다양한 물품들의 왕포천 운하를 이용한 하역 작업을 포괄적(夫)으로 표현한 것일 가능성이 있다. 또 금의 수량은 그러한 하역 작업에 소용된 곡식 비용들을 합산하여 최종적으로 금의 액수로 환산 정리한 것이라고 생각된다.

V. 맺음말

부여 동남리 49-2번지 출토 목간은 이 유적의 건물지에서 생산 폐기되었던 백제 사비기의 목간이다. 〈목간1〉은 형태적으로나 묵서 내용으로도 중국 漢代의 木牘과 유사하다. 〈목간1〉의 앞면과 뒷면에는 이 유적(관서)에서 사용했던 지출 내역을 항목별로 나누어 기록하였는데, 정식의 장부에 정리할 때 참고하기 위해 작성했던 메모용 목간으로 추정된다. 〈목간1〉의 앞면에는 '夫逆'의 지출항목만을 기록하였고, 그 뒷면에는 그 외의 기타 지출항목들을 일괄 기록하였다. '逆'은 〈목간2〉에도 나오는데, 종래 이를 '수납'의 의미로 해석하였다. 그러나 이는 〈목간2〉에는 맞지 않는다. 〈목간1〉과 〈목간2〉에 나오는 逆 자는 서로 일관성 있게 해석할 필요가 있다. 이에 필자는 이 유적의 위치와 관련하여 '逆' 자를 유적 남쪽의 왕포천을 운하로 활용하여 백마강 본류에서 '거슬러(逆)' 올라오는 각종 물품의 하역 작업을 뜻하는 의미로 새롭게 해석하여 보았다. 〈목간2〉는 '夫逆'의 특정 사례로 보이는 '稗逆', 즉 곡식인 피(稗)를 왕포천으로 운송 하역할 때 所用된 비용을 凡進, 凡逆, 凡運, 凡送 등 하역의 하위 작업별로 나누어 그 일을 담당했거나 관리했던 인물들에게 각각 지급했던 5두의 금액을 기록했던 장부용 목간으로 이해된다.

지출 내역들을 총괄해 기록한 〈목간1〉에 '夫逆'만을 별도로 구분하여 앞면에 메모하였던 점, 또 '夫逆'은 기타 지출과 달리 일자별로 소용된 비용의 출납 사항까지 상세히 메모해둔 점, 그리고 '夫逆'에 소용된 지출 규모가 뒷면의 기타 지출에 비해 월등히 큰 점 등으로 볼 때, '夫逆'이 이 관서의 가장 핵심적인 업무였다고 생각된다. 이러한 목간의 내용으로 볼 때, 목간출토유적은 왕포리 일대 금강 본류로 漕運된 세금을 왕포천을 운하로 활용하여 사비도성 남단으로 재차 운송하는 하역 업무를 관할하였던 관부가 아닌가 생각된다. 한편 〈목간2〉로 볼 때 세세한 지출에 곡식이 사용되었음을 분명히 알 수 있는데, 그 지출 내역을 총합하여 최종 정리한 〈목간1〉에는 이를 金으로 환산하여 기록하였다는 점이 주목된다. 기존에 출토된 '一斤銘' 석제 거푸집 등을 함께 고려할 때, 사비기 백제에서는 세금의 수납이나 세부 지출에 곡식이나 포목 등 현물 화폐가 사용되었지만, 歲入歲出 등 국가재정의 운영이나 회계장부상에는 金이 기축통화로 환산 사용되었을 가능성이 있음을 의미한다. 또 〈목간1〉에는 메모할 공간이 부족할 때 각 행 하단의 여백과 행간을 활용하여 기록한 독특한 서사 방식도 확인되어, 백제의 문서행정을 묵묵히 수행했던 말단 관리의 일상도 엿볼 수 있게 해준다.

　아직 관련 자료가 이 하나에 불과해서 속단하기는 어렵지만 앞으로 국가재정에 관한 메모들이나 보고문서들이 더 많이 발굴된다면 필자의 이러한 추론을 증명해갈 수 있을 것으로 짐작된다. 관련 자료의 증가를 기대해본다.

투고일: 2023.06.20.　　　심사개시일: 2023.06.22.　　　심사완료일: 2023.06.29.

참고문헌

『山林經濟』, 『擇里志』, 「調足万呂解」.

法書会編輯部 編, 2006, 『五體字類』, 東京: 西東書房.

奈良文化財研究所 編, 2013, 『日本古代木簡字典(改訂新版)』, 東京: 八木書店.

국립부여문화재연구소, 1999, 『궁남지』.

국립부여문화재연구소, 2001, 『궁남지 II』.

충남역사문화연구원, 2007, 『부여 충화면 가화리유적·부여 동남리 216-17번지 유적』.

울산문화재연구원, 2022, 「부여 동남리 49-2 유적 출토유물현황」.

국립부여문화재연구소, 2022.11.10., 「백제 행정부의 물자 출납상황과 무게단위 단서 확인-올 3~4월 출토 된 부여 동남리유적 목간 5점 보촌처리 및 판독-」, 보도자료.

姜鍾元, 2009, 「扶餘 東南里와 錦山 栢嶺山城 出土 文字資料」, 『목간과 문자』 3, 한국목간학회.

고상혁, 2023, 「부여 동남리 49-2번지 신출토 목간 소개」, 『신출토 문자자료의 향연』, 국립중앙박물관·한 국목간학회 공동학술대회 발표논문집.

서오선, 2007, 「백제의 도량형」, 『백제의 사회경제와 과학기술』, 충청남도역사문화연구원.

李鎔賢, 2023, 「백제 왕도 출납 문서의 일례-부여 동남리49-2 유적 木簡1, 2의 분석시론-」, 『백제학보』 43, 백제학회.

〈Abstract〉

A Review of Baekje Wooden Tablets Excavated at 49-2 Dongnam-ri, Buyeo

Yoon, Seontae

The Baekje wooden tablets excavated at 49-2 Dongnam-ri, Buyeo, is believed to have been produced and discarded at the building site of this ruins. On the front and back of 〈Mokgan1〉, the details of expenditure used in this historical site (government office) were recorded by item, and it is presumed to be a note-taking tablet prepared for reference when organizing it in the official accounting books. Only expenditure items of '夫逆' were recorded on the front of 〈Mokgan1〉, and other expenditure items were recorded on the back. The letter '逆' is also shown in 〈Mokgan2〉, and it was previously interpreted as the meaning of 'reception'. However, this does not fit 〈Mokgan2〉. The letter '逆' in 〈Mokgan1〉 and 〈Mokgan2〉 need to be interpreted consistently with each other. Accordingly, regarding the location of this site, I newly interpreted the letter '逆' as meaning of the unloading of various taxes from the main stream of the Geumgang River to coming up the Wangpocheon Stream in the south of the site as a canal. 〈Mokgan2〉 is understood as a note tablet that recorded the amount of five mal(斗) paid to each person who was in charge of the work accepting the cost used to transport and unload the grain from the Wangpocheon stream.

Considering the contents of these wooden tablets, it is believed that the excavation site was in charge of unloading the tax collected from the main stream of the Geumgang River in Wangpo-ri to the southern end of Sabi capital using Wangpocheon Stream as a canal. On the other hand, from 〈Mokgan 2〉, it can be clearly seen that grain was used for detailed expenditure, and it is noteworthy that 〈Mokgan 1〉, which is finally summarized by summing the expenditure details, was recorded by converting it into gold. Considering the previously excavated stone molds with a weight unit of "1 geun," it means that in Baekje, spot currency such as grain and cloth was used for tax collection and detailed expenditure, but gold may have been converted into a key currency for national finance or accounting books. I look forward to an increase in related data in the future. In addition, on the front and back of 〈Mokgan 1〉, when there was not enough space to write down, a unique recording method was also identified using the margin and space at the bottom of each line, giving a glimpse of the daily life of the low-ranking official who hard carried out Baekje's document administration.

▶ Key words: Baekje Wooden Tablets(百濟木簡), the unloading of coming up the river(逆), the transport and unloading of taxes by river(漕運), document administration(文書行政), national finance(國家財政), the Wangpocheon Stream(旺浦川)

부여 쌍북리 56번지 목간의 제작시기와 유적의 성격[*]

이병호[**]

Ⅰ. 머리말
Ⅱ. 56번지 유적의 조사 내용과 층위
Ⅲ. 56번지 10호 목간 판독안과 제작 시기
Ⅳ. 56번지와 주변 유적의 성격
Ⅴ. 맺음말

〈국문초록〉

　부여 쌍북리 56번지 유적에서는 사비기의 도로와 43동의 건물지를 비롯한 생활시설이 발견되고, 論語 목간을 비롯하여 17점의 목간이 발견되었다. 하지만 쌍북리 56번지 출토 목간의 연대나 해당 유적의 성격에 관해서는 불명확한 점이 많다. 이 글은 쌍북리 56번지에서 발굴한 유구와 유물을 주변의 다른 유적들과 비교·검토하고, 10호 목간을 새롭게 판독하여 유적의 연대와 성격에 관한 문제를 파악하기 위해 작성되었다.

　Ⅱ장에서는 쌍북리 56번지 유적에 관한 발굴 성과를 재정리하였다. 쌍북리 56번지 유적은 도면 1에 표시한 여러 유적들과 비교할 때 발굴된 유구와 유물, 층위가 매우 비슷하다. 각 층위에서 발견된 토기류와 기와류, 기타 편년 자료들을 종합해 볼 때 1차 생활면은 6세기 후엽, 2차 생활면은 7세기 전반이 중심시기로 생각된다. 두 문화층 사이에는 모래층이 두껍게 형성되어 있는데 612년(무왕13) 대홍수라는 자연재해가 양자를 구분하는 중요한 분기가 되었을 것으로 생각된다.

　Ⅱ장에서는 10호 목간의 새로운 판독안과 목간의 제작시기를 검토하였다. 필자는 기존에 '岑凍宮'으로 판독한 글자를 '外椋宮'으로 판독하였다. 外椋宮'은 外椋部'의 異稱이며, 56번지 유적에서 약 180m 떨어진

---

[*] 이 논문은 2021년도 대한민국 교육부와 한국연구재단의 인문사회분야 신진연구자지원사업의 지원을 받아 수행된 연구임 (NRF-2021S1A5A8063398).

[**] 공주교육대학교 사회과교육과 조교수

280-5번지에서도 外椋Π 가 적힌 목간이 발견되어 두 유적이 서로 긴밀하게 연결돼 있음을 알려준다. 10호 목간의 丁巳年은 목간이 발견된 층위와 쌍북리 일대의 공반유물 등을 종합해 볼 때 657년에 해당하는 것으로 보인다. 다만 논어 목간은 10호와 별다른 연관성을 갖지 않아 7세기 전반에 제작된 것으로 생각된다.

Ⅳ장에서는 쌍북리 56번지와 그 주변 유적의 성격을 검토하였다. 외경부는 鐵과 綿을 취급하고 있어 倉 보다는 庫에 가깝지만, 쌀도 함께 취급하고 貸食도 실시한 것으로 보인다. 내경부와 외경부의 차이는 단순히 왕궁 내외부에 위치하는 차이뿐 아니라 왕실과 국가 창고 및 재정 등 담당 업무의 차이를 반영할 가능성이 높다. 56번지 주변에서 확인된 건물지들은 외경부에서 관리하던 창고군이라기보다는 외경부라는 중앙행정관서의 행정 관련 시설에 해당하는 것으로 보인다. 그 구체적인 위치는 쌍북리 56번지와 280-5번지 사이의 미발굴 지역이 주목된다. 쌍북리 56번지 일대는 부소산성 북문지와 북나성 북문지, 북포, 월함지 등 사비도성 북쪽을 거쳐 내부를 들어오는 물류의 거점이자 교통의 요지였기에 중앙행정관청으로 '외경부'가 자리한 것으로 생각된다.

▶ 핵심어: 論語, 外椋宮, 外椋部, 大洪水, 貸食, 倉庫

I. 머리말

부여 쌍북리 56번지 유적은 현재 부여 시가지 동북쪽, 공주에서 부여로 진입하는 길목에 위치한다. 이 유적 남서쪽에 금동대향로 로터리(동문삼거리)가 자리하며 최근까지도 논 경작이 이루어졌다. 발굴 결과 사비기의 도로와 43동의 건물지를 비롯한 생활시설이 발견되었고, 論語 목간을 비롯하여 17점의 목간이 발견되었다.[1] 이곳에서 발견된 논어 목간은 사비 도성에서 발견된 최초의 유교 경전에 해당하며, 평양이나 김해, 인천 등에서만 발견된 다른 시기·지역 논어들과 비교할 수 있는 중요한 자료라는 점에서 그 의의가 매우 크다.[2]

그러나 쌍북리 56번지 출토 논어 목간은 그 연대나 출토 유적의 성격이 명확하지 않다. 발굴자들은 논어 목간의 연대를 추정하면서 인근에서 출토된 '丁巳年'이 쓰인 목간10에 주목하였다. 그들은 목간10의 정사년을 597년(위덕왕 44) 또는 657년(의자왕 17) 중 하나로 볼 수 있다고 하면서도 함께 발견된 유물의 상대편년을 고려하면 657년이 유력할 것이라는 견해를 밝혔다.[3] 발굴보고서에서는 이곳에서 출토된 토기에 대한 상대편년과 隋 五銖錢, 녹유잔 등을 함께 고려할 때 7세기 초반에서 중반이 이 유적의 중심 연대라고 하

1) 김성식·한지아, 2018, 「부여 쌍북리 56번지 사비한옥마을 조성부지 유적 출토 목간」, 『목간과 문자』 21; 울산발전연구원 문화재센터, 2020, 『부여 쌍북리 56번지 유적』.
2) 권인한, 2019, 「부여 쌍북리 논어 목간에 대한 몇 가지 생각」, 『목간과 문자』 23; 橋本繁, 2021, 「한국 출토 『논어』 목간의 원형 복원과 용도」, 『목간과 문자』 26.
3) 김성식·한지아, 2018, 앞의 논문, p.348.

였다.[4]

하지만 권인한이 이미 지적한 것처럼, 논어 목간이 목간10과 50m 이상 떨어진 곳에서 발견되었는데도 두 유물의 연대를 동일시 할 수 있을지 의문이 제기될 수 있다. 또 2018년 한국목간학회 판독회 과정에서도 거론된 것처럼 그 書體가 무령왕릉 묘지석과 유사하여 597년일 가능성도 배제할 수 없다는 반론에 대해서도 답할 필요가 있다.[5] 목간의 연대에는 ⓐ목간에 문자가 쓰여진 연대, ⓑ목간이 사용된 연대, ⓒ목간이 폐기된 연대가 있다.[6] ⓐ와 ⓑ의 연대는 거의 같지만 ⓐ, ⓑ와 ⓒ의 연대는 보존 기간이나 사용 기간에 따라 차이가 날 수 있고, 다른 것으로 전용되거나 이동하는 경우 그 차이가 더 커진다. 목간10 정사년을 657년으로 추정한 발굴자들의 견해는 ⓒ의 연대를 말하지만 ⓐ, ⓑ의 연대와 그다지 차이가 없다는 점을 명확히 설명할 필요가 있다.

쌍북리 56번지 유적의 성격과 관련하여 발굴자들은 43동의 건물지와 3기의 도로에 대해 사비 도성 내 기반 시설과 생활유적으로 坊에 해당하는 것으로 보기는 어렵지만, 격자상의 구획이나 계획적인 공간 활용 흔적은 인정할 수 있으며 도성 내 생활상이나 도로, 도시 구조를 추정할 수 있는 자료라고 서술하고 있다.[7] 그러나 이 유적의 성격을 명확히 하기 위해서는 280-5번지나 현내들유적, 석목리 143-16번지 등 주변에서 발굴된 다른 목간 출토 유적들과의 관련성을 좀 더 비교·검토할 필요가 있다. 특히 쌍북리 56번지 서쪽에 위치한 208-4번지에서 발견된 '佐官貸食記'나 '外椋卩' 목간의 연대나 성격에 대한 논의들이 56번지 유적과 어떤 관련성을 갖는지, 더 나아가 쌍북리 일원에서 목간이 출토된 다른 유적들과 어떻게 연관되는지에 대해서 함께 파악할 필요가 있다.

이러한 문제점을 인식하면서 이 글은 다음과 같이 구성하였다. II장에서는 먼저 발굴조사보고서를 중심으로 하여 쌍북리 56번지 유적에서 드러난 유구와 유물들을 정리하였다. 이 유적은 층위상 크게 상층과 하층으로 구분되는데 1차 생활면인 하층유구와 2차 생활면인 상층유구의 연대를 어떻게 이해할 수 있는지에 대해 56번지와 그 주변 유적의 상황을 서로 비교·분석하였다. III장에서는 56번지 유적 출토 10호 목간에 대한 새로운 판독안을 제시하고, 10호를 비롯하여 함께 발견된 목간의 연대에 대한 필자의 견해를 밝혔다. IV장에서는 목간의 기재 내용과 문헌사료를 함께 검토하고, 국내외 유사한 유적과 다른 나라의 사례를 비교하여 이 유적의 성격을 분석해 보았다.

---

4) 울산발전연구원 문화재센터, 2020, 앞의 책, p.347.

5) 권인한, 2019, 앞의 논문, p.200.

6) 이치 히로키 저/이병호 역, 2014, 『아스카의 목간』, pp.43-45.

7) 울산발전연구원 문화재센터, 2020, 앞의 책, p.348.

II. 56번지 유적의 조사 내용과 층위

부여 쌍북리 56번지 유적에 대한 조사는 부여고도보존계획 지정으로 발생하는 이주민을 위한 사비한옥마을 조성 사업의 일환으로 추진되었다. 2017년 2월 22일부터 2018년 5월 31일까지, 24,577㎡라는 쌍북리 일대에서는 가장 넓은 면적을 대상으로 발굴이 이루어졌다. 이 유적 주변에는 쌍북리 280-5번지, 현내들유적, 쌍북리 184-11번지와 184-16번지, 쌍북리 201-4번지, 쌍북리 173-8번지와 713-5번지, 석목리 143-16번지(2회 발굴)와 143-7번지 유적 등이 함께 자리하고 있으며, 대부분의 유적에서 목간이 함께 발견되었다(도면 1).[8]

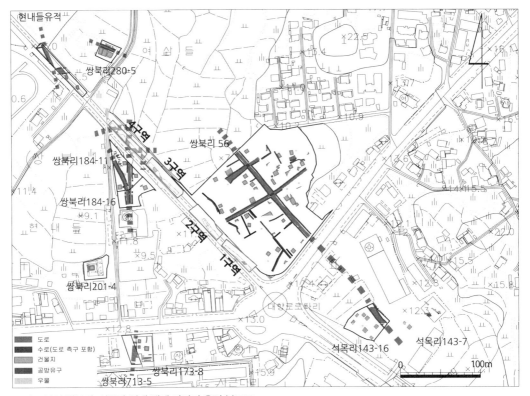

도면 1. 부여 쌍북리·석목리 일대 백제 사비기 유적 분포도

---

8) 도면 1의 쌍북리·석목리 일대 유구나 유물에 관한 발굴 보고서는 다음을 참고. 충청문화재연구원, 2009, 『부여 쌍북리 현내들·북포유적』; 백제문화재연구원, 2011, 『부여 쌍북리 280-5유적』; 백제고도문화재단, 2014, 『부여 쌍북리 184-11(부여 사비 119안전센터부지) 유적』; 강산문화연구원, 2017, 『부여 쌍북리 184-16번지 유적』; 한국문화재재단, 2015, 『부여 쌍북리 201-4번지 유적』, 『2012년도 소규모 발굴조사보고서V』; 동방문화재연구원, 2013, 『부여 사비 119안전센터 신축부지 내 쌍북리 173-8번지 유적』; 동방문화재연구원, 2017, 『부여 쌍북리 713-5번지 유적』; 백제고도문화재단, 2019, 『부여 석목리 143-16번지 유적』; 금강문화유산연구원, 2019, 『부여 석목리 143-7번지 유적』; 백제고도문화재단, 2022, 「부여농협 밭작물공동경영체육성사업 품질관리시설 증축공사부지 내 유적 약식보고서」; 한국문화재재단, 2023, 『부여 쌍북리 280-10번지 유적』, 『2021

발굴보고서에 따르면 쌍북리 56번지 유적의 층위는 크게 6개 층으로 구별되는데, 그중 사비기의 문화층은 크게 상층과 하층 2개 문화층으로 이루어졌다. 사비기 문화층에서는 도로와 목교, 건물지, 우물, 화장실, 울타리, 구, 공방지 등이 확인되었고, 내부에서 사비기의 토기와 기와, 금속기, 목기, 도가니 등이 발견되었다. 이러한 출토 유물과 유구, 층위 양상은 도면 1에서 언급한 쌍북리·석목리의 다른 유적들과 매우 비슷한 양상을 보인다. 다만 쌍북리 56번지 유적은 중앙부의 제한된 부분에 관해서만 하층 유구에 관한 발굴이 이루어져서 현재 알려진 대부분의 유구와 유물들은 상층 유구에서 발견된 것이라는 점을 유의할 필요가 있다.

쌍북리 56번지 상층 유구는 유적 중앙에 관통하는 3개의 도로를 중심으로 구상유구, 소로, 울타리 등을 설치하여 구획하였는데 그 내부에 건물지와 화장실, 우물지 등 생활유구가 배치되었다(도면 2). 이 유적의 상층유구에서 발견된 3개소 도로 가운데 1호는 북서쪽에서 남동쪽 방향(N-17°-W)으로 조성되었으며, 2호와 3호 도로와 직교한다. 1호 도로는 길이 148m, 너비 4.5~6.1m, 측면 배수구 너비 1.5~2.2m, 깊이 40~80㎝ 크기이다. 2호 도로는 잔존 길이 137m, 너비 2.5~3.9m, 측면 배수구 너비 0.6~2.0m, 깊이 10~60㎝ 크기로 1호보다는 약간 작고 조사 지역의 중앙 부근에서 1호 도로와 교차하는데 북동쪽에서 남서쪽 방향(N-49°-E)으로 전개된다. 3호 도로는 2호 도로와 50m 정도 떨어져 발견되었다. 잔존 길이 76m, 너비 4.1~8.0m, 측면 배수구 0.4~1.2m, 깊이 10~30㎝ 크기로 북동쪽에서 남서쪽 방향(N-47°-E)으로 전개된다. 다만 3호 도로는 2호 도로와 완전한 평행을 이루지는 않고 북동쪽 구간의 끝부분이 삭평되어 정확하지 않으며 남서쪽 구간 끝으로 갈수록 벌어지는 형태를 이루고 있다. 1호 도로는 쌍북리 일원에서 발견된 도로 가운데 가장 규모가 크고, 이를 연장하면 그보다 120m 떨어진 석목리 143-16번지에서 발견된 도로와 크기와 방향이 일치하여 서로 연결될 가능성이 높은 것으로 생각되고 있다.[9]

이곳에서는 43기의 사비기 건물지가 확인되었다. 크게 수혈식, 굴립주식, 벽주식, 기와 건물지 등으로 나눌 수 있는데 그중 27동이 벽주식 건물지(62.7%)이다. 벽주건물지는 세장방형과 장방형도 있지만 16동이 한 변 길이 4~5m 크기의 방형 건물지로 80%를 차지한다. 42호 벽주건물지가 가장 규모가 큰데 내부 수혈에서 재와 숯, 소토가 확인되며, 북서쪽 수혈에서 열화 현상과 청동도가니 2점이 확인되어 工房 활동과 관련된 시설이 가능성이 제기되었다. 건물지 11호와 39호, 42호 벽주 건물지에서 화재의 흔적이 확인되었고, 39호 건물지에서만 부뚜막 시설이 확인되었다.

그밖에 이곳에서는 4기의 화장실 유구가 발견되었는데 상층에서 3기, 하층에서 1기가 확인되었다. 6기의 우물도 발견되었는데 5기는 석조, 1기는 목조 우물이다. 또 건물지2와 인접한 곳에 1호 공방지, 건물지 10과 11호 부근에서 2호 공방지가 확인되었다.

발굴보고서에서는 상층에서 발견된 여러 유구들에 대해 "주목되는 점은 도로와 도로 사이의 小路나 구상유구를 이용하여 25m×30m 정도의 면적으로 토지를 구획하고, 그 내부에 집터와 여러 시설물을 배치

년도 소규모 발굴조사보고서Ⅲ』.
9) 백제고도문화재단, 2019, 『부여 석목리 143-16번지 유적』, pp.319-321.

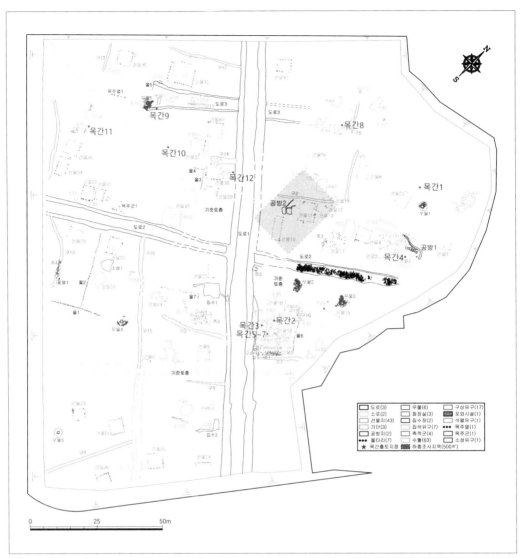

도면 2. 쌍북리 56번지 유적의 상층 유구배치도와 목간 출토 위치

하고 있다"라고 하면서 이러한 유구 배치가 사비 도성 후기의 모습을 잘 보여주고 있다고 강조하고 있다.[10] 쌍북리 56번지 유적의 건물지와 도로, 구상유구, 울타리 등이 일정한 크기와 방향, 규칙성 등 계획적으로 배치된 것처럼 서술하고 있는 것이다. 하지만 구체적으로 어떤 형태를 말하는 것인지에 대해서는 언급이 없다.

한편 상층 유적층의 정중앙에서 북쪽으로 약간 치우친 장소, 건물지10과 11호가 자리한 장소의 하층에

---

10) 울산발전연구원 문화재센터, 2020, 앞의 책, p.347.

대한 샘플 조사도 실시되었다. 그 결과 소로 1기, 석축기단 2기, 울타리 4기, 화장실 1기, 집석유구 2기, 족적군 1개소, 수혈 18기, 구상유구 3기, 소성유구 1기, 옹관묘 1기 등이 확인되었다(도면 3). 잔존 길이 8.4m

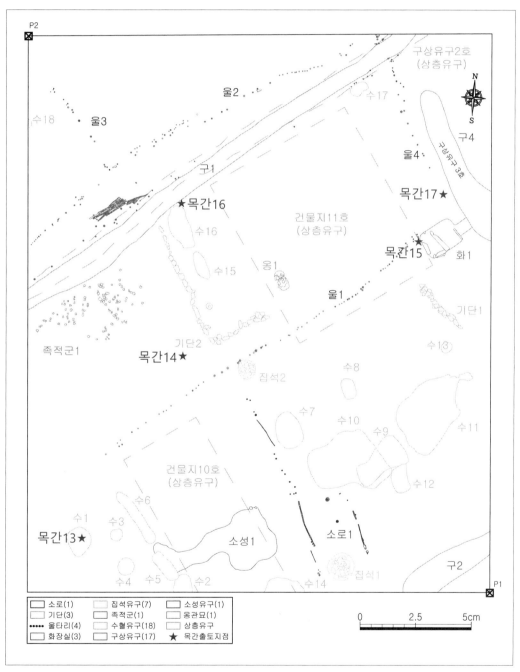

도면 3. 쌍북리 56번지 유적의 하층 유구 배치도와 목간 출토 위치

가 남아 있는 소로의 경우 장축 방향이 남북 방향(N-14°-E)이며, 너비 2.4m로 상층에서 발견된 도로들과는 그다지 관련이 없어 보인다. 또 상층 유구보다 수혈이 많은 것을 제외하면 별다른 특징을 찾기 어렵지만 옹관묘 1기가 발견된 점은 유의된다. 2개의 단지가 합쳐진 옹관묘 내부에서는 소아 인골이 확인되기도 했다.[11]

하층 유적층에서 발견된 유물은 비교적 단순하지만 상대편년 자료로 의미 있는 것이 포함되어 있다. 이곳에서는 구기종으로 알려진 개와 배, 완, 심발형토기를 비롯하여 기와와 벽돌, 철촉과 손칼, 자물쇠, 목간과 붓, 목제삽, 목제따비 등이 있다. 그중 옹관으로 사용된 494번 파수부호는 부여 송국리유적 1호 옹관묘나 76-68지구 옹관묘를 비롯하여 반산리 71번지 와관묘나 구아리유적 북쪽 우물지에서 출토된 파수부호와 유사하다(도면 4). 이러한 형태의 파수부호는 6세기 중엽에서 7세기 초엽으로 편년되고 있다.[12] 494번 파수부호에는 격자상의 암문이 남아 있어 파수부호 가운데서도 비교적 이른 6세기 후엽으로 추정할 수 있다.

이곳에서는 정암리가마터에서 공급된 1+4의 연자를 가진 8엽 연화문수막새(519번)도 발견되었다(도면 4). 정암리가마터 B지구 2·3호, 5호, 6호에서 동범품이 출토되었으며 군수리사지를 비롯하여 동남리사지, 궁남지유적, 화지산유적, 능산리사지, 관북리유적, 쌍북리유적 등지에서 동범품이 발견되었다.[13] 군수리사지와 동남리사지의 연대 및 관북리유적에서 동범품이 출토된 점을 감안하면,[14] 하층에서 발견된 수막새는 6세기 후엽으로 편년할 수 있다. 즉 쌍북리 56번지 하층유구는 늦어도 7세기 초 이전, 6세기 후엽을 중심 연대로 보아 문제가 없을 것으로 생각된다.

그렇다면 상층유구의 연대는 어떨까? 발굴보고서의 유물에 대한 고찰에서는 연대 추정에 도움을 주는 자료로 배류(개배, 삼족기, 고배), 완류(무대완, 대부완, 전달린토기), 심발형토기, 병류·호류·옹류, 벼루, 기대, 뚜껑 등을 제시하였다(도면 5). 분석 결과 대부분의 유물이 사비기에 해당하지만 개배와 삼족기, 고배 등 杯類와 직구호, 장경호 등의 硬質壺類, 器臺 등 사비기 선행양식과 대부완, 전달린토기 등의 盌類와 벼루, 도가니, 연통 등의 신기종이 혼재되는 양상을 나타낸다고 정리하였다. 구체적인 연대에 관해서는 山本孝文의 연구를 인용하여 600년을 경계로 新舊 기종 혼재기를 보이다가 점차 신기종으로 단순화되는 경향을 보이는 점,[15] 또 463번 10호 목간의 '정사년'을 597년 또는 657년의 어느 하나로 볼 수 있는 점, 기타 隋代 五銖錢과 唐代 開元通寶, 隋唐代에 속하는 洪州窯 계통의 유약이 발린 잔(녹유잔, 326번) 등이 출토된 점을 종

---

11) 사비도성은 京外埋葬 관념이 있어 나성 내부에 분묘를 쓰지 않는 것으로 이해되어 왔다. 그러나 옹관묘나 화장묘가 종종 발견되고 있어 그것이 갖는 의미에 관해서는 별도의 검토가 필요하다.

12) 土田純子, 2014, 『백제토기 동아시아 교차편년 연구』, pp.282-285; 채송이, 2019, 「백제 대상파수부토기의 변천과 사용」, 『백제학보』 30, pp.184-189.

13) 清水昭博, 2012, 『古代日韓造瓦技術の交流史』, pp.280-289.

14) 이에 관해서는 다음을 참조. 이병호, 2014, 『백제 불교 사원의 성립과 전개』, pp.115-117; 이병호, 2016, 「부여 동남리사지의 성격」, 『선사와 고대』 48, p.15.

15) 山本孝文은 한성기와 웅진기부터 사용된 삼족기나 고배, 개배, 직구호, 장경호, 기대 등을 舊器種이라고 하고, 600년을 전후하여 다수를 점하는 회백색 계통의 접시나 전달린토기, 자배기, 대상파수부호, 벼루, 등잔, 도가니, 호자, 연통 등을 新器種으로 부르고 있다(山本孝文, 2005, 「백제 사비기 토기양식의 성립과 전개」, 『백제 사비시기 문화의 재조명』, pp.142-148).

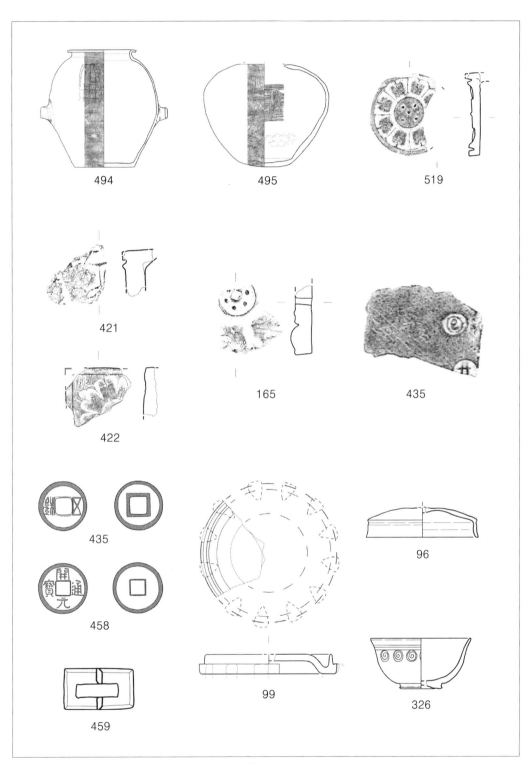

도면 4. 쌍북리 56번지 출토 자료 중 상대편년 관련 자료(축척부동)

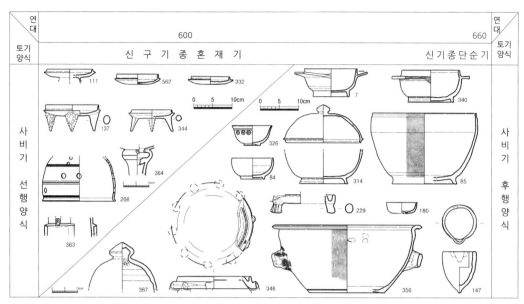

도면 5. 쌍북리 56번지 출토 각종 토기류와 편년 자료(울산발전연구원 문화재센터)

합적으로 고려할 때 7세기 초반에서 중반이 유적의 중심 연대가 될 것으로 추정하였다.[16]

발굴보고서의 견해를 그대로 따른다면 56번지 유적의 상층 유구는 7세기 초반에서 중반을 중심으로 하여 660년 백제 멸망기까지 존속한 것으로 볼 수 있을 것이다. 이 유적의 상층에서는 이 밖에도 연화문 서까래기와(165번), 녹유가 발린 개배(96번)와 녹유 多足硯(99번)이 출토되었고, 연화문수막새(421번)와 연화문 장식 벽돌(422번), 巳·井이 찍힌 문자기와(435번) 등이 지표에서 수습되었다(도면 4). 서까래기와의 경우 중방이 크며 연꽃잎이 짧고 도드라지게 표현되었고, 연화문수막새나 벽돌은 연꽃잎이 평평하게 장식되어 7세기대 백제 수막새 문양이라 할 수 있다.[17] 녹유 다족연이나 문자기와 역시 7세기 백제 유적에서 자주 발견되는 현상이다.[18] 다시 말하면 토기류 이외의 기와나 벼루 등의 상대편년에서도 7세기 전엽이 상층유구의 중심연대라는 것은 인정할 수 있다.

다만 발굴보고서에서는 상층유구에서 隋代 五銖錢이나 홍주요 계통의 녹유잔이 발견된 점을 들어 그 상한이 언제인지 조심스럽게 접근하고 있다. 수 오수전의 경우 581년부터 개원통보가 주조된 621년 사이에 제작·사용된 것으로, 부여 능산리 동나성 내외부 유적에서도 발견된 사례가 있다. 녹유잔의 경우 갈색 계통의 유약이 백토 위에 시유되어 있고 원권문이 돌려져 있다. 정선된 태토, 대각의 깎기 조정 방식에서 백

---

16) 울산발전연구원 문화재센터, 2020, 앞의 책, pp.343-347.

17) 이병호, 2014, 「7세기대 백제 기와의 전개 양상과 특징」, 『백제문화』 50, pp.295-297.

18) 山本孝文, 2003, 「백제 사비기의 陶硯」, 『백제연구』 38, pp.104-110; 심상육, 2010, 「백제 印刻瓦에 대하여」, 『목간과 문자』 5, pp.55-57.

제에서 만든 녹유라기보다는 중국산 녹유제품으로 판단된다. 표면에 동심원을 겹쳐서 찍은 소형 杯나 盞들은 洪州窯에서는 隋에서 初唐代인 6세기 말에서 7세기 전반에 속한다는 지적이 있었다.[19] 하지만 중국에서 간행된 洪州窯 보고서에서는 羅湖寺前山窯址나 向山窯址에서 발견된 동심원문의 杯나 盞들을 당 고조에서 무측천 시기인 618년에서 704년 사이로 설정하고 있다.[20] 이를 참고할 때 56번지 출토 녹유잔 역시 초당 이후인 7세기 중엽에 해당하는 것으로 보는 것이 더 적절하다고 생각된다.

발굴보고서에서는 거의 주목하지 않았지만 56번지에서 발견된 청동제 과대금구(459번)도 주목을 요한다. 이 과대금구는 평면 장방형으로 내부에 세장방형 구멍이 뚫려 있는데 소위 唐式 帶裝飾具의 일부에 해당한다. 지금까지 백제에서는 당식 대장식구가 도입되지 않은 것으로 보는 견해가 우세했지만, 익산 쌍릉 대왕릉과 미륵사지 서탑, 왕궁리유적 등에서 7세기 전반경으로 편년되는 당식 대장식구가 발견되었다.[21] 이를 참고하면 56번지 출토 과대금구는 7세기 전엽에서 중엽으로 편년할 수 있다.

발굴보고서에서는 상층유구의 상한에 관해 山本孝文이 사비기 토기를 구기종과 신기종의 경계로 설정한 600년이라는 연대에 주목하였다. 하지만 이러한 연대 설정이 적절한지에 관해 좀 더 검토할 필요가 있다. 쌍북리 일대에 대한 발굴에서는 사비 천도 직후인 6세기 중엽 단계의 흔적이 거의 발견되지 않는다. 그 대신 600년을 기준으로 하여 6세기 후반과 7세기 전반을 상하층으로 구분하여 1차 생활면과 2차 생활면으로 설명하는 경향이 있다. 이러한 현상은 쌍북리 56번지 이외에도 도면 1에 표시한 대다수 유적에서 공통적으로 확인되는데, 그 획기를 어떻게 파악할 것인지가 문제이다.

이와 관련하여 쌍북리 56번지에서 약 150m 떨어진 280-5번지에서 발견된 佐官貸食記 목간에 기록된 壬寅年이라는 연대가 먼저 주목된다. 1호 건물지의 구지표에서 출토된 이 목간은 함께 발견된 토기류의 상대편년이 7세기 전엽에서 중엽에 속하기에 618년에 해당하는 것으로 생각된다. 이 목간의 '임인년'을 중시하면 쌍북리 일원의 2차 생활면이 늦어도 618년 이후에 형성된 것으로 보아 무리가 없을 것이다.

이러한 연대관은 주변 유적에 대한 조사에서도 확인할 수 있다. 먼저 201-4번지 유적의 경우 5문화층의 구상유구 5호에서 목간 2점이 발견되었다.[22] 목간과 함께 관북리유적과 부소산성, 왕궁리유적에서 자주 발견되는 素文수막새(54번)가 발견되었고, 바로 아래층에서 관북리유적과 부소산성, 왕궁리유적에서 자주 발견되는 하트형 연판에 중방에는 1+7+16의 연자가 3열로 배치된 연화문수막새(30번)가 출토되었다. 30번 연화문수막새는 중방의 연자가 마모되어 서로 엉겨 붙는 笵傷이 관찰되는데,[23] 쌍북리 201-4번지 출토 수

19) 山本孝文, 2007, 「인화문토기의 발생과 계보에 대한 시론」, 『영남고고학』 41, pp.103-106.

20) 北京大學中國考古學研究中心·江西省文物考古研究所·江西省豊城市博物館, 2018, 『豊城洪州窯址』, p.219 및 p.241. 홍주요 관련 자료는 한빛문화재연구원 최정범 선생님으로부터 제공받았다. 厚意에 감사드린다.

21) 미륵사지 서탑 심주석 남쪽의 1층 통로 바닥석 하부에서 출토된 당식 대장식구를 참고할 때 639년에서 멸망기에 이르는 시기에 이러한 자료가 유입된 것으로 생각되고 있다. 최정범, 2022, 「당식 대장식구의 한반도 轉入, 또 하나의 가능성」, 『중앙고고연구』 37, pp.47-49.

22) 한국문화재단, 2015, 『부여 쌍북리 201-4번지 유적』, p.62.

23) 국립부여문화재연구소, 2012, 『백제 사비기 기와 연구Ⅳ』, pp.65-66.

막새는 그러한 범상이 막 시작되는 양상을 보이고 있어서 6세기 말에서 7세기 초로 편년할 수 있다. 201-4번지에서는 3·4문화층과 5문화층 사이에 회흑색 사질 점토가 두껍게 깔려 있어,[24] 7세기 초엽의 어느 시점을 경계로 유적 전체에 커다란 변화가 있었음을 짐작할 수 있다.

상층과 하층 문화층 사이에서 폭넓게 모래층이 깔려 있는 현상은 쌍북리 일원의 거의 모든 지역에서 확인된다. 쌍북리 184-11번지 유적에서는 상하층 사이에서 황갈색사질점토와 회색사질점토가 두껍게 확인되었는데 1차 생활면을 모두 매립한 다음 2차 생활면이 구축된 것을 확인할 수 있었다.[25] 184-11번지와 연접하는 현내들 4구역의 백제 2문화층에서는 회백색토기류 등 신기종과 도가니, 벼루, 소문수막새 등이 출토되어,[26] 7세기 전엽 이후에 그러한 생활면이 조성되었음을 짐작할 수 있다. 쌍북리 713-5번지나 석목리 143-16번지 일대에서도 2단계 생활면과 3단계 생활면 사이에서 두께 20~30㎝의 두꺼운 모래층이 형성되어 있는 것이 발견되었는데, 모래층의 퇴적 양상을 볼 때 한꺼번에 많은 물이 통과한 흔적으로 추정되고 있다.[27]

이러한 층위 양상은 쌍북리 56번지 유적에 관한 지질학적 조사에서 좀 더 명확하게 드러난다. 이곳에서는 발굴 지역의 퇴적 환경 변화를 파악하기 위한 별도의 지질학적 분석을 실시하였다.[28] 56번지 일원은 湖沼 환경이 유지되는 단계(퇴적단위Ⅰ)에서 河道와 범람원Ⅰ 단계(퇴적단위Ⅱ, 기원 전후), 다시 하도와 범람원 Ⅱ단계(퇴적단위Ⅲ, 사비기), 범람원(퇴적단위Ⅳ) 단계로 변화하는 것이 드러났다. 그중 백제 사비기 하층 문화층과 관련된 것이 퇴적단위 Ⅲ의 하층으로, 河道 연변에 형성된 모래사주를 중심으로 백제 사비기 취락이 조성되고 인간 활동이 지속되는 것이 확인된다. 사비기 상층 문화층(퇴적단위 Ⅲ의 상부)의 경우 하도의 폭이 크게 감소하고 모래 공급이 활발한 범람원 환경으로 변모하게 된다. 사비기 상층 문화층은 하도가 이동하면서 유기된 하도의 河床과 연변의 범람원 영역을 중심으로 다시 조성된 것으로, 두 문화층 사이에서 AD 595±30년의 AMS 14C 연대를 얻을 수 있었다고 한다. 다시 말하면 사비기 상층과 하층 사이에는 6세기 말을 중심으로 홍수와 같은 대규모 범람이 있었다고 할 수 있다.

이상의 검토에서 쌍북리 56번지와 그 주변 지역에서는 6세기 말에서 7세기 초를 기점으로 하여 많은 모래층이 쌓일 정도의 대규모 자연재해가 있었음을 확인할 수 있었다. 이때 떠오르는 것이 많은 연구자들이 이미 지목한 바 있는,[29] 『삼국사기』 무왕 13년(612) 5월 "홍수가 나서 人家가 떠내려가거나 물에 잠겼다"라는 기사이다. 당시의 홍수가 어느 정도의 규모였는지는 알 수 없지만 쌍북리 일원의 거의 전 지역에서 폭넓

---

24) 한국문화재재단, 2015, 「부여 쌍북리 201-4번지 유적」, p.15.

25) 백제고도문화재단, 2014, 『부여 쌍북리 184-11(부여 사비119안전센터부지) 유적』, pp.43-47.

26) 충청문화재연구원, 2009, 『부여 쌍북리 현내들·북포유적』, pp.76-78.

27) 동방문화재연구원, 2017, 『부여 쌍북리 713-5번지 유적』, pp.30-38; 백제고도문화재단, 2022, 「부여농협 밭작물 공동경영체 육성사업 품질관리시설 증축공사부지 내 유적 약식보고서」, p.30.

28) 한국지질환경연구소, 2020, 「부여 쌍북리 56번지 유적의 퇴적환경 변화에 대한 연구」, 『부여 쌍북리 56번지 유적』, p.629.

29) 다음 보고서에서 이미 612년 대홍수 기사를 주목하고 있어 참고된다. 백제고도문화재단, 2014, 『부여 쌍북리 184-11(부여 사비119안전센터부지) 유적』, pp.129-130.

게 확인되는 두꺼운 모래층의 존재는 그 피해가 상당했음을 알려주고 있다. 이러한 자료들은 쌍북리 일원의 상하 문화층의 구분을 막연하게 600년으로 설정하기보다는 612년 대홍수 기록을 근거로 양분하는 것이 더 타당하다는 것을 말해주고 있다. 이 연대는 좌관대식기에 나오는 618년이라는 연대와도 부합하고, 상층 유구에서 발견된 토기류나 기와류의 상대편년과도 잘 들어맞는다.

그렇다면 하층 유구의 중심시기는 어떻게 보아야 할까. 쌍북리 일원에서 하층유구에 대한 조사는 제한적으로 이루어져 연대를 추정할 만한 자료가 그리 많지 않다. 또 석목리 143-16번지 하층에 대한 최근 조사에서 드러난 것처럼 하층 생활면 역시 538년 천도 직후에 형성된 문화층과 6세기 후반에 형성된 문화층 등 2개의 문화층으로 세분될 여지가 있다.[30] 다만 앞서 언급한 56번지 하층유구에서 발견된 파수부호와 정암리 요지 출토 연화문수막새를 비롯하여 184-11번지에서 출토된 수대 五銖錢, 또 56번지 유적 서쪽 지역과 연접하는 현북리유적 2구역에서 발견된 常平五銖錢 등을 참고할 때 잠정적으로 6세기 후엽 이후로 설정할 수 있을 것 같다. 이러한 연대관은 관북리유적에서 대규모 성토 작업이 실시된 시기나 부여 시가지 내부에서 발견되는 사비기 주요 도로들의 개설 시기가 위덕왕대 후반이라는 기존 사비도성 정비 과정에 대한 연구와도 잘 부합한다.[31]

결론적으로 쌍북리 56번지 유적의 상층유구는 612년 이후에 형성된 백제 2차 생활면에 해당하고, 1차 생활면은 사비 천도 직후의 상황은 알 수 없지만 6세기 후엽 이후부터 612년 이전에 형성된 것으로 정리할 수 있을 것 같다. 필자는 56번지 유적의 상대편년을 시도하면서 도면 1에 제시한 쌍북리·석목리 일대의 비교적 넓은 면적의 발굴 사례들을 함께 언급하였다. 이는 도면 1에서 인용한 유적들의 조사 유구나 유물들이 가진 공통점이나 유사성 때문이기도 하지만, 다음 장에서 언급할 목간의 기재 내용에 대한 분석에서도 연관성을 확인할 수 있기 때문이다.

III. 56번지 10호 목간 판독안과 제작 시기

부여 쌍북리 일대는 부여 시가지 내부에서 다른 어떤 지역보다 목간 출토 빈도가 높다. 56번지에서만 17점의 목간이 발견되었는데 상층유구에서 12점, 하층유구에서 5점이 출토되었다(도면 2와 3).[32] 하지만 2호와 3호, 15호, 16호를 제외하면 대부분의 목간들은 지표나 도로의 측구에서 수습되었다. 이러한 목간 출토 정황은 다른 목간들의 연대를 추정하는 데 많은 어려움을 주고 있다. 연구자들의 관심이 집중된 1호 목간의 경우 함께 발견된 토기가 있기는 하지만 이를 편년 자료로 활용하는 데는 한계가 있다. 그러나 '정사년'

---

30) 이미현·문성찬, 2022, 「부여농협 밭작물공동경영체육성사업 품질관리시설 증축공사부지 유적 발굴조사」, 『호서지역 문화유적 발굴성과』(제46회 호서고고학회 학술대회 발표자료집).

31) 이병호, 2014, 『백제 불교 사원의 성립과 전개』, pp.112-125.

32) 도면 2와 3의 목간 출토 위치 도면 과 목간의 적외선 사진 등의 자료는 울산발전연구원 문화재센터와 한지아 조사연구위원으로부터 2020년 12월 2일 제공받은 것이다. 厚意에 진심으로 감사드린다.

이 기재된 10호 목간은 쌍북리 56번지 유적을 주변의 다른 유적들과 반드시 비교·검토해야 할 또 다른 중요한 근거를 내포하고 있다.

발굴자들은 10호 목간에 대해 37호 건물지 남서쪽 4m 떨어진 지점에서 지표 수습하였고, 회색경질완이 함께 발견되었다고 하면서 다음과 같은 판독안을 제시하였다.

앞면 「丁巳年十月卅(七)日 ×
뒷면 「浪米七石六斗□ ×
　　　「岑凍宮□□ × 또는 「岑[?+京]宮□□ ×

이에 더하여 뒷면 1열의 마지막 글자는 판독이 불가능하지만 관료의 서명일 가능성이 있고, 2열 두 번째 글자를 '凍'자로 판독했지만 명확하지 않아 좌변이 경우 氵, 匕, 木 등으로, 우부는 東이나 京으로 해석될 수 있다는 설명을 덧붙이고 있다.[33]

그 뒤 경북대 인문학술원에서는 다음과 같은 판독문을 제시하였다.

·「丁巳年十月卅七日 ×
·「浪米七石六斗□ ×
　　岑□宮□□　　　　×　　　　　　　　　　　(13.7+α)×3.2×0.6(㎝)

여기에서는 2면 1열 六斗□의 미판독 글자가 半일 가능성이 있다고 하면서, 정사년 즉 657년(의자왕17) 10월 27일에 이루어진 모종의 宮과 관련 아래 米穀 7石 6斗의 입출 기록으로 추정하였다. 가장 상단의 구멍은 편철용이라는 설명도 덧붙이고 있다.[34]

두 판독문을 비교해 보면 1면이나 2면 1열에 관해서는 별다른 이견이 없다(도면 6). 하지만 2면 2열의 판독에는 의견을 달리한다. 먼저 첫 번째 글자를 '岑'으로 판독했지만 '山'의 마지막 아래로 긋는 획이 보이지 않는다. 오히려 '人' 자처럼 크게 쓰여진 것이 눈에 띄고, 왼쪽에는 '夕' 자의 아랫부분이 깎여 나간 것처럼 보인다. 즉 이 글자는 '外'라는 글자로 판독해야 한다. 두 번째 글자는 최초 보고자가 지적한 것처럼 오른쪽이 '東'이라기보다는 첫 획을 점으로 찍은 '京'으로 판독하는 것이 적절하다. 왼쪽은 '氵'처럼 보이지만 왼쪽 획이 外 자의 夕이 깎여 나간 것과 유사하게 잘려 나가 '木' 자로 보는 것이 적절하다. 즉 이 글자는 '木+京'으로 이루어진 '椋'에 해당한다. 세 번째 글자는 '宮', 그 아래 몇 자가 더 있는 것으로 보이지만 부러져 나갔다. 필자의 10호 목간에 대한 판독안은 다음과 같다.[35]

---

33) 김성식·한지아, 2018, 앞의 논문, pp.348-349.
34) 윤재석 편저, 2022, 『한국목간총람』, p.125.
35) 外椋宮에 관한 판독은 동국대 최연식 교수의 도움을 받았다. 厚意에 진심으로 감사드린다. 한편 한국목간학회 발표회 토론 과

| 1면 | 2면 | 2면의 확대 |

도면 6. 쌍북리 56번지 10호 목간 적외선 사진

· 「 丁巳年十月卄七日 ×

· 「 滄米七石六斗□   ×

　　外椋宮□□　　　 ×

　즉 이 목간은 정사년 10월 27일에, 滄米 7석 6두에 대해, 外椋宮에서 어떤 사무를 처리한 것을 기록한 목간으로 생각된다. 이렇게 판독하고 나니 '丁巳年'과 '滄米', '外椋宮'이라는 글자가 주목된다. 특히 과거 岑凍宮으로 판독한 글자를 필자처럼 外椋宮으로 판독할 수 있다면, 280-5번지에서 출토된 '外椋 卩' 목간과의 관련성이 가장 먼저 제기된다.[36]

정에서 '宮' 자를 '官'으로 판독할 수 있다는 지적이 있었다. 글자의 왼쪽 부분이 깎여 나가 확정적으로 말할 수는 없지만 2개의 口 사이의 濃淡이 달라 点으로 추정되어 宮일 가능성이 더 높다고 판단하였다.

36) 박태우·정해준·윤지희, 2008, 「부여 쌍북리 280-5번지 출토 목간 보고」, 『목간과 문자』 2; 박태우, 2009, 「목간자료를 통해 본 사비도성의 공간구조」, 『백제학보』 창간호.

먼저 외경'궁'과 외경'부'의 관계에 대해 살펴볼 필요가 있는데 결론부터 말하면 10호 목간의 外椋宮은 쌍북리 280-5번지나 역사서에 기록된 外椋卩(=外椋部)의 다른 이름에 해당하는 것으로 생각된다. 宮과 部가 일정한 연관성을 갖는 것으로 신라의 사례들이 참고된다.

> 사료 1. 진평왕 7년(585) 3宮에 私臣을 각각 두었는데, 大宮은 和文 大阿湌·梁宮은 首肹夫 伊湌·沙梁宮은 弩知 伊湌이었다. [진평왕] 44년(622)에 이르러 1員으로써 3宮의 관장(掌)을 겸하게 했다.[37]
> 사료 2. 本彼宮은 神文王 원년(681)에 두었고, 虞는 1명, 私母는 1명, 工翁은 2명, 典翁은 1명, 史는 2명이다.[38]
> 사료 3. [2년(662) 2월] 전공을 논하여 本彼宮의 財貨와 田莊, 奴僕을 절반으로 나누어서 유신과 인문에게 내려주었다.[39]

사료 1은 內省의 설치 연혁을 서술하는 대목이다. 私臣은 내성의 장관이며, 大宮은 국왕의 거처인 대궐, 梁宮은 梁部에 위치한 왕궁, 沙梁宮은 沙梁部에 위치한 왕궁을 가리키는 것으로 이해된다.[40] 이 경우 양궁이나 사량궁은 양부나 사량부 등 행정 구역화한 6部를 대신하는 용어인 동시에 梁宅이나 沙梁宅처럼 구체적이고 가시적인 건축물로서의 의미도 함께 가졌을 것으로 생각된다.[41]

이에 반해 사료 2에 보이는 本彼宮은 본피부에 위치한 왕궁이면서도 단순히 궁궐의 이름이 아니라 궁과 관련되는 제반 사무를 관장한 官廳으로 기능했음을 알려주고 있다.[42] 사료 3은 이 본피궁이 문무왕 2년 (662) 이전에 창건되었고, 본피궁에서 많은 재화와 전장, 노복을 소유하고 있었음을 알려주고 있다. 즉 사료 2의 본피궁이 왕궁이 아닌 관청으로서 기능하였음을 보완해 주는 사료이다. 사료 2·3의 본피궁에 소속된 관원들의 명칭을 분석하여 이곳이 주로 생산 관계 官司에 해당하며, 山林苑圃의 관리를 담당한 것으로 추정한 견해가 있다.[43]

신라에서는 內省 산하에 某宮으로 칭하면서 특수한 업무를 담당한 관사로서 南下所宮과 新宮, 會宮典, 穢宮典 등이 더 있다. 다만 사료 3을 662년 김유신·김인문에게 재화와 전장, 노비를 나누어주면서 離宮이었던 본피궁이 그 기능을 상실하게 되고, 사료 2의 681년에 궁중 소유의 산택·원유 관련 사무를 관장하는 관사로 새롭게 설치되었을 것으로 보는 견해도 있다.[44] 어느 쪽이든 본피궁이 단순한 궁궐이 아니라 중앙

---

37) 『三國史記』 권39, 雜志 職官 中, "眞平王七年, 三宮各置私臣, 大宮和文大阿湌, 梁宮首肹夫阿湌, 沙梁宮弩知伊湌. 至四十四年, 以一員兼掌三宮."
38) 『三國史記』 권39, 雜志 職官 中, "本彼宮, 神文王元年置. 虞一人, 私母一人, 工翁二人, 典翁一人, 史二人."
39) 『三國史記』 권6, 신라본기 문무왕 2년조, "論功, 中分本彼宮財貨·田莊·奴僕, 以賜庾信·仁問."
40) 정구복 외, 『역주 삼국사기 4 주석편(하)』, p.513.
41) 이기동, 1984, 「신라 금입택고」, 『신라 골품제도 사회와 화랑도』, pp.191-192.
42) 정구복 외, 앞의 책, p.515.
43) 三池賢一, 1971, 「新羅內廷官制考(上)」, 『朝鮮學報』 61, pp.39-40.
44) 전덕재, 2018, 「『삼국사기』의 기록을 통해 본 신라 왕경의 實相」, 『大丘史學』 132, pp.19-21.

행정 관사명으로 사용되었음을 확인할 수 있고, 또 梁部·沙梁部, 梁宮·沙梁宮의 사례는 部 안에 있는 핵심적인 전각을 宮으로 표현할 가능성이 있음을 알려주고 있다.[45] 이러한 신라의 사례들은 백제 사비기의 외경부 역시 하나의 중앙행정관서이지만 그 핵심적인 전각을 외경궁으로 불렀을 가능성을 알려주는 것이라 할 수 있다.

쌍북리 56번지 10호 목간에 '외경궁'이라는 관청명이 보이고, 그보다 약 180m 떨어진 280-5번지에서 '외경부'라는 목간이 함께 발견되었다면 두 유적은 매우 밀접한 관련을 가지고 있었다고 할 수 있다. 과거 쌍북리 280-5번지에서 외경부 목간이 발견되었을 때 목간 대부분이 수로에서 출토되었기 때문에 쌍북리 주공아파트나 부여여자중학교 등 다른 지역에서 수로를 따라 떠내려온 것으로 이해하려고 했던 것이 사실이다.[46] 그러나 쌍북리 56번지와 280-5번지에서 동일한 중앙행정 기관의 명칭이 확인되고, 상층 유구에서 발견된 유구나 유물들에서 많은 공통성이 확인된다.

쌍북리 280-5번지 유적에서는 도로 폭 2.5m의 동서도로를 경계로 5동의 건물지가 발견되었는데, 그중 가장 많은 유물이 출토된 3호 건물지에서는 자라병모양 토기를 비롯하여 3점의 도가니, 금실, 금제이식, 열쇠, 철도자 등이 발견되었다. 또 주변에서 호와 완, 뚜껑, 접시, 자배기, 시루, 기대, 연가를 비롯하여 스에키 파편과 암문토기 파편이 발견되었다.[47] 이처럼 도로에 연하여 여러 건물지가 배치되면서 사비후기양식의 신기종 토기가 주로 출토되고 도가니 등 공방 관련 유물과 목간이 함께 출토되는 현상은 쌍북리 56번지 상층유구와 매우 유사하다. 이러한 점을 감안할 때 雙北里 56번지와 280-5번지 두 유적은 아직 발굴이 되지는 않는 미조사 지역까지를 포함하여 '외경부'와 관련지어 파악할 필요가 있을 것이다.

그 범위를 어디까지 설정할 것인지에 관해서는 도면 1에서 언급한 쌍북리 현내들, 184-11(184-16), 201-4, 173-8(713-5), 석목리 143-16과 143-7 유적에서 발견된 유적과 유물들이 쌍북리 56번지 및 280-5번지 상층유구와 유사하기 때문에 좀 더 넓은 면적을 대상으로 비교·분석하는 것이 타당할 것이다. 필자가 이렇게 판단하는 또 다른 이유는 쌍북리 280-5번 佐官貸食記 목간에 보이는 '習利一石五斗上一石未一'라는 인명이 201-4번지 목간2의 "兄習利丁" 묵서에서 재확인되었기 때문이다.[48] 좌관대식기에 열거된 6번째 인명이 201-4번지 2호 목간에서 동일하게 확인된 것은 두 유적이 비록 300m 정도 떨어져 있다고 하더라도 서로 밀접한 관계를 가지고 있음을 시사하고 있다.

習利는 어떤 인물일까. 佐官貸食記의 '佐官'을 어떻게 해석하고, 목간에 기재된 인명을 어떻게 볼 것인지에 관해서는 많은 논란이 있다. 하지만 陳法子 묘지에서 '旣母郡 佐官'이라는 명문이 발견되면서 좌관에 대해 각 관사의 장관을 보좌하는 중간층의 관리로서,[49] 중앙뿐 아니라 지방의 郡 단위에도 좌관이 있었음을 추정할 수 있게 되었다.[50] 좌관은 '관리를 도와서'처럼 동사로 해석하는 것이 아니라 행정관서에서 보좌 기

---

45) 이는 한국목간학회 발표회 과정에서 주보돈 경북대 명예교수의 教示에 의한 것으로 厚意에 감사드린다.

46) 박태우, 2009, 「목간자료를 통해 본 사비도성의 공간구조」, 『백제학보』 창간호, pp.61-63.

47) 백제문화재연구원, 2011, 『부여 쌍북리 280-5유적』, pp.120-124.

48) 정훈진, 2016, 「부여 쌍북리 백제유적 출토 목간의 성격」, 『목간과 문자』 16, pp.226-227.

49) 정동준, 2009, 「佐官貸食記 목간의 제도사적 의미」, 『목간과 문자』 4, pp.23-24.

능을 하는 중하급 관리를 가리키는 것으로 볼 수 있다. 또 佐官貸食記에 대해서도 '좌관이 대식한 기록'이라 기보다는 '좌관에게 대식한 기록'으로 보는 것이 타당하며 그 아래 열거된 인물들이 좌관에 해당한다고 할 수 있다. 이렇게 보면 眵利는 외경부와 관련된 모종의 시설에서 활동하던 사비기의 백제 중하급 관리라 할 수 있고, 280-5번지와 201-4번지에서 동일한 인명이 확인되었다는 것은 두 목간의 사용 시기는 물론 성격이 유사하다는 것을 시사하는 것으로 볼 수 있지 않을까 한다.

그렇다면 10호 목간에 기재된 '정사년'은 언제일까. 2장에서 설명한 것처럼 쌍북리 일원에는 612년 대홍수로 인해 상층과 하층에 커다란 단절이 일어났다. 현재까지 발굴된 대다수 유적들에서 하층유구 바로 위에 두꺼운 모래층이 확인되고 있다. 또 280-5번지 유적에서는 618년이 적힌 좌관대식기 목간이 발견되었다. 이렇게 보면 10호 목간의 '정사년'은 597년보다는 657년으로 설정하는 것이 더 타당해 보인다. 발굴보고서에서는 지표에서 隋 오수전이나 홍주요 계통의 녹유잔이 발견되어 1차 생활면이 기능하던 단계의 유물이 2차 생활면에 혼재되어 출토되었을 가능성을 완전 배제하지는 않았다. 하지만 앞서 지적한 것처럼 홍주요 계통의 녹유잔은 7세기 전엽 이후에 속할 가능성이 높다. 또 597년에 작성된 목간이 건물지의 성토층이나 배수로 같은 곳이 아닌 공터로 여겨지는 장소에서 발견된 정황을 보면 1차 생활면에서 폐기된 유물들이 2차 생활면에 혼재됐을 개연성은 그리 높지 않다. 이러한 정황을 종합해 볼 때 10호 목간의 '정사년'은 657년으로 보는 것이 더 타당할 것으로 생각된다.

여기에서 주의할 점은 10호 목간이 657년이라고 해서 상층유구에서 발견된 다른 목간들이 모두 7세기 중엽에 제작·사용된 것으로 말하기 어렵다는 점이다. 1호 논어 목간의 경우 1호 도로를 경계로 하여 50m 정도 떨어진 곳에서 발견되었고, 2~7호 목간 역시 10호와 관련성을 찾기 어렵기 때문이다. 그런 점에서 기년이 나오지 않는 다른 목간들은 612년 대홍수 이후에 제작·사용되었을 것으로 추정할 수 있다는 점에서 7세기 전엽이라는 연대를 부여하는 것이 더 적절할 것으로 생각한다. 또 하층유구에서 발견된 13~17호 목간들은 이와 달리 6세기 말부터 7세기 초에 제작·사용된 것으로 보아야 할 것이다.

IV. 56번지와 주변 유적의 성격

쌍북리 56번지 유적에서는 논어(1호) 목간이 소개되고, 280-5번지에서는 外椋卩, 328-2번지에서는 九九段 목간이 발견되면서 부여여고에서 현내들유적에 이르는 쌍북리 일원에 백제 중앙행정 관서와 관련된 시설이 있었고, 특히 부여여고에서 현내들 유적의 북쪽 일대에 物流와 관련된 시설이나 이를 지원하는 수공업 工房이 있었을 것이라는 추정이 제기되었다.[51] 이번에 56번지에서 또다시 外椋宮이라는 관청명이 확인됨으로 인해 중앙 관청의 위치나 형태, 제도적 의미를 좀 더 구체적으로 검토할 여지가 마련되었다.

---

50) 김영심, 2014, 「遺民墓誌로 본 고구려, 백제의 官制」, 『한국고대사연구』 75, pp.205-206.

51) 김창석, 2021, 「부여 쌍북리 출토 목간을 통해 본 사비도성의 관부 공간과 유교」, 『백제학보』 32, pp.63-70.

먼저 外椋部에 대해 검토하기로 하자. 『周書』와 『北史』, 『삼국사기』 등에는 백제 사비기 중앙행정관서에 대해 서술하고 있는데 內官 12부 가운데 內椋部와 外椋部라는 명칭이 보인다. 정동준의 정리에 따르면 많은 연구자들이 그 명칭에서 王室 창고와 國用 창고, 內倉 재정과 外倉 재정을 담당한 것으로 이해하고 있는 듯하다.[52] 내관 12부 가운데 穀物의 貢膳을 담당하는 穀部가 있고, 외관 10부 중에서도 조세나 직물의 공급과 관련되는 것으로 추정되는 綢部라는 관서가 있는데 이러한 행정조직과 내경부·외경부 사이에 어떤 차이가 있는지에 관해서는 명확하지 않았다.

그런데 7세기 전반 백제 무왕대의 사실을 토대로 작성된 것으로 추정되는 『翰苑』 所引 括地志에는 내경부와 외경부 대신 椋部만 기록되어 기존의 내경부·외경부가 하나의 관부로 통폐합된 것으로 이해하는 견해가 있다.[53] 이에 근거하여 내경부가 왕실 재정이나 御供物과 관련된 창고 업무, 외경부가 국가 재정에 소요되는 창고 업무로 구분되어 있었다면 椋部로 통합하기 어려웠기 때문에 내경부·외경부 모두 왕실 창고 업무를 담당했지만 위치상 왕궁 내·외로 나누어져 있었을 뿐이라는 견해가 제기되기도 하였다.[54]

하지만 쌍북리 280-5번지에서 "外椋 卩鐵, 代綿十兩"이라는 목간이 발견되었다. 발굴자들은 이 목간에 대해 외경부에서 鐵의 대가로 지방에서 가져와 창고에 거둬들인 綿 10량의 포대에 붙여져 있던 荷札로 설명하였다.[55] 이렇게 보면 외경부에서 기존에 綢部에서 기획·운영한다고 이해되던 철과 면의 출납을 관장하고 있었다고 볼 수 있고, 내경부와 외경부의 차이는 단순히 소재지의 차이라기보다는 취급하는 물품의 내용과 용도의 차이를 반영하는 것이라는 견해가 제기되었다.[56] 이 견해에 따르면 내관의 곡부와 내경부, 외관의 주부와 외경부가 직무상 서로 연결될 가능성이 있다고 하였다. 즉 전자는 행정관사, 후자는 실무관사로 이해한 것이다.

外椋部의 '椋'이라는 한자가 고구려뿐 아니라 백제, 신라에서도 널리 사용된 '창고'를 의미하는 글자라는 것은 이미 여러 연구자들이 지적한 바와 같다. 또 이 椋자는 일본에도 전파되어 '다락창고'라는 의미로 사용되었다.[57] 다만 일본에서는 창고라고 하더라도 수납하는 물품이 달라서 倉은 쌀이나 곡물을 보관하고, 庫는 병기나 문서를 보관하며, 藏은 調庸物이나 諸國의 공헌물을 보관하는 등 창고에 보관하는 물품이 엄격하게 구분되었다.[58] 이러한 양상은 고려시대에 倉에서는 米·穀·麥 등의 穀類를 보관하고, 庫에서는 병장기·

52) 정동준, 2013, 「22부사체제의 성립과 지방통치」, 『동아시아 속의 백제 정치제도』, pp.204-205.

53) 이문기, 2005, 「사비시대 백제 전내부체제의 운영과 변화」, 『백제연구』 42, p.72; 정동준, 2013, 「6좌평 체제로의 재편」, 『동아시아 속의 백제 정치제도』, p.289.

54) 이문기, 2005, 앞의 논문, p.73.

55) 박태우·정해준·윤지희, 2008, 앞의 논문, p.181.

56) 정동준, 2009, 앞의 논문, pp.28-29.

57) 李成市, 2005, 「古代朝鮮の文字文化」, 『古代日本 文字の來た道』; 戴衛紅, 2016, 「한국에서 출토된 '경'자 목간으로 본 동아시아 간독문화의 전파」, 『사림』 58; 方國花, 2017, 「いわゆる國字について」, 『古代の文字文化』; 권인한, 2019, 「합자와 국자」, 『문자와 한국고대1-기록과 지배(주보돈교수 정년기념논총)』; 윤선태, 2020, 「한국고대 목간 및 금석문에 보이는 고유한자의 양상과 구성원리」, 『동양학』 80.

58) 平野邦雄, 1983, 「クラ(倉·庫·藏)の硏究」, 『大宰府古文化論叢(上)』, pp.288-289.

보물·잡물 등을 보관하는 곳을 지칭한 것에서도 동일하게 확인할 수 있다.[59] 쌍북리 280-5번지 유적에서 출토된 목간을 보면 백제의 외경부에서는 鐵과 綿을 함께 취급하고 있어 倉이라기보다는 庫에 가깝다는 인상을 주고 있다.

그러나 쌍북리 56번지 10호 목간에서는 "淰米七石六斗□"라는 문자가 함께 적혀 있다. 이때의 '淰米'가 무엇인지는 명확하지 않다. '淰'이 '飱'과 동일한 한자라는 사전적 의미를 참고하면, 덕흥리고분 묵서명의 "造欌萬功日煞牛羊酒宍 米飱, 不可盡掃且食鹽䜴食一椋記"에 보이는 '米飱'이 떠오른다.[60] 이때의 米飱은 '쌀을 먹는다' 또는 '먹을 쌀' 정도로 해석할 수 있을 것이다. 부여 구아리에서는 '赤米二石'이 적힌 목간이 발견된 바 있는데 '赤米'는 벼 품종의 하나라 할 수 있다. 그 밖에도 일본의 출토 목간에서는 白米나 春米, 黑米(玄米), 糯米, 酒米, 赤米(赤春米) 등의 종류가 있다는 것이 참고되지만,[61] '淰米'와 직접 관련시켜 볼 수 있는 것은 찾지 못하였다.

淰米가 무엇인지 여전히 판단하기 어렵지만 淰 자의 삼수 변(氵)이 잘못 쓰인 것으로 보면 능산리사지에서 출토된 바 있는 '支藥兒食米記'의 '食米'와 관련될 가능성도 있을 것이다. 어쨌든 "淰米七石六斗□"라고 기록을 그대로 인정한다면 문맥 상 쌀의 한 종류를 가리키는 명사일 가능성이 현재로서는 가장 높다고 할 수 있을 것이다. 淰米가 무엇이든지 간에 외경부에서 쌀과 같은 곡물을 취급하고 있었던 것은 분명하다고 하겠다. 즉 280-5번지 "外椋 卩鐵, 代綿十兩"이라는 묵서와 56번지 10호의 "淰米七石六斗□, 外椋宮□□"라는 묵서들은 외경부에서 철이나 면뿐 아니라 쌀을 함께 취급하고 있었음을 알려주고 있다. 이러한 모습은 외경부라는 백제 사비기의 중앙행정기관에서는 아직까지 倉과 庫의 업무가 함께 이루어졌음을 시사한다.

그렇다면 내경부와 외경부는 어떤 차이가 있었을까. 이를 파악하기 위해서는 백제의 수취와 재정 운영, 창고 업무에 관한 자료가 필요하지만 관련 사료가 없어, 신라에서 倉部가 설치되는 과정을 참고할 필요가 있다. 신라는 중고기에 각종 제도를 정비하는데 584년(진평6) 調府를 설치하는 것이 하나의 분기점이 된다.[62] 기존에는 稟主가 국가의 공적인 재정을 담당하는 관직으로서 수입이나 지출을 모두 전담하고 있었는데,[63] 지방통치체제가 정비되고 영역이 확대되면서 품주에서 조부를 분리한 조치라 할 수 있다. 調府가 '貢賦'를 담당한다고 기록되어 있으므로 絹·布 등의 섬유제품이나 지방의 특산물을 수취하는 업무와 그것을

---

59) 김재명, 1987, 「고려시대의 京倉」, 『청계사학』 4, pp.65-72. 다만 고려시대에 倉은 독립관청으로서, 庫는 각 관청에 부속된 좁은 의미의 창고 역할을 하였고, 서로 혼용된 경우가 많아서 양자를 엄격하게 구분하기 어렵다는 견해도 있다. 박종진, 2000, 「조세제도의 성립과 조세체계」, 『고려시기 재정운영과 조세제도』, p.21.

60) 이에 대해 "무덤을 만드는데 만 명의 공력이 들었고 날마다 소와 양을 잡아서 술과 고기, 쌀은 먹지 못할 정도이다. 아침 식사로 먹을 간장을 한 창고 분이나 보관해 두었다"로 해석한 견해가 참고된다. 서영대, 1992, 「덕흥리고분 묵서명」, 『역주 한국고대금석문 1』, p.77.

61) 佐藤信, 1982, 「米の輸貢制にみる律令財政の特徵」, 『文化財論叢』, p.521.

62) 『삼국사기』 권4, 신라본기 4 진평왕 6년, "三月, 置調府令一員, 掌貢賦, 乘府令一員, 掌車乘."
『삼국사기』 권38, 잡지7 직관 상, "調府, 真平王六年置. 景德王改爲大府, 惠恭王復故. 令二員, 眞德王五年置. 位自衿荷至太大角干爲之. 卿二人, 文武王十五年加一人. 位與兵部大監同."

63) 이기백, 1974, 「稟主考」, 『신라정치사회사연구』, pp.141-142.

출납하는 재정 업무를 관장한 것으로 생각된다.[64]

그 뒤 조부가 분치된 다음 해인 585년 대궁과 양궁, 사량궁에 각각 사신 1명을 두어 각 궁궐의 재정 운영을 분장했다가, 622년(진평44) 內省 설치를 계기로 왕실 기구가 내성 관할 하에 일원화되면서 국용창고와 왕실창고가 제도적으로 분리된다.[65] 또 651년(진덕5) 품주가 執事部로 개편되면서 종래 수행하던 곡물의 수취와 보관, 지출 업무를 倉部에서 전담하게 된다.[66] 신라에서는 7세기 전반까지 품주가 정부와 왕실의 재정 업무를 총괄하다가 622년 내성 설치를 계기로 왕실 재정은 내성이, 정부 재정은 품주가 담당하게 되었고 이러한 시스템은 기본적으로 통일기까지 계속된다. 통일기에 창부는 조세의 수납, 수취한 곡물의 관리와 출납을 관장하고, 조부는 貢賦의 수취, 수취한 공부물의 관리와 출납, 市典의 감독 업무 등을 관장하였다.[67]

기존 신라사 연구를 참고하면 신라 초기에 품주가 전담하던 재정 관련 업무가 내성 조직 및 조부·창부로 분리되는 과정은 왕실과 국가 재정의 분리 과정이며, 각 관청이 취급하는 물품이나 성격이 점차 명확하게 구별되어 가는 과정이라 할 수 있다. 이러한 양상을 고려할 때 백제 22부사에서 내경부와 외경부의 구분을 왕실 창고와 국가 창고 혹은 재정의 분리로 이해하는 것은 타당성을 갖는다고 생각한다. 다만 內外를 구분한 기준이 어떤 것일지가 문제인데, 현재로서는 기존에 많은 연구자들이 지적한 것처럼 왕궁의 내부와 외부라는 구분 이외에는 아직까지 별다른 단서를 찾기 어려운 실정이다.[68]

한편 II장에서 언급한 것처럼 쌍북리 10호 목간의 정사년을 657년으로 파악할 수 있다면, 括地志에 기록된 椋部를 내경부와 외경부가 통합된 변화상을 보여주는 것으로 이해할 수는 없게 된다. 즉 내경부와 외경부의 소관 업무가 유사하기 때문에 椋部로 통합되었다는 가설은 성립하기 어렵고, 백제 멸망기까지 내경부·외경부 체제가 유지된 것으로 보아야 할 것이다. 외경부의 경우 신라의 調府처럼 쌀뿐만 아니라 철이나 면을 함께 취급한 것으로 생각할 수 있다면, 내경부는 신라의 倉部처럼 왕실 재정과 관련된 쌀이나 곡물을 주로 취급했을 가능성이 없지 않다. 양자의 구분은 왕궁 내부에 위치하는지, 외곽에 위치하는지의 차이를 반영하는 것이기도 했을 것이다. 나아가 280-5번지에서 '좌관대식기' 목간이 함께 발견된 점을 상기하면, 외경부에서는 貸食이라는 행위를 함께 실시한 것으로 생각된다.[69] 즉 외경부에서는 왕실이 아닌 국가 재정

---

64) 김창석, 2001, 「신라 창고제의 성립과 조세 운송」, 『한국고대사연구』 22, p.239.

65) 위의 논문, p.240.

66) 『삼국사기』 권38, 잡지7 직관 상, "倉部, 昔者倉部之事, 兼於稟主, 至眞德王五年, 分置此司."

67) 전덕재, 2005, 「신라 중앙재정기구의 성격과 변천」, 『신라문화』 25, pp.13-16.

68) 다만 고려 전기 중앙 재정운영에 관한 연구를 참고하면 녹봉은 左倉, 각종 제사와 賓客 접대, 국왕의 下賜物 등 國用은 右倉, 진
   휼은 義倉, 군수품은 龍門倉이 분담·관장한 사실을 참고하면(안병우, 2002, 「중앙재정의 구성과 재정원」, 『고려전기의 재정구
   조』, pp.89-160), 백제 내경부와 외경부, 곡부의 구분 역시 단순한 위치상의 구분이 아니라 보관 물품의 용도에 따른 구분이
   었을 가능성을 배제할 수 없다.

69) 貸食의 성격에 관해 구황을 목적으로 하는 환곡제도, 또는 振貸와 관련된 것으로 보는 견해가 있는 반면 관청이 주체가 되어
   이자놀이를 하는 公債 같은 것이나 고대 일본 出擧制처럼 각 관사의 재정 운영을 위한 것으로 보는 등 다양한 견해가 제시되
   었다. 정동준, 2014, 「백제 대식제의 실상과 한계」, 『역사와 현실』 91, pp.183-184; 김기섭, 2020, 「나라가 먹을 것을 빌려주
   고 받은 기록-좌관대식기 목간」, 『목간으로 백제를 읽다』, pp.190-191.

과 관련된 쌀이나 철, 면에 대한 창고 관리뿐 아니라 곡물의 대여와 관련된 업무도 함께 수행했던 것으로 보인다.

쌍북리 56번지와 280-5번지에서 外椋宮과 外椋卩이라는 관청명이 보이고, 외경부라는 곳에서 쌀이나 철, 면과 같은 물건들을 보관하던 창고의 관리를 담당하면서 貸食을 실시했다면, 외경부 목간이 발견된 쌍북리 56번지 주변이 바로 외경부의 倉庫群이 존재하던 곳이라 할 수 있을까. 3장에서 언급한 것처럼 쌍북리 56번지와 280-5번지, 그리고 아직 발굴하지 않은 그 사이 지역이 '외경부'라는 관청과 어떤 식으로든 연관되었을 가능성은 매우 높다. 하지만 이 지역이 외경궁의 창고군에 해당하는지, 아니면 외경궁이라는 관서의 부속시설에 해당하는지에 관해서는 좀 더 검토할 필요가 있다.

백제 창고시설로 알려진 유적으로는 한성기부터 대량으로 발견되는 소위 단면 플라스크형 수혈과 세종 나성동유적 및 광주 동림동유적의 창고군, 관북리유적에서 발견된 돌과 나무로 만든 저장시설 등이 주목된다. 그중 단면 플라스크형의 대형 수혈들은 풍납토성을 비롯하여 공산성, 부소산성뿐 아니라 지방에서도 금속제 장신구가 출토된 최상위 고분들과 인접한 지역에서 일정한 연관성을 가지고 배치된 것이 확인되어 관영창고의 일종으로 이해되고 있다.[70] 나성동유적의 경우 A지구에서 택지상의 구획과 창고군이 검출되었는데 주거용 건물과 고상창고(2 × 2칸, 棟持柱)가 조합을 이루고 있었고, 동림동유적의 경우 88동의 수혈주거지와 함께 64동의 고상창고(2 × 2칸)가 확인되었다.[71] 그밖에 공산성과 관북리유적에서는 나무와 돌을 이용한 저장시설이 확인된 바 있다.[72]

단면 플라스크형 수혈의 경우 부여 지역에서는 부소산성 북문지 일대에서도 확인된 바 있으며,[73] 궁녀사 주변에서 발견된 乙巳年명 대형항아리를 함께 고려할 때 부소산성 내부에 물자를 공급하거나 저장하던 곳으로 추정된다.[74] 그런데 단면 플라스크형 지하식 수혈이 백제의 관영창고의 일종이었을 가능성은 중국의 倉庫令이나 含嘉倉 유적의 사례를 참고할 때 그 가능성이 높다.

天聖令 倉庫令 제1조에서는 "무릇 倉窖는 모두 성내의 높고 건조한 곳에 설치한다. 倉의 옆으로는 도랑을 만들어 물이 빠지게 하고, 아울러 느릅나무와 버드나무를 심어 그늘이 지게 한다. 만약 땅이 낮고 습하여 지하에 窖를 만들 수 없는 경우에는 지상에 창고 건물[屋]을 지어 곡물을 저장하는데 모두 벽돌을 깔아 바닥을 만들고, 倉 내에도 벽돌을 깐 場을 만들어 수납하는 戶가 稅物을 헤아려서 확인하는 것에 대비한다"[75]로 되

---

70) 이성주, 2014, 「저장용 대형장경호의 생산과 한성백제기의 정치경제」, 『한국상고사학보』 86; 김왕국, 2016, 「백제 한성기 저장시설 확산의 동인」, 『백제연구』 63; 김왕국, 2021, 「백제 웅진·사비기 저장시설의 운영양상과 그 배경」, 『백제학보』 35.

71) 한국고고환경연구소, 2015, 『연기 나성리유적』; 호남문화재연구원, 2007, 『광주 동림동유적IV』; 重藤輝行, 2018, 『古墳時代~奈良時代の西日本集落遺跡における倉庫遺構に関する硏究』, 平成26~29年度科學硏究費補助金基盤硏究(c) 硏究成果報告書.

72) 신종국, 2005, 「백제 지하저장시설의 구조와 기능에 대한 검토」, 『문화재』 38; 소재윤, 2012, 「백제 왕실(국영) 창고시설의 특징과 운영」, 『문화재』 45-4.

73) 국립부여문화재연구소, 2000, 『부소산성 발굴조사 중간보고IV』; 국립부여문화재연구소, 2003, 『부소산성 발굴조사 중간보고 V』.

74) 이병호, 2021, 「부여 부소산성 출토 토기 명문의 판독과 해석」, 『목간과 문자』 26, p.188.

75) 『天聖令』 권23, 倉庫令, "諸倉窖 皆於城內高燥處置之, 於倉側開渠泄水, 兼種榆柳, 使得成陰. 若地下濕, 不可爲窖者, 造屋貯之. 皆

어 있다.[76] 이 조문은 倉窖 설치의 입지 조건과 지하에 窖를 설치하지 못할 경우 지상에 倉屋을 설치할 수 있다는 규정인데, 당대의 倉은 洛陽 含嘉倉의 발굴에서 명확해진 것처럼 지하에 구덩이를 파고 곡물을 묻는 '窖'가 일반적이었다. 다만 지하가 습해서 곡물을 저장하기 어려우면 지상에 세운 '屋'에서 저장하는 규정도 함께 명기하고 있다.[77]

隋唐 洛陽城 북쪽에 위치하는 含嘉倉遺蹟에서는 259개의 대규모 糧窖가 발굴되었다(도면 7). 窖의 형태

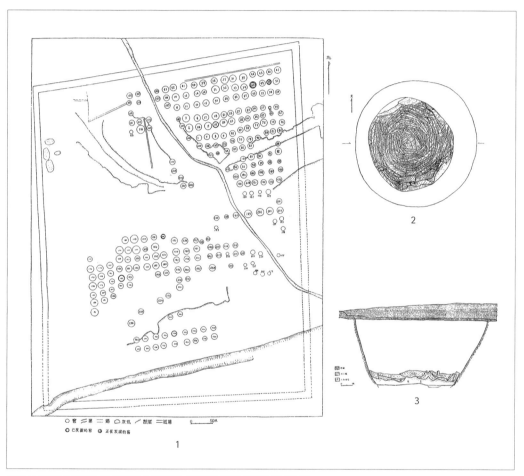

도면 7. 洛陽城 含嘉倉의 범위와 분포도(1), 窖50의 평면도(2)와 단면도(3)

布塼爲地. 倉內仍爲塼場, 以擬輪戶量覆稅物."

76) 김택민·하원수 주편, 2013, 『천성령 역주』, pp.181-182. 천성령 창고령에 대한 사료적 검토는 다음을 참조. 武井紀子, 2009, 「日本古代倉庫制度の構造とその特質」, 『史學雜誌』 118-10, pp.2-10; 김진우, 2015, 「천성령 창고령과 기목령의 사료적 가치와 역주」, 『중국고중세사연구』 36, pp.38-46.

77) 당 창고 체계나 천성령에 보이는 창고와 唐宋 및 일본 창고 체계의 차이점은 다음을 참조. 武井紀子, 2008, 「日唐律令制における倉·藏·庫」, 『日唐律令比較研究の新段階』, pp.123-129.

는 입구가 크고 바닥이 좁은 둥근 항아리 형태로 최대지름 18m, 깊이 12m 전후, 최소 구경 8m, 깊이 6m 전후로 일부 유구에서는 창고의 관리 정황을 알려주는 명문전을 비롯하여 탄화된 粟과 米가 확인되기도 하였다.[78] 이러한 점을 참고할 때 백제 한성기부터 웅진·사비기에 지속적으로 확인되는 대형 저장수혈들은 관영창고의 일부로 기능했을 가능성이 높다. 그러나 2장에서 언급한 것처럼 쌍북리 일대는 항상적으로 홍수나 침수의 피해를 입을 수 있는 저습한 지형이었기 때문에 지하식 저장수혈을 창고로 활용하기는 어렵고, 실제 발견된 사례도 없다.

그렇다면 쌍북리 56번지에서 확인된 43기의 사비기 건물지 중 일부를 倉屋이나 椋(다락창고)과 같은 것으로 볼 수는 있을까. 2장에서 설명한 것처럼 56번지 유적의 27동이 벽주식이고, 세장방형이나 장방형도 있지만 16동이 방형 건물지였다. 56번지 유적의 사비기 유구 포함층 18개 지점에 대한 식물유체분석 결과 재배식물인 복숭아, 자두, 대추, 벼, 밀, 피마자, 오이속, 박속이 확인되었고, 유용식물에서 잣나무, 밤나무, 가래나무, 초피나무, 감나무, 포도속, 산딸기속, 다래나무속, 마름속, 콩속 등이 검출됐으며, 11호 건물지와 1호 공방지에서는 탄화된 피속이 대단위로 확인되었다.[79] 이러한 현상은 인근의 280-5번지에서도 쌀과 박, 오이속 3종류와 복숭아, 살구, 포도속, 모과 등 4종류의 과실류, 밤, 개암, 가래, 호두, 참나무속 등 5종류의 견과류가 발견된 것과 매우 유사하다. 이곳에서는 탄화미 이외의 곡물류가 출토되지 않은 반면 견과류와 과실류가 상대적이 많이 출토된 특징이 있어, 사비 나성 내부의 창고에 보관되어 있던 식물자원일 가능성이 제기되기도 하였다.[80]

하지만 이러한 벽주식의 방형 건물지들은 앞서 언급한 나성리유적이나 동림동유적의 창고와는 규모나 구조, 배치가 달라 이를 곧바로 창고건물로 단정하기는 어렵다. 특히 56번지 유적의 동북쪽 일대에서는 2기의 공방지가 확인되고, 유적 전체에서 13점의 도가니편이 수습된 점을 감안하면 그 가능성이 더 희박해진다. 도가니에 관한 성분분석 결과 청동도가니 9점, 납유리도가니 3점, 미상 1점이라는 것이 밝혀졌다.[81] 쌍북리 56번지 일대의 건물지들이 외경부 창고건물 자체에 해당한다면 불을 활용해야 하는 도가니나 공방 관련 시설이 서로 공존하기는 어렵기 때문이다.[82]

신라의 경우 651년 창부가 설치되어 곡물의 수취와 창고 업무의 전문화를 기한 다음, 663년(문무3) 南山

---

78) 河南省博物館·洛陽市博物館, 1972, 「洛陽隋唐含嘉倉的發掘」, 『文物』3期; 礪波護, 2016, 「太倉と含嘉倉」, 『隋唐都城財政史論考』.

79) 안소현·허경화, 2020, 「부여 쌍북리 56번지 유적 식물유체분석」, 『부여 쌍북리 56번지 유적』, pp.653-654.

80) 이희경·이준정, 2011, 「부여 쌍북리 280-5유적 출토 식물유존제」, 『부여 쌍북리 280-5유적』, pp.239-240.

81) 공주대 문화재보존학과 문화재분석연구실, 2020, 「부여 쌍북리 56번지 유적 출토 도가니 특성 분석」, 『부여 쌍북리 56번지 유적』, p.697.

82) 쌍북리 173-8번지에서는 청동 용해로와 도가니 40점이 발견되었고, 석목리 143-18유적에서는 1기의 爐 시설과 도가니 19점이 발견되었다. 쌍북리 173-8번지(3점)와 280-5번지(3점), 현내들유적(7점)에서도 청동과 유리 도가니가 발견되었다. 이러한 공방 관련 자료들이 갖는 의미가 무엇인지 현재로서는 명확하게 밝히기 어렵다. 다만 일본 고대도성에서는 왕궁 내부에 입지하는 공방, 대규모 택지 안의 家政기관으로서의 공방, 소규모 택지 내의 공방과 함께 각 건설 현장에 필요한 금속을 공급하기 위한 임시적 공방 등 다양한 형태가 확인되어 참고된다. 杉山洋, 1990, 「奈良時代の金屬器生産」, 『佛敎藝術』190, pp.61-66; 杉山洋, 2004, 「古代都城の金屬器生産」, 『國立歷史民俗博物館研究報告』113, pp.232-241.

新城에 長倉을 쌓았다. 『삼국유사』에 따르면 "남산에 長倉을 설치하였으니 길이가 50보, 넓이가 15보였는데, 쌀과 병기를 저장하니 이것이 右倉이고, 天恩寺 서북쪽 산 위에 있는 것은 左倉이다"[83]고 해서 문무왕 초기에 左倉과 右倉 체제가 갖추어졌음을 알려주고 있다. 경주 남산신성에서는 3개소의 대형 창고군이 발견되고,[84] 부산성에서도 2개소의 창고지가 확인된 바 있다.[85] 신라는 중앙행정관서인 倉部나 調部와 별도로 도성 주변의 주요 성곽에 대규모 창고를 별도로 설치·운영했던 것이다.[86]

이러한 신라의 사례를 함께 참고하면 백제의 외경부 역시 부소산성이나 구아리·관북리·쌍북리 등 부여나성 내부가 아닌 청마산성처럼 도성 인근의 주요 성곽에 별도로 대규모 창고를 설치·운영했다고 보아야 할 것이다. 결론적으로 쌍북리 56번지에서 280-5번지, 184-11 및 16번지, 현내들 2~4구역, 201-4번지 일대의 건물지들은 그 자체가 창고건물이었다고 보기는 어렵고, 오히려 외경부라는 중앙행정관서와 관련된 행정 시설이었을 것으로 보는 것이 더 적절할 것이다.[87] 이러한 검토는 56번지에서 함께 발견된 논어 목간에 관해 백제 중앙행정관서인 외경부에서 활동하던 하급관인들이 논어를 익히기 위한 학습용으로 파악한 기존 견해를 보완해 주는 것이기도 하다.[88]

외경부라는 중앙행정관서가 구체적으로 어디에 위치하고, 그 범위가 어느 정도인지 확정적으로 말하기 어렵다. 일본 고대 도성의 官衙에 대한 발굴 사례를 참고하면 왕궁 내외의 관아건물들은 도로나 담장으로 구획된 다음, 正殿과 脇殿 형태로 각 건물지의 크기나 방향이 일정하게 규칙성이나 규격성을 갖는 것이 확인되고 있다.[89] 이에 반해 쌍북리 56번지와 그 주변 유적에서는 그러한 규격성이 규칙성이 전혀 없는 것은 아니지만 존재한다고 단정하기 어렵다. 현재로서는 쌍북리 56번지와 280-5번지 사이의 미발굴 지역에 중심적인 건물지군이 존재했을 가능성이 높다고 생각하며(도면 8), 그 주변의 184-11 및 184-16번지와 현내들 2~4구역, 201-4번지 일대까지도 포괄할 가능성이 있음을 제시하면서 향후 발굴을 기다려본다.

쌍북리 일대는 부소산성의 동남부, 청산성 남쪽, 금성산 북쪽의 넓은 공간에 자리한다. 부소산성과 금성산에 뻗어 내린 구릉 사이의 저지대여서 침수 위험성이 높고, 북포나 월함지를 거쳐 백마강으로 이어진다. 쌍북리 일대는 공주에서 부여로 들어오는 주요 교통로 상에 위치하며, 북쪽에는 부소산성 북문지와 북나성

---

83) 『삼국유사』 권2, 문무왕법민, "王初即位置南山長倉, 長五十步, 廣十五步, 貯米穀兵器, 是爲右倉, 天恩寺西北山上是爲左倉."

84) 국립경주문화재연구소, 2004, 『경주남산 정밀학술조사보고서』, pp.168-174; 이동주, 2010, 「남산신성의 창고지 고찰」, 『경주 남산신성』, pp.297-308.

85) 이동주, 2022, 「신라의 창고 관리와 운영」, 『고대 동아시아 물자 유통과 관리』, 진인진, pp.20~22.

86) 신라 창고유적 사례는 다음을 참조. 차순철, 2021, 「출토유물로 살펴본 경주 성건동 창고유적」, 『불교문예연구』 17; 차순철·김선, 2021, 「신라창고의 규모와 특징」, 『신라문화』 59.

87) 쌍북리 56번지와 280-5번지에서는 자물쇠와 열쇠, 삭도 등의 철제품이 함께 발견되었다. 자물쇠와 열쇠는 창고 관리에서 필수적인 것으로 군수리유적의 공방지로 추정되는 수혈유구에서 열쇠 9점이 발견된 것에 대해 열쇠를 보관·관리하던 하급 관인의 거주지로 추정한 연구가 있다(이형원, 2005, 「삼국~고려시대 열쇠·자물쇠의 변천 및 성격」, 『백제연구』 41, pp.154-155). 그러나 쌍북리 56번지 주변에서 발견된 열쇠·자물쇠는 출토량이 적어 그러한 정도의 의미 부여는 어려운 실정이다.

88) 권인한, 2019, 『부여 쌍북리 논어 목간에 대한 몇 가지 생각』, 『목간과 문자』 23, pp.206-208; 橋本繁, 2021, 「한국 출토 『논어』 목간의 원형 복원과 용도」, 『목간과 문자』 26, pp.120-121.

89) 井上和人, 1998, 「官衙配置の原型·規模·類型」, 『都城における行政機構の成立と展開』, pp.234-240.

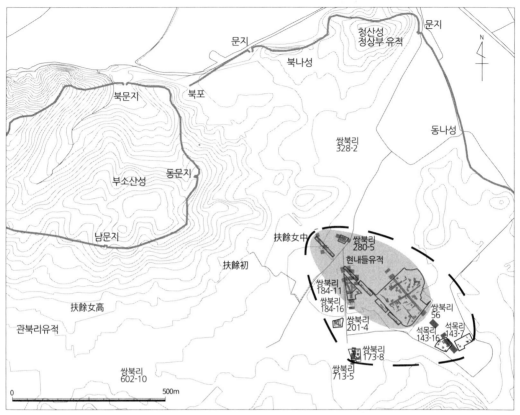

도면 8. 쌍북리 일대의 외경부 추정 범위

북문지가 자리한다. 왕궁의 일부로 추정되는 부소산성이나 도성 내부로 물류가 유통되는 거점이자 주요 간선도로가 지나가는 지역이라 할 수 있다. 이러한 입지적인 특성과 나성 내부에서 가장 많은 수의 목간이 출토된 점, 특히 329-2번지에서 구구단 목간이 출토된 점 등을 근거로 이 일대에 부여여고에서 현내들 공간에 있었던 官府 본 건물의 屬司 혹은 부속시설이 일종의 파견 분소로 자리했을 것이라는 추정이 있다.[90]

쌍북리 329-2번지 일대에 중앙행정관서의 부속시설만이 자리할 것으로 추정한 가장 큰 이유는 이 지역이 저습지였기 때문이다. 그러나 위에서 검토한 것처럼 쌍북리 56번지와 280-5번지 일대는 612년 대홍수를 거친 이후, 다수의 건물지들이 군집을 이루며 자리하고 있었다. 적어도 7세기 전반에는 저습지라는 지리적 한계를 극복하고 중앙행정관서와 관련된 건물이 더 확대된 것을 확인할 수 있다. 280-5번지와 329-2번지 일대는 야트막한 구릉으로 구분되어 있다. 두 지역이 쌍북리라는 동일 행정구역으로 편제되었다고 해도 엄연히 구별해서 보아야 한다. 결론적으로 쌍북리 280-5번지와 56번지 일대는 부소산성 북문지와 북나성 북문지, 북포, 월함지 등 사비도성 북쪽을 거쳐 내부를 들어오는 물류의 거점이자 교통의 요지였기 때문

---

90) 김창석, 2021, 앞의 논문, pp.68-69.

에 이에 관한 중앙행정기관으로서 '외경부'라는 관청 시설이 자리했을 것으로 생각한다.

V. 맺음말

이상에서 쌍북리 56번지에서 출토된 10호 목간을 중심으로 하여 목간의 제작·사용시기와 목간이 출토된 유적의 성격에 관해서 살펴보았다. II장에서는 쌍북리 56번지 유적에 관한 발굴 성과를 재정리하였다. 쌍북리 56번지 유적은 도면 1에 표시한 쌍북리 280-5번지, 현내들유적, 쌍북리 184-11번지와 184-16번지, 쌍북리 201-4번지, 쌍북리 173-8번지와 713-5번지, 석목리 143-16번지(2회 발굴)와 143-7번지 유적 등 서로 인접하는 다른 유적들과 발견된 유구와 유물, 층위가 매우 비슷하다. 이 일대의 층위는 크게 하층의 사비기 1차 생활면과 상층의 2차 생활면으로 구분할 수 있다. 각 층위에서 발견된 토기류와 기와류, 기타 편년 자료들을 종합해 볼 때 1차 생활면은 6세기 후엽을 중심시기로 하고, 2차 생활면은 7세기 전반을 중심시기로 한다. 두 문화층 사이에는 비교적 넓은 범위에서 모래층이 두껍게 형성되어 있는데 612년(무왕 13) 대홍수라는 자연재해가 양자를 구분하는 중요한 분기점이었을 것으로 보인다.

III장에서는 10호 목간의 새로운 판독안과 목간의 제작시기를 검토하였다. 필자는 기존에 '岑凍宮'으로 판독한 뒷면 2행은 도면 6을 참고할 때 '外椋宮'으로 판독하는 것이 더 적절하다고 보았다. 신라의 사례를 참고하면 이 外椋'宮'은 外椋'部'의 異稱으로 보인다. 쌍북리 56번지 유적에서 약 180m 떨어진 280-5번지에서도 外椋IJ이 적힌 목간이 확인되어 두 유적이 서로 긴밀하게 연결되어 있었음을 추정할 수 있다. 또 201-4번지에서는 280-5번지 佐官貸食記 목간에 기재된 習利라는 인명이 확인되었다. 이러한 목간의 기재 내용은 쌍북리 56번지 주변의 목간 출토 유적들이 서로 긴밀하게 연관된 유사한 성격의 유적이었음을 시사한다. 한편 10호 목간의 丁巳年은 목간이 발견된 층위와 쌍북리 일대의 공반유물 등을 종합해 볼 때 657년에 해당하는 것으로 보인다. 다만 1호 목간의 경우 10호와 직접 관련성을 갖지 않아 612년부터 멸망기에 이르는 7세기 전반에 사용한 것으로 보는 것이 적절하다고 생각된다.

IV장에서는 쌍북리 56번지 주변 유적의 성격에 관해 검토하였다. 사비기 중앙행정관서로서 '외경부'의 기능에 대해서 살펴보았다. 외경부는 鐵과 綿을 함께 취급하고 있어 倉이라기보다는 庫에 가깝지만, 쌀도 함께 취급하고 있었다. 280-5번지에서 좌관대식기 목간이 출토된 것은 외경부에서 貸食 행위를 실시했을 가능성을 높여주고 있다. 외경부와 함께 內椋部가 기록된 것은 신라의 倉部와 調府가 정비되는 과정을 참고할 때 단순히 왕궁 내외부에 위치하는 차이뿐 아니라 왕실과 국가 창고 및 재정 등 담당 업무의 차이를 반영할 가능성이 높다. 과거 括地志에 椋部만 기재되어 7세기 중엽에 내경부와 외경부가 통합되었을 가능성이 제기됐지만, 657년까지 외경부가 운영된 것으로 보아야 할 것이다.

하지만 쌍북리 56번지 주변에서 확인된 건물지들이 외경부의 창고군에 해당한다고 생각되지는 않는다. 한성기부터 사비기의 백제 창고 관련 유구에 대한 연구와 신라의 좌창과 우창의 사례를 참고할 때 외경부 소속 창고군은 나성 내부가 아닌 외곽에 분포하는 주요 성곽에 별도로 존재했을 가능성이 높다. 현재의 쌍북리 56번지 주변 유적들은 외경부라는 중앙행정관서의 행정 관련 시설에 해당한다고 보인다. 외경부의 구체적인 위치는 쌍북리 56번지와 280-5번지 사이의 미발굴 지역을 주목할 필요가 있다. 쌍북리 56번지 일대는 부소산성 북문지와 북나성 북문지, 북포, 월함지 등 사비도성 북쪽을 거쳐 내부를 들어오는 물류의 거점이자 교통의 요지였기에 이에 관한 중앙행정관청으로 '외경부'가 자리했던 것으로 생각된다.

투고일: 2023.05.01.	심사개시일: 2023.05.31.	심사완료일: 2023.06.12.

참고문헌

강산문화연구원, 2017, 『부여 쌍북리 184-16번지 유적』.

국립경주문화재연구소, 2004, 『경주남산 정밀학술조사보고서』.

국립부여문화재연구소, 2000, 『부소산성 발굴조사 중간보고Ⅳ』.

국립부여문화재연구소, 2003, 『부소산성 발굴조사 중간보고Ⅴ』.

국립부여문화재연구소, 2012, 『백제 사비기 기와 연구Ⅳ』.

금강문화유산연구원, 2019, 『부여 석목리 143-7번지 유적』.

김택민·하원수 주편, 2013, 『천성령 역주』, 혜안.

동방문화재연구원, 2013, 『부여 사비 119안전센터 신축부지 내 쌍북리 173-8번지 유적』.

동방문화재연구원, 2017, 『부여 쌍북리 713-5번지 유적』.

박종진, 2000, 『고려시기 재정운영과 조세제도』, 서울대출판부.

백제고도문화재단, 2014, 『부여 쌍북리 184-11(부여 사비119안전센터부지) 유적』.

백제고도문화재단, 2019, 『부여 석목리 143-16번지 유적』.

백제고도문화재단, 2022, 「부여농협 밭작물공동경영체육성사업 품질관시설 증축공사부지 내 유적 약식보
　　고서」.

백제문화재연구원, 2011, 『부여 쌍북리 280-5유적』.

안병우, 2002, 『고려전기의 재정구조』, 서울대출판부.

울산발전연구원 문화재센터, 2020, 『부여 쌍북리 56번지 유적』.

윤재석 편저, 2022, 『한국목간총람』, 주류성.

이병호, 2014, 『백제 불교 사원의 성립과 전개』, 사회평론.

이치 히로키 저/이병호 역, 2014, 『아스카의 목간』, 주류성.

정구복 외, 『역주 삼국사기4 주석편(하)』, 한국정신문화연구원.

정동준, 2013, 『동아시아 속의 백제 정치제도』, 일지사.

충청문화재연구원, 2009, 『부여 쌍북리 현내들·북포유적』.

土田純子, 2014, 『백제토기 동아시아 교차편년 연구』, 서경문화사.

한국고고환경연구소, 2015, 『연기 나성리유적』.

한국문화재재단, 2015, 「부여 쌍북리 201-4번지 유적」, 『2012년도 소규모 발굴조사보고서Ⅴ』.

한국문화재재단, 2023, 「부여 쌍북리 280-10번지 유적」, 『2021년도 소규모 발굴조사보고서Ⅲ』.

호남문화재연구원, 2007, 『광주 동림동유적Ⅳ』.

橋本繁, 2021, 「한국 출토 『논어』 목간의 원형 복원과 용도」, 『목간과 문자』 26, 한국목간학회.

권인한, 2019, 「부여 쌍북리 논어 목간에 대한 몇 가지 생각」, 『목간과 문자』 23, 한국목간학회.

권인한, 2019, 「합자와 국자」, 『문자와 한국고대1-기록과 지배(주보돈교수 정년기념논총)』, 주류성.

김기섭, 2020, 「나라가 먹을 것을 빌려주고 받은 기록-좌관대식기 목간」, 『목간으로 백제를 읽다』, 사회평론아카데미.

김성식·한지아, 2018, 「부여 쌍북리 56번지 사비한옥마을 조성부지 유적 출토 목간」, 『목간과 문자』 21, 한국목간학회.

김영심, 2014, 「遺民墓誌로 본 고구려, 백제의 官制」, 『한국고대사연구』 75, 한국목간학회.

김왕국, 2016, 「백제 한성기 저장시설 확산의 동인」, 『백제연구』 63, 충남대 백제연구소.

김왕국, 2021, 「백제 웅진·사비기 저장시설의 운영양상과 그 배경」, 『백제학보』 35, 백제학회.

김재명, 1987, 「고려시대의 京倉」, 『청계사학』 4, 청계사학회.

김진우, 2015, 「천성령 창고령과 기목령의 사료적 가치와 역주」, 『중국고중세사연구』 36, 중국고중세사학회.

김창석, 2001, 「신라 창고제의 성립과 조세 운송」, 『한국고대사연구』 22, 한국고대사학회.

김창석, 2021, 「부여 쌍북리 출토 목간을 통해 본 사비도성의 관부 공간과 유교」, 『백제학보』 32, 백제학회.

戴衛紅, 2016, 「한국에서 출토된 '경'자 목간으로 본 동아시아 간독문화의 전파」, 『사림』 58, 수선사학회.

박태우, 2009, 「목간자료를 통해 본 사비도성의 공간구조」, 『백제학보』 창간호, 백제학회.

박태우·정해준·윤지희, 2008, 「부여 쌍북리 280-5번지 출토 목간 보고」, 『목간과 문자』 2, 한국목간학회.

山本孝文, 2003, 「백제 사비기의 陶硯」, 『백제연구』 38, 충남대 백제연구소.

山本孝文, 2005, 「백제 사비기 토기양식의 성립과 전개」, 『백제 사비시기 문화의 재조명』, 국립부여문화재연구소.

山本孝文, 2007, 「인화문토기의 발생과 계보에 대한 시론」, 『영남고고학』 41, 영남고고학회.

서영대, 1992, 「덕흥리고분 묵서명」, 『역주 한국고대금석문 1』, 한국고대사회연구소.

소재윤, 2012, 「백제 왕실(국영) 창고시설의 특징과 운영」, 『문화재』 45-4, 국립문화재연구소.

신종국, 2005, 「백제 지하저장시설의 구조와 기능에 대한 검토」, 『문화재』 38, 국립문화재연구소.

심상육, 2010, 「백제 印刻瓦에 대하여」, 『목간과 문자』 5, 한국목간학회.

윤선태, 2020, 「한국고대 목간 및 금석문에 보이는 고유한자의 양상과 구성원리」, 『동양학』 80, 단국대 동양학연구소.

이기동, 1984, 「신라 금입택고」, 『신라 골품제도 사회와 화랑도』, 일조각.

이기백, 1974, 「稟主考」, 『신라정치사회사연구』, 일조각.

이동주, 2010, 「남산신성의 창고지 고찰」, 『경주 남산신성』, 수류산방.

이동주, 2022, 「신라의 창고 관리와 운영」, 『고대 동아시아 물자 유통과 관리』, 진인진.

이문기, 2005, 「사비시대 백제 전내부체제의 운영과 변화」, 『백제연구』 42, 충남대 백제연구소.

이미현·문성찬, 2022, 「부여농협 밭작물공동경영체육성사업 품질관리시설 증축공사부지 유적 발굴조사」, 『호서지역 문화유적 발굴성과』(제46회 호서고고학회 학술대회 발표자료집).

이병호, 2014, 「7세기대 백제 기와의 전개 양상과 특징」, 『백제문화』 50, 공주대 백제문화연구소.

이병호, 2016, 「부여 동남리사지의 성격」, 『선사와 고대』 48, 한국고대학회.

이병호, 2021, 「부여 부소산성 출토 토기 명문의 판독과 해석」, 『목간과 문자』 26, 한국목간학회.

이성주, 2014, 「저장용 대형장경호의 생산과 한성백제기의 정치경제」, 『한국상고사학보』 86, 한국상고사학회.

이형원, 2005, 「삼국~고려시대 열쇠·자물쇠의 변천 및 성격」, 『백제연구』 41, 충남대 백제연구소.

전덕재, 2005, 「신라 중앙재정기구의 성격과 변천」, 『신라문화』 25, 동국대 신라문화연구소.

전덕재, 2018, 「『삼국사기』의 기록을 통해 본 신라 왕경의 實相」, 『大丘史學』 132, 대구사학회.

정동준, 2009, 「佐官貸食記 목간의 제도사적 의미」, 『목간과 문자』 4, 한국목간학회.

정동준, 2014, 「백제 대식제의 실상과 한계」, 『역사와 현실』 91, 한국역사연구회.

정훈진, 2016, 「부여 쌍북리 백제유적 출토 목간의 성격」, 『목간과 문자』 16, 한국목간학회.

차순철, 2021, 「출토유물로 살펴본 경주 성건동 창고유적」, 『불교문예연구』 17, 동방대 불교문예연구소.

차순철·김선, 2021, 「신라창고의 규모와 특징」, 『신라문화』 59, 동국대 신라문화연구소.

채송이, 2019, 「백제 대상파수부토기의 변천과 사용」, 『백제학보』 30, 백제학회.

최정범, 2022, 「당식 대장식구의 한반도 轉入, 또 하나의 가능성」, 『중앙고고연구』 37, 중앙문화재연구원.

武井紀子, 2009, 「日本古代倉庫制度の構造とその特質」, 『史學雜誌』 118-10, 史學會.

武井紀子, 2008, 「日唐律令制における倉·藏·庫」, 『日唐律令比較研究の新段階』, 山川出版社.

方國花, 2017, 「いわゆる國字について」, 『古代の文字文化』, 竹林舍.

北京大學中國考古學研究中心·江西省文物考古研究所·江西省豊城市博物館, 2018, 『豊城洪州窯址』, 文物出版社

杉山洋, 1990, 「奈良時代の金屬器生産」, 『佛教藝術』 190, 每日新聞社.

杉山洋, 2004, 「古代都城の金屬器生産」, 『國立歷史民俗博物館研究報告』 113, 國立歷史民俗博物館.

三池賢一, 1971, 「新羅內廷官制考(上)」, 『朝鮮學報』 61, 朝鮮學會.

礪波護, 2016, 「太倉と含嘉倉」, 『隋唐都城財政史論考』, 法藏館.

李成市, 2005, 「古代朝鮮の文字文化」, 『古代日本 文字の來た道』, 國立歷史民俗博物館.

井上和人, 1998, 「官衙配置の原型·規模·類型」, 『都城における行政機構の成立と展開』, 奈良國立文化財研究所.

佐藤信, 1982, 「米の輸貢制にみる律令財政の特徵」, 『文化財論叢』, 奈良國立文化財研究所.

重藤輝行, 2018, 『古墳時代~奈良時代の西日本集落遺跡における倉庫遺構に関する研究』, 平成26~29年度 科學研究費補助金基盤研究(c) 研究成果報告書.

清水昭博, 2012, 『古代日韓造瓦技術の交流史』, 清文堂.

平野邦雄, 1983, 「クラ(倉·庫·藏)の研究」, 『大宰府古文化論叢(上)』, 吉川弘文館.

河南省博物館·洛陽市博物館, 1972, 「洛陽隋唐含嘉倉的發掘」, 『文物』 3期.

⟨Abstract⟩

A Study on the Production Date and Characteristics of the Wooden Slips Excavated at the Archaeological Site at 56 Ssangbuk-ri, Buyeo

Lee, Byongho

This study attempts to compare the archaeological features and artifacts discovered at the site at 56 Ssangbuk-ri in Buyeo with other features and artifacts excavated at neighboring sites, and to deepen our knowledge about the origins and characteristics of the site based on the latest analysis of Wooden Slip No. 10 discovered at the site.

Chapter 2 presents a discussion about the excavations at the archaeological site at 56 Ssangbuk-ri, which shares similarities with its neighboring sites marked on Plan 1 in terms of its archaeological features, artifacts, and stratigraphy. A comprehensive chronological analysis of the artifacts discovered at the site, particularly the pottery relics and ceramic roof tiles, shows that the first occupation surface dates back to the late sixth century and that the second occupation surface dates back to the early seventh century. An analysis has shown that a thick sandy layer formed between the two cultural layers, probably as a result of the great flood that occurred in 612 during the reign of King Mu of Baekje.

Chapter 3 presents a discussion and a new interpretation of Wooden Slip No. 10 and its production date. Regarding the three Chinese characters inscribed on the wooden slip, the author of this study insists that they should be read as "Oegyeonggung" (外椋宮), rather than as "Jam-dong-gung" (岑凍宮), the latter reading having been widely accepted among researchers. The term "Oegyeonggung" was another name for "Oegyeongbu" (外椋部) and is conjectured to be related with the inscription "Oe-gyeong-bu" (外椋卩) identified on a wooden slip discovered at Site No. 280-5, located approximately 180 meters from the site at 56 Ssangbuk-ri, which suggests that the two sites are closely related. The year name, "Jeong-sa-nyeon" (丁巳年), inscribed on Wooden Slip No. 10 corresponds to the year 657, judging by the layer in which it was found and the artifacts discovered at the other sites in and around Ssangbuk-ri. Meanwhile, Wooden Slip No. 1 (a.k.a. the Analects Slip, or Noneo Mokgan), which is not related with Wooden Slip No. 10, is conjectured to date back to the early seventh century.

Chapter 4 deals with the characteristic features of the site at 56 Ssangbuk-ri and other nearby archaeological sites. The building of the Oegyeongbu was used as a storage of iron and cotton as well as grain, and hence is closer to a "warehouse" (庫) than a "granary" (倉). It seems highly likely that the building was also used in the crop loan system of Baekje. The kingdom of Baekje operated two types of storehouses, Naegyeongbu and Oegyeongbu, which were probably classified not only by their location, i.e. either in or outside the royal palace, but also by their functions regarding the finances of the royal family and the state treasury. The building features discovered at the site at 56 Ssangbuk-ri suggest that the buildings were facilities attached to the central government agency (i.e. the Oegyeongbu) rather than storehouses under its management.

▶ Key words: Oegyeonggung[外椋宮], Oegyeongbu[外椋部], great flood, crop loan system, storehouses

부여 출토 백제 목간의 서체

고광의[*]

〈국문초록〉

부여에서 출토된 백제 목간의 書體는 크게 해서와 행서로 분류할 수 있다. 해서류는 비교적 해서에 가까운 것, 행서 필의가 있는 해서, 예서 필의가 있는 해서로, 행서류는 해서 필의가 있는 행서, 비교적 전형적인 행서, 예서 필의가 있는 행서 및 초서에 가까운 행서 등 7가지 유형으로 세분된다.

해서류 중 행서 필의가 있는 해서는 行楷書, 기본적으로 해서지만 예서 필의가 일부 남아있는 것은 隷楷書라고 할 수 있다.

행서류는 비교적 전형적인 행서와 해서 필의가 있는 楷行書가 있으며 사비시기 백제 목간 서체의 대다수가 이 유형에 속한다. 그리고 예서의 필획이나 자형이 나타나는 隷行書가 일부 사용되기도 한다.

초서에 가까운 행서는 전형적인 행서보다도 運筆이 더욱 활달하고 일부 필획이나 결구에서 초서의 자형이 나타난다. 이러한 서체는 행서와 초서의 중간적 성격을 띠는 서체로써 行草書로 분류할 필요가 있다.

▶ 핵심어: 백제, 부여, 목간, 판독, 서체, 해서, 행서, 행초서

* 동북아역사재단 책임연구위원

I. 머리말

백제의 목간은 1983년 부여 관북리에서 처음 알려진 이래 지금까지 18개 유적에서 96점 125편이 발견되었다. 특히 사비기 왕경인 부여 지역에 집중되고 있으며 전체 가운데 7개 지역 15개 유적에서 모두 81점 125편이 출토되었다.[1]

목간의 내용은 호적류, 촌 관련 기록, 토지 개간, 물품 관리, 곡식의 대여 및 환수 등 행정 문서와 물건에 부착하였던 꼬리표, 습자, 주술 혹 종교 관련 등이 있다. 형태는 종장판, 다면 막대형, 남근형, 제첨축, 삭편 등 다양하다.

백제 목간은 그동안 많은 연구가 진행되어 판독문이 제시되었고, 최근에는 목간을 다양한 방식으로 화상 처리한 도판이 제공되었다.[2] 본 논문에서는 부여 지역에서 출토된 백제 목간을 대상으로 그간의 연구를 참조하여 일부 달리 읽은 글자에 대해 검토해 보겠다. 그리고 개별 목간의 서체를 파악하고 유형을 분류하여 그 특징을 살펴보려고 한다. 이러한 작업이 그동안 사각지대에 놓였던 목간의 서체를 판정하는 데 다소간 도움이 되기를 바란다.

II. 부여 출토 백제 목간의 판독문 검토

1. 관북리 목간

▶ 관북리002

嵋【】」[夷·或] / △△[未·木·小[子]△

---

1) 윤재석 편저, 2022, 『한국목간총람』, 주류성, p.56. 여기서 125편은 능산리 사지에서 출토된 削片으로 최근 다시 집계한 바에 의하면 141점이라고 한다(오택현·이재환, 2023, 「백제·신라 목간의 집계와 범례의 제안」, 『한국목간학회 제39회 정기발표회 자료집』, 한국목간학회, p.35). 한편 삭편은 '목간의 표면을 도자로 깎아낸 부스러기'라 하였으나 목간에 이미 쓴 묵서를 지우기 위해 도자를 이용하여 깎아냈을 때 과연 그러한 형태가 나올지는 의문이다. 예컨대 능산리008의 경우 길이 36.1㎝, 너비 1.9㎝, 두께 0.05㎝로 보고되었는데, 그 형태로 보아 이는 종이의 대체물로서 처음부터 서사를 목적으로 특수하게 제작한 것일 가능성이 있다.

2) 국립부여박물관, 2002, 『百濟의 文字』; 윤선태, 2007, 『목간이 들려주는 백제이야기』, 주류성; 국립부여박물관, 2008, 『百濟木簡-소장품조사자료집』; 국립부여박물관·국립가야문화재연구소, 2009, 『나무 속 암호 목간』, 예맥; 국립가야문화재연구소, 2011, 『한국목간자전』, 예맥; 권인한·김경호·윤선태 편, 2015, 『한국고대 문자자료연구 백제(상)』, 주류성; 백제학회 한성백제 연구모임, 2020, 『목간으로 백제를 읽다』, 사회평론아카데미; (재)백제역사문화연구원 문화유산연구부, 2023, 『백제 사비기 목간』, 부여군 문화재과. 본 논문의 목간 번호는 편의상 『백제 사비기 목간』(이하 '사비 도록'으로 약칭)을 따랐다. 판독문은 오택현·이재환, 2023, 앞의 논문, 한국목간학회, p.42에 공지된 '오이목간목록' 파일을 저본으로 검토하였다.

목간의 크기는 길이 9.3㎝, 너비 4.9㎝, 두께 8㎝이다. 모서리와 각이 진 부분을 둥글게 다듬었으며 상단 중앙에 구멍이 뚫려있다. 제1면 구멍 아래 양쪽에 '嵎[夷]'로 판독되는 글자가 횡서되었다. 우이는 660년 당 나라가 백제를 칠 때 김춘추를 嵎夷道行軍摠管으로 삼아 당군을 지원하게 한 사실[3]로 보아 백제 어느 지역 을 지칭하는 것으로 볼 수 있다. 글자는 묵흔이 비교적 잘 남아있어 필획의 구분은 어렵지 않다. '夷' 자는 궁남지001-1의 것과는 결구가 달라 '或' 자로 볼 여지가 있다.

묵서 아래쪽 목간의 중앙에는 낙인이 있으며 그 형태가 경주 동천동과 황남동, 이천 설봉산성, 포천 반월 산성에서 출토된 인장[4]의 인문과 비슷하다. '印' 자를 필획을 생략하여 간략하게 표현한 것처럼 보인다. 낙 인 좌측에는 5자 정도의 작은 글자가 종서되었다. 이 중 세 번째 글자는 가운데 세로획과 하부의 양측으로 펼쳐지는 필획이 비교적 명료하고 상부에는 가로획 1~2개 정도의 흔적이 있어 '末', '木', '小' 자 등으로 읽을 수도 있겠다. 그 다음 글자는 '子' 자가 비교적 명확해 보인다. 제3획인 가로획의 收筆 부분이 상대적으로 굵 어 보이는데 이는 예서의 서사 습관이 남아있기 때문으로 '子基寺'의 '子' 자와 유사한 형태이다.

제2면에도 구멍 아래쪽으로 2~3자 정도의 흔적이 있으며 크기는 '嵎[夷]'와 비슷하다. 중간 정도의 글자 에서 '云' 혹은 '公'의 하부처럼 보이는 묵흔이 확인된다.

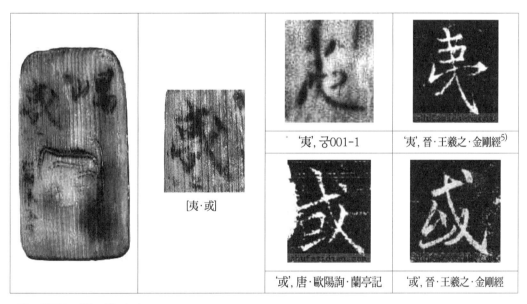

'夷', 궁001-1   '夷', 晉·王羲之·金剛經[5]

'或', 唐·歐陽詢·蘭亭記   '或', 晉·王羲之·金剛經

[夷·或]

그림 1. 관002-1 '[夷·或]' 자 비교

3) 『三國史記』 卷5, 新羅本紀5 太宗武烈王, "七年, … 三月, 唐高宗命左武衛大將軍蘇定方爲神丘道行軍大摠管, 金仁問爲副大摠管, 帥左 驍衛將軍劉伯英等水陸十三萬■, ■伐百濟. 勅王爲嵎夷道行軍摠管, 何將兵, 爲之聲援."

4) 국립경주박물관, 2002, 『문자로 본 신라』, pp.128-129.

5) http://www.shufazidian.com/s.php 이하 같음.

▶ 관북리005

△△[用]中[可]△」[馬]△[不] △△[以][城][自][中]△ /

攻[舟][嶋]城中卩△△」[攻·以][刀][夫]△△中卩 [禾][頂]/[...][頂]

백제목간으로서는 처음 보고된 것으로 1983년에 부여읍 관북리 일대에서 사비시기 백제의 왕궁지 유적을 찾는 과정에서 출토되었다.[6] 목간은 왕궁과 관련된 연못의 바닥층에서 발견되었다. 길이는 17.2㎝(꼬리처럼 생긴 부분 제외), 너비 4.1㎝, 두께 0.5~0.55㎝이며 상부의 측면에서 1㎝ 지점에 구멍이 뚫려있다.

목간 양쪽 면에 각각 3행과 2행의 묵서가 확인된다. 제2면 제2행은 '攻負△[城] 中卩 △[頂]'으로 판독되었다.[7] 첫 번째 글자는 제1행 제1자와 같은 '攻' 자로 읽었으나 '以' 자일 가능성도 있다. 두 번째 글자는 그다음 글자와 함께 한 글자인 '負' 자로 읽었다. 하지만 '負' 자로 보기에는 상부가 지나치게 크고 하부의 '貝' 자의 좌측 세로획의 흔적이 보이지 않으며 하단의 마지막 두 획이 지나치게 좌우로 길게 펼쳐져 있다. 각각 '刀' 자와 '夫' 자로 보는 것이 자형에 부합한다.

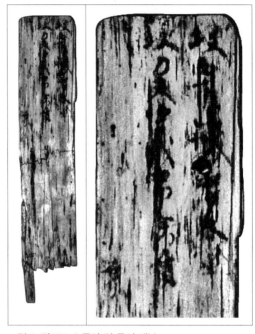

그림 2. 관005-2 목간 및 묵서 세부

2. 궁남지 목간

▶ 궁남지001

西十│卩夷/ 西卩 後巷巳達巳斯丁 依活干△畑丁」[帰]人中口四小口二 邁羅城法利源水田五形

1995년에 궁남지 중심부의 저수조 진흙층에서 출토되었다.[8] 목간의 길이 35㎝, 너비 4.5㎝, 두께 1㎝ 정

---

6) 尹武炳, 1985, 『扶餘官北里百濟遺蹟發掘報告(Ⅰ)』, 忠南大學校博物館·忠淸南道廳, pp.38-39.

7) 권인한·김경호·윤선태 편, 2015, 앞의 책, p.75.

8) 國立扶餘文化財研究所, 1999, 『宮南池』, pp.78-85.

도이다. 상단에서 4.4㎝~4.9㎝되는 곳에
직경 0.5㎝의 구멍이 있으며 글씨를 쓰기
전에 뚫었을 것으로 판단된다. 양면에 묵
서가 있으며 비교적 잘 보존되어 있다.
앞면에서 1행 5자의 묵서가 확인되고 뒷
면에는 제1행 15자, 제2행 18자 모두 2
행 33자가 읽힌다.

그림 3. 궁001-1 '西十丨'

앞면의 첫 번째 '西'자는 제1획이 짧고
하부의 '口'는 옆으로 긴 형태를 하고 있
다. 반면에 뒷면의 제1행 첫 번째 글자인 '西'자는 상부의 가로획이 하부의 '口'보다 길어 정반대의 모습이
다. 하나의 목간에서 같은 글자를 서로 다르게 서사하는 결구 운용은 오랜 습자 훈련을 통해 습득되는 것으
로, 서사자의 숙련된 필사 능력을 보여주는 것이다.

'西'자의 제3획 轉折 부분을 유연하게 운필하였고 마지막 제6획은 '十'자의 가로획으로 이어지고 있다.
'十'자의 세로획에 이어 그 아래쪽에도 또 다른 세로획이 나타나고 있으며 서로 필세가 이어져 연사한 것처
럼 보인다. 이 세로획을 '中' 또는 '丁'자로 읽기도 하는데 그 근거는 아마도 '가로획으로 볼 수도 있을 법한
선[9)'인 듯하다. 하지만 공개된 컬러 사진을 통해 보면 흠집이 확실하여 여기서는 '丨'로 본다.

▶ 궁남지002

△君前軍日今△白惄之心[忰][之][心] /
死所可依故背△作弓毃[日][閞][落]

2000년에 출토된 궁남지 목간은 출토 당시에는 묵서의 존재를
알지 못하다가 보존 처리하는 과정에서 글자가 있음을 추가로 확인
하였다.[10) 목간의 길이 25.5㎝, 폭 1.9㎝, 두께 0.4~0.6㎝이고, 양 끝
을 칼로 반듯하게 마무리한 흔적이 있어 원래의 길이를 유지하고
있다. 목간의 상단에서 아래로 4.5~6.5㎝의 갈라진 흔적이 있는데
목간을 폐기하기 위해 일부러 쪼갠 것으로 보인다.

그간의 연구는 제1면 제9자를 대개 '情'자로 읽었고 일부는 '有'

그림 4. 궁002-1 '惄之心', [忰][之][心]

9) 권인한·김경호·윤선태 편, 2015, 앞의 책, p.139.

10) 國立扶餘文化財硏究所, 2001, 『宮南池Ⅱ』本文, pp.189-191; 金在弘, 2001, 「扶餘 宮南池遺蹟 出土 木簡과 그 意義」, 『宮南池Ⅱ』
本文, 國立扶餘文化財硏究所, pp.428-432.

자로 보기도 했다. 묵서는 좌우 결구로 된 글자로서 우측은 '有' 자가 비교적 명확하고 좌측은 세로획과 그 상부에 짧은 가로획이 있어 '忄'으로 볼 수 있다. 따라서 이 글자는 '恓' 자이며 '恓之心'으로 이어진다. 제12자 또한 좌측에 '忄'이 보이고 우측은 '午'로 구성된 '忤' 자로 보인다. 그다음 제13자와 제14자는 남아있는 자획으로 보아 '[之][心]'으로 추정할 수 있다. 제2면의 제13자는 '聞' 자로 읽었으나 '聞' 자일 가능성이 더 크다. 이 목간은 '△君前'에 '日今' 군사상 모종의 상황이 발생한 것을 보고하는 문서로 생각된다.

3. 능산리 사지 목간

▶ 능산리007

書亦從此法爲之凡六卩五方 / 人行之也凡作形丶〃中[了][具][ㅣ]

목간은 상단부의 일부가 결실되었다. 제2면 제3자는 '色'과 '之' 자로 보는 견해로 양분되는 듯하다.[11] '色' 자로 본 견해는 당대 懷素 등의 초서 자형과 유사성을 근거로 들었다. 하지만 晉唐대 '色' 자의 초서는 좌하 향하는 제1획의 흔적이 표현되게 서사하는 것이 일반적인 데 비해 여기서는 점획으로 나타나고 있어 '之' 자로 볼 수 있다.

'之'			'色'
능007-2	적성비 제22행	唐·陸柬之·文賦	唐·懷素·草書千字文

그림 5. 능산리 007-2 '之' 자 및 '色' 자

이 글자는 제1면의 초서 '之' 자에 비해 행서의 체세이며 이는 동일 자형을 서로 다르게 변화를 주기 위해 서사자가 의도적으로 결구를 변화시킨 것이다. 형태가 신라 적성비 제22행의 문장 종결사로 쓰인 '之' 자와 도 흡사하다.
제10자는 일반적으로 '了' 자로 판독하였으나 전체적인 서사 풍격상 다른 글자에 비해 어색한 점이 있

---

11) 권인한·김경호·윤선태 편, 2015, 앞의 책, pp.200-201.

다.[12] '[貝]' 자 아래쪽에도 세로획으로 보이는 필획의 흔적이 나타난다.

▶ 능산리025

支藥兒食米記 初日食四斗 二日食米四[斗]小升一 三日食米四斗 / 五日食米三斗大升[一] 六日食
三斗大二 七日食三斗大升二 八日食米四斗[大] / [食]道使△△次如逢使 추기『△』[猪]耳其身者
如黑也 道使後後彌耶方 牟氏」牟殺殺耶 / 역『又十二石 又十二石 又[十][二]石十二石 又[十][二]
石 又[十][二]石 [又][十]二石』

이 목간은 사각 막대형으로 하단이 잘린
상태이며 4면에 모두 묵서가 있다. 묵서의 시
작은 '支藥兒食米記'의 문구가 있는 면이다. 제
1면의 첫 번째 글자인 '支' 자는 우측에 가점
을 하였는데, 이러한 결구는 남북조 시기 금
석문을 비롯하여 고구려와 신라에서도 폭넓
게 사용된 자형이다. 두 번째 글자는 '藥' 자로
읽는데 별다른 이견이 없는 듯하다. 다만 '白'
과 '幺'의 결구가 많이 변형되었고 하부의 '木'

그림 6. 능025-3 제10~11자

자 형태는 '土' 자처럼 보이기도 하여 비슷한 사례를 확인할 필요가 있다. 제3면의 제9자에 대해서는 '小吏'
로 판독하여 일종의 합자로 보는 견해가 있다.[13] 이 글자는 목간 중상부의 절단된 부분에 서사되었지만 묵
흔이 비교적 잘 남아있는 편이다. 좌측 '忄'과 우측 '吏' 자로 구성된 '悷' 자가 분명하며 '근심', '걱정'의 의미
다.[14] 그다음 글자인 '[猪]' 자 사이의 좌측에는 이들 글자와 다른 필획으로 볼 수 있는 묵흔이 있는데 크기
가 상대적으로 작은 것으로 보아 追記한 글자나 부호일 가능성이 있다.

또한 주목되는 것은 제3면의 첫 번째 글자인 '[食]' 자이다. 이 글자의 상부는 비교적 명확하게 남아 있는
반면 하부 필획은 묵흔이 전혀 남아있지 않다. 제1~2면은 支藥兒에게 初日부터 八日까지 일자별로 식량을
지급한 내용이다. 제4면은 이와 달리 역방향으로 '又十二石'이라는 문구가 반복적으로 이어져 제1~3면과는

---

12) 이 글자는 章草의 '瓦' 자 자형과도 비슷하다(陸錫興 編著, 1989, 『漢代簡牘草字編』, 上海: 上海書畵出版社, p.239).

13) 윤선태, 2023, 「백제 사비기 목간으로의 초대」, 『백제 사비기 목간』, 부여군 문화재과, p.21; 이용현, 국립부여박물관, 2008,
『百濟木簡-소장품조사자료집』. 김영욱은 묵서 중 일부를 '小吏猪耳其身者如黑也'로 판독하고 이를 "작은 관리(小吏)인 저이(猪
耳)는 그의 몸(색깔)이라는 것이(其身者) 까무잡잡하다(如黑也)"라는 뜻으로 해석할 수 있다고 하여 향찰 표기로 보았다(김영
욱, 2007, 「古代 韓國木簡에 보이는 釋讀表記」, 『한국고대목간과 고대 동아시아의 문화교류 – 한국목간학회 제1회 학술대회
자료집』, 한국목간학회, pp.164-165).

14) 『集韻·志韻』, "悷, 憂也."(漢語大字典編輯委員會, 1992, 『漢語大字典』, 湖北辭書出版社·四川辭書出版社, p.960)

그림 7. 능025-3 '食' 자 서사 상태 비교

달리 글자를 연습한 것으로 볼 수 있다. 이러한 습서가 있다는 것은 이미 목간의 기능을 다하고 폐기되었음을 말해주는 것이다. 반면에 제3면은 이들 묵서의 내용과는 달라 제1~2면의 食米記 기술 방식과는 직접 연결된 문구로 보기 어렵다. 따라서 원래 식미기 내용이 제3면으로 이어지는 상태에서 목간의 '食' 자 하부 이하를 깎아내고 후속되는 또 다른 내용을 기록한 것으로 보인다. '支藥兒'는 약을 지급한[처방한] 아이[들]로 일정 기간 동안 食米 즉 먹을 쌀을 주어 보양하였으나 그 몸이 검게 보일 정도로 근심스러운 상황에서 추가적인 조치를 취하는 내용으로 생각된다.[15] 아마도 어떤 특별한 상황에서 발생한 병증[16]에 대해 조치한 내용으로 藥部와 관련된 하위 관서의 문서일 가능성이 있다. '食' 자의 상부만 남은 것은 이러한 연관된 사안에 대한 어떤 일련의 후속 상황을 기록하기 위해 목간을 깎을 때 엄지손가락으로 집은 부분일 것이다.

제1~2면과 제3면에서는 일부 행서의 필획들이 보이지만 전반적으로 해서에 보다 가깝고 필체 또한 서로 유사하여 동일인이 서사한 것으로 여겨진다. 아마도 식미기를 기록한 사람이 제3면을 재활용하여 또 다른 어떤 내용을 적어둔 것으로 볼 수 있다. 하지만 제4면은 제1~3면과는 필체가 다르다. '又' 자를 보면 제1획 삐침 부분과 제2획의 교차점이 중간 아래로 내려와 있어 상부의 공간이 상대적으로 크고 '石' 자 역시도 제1획과 제2획 부분이 하부에 비해 비대해 보인다. 이러한 차이는 제1~3면과 제4면을 쓴 사람이 서로 달랐다는 것을 말해주는 것으로 서사인은 두 사람이었음을 알 수 있다. 이 목간은 길이 약 40㎝ 너비와 두께가 각각 2㎝의 비교적 긴 사각 막대형인데 상단 부분이 굵고 그 아래 이하 부분이 상대적으로 가늘어진 것으로 보아 재활용하기 위해 목간 면을 여러번 깎아낸 것으로 추정된다.[17]

4. 쌍북리 목간

▶ 쌍북리 001

△時伎[兒][來]△△△△ / △△信以[聞][车][成][...]

목간의 상부가 끊어진 상태이다. 제1면의 현재 남은 글자 중 제1자는 '呼' 혹은 '來' 자로 읽는다.[18] 하지

---

15) 노중국은 '藥兒'를 백제 고유의 의약관직으로 보았다(노중국, 2020, 「약재를 채취하여 병을 고치다-지약아식기 목간-」, 『목간으로 백제를 읽다』, 사회평론아카데미, pp.154-155).

16) 이에 대해 윤선태는 '그 몸이 검은 것 같다'로 보고 이것을 역병과 관련지어 해석하였다(윤선태, 2006, 「百濟 泗沘都城과 '嵎夷' 一木簡으로 본 泗沘都城의 안과 밖―」, 『東亞考古論壇』 2, 忠淸文化財硏院, p.248) .

17) 윤선태, 2023, 앞의 논문, p.21.

만 묵흔이 좌우 결구 자형으로 나타나고 있어 '來' 자는 아닌듯하고, 좌측 또한 'ㅏ' 혹은 'ㅓ' 같은 형태일 가능성 있어 '呼' 자로 확정하기도 어렵다. '伐' 자는 앞서 능산리025에서처럼 우측에 점이 있는데 우리나라 삼국시대 명문 자료에는 거의 가점을 한 결구가 나타나고 있다.

제2면 제1자와 제2자는 '屋上'으로 보는데 이견이 없다. 하지만 이 글자들은 소나무의 옹이 부분에 있어 균열과 필획의 구별이 쉽지 않아 자형을 확인하기 어렵다. 제3자는 '部' 또는 '倍' 자로 읽기도 하였으나 우측이 '言'에 가까워 '信'자일 가능성이 있다. 그리고 이어지는 다음 글자는 거의 모든 연구자들이 '聞' 자로 판독하고 있다. 하지만 이 두 글자 사이에는 '以' 자로 보이는 비교적 명료한 필획이 존재하고 있어 추가한다.

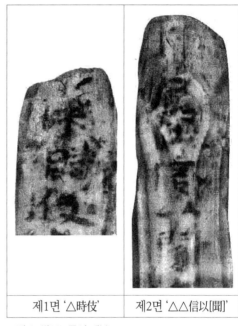

| 제1면 '△時伐' | 제2면 '△△信以[聞]' |

그림 8. 쌍001 묵서 세부

▶ 쌍북리 003

奈率牟氏丁△」[寂]信不丁一」△△酒丁一 / △△△△」△哭△△△」哭加[宋]丁一[巳]奈

목간은 길이 6.1㎝의 잔편인데 구멍이 있는 것으로 보아 원래 목간의 상단 일부이다. 제1면 제2행 제3자는 사비 도록에는 판독하지 않았으나 '不' 자가 명료하다. 제2면 제2자는 상부 '口'와 하부 '夫' 형태인 '哭' 자이다. '哭'는 '吳'의 俗字이다.[19] 구멍에 의해 2자 정도가 훼손되었으며 이로 보아 구멍은 문서 작성을 완료한 후에 뚫은 것이다. 제3행의 제1자 역시 '哭'이다. 제3자를 '來' 자로 읽기도 하는데 상부에 'ㅛ'이 비교적 명료하여 '宋' 자로 보인다. 사비 도록에서는 제4자와 제5자 부분을 '之' 자로 본 듯하다. 필획상 '丁一'이 명확하다. 다음 글자는 '巳' 자로 추정되고 마지막 글자는 비록 하부가 결실되었지만 '奈'로 볼 수 있다.

▶ 쌍북리 029

△慧草向開覺△ / △人△△直△ / /

---

18) 권인한·김경호·윤선태 편, 2015, 앞의 책, p.298.

19) 『正字通·口部』, "哭, 俗吳字."(漢語大字典編輯委員會, 1992, 『漢語大字典(縮印本)』, 湖北辭書出版社·四川辭書出版社, p.246)

제1면 제4자는 그동안 이견 없이 '而' 자로 판독되었다.[20] 기존의 판독문에서는 제1획과 제2획을 점으로 간화한 '而' 자의 형태로 본 듯하다. 하지만 자형상 '向' 자일 가능성을 배제할 수 없다. 사실 '而' 자와 '向' 자는 자형이 비슷하여 행초서나 초서의 결구는 유사한 형태로 쓰이기도 하는데 자형만으로는 구분하기 어려운 경우가 있다. 만약 문장의 의미를 명확히 알 수 있는 경우라면 문제가 없겠지만 이 목간처럼 단간인 경우는 보이는 자형을 통해 파악할 수밖에 없다. 다행히 적외선 사진에 나타난 필획이 또렷이 구분되어 자형 파악에 문제는 없다.

'向'				'而'	
쌍029	晉·王羲之·中郞女帖	唐·孫過庭·書譜	관001	三国吳·皇象·頑闇帖	隋·智永·真草千字文

그림 9. 쌍029 '向' 자 및 '而' 자 비교

'而' 자의 초서 결구는 제1획인 가로획을 점획으로 표시하고 제2획과 제3획은 생략한 채 제4획과 연사하는 것이 일반적인 형태이다. 그리고 제5획과 제6획을 두 점 혹은 한 획으로 처리하거나 또는 붓을 떼지 않고 제4획과 이어서 일필로 서사하여 마무리하는 방식이다. 이에 비해 '向' 자의 초서 결구는 거의 대부분이 제2획인 좌측의 세로획이 나타난다. 즉 이 두 글자의 초서 결구의 구별은 하부 좌측에 세로획의 유무가 주요한 판단 기준임을 알 수 있다. 만약 이 글자가 '而' 자의 초서라면 좌측의 세로획이 생략되었을 것인데 여기서는 명료하게 나타나고 있어 '向' 자이다.

5. 구아리 목간

구아리 목간은 2010년 10월에 출토된 이후 그 다음해까지 3차에 걸친 판독회를 진행하였다. 필자는 목간이 보존 처리되기 바로 직전인 2011년 4월 18일 국립부여박물관 보존과학관에서 실견할 기회를 갖고 몇 가지 의견을 제시한 바 있다.[21] 여기서는 그동안 새롭게 본 한두 가지를 언급하고자 한다.

---

20) 권인한·김경호·윤선태 편, 2015, 앞의 책, p.322.
21) 심상육·이미현·이효중, 2011, 「부여 '중앙성결교회유적' 및 '뒷개유적' 출토 목간 보고」, 『목간과 문자』 7, pp.124-134.

▶ 구아리007

[...]卌服」[...][麻]△ 并[監]」[...]魚[...] /

　제1행의 마지막에서 두 번째 글자는 그동안 卄, 卅, 卌 등의 숫자로 읽혔다. 다음 글자가 '服' 자가 분명한 만큼 상호 비교를 통해 자형을 파악하는 데 도움이 된다. 이 글자는 우상향하는 긴 가로획 1개와 짧은 4개의 세로획으로 구성되었다. 만약 '卄' 자라면 첫 번째와 마지막의 세로획처럼 보이는 것은 실획이 아닌 것이 되고, '卅' 자라면 양측 끝 어느 하나가 획이 아니다. 또한 '卅' 자라면 중심축이 '服' 자에서 다소 어긋나게 된다. 따라서 이 글자는 여전히 세로획이 4개인 '卌' 자로 본다.

　제2행의 중간 부분의 두 글자는 판독회 시 좌측 부분이 식별되어 '示' 혹은 '木' 변으로, 아래자는 '多' 혹은 '鄕' 자의 좌측 결구와 비슷하다고 보았다. 후자는 변함이 없으나 전자의 경우는 새로 제시된 적외선 사진을 통해서 보니 '麻' 자의 좌측 부분처럼 보인다. 함께 발견된 구아리005 목간의 제2행 '麻' 자와 비슷하다.

　제3행 하부의 글자 중 첫 번째 글자는 최근 제시된 적외선 사진에서 '魚' 자가 비교적 명료하게 나타난다. 하부의 점획은 가로획 1개로 처리한 듯하다. 이 목간은 상단에 홈이 파인 꼬리표 목간으로 물품에 부착했을 터인데 생선 종류였을 것이다.

6. 동남리 목간

▶ 동남리002

稗逆 [凡][逆]鵲得丁五斗 [凡][逆]毛若丁五斗」[凡][逆]仁得丁五斗 [凡][逆]曰留丁五斗 /

　목간의 하단이 잘려 나갔다. 상단에 稗逆을 종서하고 그 아래쪽으로 글자의 크기를 약간 작게 하여 '[凡][逆]某某丁某斗' 형식으로 2행씩 반복하여 서사하였다. '逆' 자의 우측은 '羊' 자 형태로 이러한 이체자는 한 당시기 白石神君碑나 元斌墓誌 등[22]의 금석문에서도 나타나고 있다. '[凡]' 자 다음은 모두 같은 글자일 가능성이 있는데 이 또한 일단 '[逆]' 자로 추정한다.[23]

　제2행 하부의 제4자를 보고자는 '[苗]' 자로 추정하고 있으나 '留' 자로 보인다. 이 두 글자의 행서나 초서의 자형은 비슷하지만 '苗' 자의 경우 초두는 '艹'나 '⺈' 형태로 쓰는 것이 일반적인 서사법이다. 여기서는

---

22) 秦公·劉大新, 1995, 『廣碑別字』, 國際文化出版公司, p.226.
23) 국립문화재연구원 국립부여문화재연구소, 2022(11.10), 「백제 행정부의 물자 출납상황과 무게단위 단서 확인—국립부여문화재연구소 올 3~4월 출토된 부여 동남리유적 목간 5점 보존처리 및 판독—」, 『보도자료』. 문화재청에 공개된 '근적외선 초분광 촬영' 사진은 필획이 다소 선명하지 못한 상태여서 필획을 구분하기 어렵다. 최근 재촬영하였다 하니 차후 해상도가 양호한 사진이 공개되길 기대해 본다.

'逆'			[逆]			
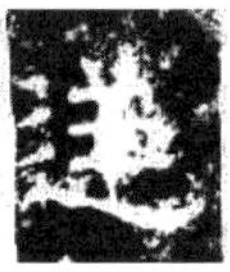 白石神君碑 (東漢, 183)	 元斌墓誌 (北魏, 523)	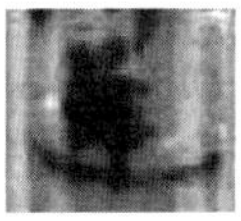 동002-상단	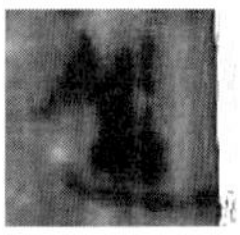 동002-하부 1-2	 동002-하부 1-9	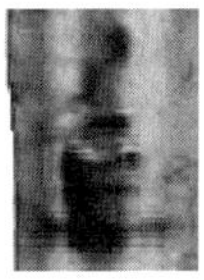 동002-하부 2-2	 동002-하부 2-9

그림 10. 이체 '逆' 자 및 추정자

가로획이 보이지 않고 3개의 점획 형태로 나타나고 있어 '留' 자로 보는 것이 합당하다. 복암리003의 '留' 자와 같은 형태이다.

▶ 동남리003

> △二兩內已」[...]九主十一月八日內已月九日[亡][夫][辶+羊]金五」역『內已月廿日[亡][夫][辶+羊]
> 今三兩七主」[刀]子作△十一月十一日[亡][夫][辶+羊]金二兩且、」△十二月十一日[亡][夫][辶+
> 羊]金二兩六主月△ 역『日」 / [...]甲[刀]子作[用]三主又已浪木末水[作]」역『金五主」」△因淫用金
> 三主又戟來尒牟作因」△作八主[分]縺金

제1면에서 제2행 제2자, 제2행 역방향 마지막 자, 제5행 제14자, 제2면에서 제1행 제8자, 제2행 역방향 제2자, 제3행 제7자, 제4행 제4자는 모두 같은 글자인데 보고자는 '重' 자로 판독하였다.[24] 무게 단위로서

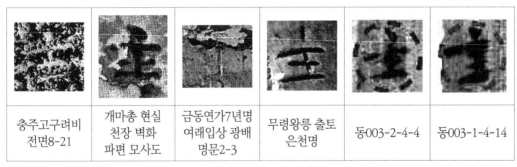

충주고구려비 전면8-21	개마총 현실 천장 벽화 파편 모사도	금동연가7년명 여래입상 광배 명문2-3	무령왕릉 출토 은천명	동003-2-4-4	동003-1-4-14

그림 11. 고구려·백제의 '主' 자 자형

---

24) 고상혁, 2023, 「부여 동남리 49-2번지 신출토 목간 소개」, 『제38회 한국목간학회 정기발표회 자료집, 신출토 문자자료의 향연』, 한국목간학회, pp.31-32.

'重'의 이체자로 본 것이다. 하지만 자형상 '重' 자로 볼만한 근거는 없다. 다만 제1면 제4행 제14자는 가로획이 4개이긴 하지만 '重' 자의 이체자이기보다는 오히려 '主' 자의 이체자로 보는 것이 합당하다. 특히 첫 번째 가로획을 길게 처리한 것은 충주고구려비 전면 제8행 제21자, 개마총 묵서, 금동연가7년명여래입상 광배 명문 제2행 제3자를 비롯하여 무령왕릉에서 발견된 은천명의 '主' 자와 같은 형태이다.

또한 이 목간에는 '金' 자가 모두 여섯 번 나오는데 모두 결구가 약간씩 다르다. 제1면 제5행 제10자의 경우는 제3획 이하의 가로획을 하나 더 가필하여 목간의 서사자는 중복되어 다수 출현하는 같은 글자에 대해 서로 다르게 변화를 주고 있음을 알 수 있다.

III. 부여 출토 백제 목간 서체의 유형과 특징

부여 지역에서 출토된 백제 목간의 서체는 예서, 해서, 행서, 초서의 자형이 복합적으로 나타나고 있다. 하나의 목간에서도 각 서체가 혼재되거나 한 글자 안에서도 필획에 따라 서로 다른 필법이 나타나는 경우가 있어 어느 한 가지 서체로 확정하기 어려운 경우가 종종 있다. 다음 표는 사비기 부여 지역에서 출토된 개별 목간의 서체를 파악하고 특징을 살펴본 것이다.

표 1. 부여 출토 백제 목간의 판독문과 서체 일람표

연번	목간명	분류	판독안	서체
1	관북리001	문서	中方向△ △ △ / 二月十一日兵与記	행서
2	관북리002	투공, 낙인	嵎【 】」[夷·或] / △△[未·木·小][子]△	행서
3	관북리003	투공	△ /	
4	관북리004	문서, 투공	下賤相 /	해서, 행서필의
5	관북리005	문서, 투공	△△[用]中[可]△」[馬]△[不] △△[以][城][自][中]△ / 攻[舟][嶋]城中 卩△△」[攻·以][刀][夫]△△中 卩[禾][頁]/[...][頁]	행서, 해서필의
6	관북리006	문서, 낙인	【 】/	
7~12	관북리007 ~12	7투공, 9부찰		
13	관북리013	부찰	口[三]石 /	
14	궁남지001	문서, 투공	西十丨 卩夷/ 西 卩後巷巳達巳斯丁 依活干△畑丁」[帰]人中口四小口二 邁羅城法利源水田五形	행서
15	궁남지002	문서	△君前軍日今△白惰之心[忤][之][心] / 死所可依故背△作弓彀[日][間][落]	행서
16	궁남지003	부찰		
17	궁남지004	습서	△文文文文文文文文文 / 書文[書][文]文[令]令[文]文也	행서, 해서필의

연번	목간명	분류	판독안	서체
			也也文也文 / △△[之]之之△△之之之[...] / △進文之也也也也也	
18	능산리001	문서	三月十二日梨丑二『之△[曆]△△△△△△△』/ 广淸靑靑靑『用[...]』	행서
19	능산리002	제사	각『大』각『无奉義』△道緣立立立 / 역『道緣』/ 각『无奉』△ 역각『天』/ [...][四][女][十六]	행서, 刻字 해서
20	능산리003	문서	△城下部對德疎加鹵 /	행서, 해서필의
21	능산리004	문서, 투공	奈率加姐白加之[...]△△[淨] / 急朋[舒]△△左[...]	행서
22	능산리005	문서	三貴 至丈. 今冊. 欠夂 [...]」[土]牟. 至夂. 女貴 △△[...]」[市][丁] [大]貴 .. [...]/ 〈乙 또는 水'의 連書〉	해서, 행서필의
23	능산리006	부찰	三月[仲椋內上丑 / [...]	해서, 행서필의
24	능산리007	문서	書亦從此法爲之凡六 卩五方 / 人行之也凡作形丶〃中[了][具][丨]	행서, 초서필의,
25	능산리008	습서 등	1.[...]大大△△[家]△△△△△, 2.[...][無]△	행서
26	능산리009	문서	[廿]六日上來[辛] 竹山六」眼△四 /	해서, 예서필의
27	능산리010	문서	四月七日寶憙寺 智[寔]」[垂] /『△送鹽一石』	해서, 행서필의 행서, 초서필의
28	능산리011	문서, 시가	宿[世]結業同生一處』是非相問上拜白來」/ 慧[暈]△△]	해서, 행서필의
29	능산리012	문서, 투공	△斗之末米[...] / / △也/	해서, 행서필의
30	능산리013	문서	△德千尒 / 爲資丁」[辶+][杼]△△△	행서, 초서필의
31	능산리014	문서	△二百十五△ / △ △△	해서, 행서필의
32	능산리015	문서	△七定侹死△ / △再拜△	행서
33	능산리016	문서	△立卄方[斑]綿衣 / 己 △	행서
34	능산리017	문서	百△ /	해서, 예서필의
35	능산리018	문서	此△ / △	해서, 예서필의
36	능산리019	부찰	子基寺 /	행서, 예서필의
37	능산리020	문서	[...][飮]△/ [...]	행서
38	능산리021	문서	二裏[民]△行 / 역『△[和]矣』	행서
39	능산리022	문서	[...] / / [...] / 馳[馬]幸[處]△憲△△强	행서
40	능산리023	문서	牟[己][兒][...] / [...] / [...] / [...]	행서
41	능산리024	문서	則憙拜[而]受[礼]伏願常[上]此時 / △△[法][爲][...][言+][...] / △△△辛道[貴]困[成][出]灼[八][而][者]△抗[地] / 道[禾+]△△[...][礼]△△礼礼	행서, 해서필의
42	능산리025	문서	支藥兒食米記 初日食四斗 二日食米四[斗]小升一 三日食米四斗 / 五日食米三斗大升[一] 六日食三斗大二 七日食三斗大升二 八日食米四斗[大] / [食]道使△△次如	행서, 해서필의

연번	목간명	분류	판독안	서체
			逢使 추기『△』[猪]耳其身者如黑也 道使後後彈耶方 牟氏」牟殺殺耶 / 역『又十二石 又十二石 又[十][二]石 十二石 又十[二]石 又[十][二]石 [又][十二石』	
43	능산리026	문서	[来]△△△ / [...] / 一△江 / △△[...]△	해서-江
44	능산리027	주술	△△△ / △右[...] /△大△[...] / [...]	해서-大
45	능산리028	문서	[...] / [...]	행서-氵
46	능산리029	습서, 목독	見, 公, 道, [進], 德	해서, 행서필의
47	능산리030	습서	[意]意	해서, 행서필의
48	능산리031		△△	
49	능산리032		[葱]權	행서
50	능산리033		[...]	
51	능산리034		△△	
52	능산리035		△△△	행서
53	능산리036	삭편	△[列]△(036-20), △△金[四](036-3)	행서, 예서자형
54	능산리037			
55	능산리038	삭편	六日」[石] [得](038-39)	해서, 행서필의
56	쌍북리001	문서	△時伎[兄][米][...] / △△信以[聞][牟][成][...]	해서, 예서필의
57	쌍북리002	부찰	那[尓]△連公 /	행서
58	쌍북리003	문서, 투공	奈率牟氏丁△」[寂]信不丁一」△△酒丁一 / △△△△」△吳△△△」吳加[宋]丁一[巳]奈	행서
59	쌍북리004	문서, 투공	上 卩/	해서, 행서필의
60	쌍북리005	문서	△爲丸[行]月△ / △[人][兄]△△△	행서
61	쌍북리006	부찰	德率[首]比 /	행서
62	쌍북리007	투공 2개	[大][不]好[記][上][沘]△ /	해서, 예서필의, 장초필의
63	쌍북리008	문서	△春 役春[...] / [...] / [...] / 역漢卄中漢△比△當面正綱則△	행서-正예서
64~70	쌍북리009 ~015	10부찰, 12~14 투공		
71	쌍북리016	부찰	[...]	
72	쌍북리017	문서	戊寅年六月中 固淳多三石 佃麻那二石」上夫三石上四石 比至二石上一石未二石」佐官貸食記 佃目之二石上二[石][未]一石 習利一石五斗上一石未一[石] / 素麻一石五斗上一石五斗未七斗半 佃首行一石三斗半上石未石甲 幷十九石」今沽一石三斗半上一石未一石甲 刀々	해서, 행서필의

연번	목간명	분류	판독안	서체
			邑佐三石与得十一石	
73	쌍북리018	투공	外椋 卩鐵 / 代綿十兩	해서, 행서필의
74	쌍북리019	제첨축	[与] /	
75~78	쌍북리020~023	20, 22~23 부찰		
79	쌍북리024	문서	△部分礼至文久利△△ / △可移記去背之廿斗△△	행서
80	쌍북리025	부찰	五石[六]十斤 /	해서, 행서필의
81	쌍북리026		部 /	행서
82	쌍북리027	문서	△四斤一兩」△五斤四兩 / △丁卅四」[白][錦]十三」泊一△	행서
83	쌍북리028	부찰		
84	쌍북리029	문서	△慧草向開覺△ / △人△△直△ / /	행서, 초서필의
85	쌍북리030			
86	쌍북리031		中△[以]子 三日 /	행서
87	쌍북리032		上△ /	
88	쌍북리033	구구단	九〃八十一 八〃六十四 七〃卅九 六〃卅六 五〃廿五 四〃十六 二〃四 [...]」八九七△△ 七八五十六 六七卅二 五△卅 四五卅 三四十二」七九六十三 六八卅八 五△卅五 四六廿 三五十五 二四八」五八卅 四七廿八 [...]	해서
89	쌍북리034	문서, 투공	恍時予丁 △△彡」△△△丁△珎久丁」△眞相丁 /	행서
90	쌍북리035	문서	兄智利丁」△諸之益△△臣丁 /	행서
91	쌍북리036	투공		
92	쌍북리037		斤止受子 /	행서
93~97	쌍북리038~042			
98	쌍북리043	문서	田舍大石上烏利△△ /	해서, 행서필의
99	쌍북리044			
100	쌍북리045			
101	쌍북리046			
102	쌍북리047	부찰	里[侯] /	해서, 예서필의
103	쌍북리048	습서, 논어	△子曰學而時習之 不亦悅 / 有朋自遠方來 不亦樂 / 人不知 而不慍 不亦 / 子乎 有子曰 其爲人也	해서, 행서필의
104	쌍북리049	문서, 투공	丁巳年十月卄七日 / 浪米七石六斗△」[外][椋][宮]△△	행서
105	쌍북리050	투공		

연번	목간명	분류	판독안	서체
106	쌍북리051	투공	丁十一 △	해서, 행서필의
107	쌍북리052	부찰	△△△△ / △	
108~109	쌍북리053~054			
110	쌍북리055	투공	△△[...]△ / △[...]	
111	구아리001	문서	者 中部奈率得進」下部[韓][牟][札] / [...][各][...]	행서, '率' 초서
112	구아리002	문서	所[遣]信來以敬辱之於此[質]簿 / 一无所有不得仕(也)莫[矈]好耶荷陰之後」永日[不]忘	행서
113	구아리003	문서	△等△堪彼△牟 / [...]	행서, 해서필의
114	구아리004	부찰	太[公][西][吳]前部赤米二石 /	행서
115	구아리005	문서	△文 鳥△△」△[崔]麻石 鳥石[渚]」牟多 鳥分管 /	행서
116	구아리006	문서	△△△△眞 /	
117	구아리007	부찰	[...]卌服」[...][麻]△ 并[監]」[...]魚[...] /	행서
118	구아리008	문서	△△△[者][...] /	
119~123	구아리009~013	10부찰, 12~13 투공		
124	동남리001	부찰	宅[敬]示田"犯[小][兄]者爲[敬]事 /	행서, 초서필의
125	동남리002	문서	稗逆 [凡][逆]鵲得丁五斗 [凡][逆]毛若丁五斗」[凡][逆]仁得丁五斗 [凡][逆]曰留丁五斗 /	행서
126	동남리003	문서	△二兩內已」[...]九主十一月八日內已月九日[亡][夫][辶+羊]金五」역『內已月卄日[亡][夫][辶+羊]今三兩七主」[刀]子作△十一月十一日[亡][夫][辶+羊]金二兩且丶」△十二月十一日[亡][夫][辶+羊]金二兩六主月△ 역『日」 / [...]甲[刀]子作[用]三主又已浪木末水[作]」역『金五主」△因涇用金三主又戟來尔牟作因」△作八主[分]縺金	행서, '金' 예서
127	석목리001		前部 /	
128	석목리002		鷹王△△也 / △糧好邪	

위 〈표 1〉에서 파악된 서체를 보면 주로 행서와 해서가 주를 이루고 간혹 초서나 예서가 함께 나타난다. 이를 유형별로 분류하면 비교적 해서에 가까운 것, 예서 필의가 있는 해서, 행서 필의가 있는 해서, 해서 필의가 있는 행서, 비교적 전형적인 행서, 예서 필의가 있는 행서, 초서에 가까운 행서 등 7가지로 세분해 볼 수 있다.

1. 비교적 해서에 가까운 것

사비기 목간에는 전형적인 해서로 서사된 것은 매우 적다. 당시 서체연변이 해서가 성숙해 가는 과정에 있었기 때문에 과도적 양상을 띠는 것은 어쩌면 당연한 것이다. 물론 중국이나 고구려에서는 이미 이전에 전형적인 형태의 해서가 나타나고 있어 백제에서도 성숙한 해서가 사용되었을 가능성은 충분하지만 목간 서사에서는 굳이 선택하지 않았던 것으로 생각된다. 하지만 일부 목간에는 부지불식간에 해서의 특징이 반영된 글자들이 보이고 있다. 이러한 글자는 가로획이 우상향을 하고 필획들 간에 連寫가 적으며 세로획의 수필에서 갈고리[趯]가 출현하기도 한다. 가로획이 세로획으로 방향을 전환하면서 꺾이는 부분에서는 붓을 강하게 눌러 필획이 두터워지고 각도를 예각으로 좁히는 折法이 나타나는데 이러한 필법은 해서의 전형적

표 2. 비교적 해서에 가까운 것

연번	목간명	분류	판독안	서체
1	능산리026	문서	[来]△△△ / [...] / 一△江 / △△[...]△	해서-江
2	능산리027	주술	△△△ / △右[...] /△大△[...] / [...]	해서-大
3	쌍북리033	구구단	九〃八十一 八〃六十四 七〃卅九 六〃卅六 五〃廿五 四〃十六 三〃九 二〃四 [...]」八九七△△ 七八五十六 六七卅二 五△卅 四五廿 三四十二」七九六十三 六八卌八 五△卅五 四六廿△ 三五十五 二四八」五八卌 四七廿八 [...]	해서

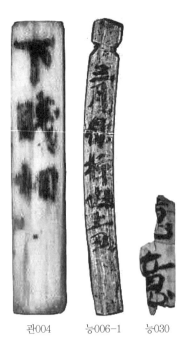

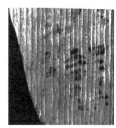
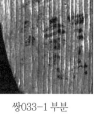
쌍033-1 부분

관004   능006-1   능030   쌍017   능005

그림 12. 비교적 해서에 가까운 것

인 특징이라 할 수 있다.

관북리004는 길이 12.7㎝, 너비 2.4㎝, 두께 0.3㎝이며 상단에 구멍이 있고 완형이 잘 보존된 상태이다. 한쪽 면에 '下賤相'이라는 묵서를 목간의 너비에 꽉 차게 서사하여 국내에서 발견된 목간 글씨로는 비교적 큰 편이다. 필획 사이의 공간보다도 필획을 오히려 굵게 서사하여 글자가 遒勁한 느낌이 든다. 가로획 방향이우상향을 하고 자형은 상하로 길어진 장방형으로 전형적인 해서 체세이다. '下' 자 세로획의 수필 부분은 봉망을 노출하지 않고 붓을 위쪽으로 들어 올려 끝부분을 둥글게 처리하는 일종의 垂露[25]가 형성되었다. 이는 원래 篆書의 필법이었으나 후대에 해서에서 활용되었다. '賤' 자는 제9획과 제13획을 하나의 획으로 서사하였고 그 수필 부분에서는 背趯法[26]이 나타나는데 이는 趯法[27]과 함께 전형적인 해서 필법이라 할 수 있다. '相' 자 '目'의 전절 부분은 붓을 강하게 눌러 방향을 전환함으로써 2단 꺾임 현상이 나타나고 있다.

능산리006-1에는 '三月△△內上丑'이란 묵서가 비교적 잘 남아있다. '三' 자의 가로획들은 우상향을 하고 제1·2획의 수필 부분에서 붓을 아래쪽으로 눌러 마무리하는 해서의 頓勢가 나타난다. '月' 자와 '內' 자 제2획의 꺾이는 부분에서 붓을 강하게 눌러 방향을 전환하는 折法이 보인다. 또한 능산리026-3의 '江' 자 '氵'은 세 점이 비교적 명확하고 '工'의 가로획 수필 부분에서 蠶頭 형태가 나타나고 있어 서사자가 해서의 서사법을 익혔음을 알 수 있다. 능산리027-3의 '大' 자는 삐침에서 좌하향하는 鼠尾 형태의 필획과 파임의 파책이 전형적인 해서 형태이다.

해서는 남북조 시대를 거치면서 정형화되기 시작하였는데 백제가 중국 왕조와 다변화된 외교[28]를 펼치는 과정에서 자연스럽게 수용되었을 것으로 보인다. 개로왕이 북위에 국서를 보낸 것이나 성왕 때 백제 사신이 양나라 蕭子雲의 글씨를 구입한 사실은 직접적인 문자 교류의 사례로 백제에서 중국 서풍이 유행하는 계기가 되었을 것이다.[29]

북조풍의 해서 특징을 보이는 것으로는 능산리001-1의 '之' 자와 능산리030의 '意' 자 등을 들 수 있다. '意' 자는 좌측 일부가 떨어져 나갔지만 제5획의 수필에서 돈법이 명확하고 제7획의 전절에서 붓을 강하게 눌러 각을 좁히는 魏碑體 해서의 특징과도 유사하다. 이에 비해 능산리029 목독의 '見' 자는 상대적으로 부드러운 선질과 결구감이 뛰어나 남조풍 해서의 娟美함이 보인다.

쌍북리017은 관청에서 固淳多 등에게 식량을 빌려주고 이자를 처서 되돌려 받은 것을 기록한 것으로 '佐官貸食記'이다. 같은 층위에서 백제 22부사의 하나인 外椋部의 명칭이 서사된 목간이 함께 출토된 것으로 보아 외경부와 직간접으로 관련된 문서로 추정하고 있다. 이 문서는 대식 관련 기록이다 보니 무엇보다도 정확성에 신중을 기하였을 것이다. 일부 필획을 제외하면 거의 대부분이 비교적 단정하게 서사되었다.

---

25) 梁披雲 外, 1985, 『中國書法大辭典』, 美術文化院, p.120.

26) 위의 책, p.123.

27) 전형적인 趯과 背趯의 형태는 능산리003 '對' 자의 제13획과 '城' 자의 제7획에 잘 나타나 있다.

28) 노중국, 2023, 「백제와 중국 왕조와의 교섭과 교류」, 『동북아역사재단 제401회 수요포럼』, 동북아역사재단, pp.1-7.

29) 백제와 중국의 書寫文化 교류에 대해서는 고광의, 2008, 「文字資料를 통해서 본 中國과 三國의 書寫文化 교류」, 『高句麗渤海研究』 30, pp.57-59 참조

명문에는 '戊寅年'이란 간지가 있어 그 시기를 알 수 있는데 공반된 유물이 6세기 말 이후의 것이기에 618년으로 보는 것이 일반적이다.

좌관대식기는 7세기 초반 백제의 최고 관부의 문서 양식과 관료들의 문자문화를 살펴볼 수 있는 좋은 자료이다. 지금까지 발견된 목간은 문서와 부찰이 대부분으로 그 내용은 주로 곡물, 약재, 어류, 병기 등 물품의 지급 및 관리, 농지의 개간, 호구 관련 등이다. 이들 업무와 관련된 부서들은 다양한 행정문서를 생산하였고 궁중을 비롯한 각지의 유관 부서와 소통하기 위한 문서의 수발신이 이루어졌다. 왕경인 부여 지역뿐만 아니라 나주, 금산, 고부 등지에서 다양한 문서 목간들이 출토되는 것은 지방에도 예하 관서와 일정한 위계를 갖춘 서사 관료들이 존재하였다는 것을 의미한다. 이들 문서와 물품을 다루는 관리들은 경향의 각 부서에 배속되어 국정 전반에서 활동하였을 터인데 그 조직 구성과 위계에 대해서는 자세히 알 수 없다. 다만 백제 12관등에 속하는 文督 집단과 연관되었고 문독들이 각 부서에서 문서행정의 실무 책임자 역할을 하였을 것으로 여겨진다. 그리고 문독 아래에는 각 직급의 행정 관리들이 배속되었고 이들은 신라의 夫道의 발탁[30] 사례에서 볼 수 있듯이 '工書算' 즉 글쓰기와 계산 능력을 갖춘 자들이 임용되었을 것이다.

쌍북리048의 『論語』 목간은 이러한 관리들이 한문자의 소양을 함양하던 사례라 할 수 있다. 목간의 현존 길이가 28.7㎝, 너비는 제1면과 제3면이 2.2㎝, 제2면과 제4면이 1.9㎝로 약간의 차이가 있다. 묵서는 원래 4면에 學而의 제1장과 제2장 첫 구절인 '子曰學而時習之不亦悅乎 有朋自遠方來不亦樂乎 人不知而不慍不亦君子乎 有子曰其爲人也'를 서사하였던 것으로 보인다. 목간 하단이 일부 결실되면서 제1면, 제2면, 제3면에서 각각 '乎', '乎', '君' 3자가 함께 떨어져 나가고 제4면의 '也' 자는 상부가 남아있는 상태이다. 목간의 원래 길이는 30㎝ 정도였을 것으로 추정된다. 제1면의 상단인 '子曰'로 시작되는 바로 위쪽에도 다른 글자들보다 큰 형태의 묵흔이 있으나 학이편 구절에 해당하는 글자는 아닌 것 같다. '悅' 자는 '說' 자로 된 판본과 다르고 특히 고대 일본의 『논어』 목간의 글자와도 같아 그 연관성을 짐작해 볼 수 있다.

계산 능력과 관련하여서는 당시 실무 행정에서 사용하던 구구단 목간이 출토되어 주목된다. 쌍북리003은 아래쪽이 좁고 위쪽이 넓은 직각 삼각형 형태로 손으로 쥐고 사용하기 편리하도록 고안되었다. 각 단마다 횡선을 그어 구분하였으며 숫자로만 나열하였다. 글자는 전체적으로 비교적 단정한 해서이다. '四四十六', '三四十二'의 가로획을 보면 우상향을 하였고 수필 부분에서 해서의 頓按 필법이 나타나고 있으며 전절 부분은 필획의 각도가 급격하게 좁혀져 전체적으로 전형적인 해서의 체세에 가깝다. 이 구구단 목간은 백제 서사 관리들의 계산 능력에 대한 중시를 실증적으로 보여주는 것이라 할 수 있다.

백제 사비기에는 여전히 유습되던 과도적 해서풍이 사용되기도 하였다. 능산리005는 좌측 부분이 일부 결실되었으나 길이는 원형을 유지하고 있다. 목간의 길이는 15.4㎝, 잔존 폭은 2.0㎝이고, 두께가 0.2㎝ 내외로 출토된 다른 목간에 비하여 얇은 편이다. 목간의 양쪽 면에 모두 묵서가 있는데, 한쪽 면에는 '乙' 또는 '水' 자가 연서되어 있다. 목간의 또 다른 면에는 상단으로부터 일정한 간격을 두고 가로선을 그어 구획을

---

30) 『三國史記』 卷2, 新羅本紀2 沾解尼師今, "五年, 春正月…漢祇部人夫道者, 家貧無諂, 工書算, 著名於時. 王徵之爲阿湌, 委以物藏庫事務."

정한 뒤 그 안에 세로로 서사하였다. 묵서에 '父', '母', '兄', '女' 등의 호칭과 '貴' 자가 반복되는 것으로 보아 가족과 관련된 문서로 추정된다. 이 묵서의 서체는 기본적으로 해서라 할 수 있으나 여전히 과도적 요소가 많고 전체적인 풍격이 질박하여 토착적 요소가 강하게 남아있다.

2. 행서 필의가 있는 해서

능산리010-1은 상부 중앙에 '四月七日寶憙寺'라는 묵서가 종서되었고 그 아래 우측과 좌측에도 각각 1행씩 나누어 서사하였는데 '智[寔]', '[垂]' 자가 보인다. 묵서의 횡획은 기본적으로 우상향이고 'ㄱ'자형 필획의 전절 부분이 예각을 형성하여 전체적으로는 해서의 체세가 강하다. 하지만 '四' 자 제2획의 수필 부분과 제3

표 3. 행서 필의가 있는 해서

연번	목간명	분류	판독안	서체
1	능산리005	문서	三貴 至丈. 今冊. 欠夂 [...]」[土]牟. 至夂. 女貴 △△ [...]」 [市][丁] [大貴 .. [...]/〈乙 또는 水'의 連書〉	해서, 행서필의
2	능산리006	부찰	三月[伸]椋內上丑 / [...]	해서, 행서필의
3	능산리010-1	문서	四月七日寶憙寺 智[寔]」[垂]	해서, 행서필의
4	능산리011	문서, 시가	宿[世]結業同生一處」是非相問上拜白來」/ 慧[暈]△△」	해서, 행서필의
5	능산리012	문서, 투공	△斗之末米[...] / / △也/	해서, 행서필의
6	능산리014	문서	△二百十五△ / △ △△	해서, 행서필의
7	능산리029	습서, 목독	見, 公, 道, [進], 德	해서, 행서필의
8	능산리030	습서	[意]意	해서, 행서필의
9	능산리038	삭편	六日」[石] [得](038-39)	해서, 행서필의
10	쌍북리004	문서, 투공	上 卩/	해서, 행서필의
11	쌍북리017	문서	戊寅年六月中 固淳多三石 佃麻那二石」上夫三石上四石 比至二石上一石未二石」佐官貸食記 佃目之二石上二[石] [未]一石 習利一石五斗上一石未一[石]」 素麻一石五斗上 一石五斗未七斗半 佃首行一石三斗半上石未石甲 并十九 石」今沽一石三斗半上一石未一石甲 刀々邑佐三石与得 十一石	해서, 행서필의
12	쌍북리018	투공	外椋 卩鐵 / 代綿十兩	해서, 행서필의
13	쌍북리025	부찰	五石[六]十斤 /	해서, 행서필의
14	쌍북리043	문서	田舍大石上烏利△△ /	해서, 행서필의
15	쌍북리048	습서, 논어	△子曰學而時習之 不亦悅 / 有朋自遠方來 不亦樂 / 人 不知 而不慍 不亦 / 子乎 有子曰 其爲人也	해서, 행서필의
16	쌍북리051	투공	丁十一 △	해서, 행서필의
17	구아리003	문서	△荨△堪彼△牟 / [...]	행서, 해서필의

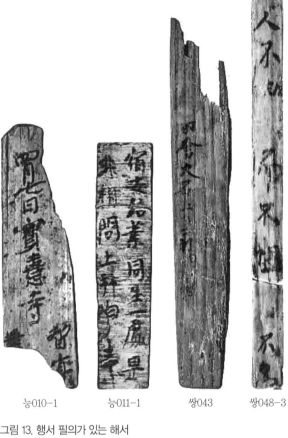

획과 제4획으로 이어지는 점획 처리나 '寶'의 제18획과 제19획, '憙' 자에서 '心'의 제3획과 제4획, '寺' 자의 제2획부터 제4획에서 보이는 연사는 행서의 서사법이다.

능산리011-1은 모든 글자에서 연사된 필획이 상대적으로 적어 해서에 가깝다. 하지만 유연한 운필과 원만한 전절로 인하여 행서의 체세가 함께 나타난다. 일부 필획과 결구에서는 위진 시기 누란 출토 잔지나 간독 문자[31]의 풍격과 유사함이 느껴진다. 제1행 '同' 자와 제2행 '問' 자의 갈고리 부분은 부여 쌍북리에서 출토된 '△月卄'명 토기편[32]에 새겨진 '月' 자의 필획과도 비슷하다. 이러한 서사법은 무령왕릉 지석이나 매지권, 창왕명석조사리감, 왕흥사금동사리감 명문의 풍격과는 또 다른 것으로 백제는 6세기까지도 일상에서 간독 서사의 습관이 남아 있음을 알 수 있다.

그림 13. 행서 필의가 있는 해서

능010-1　　능011-1　　쌍043　　쌍048-3

쌍북리043은 '田舍大石上烏利△△'로 판독된다. 가로획이 우상향이고 '上' 자 제3획의 수필 부분에서는 돈세가 나타난다. '田' 자와 '舍'·'石' 자 '口'의 전절 부분에서 방향을 급격하게 전환하여 예각을 형성하였다. '舍', '大', '上' 자의 삐침과 파임 및 가로획의 방향과 형태가 전체적으로 해서의 체세에 가깝다. 다만 '利' 자 '禾'에서 'ㅣ'로 이어지는 필획이 연사된 점 등은 행서의 서사법으로 행서 필의가 있는 해서로 구분할 수 있다.

쌍북리048-3은 『論語』 學而 제1장 마지막 구절인 '人不知而不慍不亦' 부분이다. 묵서의 가로획들이 우상향이고 전절 부분에서 붓을 강하게 눌러 전환하였으며 자형은 대체로 장방형을 하여 전체적인 체세는 해서에 가깝다. '不', '子', '乎' 자의 세로획 수필 부분을 비롯하여 '有' 자 제4획과 '樂' 자 제13획 수필에서 갈고리가 형성되는 등 전형적인 해서의 서사법이 나타나고 있다. 서사자가 경전의 성격에 맞게 의도적으로 정중한 체세의 해서를 택하여 경건함을 강조하고자 한 것으로 보인다. 하지만 '亦', '爲' 자 하부의 점을 연사하는

31) 谷村憙齋 編, 1988, 『樓蘭-殘紙·木版書法选』, 日本書道教育會議.
32) 국립부여박물관, 2002, 『百濟의 文字』, 국립부여박물관, p.59.

것에서 볼 수 있듯이 당시 유행하던 행서나 초서의 영향에서 완전히 벗어날 수는 없었다.

이러한 행서 필의가 있는 해서는 후술할 해서 필의가 있는 행서와 혼돈될 우려가 많다. 굳이 해서와 행서의 요소를 수치로 표현한다면 해서의 필획과 결구가 6~7할 이상이 포함되고 행서의 필획과 결구는 3~4할 이하라고 할 수 있겠다.

3. 예서 필의가 있는 해서

백제 사비기 목간 중에 전반적인 체세는 해서이나 일부 필획과 결구가 예서의 필의를 띠는 것들이 있다.

능산리009는 좌측 일부가 결실되었지만 남은 자적으로 보아 '來' 자로 보인다. 파임이 우하 방향으로 길게 펼쳐져 있어 횡장세의 예서 체세이다. 이러한 파임 형태는 쌍북리001-1의 '伎' 자 제6획에서도 나타나고 있는데 사비 시기까지도 해서로의 과도 서체인 新隸體[33]의 영향이 남아있기 때문이다.

능산리017의 '百' 자 제1획 가로획 길이가 '日'의 폭에 비해 2배 이상 길어 예서의 체세를 띠지만 전형적인 예서인 八分과 같은 파책은 나타나지 않는다. 제2획을 좌하 방향으로 길게 삐쳤는데 일반적인 '百' 자의 자형과는 다른 독특한 결구이다.

능산리018-1 '此' 자의 가로획은 팔분의 蠶頭雁尾 필획의 형태와 유사하다. 또한 마지막 세로획에서 우측으로 굽은 수필 부분에서도 파책이 형성되는데 이는 예서의 1자 1파책의 일반적인 서사법과 다른 점이다. 잠두안미는 쌍북리047 '里' 자의 마지막 가로획에서도 그 흔적이 나타나고 있다.

쌍북리007은 중상부에 위아래로 2개의 구멍이 있고 구멍 사이에 가로로 홈을 팠다. 도록에는 제1면의 판독문을 '大不好記上△△'으로 제시하였다. '大' 자는 제3획의 파임을 우측으로 길게 긋고 수필 부분에서 파책이 형성되어 예서의 체세가 강하게 나타난다. '好' 자 '女'는 해서인 데 비해 '子'는 제3획이 잠두안미 형태의 필획처럼 수필 부분이 굵어지면서 파책이 형성되어 예서 혹은 장초의 서사법이 혼재되었다. '上' 자의 가로획은 기필 부분이 가늘고 수필 부분에서 굵고 강한 돈법이 보이지만 파책은 형성되지 않아 당시 해서로의 과도적인 서사법을 엿볼 수 있다.

표 4. 예서 필의가 있는 해서

연번	목간명	분류	판독안	서체
1	능산리009	문서	[卄]六日上來[辛] 竹山六」眼△四 /	해서, 예서필의
2	능산리017	문서	百△ /	해서, 예서필의
3	능산리018	문서	此△ / △	해서, 예서필의
4	쌍북리001	문서	△時伎[兄][米][...] / △△信以[聞][牟][成][...]	해서, 예서필의
5	쌍북리007	투공 2개	[大][不好記][上][汭]△ /	해서, 예서·장초필의
6	쌍북리047	부찰	里[侯] /	해서, 예서필의

---

33) 고광의, 2023, 『고구려의 문자문화』, 동북아역사재단, pp.508-509.

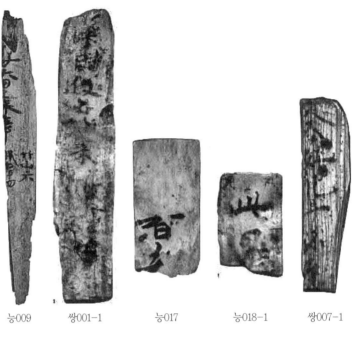

능009　　쌍001-1　　능017　　능018-1　　쌍007-1

그림 14. 예서 필의가 있는 해서

4. 해서 필의가 있는 행서

    백제 사비기인 6세기 이후 서체연변은 해서가 성숙해 가고 행서와 초서가 발전하는 시기이다. 고구려에서 해서는 대략 4세기부터 사용되어 6세기 이후에는 비교적 성숙한 형태의 해서가 출현하였고, 행서는 5세기에 일상에서 폭넓게 사용되어 6세기에는 행초서 자형들이 나타난다.[34] 이러한 서체의 변화 발전은 백제에서도 비슷하게 진행되었고 사비기 일상에서는 행서가 주요한 서체로 사용되었을 것이다. 이는 궁남지에서 발견된 어느 관리의 습자 목간을 통해서 짐작해 볼 수 있다.

    궁남지004는 길이 34.8㎝, 폭 2.8㎝, 1.5㎝의 4면 목간으로 '文', '書文', '令', '也', '之', '進' 등의 글자를 연습하였다. '文' 자를 보면 제2획의 가로획 방향이 우상향이고 기필 부분에서 馬蹄 형태의 모습이 나타나고 있다. 제3획 삐침은 좌하향으로 끝부분이 뾰족한 鼠尾 형태이다. 제2면의 제5자, 제9자 등은 파임의 끝부분에서 붓을 눌렀다가 다시 약간 들어 수평 혹은 우상향으로 붓을 빼면서 마무리하는 파책이 나타나고 있다. 가로획의 우상향과 마제 기필, 삐침에서의 서미 형태의 수필, 파책 등은 기본적으로 해서의 필법이라 할 수 있다. 하지만 제1면 '文' 자의 파임은 파책이 형성되지 않고 끝이 뾰족하며 운필 방향을 우하향하여 빼는 행서나 초서의 필법이다. 제2면 제2자는 같은 '文' 자인데도 제3획과 제4획을 연사함으로써 또 다른 방법의

---

34) 고광의, 2023, 『고구려의 문자문화』, 동북아역사재단, pp.512-524.

행서 서사법을 구사하고 있다.

'也' 자는 해서와 행서의 서사법이 동시에 나타나고 있다. '也' 자의 해서와 행서의 주요한 차이는 제3획에서 세로와 가로의 각도와 수필 부분의 처리 방법이다. 해서는 주로 직각에 가깝고 수필은 수직 상향하는 갈고리 형태를 형성하는 데 비해 행서는 전절을 부드럽게 예각으로 벌려 운필하다가 수필 부분에서 수평 혹은 우상향으로 마무리하는 것이 일반적인 서사법이다. 제2면의 '也' 자는 해서의 체세가 강한 데 비해 제4면의 '也' 자들은 점차 행서에 더욱 가까운 형태로 변하고 있다. 목간의 서사자가 실무에 많이 사용되던 행서를 연습하였던 것으로 여겨진다.

습자 목간은 왕경이 아닌 지방에서도 출토되었는데 나주 복암리013에는 '德', '衣', '道', '平' 자를 집중적으로 연습하였다. 제1면의 '衣' 자는 제4획과 제5획을 띄어 쓰거나 혹은 연사하기도 하여 각각 해서와 행서의 체세이다. 또 제2면의 '平' 자는 제2획과 제3획을 띄우거나 혹은 연사하는 경우가 있어 해서와 행서로 서사한 듯하고, 가장 좌측의 '平' 자는 두 점획을 생략하여 초서로 서사하였다. 지방의 관리들까지도 해서, 행서, 초서를 구분하여 습자한 것으로 보아 사비기에는 이미 각 서체에 대한 개념이 형성되었고 용도에 따라 선택적으로 구분하여 사용한 것으로 보인다.

아울러 글씨를 잘 쓰려거나 관료 집단에서 사용되는 자형이나 필체를 익히기 위한 습자도 이루어졌다. 이 습서 목간들은 기존의 문자 지식을 행정용 문자로 전환하거나 혹은 스스로 서사 능력의 제고를 위한 습자로 볼 수 있다. 행정 문서에는 관용적으로 사용하는 자형이 있었을 것으로 생각되는데, 예컨대 '率', '刂' 자 같은 필획이 간화된 것들을 비롯하여 자주 사용되는 숫자나 합자 등 특정 글자들을 연습하였을 것이다.

표 5. 해서 필의가 있는 행서

연번	목간명	분류	판독안	서체
1	관북리005	문서, 투공	△△[用]中[可]△」[馬]△[不] △△[以][城][自][中]△ / 攻[舟][嶋]城中 『[△△] 攻·以[刀][夫]△△中 刂[禾][頁]/[...][頁]	행서, 해서필의
2	궁남지004	습서	△文文文文文文文文 / 書文[書][文]文[令]令[文]文也也文也文 / △△[之]之之△△之之之[...] / △進文之也也也也也	행서, 해서필의
3	능산리003	문서	△城下部對德疎加鹵 /	행서, 해서필의
4	능산리024	문서	則憙拜[而]受[礼]伏願常[上]此時 / △△[法][爲][...][言 +][...] / △△△辛道[貴]困[成][出]灼△[八]△[而][者]△抗[地] / 道[禾 +]△△[...][礼]△△礼礼	행서, 해서필의
5	능산리025	문서	支藥兒食米記 初日食四斗 二日食米四[斗]小升一 三日食米四斗 / 五日食米三斗大升[一] 六日食三斗大二 七日食三斗大升二 八日食米四斗[大] / [食]道使△△次如逢使 추기『△』[猪]耳其身者如黑也 道使後後彈耶方 车氏」车祋祋耶 / 역『又十二石 又十二石 又[十][二]石十二石 又[十][二]石 又[十][二]石[又][十]二石』	행서, 해서필의
6	구아리003	문서	△䒑△堪彼△车 / [...]	행서, 해서필의

| 궁004-1 | 궁004-2 | 궁004-4 | 능003-1 | 구003-1 | 능025-2 |

그림 15. 해서 필의가 있는 행서

또한 서사 관료 집단 내에서 유전되는 풍격을 습득하거나 혹은 새로 유입된 최신 서풍을 배우기 위한 습자도 있었을 것이다.

현재 출토된 사비기 백제의 목간 중에서 엄격하게 해서 필의가 있는 행서로 구분하는 것은 쉽지 않다. 예컨대 능산리003-1의 전체적인 체세는 행서로 볼 수 있다. 운필이 세련되고 필획이 유려하며 결구가 안정된 수준 높은 행서[35]로 평가하기도 한다. 하지만 일부 필획과 결구는 명확한 해서 필법이 나타나고 있다. '德', '疎', '加', '歯' 자 등의 전절 부분에서 붓을 강하게 눌러 방향을 전환하고 세로획을 상대적으로 굵게 처리하는 것은 남북조 시대 해서의 특징이라고 할 수 있다. '對' 자의 제13획 수필 부분의 趯과 '城' 자 제7획의 背趯은 북조 碑誌에서 보이는 필법과 유사하다. 구아리003-1의 경우 전체적인 체세는 행서로 분류할 수 있지만 역시 필획과 결구에서 해서의 필의가 비교적 많다.

---

35) 이성배, 2004, 「百濟書藝와 木簡의 書風」, 『百濟研究』 40, p.250.

이러한 해서 필의가 있는 행서는 앞에서 언급한 행서 필의가 있는 해서와 형태상 유사하지만 행서가 주가 된다는 점이 다르다. 역시 이를 행서와 해서 요소의 포함 정도를 수치로 표현하면 행서 필획이나 결구가 6~7할 이상이고 해서 필획이나 자형이 3~4할 이하로 포함되는 것을 말한다.

5. 비교적 전형적인 행서

행서는 사비기 백제 목간에서 가장 많은 수량을 차지한다. 능산리002-1은 남근형 목간으로 묵서는 전형적인 행서의 결구이다. 제1면의 '道' 자는 '目'을 '日'로 감획하는 등 행서의 체세이다. '緣' 자는 오히려 필획을 가필하여 晉唐의 행서와 차이를 보인다. 그런데 제2면의 '緣' 자는 이와 또 다른 결구로서 같은 목간 안에서도 자형을 달리하고 있음을 알 수 있다. 동형 글자를 다르게 하는 것은 각획 문자인 '奉' 자에서도 나타나고 있어 서사자의 단순 취향이라기보다는 어떤 의도성이 작용하고 있는 것으로 여겨진다. '立' 자는 능산리016의 '立' 자와도 흡사하여 혹여 사찰 관련 동일 집단의 서사풍격이 아닌가 싶다. '綿' 자는 전형적인 행서의 결구에 가깝다.

쌍북리003은 글자의 크기에 비해 필획이 두툼한 편이며 운필의 탄력이 느껴진다. 제1면의 '[寂]' 자, '酒' 자에서는 붓의 먹물이 줄어들면서 나타나는 갈필이 보인다. 보통 이러한 필획은 탄성이 강한 狼毫筆 같은 털이 비교적 빳빳한 것을 사용했을 때 나타나는 것으로 사비기 백제에서 다양한 붓이 제작되어 사용되었음을 짐작해 볼 수 있다.

능산리001-1·2의 상부, 능산리015, 능산리021, 능산리032의 묵서는 전형적인 행서이고, 쌍북리005, 쌍북리024, 쌍북리027, 쌍북리034, 쌍북리037 등의 묵서 또한 이미 정형화된 행서의 체세를 띤다. 쌍북리035의 '兄' 자는 창왕명사리감 등에 나타나는 이체자 형태를 벗어나 전형적인 행초서의 결구에 가깝다.

표 6. 비교적 전형적인 행서

연번	목간명	분류	판독안	서체
1	관북리001	문서	中方向△ △△ / 二月十一日兵与記	행서
2	관북리002	투공, 낙인	嵋【 】[夷·或] / △△[未·木·小][子]△	행서
3	궁남지001	문서, 투공	西十丨 卩夷/ 西 卩後巷巳達巳斯丁 依活干△畑丁」[帰]人中口四小口二 邁羅城法利源水田五形	행서
4	궁남지002	문서	△君前軍日今△白惰之心[忰][之][心] / 死所可依故背△作弓戠[日][開][落]	행서
5	능산리001	문서	三月十二日梨丑二『之△[曆]△△△△△△△』 / 广淸靑靑靑『用[...]	행서
6	능산리002	제사	각『大』각『无奉義』△道緣立立立 / 역『道緣』 / 각『无奉』△ 역각『天』 / [...][四][女][十]六	행서
7	능산리004	문서, 투공	奈率加姐白加之[...]△△[淨] / 急朋[舒]△△左[...]	행서
8	능산리008	습서 등	1.[...]大大△△[家]△△△△△, 2.[...][無]△	행서
9	능산리015	문서	△七定倠死△ / △再拜△	행서

연번	목간명	분류	판독안	서체
10	능산리016	문서	△立卄方[斑]綿衣 / 己 △	행서
11	능산리020	문서	[...][飮]△/ [...]	행서
12	능산리021	문서	二裏[民]△行 / 역『△[和]矣』	행서
13	능산리022	문서	[...] / / [...] / 馳[馬]幸[處]△憲△△强	행서
14	능산리023	문서	牟[己][兒][...] / [...] / [...] / [...]	행서
15	능산리028	문서	[...] / [...]	행서
16	능산리032		[葱]權	행서
17	능산리035		△△△	행서
18	쌍북리002	부찰	那[尒]△連公 /	행서
19	쌍북리003	문서, 투공	奈率牟氏丁△」[寂]信不丁一」△△酒丁一 / △△△△」△吳△△△」吳加[宋]丁一[巳]奈	행서
20	쌍북리005	문서	△爲丸[行]月△ / △[人][兒]△△△	행서
21	쌍북리006	부찰	德率[首]比 /	행서
22	쌍북리008	문서	△春 역春[...] / [...] / [...] / 역漢卄中漢△比△當面正綱則△	행서
23	쌍북리024	문서	△部兮礼至文久利△△ / △可移記去背之卄斗△△	행서
24	쌍북리026		部 /	행서
25	쌍북리027	문서	△四斤一兩」△五斤四兩 / △丁卅四」[白][錦]十三」泊一△	행서
26	쌍북리031		中△[以]子 三日 /	행서
27	쌍북리034	문서, 투공	恍時予丁 △△彡」△△△丁△珎久丁」△眞相丁 /	행서
28	쌍북리035	문서	兄習利丁」△諸之益△△臣丁 /	행서
29	쌍북리037		斤止受子 /	행서
30	쌍북리049	문서, 투공	丁巳年十月卄七日 / 湌米七石六斗△」[外][椋][宮]△△	행서
31	구아리001	문서	者 中部奈率得進」下部[韓][牟][札] / [...][各][...]	행서
32	구아리002	문서	所[遣]信來以敬辱之於此[貿]簿 / 一无所有不得仕(也) 莫[瞋]好耶荷陰之後」永日[不]忘	행서
33	구아리004	부찰	太[公][西][吳]前部赤米二石 /	행서
34	구아리005	문서	△文 鳥△△」△[崔]麻石 鳥石[渚]」牟多 鳥兮管 /	행서
35	구아리007	부찰	[...]卅服[...][麻]△ 幷[監][...]魚[...] /	행서
36	동남리002	문서	稗逆 [凡][逆]鵲得丁五斗 [凡][逆]毛若丁五斗」[凡][逆]仁得丁五斗 [凡][逆]曰留丁五斗 /	행서
37	동남리003	문서	△二兩內已」[...]九主十一月八日內已月九日[亡][夫][辶+羊]金五」역『內已月卄日[亡][夫][辶+羊]今三兩七主』」[刀]子作△十一月十一日[亡][夫][辶+羊]金二兩且、」△十二月十一日[亡][夫][辶+羊]金二兩六主月△ 역『日』 / [...]甲[刀]子作[用]三主又已浪木末水[作]」역『金五主』」△因澄用金三主又戟來尒牟作因」△作八主[分]縺金	행서

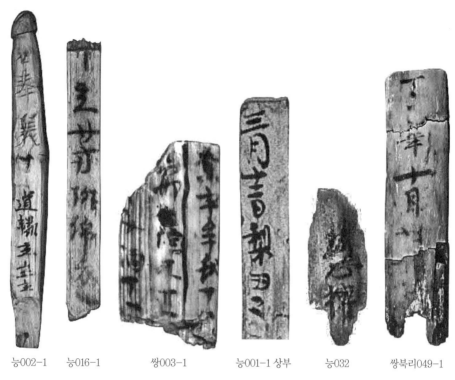

| 능002-1 | 능016-1 | 쌍003-1 | 능001-1 상부 | 능032 | 쌍북리049-1 |

그림 16. 비교적 전형적인 행서

쌍북리049는 '丁巳年十月卄七日 / 湌米七石六斗△」岺△凍宮△△'으로 판독된다. '丁' 자는 제1획이 우상향이고 기필과 수필에서 마제잠두 형태가 비교적 명확하게 나타나고 있어 서사자가 해서의 필법을 숙지하고 있음을 알 수 있다. '年' 자는 가로획 중에서 제3획을 가장 길게 처리하였는데 복암리003에서도 비슷한 자형이 나타나며 남북조 묘지에서 유행하여 당대까지도 연용되었다. '十' 자는 세로획에 비해 가로획을 두텁고 길게 하여 필획이 적은 글자임에도 가장 강조되었다. 이러한 결구는 동진 王羲之의 초기 행서로 전해지는 姨母帖을 비롯한 樓蘭 지역에서 발견된 簡紙나 고구려 안악3호분의 동수묘지에서 비슷한 사례가 있다. '十' 자 가로획의 유연한 운필과 '月' 자의 다소 두툼한 듯한 필획이지만 전체적으로 잘 짜인 결구와 숙련된 점획 처리 등은 姨母帖의 서풍과도 유사하다. 이들의 시기는 4세기로 이미 고식이라 할 수 있어 사비기 백제 서사문화의 보수적인 일면을 보여주고 있다. '丁巳年'이란 간지를 통해 이 목간의 서사시기는 597년 혹은 657년 가운데 하나로 생각되는데 고식 결구가 혼용된 것으로 보아 597년으로 보는 것이 합당할 듯하다.

뒷면의 제1행 첫 번째 글자인 '湌' 자의 좌측 'ⅰ'는 다소 과하게 위쪽으로 치우친 左上右下 자형으로써 357년에 제작된 것으로 비정되는 '太寧四年'명 권운문 와당의 '保' 자나 409년에 완성된 덕흥리벽화분의 현실 동벽 우측 칠보행사도 묵서의 '俱' 자에서도 나타나고 있다. 제1행 제5자인 '六' 자는 제2획 가로획의 수필 부분과 제3획 삐침의 기필 부분이 거의 맞닿아 마치 연사한 것처럼 보인다. 이러한 형태의 '六' 자는 능산리007, 쌍북리017 등 부여 지역에서 출토되는 목간에서도 볼 수 있으며 사비기 백제 목간의 특징적인 서사법 중 하나라고 할 수 있다.

6. 예서 필의가 있는 행서

능산리019의 '子' 자는 행서에 예서의 필획이 함께 나타나고 있어 쌍북리007 등과 함께 사비기 백제에서 여전히 예서의 서사 습관이 남아있음을 보여준다. 쌍북리008-4의 서체는 전체적으로 행서라 할 수 있다. 그런데 '正' 자 제5획의 수필 부분에서 파책이 형성되어 예서의 결구를 하고 있다. 또한 능산리036과 동남리003-1 제5행 제10자의 '金' 자는 가로획이 4개로써 일반적인 해서와는 다른데 예서 결구의 습관이다.

행서의 서사에서 이러한 예서 체세나 자형의 출현은 당시의 서체연변 상황을 반영한 것으로 신예체나 장초의 영향으로 볼 수 있다.

<table>
<tr><td></td><td></td><td></td></tr>
</table>

| 능019 | 쌍008-4부분 | 능036-3 |

그림 17. 예서 필의가 있는 행서

표 7. 예서 필의가 있는 행서

연번	목간명	분류	판독안	서체
1	능산리019	부찰	子基寺 /	행서, 예서필의
2	능산리036	삭편	△[列]△(036-20), △△金[四](036-3)	행서, 예서자형'金'
3	쌍북리008	문서	△春 역春[...] / [...] / [...] / 역漢卄中漢△比△當面正綱則△	행서, 예서자형'正'
4	동남리003	문서	△二兩內已」[...]九[重]十一月八日內已月九日亡夫[辶+羊]金五」 역『內已月卄日亡夫[辶+羊]今三兩七[重]」兩子作△十一月十一日亡夫[辶+羊]金二兩[其]△」十[二]月十一日亡夫[辶+羊]金二兩六[重]月十-『日』/ [...]甲[可]子作[用]三[重]又已浪木末水△△」 역『五[重]』」△因涇用金三[重]又戟來尓牟作因」△作八[重][分]縺金	행서, 예서자형'金'

7. 초서에 가까운 행서

한편 사비기 백제 목간 중에는 행서와 초서가 혼재된 것들이 있다. 운필이 전형적인 행서보다도 더 활달하고 일부 필획이나 결구는 초서의 자형을 사용하기도 한다. 이러한 서체는 초서에 가까운 행서로서 일반적으로 행초서라 한다. 능산리007, 능산리010-2, 능산리013, 쌍북리029, 동남리001 등이 여기에 속한다.

능산리007의 '爲' 자는 전형적인 초서의 자형이다. 서사자는 초서나 행서에 숙달된 사람으로 필획의 굵고 가는 변화를 표현해 낸 운필이 돋보인다. 전체적인 서체는 활달한 행초서이나 삐침과 파임에서 좌우로 펼쳐지는 횡장세가 나타나는 등 여전히 장초의 영향이 남아있음을 알 수 있다.

능산리010의 '遂' 자와 '鹽' 자의 결구는 행서에 가까우나 초서 필법으로 속사하였다. 묵서는 장초나 해서의 과도적 요소가 거의 보이지 않는 활달한 행초서이며 필획의 변화가 풍부하고 다채로워 숙련된 서사자의 솜씨이다. 이 묵서는 앞면의 '寶憙寺'명과는 확연히 다른 풍격을 보이고 있어 하나의 목간에 서사자나 서사 시기를 달리하여 사용하였음을 알 수 있다.

쌍북리029의 '慧' 자는 상부 우측 부분을 두 획으로 처리하였고 '心' 자 등 전체적인 운필과 체세가 이미 성숙한 초서이다. '向' 자의 '口' 자를 두 점으로 처리한 것은 초서의 영향이다. '開' 자에서 '門'의 상부를 두

표 8. 초서에 가까운 행서

연번	목간명	분류	판독안	서체
1	능산리007	문서	書亦從此法爲之凡六 『五方 / 人行之也凡作形丶〃中[了][具][丨]	행서, 초서필의
3	능산리010-2	문서	『△送鹽一石』	행서, 초서필의
2	능산리013	문서	△德干尓 / △爲資丁'[辶_+][杼]△△△	행서, 초서필의
4	쌍북리029	문서	△慧草向開覺△ / △人△△直△ / /	행서, 초서필의
5	동남리001	부찰	宅[敬]示田''犯[小][兄]者爲[敬]事 /	행서, 초서필의

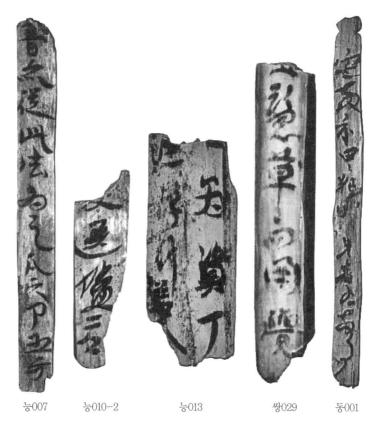

능007   능010-2   능013   쌍029   동001

그림 18. 초서에 가까운 행서

점으로 간략하게 처리하고 이어지는 우측의 세로획을 두텁고 유연하게 운필한 것은 후대이긴 하지만 顔眞卿의 행초서 작품인 祭姪文稿 풍격과도 유사하다.

동남리001[36)]의 제2자는 '[敬]' 자의 초서 결구로 추정된다. 하단의 제9~11자는 '爲[敬]事'로 판독되는데, 마지막 두 글자는 전형적인 連綿 초서이다. 필획과 결구가 매우 활달하고 '事' 자는 今草의 자형으로서도 다소 파격적인 모습이라 할 수 있다.

IV. 맺음말

부여 지역에서 출토된 개별 목간의 서체는 해서와 행서로 분류할 수 있다. 해서류는 비교적 해서에 가까운 것(해서), 행서 필의가 있는 해서(해서, 행서 필의), 예서 필의가 있는 해서(해서, 예서 필의)로, 행서류는 해서 필의가 있는 행서(행서, 해서 필의), 비교적 전형적인 행서(행서), 예서 필의가 있는 행서(행서, 예서 필의) 및 초서에 가까운 행서(행초서) 등 7가지 유형으로 세분된다.

먼저 해서에 가까운 것으로는 쌍북리017, 쌍북리003, 능산리005 등이 있다. 이 유형은 여전히 과도적 요소가 남아 있으며 행서나 초서 및 예서의 요소가 거의 보이지 않는 다소 덜 성숙된 해서라 할 수 있다. 행서 필의가 있는 해서는 行楷書라고도 하며 관북리004, 능산리006-1, 능산리030을 비롯하여 능산리010-1, 능산리011-1, 쌍북리043, 쌍북리048-3 등이 있다. 이들 서체는 남북조 및 초당의 해서와 크게 다르지 않아 백제에서도 6세기 이후에는 해서가 성숙하고 있음을 알 수 있다. 또한 기본적인 서체는 해서지만 예서 필의가 일부 남아있는 것은 隸楷書라고 할 수 있는데, 능산리009, 쌍북리001, 능산리017, 능산리018, 쌍북리007 등의 일부 글자에 나타나고 있다. 이는 백제에서 예서를 사용하였고 6세기까지도 일정하게 장초나 신예체의 영향을 받고 있음을 말해준다.

그리고 해서 필의가 있는 행서는 楷行書라고 하고 궁남지004, 능산리003, 구아리003, 능산리025 등이 있다. 이 유형의 서체는 행서 필의가 있는 해서와 혼동될 소지가 많은데 각각 주가 되는 행서나 해서의 필획과 결구가 6~7할 이상 함유되면 해당 서체로 판정할 수 있다. 비교적 전형적인 행서는 능산리001-1·2의 상부, 능산리002-1 묵서, 능산리015, 능산리016, 능산리021, 능산리032, 쌍북리003, 쌍북리005, 쌍북리024, 쌍북리027, 쌍북리034, 쌍북리035, 쌍북리037, 쌍북리049 등이 있으며 해서 필의가 있는 행서와 함께 사비기 백제 목간 서체의 대다수가 이 유형에 속한다. 그리고 능산리019, 쌍북리008, 능산리036-3, 동남리003의 일부 글자 중에는 예서의 필획과 자형이 나타나기도 하는데 隸行書라고 할 수 있다.

한편 초서에 가까운 행서인 행초서는 능산리007, 능산리010-2, 능산리013, 쌍북리029, 동남리001 등이

---

36) 이 목간은 동남리 216-17번지 유적의 우물에서 통일신라시대 유물과 함께 출토되어 고고학적으로는 통일신라시대의 것이라고 한다(심상육, 2003, 「부여 지역 목간의 발굴 현황과 분포」, 『백제목간-나무에 쓴 백제 이야기-학술심포지엄자료집』, 한국목간학회·백제학회, p.50).

있다. 운필이 전형적인 행서보다도 더 활달하고 일부 필획이나 결구는 초서의 자형을 사용하기도 한다. 이러한 서체는 행서와 초서의 중간적 성격을 띠어 해서나 행서와 구분하여 별도의 서체로서 行草書로 분류할 필요가 있다.

표 9. 부여 출토 백제 목간 서체의 유형과 특징

유형	서체 및 특징			목간명
I	해서에 가까운 것 (해서)	해서	해서	쌍017, 쌍003, 능005
II	행서 필의가 있는 해서 (해서, 행서필의)	행해서		능010-1, 능011-1, 쌍043, 쌍048-3
III	예서 필의가 있는 해서 (해서, 예서필의)	예해서		능009, 쌍001, 능017, 능018, 쌍007의 일부 글자
IV	해서 필의가 있는 행서 (행서, 해서필의)	해행서	행서	궁004, 능003, 구003, 능025
V	비교적 전형적인 행서 (행서)	행서		능001-1·2의 상부, 능002-1 묵서, 능015, 능016, 능021, 능032, 쌍003, 쌍005, 쌍024, 쌍027, 쌍034, 쌍035, 쌍037, 쌍049
VI	예서 필의가 있는 행서 (행서, 예서 필의)	예행서		능019, 쌍008, 능036-3, 동003의 일부 글자
VII	초서에 가까운 행서 (행초서)	행초서	행초서	능007, 능010-2, 능013, 쌍029, 동001

투고일: 2023.06.05.   심사개시일: 2023.06.05.   심사완료일: 2023.06.18.

『三國史記』

고광의, 2023, 『고구려의 문자문화』, 동북아역사재단.

권인한·김경호·윤선태 편, 2015, 『한국고대 문자자료연구 백제(상)』, 주류성.

국립가야문화재연구소, 2011, 『한국목간자전』, 예맥.

국립경주박물관, 2002, 『문자로 본 신라』, 국립경주박물관.

國立扶餘文化財研究所, 1999, 『宮南池』.

국립부여박물관, 2002, 『百濟의 文字』, 국립부여박물관.

국립부여박물관, 2008, 『百濟木簡-소장품조사자료집』, 국립부여박물관.

국립부여박물관·국립가야문화재연구소, 2009, 『나무 속 암호 목간』, 예맥.

백제역사문화연구원 문화유산연구부, 2023, 『백제 사비기 목간』, 부여군 문화재과.

백제학회 한성백제연구모임, 2020, 『목간으로 백제를 읽다』, 사회평론아카데미.

尹武炳, 1985, 『扶餘官北里百濟遺蹟發掘報告(Ⅰ)』, 忠南大學校博物館·忠淸南道廳.

윤선태, 2007, 『목간이 들려주는 백제이야기』, 주류성.

윤재석 편저, 2022, 『한국목간총람』, 주류성.

梁披雲 外, 1985, 『中國書法大辭典』, 美術文化院.

陸錫興 編著, 1989, 『漢代簡牘草字編』, 上海: 上海書畫出版社.

漢語大字典編輯委員會, 1992, 『漢語大字典』, 湖北辭書出版社·四川辭書出版社.

秦公·劉大新, 1995, 『廣碑別字』, 國際文化出版公司.

谷村憙齋 編, 1988, 『樓蘭-殘紙·木版書法选』, 日本書道敎育會議.

고광의, 2008, 「文字資料를 통해서 본 中國과 三國의 書寫文化 교류」, 『高句麗渤海研究』 30.

고상혁, 2023, 「부여 동남리 49-2번지 신출토 목간 소개」, 『제38회 한국목간학회 정기발표회 자료집, 신출토 문자자료의 향연』, 한국목간학회.

국립문화재연구원 국립부여문화재연구소, 2022(11.10), 「백제 행정부의 물자 출납상황과 무게단위 단서 확인—국립부여문화재연구소 올 3~4월 출토된 부여 동남리유적 목간 5점 보존처리 및 판독—」, 『보도자료』, 문화재청.

김영욱, 2007, 「古代 韓國木簡에 보이는 釋讀表記」, 『한국고대목간과 고대 동아시아의 문화교류 - 한국목간학회 제1회 학술대회 자료집』, 한국목간학회.

金在弘, 2001, 「扶餘 宮南池遺蹟 出土 木簡과 그 意義」, 『宮南池Ⅱ』 本文, 國立扶餘文化財研究所.

노중국, 2020, 「약재를 채취하여 병을 고치다-지약아식기 목간-」, 『목간으로 백제를 읽다』, 사회평론아카데미.

노중국, 2023(4.26), 「백제와 중국 왕조와의 교섭과 교류」, 『동북아역사재단 제401회 수요포럼』, 동북아역사재단.

심상육·이미현·이효중, 2011, 「부여 '중앙성결교회유적' 및 '뒷개유적' 출토 목간 보고」, 『목간과 문자』 7.

오택현·이재환, 2023, 「백제·신라 목간의 집계와 범례의 제안」, 『한국목간학회 제39회 정기발표회 자료집』, 한국목간학회.

윤선태, 2023, 「백제 사비기 목간으로의 초대」, 『백제 사비기 목간』, 부여군 문화재과.

윤선태, 2006, 「百濟 泗沘都城과 '嵎夷'―木簡으로 본 泗沘都城의 안과 밖―」, 『東亞考古論壇』 2, 忠淸文化財研究院.

이성배, 2004, 「百濟書藝와 木簡의 書風」, 『百濟研究』 40.

http://www.shufazidian.com/s.php

〈Abstract〉

Calligraphic style of Baekje wooden tablets excavated from Buyeo

Ko Kwang Eui

The calligraphic style of Baekje wooden tablets excavated from Buyeo can be largely classified into kaishu(楷書) and xingshu(行書). These can again be subdivided into seven types: approaching typical kaishu, kaishu with xingshu elements, kaishu with lishu(隸書) elements, xingshu with kaishu elements, xingshu with lishu elements, and intermediate between caoshu(草書) and xingshu.

They are also called kaishu(楷書), xingkaishu(行楷書), likaishu(隸楷書), xingshu(行書), kaixingshu(楷行書), lixingshu(隸行書), xingcaoshu(行草書), depending on their characteristic elements.

▶ Key words: Baekje, Buyeo, wooden tablets, reading, calligraphic style, kaishu, xingshu, xingcaoshu

디지털 가시화 기술을 활용한 부여 석조 명문 재검토 기초연구

김지호[*], 조영훈[**], 류진호[***], 황선빈[****], 다바오르지[*****]

Ⅰ. 서언
Ⅱ. 부여 석조 현황
Ⅲ. 디지털 가시화 방법 및 결과
Ⅳ. 부여 석조 명문에 대한 디지털 판독
Ⅴ. 결언

〈국문초록〉

　국립부여박물관과 국립공주대학교 문화재보존과학과 디지털보존솔루션랩은 2023년 1월부터 공동으로 부여 석조 명문에 대한 조사를 진행하였다. 현재까지 석조 명문의 1행부터 9행까지 조사하였으며, 육안 및 탁본 관찰, RTI 및 3D 스캐닝 등의 디지털 가시화 방법을 사용하였다. 부여 석조를 포함한 금석문 자료는 풍화와 마모로 인해 육안이나 탁본을 통한 글자의 형태 파악에 어려움이 있다. 이러한 한계를 보완하기 위해 디지털 가시화 기술을 활용하였으며, 글자의 입체적 특징에 대한 정량적 수치화와 필획의 연속적 형상을 객관화하는 작업이 이루어졌다. 또한 석조의 보존상태를 살피며 향후 명문 재검토를 위한 기초자료를 확보하였다. 부여 석조의 글자 영역은 약 36° 간격으로 총 10개의 세로띠로 구분되어 있으며, 한 영역에 11자 9행의 명문을 새길 수 있고, 제1행에는 '大唐平百濟國碑銘' 8자만 존재하므로 987자의 공간이 마련된 것으로 추정된다. 마지막 명문 영역인 80~90행은 글자의 구획선이 명확한 반면, 글자의 존재 유무가 확인되지 않고 있다. 이번 공동 조사의 성과로는 8행 5열의 글자 '加'를 '隹'로 재판독하였으며, 2행 11열 '百', 5행 3열 '耀', 7행 1열 '干'에 대해 신규 판독안을 제시하였다. 석조 명문 판독에 있어 정림사지 오층석탑의 명문

---

* 　　제1저자, 국립부여박물관 학예연구사
** 　　교신저자, 국립공주대학교 문화재보존과학과 부교수
*** 　　공동저자, 국립공주대학교 문화재보존과학과 석사과정
**** 　　공동저자, 국립공주대학교 문화재보존과학과 학사과정
***** 공동저자, 국립공주대학교 문화재보존과학과 박사과정

자료의 신뢰도가 무엇보다도 중요하기 때문에 향후 상호 보완적인 추가 연구가 필요할 것으로 판단된다.

▶ 핵심어: 부여 석조, 명문, 디지털 판독, 3차원 스캐닝, RTI, 가시화, 정림사지 오층석탑, 소정방

I. 서언

石槽는 큰 돌을 넓게 파고 물을 받아 사용하도록 만든 일종의 돌그릇이다. 불교 사찰에서 물을 담거나 큰 행사를 치른 후 기물을 씻을 때 주로 사용한 것으로 알려져 있다. 이러한 석조의 형태는 시대와 용도에 따라 조금씩 다르며, 보물로 지정된 부여 석조[1]는 형태가 풍만하면서도 깔끔한 곡선을 가져 백제인의 간결하고 소박한 미적 감각이 잘 나타나 있다. 특히 동시대의 공주 중동 및 반죽동 석조와 달리 몸통 입구 쪽이 약간 오므라든 사발 형태를 보이는 것은 부여 석조만의 특징이다.

석조의 몸통 바깥쪽에는 부여 정림사지 오층석탑과 동일하게 '大唐平百濟國碑銘'이라는 명문이 존재하는 것으로 알려져 있다. 육안상 일정한 간격으로 음각된 글자 구획선이 명문보다 비교적 선명하게 관찰되며, 조명을 이용하여 그림자 효과를 만들면 미세 형상을 갖는 글자가 소수 확인되기도 한다. 석조 글자의 가독성이 떨어지는 이유는 재질 및 풍화 특성에 기인한 입상분해가 주원인으로 보인다.

부여 석조의 명문은 문헌 사료가 부족한 백제사를 연구할 때 매우 유용한 자료이다. 이 때문에 황수영,[2] 조동원,[3] 허흥식,[4] 국립중앙박물관[5] 등은 부여 석조 명문의 판독안을 제시한 바 있다. 지금까지 알려진 판독안은 주로 육안 관찰과 탁본 조사를 기반으로 진행된 것으로 추정된다. 육안 관찰은 조사환경에 따라 시각적 인지력 차이가 발생할 수 있고, 조사자의 주관적 견해가 개입될 가능성이 있다. 또한 탁본 조사는 수행자의 숙련도와 표면 보존상태에 따라 결과물이 영향을 받는다. 이러한 전통적 판독법의 한계를 보완하기 위해 디지털 가시화 기술이 주목받고 있다.

디지털 가시화 기술은 이미 해외에서 선행된 연구가 많으며[6], 국내에서도 활발히 진행되고 있다.[7] 특히

---

1) 본고에서는 문화재청 국가지정문화재 명칭인 '부여 석조'를 사용한다.

2) 黃壽永, 1976, 『韓國金石遺文』, 一志社.

3) 趙東元, 1981, 『韓國金石文大系』, 원광대학교출판부.

4) 許興植, 1984, 『韓國金石全文』 古代篇, 亞細亞文化社.

5) 국립중앙박물관, 2010, 『금석문자료1 삼국시대』, 예맥.

6) Peña-Villasenín, S., Gil-Docampo, M., Ortiz-Sanz, J., 2019, 「Professional SfM and TLS vs a simple SfM photogrammetry for 3D modeling of rock art and radiance scaling shading in engraving detection」, 『Journal of Cultural Heritage』 37, pp.238-246.

7) 장선필, 2017, 「훼손된 금석문 판독 시스템 개발: 해서체를 중심으로」, 『문화재』 76, pp.80-93; 최원호·고선우, 2017, 「평탄화 분석 방법을 이용한 금석문 판독 향상 방법」, 『멀티미디어학회논문지』 20, pp.456-464; 조영훈·권다경·안재홍·고광의, 2021, 「충주고구려비(忠州高句麗碑) 디지털 판독의 성과와 고찰」, 『문화재』 54, pp.240-253; 조영훈·손서영·김지호·이유라·이지은,

오픈소스 기반의 가시화 기술이 최근 널리 보급되고 있고, 컴퓨터그래픽스 분야에서 중요한 성과들이 도출되면서 이에 대한 활용성이 점차 중요해지고 있다. 이 연구에서는 반사율변환이미징(reflectance transformation imaging; 이하 RTI)과 3차원 스캐닝 기술 기반 디지털 가시화를 수행하여 부여 석조 명문에 대한 디지털 판독을 수행하였다. 또한 3차원 모델링 결과와 형상 분석을 통해 석조 명문의 공간적 특징을 파악하였다. 특히 향후에 있을 공동판독회의 기초자료를 구축하기 위해 개별 글자에 대한 가시화 이미지들을 모두 DB화하였다.

II. 부여 석조 현황

1. 부여 석조의 역사적 가치

부여 석조는 4매의 화강암을 이어 만든 지대석 위에 '工字'형 받침을 놓고, 그 위에 둥근 꽃봉오리 형태의 몸통이 놓여져 있다. 국립중앙박물관이 소장하고 있는 유리건판 사진(그림 1a)을 보면, 길옆에 석조의 몸통이 두 덩어리로 깨진 상태로 놓여 있으며, 몸통 아래부터 받침은 땅에 파묻힌 채로 전하고 있었던 것으로 확인된다. 언제인지 알 수 없지만 '工字'형 받침 위에 몸통의 깨진 부분을 수리한 상태로 노출 전시를 하였고(그림 1b), 이후 보호각을 설치하였으며(그림 1c), 1993년 현재 위치인 국립부여박물관 상설전시실 중앙 로비로 옮겨졌다(그림 2). 석조 가장 아래 4매의 화강암 지대석은 유리건판 사진에서 확인되지 않고 있어 국립부여박물관으로 이전할 때 추가로 제작된 것으로 보인다.

부여 석조 표면에는 정림사지 오층석탑 1층 탑신에 새겨진 '大唐平百濟國碑銘'과 같은 내용의 명문이 새겨진 것으로 알려져 있다. 정림사지 오층석탑의 '大唐平百濟國碑銘'에는 660년 8월 15일에 새겼다는 기록이 있어 정림사지 오층석탑은 그 이전에 제작되었다고 할 수 있다. 그렇다면 부여 석조의 제작 시기도 정림

| (a) 몸통이 깨져 있는 모습 | (b) 결손부 수리 후 노출 전시 모습 | (c) 보호각 내부로 이전된 모습 |

그림 1. 국립중앙박물관 소장 유리건판으로 본 부여 석조의 보존 이력

2023, 「3차원 가시화 기술을 활용한 청양 본의리 소조 불상 대좌의 제작기법 연구」, 『동양미술사학』 16, pp.151-169.

그림 2. 국립부여박물관 상설전시실 중앙 로비에 전시되어 있는 부여 석조

사지 오층석탑과 같이 660년 이전으로 볼 수 있기 때문에 백제 사비기에 만들어졌을 것으로 생각된다.

『신증동국여지승람』에는 '蘇定方碑'가 세워져 있다고 하는 기록이 있다[8]. 이 비석이 정림사지 오층석탑을 말하는 것인지, 부여 석조를 말하는 것인지, 아니면 앞의 두 석조물과는 다른 비석을 가리키는 것인지 알 수 없다. 문헌 사료에 나오는 소정방비의 존재 유무는 확인할 수 없지만, 나당연합군이 사비성을 함락시키고 전승축하연을 연 것이 660년 8월 2일이다. 정림사지 오층석탑과 부여 석조 명문의 작성 시기가 8월 15일이고, 소정방이 9월 3일에 의자왕 등을 데리고 장안으로 돌아간 일정을 보면 새롭게 기공비를 세우기에 물리적 시간이 부족했을 것으로 생각된다[9]. 따라서 기존에 만들어진 석조물 명문을 새겨 넣어 소정방의 기공비를 새겼을 가능성이 높다.

정림사지는 백제 성왕이 웅진에서 사비로 천도한 이후에 창건된 사찰이며, 부여 석조는 사비기 왕궁추정지인 관북리에 있었다고 전해지고 있어 나당연합군은 백제를 항복시킨 이후 백제를 상징하는 공간에 설치되어 있던 석조물에 백제에게 있어 가장 치욕적인 역사를 새겨 넣은 것으로 보인다. 즉 석탑과 석조가 있던 위치는 백제를 상징하는 장소로 왕궁 혹은 왕실과 관계가 깊은 사찰이었을 것이다[10]. 부소산성 남쪽에 위치한 관북리는 지금도 발굴조사가 진행되고 있어 향후 석조와 관련된 유구가 나온다면 석조가 가지고 있는 역사적인 가치는 더욱 높아질 것이다.

정림사지 오층석탑과 부여 석조의 명문은 백제 멸망 후 바로 새겨진 것으로 백제를 정복하는 과정에서 활약한 나당연합군 장수들의 공적을 찬양하는 내용이 적혀 있다. 비록 당나라의 시선으로 작성된 내용이지

---

8) 『新增東國輿地勝覽』, "蘇定方碑: 在縣西二里, 唐高宗遣定方, 與新羅金庾信伐百濟滅之, 立石紀功."

9) 박지현, 2015, 「대당평백제국비명」, 『한국고대문자자료 연구 백제(하)-주제별-』, 주류성, pp.564-566.

10) 김지호, 2023, 「소조상으로 본 부여 정림사지의 성격」, 『백제연구』 77, pp.203-205.

만, 백제 멸망 당시의 상황이 기록된 자료라는 데 있어 사료적 및 역사적 가치가 높다고 할 수 있다.

2. 부여 석조의 보존 현황

부여 석조 몸통을 구성하고 있는 암석은 조립질 반상화강섬록암으로 석영, 사장석, 흑운모 등의 조암광물과 미사장석 반정으로 구성되어 있다(그림 3a). 이 암석은 유색광물의 선상배열로 인한 화상선리 구조와 10㎜ 내외의 미사장석 반정이 관찰되며(그림 3b), 부분적으로 염기성 포획암이 확인된다(그림 3c). 이러한 암석학적 특징은 받침기둥도 유사하다. 그러나 네 매의 지대석은 흑운모 등 유색광물의 함량이 적고, 미사장석 반정이 거의 확인되지 않는 것으로 보아 재질 특성이 다른 화강암임을 알 수 있다.

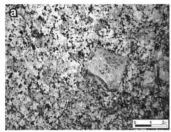 

(a) 조립질 반상화강섬록암의 특징 (b) 유색광물의 선상배열로 인한 화상선리 (c) 염기성 포획암

그림 3. 부여 석조의 재질 특성

부여 석조는 전체적으로 균열, 입상분해, 박락, 결손 등에 의한 물리적 손상과 변색에 의한 화학적 손상이 주를 이룬다(그림 4a). 특히 일제강점기 사진으로 볼 때 우측면은 상당 부분 결손이 심한 상태였으나, 이후에 보존처리가 진행되어 현재는 보수물질이 잔존한다. 또한 석조와 받침기둥 사이는 시멘트 모르타르로 접합된 상태이며, 지대석과 받침기둥 사이는 실리콘으로 마감되어 있다(그림 4b).

(a) 물리·화학적 손상 현황 (b) 받침 기둥 위·아래 보수물질 (c) 구성광물의 차별 풍화로 인한 입상분해

그림 4. 부여 석조의 보존 상태

석조에서 가장 두드러진 풍화 현상은 구성광물의 종류와 크기에 따라 차별적으로 풍화된 입상분해이다

(그림 4c). 이 입상분해는 조립질 크기의 미사장석을 중심으로 세립에서 중립질의 석영, 장석, 운모가 떨어져 나가면서 발생하고 있고, 석조 몸통 전체적으로 확인되는 것이 특징이다. 이는 석조 몸통에 음각된 글자들의 가시성을 떨어뜨리는 주원인이다. 또한 석조의 좌측에는 상대적으로 물성이 취약한 흑운모 층의 화상선리를 따라 비교적 긴 균열이 발생하였다.

3. 부여 석조 명문의 선행 판독

1919년 조선총독부에서 간행한 『朝鮮金石総覧』에는 정림사지 오층석탑의 명문을 게재하고 있다.[11] 이후 『朝鮮金石総覧』에 실리지 않은 금석문을 따로 모아 1923년에 간행한 『朝鮮金石総覧補遺』에서 부여 석조의 명문이 처음으로 소개되었다(그림 5).[12] 1행에 11자를 새겨 놓았고 총 23행의 글자가 있는 것으로 보았다. 명문 판독을 어떻게 했는지에 대해서는 따로 설명이 없어 알 수 없다. 국립중앙박물관에 소장되어 있는 부여 석조 탁본(그림 6)은 1920년 11월 10일에 입수되어 있는 것으로 볼 때 이 전후로 부여 석조의 탁본이 유통되었을 것이며, 석조 실물과 탁본을 대조한 판독 작업이 이루어졌을 것으로 생각된다.

이후 輕部慈恩의 『百濟美術』에는 약 90자 정도의 글자가 판독 가능하다고 명시되어 있다.[13] 해방 후 황수영의 『韓國金石遺文』을 비롯한 백제 금석문을 다루는 연구들에서는 일제강점기 판독안에서 벗어난 새로운 판독은 이루어지지 않았다.[14] 그러나 국립중앙박물관이 2010년에 간행한 『금석문자료』에는 명문이 시작하는 '大唐平百濟國碑銘' 왼쪽으로 가로와 세로 획선이 확인되고 있어 석조 전체에 명문이 새겨졌을 것으로 보았다.[15] 국립중앙박물관 소장 탁본을 참고하면, 명문 시작부터 18행과 끝부분의 3행을 합하여 모두

그림 5. 『朝鮮金石総覧補遺』 판독안

---

11) 朝鮮總督府 編, 1919, 『朝鮮金石總覽』, 朝鮮總督府, pp.12-17.

12) 朝鮮總督府 編, 1923, 『朝鮮金石總覽補遺』, 朝鮮總督府, pp.2-3.

13) 판독 가능하다는 언급만 있을 뿐 판독안을 제시하지는 않았다(輕部慈恩, 1946, 『百濟美術』, 寶雲社, pp.106-107).

14) 黃壽永, 1999, 「百濟石槽刻字」, 『黃壽永全集4 금석유문』, 혜안, pp.69-71.

그림 6. 국립중앙박물관에 소장되어 있는 부여 석조 탁본

21행이 확인된다고 하였다. 또한 석조 바깥면에 폭 2㎝의 선이 세로로 8개가 양각되고, 세로선에 의해 만들어진 공간에 9행으로 명문을 새겼기 때문에 총 72행(매행 11자)이 있다고 보았다.

이후 한정호는 석조 전체에 세로로 양각된 선은 8개가 아니라 총 10개로 보았고, 석조 전체에 명문을 새겨 넣었다면 총 90행이 되며 매행 11자의 글자가 새겨졌기 때문에 첫 행 제목이 8자인 것을 감안하면 987자가 석조 전체에 새겨져 있었을 것으로 보았다.[16]

석조에 세로로 양각된 선의 수가 8개 혹은 10개인지에 따라 석조에 새겨진 글자 수량이 바뀔 수 있는 상황이기 때문에 석조 연구에 있어 매우 중요한 문제라고 할 수 있다. Ⅲ장에서 언급하고 있는 것처럼 석조에 양각된 선을 조사한 결과, 총 10개의 구획이 일정한 각도로 위치한 것으로 판단된다. 따라서 석조 전체에 글자가 새겨져 있다고 가정하면 한정호의 연구처럼 987자가 새겨졌다고 보는 것이 맞을 것이다.

한정호는 정림사지 오층석탑의 명문이 1,900여 자인 데 반해 석조 명문은 그것의 절반에 해당되기 때문에 나머지 절반의 명문이 새겨진 석조가 존재하였을 것으로 보았다. 공주 대통사지에 2개가 한 쌍으로 된 석조가 만들어졌기 때문에 부여 석조도 2개가 한 쌍이었을 것으로 보았다. 또한 석조에 배수구가 없는 것으로 볼 때 용도를 석조라기보다는 구연부에 표현된 3개의 선과 형상을 근거로 석조가 아닌 미륵신앙과 관련이 있는 발우를 형상화한 것이라고 해석하였다.

부여 석조를 한 쌍의 발우로 해석한 한정호의 연구는 정림사지 오층석탑의 명문을 석조 전체에 새길 경

---

15) 국립중앙박물관, 2010, 앞의 책, pp.196-201.
16) 한정호, 2020, 「백제 석조의 성격과 미륵신앙」, 『美術史學硏究』 306, pp.72-74.

우 절반밖에 채우지 못하기 때문에 이를 발우와 관련된 미륵신앙과 연결시켜 한 쌍의 석조물이 존재했다고 본 것이다. 그러나 이러한 주장이 성립되기 위해서는 석조 전체에 명문이 새겨져 있다는 전제가 필요할 것이다.

III. 디지털 가시화 방법 및 결과

1. 반사율변환이미징(RTI)

RTI(reflectance transformation imaging)는 Hewlett-Packard 실험실의 연구자인 Malzbender *et al*.에 의해 개발되었다.[17] 이 기술은 광원의 방향과 위치를 달리하여 촬영한 여러 개의 사진을 이용하는 다광원 반사이미징 기법으로, 2차원 이미지가 갖는 픽셀 표면의 법선 값을 계산하고 합성하여 사용자가 실시간으로 광원을 조정하면서 표면 요철에 의해 생성되는 음영을 확인하면서 입체적 형상을 인지하게 해준다. 이러한 기술적 장점 때문에 암각화, 벽화, 금석문, 고문서, 회화, 지류, 동전 등 다양한 문화유산의 표면 형상을 세밀하게 가시화하는데 매우 효과적이며, 형상 인지력을 높여줄 뿐만 아니라 보존상태 기록 및 모니터링에도 활발히 적용되고 있다.[18]

이러한 RTI 기술은 크게 돔(dome) 방식과 하이라이트(highlight) 방식이 있는데, 전자는 돔 크기에 적합한 소형 유물에 주로 활용되므로 이 연구에서는 조명을 직접 옮기며 사진을 촬영하는 하이라이트 RTI를

그림 7. 부여 석조의 하이라이트 RTI를 위한 현장 조사 모습

---

17) Malzbender, T., Gelb, D., Wolters, H., 2001, 「Polynomial texture maps」, 『Proceedings of the 28th annual conference on Computer graphics and interactive techniques』, pp.519-528.

18) 신소연·김영민, 2013, 「RTI 촬영을 통한 감산사 미륵보살상과 아미타불상 명문 검토」, 『美術資料』 84, pp.76-99; Morita, M.M., Novoa, F.D., Bilmes, G.M., 2019, 「Reflectance transformation imaging. First applications in cultural heritage in Argentina」, 『Journal of Archaeological Science: Reports』 26; Solem, D.E., Nau, E., 2020,「Two new ways of documenting miniature incisions using a combination of image-based modelling and reflectance transformation imaging」, 『Remote Sensing』 12.

수행하였다. 이 기술은 석조 명문에 카메라와 구형 반사체를 고정하고 조명을 서로 다른 위치에서 순차적으로 비출 때마다 사진을 촬영하여 다광원 이미지 세트를 구성하는 방식이다. 이때 광원의 위치는 대상으로부터 동일 거리만큼 떨어져 있고, 가급적 균등하게 분포되도록 하는 것이 중요하다. 부여 석조의 하이라이트 RTI는 4행 3열 정도의 범위를 캡처할 수 있는 거리에서 사진을 촬영하여 한 지점당 100장 내외의 이미지 세트를 구성하였다(그림 7).

이렇게 구성된 이미지 세트는 전용 소프트웨어(RTI Builder 2.0.2, USA)를 통해 RTI 파일로 변환되었다. 이때 필요한 광원의 방향 정보는 고정된 반사구에 맺힌 하이라이트의 위치로부터 계산하여 구했다. 부여 석조에서 생성된 RTI 파일은 총 9개로, 전용 뷰어(RTI Viewer 1.1)를 통해 가상의 조명을 임의의 위치로 움직여 가며 표면 요철로부터 생성되는 음영을 통해 개별 글자의 형상을 파악하였다.

특히 RTI 뷰어는 다양한 함수 렌더링 모드를 지원한다. 이 연구에서는 실제 사진과 가장 가까운 기본 모드뿐만 아니라 표면의 높이 값을 강화한 확산이득(擴散利得; diffuse gain), 표면 반사광 및 확산 RGB 값을 조합한 정반사강화(正反射強化; specular enhancement), 법선 벡터의 x, y, z 값을 각각 R, G, B 컬러값으로 대체해 시각화해서 보여주는 노말시각화(normal visualization)의 다양한 모드를 이용하여 부여 석조의 개별 글자를 가시화하였다(그림 8).

부여 석조 명문의 RTI 결과를 보면, 전체적으로 모든 모드에서 표면 요철 특징이 나타났으며, 특히 컬러가 배제된 정반사강화 모드에서 글자의 음각선과 음영 효과가 상대적으로 잘 드러났다. 따라서 부여 석조

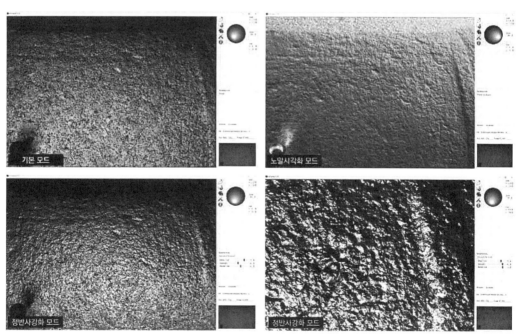

그림 8. RTI의 다양한 렌더링 모드와 글자 가시화 결과

명문 판독에는 정반사강화 모드와 색 정보를 갖는 기본 모드 두 가지를 중심으로 활용하였다. 또한 각 글자의 표면 마모와 입상분해도는 위치에 따라 다르기 때문에 RTI 뷰어 상에서 조명을 실시간으로 움직이면서 글자의 형상이 가장 잘 드러나는 조명 방향을 확인하였다. 이번 기초연구를 토대로 향후 본격적인 판독회가 진행된다면, 금석문 전문가들이 직접 글자 인지에 최적화된 렌더링 모드를 선택하고 조명 위치를 선정할 필요가 있다.

2. 3차원 스캐닝 및 모델링

3차원 스캐닝을 통한 문화유산 디지털 기록 및 전산화에 있어 먼저 고려해야 할 사항은 대상의 크기, 표현 해상도 및 기록 목적에 적합한 기술을 선택하는 것이다. 하나의 기술만으로 위의 고려사항을 만족할 수 있지만 대부분 다양한 디지털 기술을 보완적으로 사용하여 융합할 때 최적의 결과를 도출할 수 있기 때문이다. 특히 부여 석조처럼 전체적인 외형과 명문, 미세 손상 등이 복합적으로 존재하는 문화유산의 경우에는 다양한 3차원 스캐닝 방식을 적용해야 한다. 이 연구에서는 부여 석조를 대상으로 중대역 범위의 지상레이저스캐닝부터 핸드헬드형 중정밀스캐닝 및 고정밀스캐닝, 명문의 초고정밀스캐닝까지 4가지 방식을 이용하여 3차원 디지털 기록을 수행하였다(표 1).

표 1. 부여 석조의 디지털 기록에 사용된 3차원 스캐닝 방식

스캔 방식	지상레이저 스캔	중정밀 스캔	고정밀 스캔	초고정밀 스캔
대상	공간정보	전체 형상	글자면	개별 글자
범위	중대역	저대역	초저대역	초저대역
광원	레이저	백색 구조광	청색 구조광	녹색 구조광
이동성	고정형	핸드헬드형	핸드헬드형	고정형
정확도	4㎜	0.1㎜	0.05㎜	0.03㎜

먼저 석조의 전체형상은 4㎜(@10m)와 7㎜(@20m)의 정확도를 갖는 지상레이저스캐너(BLK360, Leica Geosystems)를 이용하였으며, 텍스쳐 매핑소스는 내부에 장착되어 있는 3대의 내장카메라(15MP)로 획득되었다. 석조 전체 모델링 및 형상분석(크기, 두께 등)에는 핸드헬드형 중정밀스캔(Leo, Artec 3D)이, 문양 및 명문의 디지털화에는 핸드헬드형 고정밀스캔(Spider Space, Artec 3D)이 활용되었다(그림 9a). 두 스캔 방식은 공통적으로 24bpp의 색상과 1.3MP의 텍스쳐 해상도를 가지나 최대 해상도(중정밀스캔 0.5㎜, 고정밀스캔 0.1㎜)와 정확도(중정밀스캔 0.1㎜, 고정밀스캔 0.05㎜)에는 차이가 있다. 또한 스캔 거리와 프레임에 따른 초당 취득 데이터의 수 역시 다르다.

석조에 음각된 명문의 디지털 기록과 가시화에는 고정형 초고정밀스캔(MICRON3D green stereo, SMARTTECH3D)이 적용되었다(그림 9b, 9c). 고정밀스캐너는 백색 구조광과 두 대의 스테레오 카메라를

(a) 핸드헬드형 고정밀 스캔

(b) 고정형 초고정밀 스캔

(c) 고정형 초고정밀 스캔

그림 9. 부여 석조의 3차원 스캔 모습

이용한 삼각측량 방식으로, 이 연구에서는 20MP의 해상도로 33㎛의 정확도와 최대 0.087㎜의 점간격으로 스캔하였다. 이 방식은 부여 석조의 디지털 기록에 사용된 3차원 스캐너 중 가장 높은 해상도와 정확도를 가지고 있다.

3차원 스캐너로 현장에서 획득한 수치데이터는 정렬되지 않은 원시 형상정보만을 제공한다. 따라서 현장에서 취득한 여러 컷의 원시데이터를 정리하고, 하나의 형상으로 완성하기 위해서는 데이터처리가 필요하다. 이 연구에 사용된 4종류의 3차원 스캔 데이터는 스캐너 제조사에 따라 처리 방법에 약간의 차이가 있으나 크게 필터링, 정합, 병합, 면보강, RGB 텍스쳐매핑을 거쳐 3차원 모델로 완성되었다. 특히 지상레이저 스캐닝은 점군데이터를 기반으로 모델링을 진행하였고, 정밀스캐닝은 폴리곤메시 형태로 데이터처리를 실시하였다.

완성된 부여 석조의 3차원 스캐닝 결과는 전체적인 형상과 명문을 잘 표현하였으며, 폴리곤메시와 RGB 텍스쳐매핑 결과 모두 뛰어난 품질을 보였다. 이를 토대로 지대석을 제외한 부여 석조의 높이를 실측하였

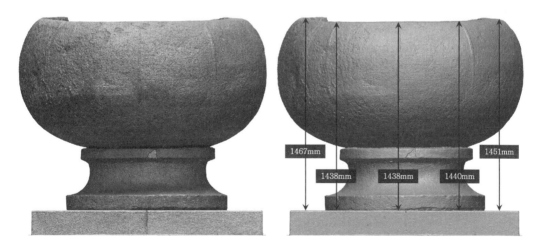

그림 10. 3차원 스캐닝 모델을 활용한 부여 석조의 높이 실측 결과

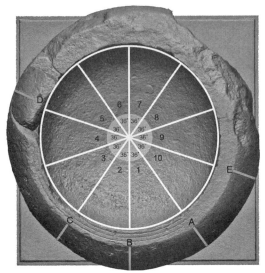
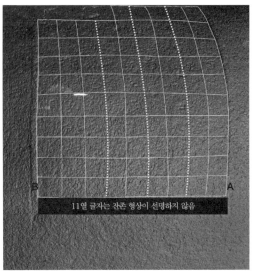

그림 11. 부여 석조 몸통의 글자 공간 추정 결과

으며, 치수 측정 지점은 약 25㎜의 폭의 세로띠가 존재하는 5지점을 대상으로 하였다. 이 결과, 전체적으로 1,438~1,467㎜의 범위를 보이며, 평균 1,447㎜의 높이를 보였다(그림 10). 특히 정면 세로띠 지점의 높이가 양 측면에 비해 13~29㎜ 정도 낮게 나타나는 것이 특징적이다.

또한 석조 몸통 외부에 존재하는 5개의 세로띠는 글자를 새기는 공간으로, D 지점과 E 지점은 마주 보고 있으며, A~C 지점은 36°의 간격으로 위치하고, C와 D 지점 사이를 1/2로 하면, A~C 지점의 각도와 유사하다. 따라서 대칭성을 통해 풍화되어 사라진 5지점의 띠를 추정 복원하면, 부여 석조의 글자 영역은 36° 간격으로 총 10개이며, 한 영역에 11자 9행의 명문을 새길 수 있고, 제1행에는 '大唐平百濟國碑銘' 8자만 존재하므로 987자가 들어갈 공간이 마련된 것으로 추정된다(그림 11). 이는 한정호[19]의 연구와 일치하는 결과이다.

3. 3차원 디지털 가시화

3차원 스캔 데이터는 취득 및 처리 과정에서 노이즈 클러스터 등 비정상적인 폴리곤들을 생성하는데, 이는 형상 정확도를 저해할 뿐만 아니라 렌더링 시 오류가 함께 가시화되는 문제점이 있다. 따라서 이 연구에서는 명문 디지털 가시화의 신뢰도를 높이기 위해 완성된 3차원 모델의 데이터 최적화 과정을 수행하였다. 주로 사용된 알고리즘은 라플라시안 스무딩(laplacian smoothing)이며,[20] 이를 통해 석조 표면에 존재하

---

19) 한정호, 2020, 앞의 논문.

20) 김지범, 2014, 「NUMA 구조를 가진 고성능 컴퓨팅 시스템에서의 메쉬 재배열의 라플라시안 스무딩에 대한 효과」, 『전자공학

는 비정상적 폴리버텍스, 접힌 폴리페이스, 작은 클러스터, 교차 폴리페이스 등을 개선하였다.

　3차원 디지털 가시화는 스캔 데이터 자체만으로 표현되지 않는 복잡한 형상을 명암, 곡률, 음영 중 일부를 강조하여 보여주는 컴퓨터그래픽 기법이다. 특히 3차원 스캐닝을 통해 획득된 폴리곤메시 모델은 위치, 좌표, 깊이, 음영 등 다양한 기하 정보 및 입체 형상을 가지고 있어 매핑 및 렌더링에 따라 다양한 가시적 이미지를 제작할 수 있다. 이 연구에서는 부여 석조의 3차원 스캔 데이터를 기반으로 기하 정보 매핑과 렌더링의 디지털 가시화를 수행하였다.

　먼저 개별 글자의 디지털 가시화를 위해 글자 영역을 설정하였다. 그러나 부여 석조는 원형 몸통을 가지고 있어 평면적인 비석과 달리 모든 글자에 약간의 곡률이 있다. 따라서 평면화 모델링을 통해 가장자리 상·하·좌·우측의 높이가 유사하도록 기준 축을 고정하였다(그림 12). 그런 다음 기하 정보를 매핑하여 심도맵, 곡률맵, 노말맵을 제작하였고, 음영맵뿐만 아니라 앰비언트 오클루전(ambient occlusion, 이하 AO맵)과 래디언스 스케일링(radiance scaling, 이하 RS맵)의 렌더링을 적용하였다.

　개별 글자의 음각 깊이(Z축)를 매핑하는 심도맵 적용 결과, 글자 필획이 있는 음각 부분은 파란색에서 하늘색을 보이고, 몸통 표면은 연두색에서 빨간색으로 표시된다. 부여 석조 개별 글자들의 높이 차는 1㎜ 내외가 보편적이며, 상대적으로 비교적 선명한 획은 4㎜ 내외의 높이차도 확인되었다. 이러한 높이 차는 색 변화의 가시성을 높여줘 글자 판독에 중요한 정보를 제공하였다. 곡선 또는 곡면이 휜 정도를 역수로 취해 변화율을 매핑하는 곡률맵의 경우, 부여 석조 글자들은 전체적으로 몸통 표면과 음각 경계의 마모가 심해 곡률에 의한 글자 형상이 확연히 드러나지 않았다. 폴리곤의 3차원 법선 벡터(x, y, z) 값을 RGB 채널로 보여주는 노말맵은 일부 글자 형상에 한해 입체적 특징을 보여줬다.

　3차원 스캐닝 모델 기반의 렌더링은 음영맵, AO맵, RS맵이 적용되었다. 이 중 음영맵은 방향과 각도에

그림 12. 부여 석조 몸통의 평면화 모델링 결과

회논문지』 51, pp.82-88; Monna, F., Esin, Y., Magail, J., Granjon, L., Navarro, N., Wilczek„ J., Saligny, L., Couette, S., Dumontet, A., Chateau, C., 2018, 「Documenting carved stone by 3D modelling: Example of Mongolian deer stones」, 『Journal of Cultural Heritage』 34, pp.116-128.

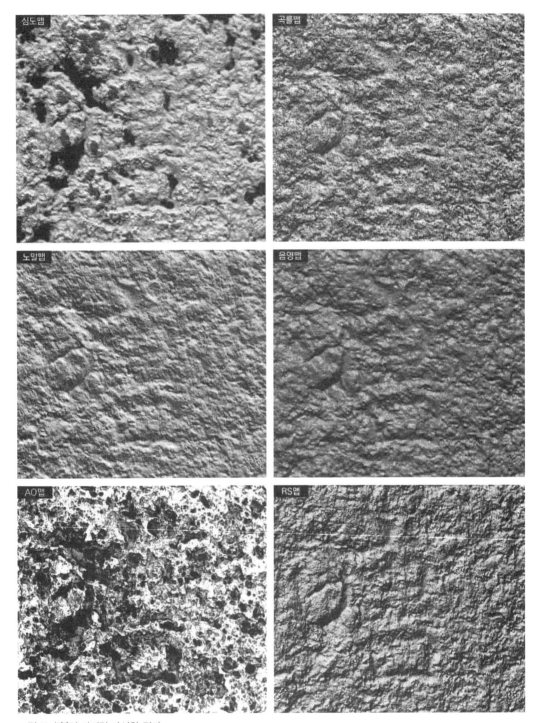

심도맵　　　　　　　　　　　　　　곡률맵

노말맵　　　　　　　　　　　　　　음영맵

AO맵　　　　　　　　　　　　　　RS맵

그림 13. '唐'의 디지털 가시화 결과

따라 달라지는 그림자를 이용하여 명문의 표면 질감과 입체적 특징을 가시화하였으며, 최적 가상 조명 위치를 선정하여 글자를 캡처하였다. 빛의 차폐 특징에 의해 회색조 스케일의 이미지로 나타나는 AO맵은 임계값을 이용하여 다양한 이미지로 변환할 수 있으나, 아직 본격적인 공동판독회가 진행되지 않았기 때문에 기본 AO맵만 제작하여 기초 판독에 활용하였다. RS맵은 3차원 모델과 반사광의 반응 강도를 조절하여 글자의 음각된 형상을 가시화하는 것으로, 음영에 따라 부여 석조 명문의 표면 질감 특성이 두드러지게 나타났다.

이상의 6가지 가시화 기술들은 부여 석조 명문의 디지털 판독에 중요한 정보를 제공하였으며(그림 13), 이 중 심도맵이 글자의 필획과 음각 특징을 가장 잘 표현하였다. 현재는 부여 석조 명문이 비교적 잘 남아있는 1면을 중심으로 가시화 이미지를 제작하고 있으며, 충주 고구려비 사례처럼 여러 차례 공동 판독회를 진행한다면 글자 영역 설정과 핵심 획을 중심으로 가시화 이미지의 고도화가 가능할 것으로 판단된다.

IV. 부여 석조 명문에 대한 디지털 판독

국립부여박물관과 국립공주대학교 문화재보존과학과 디지털보존솔루션랩은 2023년 1월부터 공동으로 부여 석조 명문에 대한 조사를 진행하고 있다(그림 14). 현재까지는 석조 명문의 1행부터 9행까지 조사되었으며, 육안 및 탁본 관찰, RTI 및 3D 스캐닝 등의 디지털 가시화 방법을 사용하였다. 공동 조사에서는 석조 형상에 대한 분석과 선행 판독문에 대한 검토에 주안점을 두었다. 석조 형상에 대한 분석은 앞에서 자세히 언급하고 있기 때문에 여기서는 디지털 판독에 대한 현재까지의 성과를 제시하고자 한다.

먼저 8행 5열의 '加'는 일제강점기 판독안 이후에도 계속해서 '加'로 읽혀지고 있다. 그러나 탁본 관찰과

그림 14. 인문학과 보존과학 협업 기반 부여 석조의 디지털 판독 모습

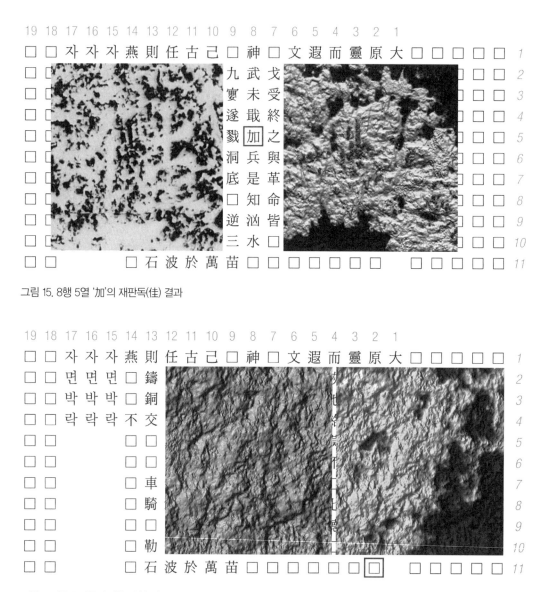

그림 15. 8행 5열 '加'의 재판독(佳) 결과

행	17	16	15	14	13	12	11	10	9	8	7	6	5	4	3	2	1
1	자	자	자	燕	則	任	古	己	□	神	□	文	遐	而	靈	原	大
2									九	武	戈						
3									寰	未	受						
4									遂	戰	終						
5									戮	加	之						
6									洞	兵	與						
7									底	是	革						
8										知	命						
9									逆	汩	皆						
10									三	水							
11					石	波	於	萬	苗								

그림 16. 신규 판독된 2행 11열 '百'

행	17	16	15	14	13	12	11	10	9	8	7	6	5	4	3	2	1
1	자	자	자	燕	則	任	古	己	□	神	□	文	遐	而	靈	原	大
2	면	면	면	□	鑄												
3	박	박	박	□	銅												
4	락	락	락	□	不	交											
5																	
6																	
7					車												
8					騎												
9																	
10					勒												
11					石	波	於	萬	苗						百		

심도맵 가시화 이미지를 보면, '佳'로 수정하는 것이 맞을 것으로 판단된다(그림 15).[21] 특히 이번 조사에서는 육안과 탁본 관찰로 읽을 수 없었던 글자를 디지털 가시화 기술을 통해 판독하는 성과가 있었다. 대표적으로 2행 11열은 '百'(그림 16), 5행 3열은 '耀'(그림 17), 7행 1열은 '干'(그림 18)으로 새롭게 판독하였다. 정

---

21) 국립중앙박물관, 2010, 앞의 책, pp.196-201.

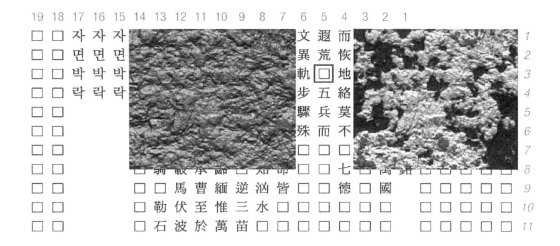

19	18	17	16	15	14	13	12	11	10	9	8	7	6	5	4	3	2	1

문자 행렬(세로 쓰기, 우→좌)에서 판독된 글자:

- 15·16·17열: 자 / 면 / 박 / 락
- 6열: 文 異 軌 步 驟 殊
- 5열: 遐 荒 □(耀) 五 兵 而
- 4열: 而 恢 地 絡 莫 不 … 七 德
- 9열 우측: 國
- 8열: 萬 鍋
- 하단부(8~11행): 駉 載 乘 轡 知 命 / 馬 曹 緬 逆 泅 皆 / 勒 伏 至 惟 三 水 / 石 波 於 萬 苗

그림 17. 신규 판독된 5행 3열 '耀'

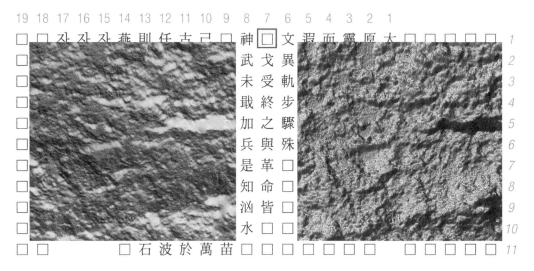

19	18	17	16	15	14	13	12	11	10	9	8	7	6	5	4	3	2	1

- 1행: 자 자 자 燕 則 任 古 己 … 神 □(干) 文 遐 而 靈 原 大
- 8열: 神 武 未 戢 加 兵 是 知 泅 水
- 7열: 干 戈 受 終 之 與 革 命 皆
- 6열: 文 異 軌 步 驟 殊
- 하단부(11행): 石 波 於 萬 苗

그림 18. 신규 판독된 7행 1열 '干'

림사지 오층석탑 명문과 비교한 결과, 신규 판독한 글자와 일치하는 것을 알 수 있다.

국립중앙박물관에서 언급한 10번째 영역의 명문 마지막 3행의 글자 유무에 대해서는 계속해서 조사를 진행할 예정이다. 글자의 존재 유무는 석조 명문을 다루는 데 있어 매우 중요한 부분이기 때문이다. 육안 및 탁본 관찰에서는 세로와 가로 구획선이 확실하게 보이기 때문에 구획선 안에 글자를 새겼다면 어느 정도 글자의 형태 확인이 될 것으로 기대가 되지만, 현재까지의 조사 결과에서는 글자의 형태가 확인되지 않고 있다(그림 19). 일제강점기 판독안에서도 명문 마지막 부분의 판독안을 제시하지 않고 있기 때문에 글자

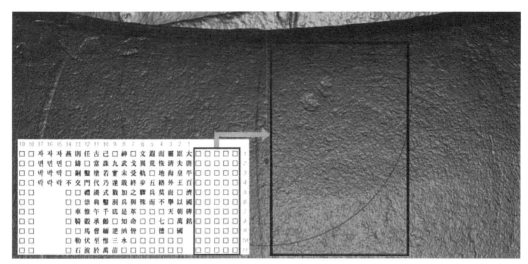

그림 19. 명문 존재 여부 재검토가 필요한 영역

가 없었던지, 아니면 이미 글자가 마모되어 사라진 상태였을 가능성이 있다. 그러나 획선이 육안으로 확연하게 관찰되고 있는 것으로 볼 때 글자만 마모된 것으로 보는 것도 어려워 보인다. 향후 디지털 가시화 기술을 활용한 정밀 조사를 통해 글자 유무가 밝혀진다면 보다 진전된 연구가 될 것으로 기대된다.

V. 결언

부여 석조는 풍화와 마모로 인해 육안이나 탁본을 통한 글자의 형태 파악에 어려움이 있다. 이를 보완하기 위해 디지털 가시화 기술을 활용하였으며, 글자 형태에 대한 입체적 특징과 정량적 수치 해석을 통해 필획의 형상을 객관화하고 가시화할 수 있었다. 특히 향후 석조 명문 재검토를 위한 디지털 기초자료를 확보하였다. 연구 결과에 대해 간단히 정리하면 다음과 같다.

부여 석조는 10㎜ 내외의 미사장석 반정이 존재하는 조립질 반상화강섬록암으로 이루어져 있다. 이러한 암석학적 특징은 미사장석 반정을 중심으로 차별풍화를 야기하고, 입상분해와 박리·박락을 유발하였다. 이는 석조 몸통에 음각된 명문의 가시성을 떨어뜨리는 주원인으로 판단된다.

부여 석조의 글자 영역은 36° 간격으로 총 10개이며, 한 영역에 11자 9행의 명문을 새길 수 있고, 제1행에는 '大唐平百濟國碑銘' 8자만 존재하므로 987자가 들어갈 공간이 마련된 것으로 추정된다. 마지막 명문영역인 80~90행은 글자의 구획선이 명확한 반면 글자의 존재 유무가 확인되지 않고 있다. 석조 전체에 명문이 존재하였는지에 대해서는 앞으로 면밀한 검토가 필요할 것으로 생각된다.

이번 공동 조사의 성과로는 8행 5열의 글자 '加'를 '佳'로 재판독하였으며, 2행 11열 '百', 5행 3열 '耀', 7행 1열 '于'에 대해 신규 판독안을 제시하였다. 석조 명문 판독에 있어 정림사지 오층석탑의 명문 자료의 신뢰도가 무엇보다도 중요하기 때문에 향후 상호 보완적인 추가 연구가 필요할 것이다. 향후 1~9행 이외 부분에 대한 추가 조사를 진행할 예정에 있으며, 최종 합의된 명문 판독안 도출을 위해 역사학, 미술사학, 고고학, 한문학, 서예학, 보존과학 등의 다학제간 융합 연구와 공동 판독을 진행할 예정이다.

투고일: 2023.05.30.　　　심사개시일: 2023.06.04.　　　심사완료일: 2023.06.26.

輕部慈恩, 1946, 『百濟美術』, 寶雲社.

국립중앙박물관, 2010, 『금석문자료1 삼국시대』, 예맥.

金英心, 1992, 「唐平濟碑」, 『譯註 韓國古代金石文 Ⅰ』, 駕洛國史蹟開發研究院.

김지범, 2014, 「NUMA 구조를 가진 고성능 컴퓨팅 시스템에서의 메쉬 재배열의 라플라시안 스무딩에 대한 효과」, 『전자공학회논문지』 51.

김지호, 2023, 「소조상으로 본 부여 정림사지의 성격」, 『백제연구』 77.

박지현, 2015, 「대당평백제국비명」, 『한국고대문자자료 연구 백제(하)-주제별-』, 주류성.

신소연·김영민, 2013, 「RTI 촬영을 통한 감산사 미륵보살상과 아미타불상 명문 검토」, 『美術資料』 84.

장선필, 2017, 「훼손된 금석문 판독 시스템 개발: 해서체를 중심으로」, 『문화재』 76.

趙東元, 1981, 『韓國金石文大系』, 원광대학교출판부.

朝鮮總督府 編, 1919, 『朝鮮金石總覽』, 朝鮮總督府.

朝鮮總督府 編, 1923, 『朝鮮金石總覽補遺』, 朝鮮總督府.

조영훈·권다경·안재홍·고광의, 2021, 「충주고구려비(忠州高句麗碑) 디지털 판독의 성과와 고찰」, 『문화재』 54.

조영훈·손서영·김지호·이유라·이지은, 2023, 「3차원 가시화 기술을 활용한 청양 본의리 소조 불상 대좌의 제작기법 연구」, 『동양미술사학』 16.

최원호·고선우, 2017, 「평탄화 분석 방법을 이용한 금석문 판독 향상 방법」, 『멀티미디어학회논문지』 20.

한정호, 2020, 「백제 석조의 성격과 미륵신앙」, 『美術史學硏究』 306.

許興植, 1984, 『韓國金石全文』 古代篇, 亞細亞文化社.

黃壽永, 1976, 『韓國金石遺文』, 一志社.

黃壽永, 1999, 「百濟石槽刻字」, 『黃壽永全集4 금석유문』, 혜안.

喜田貞吉, 1925, 「大唐平百濟國碑に關する疑問」, 『考古學雜誌』 15-5.

Malzbender, T., Gelb, D., Wolters, H., 2001, 「Polynomial texture maps」, 『Proceedings of the 28th annual conference on Computer graphics and interactive techniques』.

Monna, F., Esin, Y., Magail, J., Granjon, L., Navarro, N., Wilczek,, J., Saligny, L., Couette, S., Dumontet, A., Chateau, C., 2018, 「Documenting carved stone by 3D modelling: Example of Mongolian deer stones」, 『Journal of Cultural Heritage』 34.

Morita, M.M., Novoa, F.D., Bilmes, G.M., 2019, 「Reflectance transformation imaging. First applications in cultural heritage in Argentina」, 『Journal of Archaeological Science: Reports』 26.

Peña-Villasenín, S., Gil-Docampo, M., Ortiz-Sanz, J., 2019, 「Professional SfM and TLS vs a simple SfM photogrammetry for 3D modeling of rock art and radiance scaling shading in engraving detection」, 『Journal of Cultural Heritage』 37.

Solem, D.E., Nau, E., 2020, 「Two new ways of documenting miniature incisions using a combination of image-based modelling and reflectance transformation imaging」, 『Remote Sensing』 12.

〈Abstract〉

Basic reexamination on of stone basin inscription in Buyeo,
South Korea, using digital visualization technology

Ji Ho Kim, Young Hoon Jo, Jin Ho Ryu, Seon Bin Hwang, Davaadorj Nyamsuren

The Buyeo National Museum and Digital Conservation Solution Lab of Kongju National University in South Korea jointly conducted an investigation stone basin inscription in Buyeo from January 2023. As yet, lines 1 to 9 of the stone basin inscription have been analyzed using visual inspection, rubbing observation, and digital visualization technologies such as reflectance transformation imaging and 3D scanning. Due to weathering and abrasion, it is difficult to discern epigraph letter shpaes, such as those on the stone basin in Buyeo, through rubbing or visual observation. To supplement these methods, digital visualization technology was used for the quantification as well as objectification of the three-dimensional characteristics of letters and continuous shapes of strokes. Furthermore, the conservation state of the stone basin was examined, and basic data for future inscription reexamination was secured. The character area of the stone basin in Buyeo is divided into a total of ten vertical lines at an interval of about 36° wherein an inscription of 11 characters and nine lines can be engraved in one area. Therefore, it is estimated that the space was prepared for 987 characters. Meanwhile, the first line consists of only eight characters, "大唐平百濟國碑銘". Lines 80-90, the last inscription area, have a clear division line of letters. However, the presence or absence of letters is not confirmed. As a result of this joint investigation, the character "加" in line 8, column 5 was reinterpreted as "佳", and new words were also interpreted: "百" in line 2, column 11; "耀" in line 5, column 3; and "干" in line 7, column 1. Since the reliability of the inscription on the five-story stone pagoda of Jeongnimsa Temple Site is an important reference for interpreting the Buyeo stone basin inscription, additional complementary studies are needed in the future.

▶ Key words: Stone basing in Buyeo, Inscription, Digital decipherment, Three-dimensional scanning, Reflectance transformation imaging, Visualization, Five-story stone pagoda of Jeongnimsa Temple Site, Su Dingfang(蘇定方)

논 문

광개토왕릉비 영락10년조에 나타난 고구려의 군사 활동과 외교관계[*]

여호규[**]

〈국문초록〉

영락10년조에 대해 논쟁을 되풀이하는 이유는 비문 판독에 있다. 별고를 통해 비문을 재판독하여 10자를 새롭게 판독하고 소수설의 자형을 확인한 다음, 비문을 재검토했다.

'안라인수병'은 "신라인 수병을 안치했다"라는 뜻으로 풀이된다. '안라인수병'을 '안라인의 수병'으로 보는 고유명사설은 성립하기 어렵다. 또 '안라인수병'의 존재를 통해 임나일본부설을 논증하거나 가야 지역에 대한 왜의 영향력을 강조하려는 견해도 성립할 수 없다. 영락10년조는 최소 5개 단락으로 구분되는데, 비문 해석을 통해 다음 사항을 파악했다.

고구려의 전투 대상으로는 왜적과 백잔(백제)만 확인되고, 가야 諸國이 행위의 주체로 기술된 문장은 없다. 각 단락에서 주요 행위의 주체는 고구려군으로 상정되어 있고, 신라인은 고구려군에 의해 수비병으로 안치되는 피동적인 존재로 그려지고 있다. 심지어 신라 도성의 복구도 고구려가 주도했고, 도성 수비대도 고구려가 안치한 것으로 묘사했다.

고구려가 영락10년의 구원전을 통해 신라의 정치적 중심부인 도성을 점령했고, 도성 수비대에 대한 군사 지휘권까지 장악했다는 것이다. 실제 영락10년 이후에도 고구려군이 신라에 주둔하고, 왕위 계승까지 좌우하는 등 신라의 국정에 깊숙이 개입했다. 고구려가 사실상 신라를 예속국으로 삼은 것이다. 이에 따라

* 이 논문은 2023년도 한국외국어대학교 학술연구비 지원에 의하여 이루어진 것임.

** 한국외국어대학교 사학과 교수

고구려는 신라와 예속적인 외교관계를 확립했는데, 영락10년조 말미의 '聆事'는 이를 상징적으로 나타낸 표현이다.

능비 찬자는 주변국이 고구려 중심의 천하질서에 소속되었다는 뜻에서 '속민'이라 일컫고, 소속의 징표로 '조공'을 했다고 기술했다. 속민과 조공은 고구려 중심의 천하질서를 상정하기 위한 개념으로 그 자체가 강력한 지배·예속관계를 뜻하지는 않는다. 주변국에 대한 강력한 지배·예속관계는 군사 활동을 통해 확립했는데, 영락10년 구원전 이후 신라왕이 직접 와서 고구려왕의 명을 듣는 '영사' 행위를 한 것은 이를 잘 보여준다. 주변국 왕의 '영사' 행위는 고구려 중심의 지배·예속적인 외교관계 확립의 중요한 수단이자 징표였다.

▶ 핵심어: 광개토왕릉비, 고구려, 신라, 군사활동, 외교관계

I. 머리말

광개토왕릉비(이하 '능비'로 줄임)의 무훈기사 가운데 분량이 가장 많은 것은 백제 정벌전을 기술한 영락 6년(병신년)조이며, 그다음은 신라 구원전을 서술한 영락10년(경자년)조이다. 다만 영락6년조는 총 287자 (1-9-25자[1])~2-5-32자)에 이르지만, 백제 성곽을 열거한 부분을 제외하면 100여 자 전후이다. 반면 영락10년조는 총 180자(2-8-9자~3-3-6자)인데, 기사 전체가 戰況과 戰果를 설명한 내용이다. 더욱이 영락9년(기해년)조에는 고구려가 신라에 구원군을 파견한 이유가 기술되어 있어 영락10년조와 세트 관계를 이룬다.

영락10년조는 능비의 무훈기사 가운데 가장 풍부한 내용을 담고 있다. 이에 일찍부터 많은 연구자가 영락10년조를 다각도로 분석했다. 다만 연구자 사이에 견해 차이가 심하여 간극이 좀처럼 좁혀지지 않고 있다. 본문에서 살펴보듯이 영락10년조에 3회나 나오는 '安羅人戍兵'의 의미에 대해 '安羅人戍兵'=고유명사설과 '安'=서술어설이 팽팽한 평행선을 이루며 유사한 비판과 반론이 되풀이되고 있다.

각 견해가 접점을 찾지 못하며 논쟁을 되풀이하는 가장 큰 이유는 영락10년조에 판독 불능자와 논란자가 너무 많기 때문이다. 제2면의 9행 상단과 10행 중·하단은 마멸이 심하여 판독 불능자나 논란자가 다수 포함되어 있다. 제3면 1행은 묵수곽전본이나 초기 석회탁본에서는 그 존재조차 인지하지 못했을 정도로 심하게 박락되었다.[2] 영락10년조의 판독불능자는 50여 자에 이르는데(〈표 3〉 참조), 능비의 판독불능자 120여 자[3] 가운데 약 40%를 차지한다. 여기에 판독 논란자도 30여 자를 헤아린다(〈표 1〉 참조). 영락10년조 180자 가운데 80여 자가 판독이 불가능하거나 불안정한 상황인 것이다.

---

1) 1-9-25자는 1면 9행 25자를 일컫는다. 능비 글자의 위치는 이와 동일한 방식으로 표기한다.
2) 일찍부터 원석탁본을 활용해 능비를 판독한 중국학자들은 제3면 1행의 존재를 인지하고 있었다(여호규, 2023b, 「광개토왕릉 제3~4면의 비면 현황과 비문 판독」, 『한국문화』 101, p.64의 각주5).
3) 능비의 글자 수는 총 1,775자인데, 판독·추독 가능자는 1,654자, 불가능자는 121자로 판단된다(여호규, 2023a, 「광개토왕릉비 제1~2면의 비면 현황과 비문 판독」, 『고구려발해연구』 75, p.38의 각주1).

백가쟁명식 논쟁의 밑바탕에는 각 연구자의 시각 차이가 깊이 자리하고 있다. 초창기 연구를 주도한 일본학자들은 영락10년조를 통해 任那日本府說을 강변하거나[4] 가야에 대한 왜의 영향력을 강조하려고 했다.[5] 1970년대 이후 한국학자들이 일본학자의 견해를 비판하며 영락10년조를 다각도로 분석했지만, 주로 가야에 대한 백제의 영향력을 강조하거나[6] 가야 지역의 동향을 고찰했다.[7] 영락10년조의 주체인 고구려군의 움직임은 제대로 주목을 받지 못한 것이다.[8] 최근 이러한 문제점을 비판한 논고가 다수 발표되었지만, 신라의 의도나 동향을 강조하는 경향이 강하다.[9]

영락10년조에 대해 많은 연구가 이루어졌지만, 해당 기사의 주체인 고구려의 의도나 동향을 충분히 검토했다고 보기 어려운 것이다. 필자는 최근 능비를 재판독하여 12자를 새롭게 판독하고 소수설의 자형을 다수 제시했는데, 신판독자 12자 가운데 10자가 영락10년조에 있다.[10] 이에 필자의 판독안을 바탕으로 영

4) 管管政友, 1891c, 「高麗好太王碑銘考」, 『史學會雜誌』 2-11(24號); 那珂通世, 1893c, 「高句麗石碑考」, 『史學會雜誌』 第49號; 三宅米吉, 1898c, 「高麗古碑考」, 『考古學會雜誌』 第2編 3號; 末松保和, 1949, 『任那興亡史』, 大八洲出版社(1961, 『任那興亡史』, 吉川弘文館).

5) 濱田耕策, 1974, 「高句麗廣開土王陵碑文の研究-碑文の構造と史臣の筆法を中心として-」, 『朝鮮史研究會論文集』 11(2013, 『朝鮮古代史料研究』, 吉川弘文館에 재수록); 武田幸男, 1989, 『高句麗史と東アジア』, 岩波書店; 田中俊明, 1992, 『大伽耶連盟の興亡と任那』, 吉川弘文館; 田中俊明, 2001, 「高句麗の「任那加羅」侵攻をめぐる問題」, 『古代武器研究』 2; 鈴木靖民, 1985, 「好太王碑文の倭記事」, 『東アジアの古代文化』 44; 鈴木靖民, 1988, 「好太王碑の倭の記事と倭の實體」, 『好太王碑と集安の壁畫古墳』, 木耳社.

6) 천관우, 1979, 「廣開土王陵碑再論」, 『全海宗博士華甲紀念史學論叢』; 천관우, 1991, 『加耶史研究』, 一潮閣; 노중국, 1981, 「高句麗·百濟·新羅 사이의 力關係 變化에 대한 一考察」, 『東方學志』 28, pp.60-65; 김현구, 1993, 『任那日本府研究: 韓半島南部經營論 批判』, 일조각; 이영식, 1985, 「伽倻諸國의 國家形成 問題-『伽倻聯盟說』의 再檢討와 戰爭記事 分析을 中心으로」, 『白山學報』 32; 이영식, 2016a, 「문헌사학으로 본 가야」, 『가야고고학개론』; 진인진; 이영식, 2016b, 『가야제국사 연구』, 생각과종이; 연민수, 1987, 「廣開土王碑文에 보이는 倭關係 記事의 檢討」, 『東國史學』 21; 연민수, 1995, 「廣開土王碑文에 보이는 對外關係 -高句麗의 南方經營과 國際關係論-」, 『韓國古代史研究』 10; 연민수, 1998, 『고대한일관계사연구』, 혜안; 백승충, 1995, 「가야의 지역연맹사 연구」, 부산대학교 박사학위논문; 백승충, 2004, 「『廣開土王碑文』에서 본 加耶와 倭」, 『國立歷史民俗博物館研究報告』 110; 이용현, 2001, 「가야의 대외관계」, 『한국 고대사 속의 가야』, 혜안; 이용현, 2007, 『가야제국과 동아시아』, 통천문화사; 이용현, 2013, 「광개토왕비문의 고구려와 가야」, 『광개토왕비의 재조명』, 동북아역사재단.

7) 김태식, 1994, 「광개토왕비문의 임나가라와 안라인수병」, 『한국고대사논총』 6; 김태식, 2002, 「廣開土大王代 高句麗와 加耶의 關係」, 『廣開土太王과 高句麗 南進政策』, 학연문화사; 남재우, 1997, 「『廣開土王碑文』에서의 '安羅人戍兵'과 安羅國」, 『成大史林』 12·13合; 남재우, 2003, 『安羅國史』, 혜안; 백승옥, 2003a, 「廣開土王陵碑文의 建立 目的과 加耶關係記事의 해석」, 『韓國上古史學報』 42; 백승옥, 2003b, 『加耶 各國史 研究』, 혜안; 유우창, 2005, 「대외관계로 본 가라국의 발전 -5세기대를 중심으로-」, 『지역과 역사』 16; 유우창, 2010, 「고구려 남정 이후 가락국과 신라 관계의 변화」, 『韓國古代史研究』 59; 유우창, 2013, 「가야 고구려 동맹의 형성과 추이」, 『역사와 세계』 44; 권주현, 2011, 「『삼국사기』에 보이는 4~5세기의 加耶와 삼국과의 관계」, 『신라문화』 38.

8) 주보돈, 2006, 「高句麗 南進의 性格과 그 影響 -廣開土王 南征의 實相과 그 意義-」, 『大丘史學』 82, pp.4-14.

9) 주보돈, 2006, 앞의 논문; 신가영, 2017, 「광개토왕비문의 '安羅人戍兵'에 대한 재해석」, 『東方學志』 178; 신가영, 2021, 「4세기 후반 고구려와 백제의 대립구도와 가야 諸國의 향방」, 『先史와 古代』 66; 위가야, 2019a, 「6세기 前半 安羅國 주도의 加耶諸國 관계 이해를 위한 기초적 검토」, 『한국고대사연구』 94; 위가야, 2019b, 「4세기 아라가야의 성장 -문헌사료의 재검토를 중심으로-」, 『아라가야의 전환기, 4세기』, 선인; 기경량, 2023, 「고구려의 경자년(400) 원정의 실상과 가야 제국의 대응」, 『한국고대사연구』 109.

락10년조에 나타난 고구려의 군사 활동과 외교정책을 재검토하고자 한다. 선학제현의 아낌없는 질정을 바란다.

II. 영락10년조의 판독현황과 '安羅人戍兵' 구절을 둘러싼 논의

영락10년조의 판독현황은 〈표 1〉에서 보듯이 2-8-9자~2-9-29자의 ⓐ구간, 2-9-30자~2-10-35자의 ⓑ구간, 2-10-36자~3-2-5자의 ⓒ구간, 3-2-6자~3-3-6자의 ⓓ구간 등으로 구분할 수 있다. ⓐ구간은 2-9-8자·9자를 제외한 모든 글자가 판독에 이견이 없을 정도로 비문이 잘 남아있다. ⓓ구간에는 판독논란자가 9자 있지만, 대부분 통설적 판독안이 있거나 박락으로 판독 자체가 불가능한 글자이다. ⓐ와 ⓓ 구간은 영락10년조에서 판독을 둘러싼 논란이 상대적으로 적은 부분이라고 할 수 있다.

표 1. 영락10년(경자년)조 판독논란자 판독안 비교표[11]

면-행-자	三宅米吉	羅振玉	前間恭作	박시형	王健群	耿鐵華	박진석	方起東	徐建新	손영종	水谷悌二郎	武田幸男	白崎昭一郎	노태돈	임기중	임세권·이우태	권인한	고광의	기경량	여호규
2-9-8	□	□	□	□	自	自	□	自	□	[自]	□	□	[自]	□	□	□	□	□	□	官
2-9-9	□	來	來	來	倭	倭	□	倭	□	[倭]	來	侵	[倭]	□	侵	□	侵	□	□	軍
2-9-30	拔	拔	拔	拔	拔	拔	[拔]	[拔]	□	拔	□	□	□	□	□	□	□	□	□	[還]
2-9-34	□	□	□	□	鹽	[鹽]	[鹽]	晨	*鹽	[鹽]	□	□	鹽	□	眭	□	□	(鹽)	□	監
2-9-37	滿	滿	滿	滿	寇	滿	□	寇	*寇	寇	滿	□	寇	寇	□	寇	[寇]	(寇)	寇	寇
2-9-38	倭	倭	倭	倭	大	倭	□	大	大	[大]	倭	倭	[委]	大	[倭]	大	委	□	大	大
2-9-41	大	大	六	内	内	内	□	内	内	内	□	大	内	□	内	□	内	□	[大]	内
2-10-17	□	□	□	□	十	十	十	十	十	十	結	□	十	□	□	□	十	(十)	□	十
2-10-18	九	□	九	□	九	九	九	九	九	九	□	□	九	□	[九]	□	九	(九)	□	九
2-10-20	臣	□	臣	□	拒	拒	[拒]	拒	*拒	[拒]	更	更	[拒]	□	拒	□	拒	(拒)	□	更
2-10-21	△有	有	□	□	隨	隨	隨	隨	*隨	[隨]	□	□	[隨]	□	[陏]	□	隨	(脩)	□	脩
2-10-22	尖	□	來	□	倭	倭	□	倭	□	[倭]	來	□	[倭]	□	□	□	倭	□	□	改
2-10-28	□	□	滿	□	新	滿	滿	□	*新	□	滿	滿	[捕]	新	滿	新	捕	氵△	□	新

---

10) 여호규, 2023a, 앞의 논문; 2023b, 앞의 논문 참조.

11) 판독 부호 : [ ] : 문맥상 추독, [글자] : 자획상 추독, ■ : 자획 존재, □ : 판독 불능자.

　비교표는 영향 관계를 고려하여 석회탁본에 기초한 판독안, 중국과 북한, 일본, 한국 학자 순서로 기재했다. 徐建新 판독안 가운데 '*' 표시가 있는 경우는 일부 자획만 모사한 경우이다. 비교표 작성에 참조한 논저의 서지사항은 참고문헌 참조.

　三宅米吉, 1898d; 羅振玉, 1909; 前間恭作, 1919; 박시형, 1966; 王健群, 1984; 耿鐵華, 1994; 박진석, 1993; 方起東, 2004; 徐建新, 2006; 손영종, 2001; 水谷悌二郎, 1959·1977; 武田幸男, 1988·1989; 白崎昭一郎, 1993; 노태돈, 1992; 임기중, 1995; 임세권·이우태, 2002; 권인한, 2015; 고광의, 2014a·2014b; 기경량, 2020; 여호규, 2023a·2023b.

면-행-자	三宅米吉	羅進玉	前間恭作	박시형	王健群	耿鐵華	박진석	方起東	徐建新	손영종	水谷悌二郎	武田幸男	白崎昭一郎	노태돈	임기중	임이세우권태	권인한	고광의	기경량	여호규
2-10-29	□	□	□	□	羅	羅	□	□	□	□	□	□	□	□	□	□	□	□	□	[羅]
2-10-30	□	□	□	□	城	城	□	□	□	城	□	□	□	□	□	□	□	□	□	[城]
2-10-32	□	□	□	□	□	□	[免]	得	*是	□	□	□	□	□	[是]	□	□	得	□	得
2-10-34	□	□	□	□	□	爲	□	爲	□	□	□	□	[村]	□	□	□	□	□	□	村
2-10-35	□	□	□	□	□	倭	□	□	□	□	□	□	[殊]	□	利	□	□	□	□	津
2-10-36	□	□	□	□	□	□	□	九	□	□	□	□	□	□	□	□	□	(九)	□	■
3-1-1		□	□	□	□	□	□	□	□	□	□	□	□	□	□	□	□	□	□	曰
3-1-3		□	□	□	且	□	□	□	□	□	□	□	[旦]	□	□	□	□	□	□	■
3-1-5		□	□	□	□	□	□	[倭]	□	□	□	□	[倭]	□	[倭]	□	倭	□	□	■
3-1-6		□	□	□	□	□	□	□	□	□	□	□	[城]	□	□	□	□	□	□	□
3-1-7		□	□	□	□	□	□	□	□	□	□	□	[珍]	□	□	□	□	□	□	□
3-1-16		□	□	□	□	□	□	[興]	□	□	□	□	[興]	□	[興]	[興]	□	□	□	[興]
3-1-17		□	□	□	□	□	□	□	□	□	□	□	□	□	□	□	□	□	□	■
3-1-29		□	□	□	□	□	□	□	□	□	□	□	□	□	□	□	□	□	□	[新]
3-1-30		□	□	□	□	□	□	□	*羅	□	□	□	□	□	□	□	□	□	□	[羅]
3-1-31		□	□	□	出	□	□	□	□	□	□	□	□	□	□	□	□	□	□	□
3-1-32		□	□	□	□	□	□	□	□	□	□	□	□	□	□	□	□	□	□	囚
3-1-39		□	□	□	殘	□	□	[殘]	*殘	殘	□	□	[殘]	□	□	□	□	□	□	殘
3-1-40		□	□	□	倭	□	□	□	□	[倭]	□	□	[倭]	□	□	□	□	□	□	■
3-2-1	赤	□	□	□	逃	□	□	□	□	[逃]	□	□	亦	□	[亦]	□	亦	□	□	亦
3-2-2	□	□	□	□	拔	□	[以]	[八]	□	[拔]	以	□	以	□	[以]	□	以	□	□	以
3-2-3	□	□	□	□	□	羅	[隨]	□	*隨	□	隨	□	隨	□	[隋]	□	隨	□	□	隨
3-2-4	□	□	□	□	城	城	□	□	□	[城]	□	□	□	□	□	□	□	□	□	■
3-2-5	安	□	□	□	安	安	[安]	安	安	安	安	安	安	安	[安]	安	安	□	安	[安]
3-2-19	朝	朝	朝	朝	論	朝	論	聆	論	[論]	□	論	論	論	論	論	論	□	論	聆
3-2-20	貢	□	□	□	事	貢	事	事	事	[事]	□	事	事	事	事	事	事	□	事	事
3-2-21	□	□	□	□	□	□	□	□	□	[至]	□	□	□	□	[和]	□	□	□	□	□
3-2-34	□	□	□	□	□	□	□	□	□	□	□	□	□	□	[新]	□	□	□	□	□
3-2-35	□	□	□	□	□	□	□	□	□	□	□	□	□	□	[羅]	□	□	□	□	國
3-2-37	□	□	□	□	錦	錦	錦	[錦]	□	錦	錦	錦	錦	錦	[錦]	錦	□	□	錦	[錦]
3-2-38	□	□	□	□	□	□	□	□	□	[称]	□	□	□	□	□	□	□	□	□	□
3-2-39	□	□	□	□	家	家	家	家	*家	[家]	□	□	[家]	□	[家]	□	[家]	□	家	家
3-3-1	□	□	□	□	請	□	□	□	□	[請]	□	□	□	□	□	□	□	□	□	[請]

ⓒ구간은 판독불능자가 가장 많고, 판독논란자도 19자나 된다. 다만 대부분의 연구자가 판독논란자 19자 가운데 10자를 판독불능자로 처리하고, 3-2-5자를 '安' 자로 판독했다. 이를 제외하면 판독논란자는 8자인데, 3-1-5자, 3-1-16자, 3-1-39자, 3-1-40자, 3-2-4자는 대부분 판독불능자로 처리하는 가운데 판독 후보자도 하나만 제시되었다[12] 복수 판독안이 제시된 실제 판독논란자는 3-2-1자부터 3-2-3자까지 세 글자뿐이다. 더욱이 ⓒ구간의 판독 가능자는 간격이 너무 떨어져 있어서 문장 해석이 쉽지 않다.

이처럼 ⓐ와 ⓓ 구간은 판독을 둘러싼 논란이 상대적으로 적고, ⓒ구간은 판독불능자가 너무 많아 문장 해석이 쉽지 않다. 반면 ⓑ구간은 판독논란자가 16자인데, 거의 모든 글자가 복수의 판독안이 제기된 상태이다. 이로 인해 그동안의 논쟁은 주로 ⓑ구간을 둘러싸고 진행되었다. 이에 종전 논의를 검토하기 위해 ⓑ구간(바로 앞의 '安羅人戍兵' 포함)에 대한 연구자의 판독과 해석, 그리고 문장 해석을 둘러싸고 논란이 분분한 ⓐ구간의 '從男居城至新羅城倭滿其中' 구절에 대한 해석을 정리하여 〈표 2〉를 작성했다.

영락10년조를 둘러싼 논란의 핵심 쟁점은 '安羅人戍兵'에 대한 해석이다. 이 구절을 어떻게 해석하느냐에 따라 문장구성과 서술내용에 대한 이해가 달라진다. '안라인수병'에 대한 연구사 정리는 여러 차례 이루어졌으므로[13] 각 견해를 일일이 소개하지는 않겠다. 다만 기존 연구사 정리에는 비문 판독의 문제가 충분히 검토되지 않았다. 이에 이 글에서는 비문 판독을 중심으로 종전 논의를 재검토하고자 한다.

'安羅人戍兵'에 대한 견해는 고유명사설(A그룹)과 '安'=서술어설(B그룹)로 나뉜다. 고유명사설은 '안라인수병'을 '안라인의 수병' 곧 '안라국 사람으로 구성된 수비병'으로 이해한다.[14] 고유명사설은 수비병의 성격을 어떻게 보느냐에 따라 임나일본부나[15] 가야에 대한 왜의 영향력을[16] 논증하려는 일본학자의 견해(A1), 가야에 대한 백제의 영향력을 강조하며 안라국의 성장을 상정하는 한국학자나[17] 가야의 독자성을 강조하는 박시형·박진석의 견해(A2), 고구려를 돕는 동맹군으로 활약했다는 견해(A3)로 분류할 수 있다.

---

12) 각 글자의 판독 후보로 3-1-5자는 倭, 3-1-16자는 興, 3-1-39자는 殘, 3-1-40자는 倭, 3-2-4자는 城 등이 제시되었다(〈표 1〉 참조).

13) 鈴木英夫, 1986, 「廣開土王碑文加羅國關係記事の基礎的研究」, 『千葉史學』 8; 鈴木英夫, 1996, 『古代の倭國と朝鮮諸國』, 青木書店, pp.58-65; 高寬敏, 1990, 「永樂10年高句麗廣開土王の新羅救援戰について」, 『朝鮮史硏究會論文集』 27(高寬敏, 1997, 『古代朝鮮諸國と倭國』, 雄山閣 재수록), pp.156-159; 김태식, 1994, 앞의 논문, pp.87-89; 연민수, 1995, 앞의 논문, pp.243-246; 연민수, 1998, 앞의 책, pp.82-85; 남재우, 1997, 앞의 논문, pp.13-17; 백승옥, 2003a, 앞의 논문, pp.49-50; 이용현, 2013, 앞의 논문, pp.273-280; 신가영, 2017, 앞의 논문, pp.3-6; 위가야, 2019b, 앞의 논문, pp.74-84; 기경량, 2023, 앞의 논문, pp.178-182.

14) 다만 가장 초창기 연구자인 菅政友, 1891c, 앞의 논문, pp.751-752에서는 "倭로부터 任那의 鎭인 安羅國에 두어진 將士"라고 보아 왜가 안라국에 파견한 군대로 보았다.

15) 安羅人戍兵은 "安羅人이 皇國(倭國) 장수의 명을 받아 신라의 여러 성에 屯戍하게 된 자"(那珂通世, 1893c, 앞의 논문, pp.940-941), "安羅人으로 우리 군(왜군)에 종사하는 자"(三宅米吉, 1898c, 앞의 논문, p.85) 등은 안라인수병을 통해 임나일본부설을 논증하려 했던 대표적인 견해이다.

16) "安羅人戍兵은 南部加羅 諸國의 유력세력으로 왜의 거점 또는 연휴자로 기록된 것"이라는 鈴木靖民, 1988, 앞의 논문, pp.58-59의 견해는 일본학자들이 여전히 안라인수병을 통해 가야 지역에 대한 왜의 영향력을 강조하려 하고 있음을 잘 보여준다.

17) 백제의 영향력을 강조하는 견해는 천관우에서 비롯되었는데, '안라인수병'을 백제의 부용병으로 파악했다(천관우, 1977, 「復元 加耶史 (上·中)」, 『文學과 知性』 28·29(천관우, 1991, 앞의 책, pp.26-27에 재수록).

표 2. 2면 9–16자~10–35자에 대한 판독안과 해석안 비교표[18]

분류	연구자 (전거)	판독문 / 해석문
A1	管政友 (1891c)	安羅人戍兵, 拔新羅城□城倭滿, (5자 판독불능) 九盡臣有尖, 安羅人戍兵 …(750쪽)
	那珂通世 (1893c)	安羅人戍兵, 拔新羅城□城倭滿, (21자 판독불능) 九盡臣有尖, 安羅人戍兵 … (940쪽)
	三宅米吉 (1898c)	安羅人戍兵, 拔新羅城□城倭滿, (21자 판독불능) 九盡臣有, 尖安羅人戍兵 … (83쪽)
	武田幸男 (1989)	安羅人戍兵□新羅城□城倭□倭潰城大」□□盡更□□安羅人戍兵滿□□□□其□□. (431쪽) / 남거성으로부터 신라성에 이르기까지 왜가 그 중에 가득했다. (중략) 安羅人의 戍兵이 新羅城과 □城을 □했다. 倭□하고, 倭潰했다. 城은 크게□□ 盡更□□ 安羅人의 戍兵이 滿□□□□其□□. (435쪽)
	鈴木靖民 (1988: 2013)	安羅人戍兵拔新羅[鹽]城, 倭寇大潰, 城內」十九盡拒隨倭安羅人戍兵. 新羅城□□其□□. (1988, 54쪽: 2013, 252쪽) / 남거성을 따라 신라성에 이르렀다. 왜가 그중에 차 있었는데 (중략) 안라인의 수병이 신라성과 염성을 빼앗았다. 왜구는 大潰하고, 성 내 열에서 아홉은 모두 왜와 안라인의 수병을 따라가는 것을 거부했다. 신라성 … (1988, 54-55쪽: 2013, 252쪽)
	田中俊明 (2001)	安羅人戍兵□新羅城□城倭潰城大」□□盡更□□安羅人戍兵滿□□□□其 … (46쪽) / 남거성으로부터 신라성에 이르기까지 왜가 그 중에 가득했다. (중략) 안라인의 수병이 新羅城□城을 □했다. 왜가 궤멸되고, 城이 크게 □□盡更□□, 안라인의 수병이 가득하여 … (46쪽)
A2	박시형 (1966)	安羅人戍兵拔新羅城. □城倭滿, 倭潰城□. (22자 판독불능) 安羅人戍兵. □□□□. (191쪽) / 고구려군이 남거성으로부터 신라성에 이르니 거기에 왜인들이 가득 차 있었다. (중략) 그때에 安羅人 위수병들이 신라 성을 함락시켰고, □에는 왜인들이 가득차 있었다. 왜인들이 붕괴하니, 성 … (191-192쪽)
	박진석 (1993)	安羅人戍兵拔新羅城鹽城倭□□潰城內」十九盡拒隨□安羅人戍兵滿□□□免其□□. (25-26쪽) / 고구려군이 왜군을 추격하여 임나가라까지 진격하게 되자, 가야제국의 한 성원인 안라인 술병들의 저항을 받은 것임. (81쪽)
	천관우 (1979)	安羅人戍兵□新羅城□城倭滿倭潰城□」(17자 결락) [九]盡更□安羅人戍兵滿□□□□其□□. (191쪽)
	이영식 (1985: 2006a)	安羅人戍兵□新羅城□城倭滿倭潰城□. (17자 결락) □盡更□來安羅人戍兵滿□□□□其□□. (1985, 76쪽) / 남거성을 따라 신라성에 이르니 그 안에 왜가 가득했는데, (중략) 아라인술병(安羅人戍兵)이 □□城과 □城을 뽑았는데, … 성을 부수고 … 아라인술병이 … (2006a, 561-562쪽)
	연민수 (1995)	安羅人戍兵 拔新羅城鹽城 倭寇大潰 城內」十九盡拒隨倭. 安羅人戍兵滿□□□□其□□. (242쪽)

18) A는 '安羅人戍兵'=고유명사설, B는 '安'=서술어설, C는 입장을 밝히지 않은 견해이다.

분류	연구자 (전거)	판독문 / 해석문
A3	이용현 (2001: 2013)	安羅人戍兵□新□□□城倭□大潰城大」□□盡□□□安羅人戍兵□□城□□其□□. (2001, 351-355쪽: 2013, 270쪽) / 남거성에서부터 신라성에 이르기까지 왜가 그 안에 가득했다. (중략) 안라인수병이 … (2001, 351-355쪽)
A3	백승충 (2004)	安羅人戍兵 □新[羅]城□城 倭[寇大]潰 城」□□盡□□□安羅人戍兵 [新]□□□□其□□. (584쪽) / 남거성에서부터 신라성에 이르기까지 왜적이 가득찼다. (중략) 안라인수병 … 고구려의 남정군에 의해 왜적이 대궤함. (584쪽)
A3	山尾幸久 (1989)	安羅人戍兵, 拔新羅城□城, 倭寇大潰. (중략) 隨來安羅人戍兵, 滿□□□□. (201쪽) / 남거성으로부터 신라성에 이르렀다. 왜가 그 중에 가득했다. (중략) 안라의 군이 신라성이나 某城의 왜군을 토벌했다. 고구려군이 함락시킨 모성에 "따라온 안라인의 수병을 가득 채웠다. 왜의 군이 大潰한 것으로 "□하는데 따라온 안라인의 수병으로써 한다" 등으로 해석됨. (208쪽)
A3	남재우 (2014)	安羅人戍兵 拔新□城鹽城 倭寇大潰 城內」十九盡拒隨倭安羅人戍兵 捕□□□□其□□. (41쪽) / 남거성으로부터 신라성에 이르니 왜가 그 중에 가득했으나 (중략) 安羅人戍兵이 新□城과 鹽城을 공략하니, 왜구가 크게 무너지고 성내의 십중의 구가 倭에 따르는 것을 거부하니, 안라인수병이 …을 잡아서 … (43-44쪽)
A3	유우창 (2010)	安羅人戍兵 拔新羅城鹽城 倭寇大潰 城內」十九盡拒隨倭 安羅人戍兵 新羅城□□其□□ / 安羅人戍兵: '안라인이 수병하다.'로 해석. (132쪽)
B1	王健群 (1984)	安羅人戍兵. 拔新羅城[鹽]城, 倭寇大潰, 城內」十九, 盡拒隨倭, 安羅人戍兵. 新羅城□□其□□. (216-217쪽) / 남거성으로부터 신라성에 이르니 왜인이 그 중에 가득 차 있었다. (중략) 신라인을 그곳에 파견하여 수병하여 파수하게 했다. (이어서 또한) 신라성과 염성을 공격하자 왜구가 크게 궤멸되었다. 성중의 十分之九의 신라인은 모두 왜인을 따라가기를 거절하자 (고구려 군대가 또한) 신라인을 안치하여 戍守하게 했다. (219쪽)
B1	鈴木英夫 (1985: 1996)	安羅人戍兵, 拔新羅城鹽城, 倭寇大潰. 城內 (중략) 十九盡拒隨倭安羅人戍兵, 新羅城□ … (1996, 56-58쪽) / 고구려가 남거성으로부터 신라성으로 향했다. (중략) 신라인의 수병을 두었다. 신라성과 염성의 왜구는 大潰했다. 城內 … (1996, 66쪽)
B1	안춘배 (1992)	安羅人戍兵. 拔新羅城[鹽]城, 倭寇大潰, 城內」十九盡, 拒隨倭, 安羅人戍兵. 新羅城□□其□□. (315쪽) / (고구려군이) 남거성으로부터 (출발하여) 신라성에 이르기까지 그 중간에 왜가 가득했다. (중략) 신라인을 안치하고 지키게 했다. 신라성인 염성을 공략하니 왜구가 크게 무너졌는데, (염)성안의 성민 10명 가운데 9명은 왜를 따르기를 거부하여 죽었으므로 신라인을 안치하여 지키게 했다. 신라성은 … (320쪽)
B1	이종욱 (1992)	남거성에서부터 신라성에 이르기까지 왜가 그 안에 가득했다. (중략) 신라인 수병을 배치했다. 신라 鹽城을 공격하자 왜구는 크게 무너졌다. … 십 중 구는 왜를 따르기를 거부하니 신라인 수병을 두었다. (45쪽)
B1	주보돈 (2006)	安羅人戍兵. 拔新羅城鹽城, 倭寇大潰. 城內□□盡□□□ 安羅人戍兵. … (46쪽) / '新羅城鹽城'은 '신라의 성인 鹽城'으로 해석됨. 고구려군이 임나가라 종발성을 확보한 다음, 왜에게 빼앗겼던 신라의 염성을 수복한 사정을 전하는 기사임. 염성을 확보한 다음 신라인 수병을 배치함. (46-47쪽)

분류	연구자 (전거)	판독문 / 해석문
	권주현 (2011)	安羅人戍兵□新羅城□城倭寇大潰城□□□盡□□□安羅人戍兵新□□□□其□ □. (61-62쪽) / 남거성에서 신라성까지 왜가 그 안에 가득했고 (중략) 신라인 병사를 안치시켰다. 신라성 □성 … 왜구는 크게 궤멸하고 성은 … 신라인 병 사를 안치시켰다. (61쪽)
	신가영 (2017)	安羅人戍兵. □新羅城□城, 倭寇大潰. 城□十九盡拒□□ 安羅人戍兵. 滿□□□ □其□□. (8쪽) / 남거성을 거쳐 신라성에 이르니 왜가 그곳에 가득했다. (중 략) 신라인의 수병을 두었다. 신라성과 □성을 □했다. 왜구가 궤멸되니 성의 십분지구는 …… 신라인의 수병을 두었다. (16쪽)
	위가야 (2019a; 2019b)	安羅人戍兵. □新羅城□城, 倭寇大潰. 城□□□ □□□□ □□□□ □□□□ 盡 □□□安羅人戍兵. 新□□□□其□□ (2019b, 74쪽) / 남거성에서부터 신라성 에 이르기까지의 지역에 왜병이 흩어져서 약탈하고 있었던 상황을 "왜가 가 득차 있었다"라고 표현한 것임. (2019a, 210-211쪽) / 안라인수병은 "신라인 을 안치시켜 戍兵하게 하다"로 해석됨. (2019b, 87쪽)
	기경량 (2023)	安羅人戍兵. □新羅城□城, 倭寇大潰. 城[大]□□ □□□□ □□□□ □□□□ 盡□□□ 安羅人戍兵. □□□□其□□. (163쪽) / 남거성에서 신라성에 이르 기까지 왜가 그 가운데 가득했다. (중략) (신)라인을 수비병으로 두었다. 신라 성과 □성에 □하여 왜구가 크게 무너졌다. 성이 크게 …… (신)라인을 수비병 으로 두었다. (163쪽)
B2	高寬敏 (1990)	安羅人戍兵□新羅城□城倭□倭潰城大 … 盡更 … 安羅人戍兵滿□□□□其□□ (156쪽) / '從男居城至新羅城倭滿其中'은 왜군이 남거성과 신라성의 중간지대 를 점거하고 있던 상황을 기술한 것임. (중략) 羅人=巡邏兵을 배치하여 戍兵했 음. 또 1군은 신라성을 공격하여 그 결과 倭寇大潰하자 여기에도 羅人=巡邏兵 을 배치하여 戍兵했음. (162-163쪽)
	손영종 (2001)	安羅人戍兵. 拔新羅城[鹽]城, 倭寇大潰, 城內」十九, 盡拒隨倭, 安羅人戍兵. □□ 城□□其□□. (18쪽) / 남거성에서부터 신라성으로 가니 왜가 그 중에 가득 찼다. (중략) 순라병과 수비병을 두었다. 신라의 성염성을 함락시키니 왜구가 이로 인하여 궤멸되고, 성안 사람 열에 아홉은 다 왜를 따라가기를 거절했다. 순라병과 수비병을 두었다. (21쪽)
	김태식 (1994)	安羅人戍兵. 拔新羅□農城, 倭寇萎潰. 城夫十九 盡煞抑徙 安羅人戍兵. 師□□□ □其□□. (93쪽) / 남거성부터 신라성까지 왜가 그 사이에 가득차 있었다. (중 략) 순라병을 두어 지키게 했다. 신라의 ?농성을 공략하니 왜구는 위축되고 궤멸되었다. 城夫의 열에 아홉은 모두 죽이거나 강제로 옮기고, 순라병을 두 어 지키게 했다." (94쪽)
	백승옥 (2020)	安羅人戍兵. □新羅城□城, 倭寇倭潰. 城□□盡更□□來安羅人戍兵. 新 □□□□ 其 (110-111쪽) / (고구려 군이) 남거성을 지나 신라성에 이르니 왜가 가득 차 있었다. (중략) 안라인수병 … 신라성 … 성. 왜가 가득했는데 그들을 궤멸시 키고, … 안라인수병 … 111쪽)
B3	이도학 (2006)	安羅人戍兵. □新羅城□城, 倭寇大潰. 城□□□盡□□□安羅人戍兵. 新□□□□ 其□□. =〉 남거성으로부터 신라성에 이르는 사이에 왜인들이 그득 찼다. (중 략) 고구려군이 新羅城과 □城을 치자 왜구가 대궤했고, 또 城의 □□를 모조 리 격파해서 '안라인수병'을 했다. (443-449쪽)

광개토왕릉비 영락10년조에 나타난 고구려의 군사 활동과 외교관계 _ 195

분류	연구자 (전거)	판독문 / 해석문
C	水谷悌二郞 (1959: 1977)	安羅人戍兵拔新羅城□城倭滿倭潰城□」□□盡更來□安羅人戍兵滿□□□□其□□. (132-133쪽)
	노태돈 (1992)	安羅人戍兵□新羅城□城, 倭寇大潰. 城□□□盡□□□ 安羅人戍兵新□□□□其□□. (12쪽) / (고구려군이) 남거성을 거쳐 신라성(國都)에 이르니 그곳에 왜군이 가득했다. (중략) 安羅人戍兵 … 신라성 □성 …했고, 왜구가 크게 무너졌다. … (19쪽)

이 가운데 A1·A2 견해는 안라인수병을 왜나 백제의 동맹군으로 보아 고구려와는 적대관계라고 상정한다. 이에 대해서는 안라인수병이 고구려의 적군이라면 '百殘'이나 '倭寇'처럼 蔑稱을 사용해야 하는데, '安羅人'이라는 좋은 표현을 사용한 점을 이해할 수 없다는 비판,[19] 安羅人으로 편성된 군대라면 '安羅人'이나 '安羅軍'으로 표기해도 충분하며 '戍兵'을 붙일 필요가 없다는 비판,[20] 아무 사전 설명도 없이 안라인수병이 신라성에 갑작스럽게 등장한 것은 부자연스럽다는 비판[21] 등이 제기되었다.

그런데 A1·A2 견해에서 더욱 치명적인 문제는 비문 판독과 해석이다. 이 견해에서 2-9-30자는 대체로 '拔' 자로 판독하거나 판독불능자로 처리하며, 2-9-36자~2-9-39자는 '倭寇大潰', '倭滿倭潰', '倭□倭潰' 등으로 판독한다. 이를 종합하면 2-9-25자~2-9-30자에 대한 판독안은 "安羅人戍兵拔新羅城[鹽]城, 倭寇大潰(鈴木靖民; 연민수)"[22] 또는 "安羅人戍兵□新羅城□城倭滿(□)倭潰(武田幸男; 천관우; 이영식; 백승충; 이용현)"[23] 등이 된다.

이 가운데 "安羅人戍兵拔新羅城[鹽]城, 倭寇大潰" 판독안은 "고구려의 적대세력인 안라인수병이 신라 도성인 신라성을 빼앗았는데, 왜구가 大潰했다"라는 뜻으로 해석된다. 안라인수병의 신라성 공격으로 오히려 동맹관계인 왜가 격파되었다는 뜻이 되므로 내용상 논리적 모순이 발생한다.[24] 이에 2-9-30자를 판독불능자로 처리하여 "安羅人戍兵□新羅城□城倭滿(□)倭潰"라고 판독하기도 하지만, 여전히 안라인수병이 신라 도성에 대해 모종의 액션을 취했는데 왜가 무너졌다(潰)는 논리적 모순이 완전히 사라지지 않는다.[25]

---

19) 鈴木英夫, 1985, 앞의 논문; 1996, 앞의 책, pp.62-64.

20) 신가영, 2017, 앞의 논문; 위가야, 2019b, 앞의 논문, pp.85-86.

21) 高寬敏, 1990, 앞의 논문, pp.158-159.

22) 박시형과 박진석의 판독안도 이와 유사하다(〈표 2〉 참조).

23) 田中俊明의 판독안도 이와 유사하다(〈표 2〉 참조).

24) 王健群, 1984, 『好太王碑研究』, 吉林人民出版社, p.200; 鈴木英夫, 1996, 앞의 책, p.64; 高寬敏, 1990, 앞의 논문, pp.158-159; 위가야, 2019b, 앞의 논문, p.85.

25) 이에 백승충, 2004, 앞의 논문, pp.586-587에서는 '신라성'을 안라가야와 접경한 신라 국경지대의 성곽으로 상정하며 『日本書紀』 권19, 欽明紀 5년조의 '久禮山 5성'을 지목하기도 한다. 그렇지만 후술하듯이 신라성이 지방의 특정 성곽이라면 '임나가라 종발성'처럼 명칭을 구체적으로 기재했을 것이다.

A3 견해는 A1과 A2 견해의 이러한 문제점을 해결하기 위해 제안된 것이다. A3 견해에서는 '안라인수병' 을 고구려의 동맹군 내지 동조세력으로 상정한 다음, "安羅人戍兵拔新羅[26]城鹽[27]城, 倭寇大潰"라는 문장을 "안라인수병이 신라성과 염성을 빼앗아 거기에 있는 왜구가 크게 무너졌다"라는 뜻으로 해석한다.[28] 고구 려의 동맹군(동조세력)인 안라인수병이 고구려를 도와 적군인 왜구를 격파했다는 뜻이므로 논리상 문제가 없다는 것이다.[29]

그렇지만 A3 견해도 A1·A2 견해처럼 안라인수병이 급작스럽게 등장한 이유에 대해서는 충분히 설명하 지 못하고 있다. 또 고구려가 400년 이전부터 안라가야와 교섭했다고 상정해야 양자가 동맹군 내지 동조세 력이었다는 견해가 성립하는데, 이를 뒷받침할 만한 논거를 제시하지 못하고 있다.[30] 더욱이 '신묘년조'에 서 보듯이 능비 찬자는 먼저 고구려와 다른 국가·족속의 관계를 설명한 다음 전쟁의 전개 양상이나 외교교 섭을 기술했는데, 안라인수병에 대해서는 아무런 사전 설명 없이 바로 전황을 서술하고 있다. 이러한 점에 서 A1·A2처럼 A3 견해도 성립하기는 쉽지 않다고 판단된다.

이러한 고유명사설의 문제점을 지적하면서 제안된 것이 '安' 자를 서술어로 파악하는 B그룹의 견해이 다.[31] 이 견해에서는 '안라인수병'을 "羅人을 안치하여 戍兵하게 했다"나 "羅人의 수병을 안치했다"라고 해 석한다. B그룹 견해는 다시 '羅人'을 '新羅人'의 약칭으로 보는 신라인 수병설(B1), '邏人'과 같은 뜻으로 보는 고구려 순라병설(B2), '任那加羅人'의 약칭으로 보는 임나가라인 수병설(B3)로 세분된다.

B그룹 견해에서도 2-9-30자는 대부분 '拔' 자로 판독하거나 판독불능자로 처리한다(〈표 2〉 참조). 그런 데 2-9-30자의 앞 구절에는 "고구려의 관군이 신라성에 이르자 그 안에 가득 찼던 왜적이 퇴각했고, 고구 려군이 이들을 추격하여 임나가라의 종발성에 이르렀다"라는 내용이 기술되어 있다. 2-9-30자를 '拔' 자로 판독하면, 고구려가 이미 점령한 '신라성'을 다시 공격했다는 뜻이 되어 내용상 중복된다는[32] 모순이 발생 한다.[33]

B그룹 견해에서도 비문 판독과 해석상의 문제가 완전히 해결되지 않은 것이다. 이에 B그룹 연구자 가운 데 상당수는 '拔新羅城鹽城'의 '신라성'을 신라 도성으로 해석하지 않고, '신라의 성인 鹽城'이나[34] '신라의 城

---

26) '羅' 자를 판독불능자로 처리하기도 한다(남재우, 2014, 「〈廣開土王碑文〉과 『宋書』로 본 倭의 加耶 認識과 '任那日本府'」, 『지역 과 역사』 35, p.41).

27) '鹽' 자를 판독불능자로 처리하기도 한다(山尾幸久, 1989, 『古代の日朝關係』, 塙書房, p.201).

28) 山尾幸久, 1989, 앞의 책, p.208; 남재우, 1997, 앞의 논문, pp.16-17; 2014, 앞의 논문, pp.43-44.

29) 유우창, 2005, 앞의 논문, pp.186-189.

30) 연민수, 1995, 앞의 논문, p.245; 2014, 「광개토왕비 쟁점 기사의 어제와 오늘」, 『혜정 소장본 광개토왕비 원석탁본』, 동북아 역사재단, p.46.

31) '安'=서술어설은 王健群이 처음 제기했다(王健群, 1984, 앞의 책, pp.177-180).

32) 〈표 2〉에서 보듯이 B그룹 견해 가운데 王健群, 鈴木英夫, 이도학이 이와 같이 해석한다.

33) 鈴木靖民, 1985, 앞의 논문; 1988, 앞의 논문, p.58.

34) 안춘배, 1992, 「광개토대왕릉비문(1)-비문의 문단과 해석을 중심으로-」, 『고고역사학지』 8, p.320; 이종욱, 1992, 「광개토왕릉 비 및 "삼국사기"에 보이는 왜병의 실체」, 『한국사시민강좌』 11, 일조각, p.45; 주보돈, 2006, 앞의 논문, p.46.

鹽城’,[35] ‘신라의 □農城’[36] 등으로 풀이한다. 그렇지만 2-9-31자~33자가 ‘新羅城’으로 판독된다는 데에는 대부분 동의하고 있다. 이 경우 ‘鹽城’을 신라의 성임을 명시하려면 ‘新羅鹽城’으로 표기하는 것이 더 적합하다.[37]

영락6년조의 백제 정벌 기사에서 보듯이 도성 이외의 성곽은 구체적인 명칭을 기재했다. 반면 백제 도성은 ‘國城’으로 표기했고, 영락20년조에서 동부여의 도성은 ‘餘城’으로 약칭했다. 이로 보아 ‘신라성’은 통설대로 신라 도성을 지칭한다고 보는 것이 타당하다. 이에 고구려가 신라 도성을 두 번 중복하여 공격했다는 문제점을 해결하기 위해 영락10년조에 기술된 여러 전투는 순차적이 아니라 동시다발적으로 전개되었다고 보기도 한다.[38]

이러한 이해 방식은 영락10년조 서두의 ‘從男居城至新羅城倭滿其中’ 구절을 “왜군이 남거성과 신라성의 중간지대를 점거한 상황”으로 해석하는 데서 출발한다. 왜군이 남거성과 신라성의 중간지대를 점거하여 전선이 넓은 지역에 걸쳐 형성되었다는 것이다. 이에 고구려군 가운데 일부가 중앙을 돌파해 패주하는 왜적을 추격해 임나가라의 종발성에 이르렀고, 또 다른 부대는 신라 도성을 공격해 왜적을 궤멸시켰다는 것이다. 그렇지만 후술하듯이 ‘從男居城至新羅城倭滿其中’ 구절을 “왜군이 남거성과 신라성의 중간지대를 점거한 상황”으로 보기는 힘들다. 이 구절은 고구려군의 진군 경로를 기술한 것으로 “(고구려군이) 남거성으로부터 신라성에 이르니 왜가 그 안에 가득했다”로 해석된다.

결국 B그룹 견해도 2-9-30자를 ‘拔’ 자로 판독하면, 고구려군의 활동 양상을 이해하기 힘든 문제가 발생한다.[39] 이에 최근 B그룹의 연구자들은 2-9-30자를 대부분 판독불능자로 처리한다. 그렇지만 이 경우에도 왜적이 이미 신라성에서 퇴각한 상태인데, 왜 ‘□新羅城鹽城’라는 구절이 등장하는지, 또 이를 이어서 ‘倭寇大潰’라는 구절이 나오는지 등을 합리적으로 설명하지 못하고 있다. 종전 판독안으로는 영락10년조에 기술된 전투 상황이나 ‘안라인수병’의 의미를 합리적으로 이해하기가 쉽지 않은 것이다.

III. 영락10년조의 비문 해석과 고구려의 군사 활동

위에서 검토한 것처럼 영락10년조를 둘러싸고 연구자들이 비판과 반론을 되풀이한 근본 원인은 비문 판

---

35) 손영종, 2001, 『광개토왕릉비문 연구』, 중심, p.21. 한편 같은 책, p.271에서는 ‘신라성’을 신라의 국경지방에 있는 작은 성으로 이름도 쓸 필요가 없는 성곽으로 보았다.

36) 2-9-34자를 ‘農’ 자로 판독한 것이다(김태식, 1994, 앞의 논문, p.94).

37) 이러한 문제를 해결하기 위해 김태식, 1994, 앞의 논문, p.94에서 ‘新羅□農城’으로 판독·해석한 것으로 보인다. 그렇지만 2-9-33자는 ‘城’ 자로 판독되며, 2-9-34자에서 ‘農’의 자획을 확인하기는 어렵다.

38) 高寬敏, 1990, 앞의 논문, pp.162-163; 신가영, 2017, 앞의 논문, p.21에서도 고구려-신라 연합군의 활동은 동시다발적으로 일어난 전투를 종합한 것이라며, 왜군을 추격한 고구려군과 신라성에 머문 고구려군이 달랐다고 파악했다.

39) B1, B2, B3의 견해가 안고 있는 다른 문제점에 대해서는 다음 장에서 검토할 예정이다.

독에 있다. 해결의 실마리를 찾으려면 비문을 재판독할 필요가 있다. 필자는 별고를 통해 능비를 재판독한 바 있는데, 영락10년조에서 10자를 새롭게 판독하고, 소수설의 자형을 보다 명확하게 제시했다. 이를 정리하면 다음과 같다.

제2면에서는 2-9-8자·9자(官軍), 2-9-30자(還), 2-9-34자(監), 2-10-22자(改), 2-10-35자(津) 등 여섯 글자를 새롭게 판독했다. 2-9-38자와 2-9-41자는 '大'와 '內'의 자형을 확인했고, 2-10-20자·21자는 소수설인 '更脩'의 자형을 확인했다. 2-10-28자·30자는 '新'과 '城'의 자형을 확인하고, 2-10-29자를 '羅'로 추독해 '新羅城'으로 판독했다. 2-10-32자와 2-10-34자는 소수설인 '得'과 '村'의 자형을 확인했다.[40]

제3면에서는 3-1-1자(曰), 3-1-29자·30자(新羅), 3-2-25자(國) 등 네 글자를 새롭게 판독했다. 3-1-16자는 소수설인 '興', 3-1-39자는 소수설인 '殘'의 자형을 확인했다. 3-1-40자를 '倭'로 판독하기도 하지만, 여러 원석탁본에서 이러한 자형을 확인할 수 없다. 3-2-1자는 소수설인 '亦'의 자형을 확인했고, 3-2-2자·3자는 '以隨'의 자형을 확인했다. 3-2-19자는 소수설인 '聆'의 자형, 3-3-1자는 소수설인 '請'의 자형을 확인했다.[41]

이상의 판독 결과를 정리한 것이 〈사료 ㉮〉와 〈표 3〉이다.

〈사료 ㉮〉

① 十年庚子, 教遣步騎五萬, 往[42]救新羅.

② 從男居城, 至新羅城, 倭滿其中. 官軍方至, 倭賊退.」官軍背急追, 至任那加羅從拔城, 城卽歸服, 安羅人戍兵.

③ 還新羅城, 監城, 倭寇大潰城內,」十九盡, 更脩改, 安羅人戍兵.

④ 新羅城■, 得其村津, 「■□□□□ 言」曰■□■□□□□□□□□□興■□□□□□□□□□□辭□新羅□以△□□□□□□殘■潰, 亦以隨■, 安羅人戍兵.

⑤ 昔新羅寐錦, 未有身來聆事, □國岡上廣開土境好太王 □□□國, 寐錦□家, 僕句」請□, □□朝貢.

앞 장에서 검토한 ⓑ구간(바로 앞의 '安羅人戍兵' 포함)은 "安羅人戍兵. 還新羅城, 監城, 倭寇大潰城內,」十九盡, 更脩改, 安羅人戍兵."으로 판독했는데, 종전과 달리 2-9-30자는 '拔'이 아니라 '還' 자, 2-9-34자는 '鹽'이 아니라 '監' 자로 새롭게 판독했다. 논란의 핵심인 2-9-30자~35자를 '還新羅城監城'으로 판독한 것이다.

---

40) 상세한 논증은 여호규, 2023a, 앞의 논문, pp.71-79 참조.

41) 상세한 논증은 여호규, 2023b, 앞의 논문, pp.62-81 참조.

42) '狂'로 刻字했지만, '往' 자와 통가자이므로 비문 해석을 위해 '往' 자로 표기한다. 능비의 다른 무훈기사도 이와 동일하게 표기했다.

능비에서 '還' 자는 주로 출정한 고구려군이 '귀환하다'라는 뜻으로 사용되었다(사료 ⑭ 참조), 이를 고려하면 '還新羅城' 구절의 주어를 바로 앞의 '안라인수병'으로 상정하기는 어렵다. 처음 나오는 '안라인수병'이 어딘가로 귀환했다고 보기는 어렵기 때문이다. '還新羅城' 구절은 고구려의 관군이 신라성(신라 도성)에 도착한 다음 왜군을 추격하여 임나가라 종발성까지 이르렀다가, 신라성으로 귀환했다는 뜻으로 해석하는 것이 타당하다. '還新羅城'의 주어는 고구려의 관군이며, '안라인수병'은 앞 단락의 마지막 구절에 해당하는 것이다.

세 번째 '안라인수병'의 전후 구절은 "亦以隨■, 安羅人戍兵. 昔新羅寐錦, 未有身來聆事"로 판독된다. 이 구절의 '昔' 자는 새로운 문장의 첫 글자이므로 '안라인수병'은 '昔' 자 앞 단락의 마지막 구절로 보아야 한다. 이에 A1·A2 견해에서는 3-2-2자를 '拔', 3-2-4자를 '城'로 판독하여 3-2-2자~9자 부분을 "(고구려군이) □城의 안라인수병을 축출했다(拔□城安羅人戍兵)"라고 해석하기도 했다.[44] 그렇지만 〈표 3〉에서 보듯이 3-2-2자·3자는 '以'자와 '隨'자로 판독되며, 이 경우 이 구절의 '안라인수병'을 고유명사로 보기는 힘들다.

두 번째 '안라인수병'의 전후 구절은 "更脩改, 安羅人戍兵. 新羅城■, 得其村津"으로 판독되는데, 이 구절의 안라인수병을 고유명사로 보면 전후 문장을 해석할 수 없다. 따라서 '안라인수병'을 '안라가야의 수비병'으로 해석하는 고유명사설(A그룹)은 성립하기 어렵다. '안라인수병'은 영락10년조를 구성하는 각 단락의 마지막 구절에 해당하며, '安' 자를 '두다'

표 3. 광개토왕릉비 영락9·10년조 판독안[43]

3면			2면					면
3	2	1	10	9	8	7	6	행
請	亦	曰			[特]	通		1
□	以	□			遣	王		2
□	隨	■			使	巡		3
□	■	□			還	下		4
朝	[安]	■			告	平		5
貢	羅	□			以	穰		6
	人	□			[密]	而		7
	戍	□		官	計	新		8
	兵	□		[軍]	十	羅		9
	昔	□		背	年	遣		10
	新	□		急	庚	使		11
	羅	□		追	子	白		12
	寐	□		至	教	王		13
	錦	□		任	遣	云		14
	未	□		那	步	倭		15
	有	[興]		加	騎	人		16
	身	■	十	羅	五	滿		17
	來	□	九	從	萬	其		18
	聆	□	盡	拔	住	國		19
	事	□	更	城	救	境		20
	□	□	脩	城	新	潰		21
	[國]	□	改	卽	羅	破		22
	[岡]	□	安	歸	從	城		23
	[上]	□	羅	服	男	池		24
	[廣]	□	人	安	居	以		25
	開	□	戍	羅	羅	奴		26
	土	辞	兵	人	至	客		27
	境	□	新	戍	新	爲		28
	好	[新]	[羅]	兵	羅	民		29
	太	[羅]	[城]	[還]	城	歸		30
	[王]	□	■	新	倭	王	九	31
	□	㐅	[得]	羅	滿	請	年	32
	□	曰	其	城	其	命	己	33
	□	□	村	監	中	太	亥	34
	國	□	津	城	官	王	百	35
	寐	■	■	倭	軍	恩	殘	36
	[錦]	□	□	寇	方	慈	違	37
	□	□	□	大	至	矜	誓	38
	[家]	殘	□	潰	倭	其	与	39
	僕	■	□	城	賊	忠	倭	40
	句	潰	言	內	退	誠	和	41

나 '안치하다'로 해석하는 서술어설(B그룹 견해)이 타당하다고 생각된다.

安=서술어설 가운데 B2 견해는 羅人을 '邏人' 곧 고구려의 순라병으로 상정한다. 그런데 고구려가 자국 군대를 '羅人'이라고 표기한 것 자체가 어색하며, '羅人'이 巡邏兵을 뜻한다면 '戍兵'이라는 단어와 뜻이 중첩된다.[45] 더욱이 비문에서 고구려 군대는 官軍, 大軍, 王師, 王幢으로 표현했고, 군대를 표현할 때 '人' 자를 사용한 사례가 없다.[46] 羅人을 고구려 순라병으로 보는 B2 견해는 단어 표현상 성립하기 어렵다.

B3 견해는 '羅人'를 '任那加羅人'의 약칭으로 파악한다.[47] 첫 번째 '안라인수병' 구절은 바로 앞에 '임나가라'라는 표현이 있으므로 이렇게 볼 여지가 없지 않다. 그렇지만 두 번째나 세 번째 '안라인수병'은 앞에 '임나가라'라는 표현이 없다는 점에서 임나가라를 약칭한 것이라고 보기가 쉽지 않다. 더욱이 영락10년조에서 '임나가라'라는 표현은 왜군이 퇴각한 장소인 '임나가라의 종발성'을 명기하기 위해 사용했고, 행위의 주체로 등장하는 구절은 없다.[48] 능비에서 고구려와 임나가라의 교섭을 상정하기 힘들며, 고구려가 임나가라인을 세 번씩이나 수비병으로 안치했다고 볼 만한 근거가 없다.

이처럼 安=서술어설 가운데 고구려 순라병설(B2)이나 임나가라인설(B3)은 성립하기 어렵다. B1 견해는 '羅人'을 '新羅人'의 약칭으로 보아 '안라인수병'의 실체를 신라인 수병으로 파악한다. 이에 대해 '安' 자를 '두다'는 뜻으로 보기 어렵고,[49] '나인'이 '신라인'의 약칭이라면 '임나가라인'과 구별되지 않아 혼란을 초래하며,[50] 약칭은 적대 세력에게만 사용되었고[51] '신라'를 약칭한 사례는 없다는[52] 비판이 제기되었다.

그렇지만 수묘인연호조의 '墓上不安石碑' 구절에서 보듯이 능비에서 '안'을 '두다'나 '안치하다'라는 뜻으로 사용된 사례가 있다. 또 영락10년조에서 '임나가라'는 행위의 주체가 아니라, 왜적이 퇴각한 장소를 표기하기 위해 사용되었다. 영락10년조와 연계된 영락9년조까지 포함하면, 행위의 주체는 고구려(태왕), 신라, 백잔, 왜만 등장한다. '新羅人'을 '羅人'으로 약칭해도 능비의 독자가 혼동할 우려가 없다.[53] 특히 영락10년조에는 신라와 관련해 '新羅', '新羅城', '新羅寐錦' 등의 표현은 보이지만, '新羅人'은 보이지 않으므로 오히려

---

43) 판독부호 : [ ] : 문맥상 추독, [글자] : 자획상 추독, ■ : 자획 존재, □ : 판독 불능자
   글자색(PDF용) : 붉은색은 필자가 새롭게 판독한 글자임.

44) 鈴木靖民, 1988, 앞의 논문, pp.54-55; 鈴木靖民, 2013, 「광개토왕비에 보이는 왜」, 『광개토왕비의 재조명』, 동북아역사재단, p.252; 이영식, 2016a, 앞의 논문, pp.561-564에서도 세 번째 '安羅人戍兵'은 고구려에게 평정되는 대상으로 해석되어야 한다고 파악했다.

45) 연민수, 1995, 앞의 논문, p.245; 1998, 앞의 책, pp.84-85.

46) 이용현, 2001, 앞의 논문, p.353; 2013, 앞의 논문, pp.278-279; 신가영, 2017, 앞의 논문, p.12.

47) 이도학, 2006, 『고구려 광개토왕릉비문 연구』, 서경, pp.448-452; 2012, 「廣開土大王의 南方 政策과 韓半島 諸國 및 倭의 動向」, 『韓國古代史研究』 67, pp.188-191.

48) "官軍背急追, 至任那加羅從拔城, 城卽歸服." 구절에서도 歸服한 주체는 '城'으로 표기되어 있다.

49) 白崎昭一郎, 1993, 『廣開土王碑文の研究』, 吉川弘文館, pp.237-238; 권인한, 2015, 『광개토왕비문 신연구』, 박문사, p.144.

50) 武田幸男, 1989, 앞의 책, p.120.

51) 鈴木靖民, 1985, 앞의 논문; 1988, 앞의 논문, p.59.

52) 田中俊明, 2001, 앞의 논문, p.47; 이영식, 2006, 「가야와 고구려의 교류사 연구」, 『韓國史學報』 25, pp.62-63; 2016a, 앞의 논문, p.563.

53) 鈴木英夫, 1985, 앞의 논문; 1996, 앞의 책, p.61; 주보돈, 2006, 앞의 논문, pp.40-44; 위가야, 2019b, 앞의 논문, p.87.

'羅人'이 '新羅人'의 약칭일 가능성이 크다.[54]

또 고구려의 적대 세력에게만 약칭을 사용했다고 하지만, 영락20년조에서는 적대세력으로 보기 어려운 '동부여'를 '餘城'이나 '餘'로 약칭한 바 있다. 능비의 적대세력 표현에서 가장 특징적인 점은 '百殘'이나 '倭寇', '倭賊'과 같은 蔑稱을 사용한 것인데, '羅人'을 멸칭으로 보기는 어렵다. 고구려가 우호관계에 있던 新羅人을 '羅人'으로 약칭해도 능비 해석상 별다른 문제가 발생하지 않는 것이다.

그밖에 영락10년 1개 조에 '안치한다(安)'라는 동사가 3회나 반복될 정도로 능비의 문장이 치졸하지 않다는 비판,[55] 신라의 왕성을 점령한 다음 신라인에게 수비하도록 한 것은 너무 당연한 조치이므로 기록할 필요가 없다는 비판,[56] 고구려는 전투 종료 이후 귀환하는 구조적 경향성을 보이는데 영락10년조에만 나인(신라 혹은 고구려인)을 세 차례나 배치할 이유가 없다는 비판[57] 등이 제기되었다.[58] 이러한 비판은 후술하는 것처럼 영락10년조의 문장구조 및 고구려와 신라의 관계를 정확하게 이해하지 못한 데서 비롯된 것이다.

그러므로 '안라인수병'에 대한 여러 견해 가운데 '羅人'을 '新羅人'의 약칭으로 보는 B1 견해가 가장 타당하다고 생각된다. B1 견해에서 '安羅人戍兵'에 대한 해석안은 "신라인을 안치하여 戍守하게 했다",[59] "신라인 수병을 안치했다",[60] "신라인을 수비병으로 두었다"[61] 등이 있는데, 두 번째 해석안이 가장 타당하다. 능비 찬자는 漢代 墓碑의 형식을 참조하여 銘辭에 해당하는 무훈기사를 최대한 4자나 6자의 운문체로 서술했다. 이렇게 서술하기 힘든 경우에는 '1자+4자'나 '1자+6자' 문장구조를 채택했는데,[62] "신라인 수병을 안치했다"라는 해석안은 '1자 서술어+4자 명사구' 문장구조에 해당한다.

이에 필자는 '안라인수병'을 "신라인 수병을 안치하다"라는 뜻으로 해석하고자 한다. 그럼 실제 비문 해석을 통해 이러한 견해가 성립할 수 있는지 검토해보자. 여러 연구자가 지적한 것처럼 '안라인수병' 구절은 고구려가 모종의 전투나 행위를 마무리하며 취한 조치로[63] 각 단락의 마지막 구절로 상정된다. 이를 고려

---

54) 鈴木英夫, 1985, 앞의 논문; 1996, 앞의 책, p.63.
55) 田中俊明, 2001, 앞의 논문, p.47; 이영식, 2006, 앞의 논문, pp.62-63.
56) 鈴木靖民, 1988, 앞의 논문, p.58.
57) 연민수, 2013, 「광개토왕비에 나타난 고구려의 남방 세계관」, 『광개토왕비의 재조명』, 동북아역사재단, p.241.
58) 羅人戍兵을 新羅人 守備兵으로 보면 신라군이 자국 도성인 신라성을 점령했다는 뜻이 되므로 내용상 성립할 수 없다는 비판도 제기되었다(박진석, 1993, 『호태왕비와 고대조일관계연구』, 연변대학출판사, pp.80-81; 이도학, 2012, 앞의 논문, pp.187-188). 그렇지만 이 비판은 안라인수병이 '拔新羅城(종전 판독문 기준)'의 주어라고 보고 신라인수병설을 비판한 것인데, 신라인수병설에서는 '안라인수병'을 '拔新羅城'의 주어가 아니라 앞 문장의 말미로 상정하고 있으므로 비판 자체가 성립하지 않는다.
59) 王健群, 안춘배, 위가야의 견해가 여기에 해당한다(〈표 2〉 참조).
60) 鈴木英夫, 이종욱, 권주현, 주보돈, 신가영의 견해가 여기에 해당한다(〈표 2〉 참조).
61) 기경량의 견해가 여기에 해당한다(〈표 2〉 참조).
62) 여호규, 2014, 「광개토왕릉비의 문장구성과 서사구조」, 『영남학』 25, pp.14-26.
63) 王健群, 1984, 앞의 책, pp.178-179; 高寬敏, 1990, 앞의 논문, p.161; 이도학, 2006, 앞의 논문, p.448; 신가영, 2017, 앞의 논문, pp.10-11.

하면 영락10년조는 〈사료 ㉮〉처럼 '안라인수병' 구절을 기준으로 크게 5개 단락으로 구분할 수 있다.

①단락은 영락10년조의 무훈을 총괄하여 집약한 구절이다.[64] ①단락은 판독이나 해석상 논란이 없는데, "(영락) 10년 경자년에 (왕이) 교를 내려 보병과 기병 5만 명을 파견해 신라에 가서 구원했다"로 해석된다.

②단락의 "從男居城, 至新羅城, 倭滿其中." 구절은 종래 다양하게 해석되었다. 이를 분류하면 크게 "(고구려군이) 남거성으로부터 신라성에 도착하니, 왜가 그 안(신라성)에 가득했다",[65] "(고구려군이) 남거성을 거쳐(지나, 따라) 신라성에 도착하니, 왜가 그 안에 가득했다",[66] "남거성으로부터 신라성에 이르기까지 왜가 그 중에 가득했다"[67] 등 세 유형으로 나눌 수 있다.[68] 앞의 두 견해가 고구려군을 주어로 파악하는 반면, 마지막 견해는 倭를 주어로 상정한다는 점에서 큰 차이가 난다.

그런데 능비의 각 무훈기사에서는 서두에 무훈을 총괄하여 집약적으로 서술한 다음, 고구려군의 진군 경로를 서술하는 것이 일반적이다. 〈사료 ㉯〉의 영락5년조, 영락6년조, 영락14년조, 영락20년의 밑줄 친 부분이 고구려군의 진군 경로에 해당한다. "從男居城, 至新羅城" 구절도 영락10년조의 무훈 집약기사에 이어진다는 점에서 고구려군의 진군 경로를 기술했다고 파악된다. 이 구절의 주어를 '왜'로 보는 세 번째 견해는 성립하기 힘든 것이다.

〈사료 ㉯〉

永樂五年 歲在乙未, 王以稗麗不□□久, 躬率往討. *過富山貧山, 至鹽水上*, (중략) 田獵而還.

以六年丙申, 王躬率大軍, 討伐殘國. *軍■殘* 首攻取壹八城, (중략) 旋師*還都*.

十年庚子, 敎遣步騎五萬, 往救新羅. *從男居城, 至新羅城*. (하략)

十四年甲辰, (중략) 王躬率往討, *從平穰*」□□, □鋒相遇. (하략)

十七年丁未, 敎遣步騎五萬, (중략) *還破沙溝城, 婁城* (하략)

廿年庚戌, 東夫餘舊是鄒牟王屬民, 中叛不貢. 王躬率往討. *軍到餘城*, (중략) 於是旋*還*.

〈사료 ㉯〉에서 보듯이 고구려군의 진군 경로를 기술할 때는 특정한 표현을 사용했다. 출발 지점은 영락14년조의 '從平穰'에서 보듯이 '從' 자, 경유지는 영락5년조의 '過富山貧山'에서 보듯이 '過' 자, 도착 지점은 영락5년조의 '至鹽水上'이나 영락20년조의 '軍到餘城'에서 보듯이 '至' 자나 '到' 자를 사용했다. 그리고 군사작전을 종료하고 귀환할 때는 '還' 자를 사용했다. "從男居城, 至新羅城"에서 '從'은 고구려군의 출발 지점,[69]

---

64) 서영수, 1982, 「廣開土王陵碑文의 征服記事 再檢討 (上)」, 『歷史學報』 96, pp.18-19에서 무훈기사 서두에 정복 대상, 과정, 명분을 요약한 집약문을 배치했다고 파악한 바 있다.

65) 박시형, 山尾幸久, 남재우, 王健群, 손영종 등의 견해가 이에 해당한다(〈표 2〉 참조).

66) 노태돈, 鈴木靖民, 이영식, 신가영, 백승옥 등의 견해가 이에 해당한다(〈표 2〉 참조),

67) 武田幸男, 田中俊明, 백승충, 이용현, 이종욱, 권주현, 위가야, 기경량, 김태식, 이도학 등의 견해가 이에 해당한다(〈표 2〉 참조).

68) 이에 대한 상세한 연구사 정리는 김태식, 1994, 앞의 논문, pp.94-95 참조.

69) 鈴木靖民, 1988, 앞의 논문, p.56에서는 능비에서 시간적·공간적 기점을 지칭하는 글자는 '自' 자뿐이라고 보았다. 그렇지만

'至'는 도착 지점을 표시한 것이다. '從'을 경유지라는 뜻으로 풀이한 두 번째 견해도 성립하기 힘든 것이다.

그러므로 "從男居城, 至新羅城, 倭滿其中." 구절은 "(고구려 5만 대군이) 남거성으로부터 (출발하여) 신라성(신라 도성)에 이르니 왜가 그 안에 가득했다"로 해석된다. 남거성은 고구려군의 출발 지점이므로 신라로 나아가는 고구려 영역에 위치했다고 파악된다.[70] 남거성부터 신라 도성까지는 고구려군의 진군 루트에 해당하므로 이곳에서 전투가 벌어졌다고 보기는 힘들다. 고구려군이 신라 도성에 도착했을 때 왜가 그 안에 가득했다고 하는데, 신라 도성이 왜에 의해 점유된 상황을 묘사한 것이다.[71]

실제 전투는 고구려군이 신라 도성에 도착한 이후부터 시작되는데, 이 부분의 해석에 대해서는 큰 견해 차가 없다.[72] 대체로 "官軍이 막 이르니,[73] 倭賊이 물러났다. 官軍이 그 뒤를 급히 추격하여 任那加羅의 從拔城에 이르니 城이 곧 歸服하여 新羅人 戍兵을 안치했다"로 해석된다. 고구려의 관군이 신라 도성에 도착하자마자 왜적이 물러났기 때문에 신라 도성에서는 왜적과 전투를 벌이지 않았고, 퇴각하는 왜적을 추격해 임나가라의 종발성에 이르렀다는 것이다. 고구려 관군이 임나가라 종발성에 도착하자 성이 항복함에 따라 추격전도 일단락되었다. 고구려 관군은 종발성을 점령한 다음, 마무리 조치로 '신라인 수병'을 안치했다. '안라인수병'은 ②단락의 말미에 해당하는 것이다.

이상과 같은 ②단락의 문장 서술에서 가장 주목되는 점은 주어가 빈번하게 바뀐다는 사실이다. 가령 "倭滿其中. 官軍方至, 倭賊退. 官軍背急追," 구절에서는 주어가 왜와 고구려의 관군으로 번갈아 바뀌는데, 행위 주체가 계속 달라져 주어를 명기하지 않으면 혼동을 초래할 수 있다. 실제 종전에는 두 번째 '官軍'에 해당하는 2-9-8자·9자를 '自倭'나 '□侵'으로 판독했는데(〈표 1〉 참조), 이로 인해 '背急追'의 주체를 명확하게 상정하기 힘들었다.

이처럼 ②단락에서 문장의 주어가 빈번하게 바뀌지만, 행위 주체는 고구려(태왕, 보기5만, 관군)와 왜만 등장하며, 신라는 행위의 주체로 상정되지 않았다. 오히려 신라인은 고구려군에 의해 임나가라 종발성에 수비병으로 안치되는 피동적인 존재로 묘사되어 있다.[74] 이는 고구려의 군사 활동 및 신라의 역할을 이해하는 데 매우 중요한 시사를 준다.

능비에서 '自' 자가 주로 시간적 기점을 나타낸다면(영락8년조의 '自此以來', 수묘인연호조의 '自上祖先王以來'와 '自今以後'), 공간적 기점 곧 출발 지점을 표현할 때는 '從' 자를 사용했다.

70) 남거성의 정확한 위치는 미상이다. 한편 각주 66과 67의 연구자는 대부분 남거성을 신라 영역으로 비정하는데, 고구려군의 경유지로 보거나 왜군이 점유한 것으로 파악하기 때문이다.

71) 『삼국사기』 신라본기3에는 광개토왕 시기에 해당하는 393년(내물왕 38년)과 405년(실성왕 4년)에 왜가 신라 도성인 금성과 명활성을 공격했다고 나온다. 특히 393년에는 왜가 금성을 5일간 포위했다고 하는데, 왜가 신라 도성을 점거했다는 능비의 기사는 이러한 사실을 바탕으로 작성되었다고 추정된다. 다만 능비의 기술처럼 왜가 신라 도성의 내부까지 점거했다고 단정하기는 쉽지 않다. 능비 찬자가 상당히 과장·윤색했을 가능성을 고려하며 비문을 해석할 필요가 있다.

72) '從拔城'에 대해 고유명사로 보지 않고 '從'이나 '從拔'을 서술어로 보기도 하지만(鈴木靖民, 1988, 앞의 논문, p.56; 안춘배, 1992, 앞의 논문, p.315), 이어지는 '城卽歸服' 구절의 '城'이 '從拔城'을 지칭하므로 통설처럼 고유명사로 보는 것이 타당하다.

73) '方至'를 '사방에서 이르다'로 해석하기도 하지만(山尾幸久, 1989, 앞의 책, p.208), 이 경우는 '自四方至'라고 해야 완전한 문장이 된다. 여기에서는 고구려군이 신라성에 막 이르자마자 왜적이 퇴각했음을 나타내기 위해 '方至'라는 표현을 사용한 것이다.

74) 주보돈, 2006, 앞의 논문, pp.40-44.

왜군이 퇴각한 임나가라에 대해서는 김해의 금관가야설과 고령의 대가야설이 대립하고 있다.[75] 왜가 바다를 건너와 신라를 침공했을 것임을 상기하면,[76] 낙동강 하구에 자리한 금관가야설이 더 타당하다. 〈사료 ⑭〉에서 보듯이 고구려군의 진군 경로를 기술할 때 자연지형을 경유한 사실을 명기한 경우가 많은데, ②단락에는 낙동강을 건넜다는 표현이 없다. 이로 보아 임나가라 종발성은 낙동강 동쪽에 위치했을 가능성이 크다.[77] 고구려군의 군사작전이 낙동강 동쪽 지역에서 이루어진 것이다.[78]

더욱이 '임나가라'는 왜군이 퇴각한 '종발성'의 위치를 표시하기 위해 사용되었고, 왜적에 가담하여 군사 행동을 했다는 내용은 없다. 종발성의 歸服도 '임나가라'가 아니라 '城'이 주체로 상정되어 있다. 임나가라와 왜 사이에 모종의 연계가 있었을 가능성은 충분히 있지만, ②단락에 이와 관련한 직접적인 표현은 어렵다. 능비의 기술 내용만으로 가야 諸國의 움직임을 파악하기는 쉽지 않은 것이다.[79]

한편 종래 거의 모든 연구자가 ③단락에도 고구려군과 왜군의 전투가 기술되었을 것으로 보았다.[80] 특히 가야 지역의 동향을 중시하는 경우 임나가라나 안라국 등 남부 가야 지역이 主戰場이었다고 보기도 했다.[81] 그러면서 많은 연구자가 2-10-22자를 '倭' 자로 판독했다(〈표 1〉 참조). 그렇지만 이 글자는 '改' 자가 명확하다. 또 ③단락에는 '倭'뿐 아니라 고구려의 다른 적대세력도 등장하지 않는다. ③단락을 고구려군과 왜의 전투 상황으로 보기는 어려운 것이다. 그럼 ③단락에는 어떠한 내용이 기술된 것일까?

②단락에 따르면, 고구려군은 신라 도성에 도착한 다음 곧바로 퇴각하는 왜적을 추격했기 때문에 신라 도성에 대해 어떠한 조치도 취할 겨를이 없었다. 2-9-30자와 2-9-34자는 각기 '還' 자와 '監' 자로 판독되는데, 능비에서 '還' 자는 고구려군의 귀환을 기술할 때 사용되었다. '還新羅城'은 고구려군이 신라 도성에 도착하자마자 곧바로 왜적을 추격해 임나가라까지 이르렀다가, 다시 신라 도성으로 귀환한 장면을 묘사한 것이다.

---

75) 임나가라의 실체에 대한 연구사 정리는 김태식, 1994, 앞의 논문, pp.62-64; 유우창, 2005, 앞의 논문, pp.184-186; 신가영, 2021, 앞의 논문, p.189; 기경량, 2023, 앞의 논문, p.171 등 참조.

76) 『삼국사기』 권3, 신라본기3에는 광개토왕 시기에 왜가 신라를 침공한 기사가 다수 확인된다. 393년(내물왕 38년)의 금성 침공과 405년(실성왕 4년)의 명활성 침공 이외에도 407년(실성왕 6년) 3월에는 신라의 동쪽 변경, 6월에는 남쪽 변경을 침공했다고 한다. 특히 408년(실성왕 7년)에는 왜가 대마도를 거점으로 신라를 습격하려 한다는 소식을 듣고, 적진을 공격하려다가 關門을 설치하여 방비했다고 한다. 지리 위치상 지극히 당연한 이야기지만, 왜는 바다를 건너 해변에 상륙한 다음 신라를 침공한 것이다.

77) 주보돈, 2006, 앞의 논문, pp.37-39; 신가영, 2017, 앞의 논문, pp.19-21; 기경량, 2023, 앞의 논문, pp.172-173. 한편 백승옥, 2020, 「임나가라(任那加羅) 종발성(從拔城)'과 고대 부산」, 『항도부산』 40, pp.119-121에서는 부산 연제구와 수영구의 경계에 위치한 배산성지를 종발성으로 비정하기도 했다.

78) 『삼국사기』 권45, 열전5 박제상전의 "倭遂遣兵, 邏戍新羅境外. 會高句麗來侵, 并擒殺倭邏人." 기사는 5세기 전반에 왜가 신라와 접경한 가야지역에 순라병을 파견했고, 고구려가 왜의 순라병을 살해한 사실을 전하는데, 영락10년조의 내용과 거의 부합한다. 영락10년조는 일정 정도 윤색되었겠지만, 전체 서사구조는 사실에 바탕을 두고 기술되었다고 생각된다.

79) 주보돈, 2006, 앞의 논문, p.48.

80) 王健群, 1984, 앞의 책, p.219; 노태돈, 1992, 「광개토왕릉비」, 『역주 한국고대금석문(제1권)』, 가락국사적개발연구원, p.19; 연민수, 1995, 앞의 논문, pp.246-247; 주보돈, 2006, 앞의 논문, p.48; 기경량, 2023 앞의 논문, p.173.

81) 이용현, 2001, 앞의 논문, pp.354-355; 2013, 앞의 논문, p.282; 백승충, 2004, 앞의 논문, p.584.

그러므로 '還新羅城'에 이어지는 구절은 고구려군이 신라 도성으로 귀환한 다음 취한 조치로 파악된다. '監城'은 '監' 자가 '살펴보다'를 뜻하므로 "신라 도성의 현황을 살펴보았다"로 풀이된다. "倭寇大潰城內十九盡" 구절 가운데 '倭寇大潰'는 일반적으로 "왜구가 크게 무너졌다"로 해석한다. 그런데 '潰' 자는 '무너지다'라는 자동사뿐 아니라 '무너뜨리다'는 타동사로도 사용된다. 영락17년조 "倭寇潰敗, 斬煞無數"의 '潰' 자는 자동사이고, 영락9년조 "倭人滿其國境, 潰破城池."의 '潰' 자는 '城池'를 목적어로 취하는 타동사이다.

그런데 고구려군이 신라 도성에 도착하자마자 왜적이 퇴각했기 때문에 신라 도성에서 양자의 전투가 벌어지지는 않았다. 倭寇가 신라 도성에서 大潰할 만한 상황이 발생하지 않은 것이다. "倭寇大潰城內十九盡" 구절은 고구려 관군이 귀환해 신라 도성의 현황을 살펴본 결과를 기술한 것인데, 영락9년조의 "倭人滿其國境, 潰破城池." 및 영락10년조의 "倭滿其中(新羅城)." 구절에 조응한다. 왜적이 신라 도성을 점거하여 내부를 파괴한 상황을 기술한 것이다.[82] '潰' 자는 타동사로 목적어는 '城內'로 볼 수 있다. 이 구절은 "倭寇가 성의 내부를 크게 무너뜨려 열에 아홉이 다하여 없어졌다"로 풀이할 수 있다.[83]

③단락은 "(관군이) 신라 도성으로 되돌아와 성을 살펴보니 倭寇가 성의 내부를 크게 무너뜨려 열에 아홉이 다하여 없어졌다. 이에 (신라 도성을) 다시 수리하여 고치고, 신라인 수병을 안치했다"로 해석된다. ③단락에는 고구려가 왜에 의해 파괴된 신라 도성을 복구하고, 신라인 수병을 도성 수비대로 안치한 사실이 기술된 것이다. 신라 도성의 복구도 고구려의 주도 아래 이루어진 것으로 상정한 다음, 신라인을 고구려의 지휘를 받아 도성 수비대로 안치되는 피동적인 존재로 묘사한 것이다.

④단락은 판독불능자가 많아 내용을 파악하기가 쉽지 않다. 다만 3-1-1자는 '曰' 자로 새롭게 판독했는데, 2-10-41자와 함께 '言曰'이라는 구절을 이룬다. 능비에서 '言' 자는 서문의 '王臨津言曰', 수묘인연호조의 '存時教言'과 '言教如此' 등 3회 확인되는데, 모두 고구려왕의 말씀이나 敎를 나타낸다. '曰' 자는 서문에서 '王臨津言曰'과 '其辞曰' 등 2회 나오는데, 고구려왕의 발언 및 능비의 본문을 일컫는다. 반면 영락9년조에서 신라 사신의 발언은 '新羅遣使白王云' 구절에서 보듯이 '白'이나 '云'으로 표현했다.

이로 보아 2-10-41자/3-1-1자의 '言曰' 다음에도 광개토왕의 발언을 기술했을 가능성이 크다. ④단락은 '言曰'을 기준으로 전반부의 "新羅城■, 得其村津" 부분, '言曰' 다음의 광개토왕 발언 부분, 후반부의 "殘■潰.」亦以隨■, 安羅人戌兵." 부분 등 3개 단락으로 세분할 수 있다. 다만 판독불능자가 많아 각 단락을 구분하기 힘들므로 함께 검토하고자 한다.

앞부분의 "新羅城■, 得其村津" 구절은 '新羅'로 시작된다는 점에서 행위 주체는 신라일 가능성이 크다.[84]

---

82) 『삼국사기』 신라본기3에는 393년(내물왕 38년)에 왜가 금성을 5일간 포위했다고 하지만, 금성의 내부까지 점거했다는 기술은 없다. 다만 영락10년조 앞부분에 "고구려군이 신라 도성에 도착했을 때 왜가 그 안(신라 도성)에 가득했다"라고 기술했으므로 비문의 내용만 놓고 보면 "왜구가 신라 도성의 내부를 크게 무너뜨렸다"라고 해석해도 논리적 모순은 발생하지 않는다.

83) 필자도 처음에는 '潰' 자를 자동사로 보아 "倭寇가 크게 궤멸했다"로 해석했다(여호규, 2023a, 앞의 논문, p.79.). 그런데 2023년 6월 5일 한국역사연구원에서 열린 세미나에서 김은숙, 이현혜 선생님께서 타동사로 사용되었을 가능성을 제기하셨다. 두 분 선생님의 의견을 참조하여 비문을 재검토하여 본문과 같이 해석했다. 좋은 의견을 주신 두 분 선생님께 감사드린다. 아울러 이 세미나에서 중요한 조언을 해주신 노태돈, 최병현, 권오영, 김병준 선생님께도 감사드린다.

영락10년조에서 신라가 처음 행위의 주체로 등장한 구절인데, "신라가 성을 축조하고 … 촌(村)과 나루(津)를 획득했다"로 해석된다. 다만 '村津'이라는 표현을 통해 이 구절의 사건은 지방에서 일어났음을 유추할 수 있다. 고구려군이 왜적을 추격해 임나가라의 종발성까지 진군하고 그곳에 신라인 수병을 안치한 사실을 고려하면, 촌과 나루를 획득한 지역은 임나가라 방면과 관련될 가능성이 크다.

이와 관련해 신라가 일찍부터 黃山津口나[85)] 黃山河[86)] 일대에서 가야와 공방전을 벌인 사실이 주목된다. 黃山津은 김해와 양산 사이를 흐르는 낙동강 하류의 나루터인데, 조선시기에 黃山驛이나 黃山院이 있던 양산시 물금읍 물금리와 김해시 대동면 덕산리 일대로 비정된다.[87)] 黃山津口는 양산천이 낙동강에 합류하는 물금 부근으로 비정되는데, 조선시기에 낙동강의 범람을 막던 黃山堰, 영남대로를 연결하던 黃山棧道가 있었다.[88)] 대체로 신라와 금관가야=임나가라가 낙동강 하류의 양산~김해 일대에서 충돌한 것으로 파악된다.[89)]

이로 보아 신라가 획득했다는 촌과 나루는 낙동강 동쪽의 양산 지역에 위치했을 가능성이 크다. 고구려군이 신라 도성으로 귀환하여 파괴된 도성을 복구할 때(또는 그다음에), 신라는 양산 지역에 성곽을 축조하고 촌과 나루를 획득했다는 것이다. 다만 이 구절의 내용은 군사 활동과 직접 연관되지 않으며, 대상 지역도 지방이다. 고구려군이 왜적을 격퇴하는 군사 활동을 주도하고 신라 도성을 복구하는 중추적 행위자로 상정된 반면, 신라는 지방에서 성곽을 축조하고 촌과 나루를 획득하는 보조적인 행위자로 묘사된 것이다.

'言曰' 다음에는 광개토왕이 신라 구원전의 현황을 보고받고 발언(또는 명령)한 내용이 기술되었을 것으로 추정되지만, 내용을 파악하기는 어렵다. 후반부의 "殘■潰,」亦以隨■, 安羅人戍兵." 구절에서는 '殘(3-1-39자)' 자가 확인된다. 종래 '殘'에 이어지는 3-1-40자를 '倭'로 판독한 다음, 이 구절을 '殘倭' 곧 '百殘과 倭'나[90)] '殘餘(나머지)의 왜'로[91)] 풀이하기도 했다. 그렇지만 여러 원석탁본에서 3-1-40자의 자형을 확인할 수 없다. 3-1-40자를 '倭' 자로 상정한 다음, 이 구절을 해석하는 견해는 성립하기 어려운 것이다.

현재로서는 이 구절의 '殘'은 '百殘'이고, '潰' 자는 百殘의 궤멸 상황을 묘사한 것으로 파악할 수밖에 없다. ④단락 말미에는 고구려군이 백잔을 궤멸시키고, 신라인 수병을 안치한 상황이 기술된 것이다. 이러한 점에서 이 구절의 '亦' 자는 고구려군이 백제군을 궤멸시킨 다음 종전처럼 신라인 수병을 안치했음을 강조한

---

84) '新羅城' 곧 신라 도성을 문장의 주어로 상정해 볼 수도 있지만, 이 경우 '新羅城'이 '得其村津'의 주체가 되어 문장 자체가 성립하지 않는다.

85) 『삼국사기』 권1, 신라본기1 탈해이사금 21년 8월조, "阿湌吉門與加耶兵戰於黃山津口, 獲一千餘級. 以吉門爲波珍湌, 賞功也."

86) 『삼국사기』 권1, 신라본기1 지마이사금 4년 7월조, "親征加耶. 帥步騎度黃山河, 加耶人伏兵林薄以待之. 王不覺直前, 伏發圍數重. 王揮軍奮擊, 決圍而退."

87) 김태식, 1993, 『가야연맹사』, 일조각, p.70; 전덕재, 2007, 「삼국시대 황산진과 가야진에 대한 고찰」, 『한국고대사연구』 47, pp.38-44.

88) 이영식, 2016a, 앞의 논문, pp.532-533.

89) 신형식, 1975, 「신라군주고」, 『백산학보』 19; 1984, 『한국고대사의 신연구』, 일조각, pp.201-202.

90) 鈴木靖民, 1985, 앞의 논문; 1988, 앞의 논문, p.60; 김유철, 1986, 「고구려의 광개토왕릉비에 나타난 왜의 성격」, 『력사과학』 1; 연민수, 1987, 앞의 논문, pp.21-23.

91) 王健群, 1984, 앞의 책, p.219; 연민수, 1994, 앞의 논문, pp.246-247; 2013, 앞의 논문, p.229.

표현이라고 생각된다. ④단락 뒷부분은 "殘■이 궤멸되자, 또한 ■에 따라 신라인 수병을 안치했다"로 해석할 수 있다.

　종래 영락10년조에 백제군의 서술 여부와 관련해 다양한 논의가 전개되었는데,[92] ④단락 말미에서 백제군의 활동을 확인할 수 있는 것이다. 다만 고구려군과 백제군이 어디에서 전투했는지는 파악하기 힘들다. 백제와 신라의 국경지대일 가능성이 크지만, 더는 파악하기 어렵다. 현재로서는 고구려군이 백제군을 궤멸시킨 다음, 임나가라 종발성이나 신라 도성과는 다른 장소에 신라인 수병을 안치한 사실만 유추할 수 있을 뿐이다.

　⑤단락은 영락10년조의 마무리 부분인데, 고구려와 신라의 외교관계를 기술했다. '論事'로 판독되던 3-2-19자·20자는 '聆事'임이 명확한데, 양국의 외교관계와 관련해 주목되는 표현이다. 이 단락은 "지난날 신라의 寐錦이 몸소 와서 聆事한 일이 없었는데, 國岡上廣開土境好太王 (시기에 이르러) □□□國, 寐錦과 □家 등이 복종하고 공경(僕句)하며[93] □를 요청하고, □□하며 朝貢했다"로 해석된다. 고구려가 신라를 구원한 결과, 신라왕이 처음으로 몸소 고구려에 와서 聆事하며 조공했다는 것이다.

　이상을 통해 논란이 분분했던 ②와 ③ 단락을 비교적 명확하게 해석했다. ②단락에서는 고구려군의 진군 경로 및 왜적을 추격하던 양상을 파악했다. ③단락에서는 고구려가 왜적에 의해 파괴된 신라 도성을 복구한 사실을 새롭게 파악했다. ④단락은 '言曰' 구절을 기준으로 다시 세 단락으로 세분했는데, 앞부분에서는 신라가 임나가라 방면에서 촌과 나루를 획득한 사실을 새롭게 파악하고, 뒷부분에서는 고구려가 백제군과 전투한 사실을 확인했다. 이상의 논의를 종합하면 영락10년조는 다음과 같이 해석할 수 있다.

〈사료 ㉮의 해석문〉

① (영락) 10년 경자년에 (왕이) 敎를 내려 보병과 기병 5만 명을 파견해 신라에 가서 구원했다.

② (고구려군이) 男居城으로부터 (출발하여) 新羅城(신라 도성)에 이르니 왜가 그 안에 가득했다. 官軍이 막 이르니, 倭賊이 물러났다. 官軍이 그 뒤를 급히 추격하여 任那加羅의 從拔城에 이르니 城이 곧 歸服하여 新羅人 戍兵을 안치했다.

③ (官軍이) 신라 도성으로 되돌아와 성을 살펴보니 倭寇가 성의 내부를 크게 무너뜨려 열에 아홉이 다하여 없어졌다. 이에 다시 수리하여 고치고, 新羅人 戍兵을 안치했다.

④ 신라가 성을 쌓고 … 그 촌(村)과 나루(津)를 획득했다. … / 言曰 … 興 … 辞 … 新羅 … / 殘■이 궤멸되자, 또한 ■에 따라 新羅人 戍兵을 안치했다.

---

92) 武田幸男, 1989, 앞의 책, pp.120-121에서는 3-1-39자를 '殘'으로 판독할 수 없다며, 영락10년조에서는 百殘이 확인되지 않으며 倭를 조종한 백제의 자태도 확인할 수 없다고 단정했다.

93) '僕句'를 인명으로 보아 실성왕 11년(412)에 고구려로 볼모로 보내진 'ㅏ好'로 추정하기도 한다. 그렇지만 복호가 고구려에 볼모로 보내진 시점은 광개토왕이 사망하던 해라는 점에서 영락10년조와 너무 동떨어졌다는 문제가 있다. 이에 이 글에서는 '句'에 '공경하다'라는 뜻이 있음에 주목하여 '僕句'를 본문처럼 "복종하고 공경하다"라고 풀이했다.

⑤ 지난날 신라의 寐錦이 몸소 와서 聆事한 일이 없었는데, 國岡上廣開土境好太王 (시기에 이르러) □□□國, 寐錦과 □家 등이 복종하고 공경(僕句)하며 □를 요청하고, □□하며 朝貢했다.

위와 같은 비문 해석을 통해 몇 가지 중요한 사항을 파악할 수 있다.

첫째, 논란이 분분했던 '안라인수병' 구절은 '신라인 수병을 안치하다'로 해석된다. 이 구절은 고구려군이 적군과의 전투를 승리로 이끌거나 신라 도성을 복구한 다음에 취한 마무리 조치로서 각 단락의 말미에 해당한다. 이에 이 구절을 기준으로 영락10년조를 최소 5개 이상의 단락으로 구분하여 전체 내용을 파악할 수 있었다.

둘째, 고구려와의 전투 대상으로는 倭賊과 百殘만 확인되며, 가야 諸國이 행위의 주체로 기술된 문장은 없다. 이러한 점에서 영락10년조만을 통해 가야 제국의 동향을 파악하기는 힘들며, 가야 지역에 대한 왜나 백제의 영향력을 유추하기도 쉽지 않다.

셋째, 각 단락에서 주요 행위의 주체는 모두 고구려군으로 상정되어 있다. 신라가 행위의 주체로 등장하는 구절은 지방에 한정되어 있고, 신라인은 고구려군에 의해 수비병으로 안치되는 피동적인 존재로 묘사되었다. 심지어 신라 도성의 복구도 고구려가 주도했고, 신라 도성에도 고구려가 신라인을 수비대로 안치한 것으로 서술했다. 영락10년조의 주체는 어디까지나 고구려라는 것이다.

이렇게 본다면 신라인 수병설에 대한 비판 가운데 '안치한다(安)'라는 동사가 3회나 반복될 정도로 능비의 문장이 치졸하지 않다는 비판, 신라인 수병을 세 차례나 배치할 이유가 없다는 비판, 신라 왕성에 신라인 수병을 배치한 것은 기술할 필요가 없는 당연한 조치라는 비판 등은 성립하기 힘들다는 사실을 쉽게 알 수 있다.

영락10년조는 각 구절의 주어가 계속 바뀔 정도로 문장구성이 복잡하지만, 漢代 묘비의 형식을 빌려 비문을 찬술하는 과정에서 終結辭를 사용하지 않았다.[94] 이에 능비 찬자는 각 단락 말미에 '안라인수병' 구절을 배치하여 일종의 終結句로 활용했다. '안라인수병' 구절이 3회나 나오는 것은 문장이 치졸하기 때문이 아니라, 종결사를 사용할 수 없는 상황에서 각 단락을 명료하게 구분하기 위한 필법과 관련된다.

또 고구려군이 신라 도성을 비롯해 각지에 신라인 수병을 세 차례나 배치했다는 기술은 신라인 수병을 고구려군의 지시를 받는 피동적인 존재로 묘사해 신라의 역할을 극히 미미하게 상정하면서 고구려군의 활동을 부각시키기 위한 필법과 관련된다.[95] '안라인수병' 구절은 고구려의 군사 활동을 부각하기 위한 중요한 장치인 것이다. 특히 고구려가 왜의 침입으로 파괴된 신라 도성을 복구한 다음, 그곳에도 신라인을 수비

---

94) 능비는 序言과 銘辭로 구성된 漢代 墓碑의 형식을 빌려 작성했다. 漢代 墓碑에서 서언은 散文으로 종결사를 사용한 반면, 銘辭는 4言 韻文으로 종결사가 없다. 능비도 서문에서는 종결사를 사용한 반면, 銘辭에 해당하는 본문(무훈기사+수묘인연호조)에서는 최대한 운문체를 유지하며 종결사를 사용하지 않았다(여호규, 2014, 앞의 논문, pp.21-26).

95) 주보돈, 2006, 앞의 논문, pp.40-44; 王健群, 1984, 앞의 책, pp.177-180에서는 새로 조직된 신라인의 전투력이 약하여 성을 지키는 정도만 가능했기 때문에 羅軍이 아니라 羅人이라 표기했다고 보기도 했다.

병으로 안치했다고 서술했다.

능비 찬자는 영락10년의 구원전을 통해 고구려가 신라의 정치적 중심부인 도성을 점령했고, 도성에 배치된 신라인 수비대에 대한 군사 지휘권까지 장악했다고 인식한 것이다. 고구려가 명실상부하게 신라를 예속국으로 삼았다는 것이다. 이로 보아 능비 찬자나 고구려인들은 구원전을 계기로 신라와의 외교관계도 크게 달라졌다고 인식했을 것으로 추정된다.

IV. 고구려 중심의 지배·예속적인 외교관계 확립과 '聆事'

영락10년조에 나타난 고구려와 신라의 외교관계와 관련해 ⑤단락이 많은 주목을 받았다. ⑤단락의 요지는 신라의 매금(신라왕)이 종전에는 몸소 고구려에 와서 聆事(종전 판독으로는 論事)한 적이 없다가 이때 처음 聆事하고 朝貢했다는 것인데, 양국의 외교관계가 영락10년의 구원전을 계기로 크게 변화했을 가능성을 시사한다. 다만 '聆事'라는 용어가 다른 사료에서 확인되지 않아 이 기사만으로 양국 외교관계의 변화양상을 정확하게 파악하기는 쉽지 않다. 이에 능비의 다른 기사와 비교해 '聆事'의 의미를 살펴보고자 한다.

〈사료 ㉮〉

「百殘新羅, 舊是屬民」由來朝貢. 而倭以辛卯年, 來渡海破百殘■□新羅以爲臣民.

以六年丙申, 王躬率大軍, 討伐殘國 (중략) 而殘主困逼, 獻□男女生口一千人, 細布千匹, 跪王自誓, 從今以後, 永爲奴客. 太王恩赦先「迷之愆, 錄其後順之誠.

八年戊戌, 教遣偏師觀帛愼土谷. (중략) 自此以來, 朝貢聆事.

九年己亥, 百殘違誓 与倭和」通, 王巡下平穰. 而新羅遣使白王云, 倭人滿其國境, 潰破城池. 以奴客爲民, 歸王請命. 太王恩慈, 矜其忠誠.」特遣使還告以密計.

十年庚子, 教遣步騎五萬, 往救新羅. (중략) 昔新羅寐錦, 未有身來聆事, □國岡上廣開土境好太王 □□□國, 寐錦□家, 僕句」請□, □□朝貢.

廿年庚戌, 東夫餘舊是鄒牟王屬民, 中叛不貢. 王躬率往討. 軍到餘城, 而餘■國駭□, 觀□□□ □□」□□ 王恩普覆. 於是旋還.

사료 ㉮는 고구려와 주변국의 외교관계와 관련한 능비의 주요 기사를 정리한 것인데, 종전 연구에서는 신묘년조 전반부의 '屬民'과 '朝貢' 표현을 가장 많이 주목했다. 일찍이 일본의 濱田耕策은 고구려가 추구했던 외교관계를 '屬民-朝貢關係'라고 상정한 다음, 영락6년의 백제 정복전이나 영락10년의 신라 구원전을 그 실현 과정으로 이해했다.[96] 武田幸男도 조공이 고구려의 국제관계에서 가장 기본적인 지배-예속관계라며,

---

96) 濱田耕策, 1974, 앞의 논문, pp.9-30.

능비의 정복전을 변화되거나 붕괴된 조공관계를 안정시키는 과정으로 파악했다.[97]

국내 연구자도 대부분 능비의 정복전을 조공관계의 구현과정으로 이해했다. "능비에서 정복 전쟁은 조공지배를 이상으로 하며, 그 결과는 차등적 예속관계인 조공관계의 성립을 의미한다"라는 서영수의 견해는 이를 잘 보여준다.[98] 양기석도 능비의 외교관계 용어 가운데 '조공'이 최상위 개념이라며 조공관계를 구현하기 위해 정복전을 전개한 것으로 파악했다.[99] 노태돈도 능비에 상정된 주변국과의 관계를 조공관계로 파악한 다음, 영락10년 구원전 이후 신라와의 조공관계가 더욱 확고해졌다고 이해했다.[100]

신묘년조 전반부에는 "백잔과 신라는 옛날에 속민이었는데 그로 말미암아 조공했다"는 구절이 나오며, 영락20년조에는 "동부여는 옛날에 추모왕의 속민이었는데, 중간에 배반하여 조공하지 않았다"는 구절이 나온다. 두 기사의 사실성을 논외로 한다면,[101] 능비 찬자가 백제와 신라, 동부여는 본래 고구려의 屬民이었기 때문에 고구려에 조공했다고 인식한 것으로 파악된다. 屬民이 朝貢의 전세 조건으로 상정되었다는 점에서 신묘년조 전반부에 기술된 고구려 중심의 외교관계는 朝貢關係라고 파악할 수 있다.

그렇다면 능비의 정복전은 통설처럼 단순히 신묘년조에 상정된 조공관계를 구현하는 과정이었을까? 영락6년조에는 정복전의 결과로 백제왕이 남녀 생구 1천 명과 세포 1천 필을 바치며 광개토왕에게 무릎을 꿇고(跪王) "지금 이후로는 영원히 奴客이 되겠다"라고 맹서했다고 나온다. 영락8년조에는 광개토왕이 소규모 부대를 보내 肅慎을 관찰 순시한 결과, 숙신이 고구려에 朝貢·聆事하기로 했다고 한다.[102] 영락10년조에는 구원전의 결과, 신라왕이 처음으로 고구려에 와서 '聆事'하며 조공했다고 한다.

그런데 종전의 통설에 따르면 정복전이나 군사활동의 결과로 이루어진 백제왕의 '跪王自誓' 및 숙신과 신라왕의 '聆事' 행위는 모두 조공관계의 구현과정 내지 이를 위한 수단으로 이해해야 한다. 실제 王健群은 朝貢과 論事(필자의 판독으로는 聆事)를 동일시했다.[103] 濱田耕策도 백제왕의 '跪王自誓' 행위를 통해 종전의 속민-조공관계가 회복되었다고 파악했다.[104] 武田幸男도 숙신이나 신라의 논사[聆事] 행위를 조공관계의 구현 수단 또는 그에 따른 부수적 행위로 파악했다.[105]

이러한 이해 방식은 국내 연구자에게서도 확인된다. 서영수는 신묘년조에 상정된 명분적인 조공 개념은 정복전을 통해 실질적 조공관계로 전환했는데, '跪王自誓'나[106] '朝貢論事'는[107] 모두 조공지배를 나타낸다

---

97) 武田幸男, 1989, 앞의 책, pp.118-130.

98) 서영수, 1982, 앞의 논문, pp.46-47.

99) 양기석, 1983, 「4-5c 高句麗 王者의 天下觀에 대하여」, 『湖西史學』 11, pp.38-42.

100) 노태돈, 1988, 「5세기 金石文에 보이는 高句麗人의 天下觀」, 『韓國史論』 23, pp.42-46; 1999, 『고구려사 연구』, 사계절, pp.369-370.

101) 신묘년조를 둘러싼 논의는 워낙 多岐하므로 별도로 상론하고자 한다. 이 글에서는 영락10년조에 나타난 신라와의 외교관계를 검토하는데 필요한 범위 내에서만 논의를 전개하고자 한다.

102) 영락8년조의 정토 대상에 대해서는 다양한 견해가 있는데, 필자는 '息慎'의 異表記로 挹婁(勿吉)를 숙신에 비정하여 일컫은 것으로 파악한다.

103) 王健群, 1984, 앞의 책, p.219.

104) 濱田耕策, 1974, 앞의 논문, p.9.

105) 武田幸男, 1989, 앞의 책, pp.118-119 및 pp.130-137.

고 보았다.[108] 주보돈도 고구려가 상정한 屬民關係는 영락10년 신라왕의 論事로 완결되었다고 보았고,[109] 연민수는 신묘년조에 상정된 속민관계가 영락10년의 구원전을 계기로 朝貢·論事하는 실질적 관계로 성립했다고 파악했다.[110]

　　대부분의 연구자가 능비의 정복전을 신묘년조에 상정된 朝貢關係(속민-조공관계)의 구현과정으로 파악할 뿐 아니라, 정복전의 결과인 백제왕의 '跪王自誓' 및 숙신과 신라왕의 '聆事' 행위도 조공관계의 구현 수단 또는 그에 따른 부수적 행위로 이해한 것이다. 그렇다면 주변국의 盟誓나 聆事는 조공관계의 구현 수단이나 부수적 행위에 불과한 것일까?

　　이와 관련해 먼저 영락8년조에 朝貢과 聆事가 병기된 점에 주목할 필요가 있다. 능비 찬자가 '聆事'를 조공과 구별되는 행위로 인식했을 가능성을 시사하기 때문이다. 신묘년조에는 신라가 일찍부터 고구려의 屬民으로 朝貢했다고 기술했는데, 영락10년조에서는 신라왕이 그 이전에 몸소 고구려에 와서 聆事한 적이 없다고 했다. 이를 내용상의 논리적 상충으로 보기도 하는데,[111] 朝貢과 聆事를 동일시한 결과이다. 그렇지만 능비 찬자가 양자를 별개로 인식했다면, 아무런 논리적 상충도 발생하지 않는다. 영락8년조와 10년조의 비문 기술 양상은 '聆事'가 朝貢과 구별되는 별도의 행위로 상정되었을 가능성을 시사한다.

　　'聆事'라는 표현은 종전에는 '論事'로 판독했다. 일찍이 영락8년조의 '조공논사'에 대해 "숙신이 조공을 바치도록 고구려가 결정하여 주었다"로 해석하는 견해가 제기되었다.[112] '論事'를 "판결하여 주다"로 해석한 것이다. 이에 대해 '논사'는 함께 사정을 토론한다는 뜻으로 '조공논사'는 명령을 듣는다는 의미로 '朝貢聽命' 했다는 뜻으로 보는 견해,[113] 『大唐六典』과 『養老令』의 사례를 바탕으로[114] 숙신이나 신라가 政事·軍事에 대해 고구려에 奏陳하고 議定하는 것을 일컫는다는 견해,[115] 내부의 일을 보고하고 명을 듣는 것을 뜻한다는 견해,[116] 자기 사업에 대해 보고와 협의를 하는 것을 일컫는다는 견해[117] 등이 제기되었다.

　　'論事'의 '事'는 정사나 군사 등 주요 국사를 의미한다. 그리고 408년에 조영된 덕흥리벽화고분에는 幽州

---

106) 다만 서영수, 1982, 앞의 논문, p.14에서는 '跪王'을 '歸王'으로 판독했다.

107) 서영수, 1982, 앞의 논문, p.32에서는 '朝貢論事'로 판독했다가, 서영수, 2007, 「광개토태왕비문의 高句麗와 倭」, 『동아시아 속에서의 高句麗와 倭』, 景仁文化社, pp.43-44에서는 '論事'를 '服事'로 판독했다.

108) 서영수, 1982, 앞의 논문, pp.44-48; 2007, 앞의 논문, pp.40-46.

109) 주보돈, 2006, 앞의 논문, p.48.

110) 연민수, 1998, 앞의 책, p.104; 2013, 앞의 논문, p.240.

111) 연민수, 2013, 앞의 논문, p.240.

112) 박시형, 1966, 『광개토왕릉비』, 사회과학원출판사, pp.183-184.

113) 王健群, 1984, 앞의 책, pp.213-214.

114) 『大唐六典』 권9, 中書令條 王言之制7에는 황제가 公卿을 慰諭하고, 臣下를 誡約할 때 사용하는 하행문서로 論事勅書가 나오며, 『養老令』 公式令에는 태정관이 천황에게 상주하는 3형식 가운데 하나로 論事奏式이 나온다(武田幸男, 1989, 앞의 책, p.116).

115) 武田幸男, 1989, 앞의 책, pp.116-118.

116) 노태돈, 1992, 앞의 논문, p.27.

117) 손영종, 2001, 앞의 책, p.263.

관내의 太守들이 刺史한테 來朝하여 '論州'했다는 표현이 나온다.[118] 논주의 '論'은 태수들이 상급자인 유주 자사에게 본인의 업무를 보고하고 주의 업무를 논의하는 장면을 묘사한 것으로,[119] "하위자가 상위자에게 업무를 보고하고 命을 받다"라는 의미로 해석된다. 그러므로 능비의 '영사'가 '논사'로 판독된다면, 많은 연구자가 지적한 것처럼 "주변국의 국왕이 고구려왕에게 자국의 國事를 보고[陳奏]하고 협의해서 결정한다[명을 듣는다]"라는 뜻으로 해석하는 것이 가장 타당하다.

그런데 종래 '논사'로 판독되던 단어 가운데 '論' 자는 '聆' 자임이 명확하다. 이 점은 규장각본이나 부사년 갑본 등 여러 원석탁본을 통해 확인할 수 있다.[120] '聆事'라는 용어는 다른 사료에서 확인되지 않는데, 한자 字意上 가장 유사한 표현으로 '聽事'가 있다. '聽事'는 帝王이 신하들의 의견을 들어 政事를 돌본다는 뜻으로 '治事'와 같은 표현이다.[121] 다만 영락10년조에서 '聆事'의 행위자는 신라왕인데, 능비 찬자의 입장에서 신라왕을 '聽事'의 주체인 고구려왕과 같은 반열에 놓기는 어렵다. '聆事'라는 표현을 帝王이 행위의 주체인 '聽事'와 같은 뜻으로 보기 힘든 것이다.

'聆' 자의 의미를 『說文解字』에서는 "귀 기울여 듣다(聽)"로 풀이했는데,[122] 『蒼頡篇』이나 『廣韻』에서도 "귀로 (소리를) 듣다(耳聽; 以耳取聲)"라고 풀이했다.[123] '聆' 자는 사람이 귀라는 신체 기관을 통해 소리를 듣는 행위를 강조한 글자인데, 특히 이 글자를 구성하는 '令' 자는 사람이 무릎을 꿇고 神意를 듣는 모양을 형상화한 것이라고 한다.[124] 이렇게 본다면 영락8년조와 10년조의 '聆事'는 숙신이나 신라왕이 자국의 국사에 대해 광개토왕의 명을 듣는 행위를 지칭하는 표현이며, 고구려왕의 명을 '神意'에 비유하기 위해 '令' 획이 포함된 '聆' 자를 선택했을 가능성도 상정해볼 수 있다.

'論事'와 비교한다면, '聆事'는 주변국의 국왕이 자국의 국사를 보고하거나 논의하는 과정을 생략한 채 고구려왕의 명을 일방적으로 듣는 행위를 강조한 표현이다. 신라왕이 몸소 고구려에 와서 영사했다는 것은 광개토왕의 명을 듣는 피동적인 객체라는 것이다. 이처럼 능비 찬자가 신라왕을 광개토왕의 명을 듣는 피동적인 객체로 상정할 수 있었던 것은 고구려가 영락10년의 구원전을 통해 신라를 강하게 예속시켰다고 인식했기 때문이다.

따라서 신라왕의 '聆事' 행위는 고구려가 신라를 강하게 예속시킨 결과를 바탕으로 이루어졌다고 파악된

---

118) 사회과학원, 1981, 『덕흥리고구려벽화무덤』, 과학백과사전출판사, pp.27-28.

119) 위의 책, p.87에서는 '論州'의 뜻을 '주의 일을 의논하다'로 풀이했다.

120) 여호규, 2023a, 앞의 논문, p.82; 여호규, 2023b, 앞의 논문, p.81.

121) 『漢書』 권8, 宣帝紀 地節2년 5월조의 "上始親政事 (중략) 而令群臣得奏封事, 以知下情. 五日一聽事, 自丞相以下各奉職奏事, 以傳奏其言, 考試功能." 및 『後漢書』 권1하, 光武帝紀下 建武7년 3월조의 "癸亥晦, 日有食之, 避正殿, 寢兵, 不聽事五日." 등은 이러한 용례에 해당한다.

122) 『說文解字』 권12, 耳部, "聆, 聽也. 从耳令聲. 郎丁切"; 하영삼, 2022, 『하영삼 교수의 완역 설문해자 (4)』, 도서출판3, p.3393 참조.

123) 『蒼頡篇』, "耳聽曰聆."; 『廣韻』, "以耳取聲."

124) 民衆書林 편집국 편, 1997, 『漢韓大字典(제2판)』, p.152의 '令' 字 字源. '令' 자의 형상을 "모자를 쓰고 앉은 사람의 모습으로 우두머리가 내릴 수 있는 명령의 의미"를 그린 것이라고 보기도 한다(하영삼, 2022, 『하영삼 교수의 완역 설문해자 (3)』, 도서출판3, p.2537.).

다. 능비의 서술만 놓고 본다면, 신라왕은 광개토왕의 명을 일방적으로 듣는 피동적인 존재로 왕권의 행사에도 상당한 제약을 받았다고 볼 수 있다. 실제 영락10년 이후 고구려는 신라의 국정에 막강한 영향력을 행사했다. 고구려군 일부가 계속 신라 영역에 주둔했다.[125] 특히 고구려는 奈勿王 사후 그의 왕자들을 제치고 고구려에 볼모로 와 있었던 實聖을 즉위시켰다가,[126] 다시 實聖王을 살해하고 訥祇王을 옹립했다.[127]

고구려가 신라의 왕위 계승을 좌우할 만큼 국정에 깊숙이 관여한 것인데,[128] 이러한 양상은 5세기 중반까지 이어졌다. 〈충주고구려비〉에 따르면 449년경에 신라왕이 직접 고구려의 '跪營'에 와서 고구려왕과의 복속 의례를 거행했을 뿐 아니라, 신라에 '新羅土內幢主'라 불린 고구려 지휘관이 주둔하고 있었다.[129] 고구려가 반세기 가까이 신라를 예속국으로 삼은 것인데, 영락10년조 말미의 '聆事'는 이를 상징하는 표현이다.

그렇다면 '聆事'로 상징되는 강력한 예속관계를 능비에 기술된 '조공관계'의 범주에 포함할 수 있을까? 당시 고구려는 중원왕조와 조공·책봉관계를 맺고 있었다는 점에서 능비 찬자는 중원왕조와의 조공·책봉관계를 참조하여 '조공' 개념을 상정했다고 파악된다. 4-5세기 동아시아 국제정세의 가장 중요한 특징은 중원왕조 중심의 일원적 국제질서가 붕괴되고, 다원적·중층적 국제질서가 전개되었다는 점이다. 조공·책봉관계의 성격도 책봉국 중심의 국제질서를 규정하는 측면보다 각국이 국가적 위상과 현실적 지배력을 상호인정하며 외교교섭을 전개하는 기능이 강조되었다. 실제 고구려는 355년에 전연과 국가적 위상과 현실적 지배력을 상호 인정하는 형태로 조공·책봉관계를 맺은 다음, 남진정책을 추진한 바 있다.[130]

고구려는 광개토왕 시기를 전후한 4-5세기에 책봉국의 중심성이 크게 약화된 반면 조공국의 독자성은 극대화된 형태로 중원왕조와 조공·책봉관계를 맺었던 것이다. 이러한 측면은 북위와의 외교관계에서 잘 나타난다. 고구려는 435년에 북위에 사신을 파견하여 북위 황제의 諱를 청한 다음, 북위와 조공·책봉관계를 맺었다. 고구려가 북위 황제의 휘를 청한 것은 북위의 우위를 인정하며, 북위 중심의 국제질서에 참여하겠다는 의미로 이해된다.[131]

그런데 북위가 439년 북중국 통일 이후에도 정복 전쟁을 계속 추진하자, 정보 유출에 따른 침공 위험을 우려해 외교관계를 단절했다.[132] 462년 북위와 외교관계를 재개한 이후에도 王女의 納妃 요구 및 국왕이나 세자의 入朝 요청을 단호하게 거부했다.[133] 고구려가 책봉국이라는 북위의 중심성을 인정했지만, 고구려의

---

125) 末松保和, 1954, 『新羅史の諸問題』, 東洋文庫, pp.144-145.

126) 『三國史記』 권3, 신라본기 실성이사금 즉위년조.

127) 『三國遺事』 권1, 기이편 제18 실성왕조.

128) 이기백·이기동, 1982, 『한국사강좌(1: 고대편)』, 일조각, pp.150-151; 장창은, 2008, 『신라 상고기 정치변동과 고구려 관계』, 신서원, pp.89-106.

129) 여호규, 2020, 「충주고구려비의 단락구성과 건립시기」, 『한국고대사연구』 98 참조. 『일본서기』 권14, 雄略紀 8년(464년) 2월 조에도 고구려군이 신라에 주둔한 사실을 전한다.

130) 여호규, 2000, 「4세기 동아시아 국제질서와 고구려 대외정책의 변화」, 『역사와현실』 36.

131) 이성제, 2005, 『고구려의 서방정책 연구』, 국학자료원, pp.39-42; 시노하라 히로카타, 2005, 「고구려적 국제질서인식의 성립과 전개」, 고려대 박사학위논문, pp.118-119.

132) 여호규, 2022, 「5세기 초·중반 동아시아 국제질서의 재편과 고구려의 외교정책」, 『역사와현실』 124, pp.136-142.

133) 노태돈, 1999, 앞의 책, pp.311-317.

독자성을 훼손할 만한 사안에 대해서는 단호하게 대처한 것이다. 고구려는 4-5세기 중원왕조와 맺은 조공·책봉관계를 지배·예속관계가 아니라 책봉국 중심의 국제질서에 참여하는 수단으로 인식한 것이다.

이러한 점에서 능비 찬자가 강력한 지배·예속관계를 전제로 하는 '영사'를 '조공관계'의 범주로 상정했다고 보기는 어렵다.[134] 조공과 영사는 별개의 개념일 가능성이 큰 것이다. 영락8년조에 숙신의 朝貢과 聆事를 병기한 점, 신묘년조에서 신라가 일찍이 조공했다고 상정했는데 영락10년조에서는 신라왕이 聆事한 적이 없다고 기술한 점은 이를 잘 보여준다. 숙신과 신라왕의 聆事 행위는 단순히 조공관계의 구현 수단이나 부수적 행위가 아니라, 고구려가 군사행동을 통해 구현하려던 외교관계를 나타낸 표현이라고 파악된다. 능비의 정복전은 '영사'로 상징되는 지배·예속적인 외교관계를 확립하기 위해 추진된 것이다.

영락6년조에 기술된 백제왕의 '跪王自誓' 행위도 이러한 관점에서 재검토할 필요가 있다. 능비 찬자는 '귀로 소리를 듣는' 신체적 행위를 나타낸 '聆' 자를 활용해 강력한 예속관계를 규정한 '聆事' 개념을 창안했다. 그런데 '궤왕자서'의 '跪' 자도 무릎을 꿇는 신체적 행위를 나타내는데, 고구려인들이 존귀한 이에게 예를 표하던 '跪拜' 전통이[135] 의례화되어 국제관계에까지 확장된 것이다.[136] 실제 〈충주고구려비〉에서는 고구려왕과 신라 매금이 복속의례를 거행한 장소를 '跪營'이라 일컬었다. 고구려인들은 무릎을 꿇는 '跪'라는 신체적 행위를 지배·예속관계를 확인하는 과정으로 인식한 것이다.

더욱이 백제가 성장한 마한 지역에는 본래 "무릎을 꿇고 절하는 예절이 없었다"는 점에서[137] 백제왕의 '궤왕자서' 행위는 고구려에 의해 강요된 것일 가능성이 크다. 백제왕의 '궤왕자서' 행위도 단순히 조공관계의 회복이나 구현보다 더 강력한 지배·예속관계를 확립하기 위한 과정으로 파악된다. 영락6년조의 '奴客'이라는 표현은 〈모두루묘지〉에서 보듯이 고구려의 신료들이 국왕을 높이고 자신을 낮추어 부르던 卑稱이다. 백제왕이 광개토왕에게 무릎을 꿇고 '영원히 노객이 되겠다'라고 맹서한 것은 고구려왕의 신하로서[138] 예속적인 외교관계를 수용하겠다는 의사를 밝힌 것으로 볼 수 있다.

이와 관련해 영락9년조에서 신라가 사신을 보내 광개토왕에게 구원을 요청하며, "倭人滿其國境, 潰破城池. 以奴客爲民, 歸王請命."이라고 언급한 사실이 주목된다. 이 기사 가운데 '以奴客爲民' 구절의 '민'에 대해서는 왜의 민[139] 또는 고구려왕의 민으로[140] 보는 견해로 나뉘지만,[141] '노객'이 고구려왕에 대한 신라왕의

---

134) 국내 연구자들은 대체로 고구려가 중원왕조와 맺은 조공·책봉관계는 명분론에 입각한 일방적 관계나 명목적인 상하관계로 실제로는 대등한 관계인 반면, 능비에 기술된 주변국과의 조공관계는 군사력이 수반된 실질적 예속관계나 실제 영향력을 행사한 관계라고 이해한다(서영수, 1982, 앞의 논문, pp.38-47; 노태돈, 1999, 앞의 책, pp.334-345). 고구려가 중원왕조와 주변국에 대해 '조공' 개념을 달리 상정했다고 보는 것인데, 양자를 동일선상에 놓고 보다 객관적인 관점에서 검토할 필요가 있다.

135) 『三國志』 권30, 위서 동이전 고구려전, "跪拜申一脚, 與夫餘異, 行步皆走."

136) 武田幸男, 1989, 앞의 책, pp.132-133.

137) 『三國志』 권30, 위서 동이전 한전, "其俗少綱紀, (중략) 無跪拜之禮."

138) 武田幸男, 1989, 앞의 책, pp.142-143.

139) 管政友, 1891c, 앞의 논문, p.745 이래 대부분의 일본학자는 이 견해를 따르고 있다. 국내 연구자로는 노태돈, 1992, 앞의 논문, p.27; 연민수, 1995, 앞의 논문, pp.241-242; 이도학, 2012, 앞의 논문, p.179; 이용현, 2013, 앞의 논문, pp.267-269; 신가영, 2017, 앞의 논문, p.16; 기경량, 2023, 앞의 논문, p.162 등이 있다.

예속적 자칭(멸칭, 비칭)이라는 점은 대부분 동의한다.[142] 이 구절의 '노객'은 신라왕이 고구려의 신하를 표방한 것으로 바로 뒤의 "왕에게 귀의하여 명을 청하옵니다" 구절과 세트를 이룬다.

그러므로 능비에 기술된 고구려와 신라의 외교관계는 영락9년에 신라가 '奴客'을 자처하며 고구려왕에게 '歸王請命'하는 과정을 거쳐, 영락10년의 구원전을 통해 강력한 지배·예속관계인 '聆事' 단계로 진전되었다고 파악된다. 이러한 점에서 영락6년 백제왕의 '跪王自誓' 행위도 '聆事' 단계로 나아가는 과정으로 상정되었다고 파악된다. 다만 백제가 맹서를 어기고 왜와 화통함에 따라 양국 관계는 더 진전되지 않았다. 능비 찬자는 '聆事' 관계를 주변국에 대한 가장 강력한 지배·예속관계로 상정했고, 주변국의 국왕(수장)이 노객을 자처하며 '跪王自誓'하거나 '歸王請命'하는 것은 이를 구현하는 과정으로 인식한 것이다.

이처럼 능비의 정복전은 단순히 신묘년조 전반부에 상정된 조공관계(속민-조공관계)를 구현하는 과정이 아니라, 강력한 지배·예속관계인 '영사' 관계의 실현을 목표로 추진되었다. 물론 '영사' 관계가 실현되어도 조공은 이루어졌는데, 영락8년조와 10년조에서 영사와 함께 '조공'을 병기한 것은 이를 잘 보여준다. 그럼 능비 찬자는 '조공'을 어떠한 개념으로 인식했을까? 이 점이 밝혀져야 '영사'의 의미도 더욱 명료하게 이해할 수 있을 것이다.

신묘년조 전반부와 영락20년조 서두의 기술에서 보듯이 능비 찬자는 주변국이 고구려의 屬民이었기 때문에 朝貢한 것으로 인식했다. '屬民'은 조공관계 성립의 전제 조건이라는 것이다. 종전에는 '屬民'의 의미를 服屬民(예속된 백성)이나[143] 支配隸屬的 關係를[144] 뜻한다고 파악한 다음, 조공관계를 고구려 중심의 가장 이상적인 차등적 예속관계[145] 또는 가장 기본적인 지배-예속관계라고[146] 상정했다.[147] 대부분의 연구자가 능비의 정복전을 조공관계의 구현과정으로 파악한 것도 이 때문이다.

그렇다면 과연 '속민'은 복속민이나 지배예속적 관계를 뜻하는 것일까? 『說文解字』에서는 '屬' 자를 "連也. 從尾蜀聲. 之欲切."이라고 풀이했다. '屬' 자의 뜻은 '尾' 자에서 유래했는데, 몸통과 이어진 부분이 꼬리라

---

140) 정인보, 1955, 「廣開土境平安好太王碑釋略」, 『용재백낙준박사환갑기념국학논총』; 박시형, 1966, 앞의 책, p.187; 김석형, 1966, 『초기조일관계연구』, 사회과학원출판사, p.300; 천관우, 1979, 앞의 논문, p.541; 서영수, 1982, 앞의 책, pp.49-50; 손영종, 1988, 「광개토왕릉비 왜 관계기사의 올바른 해석을 위하여」, 『력사과학』 2(2001, 앞의 책, p.21); 이종욱, 1992, 앞의 논문, p.44; 김태식, 1994, 앞의 논문, p.90.

141) 글의 분량상 이 문제에 대해서는 별도로 상론하고자 한다.

142) 다만 濱田耕策, 1974, 앞의 논문, pp.19-20; 이용현, 2013, 앞의 논문, pp.267-269에서는 신라인 일반에 대한 고구려 측의 蔑稱이라고 보았다. 한편 武田幸男, 1989, 앞의 책, p.142에서는 이 구절의 노객을 백제왕으로 보는 독특한 견해를 제시했지만, 문맥상 백제왕을 일컫는다고 보기는 어렵다.

143) 김석형, 1966, 앞의 책, p.296; 서영수, 1982, 앞의 논문, pp.50-51; 武田幸男, 1989, 앞의 책, pp.114-115; 노태돈, 1999, 앞의 책, pp.388-399.

144) 濱田耕策, 1974, 앞의 논문, p.26; 연민수, 1998, 앞의 책, p.104; 주보돈, 2006, 앞의 논문, pp.50-51.

145) 서영수, 1982, 앞의 논문, pp.46-47.

146) 武田幸男, 1989, 앞의 책, pp.125-126.

147) 능비에 기술된 주변국과의 관계 가운데 '조공'이 최상위 개념이라는 견해(양기석, 1983, 앞의 논문, pp.38-42)나 능비에 상정된 주변국과의 관계를 조공관계로 파악한 견해(노태돈, 1988, 앞의 논문, pp.42-46)도 기본적으로 동일한 입장이라고 할 수 있다.

는 의미에서 '이어지다'라는 뜻, 몸통에 붙어 있는 것이라는 의미에서 '속하다'라는 뜻이 나온 것으로 파악된다.[148] 송대의 『廣韻』에서도 '屬' 자의 뜻으로 부탁하다(付), 족하다(足), 모이다(會), 관리와 백성(官衆), 무리(儕等) 등을 예시했다. 어원상 '屬' 자 자체가 지배·예속을 뜻한다고 보기는 어려운 것이다.

그럼 능비 찬자는 속민의 '속' 자를 어떤 뜻으로 사용했을까? 능비 찬자가 가장 많이 참조한 중국측 사서는 『三國志』로 추정되는데,[149] '屬' 자의 다양한 용례가 나온다. 현재 '촉'으로 발음되는 '연속하다(連)', '부탁하다(付)', '모으다(會)', '족하다(足)', '맺다(結)' 등의 용례를 제외하면, '속'으로 발음되는 뜻 가운데 단어 형태로는 '家屬'이나 '親屬' 등 혈족, '官屬'이나 '掾屬' 등 하급 관원이라는 뜻으로 가장 많이 사용되었다. '某某之屬'이라는 형태로 '무리'라는 뜻으로도 많이 사용되었다.[150]

서술어로는 '屬文'처럼 '글을 짓다'라는 용례와 함께 '소속되다'라는 뜻으로 가장 많이 사용되었다. 하급 행정구역이 상급 행정구역에 소속되었다거나[151] 어떤 인물이 유력자에게 속했다는[152] 용례가 이에 해당한다. 주변국이 漢의 邊郡에 소속되었다는 표현도[153] 이러한 용례로 분류할 수 있다. 약소국이 강대국에 '屬'했다는 표현도 다수 확인되는데,[154] 이 경우의 '속' 자는 '예속'이나 '복속'을 뜻한다고 볼 수도 있다. 그렇지만 복속·예속된 상황을 표현할 때는 '服' 자나 '臣' 자를 부가해 '服屬'이나 '臣屬'이라고 명기했다.[155] 다스리는 상황을 표현할 때도 '統' 자를 부가해 '統屬'이라 명기했다.[156] 이로 보아 약소국이 강대국에 '속'했다고만 표현했을 때는 '예속·복속'보다는 '소속'을 표시하는 뜻으로 사용되었다고 파악된다.

'屬民'처럼 '속' 자가 명사를 수식하는 형태로 단어를 이룬 용례로는 '屬國',[157] '屬縣',[158] '屬城'[159] 등이 확인된다. '屬國'은 漢에 內附한 이민족을 안치하여 설치한 행정구역을 일컫는 표현으로 지금의 '복속국'과는

---

148) 『說文解字』 권8, "屬 : 連也. 從尾蜀聲. 之欲切."; 하영삼, 2022, 『하영삼 교수의 완역 설문해자 (3)』, 도서출판3, pp.2382-2383.

149) 여호규, 2009, 「〈광개토왕릉비〉에 나타난 고구려 천하의 공간범위와 주변 족속에 대한 인식」, 『역사문화연구』 32, pp.13-26.

150) 모두 뜻이 명확하고, 용례도 워낙 많아 별도로 제시하지 않는다.

151) 『三國志』 권3, 魏書3 明帝紀 景初元年 5월조, "省錫郡, 以錫縣屬魏興郡."

152) 『三國志』 권36, 蜀書6 趙雲전, "趙雲字子龍, 常山眞定人也. 本屬公孫瓚."

153) 『三國志』 권30, 魏書30 동이전 부여전, "夫餘本屬玄菟. (중략) 夫餘王尉仇台更屬遼東."

154) 『三國志』 권30, 魏書30 동이전 한전, "小國六七百家, 總四五萬戶. 其十二國屬辰王." 이 표현은 裴松之가 『三國志』를 주석하며 인용한 『魏略』 서융전에 많이 나온다.

155) 이러한 용례는 동이전에서만 확인되는데, 동옥저전의 "國小, 迫於大國之間, 遂臣屬句麗. 句麗復置其中大人爲使者, 使相主領, 又使大加統責其租稅.", 읍루전의 "自漢已來, 臣屬夫餘, 夫餘責其租賦重.", 한전의 "時朝鮮王否立, 畏秦襲之, 略服屬秦, 不肯朝會." 등이 이에 해당한다. '屬' 자만 나오는 경우와 달리, 租賦 징수나 朝會(入朝)와 같이 '臣屬'이나 '服屬'을 실현하는 구체적 표현이 뒤따른다.

156) 왜전의 "皆統屬女王國"이라는 표현이 이에 해당한다. '統屬'은 상급 행정기관이 하급 기관을 통할하는 상황 및 지방관이 관할 구역을 다스리는 상황을 표현할 때도 많이 사용되었다.

157) 『三國志』 권4, 魏書4 三少帝紀 正始5년 9월조, "鮮卑內附, 置遼東屬國."

158) 『三國志』 권23, 魏書23 常林전, "太守王匡起兵討董卓, 遣諸生於屬縣微伺吏民罪負, 便收之."

159) 『三國志』 권64, 吳書19 諸葛恪전, "恪到府, 乃移書四郡屬城長吏, 令各保其疆界."

뜻이 다르다. '屬縣'과 '屬城'은 상위 행정구역인 郡에 소속된 縣이나 城을 지칭하는데, 이때 '속' 자는 복속이나 예속이 아니라 소속을 뜻한다. '속민'처럼 '속' 자가 명사를 수식하는 형태로 단어를 이룬 경우, 복속이나 예속이라는 뜻으로 사용된 사례는 확인되지 않는 것이다.[160]

이렇게 본다면 능비의 '屬民'이라는 표현은 그 자체가 服屬民이나 支配·隸屬的 關係를 뜻한다기보다는 어떤 대상이 고구려에 소속된 상태를 나타내기 위해 사용되었다고 파악된다. 특히 '屬民'이라는 단어는 『三國志』뿐 아니라 그 이전에 편찬된 『史記』나 『漢書』에서도 그 용례가 확인되지 않는다.[161] 이러한 점에서 '屬民'도 '聆事'처럼 능비 찬자(또는 그 이전의 고구려인)가 창안한 용어일 가능성이 크다. 백제나 신라가 옛날부터 고구려에 소속되어 있었다는 상황을 표현하기 위해 '속민'이라는 단어를 창안했다고 추정된다.

앞서 검토한 바와 같이 고구려는 4-5세기 중원왕조와의 조공·책봉관계를 지배·예속관계가 아니라 책봉국 중심의 국제질서에 참여하는 수단으로 인식했다. 고구려가 책봉국이라는 북위의 중심성을 인정하면서도, 고구려의 독자성을 훼손하려는 북위의 시도에 단호하게 대처한 사례를 이를 잘 보여준다. 그러므로 고구려가 중원왕조와의 조공·책봉관계에 대한 인식을 바탕으로 주변국과의 조공관계를 상정했다면, 먼저 고구려 중심의 천하질서나 공간적 범주를 상정한 다음 주변국이 여기에 소속된 상황을 설정했을 것으로 추정된다.

고구려가 조공관계를 강력한 지배·예속관계보다는 고구려 중심의 천하질서를 상정하기 위한 개념으로 사용했을 가능성이 큰 것이다. 즉 백제나 신라, 동부여 등 주변국이 옛날부터 고구려 중심의 천하질서에 소속된 상황을 상정하기 위해 이들을 '屬民'이라 일컫고, 소속의 징표로 '朝貢'했다고 기술한 것이다. 신묘년조 전반부에 상정된 屬民과 朝貢은 고구려 중심의 천하질서를 상정하기 위한 개념으로 그 자체를 주변국에 대해 강력한 지배·예속관계를 확립한 상태로 보기는 어려운 것이다.

능비의 기술 내용만 놓고 본다면, 고구려는 먼저 자국 중심의 천하질서와 조공관계를 상정한 다음, 주변국에 대한 강력한 지배·예속관계를 확립하기 위해 정복전과 군사 활동을 추진한 것으로 파악된다. 영락10년조에서 보듯이 이러한 군사 활동을 통해 신라왕이 직접 와서 고구려왕의 명을 듣는 강력한 지배·예속관계인 '聆事' 관계를 확립했다. 능비 찬자는 영락10년의 구원전을 통해 조공관계와 더불어 신라를 사실상 예속국으로 삼는 '聆事' 관계를 구현했다고 인식한 것이다. 이러한 점에서 주변국 국왕(수장)의 '聆事' 행위는 고구려 중심의 지배·예속적인 외교관계 확립에 있어서 가장 중요한 수단이자 징표였다고 파악된다.

---

160) 노태돈, 2006, 「고구려와 북위 간의 조공·책봉관계에 대한 연구」, 『한국 고대국가와 중국왕조의 조공·책봉관계 연구』, 동북아역사재단, pp.97-110에서는 전근대의 조공·책봉관계에서 사용되는 '屬國' 개념은 '獨立不羈의 自主國'을 의미하며, 송속국이나 보호국을 뜻하는 근대의 '屬國' 개념과는 명확히 구별된다고 보았다.

161) 『史記』 권26, 曆書4 및 『漢書』 권25상, 郊祀志5상의 "顓頊受之, 乃命南正重司天以屬神, 命火正黎司地以屬民." 기사에 '屬民'이 연속하여 표기되었지만, 여기의 '屬' 자는 '소속하다'라는 서술어이다. 『漢書』 권95 서남이전 서두의 "巴蜀民或竊出商賈, 取其 莋馬·僰僮·旄牛, 以此巴蜀殷富." 기사에도 '屬民'이 연속하여 나오지만, 여기의 '屬' 자는 '蜀' 자의 다른 표기이다.

V. 맺음말

종래 영락10년조에 대해 백가쟁명식 논쟁을 되풀이하는 가장 큰 이유는 비문 판독에 있다. 가령 '安羅人戌兵'의 해석에 대해 '安羅人의 戌兵'으로 해석하는 고유명사설과 '安' 자를 '안치하다'로 풀이하는 서술어설이 대립하고 있다. 그런데 2-9-30자를 '拔' 자로 판독하는 종전 판독안으로는 두 견해 모두 비문 해석상에 심각한 모순이 발생한다. 이에 별고를 통해 영락10년조를 재판독하여 10자를 새롭게 판독하고, 소수설의 자형을 다수 확인했다. 이를 바탕으로 비문을 검토한 결과 비교적 명료하게 해석할 수 있었다.

'안라인수병'은 영락10년조를 구성하는 각 단락의 마지막 구절에 해당하며, '安' 자는 '안치하다'를 뜻하는 서술어이다. '안라인수병'을 '안라인의 수병'으로 보는 고유명사설은 성립하기 어렵다. 또 '안라인수병'의 존재를 통해 임나일본부설이나 가야 지역에 대한 왜의 영향력을 강조하려는 견해도 성립할 수 없다. 다만 '安'=서술어설 가운데 고구려 순라병설도 단어 표현상 성립하기 어렵고, 임나가라인설 역시 고구려가 임나가라인을 세 번씩이나 수비병으로 안치했다고 볼 만한 근거가 없다. '안라인수병'에 대한 해석은 "신라인 수병을 안치하다"로 풀이하는 신라인 수병설이 가장 타당하다.

영락10년조는 '안라인수병' 구절을 기준으로 최소 5개 단락으로 나뉘는데, 고구려의 전투 대상으로는 왜적과 백잔(백제)만 확인되고, 가야 諸國이 행위의 주체로 기술된 문장은 없다. 영락10년조를 통해 가야 제국의 동향을 파악하기는 힘든 것이다. 각 단락에서 주요 행위의 주체는 모두 고구려군으로 상정되어 있고, 신라인은 고구려군에 의해 수비병으로 안치되는 피동적인 존재로 그려지고 있다. 심지어 신라 도성의 복구도 고구려의 주도로 이루어졌고, 도성의 신라인 수비대도 고구려가 안치한 것으로 묘사했다.

고구려가 영락10년의 구원전을 통해 신라의 정치적 중심부인 도성을 점령했고, 도성 수비대에 대한 군사 지휘권까지 장악했다는 것이다. 실제 영락10년 이후에도 고구려군이 계속 신라에 주둔하고, 왕위 계승까지 좌우하는 등 신라의 국정에 깊숙이 개입했다. 고구려가 사실상 신라를 예속국으로 삼은 것이다. 이에 따라 고구려는 신라와 강력한 지배·예속적인 외교관계를 확립했는데, '聆事'는 이를 상징적으로 나타낸 표현이다.

능비 찬자는 신묘년조에서 주변국이 고구려 중심의 천하질서에 소속되었다는 뜻에서 '屬民'이라 일컫고, 소속의 징표로 '朝貢'했다고 기술했다. 屬民과 朝貢은 고구려 중심의 천하질서를 상정하기 위한 개념으로 그 자체가 강력한 지배·예속관계를 뜻하지 않는다. 주변국에 대한 강력한 지배·예속관계는 정복전을 통해 확립했는데, 영락10년의 구원전 이후 신라왕이 몸소 와서 고구려왕의 명을 듣는 '聆事' 행위를 한 것은 이를 잘 보여준다. 주변국 국왕의 '聆事' 행위는 고구려 중심의 지배·예속적인 외교관계 확립의 중요한 수단이자 징표였다.

투고일: 2023.06.02.   심사개시일: 2023.06.02.   심사완료일: 2023.06.18.

참고문헌

1. 한국어

고광의, 2014a, 「廣開土太王碑 석문 일고」, 『혜정 소장본 광개토태왕비 원석탁본』, 동북아역사재단.

고광의, 2014b, 「廣開土太王碑 석문 일고」, 『백산학보』 100.

권인한, 2015, 『광개토왕비문 신연구』, 박문사.

권주현, 2011, 「『삼국사기』에 보이는 4~5세기의 加耶와 삼국과의 관계」, 『신라문화』 38.

기경량, 2020, 「광개토왕릉비문의 신판독과 해석」, 『고구려발해연구』 68.

기경량, 2023, 「고구려의 경자년(400) 원정의 실상과 가야 제국의 대응」, 『한국고대사연구』 109.

김석형, 1966, 『초기조일관계연구』, 사회과학원출판사.

김유철, 1986, 「고구려의 광개토왕릉비에 나타난 왜의 성격」, 『력사과학』 1.

김태식, 1993, 『加耶聯盟史』, 一潮閣.

김태식, 1994, 「광개토왕비문의 임나가라와 안라인수병」, 『한국고대사논총』 6.

김태식, 2002, 「廣開土大王代 高句麗와 加耶의 關係」, 『廣開土太王과 高句麗 南進政策』, 학연문화사.

김현구, 1993, 『任那日本府硏究: 韓半島南部經營論批判』, 일조각.

남재우, 1997, 「「廣開土王碑文」에서의 '安羅人戍兵'과 安羅國」, 『成大史林』 12·13合.

남재우, 2003, 『安羅國史』, 혜안.

남재우, 2014, 「〈廣開土王碑文〉과 『宋書』로 본 倭의 加耶 認識과 '任那日本府'」, 『지역과 역사』 35.

노중국, 1981, 「高句麗·百濟·新羅사이의 力關係變化에 대한 一考察」, 『東方學志』 28.

노태돈, 1988, 「5세기 金石文에 보이는 高句麗人의 天下觀」, 『韓國史論』 23.

노태돈, 1992, 「광개토왕릉비」, 『역주 한국고대금석문(제1권)』, 가락국사적개발연구원.

노태돈, 1999, 『고구려사 연구』, 사계절.

鈴木靖民, 2013, 「광개토왕비에 보이는 왜」, 『광개토왕비의 재조명』, 동북아역사재단.

박시형, 1966, 『광개토왕릉비』, 사회과학원출판사(2007, 『광개토왕릉비』(복각본), 푸른나무).

박진석, 1993, 『호태왕비와 고대조일관계연구』, 연변대학출판사.

백승옥, 2003a, 「廣開土王陵碑文의 建立 目的과 加耶關係記事의 해석」, 『韓國上古史學報』 42.

백승옥, 2003b, 『加耶 各國史 硏究』, 혜안.

백승옥, 2020, 「'임나가라(任那加羅) 종발성(從拔城)'과 고대 부산」, 『항도부산』 40.

백승충, 1995, 「가야의 지역연맹사 연구」, 부산대학교 박사학위논문.

백승충, 2004, 「「廣開土王陵碑文」에서 본 加耶와 倭」, 『國立歷史民俗博物館研究報告』 110.

사회과학원, 1981, 『덕흥리고구려벽화무덤』, 과학백과사전출판사.

서영수, 1982, 「廣開土王陵碑文의 征服記事 再檢討 (上)」, 『歷史學報』 96.

서영수, 2007, 「광개토태왕비문의 高句麗와 倭」, 『동아시아 속에서의 高句麗와 倭』, 景仁文化社.

손영종, 1988, 「광개토왕릉비 왜 관계기사의 올바른 해석을 위하여」, 『력사과학』 2.

손영종, 2001, 『광개토왕릉비문 연구』, 중심.

시노하라 히로카타, 2005, 「고구려적 국제질서인식의 성립과 전개」, 고려대 박사학위논문.

신가영, 2017, 「광개토왕비문의 '安羅人戍兵'에 대한 재해석」, 『東方學志』 178.

신가영, 2021, 「4세기 후반 고구려와 백제의 대립구도와 가야 諸國의 향방」, 『先史와 古代』 66.

신형식, 1975, 「신라군주고」, 『백산학보』 19.

신형식, 1984, 『한국고대사의 신연구』, 일조각.

안춘배, 1992, 「광개토대왕릉비문(1)-비문의 문단과 해석을 중심으로-」, 『고고역사학지』 8.

양기석, 1983, 「4-5c 高句麗 王者의 天下觀에 대하여」, 『湖西史學』 11.

여호규, 2000, 「4세기 동아시아 국제질서와 고구려 대외정책의 변화」, 『역사와현실』 36.

여호규, 2009, 「〈광개토왕릉비〉에 나타난 고구려 천하의 공간범위와 주변 족속에 대한 인식」, 『역사문화연구』 32.

여호규, 2014, 「광개토왕릉비의 문장구성과 서사구조」, 『영남학』 25.

여호규, 2020, 「충주고구려비의 단락구성과 건립시기」, 『한국고대사연구』 98.

여호규, 2022, 「5세기 초·중반 동아시아 국제질서의 재편과 고구려의 외교정책」, 『역사와현실』 124.

여호규, 2023a, 「광개토왕릉 제1~2면의 비면 현황과 비문 판독」, 『고구려발해연구』 75.

여호규, 2023b, 「광개토왕릉 제3~4면의 비면 현황과 비문 판독」, 『한국문화』 101.

연민수, 1987, 「廣開土王碑文에 보이는 倭關係 記事의 檢討」, 『東國史學』 21.

연민수, 1995, 「廣開土王碑文에 보이는 對外關係 -高句麗의 南方經營과 國際關係論-」, 『韓國古代史研究』 10.

연민수, 1998, 『고대한일관계사연구』, 혜안.

연민수, 2013, 「광개토왕비에 나타난 고구려의 남방 세계관」, 『광개토왕비의 재조명』, 동북아역사재단.

연민수, 2014, 「광개토왕비 쟁점 기사의 어제와 오늘」, 『혜정 소장본 광개토왕비 원석탁본』, 동북아역사재단.

위가야, 2019a, 「6세기 前半 安羅國 주도의 加耶諸國 관계 이해를 위한 기초적 검토」, 『한국고대사연구』 94.

위가야, 2019b, 「4세기 아라가야의 성장」, 『아라가야의 전환기, 4세기』, 선인.

유우창, 2005, 「대외관계로 본 가라국의 발전 -5세기대를 중심으로-」, 『지역과 역사』 16.

유우창, 2010, 「고구려 남정 이후 가락국과 신라 관계의 변화」, 『韓國古代史研究』 59.

유우창, 2013, 「가야 고구려 동맹'의 형성과 추이」, 『역사와 세계』 44.

이기백·이기동, 1982, 『한국사강좌(1: 고대편)』, 일조각.

이도학, 1988, 「高句麗의 洛東江流域進出과 新羅·伽倻 經營」, 『국학연구』 2.

이도학, 1999, 「광개토왕비문에 보이는 전쟁 기사의 분석」, 『고구려연구』 2.

이도학, 2006, 『고구려 광개토왕릉비문 연구』, 서경.

이도학, 2012, 「廣開土大王의 南方 政策과 韓半島 諸國 및 倭의 動向」, 『韓國古代史研究』 67.

이성제, 2005, 『고구려의 서방정책 연구』, 국학자료원.

이영식, 1985, 「伽倻諸國의 國家形成 問題」, 『白山學報』 32.

이영식, 2006, 「가야와 고구려의 교류사 연구」, 『韓國史學報』 25.

이영식, 2016a, 「문헌사학으로 본 가야」, 『가야고고학개론』, 진인진.

이영식, 2016b, 『가야제국사 연구』, 생각과종이.

이용현, 2001, 「가야의 대외관계」, 『한국 고대사 속의 가야』, 혜안.

이용현, 2007, 『가야제국과 동아시아』, 통천문화사.

이용현, 2013, 「광개토왕비문의 고구려와 가야」, 『광개토왕비의 재조명』, 동북아역사재단.

이종욱, 1992, 「광개토왕릉비 및 "삼국사기"에 보이는 왜병의 실체」, 『한국사시민강좌』 11, 일조각.

임기중, 1995, 『廣開土王碑原石初期拓本集成』, 동국대학교 출판부.

임세권·이우태, 2002, 『韓國金石文集成⑴ 高句麗 1 廣開土王碑』, 한국국학진흥원.

장창은, 2008, 『신라 상고기 정치변동과 고구려 관계』, 신서원.

전덕재, 2007, 「삼국시대 황산진과 가야진에 대한 고찰」, 『한국고대사연구』 47.

정인보, 1955, 「廣開土境平安好太王碑釋略」, 『용재백낙준박사환갑기념국학논총』.

주보돈, 2006, 「高句麗 南進의 性格과 그 影響 -廣開土王 南征의 實相과 그 意義-」, 『大丘史學』 82.

천관우, 1977, 「復元 加耶史 (上·中)」, 『文學과 知性』 28·29.

천관우, 1979, 「廣開土王陵碑再論」, 『全海宗博士華甲紀念史學論叢』.

천관우, 1991, 『加耶史硏究』, 一潮閣.

2. 일본어

高寬敏, 1990, 「永樂10年高句麗廣開土王の新羅救援戰について」, 『朝鮮史研究會論文集』 27.

高寬敏, 1997, 『古代朝鮮諸國と倭國』, 雄山閣.

管政友, 1891c, 「高麗好太王碑銘考」, 『史學會雜誌』 2-11(24號).

那珂通世, 1893c, 「高句麗石碑考」, 『史學雜誌』 第49號.

鈴木英夫, 1986, 「廣開土王碑文加羅國關係記事の基礎的研究」, 『千葉史學』 8.

鈴木英夫, 1996, 『古代の倭國と朝鮮諸國』, 青木書店.

鈴木靖民, 1985, 「好太王碑文の倭記事」, 『東アジアの古代文化』 44.

鈴木靖民, 1988, 「好太王碑の倭の記事と倭の實體」, 『好太王碑と集安の壁畵古墳』, 木耳社.

末松保和, 1949, 『任那興亡史』, 大八洲出版社(1961, 『任那興亡史』, 吉川弘文館).

末松保和, 1954, 『新羅史の諸問題』, 東洋文庫.

武田幸男, 1988, 『廣開土王陵碑原石拓本集成』, 東京大出版會.

武田幸男, 1989, 『高句麗史と東アジア』, 岩波書店 .

白崎昭一郎, 1993, 『廣開土王碑文の研究』, 吉川弘文館.

濱田耕策, 1974, 「高句麗廣開土王陵碑文の研究-碑文の構造と史臣の筆法を中心として-」, 『朝鮮史研究會論

文集』11.

濱田耕策, 2013, 『朝鮮古代史料研究』, 吉川弘文館.

山尾幸久, 1989, 『古代の日朝關係』, 塙書房.

三宅米吉, 1898c, 「高麗古碑考」, 『考古學會雜誌』 第2編 3號.

三宅米吉, 1898d, 「高麗古碑追加考」, 『考古學會雜誌』 第2編 5號.

徐建新, 2006, 『好太王碑拓本の研究』, 東京堂出版.

水谷悌二郎, 1959, 「好太王碑考」, 『書品』 100號.

水谷悌二郎, 1977, 『好太王碑考』, 開明書店.

前簡恭作, 1919, 「輯安高句麗廣開土王陵碑」, 『朝鮮金石總覽 上』, 朝鮮總督府.

田中俊明, 1992, 『大伽耶連盟の興亡と任那』, 吉川弘文館.

田中俊明, 2001, 「高句麗の「任那加羅」侵攻をめぐる問題」, 『古代武器研究』 2.

3. 중국어

耿鐵華, 1994, 『好太王碑新考』, 吉林人民出版社.

羅振玉, 1909, 「高麗好太王碑釋文」, 『神州國光集』 第9集(王健群, 1984, 『好太王碑研究』, 吉林人民出版社에 재
수록).

方起東, 2004, 「好太王碑文 方起東 釋讀」, 『集安高句麗王陵』, 吉林省文物考古研究所·集安市博物館 편, 文物出
版社.

王健群, 1984, 『好太王碑研究』, 吉林人民出版社(임동석 역, 1985, 『광개토왕비연구』, 역민사).

〈Abstract〉

Military Activities and Diplomatic Relations of Goguryeo
in YeongNak 10th Year Article of King Gwanggaeto's Royal Tomb Monument

Yeo, HoKyu

The biggest reason for the controversy over the Yeongnak 10-year article of Gwanggaeto's Royal Tomb Monument is the reading of the inscription. Accordingly, I re-read the inscription through another paper, newly read 10 characters, and confirmed a number of letters of the minority theory. Based on this, I reviewed the inscription.

The phrase "An-la-in-su-byeong(安羅人戍兵)" is interpreted as meaning "deployed a Silla garrison." It is difficult to establish a well-known historical theory that sees "An-la-in-su-byeong" as "garrison of An-la people". In addition, the view to argue the theory of the so-called Japanese governing ministry in the Imna(Gaya) region and the view to emphasize the influence of Japan on the Gaya region through the existence of the "Anline Marine" cannot be established. The 10-year article of Yeongnak is divided into at least five paragraphs, and the following can be identified through inscription interpretation.

Only Japanese enemies and Baekje troops appear as targets of Goguryeo's battle, and many countries in Gaya do not appear as subjects of action. In each paragraph, the main subject of the action is assumed to be the Goguryeo army. The Silla people are depicted as passive beings who are deployed as garrison by the Goguryeo army. Even the restoration of the Silla capital city was led by Goguryeo, and the Silla garrison in the capital was described as being deployed by Goguryeo.

It is said that Goguryeo occupied the capital, the political center of Silla, and took control of the military command over the garrison of the capital. In fact, even after Yeongnak 10th year, Goguryeo troops were stationed in Silla and ruled the succession of the throne of Silla. Goguryeo actually made Silla a subordinate country. Accordingly, Goguryeo established subordinate diplomatic relations with Silla, and the phrase "RyeongSa(聆事)" at the end of the Yeongnak 10-year article is a symbolic expression of this.

The author of Gwanggaeto's Royal Tomb Monument described that the neighboring countries were called "Sokmin(屬民)" to express that they belonged to the world order centered on Goguryeo, and that they made "tribute(朝貢)" as a sign of belonging. Sokmin and tributes are concepts to assume a world order centered on Goguryeo, and do not in themselves mean a strong ruling and subordinate relationship. Through military activities, Goguryeo established strong dominance and subordination relations with neighboring countries. After the Salvation War of Yeongnak 10th year, the king of Silla came and performed the act of "RyeongSa" to hear the king's order of Goguryeo, which symbolically shows the establishment of a strong governance and subordinate relationship. The "RyeongSa" act of the neighboring kings was an important means and sign of establishing subordinate diplomatic relations centered on Goguryeo.

▶ Key words: Gwanggaeto's Royal Tomb Monument, Goguryeo, Silla, Military Activities, Diplomatic Relationship

백제·신라 목간의 집계와 범례의 제안

오택현[*]·이재환[**]

〈국문초록〉

한반도 발견 목간 연구의 본격화와 저변 확대를 위해서는 정리와 표준화 작업이 필수적이나, 아직 가장 기본이 되는 목간의 정의조차 합의되지 못한 상태이다. 본고는 목간의 정의와 표준 호칭 및 범례를 제안하고, 그에 따라 백제·신라 목간을 집계·정리해 본 것이다.

먼저 목간의 정의로, '문자를 쓰기 위해 가공한 나무 조각에 문자가 서사된 것'을 기본으로 하여, 몇 가지 단서 조항을 부가할 것을 제안한다. 발굴조사를 통해 발견된 것을 대상으로 하며, 날인이나 인쇄를 목적으로 한 것이나 문자 서사 이외의 목적이 분명한 목제품에 문자가 부기된 경우는 제외한다. 최대한 가능성을 살리는 방향성을 취하여, 목적을 명확히 알기 어려운 경우나 문자의 판독이 어렵더라도 서사의 흔적이 확인된다면 일단 목간으로 간주하되, 문자가 아니라 그림·도형 등만 그려졌음이 명확한 경우는 제외한다. 일반적 문자가 아닌 符籙이나 署名·手決 등도 광의의 문자로 간주한다.

이 정의에 따라 재집계한 결과, 백제 목간은 삭설 141점을 포함하여 총 254점이며 신라 목간은 현존하지 않거나 행방을 알 수 없는 4점을 포함하여 410점이다. 망실된 4점을 제외하면 현존하는 백제·신라 목간은 총 660점이 된다.

---

[*] 동국대학교 WISE캠퍼스 국사학과 강사
[**] 중앙대학교 역사학과 부교수

한편 현재 하나의 목간에 여러 호칭이 존재하는 문제를 해결하기 위하여, 목간의 일련번호를 확정하고 호칭 표기의 典範을 제안할 필요가 있다. 이에 나름의 원칙에 따른 제안 호칭을 만들었다. 제안 호칭과 집계 내용을 담은 파일을 한국목간학회 홈페이지에 업로드하여 연구자들이 자유롭게 활용할 수 있게 하였다. 향후 지속적으로 업데이트할 예정이다.

▶ 핵심어: 標準 呼稱, 凡例, 定義, 코드, 오이목간목록

I. 머리말

본고는 목간의 내용이나 출토 맥락, 외형의 의미 등 목간 연구자들이 주로 관심을 가지는 것들을 대상으로 하지 않는다. 없어도 연구가 진행될 수 있으나, 추후의 연구 전개를 위해서 도움이 될 만한 기초적인 표준의 제안에 목적을 두고 있다. 특정 목간에 대한 호칭의 혼동, 목간 여부 판단에 있어서의 차이, 그에 따른 수량 파악의 어려움 등 표준화가 되지 않아 발생한 문제들은 적지 않았다. 연구자들은 이러한 혼란 속에서도 나름의 기준을 잡아가며 많은 연구를 진행시켜 왔다. 각각 다르게 불리는 목간을 어떻게든 특정해 가며 연구와 소통이 가능하긴 했다. 하지면 계속 조금은 불편한 채로 두어도 괜찮은 것일까?

정리와 표준화 작업이 목간 연구의 초기 단계에서 이루어졌다면 더 좋았겠지만, 지금이라도 해야 할 일임은 분명하다. 필자들은 목간 연구가 이제 본격화의 단계에 접어들었다고 보며, 다량의 목간 출토에 대한 희망 또한 놓지 않고 있다. 아울러 처음 목간을 접하게 될 신규 연구자들이나 기존의 연구 흐름을 파악하기 어려운 대중 등을 고려하더라도 이는 시급한 과제라 하겠다.

목간의 정리·표준화와 범례에 대한 문제는 이미 몇 차례 제기된 바 있다.[1] '한국 출토 목간'의 정의와 표준 호칭 및 범례의 마련 등에 있어 표준화를 수행할 주체로 가장 적합한 것은 한국목간학회이겠으나,[2] 이를 '누가 어떻게' 정할지가 정해져 있지 않기에 '합의'와 '공인'의 절차를 거쳐 표준화의 결과물이 나오기를 촉구하는 데 그쳤을 뿐이었다.[3] 하지만 제안의 구체화 없이 '합의'와 '공인'의 진행은 불가능함이 지적되었다. 본고는 그에 응하는 구체적인 제안에 해당한다.

궁극적으로 논의의 대상은 '한반도 발견 목간'이 되어야 하며,[4] 시기적으로도 흔히 '古代'로 간주되는 시

---

1) 이재환, 2019, 「한국 출토 목간의 분류와 정리 및 표준화 방안」, 『목간과 문자』 23호 및 2022, 「한반도 발견 목간의 형태 용어 검토」, 『목간과 문자』 29호.
2) 이재환, 2019, 앞의 논문, p.37.
3) 이재환, 2022, 앞의 논문, p.23.
4) '한반도와 부속 도서'로 규정되는 한국의 영토에서 발견된 목간을 '한국 목간'으로 총칭하는 것도 가능할 것이나(윤용구·이용현·이동주, 2022, 『한국목간총람(경북대학교 인문학술원 HK+사업단 자료총서 01)』, 윤재석 편저, 주류성, p.23), '한국'이라는 국가의 목간이라는 의미와 혼동될 수 있다.

기를 넘어 고려, 조선 등 다양한 시기를 포괄해야 할 것이다. 북한 평양에서 발견된 樂浪郡의 竹簡·木牘 및 신안군 증도 앞바다에서 出水된 신안선 목간은 각각 漢 簡牘과 日本 木簡의 범주에 포함되지만, 동시에 '한반도 발견 목간'의 집계에서 빠질 수는 없다. 그러나 樂浪 簡牘의 경우 현재 수량을 정확히 파악하기 어려우며, 고려·조선 목간 등은 목간의 정의에 따라 전면적으로 재집계해야 할 여지가 있다. 또 고구려 목간의 경우 최근 1점이 막 보고된 상태이다.[5] 이에 본고에서는 일단 백제와 신라의 목간으로 대상을 한정하여 논의를 진행하고자 한다.

II. 목간의 정리와 정의

'한국 목간'의 정리에 있어 중요한 변곡점이 된 성과들이 여러 차례 나왔다. 국립창원문화재연구소(현 국립가야문화재연구소)가 2004년에 발간하고 2006년에 개정판을 내놓은 『韓國의 古代木簡』에 당시 알려진 '한국 목간' 대부분의 컬러 및 적외선 사진을 수록하고 번호를 붙임으로써,[6] 오랫동안 한국 목간 연구의 기본 자료로 활용되었음은 주지하는 바와 같다. 국립부여박물관에서는 2008년에 백제 목간을 削屑까지 포괄하여 수록한 『백제목간 -소장품조사자료집』을 출간하였다.[7] 2009년에는 국립부여박물관과 국립가야문화재연구소가 공동으로 기획한 특별전 『나무 속 암호 목간』의 도록이 나왔는데,[8] 목간의 번호는 『韓國의 古代木簡』에 소개된 경우 그것을 따랐다.

2011년에 발간된 『韓國木簡字典』은 그때까지 알려진 목간들 대부분의 적외선 사진, 판독문을 수록하였고, 각 목간들에 새로운 일련 번호를 부여하였다. 백제 목간의 경우, 백제의 출토 문자자료를 총정리한 2015년 『한국고대문자자료 연구 백제(상)-지역별』에도 각 유적별로 정리되었는데, 호칭은 각 발굴보고서를 기본으로 하였다.[9] 신라 목간 중 가장 많은 양을 차지하는 함안 성산산성 출토 목간은 2017년 국립가야문화재연구소에 발간한 『韓國의 古代木簡 II』에서 새로운 정의에 따라 재집계되고, 국가귀속번호를 호칭으로 할 것이 제안되었다.[10] 경주 지역 출토 목간의 경우, 2022년 국립경주문화재연구소에 의하여 『신라 왕경 목간』으로 정리되었다.[11]

2022년 경북대학원 인문학술원 HK+사업단이 발간한 『한국목간총람』은 '한국 목간'을 총망라하여 집

---

5) 박중균, 2022, 「몽촌토성 집수지 출토 목간」, 『新出土 文字資料의 饗宴【한국목간학회 제 37회 정기발표회】』.

6) 國立昌原文化財硏究所, 2004, 『韓國의 古代木簡(學術調査報告 第25輯)』 및 2006, 『개정판 韓國의 古代木簡(학술조사보고 제32집)』.

7) 국립부여박물관, 2008, 『백제목간 -소장품조사자료집』.

8) 국립부여박물관·국립가야문화재연구소, 2009, 『나무 속 암호 목간』, 예맥.

9) 권인한·김경호·윤선태 편, 2015, 『한국고대 문자자료연구 백제(상) - 지역별-(한국목간학회 연구총서 01)』, 주류성.

10) 국립가야문화재연구소, 2017, 『韓國의 古代木簡 II(학술총서 제69집)』.

11) 국립경주문화재연구소, 2022, 『신라 왕경 목간』.

계·정리한 최신 성과로서 중요한 의미를 가진다.[12] '부록 2 한국 출토 목간 일람표'에서는 백제 목간을 96점+125편으로, 신라 목간을 398편으로 집계하였다.[13] 그러나 이를 통해 백제와 신라 목간의 점수를 말할 수 있는 것은 아니다. 우선 '96점+125편'이라는 표현에서 보이듯,[14] 삭설을 어떻게 집계할 것인지를 결정하지 않았다. 아울러 기본적으로 묵흔이 존재하는 것만을 대상으로 하는 듯하나, 실제로는 묵흔이 보이지 않음에도 집계에 포함된 경우가 많으며, 묵흔이 존재하는데도 집계되지 않은 경우들 또한 확인되는 등 일관성을 결여하고 있다.[15] 근본적인 문제는 목간의 정의를 명확히 하고 집계의 범례를 확실히 한 뒤 정리를 진행하지 않았다는 데 있다. 정의와 집계 방식에 따라 개별 유물의 포함 여부가 달라질 수 있기 때문이다.

기존에 목간을 '문자가 서사된 목제품'으로 규정하고, '捺印·印出 등을 목적으로 하는 것은 제외한다'는 단서 조항을 덧붙일 것을 제안한 바 있다.[16] 기본적인 정의에서 의도 혹은 목적을 배제한 것은 제작자의 의도와 목적의 파악은 궁극적으로 '추정'의 모호함을 벗어나기 어렵기 때문이었다. 그런데 이러한 정의를 적용할 경우, 일반적인 인식과 큰 괴리가 생길 수 있다는 한계가 분명하다. 안압지(현 동궁과 월지)에서 나온 문자가 서사된 刀子 손잡이나 나무 뚜껑 및 '甲'·'乙'의 墨書가 확인된 무령왕릉 출토 王妃 頭枕 등은 보통 목간으로 인식하기 힘든 것들이며, 이들을 포함할 경우 모든 목제품(목기)를 대상으로 문자의 존재 여부를 조사하여 새롭게 집계해야 할 필요가 발생한다.

개념 정의는 맞고 틀림이나 옳고 그름의 문제가 아니라 어느 것이 더 유용하거나 적당하다고 생각하는지에 따라 선택할 대상이다.[17] 기존의 인식과 너무 차이가 큰 정의라면 널리 받아들여져 사용되기 어려울 것이다. 따라서 최대한 기존에 목간이라 인식한 것들을 포괄하면서, 목간이라고 인식되지 않아 온 것들은 포함하지 않는 방향으로 정의할 필요가 있다. 이에 기본적으로 '문자를 쓰기 위해 가공한 나무 조각에 문자가 서사된 것'이라는 정의를 설정한 뒤 단서 조항을 부가하고자 한다.

日本에서 '墨書된 木片 總稱'으로 목간을 정의한 것과 달리 '문자가 서사된'이라 표현한 것은 刻書와 朱書 등을 배제하지 않고자 한 것이다.[18] 최대한 가능성을 살리는 방향성을 택하여, 문자의 판독이 어려운 상태라도 書寫의 흔적이 확인된다면 일단 목간으로 간주하고자 한다. 서사된 것이 문자가 아니라 그림이나 도형임이 명확한 경우에만 제외할 것이다. 단, 日本의 呪符木簡처럼 일반적 문자가 아닌 符籙의 경우는 '광의

---

12) 윤용구·이용현·이동주, 2022, 앞의 책.

13) 위의 책, pp.575-578. 참고로 이 표의 목간 점수는 본문 중의 목간 점수와 일치하지 않는 경우들도 있다. 예를 들어 창녕 화왕산성 연지 출토 목간의 점수를 본문에서는 4점으로(p.391), 부록2에서는 5점으로 소개하였다(p.578). 백제 목간의 총 점수는 p.56의 〈백제 목간 출토 현황〉과 일치하나, p.54에서의 본문 서술 중에는 '97점 125편'이 출토되었다고 하여 차이를 보인다. 신라 목간의 경우도 pp.201-202의 〈신라 목간 현황〉에서는 398편이라고 하면서도, p.199 개요에서는 신라의 목간이 22개 유적에서 모두 383점 알려져 있다고 하여 역시 일치하지 않는다. 한편 낙랑 목간은 131여 점, 고려·조선·신안선 목간을 합하여 600점으로 집계하였다.

14) 125편은 삭설(해당 저서에서는 '삭편' 또는 '부스러기'로 표현)을 정리한 것이다.

15) 구체적인 검토는 Ⅲ장에서 진행할 것이다.

16) 이재환, 2019, 앞의 논문, pp.17-22.

17) 위의 논문, p.20.

18) 위의 논문, p.21.

의 문자'로 간주하여 포함시킨다.[19] 署名이나 手決·花押만 서사된 경우는 아직 확인된 바 없으나, 역시 '광의의 문자'로 파악할 수 있으므로 이들만 존재하더라도 목간으로 볼 수 있겠다.

'문자를 쓰기 위해 가공한'이라는 표현을 넣은 것은 앞서 언급한 문자가 있는 목제품들을 배제하기 위한 것이다. 이들을 위해 목간 등을 포함하여 제작 목적을 고려하지 않고 '나무'라는 소재와 '문자'라는 요소가 결합된 것들을 포괄하는 범주로서 '木文'이라는 새로운 개념을 제안해 본다. 재료 성질이 유사한 대나무 소재와 아울러 '竹木文'으로 묶는 것도 가능하겠다. 재료와 문자의 결합이라는 점에서 '金石文', '金文'·'石文'과 대비될 수 있는 범주가 된다.[20]

'문자를 쓰기 위한다'는 의도·목적을 정의에 포함시킴으로써 목제 刀子·목제 뚜껑·木枕 등 일반적으로 목간으로 인식되지 않는 것들을 배제할 수 있지만, 의도·목적 파악이 모호하고 자의적일 수밖에 없다는 점은 분명 한계이자 문제가 될 것이다. 역시 최대한 가능성을 살리는 방향성을 택해서, 문자 서사 이외의 목적이 분명한 목제품(목기)에 문자가 附記된 경우는 제외하나, 목적을 명확히 하기 어려운 경우는 일단 목간으로 간주해야 하겠다.

창녕 화왕산성 연지에서 출토된 화왕산성 목간4는 人形에 그림 및 글자가 서사되었으며, 부여 능산리사지 출토 능산리 6차1호는 男根形에 글자가 刻書·墨書되었다.[21] 인형이나 남근형은 문자 없이도 존재하는 물건들이지만, 문자를 서사한 것 또한 해당 인형·남근형의 사용 목적에 부합하는 것이므로 목간에 포함시킨다. 안성 죽주산성의 집수시설에서 출토된 죽주산성 목간2는 한 면에 눈금으로 여겨지는 일정한 간격의 刻이 있어 자(尺)로 추정한 바 있는데, 한 면에 '千口仁'의 문자가 묵서되었다. 눈금만 존재한다면 제외해야 하겠지만, 문자가 서사되었고 자(尺)임을 확신하기 어렵다는 점에서[22] 일단 목간으로 간주하고자 한다.

木印이나 木版은 문자를 쓴다는 목적을 가지고 만들어진 것으로서, 별도로 날인이나 인쇄를 목적으로 한 것은 제외한다는 단서를 달아야 목간에서 배제할 수 있게 된다.[23] 안압지 주령 주사위 또한 애초에 문자 서사를 전제로 만들어진 것이므로 목간으로 간주하지 않을 수 없겠다. 만약 문자가 새겨진 목제 장기알과 같은 것이 발견된다면 이 또한 목간의 범주에 포함될 것이다.[24]

문제가 되는 것은 懸板이나 柱聯의 경우이다. 이들은 문자를 서사하기 위해 만들어진 것이며, 형태상 장

---

19) 이재환, 2019, 앞의 논문, p.21.

20) '金石文'이 물건이 새겨진 물건 자체라기보다 물건에 새겨진 문자를 가리킨다는 점에서, '木文' 혹은 '竹木文' 또한 해당 소재의 물건에 서사된 문자를 지칭한다. 목간은 보통 물건 자체를 의미하므로, '木文'이 단순히 목간의 상위 범주는 아니게 된다. 다만 '목간'이라는 범주에 넣을 수 없는 문자가 있는 목제품(목기)들을 포괄할 수 있는 것이다.

21) 목간의 호칭은 본 발표문의 제안 호칭을 따른다. 제안 호칭에 대한 내용은 Ⅳ장에서 다룰 것이다.

22) 발굴보고서에서는 '단위척'일 가능성을 부정하고 용도 미상의 눈금이 있는 목제품으로 간주하였다(안성시·(재)한백문화재연구원, 2012, 『안성 죽주산성 2~4차 발굴조사보 보고서 부) 북벽 정비구간 발굴조사 보고서(한백문화재연구원 학술조사총서 제 35책)』, pp.620-621.

23) 이재환, 2019, 앞의 논문, pp.21-22.

24) '주사위나 장기알은 제외한다' 등의 단서 조항을 더 넣는 것도 가능하지만, 그 제외 이유를 포괄적으로 설정하기 어려우며 과도한 예외성을 가지는 조항으로 보인다는 면에서 추가하지 않았다. 일본에서도 將棋의 駒를 목간에 포함시키고 있다.

방형 판으로서 일반적인 목간과 구분할 수 없다. 크기는 보통 목간으로 간주하는 것들보다 크지만, '視覺機能'에 의미를 부여한 대형의 '視覺木簡' 또한 상정하고 있는 상황에서 크기를 목간의 정의에 포함시킨다면 기준 설정에 어려움이 발생할 수 있다. 그러나 조선시대로부터 현재에 이르기까지 엄청난 양으로 존재하고 있는 이들을 모두 목간에 포함시킬 경우 집계와 정리가 난관에 봉착하게 될 것이다. 따라서 일본 목간학회처럼 "발굴조사를 통해 발견된 것"으로 대상을 제한할 필요가 있다. 이렇게 하면 일반적인 현판·주련은 배제할 수 있게 된다. 물론 현판·주련이 발굴조사 과정에서 출토되는 경우에는 목간에 포함시켜 정리해야 할 것이다. 추후 고려나 조선의 목간에 대한 집계·정리 과정에서는 이 점이 고려되어야 하겠다. 이상의 정의를 정리하면 다음과 같다.

> 목간이란 문자를 쓰기 위해 가공한 나무 조각에 문자가 서사된 것을 가리킨다. 발굴조사를 통해 발견된 것을 대상으로 하며, 날인이나 인쇄를 목적으로 한 것과 문자 서사 이외의 목적이 분명한 목제품에 문자가 부기된 경우는 제외한다.
> ※ 목적을 명확히 알기 어렵거나 문자의 판독이 어려운 상태라도 서사의 흔적이 확인된다면 일단 목간으로 간주하되, 문자가 아니라 그림·도형 등만 그려졌음이 명확한 경우는 제외한다. 일반적 문자가 아닌 符籙이나 署名·手決 등도 광의의 문자로 간주한다.

기본적으로 '문자를 쓰기 위해 가공한 나무 조각에 문자가 서사된 것'에 단서 조항이 달린 것까지가 정의에 해당하며, '※'를 붙인 항목은 구체적인 판단을 위한 추가 설명이라 하겠다.

III. 목간의 집계

목간의 집계는 단순히 알려진 목간들을 정리하고 수량을 파악하는 데 그치는 것이 아니라, 목간의 정의를 구체화·현실화하는 작업으로서의 의미를 가진다. 앞의 정의에 기반하여 목간을 정리·집계한 것이 〈별표〉이다. 단, 목간의 정의만으로 집계 작업을 진행할 수는 없었다. 먼저 현존하지 않거나, 현재 소재가 확인되지 않는 목간들이 문제가 된다. 안압지 20호·안압지 21호·안압지 22호는 현재 행방이 묘연한 상태이며,[25] 새로운 정의에 따르면 목간에 포함해야 할 안압지 주령 주사위는 현존하지 않는다. 단, 발굴보고서에 안압지 주령 주사위와 안압지 22호는 사진과 치수 정보가, 안압지 21호는 치수 정보와 판독안이 남아 있으며, 안압지 21호도 판독안은 존재한다. 이를 바탕으로 연구에 활용이 가능하며, 안압지 주령 주사위의 경우 상당한 연구가 축적되어 있다. 때문에 이들을 〈별표〉에서 빼지 않았다. 한편, 하나의 목간이 여러 점으로 나누어진 것으로서 그 접합이 인정된 경우는 1점으로 파악하였으며, 삭설(목간 부스러기)은 각각 1점의 목간

---

25) 이재환, 2022, 「신라 왕경 출토 목간의 재조사 결과와 과제」, 『목간과 문자』 28호, pp.48-50.

으로 간주하였다. 길이와 너비, 두께 등 치수는 현존 최대를 기준으로 표시하였다. 종횡비 등의 계산에 용이하기 때문이다.

순서는 백제, 신라 각각 출토 유적명의 가나다순으로 배열하고, 각 출토지 내에서는 제안 호칭의 가나다순으로 배열하였다. 〈별표〉에는 [자료 목록]을 붙여, 어떤 자료에 기반한 것인지 알 수 있게 하였다. 관련된 연구를 망라하기 위한 것이 아니라, 각 호칭의 기준이 된 자료들만을 모은 것이다. 대표적인 자료집이나 도록은 다음과 같이 약칭하였다. 본 발표문에서도 이후로는 해당 약칭을 사용하도록 하겠다.

표 1. 주요 자료의 약칭

서명	약칭
『文字로 본 新羅 - 新羅人의 記錄과 筆跡』	신라
『韓國의 古代木簡(學術調査報告 第25輯)』	목간
『新羅文物研究』創刊號	문물
『백제목간 - 소장품조사자료집』	백제
『나무 속 암호 목간』	나무
『年報』2008년 제19호	연보19
『韓國木簡字典』	자전
『한국고대문자자료 연구 백제(상) -지역별-(한국목간학회 연구총서 01)』	연구
『韓國의 古代木簡 II(학술총서 제69집)』	목간II
『한국목간총람(경북대학교 인문학술원 HK+사업단 자료총서 01)』	총람
『신라 왕경 목간』	왕경
『백제 사비기 목간(부여의 문화유산_06)』	사비

〈별표〉의 '보고서'列에는 발굴조사보고서의 호칭을 넣었다. '소개'列은 보고서 발간 이전에 다른 경로로 먼저 소개된 경우 최초 소개된 논저에서의 호칭을 넣은 것이다.[26] 구분이 필요한 경우 마지막 괄호 안에 해당 논저의 발간 연도를 넣었다. '기타'에는 列로 설정되지 않은 여러 호칭들을 정리하였는데, 각 호칭 뒤의 괄호 안에 서명의 약칭이나 연도를 넣어 구분하였다. 출토지별로 보고서를 제외한 동일한 연도의 논저가 존재할 경우 연도에 a·b·c 등을 붙였으며, 각각 [자료 목록]의 해당 출토지 부분에서 서지를 확인할 수 있다.

〈별표〉에는 기존의 집계와 차이를 보이는 부분들이 많다. 부여 관북리 '보고서'의 목간 ②는 '목간'에 수록되었으나, '보고서'에서 "표면에 묵서한 흔적이 남아 있지 않다"고 명기하였으며 '자전'에서도 제외되었

---

26) 현장설명회자료나 약식보고서는 여기에 들어갔다. 학술대회 발표문도 포함되는데, 보고서 이전에 학술대회 발표 등으로 소개되었다가 오래 지나지 않아 학술지에 게재된 경우에는 학술지 수록 논문을 택하였다.

다. 이번 목록에도 포함시키지 않았다. '보고서3'의 '810. 목간형목제품[도면 224, 사진 681]'은 보고서에서 묵흔이 확인되지 않는 '목간형목제품'임을 명시하였다. '목간'에 292로, '자전'에 [官]8로 수록되었으나, 해당 적외선 사진에 묵흔이 보이지 않는다. '목간'에 287로, '자전'에 [官]7로 수록된 보고서의 '813. 목간형목제품 [도면 224, 사진 681]' 역시 묵흔이 확인되지 않아 제외하였다. '보고서3'의 '831. 목간[도면 224, 사진 681]' 은 ①과 ②의 두 점을 대상으로 부여된 번호이나, ②는 묵서흔이 확인되지 않았다고 명시되었다. 목록에 포함된 관북리 보고서3-831은 ①만을 가리킨다. 한편 '보고서3'의 '838. 목간[도면 226, 사진 685]'은 기존의 목간 집계에 거의 포함되지 않았으나, 전면부에 묵서흔이 관찰된다고 언급되었고, 최근 '사비'에서 "□[三] 石"이라는 판독안이 제시되기도 하여 관북리 보고서3-838로 추가하였다. '보고서3'의 '827. 목간형목제품 [도면 225, 사진 684]'은 묵흔이 없으나 새겨진 듯한 흔적이 있어 보고서에서 이를 "'二'자와 비슷하게 음각 으로 새겨져 있다"고 언급한 바 있다. 문자로서 의도적으로 새긴 것인지는 확실하지 않으나, 가능성을 남겨 목록에 관북리 보고서3-827로 포함시켰다. 이렇게 파악하면 관북리 출토 목간은 모두 9점으로 '총람'에서 집계한 7점보다 2점 많다.

부여 구아리 319번지 출토 목간의 경우 '총람'의 집계에서 8점으로 계산하였는데, "목간 혹 목간형 목제 품은 총 13점 출토되었으며, 그중 묵흔이 확인되는 것은 10점이고, 판독되는 것은 8점이다."라는 언급에서 확인되듯,[27] 묵흔이 존재함에도 판독이 안되는 것은 제외하고 있다. 아울러 '보고서'에서 '목간'으로 소개한 13개 중 묵서가 확인되지 않는다고 한 것은 4점(8번 목간·33번 목간·49번 목간·91번 목간)으로서 묵흔이 확인되어 목간으로 간주할 수 있는 것은 9점이 된다. 한편 최근 부여 구아리 325·326번지에서도 1점의 목 간이 발견되었음이 보고되어 추가하였다.[28]

부여 궁남리에서 출토된 목간이 총 14점이고 제첨축 1점도 나왔다는 집계가 최근 나왔다.[29] 이는 '보고 서2'에서 '木簡形 木製品'으로 분류한 8점에 '板材形(圖面 50-①·②·③, 圖版 244-②·245-①·②)' 3점까지 포함한 수치이다. 제첨축으로 간주한 것은 '보고서'의 '② 木簡片(揷圖 21-2-①, 圖版 158-①②)'을 가리키는 것으로 보인다. 그러나 해당 유물에 대해서 '보고서'의 본문에서 "묵서명은 지워진 듯하다"라 하였고, 附錄 에서는 제첨축일 가능성을 인정하면서도 문자의 존재여부가 불확실하다는 점에서 주격 등 용기나 제사도 구일 가능성 또한 함께 제시한 바 있다.[30] 현재 묵흔의 존재가 인정되지 않는다는 점에서 목간 집계에 포함 시키지 않았다.[31] 묵흔의 존재가 인정되는 목간은 기존에 알려진 것과 동일하게 3점이다.

부여 능산리사지의 '보고서'에서 '6차 조사 목간 ⑦'은 목간으로 소개되었으나, 묵흔이 확인되지 않는다

---

27) 윤용구·이용현·이동주, 2022, 앞의 책, p.61.

28) 손호성·오효성·문성찬, 2023, 『부여 구아리 325·326번지 백제 생활유적((재)백제역사문화연구원 발굴조사연구보고 제98 책)』, 한국농어촌공사·백제역사문화연구원.

29) 심상육, 2023, 「부여 지역 목간의 발굴 현황과 분포」, 『백제 목간 - 나무에 쓴 백제 이야기 - 학술심포지엄 자료집』, p.37.

30) 李鎔賢, 1999, 「Ⅰ. 扶餘 宮南池 出土 木簡의 年代와 性格」, 『宮南池 - 發掘調査報告書』, 國立扶餘文化財硏究所, p.346.

31) 물론 형태적으로 제첨축과의 유사성은 여전히 인정된다. 특히 재질이 일본제 삼나무로서 일본으로부터의 수입품일 것이라는 지적은 중요한 의미를 가질 수 있다고 본다.

고 하였으므로 목록에 넣지 않았다. 한편 6차 조사 중 S120W60~40 구간 황갈색 모래층 하단 흑색 니질토에서 14편의 목간 껍질(삭설)들이 일괄 출토되었다고 하며, 도판 141-4에 이들의 사진이 수록되었는데, 번호가 부여된 것은 ①~⑥의 6편뿐으로 7편은 번호가 붙어 있지 않다. 번호가 붙은 6편 중 ④는 도면 54-4 및 본문에 도면이나 판독문이 실리지 않았다. 그러나 사진 상 도판 141-4의 ④ 또한 묵흔이 보여 삭설에서 제외할 이유가 없다고 판단되며, '연구'에서도 삭설에 포함시킨 바 있다. 이에 141-4의 ④를 포함하여 능산리사지 6차11-1~11-6으로 목록에 넣었다.

최근 '사비'에서는 이들을 일괄하여 '능산리036'으로 넘버링하고 2편이 접합된 1점을 포함하여 8점의 삭설이라고 하였다. 접합은 이미 보고서 상에서 이루어진 것으로서 접합된 것이 능산리사지 6차11-2에 해당한다. 적외선 사진은 6점만 제시하였는데, 이들은 '보고서'의 도판141-4에서 넘버링이 부여된 것들이다. 하지만 컬러 사진이 추가로 제시된 2점 또한 묵흔의 존재는 분명하다. 적어도 이들은 목간 집계에 포함되어야 하겠다. 현재 정해진 호칭이 없기에 임의로 '보고서' 도판 141-4 기준으로 ④의 바로 우측에 있는 것(사비-능산리036 사진 중 최우측 위쪽)을 ⑦로, 그 오른쪽의 것(사비-능산리036 사진 중 ⑦의 왼편)을 ⑧로 간주하여, 각각 능산리사지 6차11-7·8로 집계에 포함시켰다. 남아 있는 6편 중에도 문자가 있을 가능성이 남아 있으나, 실물 확인이 어려워 일단 제외하였다. 향후 추가적인 삭설의 정리와 넘버링이 필요하다.

'총람'에서는 능산리사지 출토 목간 중 삭설을 제외한 것을 29점으로 집계하였는데, 이는 능산리 6차8호(목간-314, 자전-[陵]20, 사비-능산리020)를 빼놓은 것으로, 이를 포함하면 30점이 된다. 아울러 삭설이 125편이라고 하였으나, 그것은 '백제'에 능17로 소개된 것들만을 집계한 것이다. 그 밖에 앞서 언급한 능산리 6차11-1~8의 8점 및 능산리 6차9호, 능산리 6차10호, 능산리 7차8-1호, 능산리 7차8-2호, 능산리 백제-능12, 능산리 백제-능13, 능산리 백제-능14, 능산리 백제-능15 등도 삭설에 포함되어야 한다. 즉, 능산리사지 출토 삭설은 141점이며, 앞의 30점을 합하면 능산리사지 출토 목간은 총 171점이 된다.

한편 1999년에서 2000년에 걸쳐 이루어진 부여 능산리 동나성 내·외부 백제유적에서도 목간이 발견되었다고 한다.[32] '보고서'에 따르면 I지역 건물지 조성면 단계 1호 구의 유기물 집적층에서 10점, II지역 2차 건물지 조성면 단계 4호 구에서 1점으로, 모두 11점의 목간이 수습되었다고 하나, 묵서가 있는 것은 '木簡 1【圖面 141-1, 寫眞 248-1】'과 '木簡 2【圖面 141-2, 寫眞 248-2】'뿐이다. 각각 동나성 1호와 2호로 정리하였다.

부여 석목리 143-16번지에서는 2017년 발굴조사에서 2점의 목간이 발견된 바 있는데, 2022년의 추가적인 발굴조사 결과 1점의 목간이 더 수습되었다. 아직 정식 보고서는 발간되지 않았으나, 약식보고서에서 일련번호 29 '목간편'으로 소개하였다.[33] 석목리143-16 목간29로 추가하였다.

---

32) 李浩炯·丘冀鍾, 2006,『國道 4號線 扶餘-論山間 道路 擴·鋪裝工事 變更區間內 文化遺蹟 發掘調査報告 扶餘 陵山里 東羅城 內·外部 百濟遺蹟((財)忠淸文化財硏究院 文化遺蹟 調査報告 第58-1輯)』, 忠淸文化財硏究院·大田地方國土管理廳.
    이 목간은 그동안 잘 알려져 있지 않아, '자전'이나 '총람'의 집계에도 포함되지 않았다. 심상육, 2023, 앞의 발표문, p.48을 통해서 그 존재를 알게 되었다.
33) 백제고도문화재단, 2022,『부여농협 밭작물공동경영체육성사업 품질관리시설 증축공사부지 내 유적 약식보고서(문화유적조

부여 쌍북리 56번지 출토 목간9(보고서-79, 사비-쌍북리039), 목간3(보고서-235, 사비-쌍북리046), 목간12(보고서-464, 사비-쌍북리050), 목간16(보고서-537, 사비-쌍북리054)은 '총람'에 포함되지 않았지만, 묵흔이 존재하는 것으로서 목록에 포함시켰다. '총람'에서는 목간 점수를 17점으로 집계하였으나, 이는 묵흔이 존재하지 않는 것을 포함한 것이다. '보고서'에서 묵흔이 확인되지 않는다고 명시한 6점(목간4(보고서-98), 목간5(보고서-230), 목간6(보고서-231), 목간7(보고서-232), 목간8(보고서-108), 목간14(보고서-536))을 제외하면, 해당 유적 출토 목간은 11점이 된다.

부여 쌍북리 184-11번지 출토 목간은 3점으로 보고되었으나(목간형 목제품 1점 포함), 묵흔이 없는 것 2점이 포함된 것이다. 부여 쌍북리 현내들 출토 현내들 목간85-4(사비-쌍북리011), 현내들 목간86(자전-[雙현내]14, 사비-쌍북리016)은 '총람'의 '묵흔이 확인되는 7점'에서 빠졌지만, 묵흔이 인정되므로 포함시켰다. 반면 보고서의 85-6(자전-[雙현내]8), 85-9(자전-[雙현내]7), 85-10(자전-[雙현내]10) 및 자전-[雙현내]9·[雙현내]12·[雙현내]13은 묵흔이 확인되지 않아 제외하였다. 부여 쌍북리 현내들 출토 목간은 모두 9점이다. 부여 쌍북리 북포 유적, 쌍북리 154-10 유적 및 부여 가탑리 백제 유적 등에서도 목간이 발견되었다고 하나,[34] 모두 묵흔이 인정되지 않으므로 집계에 포함시키지 않았다.

경주 월성해자 출토 목간의 경우 '총람'에서 33점으로 집계하다. 1980년대 1-②호 해자에서 출토된 묵흔이 확인되는 목간이 25점이고, 월성 '다'구역 1~3호 해자 발굴조사 중 출토된 목간이 8점이라 하였으니, 묵흔이 확인되는 것들을 더한 숫자로 여겨진다. 그러나 '왕경'에서 파악한 숫자는 38점으로 차이를 보인다. 최근 성과인 '왕경'을 기준으로 목록을 작성하였다. 경주 안압지 출토 목간의 경우도 '왕경'을 기준으로 하였으나, 새로운 정의에 맞추어 안압지 주령 주사위를 추가하였다.

경주 국립경주박물관 남측부지 유적 출토 목간을 '총람'에서는 2점으로 파악하면서, 그중 1점은 적외선 촬영을 하지 않은 상태라 목간형 목제품일 가능성이 있다고 하였는데, '왕경'에서 묵흔이 없는 것으로 파악하여 제외하였으므로 이에 따른다. 경주 황남동 376번지 유적 출토 경주42560(3-3)은 '왕경'의 목록에 들어갔으나 사진이 수록되지 않았으며, 황룡사남측도로 30호는 '왕경'에 포함되지 않았다. 모두 목간으로 인정하여 목록이 포함시켰다.

대구 팔거산성 출토 목간의 점수는 '총람'에 15점으로 집계되었지만, 애초에 16점으로 소개하면서 '글자가 있는 목간은 10점'이라고 하였으므로,[35] 목간으로는 10점만 포함시켜야 하겠다. 부여 동남리 216-17 출토 목간은 백제 목간으로 본 견해도 있었으나, '통일신라'시대 유물과 함께 출토되었으므로 신라 목간으로 보아야 한다는 데[36] 따라 신라 목간으로 분류하였다.

안성 죽주산성 집수시설에서 출토된 '목재'와 '추정 목재 자'에 묵흔의 적외선 촬영이 소개되고 판독안 또

사보고 제 22-05집)』, pp.65-67.

34) 심상욱, 2023, 앞의 발표문, p.39·p.44·p.47.

35) 전경효, 2022, 「대구 팔거산성 출토 목간 소개」, 『목간과 문자』 28호.

36) 심상욱, 2023, 앞의 발표문, p.50.

한 나온 바 있는데,[37] 발굴보고서에서는 이들을 목간으로 간주하지 않고 각각 용도미상 목재품(도면 697·사진 745)과 눈금새긴 목재품(사진 671·도면 623)으로 수록하였다. 하지만 묵흔이 분명하므로 목간으로 간주된다. 오히려 그 외에 목간이 2점 출토되었다고 하였으나(도면 156·사진 166 및 도면 698·사진 746),[38] 묵서흔이 확인되지 않음을 분명히 하였으므로 이들은 목간에 포함시킬 수 없다.

하남 이성산성 출토 목간 중 보고서3-7·8·9·10(그림 44-①·②·③·④, 사진 107)은 '보고서3'에서 "墨書를 한 것으로 보인다"고 언급하고, "넓은 한쪽에 墨書를 하였는데 判讀되는 글자는 없다"고 하여, 묵흔을 인정한 것으로 보인다. 그러나 '목간'에는 각각 목간-137·136·138·135에 해당하는 '墨書없는 목간'으로 소개되었으며, 적외선 사진도 없었고 개정판에서는 제외되었다. '목간'에 목간으로 수록되었던 목간-122 또한 개정판에는 묵흔이 인정되지 않아 빠졌다. 묵흔 여부에 대한 재검토의 판단을 따라 이들을 목록에 넣지 않았다.

한편 '보고서7'에는 목간 1~6 6점이 보고되었지만, 묵흔이 확인된다고 한 것은 목간4(목간-120, 자전-[二]3)와 목간5(목간-121, 자전-[二]4) 2점뿐으로, 이들이 부록1 문환석·황진주, 「이성산성출토 목간 적외선촬영 결과」의 적외선 촬영 대상이 되어 목간 1·목간 2로 지칭되었다. '보고서8'에서는 C지구 저수지로부터 목간 7점이 출토되었는데, 묵흔이 확인되는 것은 3점의 잔편이며, 판독이 가능한 것은 高句麗 木簡 1점뿐이라고 하였다. 소위 '고구려 목간'은 '보고서8'의 본문 중 木簡 1(목간-117, 자전-5[二])에 해당하며, 묵흔이 확인된다는 3점의 잔편은 木簡 2(목간-123), 木簡 5(목간-124), 木簡 6(목간-127)에 해당한다. 재정리하면 하남 성산산성 출토 목간은 12점으로서, '총람'에서 집계한 14점과 차이를 보인다.

함안 성산산성 출토 목간은 '목간Ⅱ'에서 국가귀속번호를 기준으로 일괄 정리된 바 있어, 이 때 집계된 245점이 전체인 것으로 간주되어 왔다. 그러나 재검토 결과 '목간Ⅱ'에 포함되지 않은 목간들이 있었다. 성산산성 보고서2-85(자전-[성]93)는 사진상 묵흔이 분명하며, '보고서2'에서도 '一面墨書木簡(도면 73-③, 사진 113-①)'로 소개된 바 있으므로 목간으로 간주해야 한다. '자전'과 '보고서2'에서 위아래를 반대로 파악하였는데, '자전'의 판단을 따르겠다. 성산산성 보고서2-88(목간-58, 자전-94[성])은 제첨축이며, '보고서2'에 '一面墨書題籤軸(도면 74-①, 사진 114-①)'로 소개되었으며, "利豆(村)"이라는 판독안까지 제시된 것이다. 자전-성95·성96·성97·성98·성99는 2006년 11차 현장설명 자료에서 2002년 출토품으로서 도록번호 A·B·C·D·F에 해당한다고 제시된 바 있지만, '보고서2'와 '보고서3'에 모두 수록되지 않았다. '자전'의 사진상 묵흔의 존재가 확실하므로 목록에 포함시켰다. 성산산성 보고서3-1(목간-51)은 '목간'에 '一面墨書木簡'으로 적외선 사진이 수록되었으며, 묵흔이 인정 가능하다. '보고서3'의 최종저수지 하층 출토 '일면묵서목간(7.5YR 2.5/2)'로서 도 12-④, 사진 11에 해당한다. 역시 목록에 포함시켰다.

한편 성산산성 보고서2-64(목간-98, 자전-[성]88)와 보고서4-106·107(자전-[성]205·[성]206) 역시 '목간Ⅱ'에 수록되지 않았는데 이들은 묵흔이 확인되지 않는다는 판단 하에 제외된 것으로 보인다. 사실 이러

---

37) 강형웅, 2011, 「안성 죽주산성 신라시대 집수시설 발굴 문자자료」, 『목간과 문자』 8호.
38) 안성시·(재)한백문화재연구원, 2012, 앞의 책, p.618.

한 경우 '목간Ⅱ'의 '목간형 목기' 목록에 포함되어야 할 텐데 그렇지 않아 혼란을 준다. 일단 '목간Ⅱ'의 묵흔 존재 판단을 존중하여 이번 목록에도 포함시키지 않았다. 이렇게 재집계하면 함안 성산산성 출토 목간은 8점이 추가되어 모두 253점이 된다.

〈별표〉의 목록에 따라 새롭게 집계한 백제·신라 목간은 모두 664점이며, 현존하지 않거나 행방을 알 수 없는 4점을 제외하면 660점이다. 백제 목간은 삭설 141점을 포함하여 총 254점이며, 신라 목간은 410점이다(망실 4점 포함). 이제 우리는 백제와 신라의 목간 수를 말할 수 있게 되었다.

Ⅳ. 표준 호칭의 제안

한반도 발견 목간의 집계와 정리 과정을 복잡하게 만드는 요인 중 가장 큰 것은 목간을 부를 호칭의 복잡함이라고 하겠다. '목간의 일련번호 확정'은 한국 목간의 정리에 있어 가장 시급한 과제 중 하나로 인식되어 왔다.[39] 최초 소개 당시의 번호와 2004년 '목간'에서 붙인 번호, 2011년 '자전'의 번호 및 각 발굴보고서의 번호 등 계속해서 새로운 일련번호가 부여되면서, 검색과 식별에 큰 어려움을 가져왔다.[40]

한반도 발견 목간 중 가장 많은 양을 차지하는 함안 성산산성 출토 목간을 대표적인 예로 들 수 있다. '목간'은 함안 성산산성부터 시작하여 각 유적 별로 번호를 새롭게 매기지 않고 연이어 번호를 부여하였는데, 1번부터 시작하는 함안 성산산성 출토 목간의 번호도 보고서의 일련번호와 일치하지 않는다.[41] 대체로 연구자들은 '목간'의 번호를 사용하는 것이 일반적이었으나, '목간' 발간 이후로도 해당 유적에서 목간의 출토는 이어졌다. 2011년에 발간된 '자전'은 2007년에서 2011년 사이에 알려진 목간까지 포괄하였지만, '목간' 및 보고서들과 다른 새로운 번호를 부여하였다.

이러한 혼란을 정리하기 위하여, 2017년 발간된 '목간Ⅱ'에서는 17차에 걸친 발굴 성과를 총괄하여 출토 목간을 국가귀속번호로 정리하고 기존의 호칭들과 대비할 수 있는 표를 수록하였다. 해당 범례에서 앞으로 함안 성산산성 목간연구에 있어 목간번호는 국가귀속번호로 사용할 것을 권고하고, 이후 여러 연구자들이 따르게 되었다. 그러나 여전히 '목간Ⅱ'에서 편의상 수록 순서에 따라 붙인 연번을 사용할 것을 주장하는 경우가 있었으며, 2022년 발간된 '총람'이 이 연번을 기본으로 사용하기에 이르러 여전히 혼란의 여지가 남게 되었다.

사실 국가귀속번호를 목간의 기본적인 호칭으로 사용하는 방식은 권장할 만한 것이라고 하기 어렵다. 경주 출토 목간을 정리하여 2022년에 발간한 도록 '왕경'을 만드는 과정에서, 출토 위치를 알려주는 그리드 번호와 정리 과정에서 동일 유적·유구를 대상으로 부여되는 정리번호·임시번호, 보고서 간행 과정에서 부

---

39) 윤선태, 2013, 「목간의 형태와 용도분류에 대한 기초적 제안」, 한국목간학회 제17회 정기발표회 발표문, p.1.

40) 이재환, 2019, 앞의 논문, p.23.

41) 최상기, 2013, 「함안 성산산성 출토 목간의 정리현황 검토」, 『목간과 문자』 11호, p.82; 이재환, 2019, 앞의 논문, p.23.

여되는 번호, 유물을 국가에 귀속하는 과정을 거치며 부여되는 국가귀속번호 등 다양한 번호가 부여될 수밖에 없으며, 최종적으로 인정되는 번호인 국가귀속번호를 목간의 호칭으로 사용하는 것이 목간의 열람 등에 효과적일 것이라는 주장이 있었다.[42]

다양한 번호의 부여가 필연적인 것이며, 각 단계의 정리 과정을 보여준다는 의미가 있다는 지적은 중요하게 받아들일 만하다. 단, 식별과 검색을 위해서는 대표로 사용할 기본 호칭의 선택이 필요하다. 그러한 대표 호칭으로서 국가귀속번호는 적절하지 않다. 현실에서 목간의 열람은 국가귀속번호에 근거하여 이루어지지 않는다. 애초에 일반 연구자들은 해당 관리 기관에 문의하지 않고서는 국가귀속번호를 파악할 수 없으며, 국가귀속번호를 알기 위해서 먼저 다른 번호를 통해 일치하는 목간을 식별하는 과정을 거쳐야 하기 때문이다. 나아가 애초에 관리 기관에서 국가귀속번호에 기반하여 목간을 관리하지 않는 경우도 있었다.

실제로 정작 '왕경'에서 경주 출토 목간을 정리하면서 국가귀속번호를 기본 호칭으로 사용하는 것은 불가능하였다. 경주 목간 중 가장 큰 비중을 차지하는 안압지 출토 목간의 경우 국가귀속번호가 확인되지 않았다. 오래전에 이관된 유물로서 국가귀속번호가 부여되지 않고 소장품 번호로 관리되고 있다고 하였다. 다음으로 많은 양을 차지하는 경주 월성해자 출토 목간 중 1980년대에 출토된 것들은 국가귀속번호가 존재하나 소장처에서 보고서 번호와 일치하는 유물번호를 사용하여 정리하였다. 국립경주미술관부지 출토 경주15715와 전황복사지 출토 목간은 국가귀속번호가 부여되지 않았다. 국립경주박물관 미술관부지 출토 경주15596과 경주15597에 '新館우물62'가, 경주 황남동 출토 목간 3점에 '1280'이 부여되는 등 국가귀속번호로는 식별히 불가능한 경우도 있었다. 국립경주박물관 남측부지 출토 경주49090이나 경주 전인용사지 출토 목간의 국가귀속번호는 각각 '2011-0373-0000668', '2002-0387-추가-578'로서 기본 호칭으로 사용하기에는 너무 복잡하다. 국가귀속번호 사용 제안은 일반화하기에는 현실적이지 못한 것이었다.

특히 국가귀속번호는 발굴과 정리가 마무리되고 유물을 등록하는 과정에서 최종적으로 부여되므로, 이전 단계에는 존재하지 않는다. 새롭게 발굴되는 목간들에 대한 연구들에서는 별도의 호칭을 사용할 수밖에 없다. 이렇게 다른 번호가 통용되는 상태에서 국가귀속번호 부여 이후 이를 기본 호칭으로 사용하도록 한다면, 이는 애초에 혼란을 야기하는 방식으로 원칙을 정하는 것이 된다. 때문에 최종적 번호인 국가귀속번호는 목간의 표준적 호칭으로 추천할 수 없다.

단, 이미 여러 호칭이 난립한 상태로서 정리가 필요한 경우, 제안된 기준이 있다면 따르는 것이 하나라도 새로운 호칭을 덜 만드는 방법이 된다. 이에 함안 성산산성 출토 목간의 경우 〈별표〉에서도 '목간Ⅱ'의 범례를 따라 국가귀속번호를 제안 호칭으로 채택하였다. 물론 이것이 향후 국가귀속번호에 따른 정리를 권장한다는 의미가 아님은 분명히 할 필요가 있겠다.

한편 일련번호가 확정된다고 해도, 실질적으로 호칭을 표기하는 방식이 연구자마다 혹은 상황 별로 다르기 때문에, 검색의 편의를 위해서는 호칭 표기의 典範이 마련되어야 함을 지적한 바 있다.[43] 〈별표〉의 '제

---

42) 김재홍, 2022, 「한국 고대 목간의 분류 방안」, 『신라 왕경 목간』, 국립경주문화재연구소, pp.14-19.
43) 이재환, 2019, 앞의 논문, pp.25-26.

안 호칭'이 바로 그것이다. 제안 호칭의 기준을 정리하면 다음과 같다.

① 해당 목간이 처음 학계에 소개될 때 부여된 번호가 있다면, 가능한 한 바꾸지 않고 활용 하는 것을 원칙으로 제안한다.

② 이미 여러 호칭이 난립한 상태로서 정리가 필요한 경우, 통일을 위해 공식적으로 제안된 기준이 있다면 가능한 한 이를 따른다.

　　※ '왕경'·'목간Ⅱ'

③ 최초 소개 시의 번호를 기준으로 간략화한 출토지명 다음 한 칸을 띄운 뒤 '목간'을 쓰고 아라비아 숫자 번호를 공백 없이 붙여 쓴다. ex) 동남리49-2 목간2

　　※ 1개뿐임이 분명하고 추가 발굴·확인의 여지가 없어 번호를 붙일 의미가 없다고 판 단될 경우 '목간'이라고만 표기한다. ex) 소월리 목간

④ 이외의 다양한 출처 중 넘버링을 선택하여 표기할 경우, '출처-번호'의 방식으로 표기한 다.

　　※ 번호 다음에 '호'·'번' 등은 붙이지 않는다.

⑤ 출처는 각 보고서의 경우 '보고서'로 간략화하고, 보고서 간 구분이 필요할 경우 보고서 차수 등을 뒤에 붙인다. ex) 보고서3, 보고서6

⑥ 해당 유물에 대한 보고서가 단일하거나 최초일 경우 '보고서'를 생략할 수 있다. 이 경우 번호 다음에 '호'를 붙인다. ex) 보고서-1 = 1호

　　※ 보고서에서 '번' 등을 붙였더라도 '호'로 바꾸며, 로마자나 원·괄호문자 역시 일반 아라 비아 숫자로 바꾸어 표기한다.

⑦ 이외의 출처 중 주요한 것은 약호를 사용하고, 그 밖의 것들은 연도를 표기한다. 동일 연 도는 a·b 등으로 구분한다.

　　※ 약호 및 연도는 [자료목록]의 해당 부분을 참고한다.

⑦ 출토 유적명은 처음 보고되었을 당시의 명칭을 계속 사용하며, 필요시 현재의 명칭을 괄 호에 넣어 부기한다.

⑧ 해당 행정구역에서 최초 보고일 때는 유적명에 번지 등 구체적 구분을 붙이지 않는다.

①은 추후의 목간 소개 및 정리 과정에서 근본적 원칙으로 제안한다. 이는 발굴기관 등에 특정한 넘버링 이나 호칭 부여 방식의 적용을 요청하는 것이 아니다. 처음 소개했던 호칭을 자료집 및 보고서에까지 이어 서 수록하여 주기를 부탁하는 것뿐이다. 나주 복암리 목간의 경우 처음에 '木簡 1~13'으로 소개되었는데, 보고서에는 405에서 415에 이르는 유물번호에 따라 정리하면서도 '목간1~13'의 호칭이 함께 표기되었다. 부여 구아리 319번지 출토 목간, 부여 쌍북리 현내들 출토 목간의 경우도 마찬가지이다. 가능하면 한 번 사 용한 호칭이 계속 유지될 수 있도록 하려는 자세가 필요하다. 아무리 적절하고 좋은 이름이라도 자꾸 바뀐

다면 불편을 초래할 뿐이다. 해당 목간에 대하여 많은 정보를 담고 있지 못한 이름이라도 식별에 혼란만 없다면, 그 이름으로 찾아서 구체적 정보를 확인하면 되는 것이다.

물론 이미 존재하고 있는 혼란을 정리하려 한 노력 또한 수용해야 하겠다. 그것이 ②의 원칙이다. ②에 따라 함안 성산산성 출토 목간은 기본적으로 '목간Ⅱ'에서 제안한 국가귀속번호를 제안 호칭으로 삼았다. '목간Ⅱ'에 빠진 목간들 중 보고서에 수록된 3점은 성산산성 보고서2-85·성산산성 보고서2-88·성산산성 보고서3-1로 표기하고, 보고서에도 확인되지 않는 5점은 적외선 사진이 수록된 '자전'을 출처로 하여 성산산성 자전-성95~성99로 표기하였다.[44]

경주 출토 목간은 '왕경'의 표기를 기본으로 하였다. 안압지 1호의 경우 '왕경'에서 안압지 보고서-1로 표기하였는데, ⑥에 따라 '안압지 1호'로 압축하였다. 월성해자 1호~105호의 경우도 ⑥에 따라 '왕경'의 표기와 일치하게 되었다. 한편, 2016년 이후 출토 월성해자 목간들은 '왕경'에서 임시번호를 표제로 달았으나, 너무 복잡하여 그대로 사용하기 어렵다. 이에 임시번호 중 연도와 '임'을 뺀 마지막 숫자 부분만을 추려서 제안 호칭을 만들었다.

기본적으로 현장설명이나 약식보고서, 학회 발표 등을 통해 처음 소개된 목간은 ③에 따라 표기하는 것을 원칙으로 한다. 바로 보고서를 통해 알려졌거나, 이전까지 일부만 소개되거나 번호가 제대로 부여되지 않았다가 보고서로 정리된 경우는 보고서를 출처로 하여 '숫자+호'나 '보고서몇-숫자'로 표기하였다(④·⑤·⑥).[45] 능산리사지 출토 목간의 경우 6~8차 조사가 같은 보고서로 간행되었고, 차수에 따라 번호가 각각 부여되어 있어 차수와 번호를 붙여 '능산리 7차1호'·'능산리 8차1호' 등으로 표기하였다. 보고서에 수록된 삭설들은 ⑥에 따라, '백제'에만 수록된 것은 ④의 방식을 써서 제안 호칭을 만들었다.

보고서보다 빨리 '목간'을 통해 소개된 부여 쌍북리 102번지 출토 목간은 '목간'을 출처로 하여 ④의 방식으로 표기하였다. 익산 미륵사지 출토 목간은 보고서에서 큰 목간편과 작은 목간편으로만 구분하였으므로, 역시 '목간'을 출처로 미륵사지 목간-318과 미륵사지 목간-319로 표기하였다. 안성 죽주산성 출토 목간 2점은 최초 소개시 '목재'·'추정 목제 자'로서 번호가 부여되지 않았는데, 여기서는 먼저 소개된 것을 목간1로, 다음에 소개된 것을 목간2로 넘버링하였다.

앞으로도 새로운 목간이 알려지는 대로 제안 호칭을 추가하여 목록을 꾸준히 업데이트해 나가고자 한다. 한국목간학회에서 발간하는 학회지와 단행본 등에서 제안 호칭을 사용하고, 나아가 그 밖으로도 제안

---

44) 적외선 사진이 먼저 수록된 것은 국립가야문화재연구소 편, 2007, 『(국립가야문화재연구소 일본 와세다대학 조선문화연구소 공동연구 자료집) 함안 성산산성 출토목간 (학술조사 보고 제 39집)』, pp.111-113이나, A~F의 번호를 붙인 것이 국립가야문화재연구소, 2007, 『함안 성산산성 제12차 발굴조사(현장설명회 자료집)』, p.27에서 별도의 자료들을 A~I로 넘버링한 것과 혼동될 수 있기에 해당 번호를 사용하지 않았다. 아울러 국립가야문화재연구소 편, 2007, 앞의 책에서는 자전-성95(A), 자전-성99(F)를 '墨書없는 木簡'이라고 하는 등 묵흔 인정 여부에도 차이를 보였다.

45) 부여 석목리 143-16번지 출토 목간 중 2017년 발견된 2점의 경우 『목간과 문자』를 통한 소개의 공간보다 보고서 발간이 빨랐으므로, 보고서 기준으로 ⑥에 따라 '석목리143-16 228호·229호'로 표기하였다. 2022년 발견된 1점은 정식 보고서 미간으로 약식보고서를 통해 소개되었다. 약식보고서의 일련번호를 따라 ③의 원칙으로 '석목리143-16 목간29'라고 부른다.

호칭의 사용이 확산될 수 있다면, 향후 검색과 식별에 혼란이 줄어들 수 있으리라고 본다.

V. 범례와 코드

한국목간학회에서 사용할 목간의 정의를 정하여 범례로서 학술지에 수록하게 된다면, 그 밖에도 공통된 기준이 필요한 것들의 범례 또한 추가할 필요가 있다. 먼저 판독문 작성을 위한 범례가 만들어져야 한다. 현재 동일 기관이나 학회 발행 논저 내에서도 통일성을 찾기 어려워, 거의 연구자별 혹은 각 논저별로 다른 원칙을 적용하고 있다고 보아도 무방할 정도이다.[46] '목간Ⅱ'에서 판독문 사용 기호의 범례를 제시한 바 있으나, 몇 가지 수정할 부분이 있었다. 이에 '왕경'에서 사용한 범례를 기본으로 몇 가지 필요한 사항을 추가한 범례를 제시해 보면 다음과 같다.

〈가로쓰기〉
· 각 면은 순서대로 Ⅰ·Ⅱ·Ⅲ 등 로마자 숫자로 표시한다. 多面의 경우 反시계방향으로 면의 순서를 정한다. 앞·뒤와 순서 파악이 불가능하면 기존에 소개된 면 표기 기호를 따른다.
· 「 」는 상·하단이 원형대로 남아 있음을, ×는 단부가 파손되었음을 나타낸다. 한 면이 여러 행일 경우 첫째 행의 제일 앞과 마지막 행의 끝에 표시한다.
· ∨는 상·하단의 홈을, ◎는 구멍이 뚫린 것을 표시한다.
· 行이나 띄어쓰기는 목간의 상태를 반영하여 표기한다.
· 판독 불가능한 글자 중 글자 수 파악이 가능한 경우 한 자씩 □로 표기하고, 글자 수를 알기 어려운 경우는 ⸤⸥로 표기한다.
· 글자의 일부분만은 확실한 경우 □ 안에 해당 부분을 표시할 수도 있다.
· 추정한 글자는 [ ] 안에 넣는다.
· 異筆·追筆·刻書 등은 『 』 안에 넣고 주석을 달아 설명한다.
· 合字는 점선의 밑줄로 표시한다.
· 확인부는 √로 표기한다.
· 署名·花押·手決은 【 】로 표기하고, 원래의 문자를 파악 가능한 경우 그 안에 넣어 표시한다.
· 각종 기호·부호는 형태가 유사한 유니코드 문자로 표기하고, 유니코드에 해당 형태가 존재하지 않을 경우 □로 표시한 뒤 주석을 달아 설명한다.

---

46) 이재환, 2019, 앞의 논문, p.26.

· 가로·세로는 문자를 기준으로 파악하되, 문자의 판독이 어려울 경우 나뭇결 방향을 세로
  로 간주한다.
· 위·아래는 문자를 기준으로 파악하며, 면에 따라 문자의 서사 방향이 다를 경우 내용 상
  첫째 면의 방향을 정방향으로 본다.

〈세로쓰기〉
· 각 면은 순서대로 Ⅰ·Ⅱ·Ⅲ 등 로마자 숫자로 표시한다. 多面의 경우 反시계방향으로 면
  의 순서를 정한다. 앞·뒤와 순서 파악이 불가능하면 기존에 소개된 면 표기 기호를 따른
  다.
· ┐└는 상·하단이 원형대로 남아 있음을, ×는 단부가 파손되었음을 나타낸다. 한 면이
  여러 행일 경우 첫째 행의 제일 앞과 마지막 행의 끝에 표시한다.
· 〈는 상·하단의 홈을, ◎는 구멍이 뚫린 것을 표시한다.
· 行이나 띄어쓰기는 목간의 상태를 반영하여 표기한다.
· 판독 불가능한 글자 중 글자 수 파악이 가능한 경우 한 자씩 □로 표기하고, 글자 수를 알
  기 어려운 경우는 ⊓⊔로 표기한다.
· 글자의 일부분만은 확실한 경우 □ 안에 해당 부분을 표시할 수도 있다.
· 추정한 글자는 ┌ ┐ 안에 넣는다.
· 異筆·追筆·刻書 등은 ┐└ 안에 넣고 주석을 달아 설명한다.
· 合字는 점선의 우측 줄( )로 표시한다.
· 확인부는 ⌐로 표기한다.
· 署名·花押·手決은 【 】로 표기하고, 원래의 문자를 파악 가능한 경우 그 안에 넣어 표시
  한다.
· 각종 기호·부호는 형태가 유사한 유니코드 문자로 표기하고, 유니코드에 해당 형태가 존
  재하지 않을 경우 □로 표시한 뒤 주석을 달아 설명한다.
· 가로·세로는 문자를 기준으로 파악하되, 문자의 판독이 어려울 경우 나뭇결 방향을 세로
  로 간주한다.
· 위·아래는 문자를 기준으로 파악하며, 면에 따라 문자의 서사 방향이 다를 경우 내용 상
  첫째 면의 방향을 정방향으로 본다.

'목간Ⅱ'에서는 목간의 세부 명칭 용어에 대한 통일안 또한 제시한 바 있다.[47] 설명이 제시된 항목은 기
재면, 목간의 면수가 2면 이상일 경우, 단면목간·양면목간, 앞면·전면, 뒷면·후면, 단부, 측면, 천공, 묶기

---

47) 국립가야문화재연구소, 2017, 앞의 책, p.15.

홈, 묵흔, 삭설이다. 발표자 또한 이러한 형태 용어의 문제 중 일부에 대하여 의견을 내놓은 바 있었다.[48] 예컨대 '목간Ⅱ'의 단면목간·양면목간 설명에서 "묵서가 1면만 있으면 단면목간, 2면이면 양면목간, 3면이면 삼면목간, 4면이면 사면목간이라 말한다"고 한 것은 형태적 특징과 묵서면의 수를 구분하지 않은 것으로서 그대로 따르기 어렵다. 이 기준대로라면 4개의 면이 존재하게 다듬은 목간이라도 묵서가 1면뿐이라면 단면목간이 되어버린다. 따라서 여러 면을 갖춘 목간의 경우 圓柱形을 포괄하여 '막대목간'으로 지칭하는 것이 좋다고 생각한다.[49] 앞의 판독문 표기 범례에 포함된 가로·세로와 면의 파악 등은 제외하고 형태 및 세부 용어에 대한 범례를 제안한다면 다음과 같다.

> · 종장판 : 세로로 길고 폭이 비교적 좁으며 두께는 얇은 板 형태를 가리킨다. 중국의 簡·牘
> 을 포괄한다.
> · 막대 : 3개 이상의 面을 가지거나 圓柱의 형태를 갖춘 경우를 가리킨다. 중국의 '觚'와 같
> 은 것도 이에 포함된다.
> · 제첨축 : 종이 문서를 말아두는 심 중 머리 부분이 板 형태인 것을 가리킨다.
> · 削屑 : 목간의 표면을 깎아 낸 목간 부스러기를 말한다. 중국의 '柿'나 '削衣'에 해당한다.
> · 홈 : 상·하단부의 좌·우 일부를 잘라내거나 주위를 둘러 파낸 것을 말한다.
> · 구멍 : 목간의 사용과 관련하여 의도적으로 구멍을 뚫은 것을 가리킨다.

이번 집계·정리 과정에서 만든 목록을 〈별표〉로 첨부하였지만, 인쇄된 표는 활용에 한계가 있으며 지면상 정보를 보여주는 데도 제한이 많다. 더 실용적이며 연구에 있어 중요한 의미를 가진다고 생각하는 것은 필자들이 Excel로 작성한 '오이목간목록' 파일이다. 현재 한국목간학회 회원마당 자유게시판(http://mokkan.kr/33)에 업로드하여 두었으며, 이후에도 주기적으로 업데이트된 버전의 파일을 업로드할 예정이다. 사용하고자 하는 사람들은 해당 게시판에서 가장 최근에 올라온 것인지 확인한 후 다운로드하여 자유롭게 활용하면 된다. 〈별표〉의 내용에 더하여 종횡비와 외형코드·상단코드·하단코드 및 판독문이 추가되어 있다.

이 중 판독문은 관련자나 필자들의 공식적인 판독안이 아니라, 목간의 식별을 원활하기 위한 참조용으로 넣어둔 것일 뿐이다. 아울러 excel에서 입력의 어려움 및 폰트의 한계 때문에 앞의 판독문 범례를 적용하지 못하고 단순화하였다. 해당 폰트를 찾기 어려운 이체자는 원글자로 입력하고, 입력이 불가능한 경우는 미판독자와 마찬가지로 '□'로 대체하였다. 입력이 번거로운 'ㄷㄱ' 대신 '[…]'을 사용하였다. 면이 바뀌는 것은 '/'로, 동일 면에서의 행 바꿈은 ','로 표시하였다. 각필·이필·역방향 등은 『 』안에 넣고 『 앞에 한글로 '각'·'이필'·'역'을 써넣었다. 정확한 내용을 담은 것도 아니며 표시 정보의 정확한 전달을 목적으로 한 것

---

48) 이재환, 2022, 앞의 논문, pp.16-22.
49) 위의 논문, p.15.

이 아니므로 형태의 복원에 치중하지 않았다.

　외형 및 단부 코드는 일찍이 제시한 바 있었던 코드에,[50] 한 면의 표면에 가로로 홈이 파인 경우(N/n)와 사선형(P/p)를 추가한 것이다. 기존에 제시했던 외형 코드 중 종장판(1)·횡장판(2)의 종횡비에 따른 세분화 (11·12·13 및 22·23)는 종횡비를 별도의 칼럼으로 제시하였기에 제거하였다. 추후에도 식별 가능한 요소가 더 인지된다면 코드를 추가할 예정이다. 현재의 형태가 목간 사용 이후에 별도의 목적으로 가공된 것임이 분명한 경우에는 코드를 부여하지 않거나 X, x로 표시하는 것을 원칙으로 하였지만, 확실하지 않은 경우는 현재의 모습을 코드화하였다. 코드를 정리하면 다음과 같다.

　· 외형 코드

1 : 종장판

2 : 횡장판

4 : 막대　　　　40 ; 원주형

　　　　　　　　43 ; 3면

　　　　　　　　44 ; 4면

　　　　　　　　45 ; 5면

　　　　　　　　46 ; 6면

6 : 기타 (제첨축, 남근형, 인형 등 특수한 형태를 포괄)

8 : 미상 (파괴·손상이 심하여 원형을 확인하기 어려운 경우)

9 : 삭설

※ 로마 숫자는 묵흔이 확인되는 서사면의 수

　· 단부 코드

A/a : 직선

B/b : 삼각형(圭形)

C/c : 다각형

D/d : 반원형

E/e : 한 쪽으로 뾰족해짐(尖)

F/f : 양측이 뾰족해짐(尖)

G/g : 원뿔 형태

H/h : 구멍(穿孔)

J/j : 단부 좌·우 측면에 홈

---

50) 이재환, 2019, 앞의 논문, pp.34-36.

K/k : 둘레에 돌아가면서 홈을 판 경우

M/m : 끝부분을 다른 부분보다 두껍고 둥글게 마무리

N/n : 한 면 표면에 가로로 홈이 파인 경우

P/p : 사선형

X/x : 파손

※ 대문자는 상단, 소문자는 하단을 표시.

※ 중단에 가까운 구멍이나 홈의 경우 '를 붙임.

※ 일부 파손되었더라도 원형이 짐작가는 경우에는 X로 표기하지 않음.

※ P는 확연히 사선을 의도했다고 판단될 때만 A와 구분함.

※ E와 F에 A·B·C·D 등의 단부 코드가 더해진 경우는 하단까지 완전히 뾰족해진 것이 아
니라 약간 뾰족하게 다듬다가 해당 형태로 단부가 마무리되었음을 의미.

기존에 이러한 코드가 복잡하다는 지적이 있었다. 그러나 코드화는 전산화를 염두에 둔 것으로서, '오이
목간목록' 파일을 사용할 경우 원하는 형태의 목간들을 간단하게 뽑아낼 수 있다. Excel의 필터(텍스트 필
터) 기능을 활용하기만 하면 된다. 파일에는 메모가 붙어 있어 코드를 외우거나 할 필요도 없다. 향후 해당
목간 자료의 출처가 되는 보고서·자료집이나 고화질 사진으로의 link도 추가할 계획이다. 앞으로 이 파일
이 목간 연구의 기초 자료가 되기를 기대한다.

VI. 맺음말

본고는 필자들이 백제·신라 목간 집계·정리에 사용한 목간의 정의와 범례를 소개하는 것일 뿐 아니라,
한국목간학회의 공식적 범례와 표준에 대하여 案을 제시하는 것이다. 이 案이 과연 좋은 것이라고 할 수 있
을지, '최선'의 선택인지는 말하기 어렵다. 필자들은 그러한 최선의 案을 만들어 낼 만한 능력이나 자격을
갖추고 있지 못하다고도 할 수 있다. 그러나 범례와 표준이 결정되기 위해서 누군가의 案이 필요함은 분명
하다. 본고는 본격적인 논의가 촉발되기 위한 밑거름이 되기를 희망한다. 어떤 방식으로든 한국목간학회의
'합의' 혹은 '묵시'가 결정되어 조만간 완성된 범례와 표준이 『목간과 문자』에 수록된다면 나름의 역할을 한
것이 된다고 본다.

| 투고일: 2023.06.04. | 심사개시일: 2023.06.05. | 심사완료일: 2023.06.27. |

백제 · 신라 목간 목록

출토지	제안 호칭	국적	소개	보고서	목간 (2004)	백제 (2008)	자전 (2011)	총람 (2022)	사비 (2023)	소장품/유물 /임시번호	국가귀속번호	기타	길이	너비	두께	비고
금산 백령산성	백령산성 목간	백제		墨書木板			[栢]1	보고서 묵서목판	백령성 001			墨書 木板(연구)	23.1	13.3	0.9	
나주 복암리	복암리 목간1	백제	木簡 1(2009)	403(목간1)			[伏]1	보고서 1호	복암리 001	국립나주문화재연구 소-유물번호 403		1호 수혈 출토유물 403 호(연구)	8.3	4.2	0.8	
나주 복암리	복암리 목간2	백제	木簡 2(2009)	404(목간2)			[伏]2	보고서 2호	복암리 002	국립나주문화재연구 소-유물번호 404		1호 수혈 출토유물 404 호(연구)	28.1	5	0.3	
나주 복암리	복암리 목간3	백제	木簡 3(2009)	405(목간3)			[伏]3	보고서 3호	복암리 003	국립나주문화재연구 소-유물번호 405		1호 수혈 출토유물 405 호(연구)	24.8	4.5	0.5	
나주 복암리	복암리 목간4	백제	木簡 4(2010)	406(목간4)			[伏]4	보고서 4호	복암리 004	국립나주문화재연구 소-유물번호 406		1호 수혈 출토유물 406 호(연구)	60.7	5	0.5	
나주 복암리	복암리 목간5	백제	木簡 5(2010)	407(목간5)			[伏]5	보고서 5호	복암리 006	국립나주문화재연구 소-유물번호 407		1호 수혈 출토유물 407 호(연구)	18.5	2.7	0.6	
나주 복암리	복암리 목간6	백제	木簡 6(2010)	408(목간6)			[伏]6	보고서 6호	복암리 005	국립나주문화재연구 소-유물번호 408		1호 수혈 출토유물 408 호(연구)	29.7	3.5	0.5	봉함 목간
나주 복암리	복암리 목간7	백제	木簡 7(2010)	409(목간7)			[伏]7	보고서 7호	복암리 007	국립나주문화재연구 소-유물번호 409		1호 수혈 출토유물 409 호(연구)	10.8	3.5	0.4	
나주 복암리	복암리 목간8	백제	木簡 8(2010)	410(목간8)			[伏]8	보고서 8호	복암리 008	국립나주문화재연구 소-유물번호 410		1호 수혈 출토유물 410 호(연구)	14	2.1	0.6	
나주 복암리	복암리 목간9	백제	木簡 9(2010)	411(목간9)			[伏]9	보고서 9호	복암리 009	국립나주문화재연구 소-유물번호 411		1호 수혈 출토유물 411 호(연구)	11.7	4.9	0.7	
나주 복암리	복암리 목간10	백제	木簡 10(2010)	412(목간10)			[伏]10	보고서 10호	복암리 010	국립나주문화재연구 소-유물번호 412		1호 수혈 출토유물 412 호(연구)	15.3	2.9	0.7	
나주 복암리	복암리 목간11	백제	木簡 11(2010)	413(목간11)			[伏]11	보고서 11호	복암리 011	국립나주문화재연구 소-유물번호 413		1호 수혈 출토유물 413 호(연구)	8.5	3.4	0.3	
나주 복암리	복암리 목간12	백제	木簡 12(2010)	414(목간12)			[伏]12	보고서 12호	복암리 012	국립나주문화재연구 소-유물번호 414		1호 수혈 출토유물 414 호(연구)	19	2.4	0.5	
나주 복암리	복암리 목간13	백제	목간 13(2010)	415(목간13)			[伏]13	보고서 13호	복암리 013	국립나주문화재연구 소-유물번호 415		1호 수혈 출토유물 415 호(연구)	11.5	4.5	0.8	
부여 관북리	관북리 1호	백제		1	283	283	[官]5	관북리 1차 1호	관북리 005			관북 1차 목간 1(연구)	19.6	4.1	0.55	
부여 관북리	관북리 보고서3-808	백제		808 목간	286		[官]2	관북리 3차 808호	관북리 002			관북리 3차 808호(연구)	9.3	4.9	0.8	
부여 관북리	관북리 보고서3-831	백제		831 목간	289		[官]3	관북리 3차 831호	관북리 003				11	3.6	0.4	
부여 관북리	관북리 보고서3-823	백제		823 목간	288		[官]4	관북리 3차 823호	관북리 004			관북리 3차 823호(연구)	12.7	2.4	0.3	
부여 관북리	관북리 보고서3-827	백제		827 목간형목제품	291		[官]6		관북리 006		827		9.6	2.2	0.7	
부여 관북리	관북리 보고서3-833	백제		833 목간	285		[官]1	관북리 3차 833호	관북리 001			관북리 3차 833호(연구)	12.3	4	0.2	
부여 관북리	관북리 보고서3-838	백제		838 목간					관북리 013				12	3	1.5	
부여 관북리	관북리 보고서6-284	백제		284				관북리 추가분 2호(목제 품 6번)					9.1	2.2	0.5	
부여 관북리	관북리 보고서6-285	백제		285				관북리 추가분 1호(목제 품 3번)					9.4	2	0.2	
부여 구아리 319번지 (중앙성결교회)	구아리319 목간19	백제	19번(2011)	449. 19번 목간			[舊]12	보고서 19호	구아리 012		부여 29139		9.5	0.7	0.4	
부여 구아리 319번지 (중앙성결교회)	구아리319 목간31	백제	31번(2011)	441. 31번 목간			[舊]7	보고서 31호	구아리 007		부여 29131	중앙성결교회 출토 31호 (연구)	10.5	3.3	0.5	
부여 구아리 319번지 (중앙성결교회)	구아리319 목간47	백제	47번(2011)	442. 47번 목간			[舊]1	보고서 47호	구아리 002		부여 29132	중앙성결교회 출토 47호 (연구)	25.2	3.5	0.3	
부여 구아리 319번지 (중앙성결교회)	구아리319 목간88	백제	88번(2011)	443. 88번 목간			[舊]3	보고서 88호	구아리 003		부여 29133	중앙성결교회 출토 88호 (연구)	18.6	3.3	0.6	
부여 구아리 319번지 (중앙성결교회)	구아리319 목간89	백제	89번(2011)	444. 89번 목간			[舊]8	보고서 89호	구아리 008		부여 29134	중앙성결교회 출토 89호 (연구)	29.1	3.6	0.6	
부여 구아리 319번지 (중앙성결교회)	구아리319 목간93	백제	93번(2011)	446. 93번 목간			[舊]6	보고서 93호	구아리 006		부여 29136	중앙성결교회 출토 93호 (연구)	14.6	2.5	0.7	

출토지	제안 호칭	국적	소개	보고서	목간(2004)	백제(2008)	자전(2011)	총람(2022)	사비(2023)	소장품/유물/임시번호	국가귀속번호	기타	길이	너비	두께	비고
부여 구아리 319번지 (중앙성결교회)	구아리319 목간90	백제	90번(2011)	445. 90번 목간			[舊]1	보고서 90호	구아리 001		부여 29135	중앙성결교회 출토 90호 (연구)	24.5	3.6	0.5	
부여 구아리 319번지 (중앙성결교회)	구아리319 목간102	백제	102번(2011)	447. 102번 목간			[舊]4	보고서 102호	구아리 004		부여 29137	중앙성결교회 출토 102호(연구)	19.3	2.5	0.6	
부여 구아리 319번지 (중앙성결교회)	구아리319 목간109	백제	109번(2011)	448. 109호 목간			[舊]5	보고서 109호	구아리 005		부여 29138	중앙성결교회 출토 109호(연구)	6.2	3.2	0.2	
부여 구아리 325·326지	구아리325·326 목간	백제		유물번호 77. 「後T○」(도면 35, 도판57)									18	13.7	1.3	
부여 궁남지	궁남지 1호	백제		1 木簡	315	297	[宮]1	보고서[궁남지] 목간1호	궁남지 001		부여 8241	궁남지 1호(연구)	35	4.5	1	
부여 궁남지	궁남지 보고서2-1	백제		木簡(畵面 26, 圖版 239-①), 木簡 1(附錄)		궁Ⅱ1	[宮]3	보고서[궁남지Ⅱ] 목간1호	궁남지 004		부여 8292	궁2(나무), 궁남지 2차 보고서 2호(연구)	34.8	2.8	1.5	
부여 궁남지	궁남지 보고서2-2	백제		木簡(畵面 82, 圖版 247-④), 木簡 2(附錄)			[宮]2	보고서[궁남지Ⅱ] 목간2호	궁남지 002			궁1(나무), 궁남지 2차 보고서 2호(연구)	25.5	1.9	0.6	
부여 능산리사지	능산리 6차1호	백제	1. '天'銘 刻墨書木簡(2002)	6차 ①	295	295	[陵]1	능사6차 1호	능산리 002			양물형목간(2005), 남근형 목간(2010), 능사 6차 목간 1(연구)	22.7	2.4	2.1	
부여 능산리사지	능산리 6차2호	백제		6차 ②	306	306	[陵]12	능사 6차 2호	능산리 012			'두지말'명 목간(2010), 능사 6차 목간 2(연구)	13.2	3	2.5	
부여 능산리사지	능산리 6차3호	백제		6차 ③	309	309	[陵]15	능사 6차 3호	능산리 015			'칠정'명 목간(2010), 능사 6차 목간 3(연구)	8.4	2.6	0.2	
부여 능산리사지	능산리 6차4호	백제		6차 ④	310	310	[陵]16	능사 6차 4호	능산리 016			'반면'명 목간(2010), 능사 6차 목간 4(연구)	12.1	1.5	0.5	
부여 능산리사지	능산리 6차5호	백제		6차 ⑤		능9(p.43)		능사 6차 5호				2000-3(2008), 능사 6차 목간 5(연구)	8.9	1	0.6	
부여 능산리사지	능산리 6차6호	백제		6차 ⑥		능1	[陵]21	능사 6차 6호	능산리 021			2000-1(2008), 능사 6차 목간 6(연구)	9.8	2.1	0.2	
부여 능산리사지	능산리 6차8호	백제		6차 ⑧	314	314	[陵]20		능산리 020			능사 6차 목간 8(연구)	12.5	1.6	1	
부여 능산리사지	능산리 6차9호	백제		6차 ⑨		능11			능산리 031			2000-4(2008), 29 중 9-1(2011), 능사 6차 목간 9(연구)	5.8	1.4	0.15	
부여 능산리사지	능산리 6차10호	백제		6차 ⑩		능10			능산리 030			2000-2(2008), 29 중 9-2(2011), 능사 6차 목간 10(연구)	4.6	1.4	0.2	
부여 능산리사지	능산리 6차11-1호	백제		6차 ⑪1		능16				능산리036-1(사비)		2000-5(2008), 29 중 10-1(2011), 능사 6차 목간 11-1(연구)				
부여 능산리사지	능산리 6차11-2호	백제		6차 ⑫2		능16						2000-6(2008), 능사 6차 목간 11-2(연구)				
부여 능산리사지	능산리 6차11-3호	백제		6차 ⑬3		능16중						2000-7(2008), 능사 6차 목간 11-3(연구)	3.5	0.8	0.08	
부여 능산리사지	능산리 6차11-4호	백제		6차 ⑭4(도판 141-4④)								2000-8(2008), 능사 6차 목간 11-4(연구)				
부여 능산리사지	능산리 6차11-5호	백제		6차 ⑮5		능16						2000-9(2008), 능사 6차 목간 11-5(연구)				
부여 능산리사지	능산리 6차11-6호	백제		6차 ⑯6		능16						2000-10(2008), 능사 6차 목간 11-6(연구)				
부여 능산리사지	능산리 6차11-7호	백제		6차 도판 141-4						능산리036(사비)						
부여 능산리사지	능산리 6차11-8호	백제		6차 도판 141-4						능산리036(사비)						
부여 능산리사지	능산리 7차1호	백제		7차 ①				능사 7차 1호				2001-1(2008), 능사 7차 목간 1(연구)	22.2	2.9	2.2	
부여 능산리사지	능산리 7차2호	백제	9. 기타목간(1)(4)	7차 ②	296	296	[陵]2	능사 7차 2호	능산리 001		부여 6092	'이전'명 목간(2010), 능사 7차 목간 2(연구)	27.6	1.9	0.4	
부여 능산리사지	능산리 7차3호	백제	6. '對德'銘 목간	7차 ③	297	297	[陵]3	능사7차 3호	능산리 003		부여 6088	'대덕'명 목간(2010), 능사 7차 목간 3(연구)	24.5	2.6	1.05	
부여 능산리사지	능산리 7차4호	백제	9. 기타목간(6)	7차 ④	298	298	[陵]4	능사7차 4호	능산리 004			'나솔'명 목간(2010), 능사 7차 목간 4(연구)	21.9	1.9	0.3	
부여 능산리사지	능산리 7차5호	백제	7. '女貴'銘 목간	7차 ⑤	299	299	[陵]5	능사7차 5호	능산리 005		부여 6090	(6)(2004), '삼귀'명 목간(2010), 능사 7차 목간 5(연구)	15.4	2	0.3	
부여 능산리사지	능산리 7차6호	백제	9. 기타목간(2)	7차 ⑥	300	300	[陵]6	능사 7차 6호	능산리 006		부여 6094	'사산'억굴씨목간(2003), '경내'명 목간(2010), 능사 7차 목간 6(연구)	16.7	1.8	0.6	
부여 능산리사지	능산리 7차7호	백제	5. '六部五方'銘 목간	7차 ⑦	301	301	[陵]7	능사 7차 7호	능산리 007		부여 6091	(8)(2004), 능사 7차 목간 7(연구)	16.4	1.8	0.5	

출토지	제안 호칭	국적	소개	보고서	목간 (2004)	백제 (2008)	자전 (2011)	총람 (2022)	사비 (2023)	소장품/유물 /임시번호	국가귀속번호	기타	길이	너비	두께	비고
부여 능산리사지	능산리 7차8-1호	백제	8. 默書樹皮	7차⑧상	302	302	[陵]8-1		능산리 008			(14)(2004), 능사 7차 삭설 8-1(연구)	36.1	1.8	0.05	
부여 능산리사지	능산리 7차8-2호	백제		7차⑧하	302	302						능사 7차 삭설 8-2(연구)	7.6	1.7	0.05	
부여 능산리사지	능산리 7차9호	백제	9. 기타목간(5)	7차⑨	303	303	[陵]9	능사 7차 9호	능산리 009		부여 6104	'죽산'먹글씨목간(2003), (12)(2004), 능사 7차 목간 9(연구)	21	1.9	0.2	
부여 능산리사지	능산리 7차10호	백제	3. '子基寺'銘 목간	7차⑩	313	312	[陵]19	능사 7차 10호	능산리 019		부여 6099	(3)(2004), 능사 7차 목간 10(연구)	7.8	1.9	0.6	
부여 능산리사지	능산리 7차11호	백제	4. '宿世結業同生一處'銘 목간	7차⑪	305	305	[陵]11	능사 7차 11호	능산리 011		부여 6089	숙세 …' 먹 글 씨 목 간 (2003), (9)(2004), '숙세'명목간(나무), 능사 7차 목간 11(연구)	12.8	3.1	1.2	
부여 능산리사지	능산리 7차12호	백제	9. 기타목간(7)	7차⑫	307	307	[陵]13	능사 7차 12호	능산리 013		부여 6096	'덕간'먹글씨목간(2003), (7)(2004), 능사 7차 목간 12(연구)	9.3	3.6	0.55	
부여 능산리사지	능산리 7차13호	백제		7차⑬	308	308	[陵]14	능사 7차 13호	능산리 014		부여 6100	'이백'명 목간(2010), 능사 7차 목간 13(연구)	12.4	3.2	0.8	
부여 능산리사지	능산리 7차14호	백제		7차⑭	311	311	[陵]17	능사 7차 14호	능산리 017		부여 6101	능사 7차 목간 14(연구)	7.5	3.7	0.5	
부여 능산리사지	능산리 7차15호	백제		7차⑮	312	312	[陵]18	능사 7차 15호	능산리 018		부여 6102	능사 7차 목간 15(연구)	5.2	3.1	0.6	
부여 능산리사지	능산리 7차16호	백제		7차⑯		능6	[陵]22	능사 7차 16호	능산리 022		부여 6103	2001-2(2008), '치마'명 목간(2010), 26(2011), 능사 7차 목간 16(연구)	23.6	2	1.7	
부여 능산리사지	능산리 7차17호	백제		7차⑰		능9 (pp. 40-41)		능사 7차 17호	능산리 029		부여 6093	2001-3(2008), 능사 7차 목간 17(연구)	5.8	10.4	1	
부여 능산리사지	능산리 7차18호	백제		7차⑱		능3	[陵]23	능사 7차 18호	능산리 023		부여 6097	2001-4(2008), '모'명 목간(2010), 능사 7차 목간 18(연구)	15.8	2.1	2.1	
부여 능산리사지	능산리 7차21호	백제	2. '寶憙寺'銘 목간	7차㉑	304	304	[陵]10	능사 7차 21호	능산리 010		부여 6087	(2)(2004), 능사 7차 목간 21(연구)	12.7	3.6	0.4	
부여 능산리사지	능산리 7차22호	백제		7차㉒		능4	[陵]24	능사 7차 22호	능산리 024			2001-5(2008), '도화'명 목간(2010), 능사 7차 목간 22(연구)	24.2	3.5	2	
부여 능산리사지	능산리 8차1호	백제		8차①		능2	[陵]25	능사 8차 1호	능산리 025			(15)(2004), 능산리 사면 목간(2007b), 食米記(2007a), 2002-1(2008), '지약아식미기' 명 목 간 (2010), 22(2011), 능사 8차 목간 1(연구)	44	2	2	
부여 능산리사지	능산리 백제-능5	백제				능5	[陵]26	보고서에 없음	능산리 026			2001-8(2008), '영춘'명 목간(2010), 25(2011), 2001-8호 목간	16.5	3.5	3	
부여 능산리사지	능산리 백제-능7	백제				능7	[陵]27	보고서에 없음	능산리 027			새모양 목간(2010), 능7(연구)	16.5	3.5	3.5	
부여 능산리사지	능산리 백제-능8	백제				능8	[陵]28	보고서에 없음	능산리 028			능8(연구)	16.7	1	0.2	
부여 능산리사지	능산리 백제-능12	백제				능12			능산리 032			목간편(2010), 능12(연구)	7	1.5	0.2	
부여 능산리사지	능산리 백제-능13	백제				능13			능산리 033			능13(연구)	7	1.7	0.2	
부여 능산리사지	능산리 백제-능14	백제				능14			능산리 034			능14(연구)	4	1.7	0.5	
부여 능산리사지	능산리 백제-능15	백제				능15			능산리 035			능15(연구)				
부여 능산리사지	능산리 백제-능17-1	백제				능17-1			능산리 038-1			능17-1(연구)				
부여 능산리사지	능산리 백제-능17-2	백제				능17-2			능산리 038-2			능17-2(연구)				
부여 능산리사지	능산리 백제-능17-3	백제				능17-3			능산리 038-3			능17-3(연구)				
부여 능산리사지	능산리 백제-능17-4	백제				능17-4			능산리 038-4			능17-4(연구)				
부여 능산리사지	능산리 백제-능17-5	백제				능17-5	削片-5		능산리 038-5			능17-5(연구)				
부여 능산리사지	능산리 백제-능17-6	백제				능17-6			능산리 038-6			능17-6(연구)				
부여 능산리사지	능산리 백제-능17-7	백제				능17-7			능산리 038-7			능17-7(연구)				
부여 능산리사지	능산리 백제-능17-8	백제				능17-8			능산리 038-8			능17-8(연구)				
부여 능산리사지	능산리 백제-능17-9	백제				능17-9			능산리 038-9			능17-9(연구)				

출토지	제안 호칭	국적	소개	보고서	목간(2004)	백제(2008)	자전(2011)	총람(2022)	사비(2023)	소장품/유물/임시번호	국가귀속번호	기타	길이	너비	두께	비고
부여 능산리사지	능산리 백제-능17-10	백제				능17-10		削片-10	능산리 038-10			능17-10(연구)				
부여 능산리사지	능산리 백제-능17-11	백제				능17-11			능산리 038-11			능17-11(연구)				
부여 능산리사지	능산리 백제-능17-12	백제				능17-12		削片-12	능산리 038-12			능17-12(연구)				
부여 능산리사지	능산리 백제-능17-13	백제				능17-13			능산리 038-13			능17-13(연구)				
부여 능산리사지	능산리 백제-능17-14	백제				능17-14			능산리 038-14			능17-14(연구)				
부여 능산리사지	능산리 백제-능17-15	백제				능17-15			능산리 038-15			능17-15(연구)				
부여 능산리사지	능산리 백제-능17-16	백제				능17-16			능산리 038-16			능17-16(연구)				
부여 능산리사지	능산리 백제-능17-17	백제				능17-17			능산리 038-17			능17-17(연구)				
부여 능산리사지	능산리 백제-능17-18	백제				능17-18			능산리 038-18			능17-18(연구)				
부여 능산리사지	능산리 백제-능17-19	백제				능17-19			능산리 038-19			능17-19(연구)				
부여 능산리사지	능산리 백제-능17-20	백제				능17-20			능산리 038-20			능17-20(연구)				
부여 능산리사지	능산리 백제-능17-21	백제				능17-21		削片-21	능산리 038-21			능17-21(연구)				
부여 능산리사지	능산리 백제-능17-22	백제				능17-22			능산리 038-22			능17-22(연구)				
부여 능산리사지	능산리 백제-능17-23	백제				능17-23			능산리 038-23			능17-23(연구)				
부여 능산리사지	능산리 백제-능17-24	백제				능17-24			능산리 038-24			능17-24(연구)				
부여 능산리사지	능산리 백제-능17-25	백제				능17-25		削片-25	능산리 038-25			능17-25(연구)				
부여 능산리사지	능산리 백제-능17-26	백제				능17-26		削片-26	능산리 038-26			능17-26(연구)				
부여 능산리사지	능산리 백제-능17-27	백제				능17-27			능산리 038-27			능17-27(연구)				
부여 능산리사지	능산리 백제-능17-28	백제				능17-28		削片-28	능산리 038-28			능17-28(연구)				
부여 능산리사지	능산리 백제-능17-29	백제				능17-29			능산리 038-29			능17-29(연구)				
부여 능산리사지	능산리 백제-능17-30	백제				능17-30			능산리 038-30			능17-30(연구)				
부여 능산리사지	능산리 백제-능17-31	백제				능17-31			능산리 038-31			능17-31(연구)				
부여 능산리사지	능산리 백제-능17-32	백제				능17-32			능산리 038-32			능17-32(연구)				
부여 능산리사지	능산리 백제-능17-33	백제				능17-33			능산리 038-33			능17-33(연구)				
부여 능산리사지	능산리 백제-능17-34	백제				능17-34			능산리 038-34			능17-34(연구)				
부여 능산리사지	능산리 백제-능17-35	백제				능17-35			능산리 038-35			능17-35(연구)				
부여 능산리사지	능산리 백제-능17-36	백제				능17-36			능산리 038-36			능17-36(연구)				
부여 능산리사지	능산리 백제-능17-37	백제				능17-37			능산리 038-37			능17-37(연구)				
부여 능산리사지	능산리 백제-능17-38	백제				능17-38			능산리 038-38			능17-38(연구)				
부여 능산리사지	능산리 백제-능17-39	백제				능17-39			능산리 038-39			능17-39(연구)				
부여 능산리사지	능산리 백제-능17-40	백제				능17-40			능산리 038-40			능17-40(연구)				
부여 능산리사지	능산리 백제-능17-41	백제				능17-41						능17-41(연구)				
부여 능산리사지	능산리 백제-능17-42	백제				능17-42						능17-42(연구)				
부여 능산리사지	능산리 백제-능17-43	백제				능17-43						능17-43(연구)				
부여 능산리사지	능산리 백제-능17-44	백제				능17-44						능17-44(연구)				
부여 능산리사지	능산리 백제-능17-45	백제				능17-45						능17-45(연구)				
부여 능산리사지	능산리 백제-능17-46	백제				능17-46						능17-46(연구)				

출토지	제안 호칭	국적	소개	보고서	목간 (2004)	백제 (2008)	자전 (2011)	총람 (2022)	사비 (2023)	소장품/유물 /임시번호	국가귀속번호	기타	길이	너비	두께	비고
부여 능산리사지	능산리 백제-능17-47	백제				능17-47						능17-47(연구)				
부여 능산리사지	능산리 백제-능17-48	백제				능17-48						능17-48(연구)				
부여 능산리사지	능산리 백제-능17-49	백제				능17-49		削片-49				능17-49(연구)				
부여 능산리사지	능산리 백제-능17-50	백제				능17-50						능17-50(연구)				
부여 능산리사지	능산리 백제-능17-51	백제				능17-51						능17-51(연구)				
부여 능산리사지	능산리 백제-능17-52	백제				능17-52						능17-52(연구)				
부여 능산리사지	능산리 백제-능17-53	백제				능17-53						능17-53(연구)				
부여 능산리사지	능산리 백제-능17-54	백제				능17-54						능17-54(연구)				
부여 능산리사지	능산리 백제-능17-55	백제				능17-55						능17-55(연구)				
부여 능산리사지	능산리 백제-능17-56	백제				능17-56						능17-56(연구)				
부여 능산리사지	능산리 백제-능17-57	백제				능17-57						능17-57(연구)				
부여 능산리사지	능산리 백제-능17-58	백제				능17-58						능17-58(연구)				
부여 능산리사지	능산리 백제-능17-59	백제				능17-59						능17-59(연구)				
부여 능산리사지	능산리 백제-능17-60	백제				능17-60						능17-60(연구)				
부여 능산리사지	능산리 백제-능17-61	백제				능17-61						능17-61(연구)				
부여 능산리사지	능산리 백제-능17-62	백제				능17-62						능17-62(연구)				
부여 능산리사지	능산리 백제-능17-63	백제				능17-63						능17-63(연구)				
부여 능산리사지	능산리 백제-능17-64	백제				능17-64						능17-64(연구)				
부여 능산리사지	능산리 백제-능17-65	백제				능17-65						능17-65(연구)				
부여 능산리사지	능산리 백제-능17-66	백제				능17-66						능17-66(연구)				
부여 능산리사지	능산리 백제-능17-67	백제				능17-67						능17-67(연구)				
부여 능산리사지	능산리 백제-능17-68	백제				능17-68						능17-68(연구)				
부여 능산리사지	능산리 백제-능17-69	백제				능17-69						능17-69(연구)				
부여 능산리사지	능산리 백제-능17-70	백제				능17-70						능17-70(연구)				
부여 능산리사지	능산리 백제-능17-71	백제				능17-71						능17-71(연구)				
부여 능산리사지	능산리 백제-능17-72	백제				능17-72						능17-72(연구)				
부여 능산리사지	능산리 백제-능17-73	백제				능17-73						능17-73(연구)				
부여 능산리사지	능산리 백제-능17-74	백제				능17-74						능17-74(연구)				
부여 능산리사지	능산리 백제-능17-75	백제				능17-75						능17-75(연구)				
부여 능산리사지	능산리 백제-능17-76	백제				능17-76						능17-76(연구)				
부여 능산리사지	능산리 백제-능17-77	백제				능17-77						능17-77(연구)				
부여 능산리사지	능산리 백제-능17-78	백제				능17-78						능17-78(연구)				
부여 능산리사지	능산리 백제-능17-79	백제				능17-79						능17-79(연구)				
부여 능산리사지	능산리 백제-능17-80	백제				능17-80						능17-80(연구)				
부여 능산리사지	능산리 백제-능17-81	백제				능17-81						능17-81(연구)				
부여 능산리사지	능산리 백제-능17-82	백제				능17-82						능17-82(연구)				
부여 능산리사지	능산리 백제-능17-83	백제				능17-83						능17-83(연구)				

출토지	제안 호칭	국적	소개	보고서	목간 (2004)	백제 (2008)	자전 (2011)	총람 (2022)	사비 (2023)	소장품/유물 /임시번호	국가귀속번호	기타	길이	너비	두께	비고
부여 능산리사지	능산리 백제-능17-84	백제				능17-84						능17-84(연구)				
부여 능산리사지	능산리 백제-능17-85	백제				능17-85						능17-85(연구)				
부여 능산리사지	능산리 백제-능17-86	백제				능17-86						능17-86(연구)				
부여 능산리사지	능산리 백제-능17-87	백제				능17-87						능17-87(연구)				
부여 능산리사지	능산리 백제-능17-88	백제				능17-88						능17-88(연구)				
부여 능산리사지	능산리 백제-능17-89	백제				능17-89						능17-89(연구)				
부여 능산리사지	능산리 백제-능17-90	백제				능17-90						능17-90(연구)				
부여 능산리사지	능산리 백제-능17-91	백제				능17-91						능17-91(연구)				
부여 능산리사지	능산리 백제-능17-92	백제				능17-92						능17-92(연구)				
부여 능산리사지	능산리 백제-능17-93	백제				능17-93						능17-93(연구)				
부여 능산리사지	능산리 백제-능17-94	백제				능17-94						능17-94(연구)				
부여 능산리사지	능산리 백제-능17-95	백제				능17-95						능17-95(연구)				
부여 능산리사지	능산리 백제-능17-96	백제				능17-96						능17-96(연구)				
부여 능산리사지	능산리 백제-능17-97	백제				능17-97						능17-97(연구)				
부여 능산리사지	능산리 백제-능17-98	백제				능17-98						능17-98(연구)				
부여 능산리사지	능산리 백제-능17-99	백제				능17-99						능17-99(연구)				
부여 능산리사지	능산리 백제-능17-100	백제				능17-100						능17-100(연구)				
부여 능산리사지	능산리 백제-능17-101	백제				능17-101						능17-101(연구)				
부여 능산리사지	능산리 백제-능17-102	백제				능17-102						능17-102(연구)				
부여 능산리사지	능산리 백제-능17-103	백제				능17-103						능17-103(연구)				
부여 능산리사지	능산리 백제-능17-104	백제				능17-104						능17-104(연구)				
부여 능산리사지	능산리 백제-능17-105	백제				능17-105						능17-105(연구)				
부여 능산리사지	능산리 백제-능17-106	백제				능17-106						능17-106(연구)				
부여 능산리사지	능산리 백제-능17-107	백제				능17-107						능17-107(연구)				
부여 능산리사시	능산리 백제-능17-108	백제				능17-108						능17-108(연구)				
부여 능산리사지	능산리 백제-능17-109	백제				능17-109						능17-109(연구)				
부여 능산리사지	능산리 백제-능17-110	백제				능17-110						능17-110(연구)				
부여 능산리사지	능산리 백제-능17-111	백제				능17-111						능17-111(연구)				
부여 능산리사지	능산리 백제-능17-112	백제				능17-112						능17-112(연구)				
부여 능산리사지	능산리 백제-능17-113	백제				능17-113						능17-113(연구)				
부여 능산리사지	능산리 백제-능17-114	백제				능17-114						능17-114(연구)				
부여 능산리사지	능산리 백제-능17-115	백제				능17-115						능17-115(연구)				
부여 능산리사지	능산리 백제-능17-116	백제				능17-116						능17-116(연구)				
부여 능산리사지	능산리 백제-능17-117	백제				능17-117						능17-117(연구)				
부여 능산리사지	능산리 백제-능17-118	백제				능17-118						능17-118(연구)				
부여 능산리사지	능산리 백제-능17-119	백제				능17-119						능17-119(연구)				
부여 능산리사지	능산리 백제-능17-120	백제				능17-120						능17-120(연구)				

출토지	제안 호칭	국적	소개	보고서	목간 (2004)	백제 (2008)	자전 (2011)	총람 (2022)	사비 (2023)	소장품/유물 /임시번호	국가귀속번호	기타	길이	너비	두께	비고
부여 능산리사지	능산리 백제-능17-121	백제				능17-121						능17-121(연구)				
부여 능산리사지	능산리 백제-능17-122	백제				능17-122						능17-122(연구)				
부여 능산리사지	능산리 백제-능17-123	백제				능17-123						능17-123(연구)				
부여 능산리사지	능산리 백제-능17-124	백제				능17-124						능17-124(연구)				
부여 능산리사지	능산리 백제-능17-125	백제				능17-125						능17-125(연구)				
부여 능산리 내·외부 유적	동나성 1호	백제		木簡 1【圖面 141-1, 寫眞 248-1】									5.8	1.6	1	
부여 능산리 내·외부 유적	동나성 2호	백제		木簡 2【圖面 141-2, 寫眞 248-2】									25.3	2.2	0.7	
부여 동남리 49-2번지	동남리49-2 목간1	백제	목간①						동남리003							
부여 동남리 49-2번지	동남리49-2 목간2	백제	목간②						동남리002							
부여 동남리 49-2번지	동남리49-2 목간3	백제	목간③													
부여 동남리 49-2번지	동남리49-2 목간4	백제	목간④													
부여 동남리 49-2번지	동남리49-2 목간5	백제	목간⑤													
부여 석목리 143-16번지	석목리143-16 228호	백제	228번(2019)	228. 「前部○銘 목간				보고서 228. 목간	석목리 001				8.4	2.4	1.1	
부여 석목리 143-16번지	석목리143-16 229호	백제	229번(2019)	229. 「○糧好邪銘 목간				보고서 229. 목간	석목리 002				11.7	3.1	3.4	
부여 석목리143-16 목간29	석목리143-16 목간29	백제	목간편(일련번호 29)(2022)										15.6	4.6	2	
부여 쌍북리 56번지	쌍북리56 목간1	백제	목간 1-"論語"	461. 사면목간				보고서 461호	쌍북리 048		부여 56970	논어목간	28.7	2.2	1.9	
부여 쌍북리 56번지	쌍북리56 목간2	백제	목간 2	206. 목간				보고서 206호	쌍북리 043		부여 56715		19.5	3.2	0.5	
부여 쌍북리 56번지	쌍북리56 목간3	백제	목간 3	235. 목간					쌍북리 046		부여 56744		12.5	2	0.5	
부여 쌍북리 56번지	쌍북리56 목간9	백제	목간 9	79. 목간					쌍북리 039		부여 56588		16.6	3	0.4	
부여 쌍북리 56번지	쌍북리56 목간10	백제	목간 10-"丁巳年十月 卄(七?)日"명	463. 목간				보고서 463호	쌍북리 049		부여 56971		12	3.4	0.6	
부여 쌍북리 56번지	쌍북리56 목간11	백제	목간 11-"里(侯?)"명 목간	462. 목간				보고서 462호	쌍북리 047		부여 56971		5	2.8	0.5	
부여 쌍북리 56번지	쌍북리56 목간12	백제	목간 12	464. 목간					쌍북리 050		부여 57044		17.3	3	0.5	
부여 쌍북리 56번지	쌍북리56 목간13	백제	목간 13-"[丁]士□□"명	535. 목간				보고서 535호	쌍북리 051		부여 57044		5	1	0.2	
부여 쌍북리 56번지	쌍북리56 목간15	백제	목간 15	483. 목간				보고서 483호	쌍북리 052		부여 56992		13.5	2.7	0.4	
부여 쌍북리 56번지	쌍북리56 목간16	백제	목간 16	537. 목간					쌍북리 054		부여 57046		11.5	1.5	0.3	
부여 쌍북리 56번지	쌍북리56 목간17	백제	목간 17	538. 목간				보고서 537호	쌍북리 055		부여 57047		43	5	0.3	
부여 쌍북리 102번지	쌍북리102 목간-316	백제		【도면 24-6, 사진 43-8】	316	316	[쌍 102]1	보고서 도면 24-6	쌍북리 001			316호(연구)	18.2	3.1	0.8	
부여 쌍북리 102번지	쌍북리102 목간-317	백제		【도면 24-5, 사진 43-5】	317	317	[쌍 102]2	도면 24-5	쌍북리 002			꼬리표 목간(2010), 317호(연구)	12.1	1.7	0.8	
부여 쌍북리 173-8번지(119 안젠센터부지)	쌍북리173-8 122호	백제		122호				보고서 122호	쌍북리 024		부여 27269	122번(2013), 쌍북리 173-8번지 122호(연구)	22	4	0.8	
부여 쌍북리 173-8번지(119 안젠센터부지)	쌍북리173-8 194호	백제	부찰목간	194호				보고서 194호	쌍북리 025		부여 27315	94번(2013), 쌍북리 178-3번지 194호(연구)	10	1.7	0.7	
부여 쌍북리 173-8번지(119 안젠센터부지)	쌍북리173-8 197호	백제		197호				보고서 197호	쌍북리 026		부여 27318	197번(2013), 쌍북리 178-3번지 197호(연구)	9.1	5.1	1.3	
부여 쌍북리 173-8번지(119 안젠센터부지)	쌍북리173-8 223호	백제		223호				보고서 223호	쌍부리027		부여 27335	223번(2013), 쌍북리 178-3번지 223호(연구)	15.2	3.7	0.7	

출토지	제안 호칭	국적	소개	보고서	목간(2004)	백제(2008)	자전(2011)	총람(2022)	사비(2023)	소장품/유물/임시번호	국가귀속번호	기타	길이	너비	두께	비고
부여 쌍북리 184-11번지	쌍북리184-11 71호	백제		71. 목간				보고서 斤止受子 명 목간	쌍북리 037		부여 39960	쌍북리 184-11 81호	10.1	2.45	0.3	
부여 쌍북리 201-4번지	쌍북리201-4 55호	백제		55. 목간				보고서 55. 목간	쌍북리 034		부여 50233	목간1(2016)	37.5	4.2	0.7	
부여 쌍북리 201-4번지	쌍북리201-4 56호	백제		56. 목간				보고서 56. 목간	쌍북리 035		부여 50234	목간2(2016)	28.5	4.4	0.5	
부여 쌍북리 280-5번지	쌍북리280-5 131호	백제	2. "佐官貸食記" 木簡(2008)	131			[雙280] 1	보고서 131호	쌍북리 017		부여 41057	좌관대식기(나무), 쌍북리 280-5번지 131호(연구)	29.2	4.1	0.6	
부여 쌍북리 280-5번지	쌍북리280-5 132호	백제	3. "与□"銘 목(2008)	132				보고서 132호	쌍북리 019		부여 41058	쌍북리 280-5번지 132호(연구)	5.5	1.6	0.6	
부여 쌍북리 280-5번지	쌍북리280-5 390호	백제	1. "外椋部"銘 목간(2008)	390				보고서 390호	쌍북리 018		부여 41091	쌍북리 280-5번지 390호(연구)	8.1	3.2	0.6	
부여 쌍북리 328-2번지	쌍북리328-2 1호	백제		1. 목간				보고서 1. 목간	쌍북리 032		부여 45579	목간B(2016)	12.2	2	0.4	
부여 쌍북리 328-2번지	쌍북리328-2 5호	백제		5. 목간				보고서 5.목간	쌍북리 033		부여 45583	목간C(2016), 구구단목 간(총람)	30.1	5.5	1.4	
부여 쌍북리 328-2번지	쌍북리328-2 34호	백제		34. 목간				보고서 34. 목간	쌍북리 031		부여 45579	목간A(2016)	14.8	2.3	0.6	
부여 쌍북리 뒷개유적 (15번지)	쌍북리15 목간	백제	1번	112. 4면 목간			[雙뒷개] 1	보고서 112	쌍북리 029		백제역사문화 연구원-112	뒷개 출토목간(연구)	15	3	2.9	
부여 쌍북리 현내들	현내들 목간85-4	백제		85-4호 목간	85-4호 목간				쌍북리 011		부여 37343		9.4	1.9	0.55	
부여 쌍북리 현내들	현내들85-8	백제		85-8호 목간	85-8호 목간		[雙현내] 1	보고서 85-5호	쌍북리 003		부여 37335	현85-8(나무), 현내들 85-8호(연구)	6.1	3.1	0.5	
부여 쌍북리 현내들	현내들 목간86	백제		86호 목간	86호 목간		[雙현내] 14		쌍북리 016		부여 37339		11.2	2	0.3	
부여 쌍북리 현내들	현내들 목간87	백제		87호 목간	87호 목간		[雙현내] 6	보고서 87호	쌍북리 007		부여 37340	현87(나무), 현내들 87호 (연구)	9.4	2.5	0.9	
부여 쌍북리 현내들	현내들 목간91	백제		91호 목간	91호 목간		[雙현내] 4	보고서 87호	쌍북리 006		부여 37338	현91(나무), 현내들 91호 (연구)	12.6	2.7	0.6	
부여 쌍북리 현내들	현내들 목간94	백제		94호 목간	94호 목간		[雙현내] 3	보고서 94호	쌍북리 005		부여 37337	현94(나무), 현내들 94호 (연구)	8.2	1.1	0.4	
부여 쌍북리 현내들	현내들 목간95	백제		95호 목간	95호 목간		[雙현내] 2	보고서 95호	쌍북리 004		부여 37336	현95(나무), 현내들 95호 (연구)	4.1	0.9	0.3	
부여 쌍북리 현내들	현내들 목간96	백제		96호 목간	96호 목간		[雙현내] 5	보고서 96호	쌍북리 008		부여 37348	현96(나무), 현내들 96호 (연구)	38.6	3.1	2.9	
부여 쌍북리 현내들	현내들 목간105	백제		105호 목간	105호 목간		[雙현내] 12	보고서 105호	쌍북리 014		부여 37346	현105(나무), 현내들 105 호(연구)	13.5	3.6	0.4	
정읍 고사부리성	고사부리성 목간	백제	목간					①목간					148	3.6	?	
경산 소월리	소월리 목간	신라		목간(2020)				목간					74.2	4.3	2.8	
경주 국립경주박물관 남측부지	경주49090	신라	목간1(2013)	1호				1호 목간		경주 49090	2011-0373-0000668	경주49090(왕경)	25	1.3	1.3	
경주 국립경주박물관 미술관부지	경주15596	신라	324(신라)	37	279		[博]1	보고서 37. 목간		경주 15596	新館우물62	경주15596(왕경)	24.1	1.8	0.3	
경주 국립경주박물관 미술관부지	경주15597	신라		39	280		[博]2	보고서 39. 목간		경주 15597	新館우물62	경주15597(왕경)	9.8	2.1	0.9	
경주 국립경주박물관 미술관부지	경주15715	신라		40						경주 15715		경주15715(왕경)	12.2	1.9	0.4	
경주 안압지(현 동궁과 월지)	안압지 1호	신라		1 〈398,399〉				보고서 1호(24)		안1484(3-1)		안압지 보고서-1(왕경)	31.9	3	1.6	
경주 안압지(현 동궁과 월지)	안압지 목간-182	신라		4 〈404,405〉	182		[雁]1	보고서 4호(26)		안1294(6-1)		안압지 목간-182(왕경)	15.9	2.5	2.5	
경주 안압지(현 동궁과 월지)	안압지 목간-183	신라		〈456, 457〉	183		[雁]2	보고서 34호(16)				안압지 목간-183(왕경)	13.9	1.5	0.9	
경주 안압지(현 동궁과 월지)	안압지 목간-184	신라		3 〈402,403〉	184		[雁]3	보고서 3호(27)		안1289		안압지 목간-184(왕경)	23.5	3	0.5	
경주 안압지(현 동궁과 월지)	안압지 목간-185	신라		15 〈426,427〉	185		[雁]4	보고서 15호(17)		안1484(3-2)		안압지 목간-185(왕경)	16.5	4.5	1.1	
경주 안압지(현 동궁과 월지)	안압지 목간-186	신라		17 〈430,431〉	186		[雁]5	보고서 17호(23)		안1292(3-2)		안압지 목간-186(왕경)	17.7	4.2	0.5	
경주 안압지(현 동궁과 월지)	안압지 목간-187	신라		18 〈432,433〉	187		[雁]6	보고서 18호(28)		안1158(79-39+55 +63)		안압지 목간-187(왕경)	30.2	5.2	0.7	
경주 안압지(현 동궁과 월지)	안압지 목간-188	신라		25 〈442,443〉	188		[雁]7	보고서 25호(10)		안1158(79-52)		안압지 목간-188(왕경)	15.4	3.5	0.6	
경주 안압지(현 동궁과 월지)	안압지 목간-189	신라		〈464, 465〉	189		[雁]8	보고서 38호(11)		안1158(79-12)		안압지 목간-189(왕경)	15.8	2	0.4	

출토지	제안 호칭	국적	소개	보고서	목간(2004)	백제(2008)	자전(2011)	총람(2022)	사비(2023)	소장품/유물/임시번호	국가귀속번호	기타	길이	너비	두께	비고
경주 안압지(현 동궁과 월지)	안압지 목간-190	신라			190		[雁]9	보고서에 없음(29)		안1158(79-33)		안압지 목간-190(왕경)	20.8	2.2	1.1	
경주 안압지(현 동궁과 월지)	안압지 목간-191	신라		2(400,401)	191		[雁]10	보고서 2호(30)		안1294(6-6)		안압지 목간-191(왕경)	16.5	1.7	1	
경주 안압지(현 동궁과 월지)	안압지 목간-192	신라		16(428,429)	192		[雁]11	보고서 16호(20)		안1158(79-53)		안압지 목간-192(왕경)	22.4	2.5	0.7	
경주 안압지(현 동궁과 월지)	안압지 목간-193	신라		(458, 459)	193		[雁]12	보고서 35호(1)		안1158(79-37+41)		안압지 목간-193(왕경)	21.6	2.6	0.4	
경주 안압지(현 동궁과 월지)	안압지 목간-194	신라		6(408,409)	194		[雁]13	보고서 6호(8)		안1293(6-5)		안압지 목간-194(왕경)	15.2	2.7	0.8	
경주 안압지(현 동궁과 월지)	안압지 목간-195	신라		24(440,441)	195		[雁]14	보고서 24호(2)		안1293(6-4)		안압지 목간-195(왕경)	16.9	1.3	0.7	
경주 안압지(현 동궁과 월지)	안압지 목간-196	신라		28(4476,448)	196		[雁]15	보고서 28호(3)		안1294(6-3)		안압지 목간-196(왕경)	18.2	1.9	1.2	
경주 안압지(현 동궁과 월지)	안압지 목간-197	신라		(467)	197			보고서에 없음(4)		안1158(79-29)		안압지 목간-197(왕경)	16.9	2.1	1	
경주 안압지(현 동궁과 월지)	안압지 목간-198	신라		(454, 455)	198		[雁]16	보고서 본문에 없음(25)		안158(79-19+35)		안압지 목간-198(왕경)	30.8	3.9	2.6	
경주 안압지(현 동궁과 월지)	안압지 목간-199	신라			199, 223		[雁]17	보고서에 없음(32)		안158(79-38+45)		199(199+223)(문물), 안압지 목간-199(왕경)	36	5	1.2	
경주 안압지(현 동궁과 월지)	안압지 목간-200	신라		(473)	200		[雁]18	보고서 42호(31)		안1292(3-1)		안압지 목간-200(왕경)	15	4.7	0.8	
경주 안압지(현 동궁과 월지)	안압지 목간-201	신라			201					안1158(79-9)		안압지 목간-201(왕경)	24.3	1.9	0.7	
경주 안압지(현 동궁과 월지)	안압지 목간-202	신라			202					안1158(79-18)		안압지 목간-202(왕경)	45.4	3.2	1	
경주 안압지(현 동궁과 월지)	안압지 목간-203	신라		(470)	203					안1291(3-1)		안압지 목간-203(왕경)	37.5	4.5	1.3	
경주 안압지(현 동궁과 월지)	안압지 목간-204	신라			204					안1158(79-2)		안압지 목간-204(왕경)	19.1	4.1	0.3	
경주 안압지(현 동궁과 월지)	안압지 목간-205	신라		19(434, 435)	205		[雁]19	보고서 19호(23)		안1294(6-2)		안압지 목간-205(왕경)	9	2.7	2.7	
경주 안압지(현 동궁과 월지)	안압지 목간-206	신라		14(424, 425)	206		[雁]20	보고서 14호(34)		안1292(3-3)		안압지 목간-206(왕경)	145	4.2	1	
경주 안압지(현 동궁과 월지)	안압지 목간-207	신라		29(449, 450)	207		[雁]21	보고서에 없음(35)		안1290		안압지 목간-207(왕경)	11	3.5	0.6	옆면 각치
경주 안압지(현 동궁과 월지)	안압지 목간-208	신라		23(438, 439)	208		[雁]22	보고서 23호(36)		안1294(6-4)		안압지 목간-208(왕경)	12.8	1.8	0.8	
경주 안압지(현 동궁과 월지)	안압지 목간-209-1	신라			209		[雁]23	보고서 26호(19)		안1158(79-22)		209-1(문물), 안압지 목간-209-1(왕경)	13.6	2.5	0.5	
경주 안압지(현 동궁과 월지)	안압지 목간-209-2	신라		26(444)	209		[雁]23	보고서 26호(18)		안1158(79-22)		209-2(문물), 안압지 목간-209-2(왕경)	5	2.5	0.5	
경주 안압지(현 동궁과 월지)	안압지 목간-210	신라		7(410, 411)	210		[雁]24	보고서 7호(9)		안1484(3-3)		안압지 목간-210(왕경)	11.3	4.2	0.75	
경주 안압지(현 동궁과 월지)	안압지 목간-211	신라		(460, 461)	211		[雁]25	보고서에 없음(12)		안1158(79-4)		안압지 목간-211(왕경)	10.7	3.1	1	
경주 안압지(현 동궁과 월지)	안압지 목간-212	신라		5(406, 407)	212		[雁]26	보고서에 없음(13)		안1293(6-6)		안압지 목간-212(왕경)	9.35	2.65	0.3	
경주 안압지(현 동궁과 월지)	안압지 목간-213	신라		13(422, 423)	213		[雁]27	보고서 13호(21)		안1293(6-2)		안압지 목간-213(왕경)	8.8	1.45	0.45	
경주 안압지(현 동궁과 월지)	안압지 목간-214	신라		31(452, 453)	214		[雁]28	보고서 31호(5)		안1158(79-57)		안압지 목간-214(왕경)	8.4	3	0.8	
경주 안압지(현 동궁과 월지)	안압지 목간-215	신라		12(420, 421)	215		[雁]29	보고서 12호(14)		안1293(6-3)		안압지 목간-215(왕경)	9.5	2.1	1	
경주 안압지(현 동궁과 월지)	안압지 목간-216	신라		10(416, 417)	216		[雁]30	보고서 10호(6)		안1158(79-27)		안압지 목간-216(왕경)	13.2	2.4	1	
경주 안압지(현 동궁과 월지)	안압지 목간-217	신라		(462, 463)	217		[雁]31	보고서에 없음(37)		안1158(79-21)		안압지 목간-217(왕경)	10.5	2.5	1	
경주 안압지(현 동궁과 월지)	안압지 목간-218	신라		30(451)	218		[雁]32	보고서 30호(38)		안1158(79-3)		안압지 목간-218(왕경)	8.4	3.3	0.8	
경주 안압지(현 동궁과 월지)	안압지 목간-219	신라			219		[雁]33	보고서에 없음(39)		안1158(79-28)		안압지 목간-219(왕경)	8.8	2.8	0.2	
경주 안압지(현 동궁과 월지)	안압지 목간-220	신라		9(414, 415)	220		[雁]34	보고서 9호(22)		안1293(6-1)		안압지 목간-220(왕경)	12.7	1.2	0.6	
경주 안압지(현 동궁과 월지)	안압지 목간-221	신라		8(412, 413)	221		[雁]35(221)	보고서 8호(7)		안1158(79-50+74+78)		221(271+221+234-2)(문물), 안압지 목간-221(왕경)	16.2	1.6	1.1	
경주 안압지(현 동궁과 월지)	안압지 목간-222	신라		11(418, 419)	222		[雁]36	보고서 11호(15)		안1158(79-47+58)		안압지 목간-222(왕경)	12.8	2.8	0.8	
경주 안압지(현 동궁과 월지)	안압지 목간-224	신라			224		[雁]37	보고서에 없음(40)		안1158(79-54)		안압지 목간-224(왕경)	6.4	6.3	0.3	
경주 안압지(현 동궁과 월지)	안압지 목간-225	신라			225			보고서에 없음(41)		안1158(79-25)		안압지 목간-225(왕경)	9	4.5	1.1	

출토지	제안 호칭	국적	소개	보고서	목간(2004)	백제(2008)	자전(2011)	총람(2022)	사비(2023)	소장품/유물/임시번호	국가귀속번호	기타	길이	너비	두께	비고
경주 안압지(현 동궁과 월지)	안압지 목간-226	신라		〈469〉	226, 230, 239, (268)		[雁]38 (226)	보고서 39호(42)		안1158(79-59+61+62+68)		226(239+226+230+268)(문물), 안압지 목간-226(왕경)	21.3	3	0.4	
경주 안압지(현 동궁과 월지)	안압지 목간-227	신라			227					안1158(79-49)		안압지 목간-227(왕경)	8.1	3.7	0.3	
경주 안압지(현 동궁과 월지)	안압지 목간-228	신라			228, 234-1					안1158(79-51+70+71)		228+234(上)+265(문물), 안압지 목간-228(왕경)	18.3	1.4	0.6	
경주 안압지(현 동궁과 월지)	안압지 목간-229	신라			229		[雁]39	보고서에 없음(43)		안1294(6-5)		32(1994), 안압지 목간-229(왕경)	6.1	1.2	1.2	
경주 안압지(현 동궁과 월지)	안압지 목간-231	신라			231, 238		[雁]44 (238)	보고서에 없음(44)		안1158(79-5+16)		231(231+238)(문물), 안압지 목간-231(왕경)	10.3	3.5	0.6	
경주 안압지(현 동궁과 월지)	안압지 목간-232	신라		〈474〉	232			보고서에 없음(45)		안1158(79-31)		안압지 목간-232(왕경)	6.5	5.5	0.4	
경주 안압지(현 동궁과 월지)	안압지 목간-233	신라			233, 236		[雁]41 (233), [雁]42 (236)	보고서에 없음(46)		안1158(79-66+67)		233(236+233)(문물), 안압지 목간-233(왕경)	9.8	1.3	0.3	
경주 안압지(현 동궁과 월지)	안압지 목간-235	신라			235					안1158(79-56)①		안압지 목간-235(왕경)	3.2	1.1	0.7	
경주 안압지(현 동궁과 월지)	안압지 목간-237	신라		27 〈445,446〉	237		[雁]43	보고서에 없음(47)		안1158(79-42)		안압지 목간-237(왕경)	4	2.2	0.2	
경주 안압지(현 동궁과 월지)	안압지 목간-240	신라			240					안1158(79-56)②		안압지 목간-240(왕경)	4.2	0.6	0.5	
경주 안압지(현 동궁과 월지)	안압지 목간-241	신라			241					안1158(79-65)		안압지 목간-241(왕경)	3.6	0.7	0.3	
경주 안압지(현 동궁과 월지)	안압지 목간-242	신라			242					안1158(79-73)		안압지 목간-242(왕경)	3.9	1.1	0.4	
경주 안압지(현 동궁과 월지)	안압지 20호	신라		20				보고서 20호								실물 미확인
경주 안압지(현 동궁과 월지)	안압지 21호	신라		21				보고서 21호					4.3	3.8		실물 미확인
경주 안압지(현 동궁과 월지)	안압지 22호	신라		22 〈436,437〉				보고서 22호					11.5	3.8	1.5	실물 미확인 (사진 있음)
경주 안압지(현 동궁과 월지)	안압지 주령 주사위	신라		주사위 〈175,176,177〉												주사위, 실물 망실 (사진 있음)
경주 안압지(현 동궁과 월지)	안압지 연보19-1	신라	No.1(연보19)				[雁]45					안압지 연보19-1(왕경)	19.8	3.75	0.9	
경주 안압지(현 동궁과 월지)	안압지 연보19-2	신라	No.2(연보19)				[雁]46					안압지 연보19-2(왕경)	16.5	4.9	0.85	
경주 안압지(현 동궁과 월지)	안압지 연보19-4	신라	No.4(연보19)				[雁]49					안압지 연보19-4(왕경)	26.8	4.3	0.9	
경주 안압지(현 동궁과 월지)	안압지 연보19-5	신라	No.5(연보19)				[雁]48					안압지 연보19-5(왕경)	20.9	4.1	1	
경주 안압지(현 동궁과 월지)	안압지 연보19-6	신라	No.6(연보19)				[雁]40					안압지 연보19-6(왕경)	6.5	2.65	0.83	
경주 월성해자	월성해자 1호	신라		목간 1호	150		[月]1	보고서 1호		월성해자 1호	1985-0044-1	월성해자 1호(왕경)	20.5	1.7	1.8	
경주 월성해자	월성해자 2호	신라		목간 2호	149		[月]2	보고서 2호		월성해자 2호	1985-0044-2	월성해자 2호(왕경)	19	1.2	1.2	
경주 월성해자	월성해자 3호	신라		목간 3호	163		[月]3	보고서 3호		월성해자 3호	1985-0044-3	월성해자 3호(왕경)	19.8	2.3	0.85	
경주 월성해자	월성해자 4호	신라		목간 4호	156		[月]4	보고서 4호		월성해자 4호	1985-0044-4	월성해자 4호(왕경)	17	2.35	0.8	
경주 월성해자	월성해자 5호	신라		목간 5호	173		[月]5	보고서 5호		월성해자 5호	1985-0044-5	월성해자 5호(왕경)	14.4	3	2.2	
경주 월성해자	월성해자 6호	신라		목간 6호	154		[月]6	보고서 6호		월성해자 6호	1985-0044-6	월성해자 6호(왕경)	15.5	1.4	1.5	
경주 월성해자	월성해자 7호	신라		목간 7호	175		[月]7			월성해자 7호	1985-0044-7	월성해자 7호(왕경)	12.4	1.2	0.6	
경주 월성해자	월성해자 9호	신라		목간 9호	151		[月]8	보고서 9호		월성해자 9호	1985-0044-9	월성해자 9호(왕경)	25.1	1.4	1.3	
경주 월성해자	월성해자 10호	신라		목간 10호	148		[月]9	보고서 10호		월성해자 10호	1985-0044-10	월성해자 10호(왕경)	20.8	3.35	3.35	
경주 월성해자	월성해자 11호	신라		목간 11호	152		[月]10	보고서 11호		월성해자 11호	1985-0044-11	월성해자 11호(왕경)	20.4	4.4	4.4	
경주 월성해자	월성해자 12호	신라		목간 12호	153		[月]11	보고서 12호		월성해자 12호	1985-0044-12	월성해자 12호(왕경)	24.4	5.1	5.1	
경주 월성해자	월성해자 13호	신라		목간 13호	161		[月]12	보고서 13호		월성해자 13호	1985-0044-13	월성해자 13호(왕경)	28.6	2.1	2.1	

출토지	제안 호칭	국적	소개	보고서	목간(2004)	백제(2008)	자전(2011)	총람(2022)	사비(2023)	소장품/유물/임시번호	국가귀속번호	기타	길이	너비	두께	비고
경주 월성해자	월성해자 15호	신라		목간 15호	160		[月]13	보고서 15호		월성해자 15호	1985-0044-15	월성해자 15호(왕경)	19.9	2	0.8	
경주 월성해자	월성해자 16호	신라		목간 16호	157		[月]14	보고서 16호		월성해자 16호	1985-0044-16	월성해자 16호(왕경)	18	2.5	0.4	
경주 월성해자	월성해자 17호	신라		목간 17호	174		[月]15	보고서 17호		월성해자 17호	1985-0044-17	월성해자 17호(왕경)	15	2.65	0.85	
경주 월성해자	월성해자 18호	신라		목간 18호	155		[月]16	보고서 18호		월성해자 18호	1985-0044-18	월성해자 18호(왕경)	15.3	2.3	1.4	
경주 월성해자	월성해자 19호	신라		목간 19호	168		[月]17	보고서 19호		월성해자 19호	1985-0044-19	월성해자 19호(왕경)	10.9	2.6	0.6	
경주 월성해자	월성해자 20호	신라		목간 20호	169		[月]18	보고서 20호		월성해자 20호	1985-0044-20	월성해자 20호(왕경)	9.3	2.7	0.65	
경주 월성해자	월성해자 21호	신라		목간 21호	159		[月]19	보고서 21호		월성해자 21호	1985-0044-21	월성해자 21호(왕경)	21.7	2.7	0.75	
경주 월성해자	월성해자 22호	신라		목간 22호	158		[月]20	보고서 22호		월성해자 22호	1985-0044-22	월성해자 22호(왕경)	26.8	2.4	1.1	
경주 월성해자	월성해자 23호	신라		목간 23호	167		[月]21	보고서 23호		월성해자 23호	1985-0044-23	월성해자 23호(왕경)	15.2	2.4	1.35	
경주 월성해자	월성해자 24호	신라		(목간 24호)	162					월성해자 24호	1985-0044-24	월성해자 24호(왕경)	29.5	2.1	0.9	
경주 월성해자	월성해자 25호	신라		(목간 25호)	181					월성해자 25호	1985-0044-25	월성해자 25호(왕경)	33.8	2.6	0.9	
경주 월성해자	월성해자 26호	신라		목간 26호	164		[月]23	보고서 26호		월성해자 26호	1985-0044-26	월성해자 26호(왕경)	34	2.1	0.6	
경주 월성해자	월성해자 28호	신라		(목간 28호)	166		[月]24			월성해자 28호	1985-0044-28	월성해자 28호(왕경)	49.1	2.45	0.95	
경주 월성해자	월성해자 58호	신라		(목간 58호)	170		[月]27			월성해자 58호	1985-0044-57	월성해자 58호(왕경)	10.5	1.8	0.4	
경주 월성해자	월성해자 87호	신라		(목간 87호)	176		[月]29			월성해자 87호	1985-0044-86	월성해자 87호(왕경)	10.7	1.4	0.95	
경주 월성해자	월성해자 101호	신라		(목간 101호)	172		[月]30			월성해자 101호	1985-0044-100	월성해자 101호(왕경)	3.6	2.45	0.9	
경주 월성해자	월성해자 105호	신라		목간 105호	171		[月]31	보고서 105호		월성해자 105호	1985-0044-104	월성해자 105호(왕경)	5.15	2.15	2.1	
경주 월성해자	월성 4호 해자 목간	신라		월성 4호 해자 419						월성 4호 해자 419	2003-0144-50	월성 4호 해자(왕경)	15.8	2.5	2.3	
경주 월성해자	월성해자 2016-023	신라	임023(2017)					월성해자 신출토 7호		WS-M1-2016-09-임023		임023(2016)(2018a), 목간 신7호(2018b), WS-M1-2016-09-임023(왕경)	4.3	2.6	0.6	
경주 월성해자	월성해자 2016-069	신라	임069(2017)					월성해자 신출토 1호		WS-M1-2016-05-임069		임069(2016)(2018a), 목간 新1호(2018b), WS-M1-2016-05-임069(왕경)	24.7	5.1	1.2	
경주 월성해자	월성해자 2016-392	신라	임392(2017)					월성해자 신출토 2호		WS-M1-2016-12-임392		임392(2016)(2018a), 목간 신2호(2018b), WS-M1-2016-12-임392(왕경)	19.2	3.9	0.8	
경주 월성해자	월성해자 2016-418	신라	임418(2017)					월성해자 신출토 3호		WS-M1-2016-12-임418		임418(2016)(2018a), 목간 신3호(2018b), WS-M1-2016-12-임418(왕경)	25.9	2.5	2.2	
경주 월성해자	월성해자 2017-001	신라	임001(2017)					월성해자 신출토 4호		WS-M1-2017-02-임001		임001(2017)(2018a), 목간 신4호(2018b), WS-M1-2017-02-임001(왕경)	15	2.1	2.2	
경주 월성해자	월성해자 2017-071	신라	임071(2017)					월성해자 신출토 5호		WS-M1-2017-03-임071		임071(2017)(2018a), 목간 신5호(2018b), WS-M1-2017-03-임071(왕경)	22.9	2.5	0.5	
경주 월성해자	월성해자 2017-098	신라	임098(2017)					월성해자 신출토 6호		WS-M1-2017-03-임098		임098(2017)(2018a), 목간 신6호(2018b), WS-M1-2017-03-임098(왕경)	12.7	1.7	1.7	
경주 월성해자	월성해자 2018-006	신라	경주 월성 해자 삼면목간(2021)					월성해자 신출토 8호		WS-M1-2018-05-임006		WS-M1-2018-05-임006(왕경)	38	5.1	3.8	
경주 전인용사지 (현 인왕동 사지)	전인용사지 목간	신라		1417			[仁]1	보고서 1417. 목간		傳 인용사지 418	2002-0387-추가-578	傳인용사지(현 인왕동 사지)(왕경)	15.7	1.4	0.9	
경주 전황복사지	전황복사지 목간	신라					① 보고서 미간					傳황복사지(왕경)	20	3.3	0.8	
경주 황남동 376번지 유적	경주42560(3-1)	신라	69(1998)	19	281		[皇]1	보고서 19·20·21		경주 42560 (3-1)	1280	목간1(2001b), 325(신라), 경주42560(3-1)(왕경)	17.5	2	0.7	
경주 황남동 376번지 유적	경주42560(3-2)	신라	제1호(2001a)	20	282		[皇]2	보고서 19·20·21		경주 42560 (3-2)	1280	목간2(2001b), 326(신라), 경주42560(3-2)(왕경)	4.4	1.7	0.6	

출토지	제안 호칭	국적	소개	보고서	목간(2004)	백제(2008)	자전(2011)	총람(2022)	사비(2023)	소장품/유물/임시번호	국가귀속번호	기타	길이	너비	두께	비고
경주 황남동 376번지 유적	경주42560(3-3)	신라	제2호(2001a)	21			[皇]3			경주 42560 (3-3)	1280	목간3(김창석), 경주 42560(3-3)(왕경)	5.7	2.1	0.5	왕경 미수록
경주 황룡사 남측 도로 유적	황룡사남측도로 목간	신라		30. 목간				목간					7.2	2.7		왕경 미수록
김해 봉황동 저습지 유적	봉황동 목간	신라		목간	147		[鳳]1	①				논어목간(보고서), 논어명 문 목간(신라)	20	2.1	2.1	
김해 양동산성	양동산성 128호	신라		128. 목간				보고서 128				1호(2020)	26.8	2.5	0.7	
김해 양동산성	양동산성 129호	신라		129. 목간편				보고서 129				2호(2020)	11.7	2.2	1.4	
김해 양동산성	양동산성 130호	신라		130. 목간				보고서 130				3호(2020)	25.7	2.6	0.7	
남원 아막성	아막성 목간	신라	목간(2009)	목간									9	2.6	2.6	
대구 팔거산성	팔거산성 목간1	신라	1호(2022)					1호					16.2	5.5	1	
대구 팔거산성	팔거산성 목간2	신라	2호(2022)					2호				목간 1(사진 28)(2021)	22	2.3	1.1	
대구 팔거산성	팔거산성 목간3	신라	3호(2022)					3호					22.8	2.3	1.1	
대구 팔거산성	팔거산성 목간4	신라	4호(2022)					4호				목간 2(사진 29)(2021)	15.2	3.6	0.7	
대구 팔거산성	팔거산성 목간6	신라	6호(2022)					6호					18.1	3.3	0.9	
대구 팔거산성	팔거산성 목간7	신라	7호(2022)					7호					23.3	2.4	0.8	
대구 팔거산성	팔거산성 목간9	신라	9호(2022)					9호				목간 3(사진 30)(2021)	18.7	3.5	1.3	
대구 팔거산성	팔거산성 목간14	신라	14호(2022)					14호					18.1	1.3	0.7	
대구 팔거산성	팔거산성 목간15	신라	15호(2022)					15호					19.2	3.2	0.9	
대구 팔거산성	팔거산성 목간16	신라	16호(2022)					16호				목간 4(사진 31)(2021)	27.5	2.9	1.1	
부산 배산성	배산성 74호	신라	1호 집수지 출토 목간(2018)	74				보고서 74					8	3.1	0.6	
부산 배산성	배산성 386호	신라	2호 집수지 출토 목간(2018)	386				보고서 386					31.7	6	0.4	
부여 동남리 216-17번지	동남리216-17 목간	신라		목간						동남리 001	부여 19275	동1(나무)	26.5	2.1	0.6	
서울 아차산성	아차산성 목간	신라	1번 목간(2018)	목간형 목기(도면 번호 130-1, 도판번호 140-1)				목간					13.3	3	1.2	
안성 죽주산성	죽주산성 목간1	신라	A6-② 집수시설 목재(2011)	용도미상 목재품 (사진 745, 도면 697)				1호					10.8	2.5		
안성 죽주산성	죽주산성 목간2	신라	A6-② 집수시설 추정 목제 자(2011)	눈금새긴 목재품(사진 671, 도면 623)				2호					66.7	3.2		
익산 미륵사지	미륵사지 목간-318	신라		큰 목간편	318		[彌]1	① 보고서에 없음					17.5	5		
익산 미륵사지	미륵사지 목간-319	신라		작은 목간편	319		[彌]2	② 보고서에 없음					8	3.2		
인천 계양산성	계양산성 1호	신라		목간 Ⅰ			[桂]1	보고서 1호				논어 목간	13.8	1.8		
인천 계양산성	계양산성 2호	신라		목간 Ⅱ			[桂]2	보고서 2호					49.3	2.5		
장수 침령산성	침령산성 목간	신라		114				보고서 114					30.7	2.9	2.9	
창녕 화왕산성 연지	화왕산성 목간1	신라	목간1(2009)	164. 묵서명 목제품			[火]4, [火]2, [火]3	보고서 164호					16.4	1.9	0.4	3개 절단(절 단 후 구멍 2개)
창녕 화왕산성 연지	화왕산성 목간2	신라	목간2(2009)	173. 목제품				보고서 173호					28.8	6.1		
창녕 화왕산성 연지	화왕산성 목간3	신라	목간3(2009)	182. 목간									31.1	6		
창녕 화왕산성 연지	화왕산성 목간4	신라	목간4(2009)	196. 목제인형			[火]1	보고서 196호				인형 목간	49.1	10.6		
하남 이성산성	이성산성 보고서3-1	신라		木簡 1(보고서3)	118		[二]1	보고서 Ⅲ차-1호				312(신라)	15	1.3	0.9	
하남 이성산성	이성산성 보고서3-2	신라		木簡 2(보고서3)	119		[二]2					310(신라)	18.5	3.5	3.5	
하남 이성산성	이성산성 보고서3-3	신라		木簡 3(보고서3)	128		[二]7					311(신라)	5.1	1	0.55	
하남 이성산성	이성산성 보고서3-4	신라		木簡 4(보고서3)	129							311(신라)	3.8	1.2	0.45	
하남 이성산성	이성산성 보고서4-5	신라		木簡 5(보고서4)	125							312(신라)	7.1	1.5	0.2	

출토지	제안 호칭	국적	소개	보고서	목간 (2004)	백제 (2008)	자전 (2011)	총람 (2022)	사비 (2023)	소장품/유물 /임시번호	국가귀속번호	기타	길이	너비	두께	비고
하남 이성산성	이성산성 보고서4-2	신라		木簡 2(보고서4)	126		[二]6					312(신라)	8.2	1.6	0.3	
하남 이성산성	이성산성 보고서7-4	신라		목간4(보고서7)	120		[二]3					목간 1(보고서7 부록1)	17.7	3	0.7	
하남 이성산성	이성산성 보고서7-5	신라		목간5(보고서7)	121		[二]4					목간 2(보고서7 부록2)	20.5	1.6		
하남 이성산성	이성산성 보고서8-1	신라		木簡 1(보고서8)	117		[二]5	보고서 8차 1호					35	1.2	1	
하남 이성산성	이성산성 보고서8-2	신라		木簡 2(보고서8)	123			보고서 8차 2호					25	2.7	1.1	
하남 이성산성	이성산성 보고서8-5	신라		木簡 5(보고서8)	124								17	1.2	1.7	
하남 이성산성	이성산성 보고서8-6	신라		木簡 6(보고서8)	127								5.9	1.7	1.2	
함안 성산산성	성산산성 가야27	신라		1	28		[城]28	고대목간 Ⅱ 1호				가야27		24.3	2.5	0.7	
함안 성산산성	성산산성 가야28	신라		2	29		[城]29	고대목간 Ⅱ 2호				가야28		21.1	1.9	0.8	
함안 성산산성	성산산성 가야29	신라		3	30		[城]30	고대목간 Ⅱ 3호				가야29		19.2	2	1	
함안 성산산성	성산산성 가야30	신라		4	31		[城]31	고대목간 Ⅱ 4호				가야30		21.2	2.9	0.5	
함안 성산산성	성산산성 가야31	신라		5	32		[城]32	고대목간 Ⅱ 5호				가야31		15.9	1.5	0.5	
함안 성산산성	성산산성 가야32	신라		6	33		[城]33	고대목간 Ⅱ6호				가야32		29.6	3.5	0.7	
함안 성산산성	성산산성 가야33	신라		7	34		[城]34	고대목간 Ⅱ 7호				가야33		29	3.1	1	
함안 성산산성	성산산성 가야34	신라		8	35		[城]35	고대목간 Ⅱ8호				가야34		27.7	3.3	0.6	
함안 성산산성	성산산성 가야35	신라		9	36		[城]36	고대목간 Ⅱ9호				가야35		29.6	3.8	0.7	
함안 성산산성	성산산성 가야36	신라		10	37		[城]37	고대목간 Ⅱ 10호				가야36		24.4	3.5	0.8	
함안 성산산성	성산산성 가야37	신라		11	38		[城]38	고대목간 Ⅱ 11호				가야37		26.7	4.7	0.7	
함안 성산산성	성산산성 가야38	신라		12	39		[城]30	고대목간 Ⅱ 12호				가야38		17.2	2.4	0.5	
함안 성산산성	성산산성 가야39	신라		13	40		[城]40	고대목간 Ⅱ 13호				가야39		19.3	2.1	1	
함안 성산산성	성산산성 가야40	신라		14	41		[城]41	고대목간 Ⅱ 14호				가야40		16.2	2.1	0.5	
함안 성산산성	성산산성 가야41	신라		15	42		[城]42	고대목간 Ⅱ 15호				가야41		18.1	2.6	0.7	
함안 성산산성	성산산성 가야42	신라		16	43		[城]43	고대목간 Ⅱ 16호				가야42		14.9	2.5	0.5	
함안 성산산성	성산산성 가야43	신라		17	44		[城]44	고대목간 Ⅱ 17호				가야43		15.8	2.4	0.7	
함안 성산산성	성산산성 가야44	신라		18	45		[城]45	고대목간 Ⅱ 18호				가야44		20.6	1.7	0.7	
함안 성산산성	성산산성 가야45	신라		19	46		[城]46	고대목간 Ⅱ 19호				가야45		16.1	2.2	0.3	
함안 성산산성	성산산성 가야46	신라		20	47		[城]47	고대목간 Ⅱ 20호				가야46		19.2	1.6	0.6	
함안 성산산성	성산산성 가야47	신라		21	48		[城]48	고대목간 Ⅱ 21호				가야47		16	2.8	1.3	
함안 성산산성	성산산성 가야48	신라		22	49		[城]49	고대목간 Ⅱ 22호				가야48		19.6	2.9	0.8	
함안 성산산성	성산산성 가야49	신라		23	50		[城]50	고대목간 Ⅱ 23호				가야49		15.5	1.7	0.7	
함안 성산산성	성산산성 가야50	신라		24	52		[城]51	고대목간 Ⅱ 24호				가야50		19.9	2.7	0.5	
함안 성산산성	성산산성 가야51	신라		25	53		[城]52	고대목간 Ⅱ 25호				가야51		18.1	2.5	0.6	
함안 성산산성	성산산성 가야52	신라		26	54		[城]53	고대목간 Ⅱ 26호				가야52		19.3	2.1	0.4	
함안 성산산성	성산산성 가야53	신라		27	55		[城]54	고대목간 Ⅱ 27호				가야53		15.3	1.7	0.5	
함안 성산산성	성산산성 가야54	신라		28	56		[城]55	고대목간 Ⅱ 28호				가야54		16.4	2.4	0.7	
함안 성산산성	성산산성 가야55	신라		29	57		[城]56	고대목간 Ⅱ 29호				가야55		27.8	1.7	0.6	
함안 성산산성	성산산성 가야56	신라		30	59		[城]57	고대목간 Ⅱ 30호				가야56		13.2	2.4	0.9	

출토지	제안 호칭	국적	소개	보고서	목간 (2004)	백제 (2008)	자전 (2011)	총람 (2022)	사비 (2023)	소장품/유물 /임시번호	국가귀속번호	기타	길이	너비	두께	비고
함안 성산산성	성산산성 가야57	신라		31	60		[城]58	고대목간 II31호			가야57		8.7	2.9	0.7	
함안 성산산성	성산산성 가야58	신라		32+46+61	61+75 +90		[城]59	고대목간 II32호			가야58		22.9	2.7	0.4	
함안 성산산성	성산산성 가야59	신라		33+37	62+66		[城]60	고대목간 II33호			가야59		15.1	1.9	0.7	
함안 성산산성	성산산성 가야60	신라		34	63		[城]61	고대목간 II34호			가야60		12.6	1.5	0.4	
함안 성산산성	성산산성 가야61	신라		35	64		[城]62	고대목간 II35호			가야61		10.1	2	0.6	
함안 성산산성	성산산성 가야62	신라		36	65		[城]63	고대목간 II36호			가야62		5.4	1.9	0.6	
함안 성산산성	성산산성 가야63	신라		38	67		[城]64	고대목간 II37호			가야63		3.5	1.9	0.3	
함안 성산산성	성산산성 가야64	신라		39	68		[城]65	고대목간 II38호			가야64		12.7	1.6	0.7	
함안 성산산성	성산산성 가야65	신라		40	69		[城]66	고대목간 II39호			가야65		8.3	2.6	0.5	
함안 성산산성	성산산성 가야66	신라		41	70		[城]67	고대목간 II40호			가야66		9.7	2.7	0.5	
함안 성산산성	성산산성 가야67	신라		42	71		[城]68	고대목간 II41호			가야67		7.2	1.3	0.3	
함안 성산산성	성산산성 가야68	신라		43	72		[城]69	고대목간 II42호			가야68		8.3	1.6	0.5	
함안 성산산성	성산산성 가야69	신라		44	73		[城]70	고대목간 II43호			가야69		11.5	2.6	0.7	
함안 성산산성	성산산성 가야70	신라		. 45+66	74		[城]71	고대목간 II44호			가야70		14.5	2.1	0.6	
함안 성산산성	성산산성 가야71	신라		47+E	76		[城]72	고대목간 II45호			가야71		10.1	2.7	0.6	
함안 성산산성	성산산성 가야72	신라		48	77		[城]73	고대목간 II46호			가야72		12.2	1.8	0.9	
함안 성산산성	성산산성 가야73	신라		49	78		[城]74	고대목간 II47호			가야73		14.5	2.5	0.5	
함안 성산산성	성산산성 가야74	신라		50	79		[城]75	고대목간 II48호			가야74		12.4	1.8	0.5	
함안 성산산성	성산산성 가야75	신라		51	80		[城]76	고대목간 II49호			가야75		14.7	1.8	0.5	
함안 성산산성	성산산성 가야76	신라		52	81		[城]77	고대목간 II50호			가야76		7.1	1.8	0.4	
함안 성산산성	성산산성 가야77	신라		53	82		[城]78	고대목간 II51호			가야77		7.4	2.1	0.3	
함안 성산산성	성산산성 가야78	신라		54	83		[城]79	고대목간 II52호			가야78		8.9	2.9	0.9	
함안 성산산성	성산산성 가야79	신라		55	84		[城]80	고대목간 II53호			가야79		12.7	3.5	0.9	
함안 성산산성	성산산성 가야80	신라		56	85		[城]81	고대목간 II54호			가야80		10.7	2.2	0.5	
함안 성산산성	성산산성 가야81	신라		57	86		[城]82	고대목간 II55호			가야81		11.5	2.2	0.8	
함안 성산산성	성산산성 가야82	신라		58	87		[城]83	고대목간 II56호			가야82		9.9	2.2	0.4	
함안 성산산성	성산산성 가야83	신라		59	88		[城]84	고대목간 II57호			가야83		9.3	1.7	0.4	
함안 성산산성	성산산성 가야84	신라		60	89		[城]85	고대목간 II58호			가야84		5.5	1.9	0.5	
함안 성산산성	성산산성 가야85	신라		62	91		[城]86	고대목간 II59호			가야85		9.6	1.6	0.4	
함안 성산산성	성산산성 가야86	신라		63	92		[城]87	고대목간 II60호			가야86		11	3.1	0.7	
함안 성산산성	성산산성 가야88	신라		65	94		[城]89	고대목간 II61호			가야88		5.7	2	0.4	
함안 성산산성	성산산성 가야89	신라		67	96		[城]90	고대목간 II62호			가야89		3.1	2.9	0.6	
함안 성산산성	성산산성 가야90	신라		68	97		[城]91	고대목간 II63호			가야90		6.7	1.9	0.4	
함안 성산산성	성산산성 가야1590	신라	2006-w1(2007)	1			[城]100	고대목간 II64호			가야1590		24.6	2.6	0.6	
함안 성산산성	성산산성 가야1592	신라	2006-w3(2007)	16			[城]115	고대목간 II65호			가야1592		18.2	2	0.7	
함안 성산산성	성산산성 가야1593	신라	2006-w4(2007)	2			[城]101	고대목간 II66호			가야1593		25.1	2.8	1.4	
함안 성산산성	성산산성 가야1594	신라	2006-w10(2007)	5			[城]104	고대목간 II67호			가야1594		22.1	2.7	0.5	

출토지	제안 호칭	국적	소개	보고서	목간 (2004)	백제 (2008)	자전 (2011)	총람 (2022)	사비 (2023)	소장품/유물/임시번호	국가귀속번호	기타	길이	너비	두께	비고
함안 성산산성	성산산성 가야1595	신라	2006-w11(2007)	20			[城]119	고대목간 II68호			가야1595		20	2.2	1.3	
함안 성산산성	성산산성 가야1596	신라	2006-w5(2007)	17			[城]116	고대목간 II69호			가야1596		29.7	4.5	0.9	
함안 성산산성	성산산성 가야1597	신라	2006-w6(2007)	3			[城]102	고대목간 II70호			가야1597		17	2.3	0.5	
함안 성산산성	성산산성 가야1598	신라	2006-w7(2007)	18			[城]117	고대목간 II71호			가야1598		17.8	2.6	0.7	
함안 성산산성	성산산성 가야1599	신라	2006-w8(2007)	4			[城]103	고대목간 II72호			가야1599		16	1.8	0.8	
함안 성산산성	성산산성 가야1600	신라	2006-w9(2007)	19			[城]118	고대목간 II73호			가야1600		12.2	1.6	0.6	
함안 성산산성	성산산성 가야1601	신라	2006-w12(2007)	6			[城]105	고대목간 II74호			가야1601		17.2	3.1	0.9	
함안 성산산성	성산산성 가야1602	신라	2006-w40(2007)	28			[城]127	고대목간 II75호			가야1602		26.4	2	1.2	
함안 성산산성	성산산성 가야1605	신라	2006-w15(2007)	11			[城]110	고대목간 II76호			가야1605		14.4	1.6	0.5	
함안 성산산성	성산산성 가야1606	신라	2006-w16(2007)	7			[城]106	고대목간 II77호			가야1606		15.1	1.7	0.6	
함안 성산산성	성산산성 가야1607	신라	2006-w17(2007)	21			[城]120	고대목간 II78호			가야1607		15	2.5	1.7	
함안 성산산성	성산산성 가야1609	신라	2006-w19(2007)	8			[城]107	고대목간 II79호			가야1609		7.5	1.3	2	
함안 성산산성	성산산성 가야1613	신라	2006-w24(2007)	22			[城]121	고대목간 II80호			가야1613		32.2	3.2	0.6	
함안 성산산성	성산산성 가야1614	신라	2006-w25(2007)	9			[城]108	고대목간 II81호			가야1614		23.4	3.8	0.8	
함안 성산산성	성산산성 가야1615	신라	2006-w26(2007)	23			[城]122	고대목간 II82호			가야1615		7.5	2	0.8	
함안 성산산성	성산산성 가야1616	신라	2006-w27(2007)	10			[城]109	고대목간 II83호			가야1616		18	3.6	0.7	
함안 성산산성	성산산성 가야1617	신라	2006-w28(2007)	13			[城]112	고대목간 II84호			가야1617		13.9	1.7	0.7	
함안 성산산성	성산산성 가야1618	신라	2006-w35(2007)	26			[城]125	고대목간 II85호			가야1618		6.9	3.1	0.7	
함안 성산산성	성산산성 가야1619	신라	2006-w36(2007)	14			[城]113	고대목간 II86호			가야1619		8.2	2.5	0.4	
함안 성산산성	성산산성 가야1620	신라	2006-w37(2007)	27			[城]126	고대목간 II87호			가야1620		8.6	2	0.5	
함안 성산산성	성산산성 가야1622	신라	2006-w29(2007)	15			[城]114	고대목간 II88호			가야1622		20.1	1.9	0.5	
함안 성산산성	성산산성 가야1623	신라	2006-w30(2007)	24			[城]123	고대목간 II89호			가야1623		13.4	2.3	0.5	
함안 성산산성	성산산성 가야1624	신라	2006-w31(2007)	12			[城]111	고대목간 II90호			가야1624		24.3	3	0.7	
함안 성산산성	성산산성 가야1625	신라	2006-w32(2007)	25			[城]124	고대목간 II91호			가야1625		20.7	1.7	0.7	
함안 성산산성	성산산성 가야1982	신라	2007-w1(2007)	29			[城]128	고대목간 II92호			가야1982		17.5	2.5	0.8	
함안 성산산성	성산산성 가야1985	신라	2007-w4(2007)	30			[城]129	고대목간 II93호			가야1985		20.6	2.1	0.8	
함안 성산산성	성산산성 가야1986	신라	2007-w5(2007)	31			[城]130	고대목간 II94호			가야1986		11.4	1.7	0.5	
함안 성산산성	성산산성 가야1987	신라	2007-w6(2007)	32			[城]131	고대목간 II95호			가야1987		19.8	2	0.5	
함안 성산산성	성산산성 가야1988	신라	2007-w7(2007)	33			[城]132	고대목간 II96호			가야1988		14.1	2.8	0.7	
함안 성산산성	성산산성 가야1989	신라	2007-w8(2007)	34			[城]133	고대목간 II97호			가야1989		26.1	3.2	0.5	
함안 성산산성	성산산성 가야1990	신라	2007-w9(2007)	35			[城]134	고대목간 II98호			가야1990		16.6	1.8	0.2	
함안 성산산성	성산산성 가야1991	신라	2007-w10(2007)	36			[城]135	고대목간 II99호			가야1991		20.4	2.1	0.6	
함안 성산산성	성산산성 가야1992	신라	2007-w11(2007)	37			[城]136	고대목간 II100호			가야1992		16.7	2.5	0.5	
함안 성산산성	성산산성 가야1993	신라	2007-w12(2007)	38			[城]137	고대목간 II101호			가야1993		13.5	1.9	0.6	
함안 성산산성	성산산성 가야1994	신라	2007-w13(2007)	39			[城]138	고대목간 II102호			가야1994		23.8	2	0.5	
함안 성산산성	성산산성 가야1995	신라	2007-w14(2007)	40			[城]139	고대목간 II103호			가야1995		21.2	2.5	0.4	
함안 성산산성	성산산성 가야1996	신라	2007-w15(2007)	41			[城]140	고대목간 II104호			가야1996		15.2	2	0.4	

출토지	제안 호칭	국적	소개	보고서	목간 (2004)	백제 (2008)	자전 (2011)	총람 (2022)	사비 (2023)	소장품/유물 /임시번호	국가귀속번호	기타	길이	너비	두께	비고
함안 성산산성	성산산성 가야1997	신라	2007-w16(2007)	42			[城]141	고대목간 Ⅱ105호				가야1997		17	1.6	0.4	
함안 성산산성	성산산성 가야1998	신라	2007-w17(2007)	43			[城]142	고대목간 Ⅱ106호				가야1998		18.3	2.4	0.5	
함안 성산산성	성산산성 가야1999	신라	2007-w18(2007)	44			[城]143	고대목간 Ⅱ107호				가야1999		24.8	2.8	0.6	
함안 성산산성	성산산성 가야2000	신라	2007-w19(2007)	45			[城]144	고대목간 Ⅱ108호				가야2000		15.5	2.1	0.5	
함안 성산산성	성산산성 가야2001	신라	2007-w20(2007)	46			[城]145	고대목간 Ⅱ109호				가야2001		32	4.1	0.7	
함안 성산산성	성산산성 가야2002	신라	2007-w21(2007)	47			[城]146	고대목간 Ⅱ110호				가야2002		13.3	2.1	0.6	
함안 성산산성	성산산성 가야2003	신라	2007-w22(2007)	48			[城]147	고대목간 Ⅱ111호				가야2003		16.4	1.6	0.6	
함안 성산산성	성산산성 가야2004	신라	2007-w23(2007)	49			[城]148	고대목간 Ⅱ112호				가야2004		15.6	1.9	0.8	
함안 성산산성	성산산성 가야2005	신라	2007-w24(2007)	50			[城]149	고대목간 Ⅱ113호				가야2005		15.5	2	0.5	
함안 성산산성	성산산성 가야2006	신라	2007-w25(2007)	51			[城]150	고대목간 Ⅱ114호				가야2006		21.6	2	0.5	
함안 성산산성	성산산성 가야2007	신라	2007-w26(2007)	52			[城]151	고대목간 Ⅱ115호				가야2007		17.8	2	0.5	
함안 성산산성	성산산성 가야2008	신라	2007-w27(2007)	53			[城]152	고대목간 Ⅱ116호				가야2008		21.8	3.9	0.8	
함안 성산산성	성산산성 가야2009	신라	2007-w28(2007)	54			[城]153	고대목간 Ⅱ117호				가야2009		13.5	2.1	0.6	
함안 성산산성	성산산성 가야2010	신라	2007-w29(2007)	55			[城]154	고대목간 Ⅱ118호				가야2010		14.9	2.5	0.5	
함안 성산산성	성산산성 가야2011	신라	2007-w30(2007)	56			[城]155	고대목간 Ⅱ119호				가야2011		18.3	2	0.8	
함안 성산산성	성산산성 가야2012	신라	2007-w31(2007)	57			[城]156	고대목간 Ⅱ120호				가야2012		24.3	3	0.6	
함안 성산산성	성산산성 가야2013	신라	2007-w32(2007)	58			[城]157	고대목간 Ⅱ121호				가야2013		20.5	2.2	0.6	
함안 성산산성	성산산성 가야2014	신라	2007-w33(2007)	59			[城]158	고대목간 Ⅱ122호				가야2014		19.8	2.4	0.6	
함안 성산산성	성산산성 가야2015	신라	2007-w34(2007)	60			[城]159	고대목간 Ⅱ123호				가야2015		15	1.5	0.5	
함안 성산산성	성산산성 가야2016	신라	2007-w35(2007)	61			[城]160	고대목간 Ⅱ124호				가야2016		16.5	2.2	0.5	
함안 성산산성	성산산성 가야2017	신라	2007-w36(2007)	62			[城]161	고대목간 Ⅱ125호				가야2017		14	2	0.4	
함안 성산산성	성산산성 가야2018	신라	2007-w37(2007)	63			[城]162	고대목간 Ⅱ126호				가야2018		13.8	1.7	0.5	
함안 성산산성	성산산성 가야2019	신라	2007-w38(2007)	64			[城]163	고대목간 Ⅱ127호				가야2019		11.2	1.7	0.3	
함안 성산산성	성산산성 가야2020	신라	2007-w39(2007)	65			[城]164	고대목간 Ⅱ128호				가야2020		25.2	2	0.9	
함안 성산산성	성산산성 가야2021	신라	2007-w40(2007)	66			[城]165	고대목간 Ⅱ129호				가야2021		15.1	2	0.7	
함안 성산산성	성산산성 가야2022	신라	2007-w41(2007)	67			[城]166	고대목간 Ⅱ130호				가야2022		19.8	3.6	0.7	
함안 성산산성	성산산성 가야2023	신라	2007-w42(2007)	68			[城]167	고대목간 Ⅱ131호				가야2023		21.9	1.7	0.5	
함안 성산산성	성산산성 가야2024	신라	2007-w43(2007)	69			[城]168	고대목간 Ⅱ132호				가야2024		19.5	2.3	0.9	
함안 성산산성	성산산성 가야2025	신라	2007-w44(2007)	70			[城]169	고대목간 Ⅱ133호				가야2025		32.5	3.3	1.1	
함안 성산산성	성산산성 가야2026	신라	2007-w45(2007)	71			[城]170	고대목간 Ⅱ134호				가야2026		34.4	2.9	1.3	
함안 성산산성	성산산성 가야2027	신라	2007-w46(2007)	72			[城]171	고대목간 Ⅱ135호				가야2027		10.9	2	0.3	
함안 성산산성	성산산성 가야2028	신라	2007-w47(2007)	73			[城]172	고대목간 Ⅱ136호				가야2028		20	1.5	0.7	
함안 성산산성	성산산성 가야2029	신라	2007-w48(2007)	74			[城]173	고대목간 Ⅱ137호				가야2029		13.8	2.6	0.4	
함안 성산산성	성산산성 가야2030	신라	2007-w49(2007)	75			[城]174	고대목간 Ⅱ138호				가야2030		8.5	1.8	0.8	
함안 성산산성	성산산성 가야2031	신라	2007-w50(2007)	76			[城]175	고대목간 Ⅱ139호				가야2031		17.3	1.7	0.4	
함안 성산산성	성산산성 가야2032	신라	2007-w51(2007)	77			[城]176	고대목간 Ⅱ140호				가야2032		15.5	1.9	0.5	
함안 성산산성	성산산성 가야2033	신라	2007-w52(2007)	78			[城]177	고대목간 Ⅱ141호				가야2033		16.5	1.9	0.5	

출토지	제안 호칭	국적	소개	보고서	목간 (2004)	백제 (2008)	자전 (2011)	총람 (2022)	사비 (2023)	소장품/유물 /임시번호	국가귀속번호	기타	길이	너비	두께	비고
함안 성산산성	성산산성 가야2034	신라	2007-w53(2007)	89			[城]178	고대목간 II 142호			가야2034		28.6	3.2	0.7	
함안 성산산성	성산산성 가야2035	신라	2007-w54(2007)	80			[城]179	고대목간 II 143호			가야2035		17.6	2.5	1	
함안 성산산성	성산산성 가야2036	신라	2007-w55(2007)	81			[城]180	고대목간 II 144호			가야2036		25.2	3.7	1	
함안 성산산성	성산산성 가야2037	신라	2007-w56(2007)	82			[城]181	고대목간 II 145호			가야2037		15.9	2.2	0.4	
함안 성산산성	성산산성 가야2038	신라	2007-w57(2007)	83			[城]182	고대목간 II 146호			가야2038		16.9	1.4	0.4	
함안 성산산성	성산산성 가야2039	신라	2007-w58(2007)	84			[城]183	고대목간 II 147호			가야2039		12.3	1.8	0.5	
함안 성산산성	성산산성 가야2042	신라	2007-A(2007)	87			[城]186	고대목간 II 148호			가야2042		9.5	1.7	0.6	
함안 성산산성	성산산성 가야2043	신라	2007-B(2007)	88			[城]187	고대목간 II 149호			가야2043		7.1	1.8	0.4	
함안 성산산성	성산산성 가야2044	신라	2007-C(2007)					고대목간 II 150호			가야2044		7.8	2.6	1.1	
함안 성산산성	성산산성 가야2045	신라	2007-D(2007)	89			[城]188	고대목간 II 151호			가야2045		11.9	2.7	0.7	
함안 성산산성	성산산성 가야2046	신라	2007-E(2007)	90			[城]189	고대목간 II 152호			가야2046		10.5	2.7	0.3	
함안 성산산성	성산산성 가야2047	신라	2007-F(2007)	91			[城]190	고대목간 II 153호			가야2047		9.1	1.6	0.6	
함안 성산산성	성산산성 가야2048	신라	2007-G(2007)	92			[城]191	고대목간 II 154호			가야2048		5.3	1.8	0.4	
함안 성산산성	성산산성 가야2049	신라	2007-H(2007)	93			[城]192	고대목간 II 155호			가야2049		6.9	1.9	0.3	
함안 성산산성	성산산성 가야2050	신라	2007-I(2007)	94			[城]193	고대목간 II 156호			가야2050		5.1	2.3	0.3	
함안 성산산성	성산산성 가야2051	신라	2007-w61(2007)	85			[城]184	고대목간 II 157호			가야2051		15.3	2.3	0.5	
함안 성산산성	성산산성 가야2052	신라	2007-w62(2007)					고대목간 II 158호			가야2052		15.2	3.8	0.5	
함안 성산산성	성산산성 가야2054	신라	2007-w64(2007)	86			[城]185	고대목간 II 159호			가야2054		12.1	2.1	0.4	
함안 성산산성	성산산성 가야2055	신라		97			[城]196	고대목간 II 160호			가야2055		21.8	3.7	0.8	
함안 성산산성	성산산성 가야2056	신라		95			[城]194	고대목간 II 161호			가야2056		18.8	2.2	0.8	
함안 성산산성	성산산성 가야2057	신라		96			[城]195	고대목간 II 162호			가야2057		21.2	1.6	0.8	
함안 성산산성	성산산성 가야2058	신라	T304(2007)	98			[城]197	고대목간 II 163호			가야2058		23	2.4	1	
함안 성산산성	성산산성 가야2060	신라	T370(2007)	99			[城]198	고대목간 II 164호			가야2060		30.9	2.2	0.8	
함안 성산산성	성산산성 가야2390	신라		100			[城]199	고대목간 II 165호			가야2390		12.6	1.5	0.8	
함안 성산산성	성산산성 가야2391	신라		101			[城]200	고대목간 II 166호			가야2391		14.9	2.3	0.3	
함안 성산산성	성산산성 가야2614	신라		102			[城]201	고대목간 II 167호			가야2614		17.5	1.6	0.5	
함안 성산산성	성산산성 가야2618	신라		103			[城]202	고대목간 II 168호			가야2618		15.9	2.3	0.7	
함안 성산산성	성산산성 가야2619	신라		104			[城]203	고대목간 II 169호			가야2619		24.3	3.8	0.4	
함안 성산산성	성산산성 가야2620	신라		105			[城]204	고대목간 II 170호			가야2620		29.1	3.8	0.8	
함안 성산산성	성산산성 가야2624	신라		106			[城]207	고대목간 II 171호			가야2624		10.3	3.1	0.5	
함안 성산산성	성산산성 가야2625	신라		125			[城]224	고대목간 II 172호			가야2625		14.9	2.9	0.7	
함안 성산산성	성산산성 가야2627	신라		109			[城]208	고대목간 II 173호			가야2627		28.5	4.6	0.7	
함안 성산산성	성산산성 가야2628	신라		110			[城]209	고대목간 II 174호			가야2628		14.5	2.1	0.6	
함안 성산산성	성산산성 가야2629	신라		111			[城]210	고대목간 II 175호			가야2629		12	2.9	0.6	
함안 성산산성	성산산성 가야2630	신라		112			[城]211	고대목간 II 176호			가야2630		16.8	2.6	0.8	
함안 성산산성	성산산성 가야2631	신라		113			[城]212	고대목간 II 177호			가야2631		21.8	2.5	0.6	
함안 성산산성	성산산성 가야2632	신라		114			[城]213	고대목간 II 178호			가야2632		15.1	1.9	0.3	

출토지	제안 호칭	국적	소개	보고서	목간 (2004)	백세 (2008)	자전 (2011)	총람 (2022)	사비 (2023)	소장품/유물 /임시번호	국가귀속번호	기타	길이	너비	두께	비고
함안 성산산성	성산산성 가야2633	신라		115			[城]214	고대목간 Ⅱ179호			가야2633		16.4	2.7	0.4	
함안 성산산성	성산산성 가야2635	신라		116			[城]215	고대목간 Ⅱ180호			가야2635		8.3	3.2	0.3	
함안 성산산성	성산산성 가야2636	신라		117			[城]216	고대목간 Ⅱ181호			가야2636		15.8	2.2	0.4	
함안 성산산성	성산산성 가야2637	신라		118			[城]217	고대목간 Ⅱ182호			가야2637		20.6	2.6	0.9	
함안 성산산성	성산산성 가야2639	신라		119			[城]218	고대목간 Ⅱ183호			가야2639		20.8	1.3	0.7	
함안 성산산성	성산산성 가야2640	신라		120			[城]219	고대목간 Ⅱ184호			가야2640		20.9	2.7	0.4	
함안 성산산성	성산산성 가야2641	신라		121			[城]220	고대목간 Ⅱ185호			가야2641		20.3	2.1	1.2	
함안 성산산성	성산산성 가야2645	신라		122			[城]221	고대목간 Ⅱ186호			가야2645		25	3.4	2.8	
함안 성산산성	성산산성 가야2954	신라		123			[城]222	고대목간 Ⅱ187호			가야2954		15.7	1.2	1	
함안 성산산성	성산산성 가야2956	신라		124			[城]223	고대목간 Ⅱ188호			가야2956		29.3	1.2	1.8	
함안 성산산성	성산산성 가야4685	신라		163				고대목간 Ⅱ189호			가야4685		18.2	2.2	0.4	
함안 성산산성	성산산성 가야4686	신라		164				고대목간 Ⅱ190호			가야4686		17.3	2.6	0.4	
함안 성산산성	성산산성 가야4687	신라		165				고대목간 Ⅱ191호			가야4687		19.4	2.2	0.6	
함안 성산산성	성산산성 가야4688	신라		166				고대목간 Ⅱ192호			가야4688		20.8	2	0.6	
함안 성산산성	성산산성 가야4689	신라		167				고대목간 Ⅱ193호			가야4689		11	1.8	0.8	
함안 성산산성	성산산성 가야4691	신라		169				고대목간 Ⅱ194호			가야4691		18	2.4	0.7	
함안 성산산성	성산산성 가야4692	신라		170				고대목간 Ⅱ195호			가야4692		12	2	0.5	
함안 성산산성	성산산성 가야4693	신라		171				고대목간 Ⅱ196호			가야4693		20.1	2.3	0.6	
함안 성산산성	성산산성 가야4694	신라		172				고대목간 Ⅱ197호			가야4694		10.7	1.8	0.4	
함안 성산산성	성산산성 가야4695	신라		173				고대목간 Ⅱ198호			가야4695		10.8	1.9	0.8	
함안 성산산성	성산산성 가야4696	신라		174				고대목간 Ⅱ199호			가야4696		6.6	2	0.9	
함안 성산산성	성산산성 가야4697	신라		175				고대목간 Ⅱ200호			가야4697		9.1	2	0.5	
함안 성산산성	성산산성 가야5581	신라		218				고대목간 Ⅱ201호			가야5581		11.8	2	0.4	
함안 성산산성	성산산성 가야5582	신라		219				고대목간 Ⅱ202호			가야5582		7	2	1	
함안 성산산성	성산산성 가야5583	신라		220				고대목간 Ⅱ203호			가야5583		15.1	1.4	1.2	
함안 성산산성	성산산성 가야5584	신라		221				고대목간 ⅱ204호			가야5584		10.8	1.7	0.9	
함안 성산산성	성산산성 가야5585	신라		222				고대목간 Ⅱ205호			가야5585		20.5	2.6	0.6	
함안 성산산성	성산산성 가야5586	신라		223				고대목간 Ⅱ206호			가야5586		21	2.5	0.7	
함안 성산산성	성산산성 가야5587	신라		224				고대목간 Ⅱ207호			가야5587		20.7	2.1	0.7	
함안 성산산성	성산산성 가야5588	신라		225				고대목간 Ⅱ208호			가야5588		11.7	2	0.7	
함안 성산산성	성산산성 가야5589	신라		226				고대목간 Ⅱ209호			가야5589		28.8	3.7	0.9	
함안 성산산성	성산산성 가야5590	신라		227				고대목간 Ⅱ210호			가야5590		15.9	2.3	0.4	
함안 성산산성	성산산성 가야5591	신라		228				고대목간 Ⅱ211호			가야5591		13.7	2.1	0.3	
함안 성산산성	성산산성 가야5592	신라		229				고대목간 Ⅱ212호			가야5592		21.9	3.5	1.3	
함안 성산산성	성산산성 가야5593	신라		230				고대목간 Ⅱ213호			가야5593		21.7	2.6	0.5	
함안 성산산성	성산산성 가야5594	신라		231				고대목간 Ⅱ214호			가야5594		17.6	2.8	0.4	
함안 성산산성	성산산성 가야5595	신라		232				고대목간 Ⅱ215호			가야5595		22.8	1.9	0.9	

출토지	제안 호칭	국적	소개	보고서	목간(2004)	백제(2008)	자전(2011)	총람(2022)	사비(2023)	소장품/유물/임시번호	국가귀속번호	기타	길이	너비	두께	비고
함안 성산산성	성산산성 가야5596	신라		233				고대목간II216호			가야5596		16.1	2.5	1	
함안 성산산성	성산산성 가야5597	신라		234				고대목간II217호			가야5597		22.2	2.9	1.1	
함안 성산산성	성산산성 가야5598	신라		235				고대목간II218호			가야5598		34.4	1.3	1.9	
함안 성산산성	성산산성 가야5599	신라		236				고대목간II219호			가야5599		22.7	4	0.8	
함안 성산산성	성산산성 가야5600	신라		237				고대목간II220호			가야5600		20.3	1.9	0.7	
함안 성산산성	성산산성 가야5601	신라		238				고대목간II221호			가야5601		20	2	1.1	
함안 성산산성	성산산성 김해1264	신라		2	24		[城]2	고대목간II223호			김해1264		11.7	3.6	0.5	
함안 성산산성	성산산성 김해1265	신라		3	23		[城]3	고대목간II224호			김해1265		8	2.5	0.5	
함안 성산산성	성산산성 김해1268	신라		6	10		[城]6	고대목간II225호			김해1268		22.7	2.6	0.5	
함안 성산산성	성산산성 김해1269	신라		7	6		[城]7	고대목간II226호			김해1269		20	2.8	0.6	
함안 성산산성	성산산성 김해1270	신라		8	11		[城]8	고대목간II227호			김해1270		17.7	1.7	0.5	
함안 성산산성	성산산성 김해1271	신라		9	12		[城]9	고대목간II228호			김해1271		17.3	1.6	0.5	
함안 성산산성	성산산성 김해1272	신라		10	7		[城]10	고대목간II229호			김해1272		20.5	2.8	0.4	
함안 성산산성	성산산성 김해1274	신라		12	18		[城]12	고대목간II231호			김해1274		21.1	2.5	0.9	
함안 성산산성	성산산성 김해1275	신라		13	1		[城]13	고대목간II232호			김해1275		23.7	3	0.9	
함안 성산산성	성산산성 김해1276	신라		14	9		[城]14	고대목간II233호			김해1276		18.6	2.5	0.8	
함안 성산산성	성산산성 김해1277	신라		15	17		[城]15	고대목간II234호			김해1277		16.7	3.4	0.5	
함안 성산산성	성산산성 김해1278	신라		16	19		[城]16	고대목간II235호			김해1278		16	3	0.6	
함안 성산산성	성산산성 김해1279	신라		17	2		[城]17	고대목간II236호			김해1279		19.7	2	0.6	
함안 성산산성	성산산성 김해1280	신라		18	16		[城]18	고대목간II237호			김해1280		17.9	1.9	0.3	
함안 성산산성	성산산성 김해1282	신라		20	13		[城]20	고대목간II238호			김해1282		15.9	2.2	0.7	
함안 성산산성	성산산성 김해1284	신라		22	22		[城]22	고대목간II240호			김해1284		10.4	2	0.4	
함안 성산산성	성산산성 김해1285	신라		23	15		[城]23	고대목간II241호			김해1285		15.9	1.8	0.9	
함안 성산산성	성산산성 김해1286	신라		24	14		[城]24	고대목간II242호			김해1286		16	2.5	1	
함안 성산산성	성산산성 김해1287	신라		25	4		[城]25	고대목간II243호			김해1287		22.8	3.8	0.9	
함안 성산산성	성산산성 김해1289	신라		27	21		[城]27	고대목간II245호			김해1289		12.7	2.6	0.5	
함안 성산산성	성산산성 보고서2-85	신라		85			[城]93						7	2.1	0.7	목간II미수록
함안 성산산성	성산산성 보고서2-88	신라		88	58		[城]94						18.4	2.5	0.9	제첨축, 목간II미수록
함안 성산산성	성산산성 보고서3-1	신라		1	51								20.3	3.1	1.3	목간II미수록
함안 성산산성	성산산성 자전-성95	신라	A(2006)				[城]95						3	2.6	0.6	목간II미수록
함안 성산산성	성산산성 자전-성96	신라	B(2006)				[城]96						6.3	4.8	0.2	목간II미수록
함안 성산산성	성산산성 자전-성97	신라	C(2006)				[城]97						3	2.6	0.6	목간II미수록
함안 성산산성	성산산성 자전-성98	신라	D(2006)				[城]98						6.2	2.4	0.4	목간II미수록
함안 성산산성	성산산성 자전-성99	신라	F(2006)				[城]99						26.7	2	0.5	목간II미수록
함안 성산산성	성산산성 진주1263	신라		1	3		[城]1	고대목간II222호			진주1263		23.6	4.4	0.7	
함안 성산산성	성산산성 진주1273	신라		11	8		[城]11	고대목간II230호			진주1273		20.8	2.8	0.7	

출토지	제안 호칭	국적	소개	보고서	목간 (2004)	백제 (2008)	자전 (2011)	총람 (2022)	사비 (2023)	소장품/유물 /임시번호	국가귀속번호	기타	길이	너비	두께	비고
함안 성산산성	성산산성 진주1283	신라		21	20		[城]21	고대목간 Ⅱ239호			진주1283		12.6	2.2	0.5	
함안 성산산성	성산산성 진주1288	신라		26	5		[城]26	고대목간 Ⅱ244호			진주1288		20.3	3.1	0.6	

※ 옅은 음영은 제안 호칭의 기준이 된 것을 표시, 짙은 음영은 현재 망실된 것들.
※ 기존의 정보가 잘못된 경우는 취소선을 그어 표시함.

[자료 목록]

1. 공통

國立昌原文化財硏究所, 2004, 『韓國의 古代木簡(學術調査報告 第25輯)』. ⇒ 목간

國立昌原文化財硏究所, 2006, 『개정판 韓國의 古代木簡(학술조사보고 제32집)』.

국립부여박물관·국립가야문화재연구소, 2009, 『나무 속 암호 목간』, 예맥. ⇒ 나무

손환일 편저, 2011, 『韓國木簡字典』, 국립가야문화재연구소. ⇒ 자전

윤재석 편저, 2022, 『한국목간총람(경북대학교 인문학술원 HK+사업단 자료총서 01)』, 주류성. ⇒ 총람

2. 백제

국립부여박물관, 2008, 『백제목간 - 소장품조사자료집』. ⇒ 백제

권인한·김경호·윤선태 編, 2015, 『한국고대문자자료 연구 백제(상)-지역별(한국목간학회 연구총서 01)』, 주류성. ⇒ 연구

백제역사문화연구원 문화유산연구부, 2023, 『백제 사비기 목간(부여의 문화유산_06)』, 부여군 문화재과. ⇒ 사비

1) 금산 백령산성

忠淸南道歷史文化院·錦山郡, 2007, 『錦山 柏嶺山城 -1·2次 發掘調査 報告書-』.

2) 나주 복암리

金聖範, 2009, 「羅州 伏岩里 유적 출토 백제목간과 기타 문자 관련 유물」, 『百濟學報』 창간호.

金聖範, 2010, 「羅州 伏岩里 木簡의 判讀과 釋讀」, 『목간과 문자』 5호.

국립나주문화재연구소, 2010, 『羅州 伏岩里遺蹟 Ⅰ』.

3) 부여 관북리

尹武炳, 1985, 『扶餘官北里百濟遺蹟發掘報告(Ⅰ)』, 忠南大學校博物館·충청남도청.

국립부여문화재연구소, 2009, 『扶餘 官北里百濟遺蹟 發掘報告 Ⅲ』.

충남대학교박물관, 2023, 『扶餘 官北里百濟遺蹟 Ⅵ』.

4) 부여 구아리 319번지(중앙성결교회)

심상육·이미현·이효중, 2011, 「부여 '중앙성결교회유적' 및 '뒷개유적' 출토 목간 보고」, 『목간과 문자』 10호.

(재)부여군문화재보존센터, 2012, 『부여 구아리 319 부여중앙성결교회 유적 발굴조사 보고서』.

5) 부여 구아리 325·326번지

손호성·오효성·문성찬, 2023, 『부여 구아리 325·326번지 백제 생활유적((재)백제역사문화연구원 발굴조
　　사연구보고 제98책)』, 한국농어촌공사·백제역사문화연구원

6) 부여 궁남지

국립부여문화재연구소, 1999, 『宮南池』. ※ 궁남지 1호
국립부여문화재연구소, 2001, 『宮南池 Ⅱ』. ※ 궁남지 보고서2-1, 궁남지 보고서2-2

7) 부여 능산리사지

朴仲煥, 2002, 「扶餘 陵山里寺址 發掘 木簡 豫報」, 『한국고대사연구』 28.
국립부여박물관, 2003, 『百濟의 文字』.
近藤浩一, 2004, 「扶餘 陵山里 羅城築造 木簡의 硏究」, 『百濟硏究』 第28輯.
平川南, 2005, 「百濟と古代日本における道の祭祀」, 『백제 사비시기 문화의 재조명』.
이용현, 2007a, 「목간」, 『百濟의 文化와 生活(백제문화사대계 12)』, 충남역사문화원.
윤선태, 2007b, 『목간이 들려주는 백제 이야기』, 주류성.
國立扶餘博物館, 2007, 『陵寺 –부여능산리사지 6~8차 발굴보고서-』.
李炳鎬, 2008, 「扶餘 陵山里 出土 木簡의 性格」, 『목간과 문자』 창간호.
국립부여박물관, 2010, 『백제 중흥을 꿈꾸다 –능산리사지-』.
손환일, 2011, 『한국 목간의 기록문화와 서체』, 서화미디어.

8) 부여 능산리 동나성 내·외부 백제유적

李浩炯·丘冀鍾, 2006, 『國道 4號線 扶餘-論山間 道路 擴·鋪裝工事 變更區間內 文化遺蹟 發掘調査報告 扶餘
　　陵山里 東羅城 內·外部 百濟遺蹟((財)忠淸文化財硏究院 文化遺蹟 調査報告 第58-1輯)』, 忠淸文化財硏究院·
　　大田地方國土管理廳.

9) 부여 동남리 49-2번지

고상혁, 2023, 「부여 동남리 49-2번지 신출토 목간 소개」, 『신 출토 문자자료의 향연(제38회 한국목간학회
　　정기발표회)』.

10) 부여 석목리 143-16번지

심상육·이화영, 2019, 「부여 석목리 143-16번지 유적 문자자료 소개」, 『목간과 문자』 22호.
백제고도문화재단, 2019, 『부여 석목리 143-16번지 유적』.
백제고도문화재단, 2022, 『부여농협 밭작물공동경영체육성사업 품질관리시설 증축공사부지 내 유적 약식

보고서(문화유적조사보고 제 22-05집)』.

11) 부여 쌍북리 56번지
김성식·한지아, 2018, 「부여 雙北里 56번지 사비한옥마을 조성부지 유적 출토 목간」,『목간과 문자』21.
울산발전연구원 문화재센터, 2020,『부여 쌍북리 56번지 유적 – 부여 사비한옥마을 조성부지 내 유적 발굴
　　조사 보고서 –(울산발전연구원 문화재센터 학술연구총서 제108집)』.

12) 부여 쌍북리 102번지
충남대학교박물관, 2013,『부여 쌍북리유적 II』.

13) 부여 쌍북리 173-8번지
손호성, 2011, 「부여 쌍북리 119안전센터부지 출토 목간의 내용과 판독」,『목간과 문자』7호.
동방문화재연구원, 2013,『부여 사비119 안전센터 신축부지 내 쌍북리 173-8번 유적』.
李浩炯, 2013, 「扶餘 雙北里 173-8番地遺蹟 木簡의 出土 現況 및 檢討」,『목간과 문자』11호.

14) 부여 쌍북리 184-11번지
심상육, 2013, 「부여 쌍북리 184-11 유적 목간 신출 보고」,『목간과 문자』10호.
백제고도문화재단·부여군, 2014,『부여 쌍북리 184-11(부여 사비119안전센터부지)유적』.

15) 부여 쌍북리 201-4번지
韓國文化財團, 2015,『2012년도 소규모 발굴조사 보고서 V – 부여 2 –(學術調査報告 第279冊)』.
정훈진, 2016, 「부여 쌍북리 백제유적 출토 목간의 성격 – 201-4번지 및 328-2번지 출토 목간을 중심으로
　　–」,『목간과 문자』16호.

16) 부여 쌍북리 280-5번지
朴泰祐·鄭海濬·尹智熙, 2008, 「扶餘 雙北里 280-5番地 出土 木簡 報告」,『목간과 문자』2호.
백제문화재연구원, 2011,『扶餘 雙北里 285-5 遺蹟』.

17) 부여 쌍북리 328-2번지
韓國文化財團, 2013,『2011년도 소규모 발굴조사 보고서 III – 충남 1 –(學術調査報告 第261冊)』.
정훈진, 2016, 「부여 쌍북리 백제유적 출토 목간의 성격 – 201-4번지 및 328-2번지 출토 목간을 중심으로
　　–」,『목간과 문자』16호.

18) 부여 쌍북리 뒷개(15번지)

심상육·이미현·이효중, 2011, 「부여 '중앙성결교회유적' 및 '뒷개유적' 출토 목간 보고」, 『목간과 문자』 10호.

(재)부여군문화재보존센터, 2013, 『부여 뒷개 유적』.

19) 부여 쌍북리 현내들

이판섭·윤선태, 2008, 「扶餘 雙北里 현내들·北浦유적의 조사 성과 - 현내들유적 출토 百濟木簡의 소개 -」, 『목간과 문자』 창간호.

(財)忠淸文化財硏究院, 2009, 『扶餘 雙北里 현내들·北浦遺蹟』.

20) 정읍 고사부리성

전라문화유산연구원, 2020, 『정읍 고사부리성(사적 제494호 성벽 정밀발굴조사(8차) 약보고서』.

3. 신라

國立慶州博物館, 2002, 『文字로 본 新羅 - 新羅人의 記錄과 筆跡』. ⇒ 신라

국립경주문화재연구소, 2022, 『신라 왕경 목간』. ⇒ 왕경

1) 경산 소월리

전경효, 2020, 「경산 소월리 목간의 기초적 검토」, 『목간과 문자』 24호.

2) 경주 국립경주박물관 남측부지

최순조, 2013, 「국립경주박물관 남측부지 유적 출토 신명문자료 - 東宮衙銘 호 및 辛番(?)東宮洗宅銘 청동 접시 -」, 『목간과 문자』 10호.

신라문화유산연구원, 2014, 『경주 인왕동 왕경유적 2 (조사연구총서 73책)』.

3) 경주 국립경주박물관 미술관부지

國立慶州博物館, 2002, 『國立慶州博物館敷地內 發掘調査報告書 - 美術館敷地 및 連結通路敷地 -(國立慶州博物館 學術調査報告 第15冊)』.

4) 경주 안압지(현 동궁과 월지)

文化公報部 文化財管理局, 1978, 『雁鴨池 發掘調査報告書』.

高敬嬉, 1994, 「新羅 月池 出土 在銘遺物에 對한 銘文 硏究」, 東亞大學校 碩士學位論文.

國立慶州博物館, 2007, 『新羅文物硏究』 創刊號. ⇒ 문물

국립경주문화재연구소 편, 2009, 『年報』 2008년 제19호. ⇒ 연보19

5) 경주 월성해자

國立慶州文化財研究所, 2006, 『月城垓子 發掘調査報告書 Ⅱ -고찰-』.

전경효, 2017, 「신 출토 경주 월성해자 묵서목간 소개」, 『동아시아 고대 도성의 축조의례와 월성해자 목간
(한국목간학회 창립 10주년 기념 국제학술회의)』, 국립경주문화재연구소.

전경효, 2018a, 「신 출토 경주 월성 해자 묵서 목간 소개」, 『목간과 문자』 20호.

윤선태, 2018b, 「월성 해자 목간의 연구 성과와 신 출토 목간의 판독」, 『목간과 문자』 20호.

전경효, 2021, 「2018년 출토 경주 월성 해자 삼면목간에 대한 기초적 검토」, 『목간과 문자』 27호.

6) 경주 전인용사지(현 인왕동 사지)

권택장, 2010, 「경주 전인용사지 유적 발굴조사와 목간출토」, 『목간과 문자』 6.

국립경주문화재연구소, 2013, 『傳仁容寺址 발굴조사 보고서 Ⅰ·Ⅱ』.

7) 경주 전황복사지

김희철, 2022, 「경주 傳황복사지 출토 문자자료」, 『新出土 文字資料의 饗宴【한국목간학회 제 37회 정기발표
회】』.

8) 경주 황남동 376번지

동국대학교 경주캠퍼스 박물관, 1998, 『(동국대학교 경주 캠퍼스 개교 20주년 기념) 발굴유물특별전』.

이용현, 2001a, 「경주황남동376유적 출토 목간의 형식과 복원」, 『新羅文化』 19.

金昌錫, 2001b, 「皇南洞376유적 출토 木簡의 내용과 용도」, 『新羅文化』 19.

黃尙周·安在晧·金鎬詳·朴光烈·金泰龍·皇甫垠淑·崔相泰·張曉星, 2002, 『慶州 皇南洞 376 統一新羅時代 遺
蹟(東國大學校 慶州캠퍼스 博物館 硏究叢書 第 13 冊)』, 東國大學校 慶州캠퍼스 博物館.

9) 경주 황룡사 남측도로

신라문화유산연구원, 2018, 『皇龍寺 廣場과 都市 -황룡사 대지와 후대 유구 Ⅰ』.

10) 김해 봉황동

釜山大學校博物館, 2007, 『金海 鳳凰洞 低濕地遺蹟 -408-2·10·11番地 宅地內-(釜山大學校博物館 硏究叢書
第33輯)』.

11) 김해 양동산성

대성동고분박물관, 2020, 『김해 양동산성 집수지 유적(대성동고분박물관 학술연구총서 23책)』.

이수훈, 2020, 「김해 양동산성 출토 목간의 검토」, 『역사와 세계』 58.

12) 남원 아막성

조명일, 2021, 「장수 침령산성·남원 아막성 출토 목간자료 소개」, 『2020年 신출토 문자자료와 木簡』, 국립 문부여문화재연구소·한국목간학회 공동학술회의 자료집.

군산대학교 가야문화연구소, 2022, 『남원 아막성 발굴조사 약식보고서』.

13) 대구 팔거산성

화랑문화재연구원, 2021, 『대구 팔거산성 정비사업부지 내 유적 발굴조사 약식보고서』.

전경효, 2022, 「대구 팔거산성 출토 목간 소개」, 『목간과 문자』 28.

14) 부산 배산성

나동욱, 2018, 「부산 배산성지 출토 목간 자료 소개」, 『목간과 문자』 20호.

부산박물관·부산광역시 연제구청, 2019, 『盃山城址 Ⅰ -2017년 1차 발굴조사 보고서-(부산박물관 학술연구총서 제61집)』.

15) 부여 동남리 216-17번지

忠淸南道歷史文化院·扶餘郡, 2007, 『扶餘 東南里 216-17番地遺蹟』.

16) 서울 아차산성

최인건, 2018, 「아차산성 발굴성과 및 목간 소개」, 『목간과 문자』 21호.

한국고고환경연구소·광진구청, 2020, 『아차산성 – 남벽 및 배수구 -(한국고고환경연구소 연구총서 제88집)』.

17) 안성 죽주산성

강형웅, 2011, 「안성 죽주산성 신라시대 집수시설 발굴 문자자료」, 『목간과 문자』 8호.

안성시·(재)한백문화재연구원, 2012, 『안성 죽주산성 2~4차 발굴조사 보고서 부〉 북벽 정비구간 발굴조사 보고서(한백문화재연구원 학술조사총서 제 35책)』.

18) 익산 미륵사지

國立扶餘文化財硏究所, 1996, 『彌勒寺 遺蹟發掘調査報告書 Ⅱ(國立扶餘文化財硏究所 學術硏究叢書 第13輯)』.

19) 인천 계양산성

李亨九, 2008, 『桂陽山城 發掘調査報告書』, 鮮文大學校 考古研究所·仁川廣域市 桂陽區.

20) 장수 침령산성

군산대학교 박물관·장수군, 2019, 『장수 침령산성 II -침령산성 2~3차 발굴조사(집수시설)-(군산대학교 박물관 학술총서 69)』.

조명일, 2021, 「장수 침령산성·남원 아막성 출토 목간자료 소개」, 『2020年 신출토 문자자료와 木簡』, 국립문부여문화재연구소·한국목간학회 공동학술회의 자료집.

21) 창녕 화왕산성

박성천·김시환, 2009, 「창녕 화왕산성 연지 출토 목간」, 『목간과 문자』 4호.

昌寧郡·慶南文化財研究所, 2009, 『昌寧 火旺山城內 蓮池(學術調査研究叢書 第74輯)』.

22) 하남 이성산성

金秉模·沈光注, 1991, 『二聖山城 〈三次發掘調査報告書〉』, 漢陽大學校博物館·京畿道.

金秉模·金娥官, 1992, 『二聖山城 〈四次發掘調査報告書〉』, 漢陽大學校博物館·河南市.

金秉模·尹善暎, 2000, 『二聖山城 7차 발굴보고서』, 河南市·漢陽大學校 博物館.

漢陽大學校博物館·河南市, 2001, 『二聖山城 : 第8次 發掘調査 報告書』.

23) 함안 성산산성

國立昌原文化財研究所, 1998, 『咸安 城山山城 I』. ※ 진주1263~김해1289

國立昌原文化財研究所, 2004, 『咸安 城山山城 II 發掘調査報告書(學術調査報告 第 27輯)』. ※ 가야27~보고서2-88

국립창원문화재연구소, 2006, 『함안 성산산성(11차 발굴조사 현장설명회 자료)』.

국립창원문화재연구소, 2006, 『咸安 城山山城 III(학술조사보고 제36집)』. ※ 보고서3-1

국립가야문화재연구소, 2007, 『함안 성산산성 제12차 발굴조사(현장설명회 자료집)』.

국립가야문화재연구소, 2011, 『함안 성산산성 발굴조사 보고서 IV 제II권 목간 및 목제품편』. ※ 가야1590~가야2956

국립가야문화재연구소, 2014, 『함안 성산산성 발굴조사 보고서 V(국립가야문화재연구소 학술연구총서 제62집)』. ※ 가야4685~가야4697

국립가야문화재연구소, 2017, 『함안 성산산성 VI -17차 발굴조사 보고서-(국립가야문화재연구소 학술조사보고 제70집)』.

국립가야문화재연구소, 2017, 『韓國의 古代木簡 II(학술총서 제69집)』. ⇒ 목간II

〈Abstract〉

Suggesting Definition and Standardized Naming for Wooden Documents of Baekje and Silla

Oh, Taek-hyun & Lee, Jae-hwan

In order to raise the level of researches on the wooden documents discovered in the Korean Peninsula and expand the base, systematic organization and standardization is essential. However, even the definition of wooden document, which will be fundamental, has not yet to be agreed upon. We present the definition and standardized naming, and accordingly count the number of wooden documents of Baekje and Silla.

Firstly, we define wooden document as 'a wooden item which has been processed to write and actually has letters written on' and add some provisory clause. Only those discovered by archeological excavations are included. Those with the purpose of stamping or printing, and those with a clear purpose other than writing but some letters added are excluded. If the purpose is difficult to clearly specified or if the trace of writing is perceived on it even though unreadable, regard it as a wooden document possibly, but if it is certain that only picture or figure was drawn not letters, then exclude it. Magical symbols and signatures are regarded as letters in a broad sense.

As a result of recounting according to this definition, the wooden documents of Baekje total 254 pieces including 141 pieces of shavings, and the wooden documents of Silla total 410 including lost 4 pieces. There is a total of 660 wooden documents of Baekje and Silla that have survived.

To sort out the confusion that several names were given to a single wooden document, it is necessary to determine the name of each wooden document and propose the model for designation method. Therefore, we made the proposing names according to our own principles. A file containing the list of proposing names and information for all wooden documents of Baekje and Silla is uploaded at "https://mokkan.kr/33" so that any one could freely use it. We will continue to update it in the future.

▶ Key words: standard naming, the standardization of terminology, definition of wooden document, a code system by appearance, Wooden Documents List by Oh & Lee

함안 성산산성 목간으로 본 신라 지방사회의 한자 교육·습득[*]

방국화[**]

〈국문초록〉

　본고는 신라 목간 중 가장 큰 비중을 차지하는 함안 성산산성 목간의 用字 분석을 통해 신라 지방사회의 한자·한문 습득의 양상을 밝히고자 한 것이다. 253점에 달하는 성산산성 목간에 사용된 글자 수는 1581자이고 글자 종류는 263자이다. 수량상으로 많지는 않으나 동일한 유적에서 출토된 신라 지방사회의 문자생활을 반영하는 일괄적인 자료이므로 用字에 관한 통계 분석을 하는데 적합한 史料라고 할 수 있다.

　본고에서는 성산산성 목간에 사용된 263자와 고대의 識字 교재로 주목 받고 있는『千字文』,『急就篇』의 텍스트를 비교함으로써 신라의 지방사회에 있어서도 이러한 식자 교재를 사용했을 가능성이 있다는 것을 밝혔다. 그리고『大般涅槃經』과 같은 불교 경전도 한자 습득 교재로 사용했을 가능성이 있다고 보았다. 성산산성 목간에 확인된 글자 수는 263자에 불과하나 목간의 서기자인 지방 관리의 사용 어휘는 이 글자 수의 몇 배 이상은 되었을 것이다. 이러한 지방 관리들은『千字文』,『急就篇』과 같은 식자 교과서뿐만 아니라 유교경전 및 불교경전의 학습을 통해 소양도 쌓아야 했을 것이다. 다만 한자가 신라 사회에 정착하는 과정은 아주 복잡했다고 본다. 한자문화가 전래된 길은 하나만이 아니었을 것이며 또한 방향도 하나만이 아니었을

---

* 이 논문은 2019년 대한민국 교육부와 한국연구재단의 지원을 받아 수행된 연구임(NRF-2019S1A6A3A01055801). 또한 경북대학교 인문학술원·국립가야문화재연구소 주최의 공동인문학 강좌 "문자자료로 본 가야문화권의 역사" 제7강 "함안 성산산성 목간으로 본 신라의 문자"(2022년 12월1일, 온라인 강좌) 발표내용의 일부를 대폭으로 수정·가필한 것이다.

** 경북대학교 인문학술원 HK 연구교수

것이다. 신라 지방 지역의 출토문자자료에 대한 용자 분석을 통해 그러한 과정이 조금씩 밝혀질 것이다.

▶핵심어: 성산산성, 목간, 신라, 지방사회, 한자, 습득

I. 머리말

신라 목간은 현재 총 409점(망실 4점 포함)이 집계되고 있는데 함안 성산산성 목간은 253점으로[1] 신라 목간 총수의 60% 이상이 되며 신라 목간 중에서 가장 큰 비중을 차지하고 있다. 그중 대부분이 하찰목간, 즉 꼬리표 목간이다. 한 유적에서 출토된 대부분이 꼬리표 목간이라는 동일한 성격을 갖고 있는 성산산성 목간은 집중 분석하는 데에 유리하며 이 목간군의 분석을 통해서 신라의 지방사회뿐만 아니라 신라의 문자 생활을 엿볼 수 있다.

신라의 문자생활은 송기호의 연구에 의해 지적된 바와 같이 여러 단계로 나눌 수 있으며[2] 신라사회의 한자문화는 불교경전, 유교경전뿐만 아니라 주변 국가와의 소통을 통해서 전래되어 정착되어 갔다고 말할 수 있다.[3] 하지만 신라사회 내부를 들여다보았을 때 중앙에서 지방으로 일방적으로 한자문화가 확산되었다고 보아야 하는지, 아니면 지방에서도 적극적으로 한자문화를 수용했다고 봐야 하는지 기존연구의 견해가 갈라진다. 전자의 경우 상술한 송기호의 연구를 비롯한 많은 기존 연구의 견해이며 후자는 주보돈, 橋本繁의 연구에 의해 지적되고 있다.[4]

신라의 한자 사용의 경우, 출토문자자료가 증가됨에 따라 구체적인 양상이 조금씩 드러나고 있다. 다만 왕경 지역의 경우, 남아 있는 자료가 비교적 많은 편이고 신문왕 2년(682)에 설립된 國學의 존재도 있고 하여 한자 전래, 습득, 정착 과정을 복원하기 쉬운 편이다. 윤선태,[5] 이용현,[6] 권인한[7]의 연구에 의해 왕경인

---

1) 성산산성 목간의 최신 종합 보고서인 『韓國의 古代木簡Ⅱ』(2017, 국립가야문화재연구소)에서는 245점으로 보고되었으나 그 후에 오택현·이재환의 연구에 의해 253점으로 재집계되었다(오택현·이재환, 2023, 「백제·신라 목간의 집계와 범례의 제안」, 『한국목간학회 제39회 정기발표회 자료집』, pp.29-78. 아래에 목간 출토 점수는 모두 이 연구에 의함).

2) 송기호는 5세기 중엽까지를 黎明期, 5세기 중후반을 합쳐서 開始期로 보고 6세기에 들어와 문자생활이 본격화되었다고 보고 있다. 그리고 6세기부터 9세기까지를 國家記錄의 시대(제1기, 신라사의 중고기), 個人記錄의 시대(제2기, 신라사의 중대), 佛敎記錄의 시대(제3기, 신라사의 하대)로 크게 분류하고 있다(송기호, 2002, 「고대의 문자생활—비교와 시기구분」, 『강좌 한국고대사 제5권』, 가락국사적개발연구원, pp.1-60).

3) 이 부분은 본론에서 상세하게 논술할 것이다.

4) 주보돈, 2002, 「新羅의 漢文字 정착과정과 佛敎受容」, 『금석문과 신라사』, 지식산업사, pp.387-416; 橋本繁, 2014, 「韓国木簡論—漢字文化の伝播と受容」, 『岩波講座 日本歴史 第20巻』, 岩波書店, pp.37-58; 橋本繁, 2020, 「六世紀新羅における識字の広がり」, 『中国学術の東アジア伝播と古代日本』, 勉誠出版, pp.108-117. 橋本繁는 성산산성 목간 및 신라의 碑文을 토대로 비문의 書記者가 6세기 전반기에는 왕경인뿐이었지만 6세기 후반이 되면 신라 지방사회에서도 郡에서 城·村까지 한자문화가 확산되었다고 보고 있다.

5) 윤선태, 2007, 「木簡으로 본 新羅 王京人의 文字生活」, 『신라문화제학술발표논문집』 28, pp.107-143; 윤선태, 2008, 「목간으로

의 문자생활에 대해서는 그 양상을 조금이나마 알 수 있게 되었지만 지방사회는 잘 알려져 있지 않다. 신라 지방 유적에서의 『論語』 목간 출토 사례로부터 지방 관아에도 교육기관이 있었다는 지적이 있어 주목된다.[8] 중앙에서 확산되었다고 하면 그 연장선상에서 고려할 수 있으나 지방사회에서 자주적으로 한자문화를 받아들였을 경우, 왕경 지역과 어떤 차이가 있는지 별도로 검토할 필요가 있다.

신라 지방사회의 한자문화 전파 양상을 연구하는 데는 목간이 最適의 자료라고 할 수 있다. 목간의 묵서는 고대인의 육필이고 당시의 문자 생활에 관한 모습을 꾸밈없이 보여주는 1차 자료이며 신라 지방 지역에서도 그 수량이 증가하고 있어 신라 지방사회의 한자 사용 연구가 가능해졌다. 그중 함안 성산산성 목간은 앞서 서술한 바와 같이 한 유적에서 출토한 일괄자료이며 신라 목간의 절반을 넘는 비중을 차지하고 있기에 본고에서는 성산산성 목간을 대상으로 신라 지방사회의 한자 전래, 교육·습득, 정착 과정에 대해 검토해 보고자 한다.

II. 성산산성 목간에 사용된 한자

성산산성 목간의 시대성을 파악하기 위해 먼저 연대관에 대해 간단히 소개하도록 하겠다. 성산산성 목간의 연대에 대해서는 여러 설이 있다. 560~561년 무렵의 일괄자료로 보는 견해,[9] 가야5599호(『韓國의 古代木簡 II』에 제시된 국가귀속번호. 아래에 주로 이 국가귀속번호 사용) 목간에 서사된 '壬子年'으로부터 이 연대를 532년으로 보는 견해,[10] 592년으로 보는 견해,[11] 목간과 함께 출토된 유물로부터 7세기 전반으로 보는 견해,[12] 목간 작성연대를 진흥왕대 전반에서 진평왕대 후반까지의 연대폭이 있는 것으로 보는 견해[13] 등이 있다. 이러한 견해들을 종합하면 대체로 6세기 중후반기에서 7세기 전반까지라고 할 수 있겠다.

성산산성 목간의 전체 내용에 대해서는 총수 245점 중 하찰 목간 242점, 문서 목간 3점으로 소개되고 있다.[14] 한편 문서목간으로 보여지고 있는 가야2956 목간(그림1 참조)은 언뜻 보면 어떤 월별의 내용을 쓴 것

본 한자문화의 수용과 변용」, 『신라문화』 32, pp.177-198.

6) 이용현, 2007, 「목간으로 본 신라의 문자·언어 생활」, 『구결연구』 18, pp.107-139.

7) 權仁瀚, 2013, 「고대한국 습서 목간의 사례와 그 의미」, 『목간과 문자』 11, pp.15-33.

8) 橋本繁, 2014, 「朝鮮半島出土『論語』木簡と新羅の儒教受容」, 『韓国古代木簡の研究』, 吉川弘文館, pp.124-157; 박재복, 2011, 「향교설립 이전의 유가경전 수용과 교육현황」, 『동양고전연구』 42, pp.7-36.

9) 전덕재, 2008, 「함안 성산산성 목간의 연구현황과 쟁점」, 『신라문화』 31, pp.1-35.

10) 박남수, 2017, 「신라 법흥왕대 '及伐尺'과 성산산성 출토 목간의 '役法'」, 『신라사학보』 40, pp.29-82.

11) 손환일, 2017, 「함안 성산산성 출토 목간의 의미와 서체 -17차 발굴조사 성과 발표문을 중심으로-」, 『韓國史學史學報』 35, pp.5-30.

12) 이주헌, 2015, 「함안 성산산성 부엽층과 출토유물의 검토」, 『목간과 문자』 14, pp.51-74.

13) 윤선태, 2017, 「함안 성산산성 출토 신라목간의 연구 성과와 전망」, 『韓國의 古代木簡 II』, 국립가야문화재연구소, pp.482-492.

14) 국립가야문화재연구소, 2017, 앞의 책. 다만 성산산성 목간의 총수는 앞서 서술한 바와 같이 253점으로 봐야 한다.

그림 1. 가야2956 목간 (『韓國의 古代木簡Ⅱ』에서 轉載)

처럼 보이기도 하지만, 내용의 연관성을 확인하기 어려운 점에서 글자 연습을 위해 묵서했던 것으로 보여지고 있다.[15] "十一月", "十月" 등 문자가 판독되는 한편, 실제로는 존재하지 않는 "廿月"이 보여 습서목간으로 볼 수 있다.[16] 그리고 『韓國木簡字典』[17]에 수록된 [城]94호 목간은 제첨축 목간으로 보여지고 있다. 이와 같이 성산산성 목간은 대부분이 꼬리표 목간이지만 문서목간, 습서목간, 제첨축 목간도 소량으로 포함된다.

꼬리표 목간의 경우, 어디의 누가 무엇을 얼마 보냈다는 내용이 주로 기재되어 있어 지명, 인명, 관등명, 물품명, 수량 등이 주된 내용임을 알 수 있다. 내용이 너무 편향되어 用字 분석에 적합하지 않은 듯하다. 그러나 이해 어휘와 사용 어휘[18]의 개념으로 이해하면 목간에 서사된 한자는 목간에 글을 쓴 사람의 사용 어휘에 해당한다. 즉 書記者가 장악하고 있는 한자가 반영된다는 것이다. 특히 인명이나 지명의 경우, 한자의 음차표기가 많은데 예를 들어 '가'라는 음을 표기할 때에 '加', '可', '伽' 등 동음 한자 중 어떤 한자를 택하는 지는 서기자의 사용 한자력과 관련 있는 부분이다. 물론 지명의 경우, 當地의 표기 관습과도 관련이 있겠지만 그 관습 또한 초기에는 누군가에 의해 정해진 것이므로 역시 그 지역의 문자 사용자의 한자력을 반영한다고 볼 수 있다. 그리고 성산산성 꼬리표 목간에 보이는 지명은 경상북도 일

---

15) 윤용구·이용현·이동주, 2022, 『한국목간총람』, 윤재석 편저, 주류성, pp.279-282. 다만 본서에서도 문서목간을 3점으로 소개한 부분과 4점으로 소개한 부분이 있다. 가야2956 목간은 문서목간으로 볼 수 없어 문서목간의 총수는 현재 3점으로 봐야 한다.

16) 이 목간은 서사면을 4면 작성한 다면 목간인데 2면에 묵서가 되어 있다. 날짜가 쓰여 있는 면과 다른 면의 필체가 달라 서기자가 2명인 것으로 추정되고 있다(국립가야문화재연구소, 2017, 앞의 책).

17) 손환일 편저, 2011, 『韓國木簡字典』, 국립가야문화재연구소.

18) 듣거나 문자를 보고 이해는 가능하나 자기는 사용하지 않는 어휘를 이해 어휘라고 하고 말을 하거나 글을 쓸 때 자기가 사용할 수 있는 어휘를 사용 어휘라고 하는데, 보통 이해 어휘의 양은 사용 어휘보다 훨씬 많다.

대이므로 이 목간군의 한자 사용 분석을 통해 이 지역 하급관리의 한자 사용 능력을 알 수 있으며 이러한 문자 인식에 관한 문제, 즉 한자 운용 능력 수준에 관한 연구는 문서행정을 복원하는 데에도 도움이 된다.

성산산성 목간 총 253점에 쓰인 한자를 최신 보고서인 『韓國의 古代木簡Ⅱ』에 게재된 판독문을 바탕으로 통계해보면 1581자가 된다.[19] 그중 중복된 글자를 제거한 글자 종류는 263자이다. 참고로 현대 한국 한자교육은 교육부 지정 '한문 교육용 기초 한자'를 참고하면 중학교가 900자이고 고등학교가 900자이며 합쳐서 1800자가 기초 한자로 정해져 있다. 이 1800자는 글자 종류이다. 성산산성 목간의 경우 글자 종류가 263자인데 이 숫자는 현대 한국의 '한문 교육용 기초 한자' 초등학교 300자에도 미치지 않는다. 물론 현재까지 지하에 남아서 출토한 목간 중에 판독된 글자만 통계를 했기에 성산산성 목간 서기자의 '사용 한자'(사용 어휘에 대한 개념)은 263자의 몇 배가 될 것이라고 추정된다. 하지만 본고에서는 실제로 확인할 수 있는 263자에 대해 분석해 보도록 하겠다.

성산산성의 목간에 사용된 263자의 사용 빈도 순위는 표 1과 같다. 표 1을 보면 한자 오른쪽의 회색이 채워진 칸의 숫자가 성산산성 목간 중에 사용된 횟수이고 한자 왼쪽의 숫자는 순번을 가리킨다.[20] 그중에 1회만 사용된 글자가 양 半數에 가까운 114자이며 5회 이상 사용된 글자는 71자이다. 이 71종류의 글자는 도합 1259회 사용되어 성산산성 목간의 한자 총수 1581자의 약 80%를 차지한다. 이러한 숫자로부터 성산산성 목간에는 같은 글자가 반복적으로 사용되고 있으며 서기자의 사용 한자 양이 별로 많지 않다는 것을 알 수 있다.

263자의 한자 중 가장 많이 사용된 글자는 '稗'이다. '稗'자가 단독 1위를 차지하는 것은 稗의 꼬리표 목간이 가장 많기 때문이며 여러 곡물 중에서 稗의 貢進 사례가 제일 많았기 때문이다. 두 번째는 '石'자인데 이 글자는 곡물의 용량 단위로 사용되었기에 사용 빈도 역시 높다. 그다음으로 사용 빈도가 높은 글자를 보면 '一'은 '一石'과 같이 수량사로 사용된 외에 지명이나 인명에 자주 사용된 글자이다. '石'이 '一'보다 사용 빈도가 높은 것은 '稗石'과 같이 '一石'의 '一'자가 생략되었기 때문이다. 또한 '村'자의 사용 빈도가 높은 것도 촌을 단위로 공진한 경우가 많았기 때문이라고 생각된다. 그런데 '一'자가 10위 이내에 든 데에 비해 '二'자는 99위, '三'자는 143위로 순위가 훨씬 떨어진다. 그것은 공진 단위가 기본적으로 '一石'이었기 때문이다. 이와 같이 성산산성의 목간에 사용된 한자 분석을 통해서도 목간의 성격을 엿볼 수 있다. 여기서 서술한 내용은 기존 연구에서 이미 지적된 내용이긴 하나 用字 분석을 통해서 재확인이 되며 목간군 전체의 양상을 파악

---

19) 다만 판독문이 불확실한 경우, 글자 수 통계에서 제외했다. 판독이 되지 않는 '□'로 표기된 글자는 물론, 남은 획 또는 문맥에 의해 추독된 네모 '□'가 붙어 있는 글자, 불확실하여 추독했다고 하는 괄호 '( )'가 붙어 있는 글자는 모두 글자 수에 포함시키지 않았다. 또한 『韓國의 古代木簡Ⅱ』 간행 후에 판독문이 일부 연구에 의해 수정되고 이 설이 학계의 정설로 되어 있는 글자, 즉 '王松'을 '王私'로 수정한 부분에 관해서는 판독문을 수정해서 통계했다(하시모토 시게루, 2022, 「함안 성산산성 목간의 '王私'와 '城下麥'」, 『신라사학보』 54, pp.199-221; 전경효, 2022, 「대구 팔거산성 출토 목간 소개」, 『목간과 문자』 28, pp.245-266; 윤선태, 2022, 「대구 팔거산성 출토 신라 지방목간」, 『신라학 리뷰』 창간호, pp.35-54). 그리고 앞서 소개한 오택현·이재환의 연구에 의해 지적된 『韓國의 古代木簡Ⅱ』 미수록 목간에 관해서는 『韓國木簡字典』과 해당 보고서에 기재된 판독문을 사용했다.

20) 사용 횟수가 같아도 순번은 일련 번호를 나타내는 것이므로 번호를 달리하였다.

할 수 있어 용자 분석의 유효성을 설명해준다.

III. 識字 교과서를 통한 습득

성산산성 목간에 보이는 지명은 그 당시의 상주지역, 즉 낙동강 수계를 끼고 있는 현재의 경상북도 지역으로 이 지역에서 목간이 제작된 후 물품과 함께 성산산성으로 운반되었다.[21] 그 제작 단위는 郡 또는 鄕 단위로 보여지고 있다.[22] 즉 문자를 적은 서기자는 군 또는 향의 관리인데 이러한 지방의 하급관리에 의해 한자가 쓰여진 것이다. 그럼 성산산성 목간의 서기자들은 행정처리에 필요한 한자들을 어떻게 습득했을까?

일반적으로 옛날의 한자 교육이라고 하면 서당에서 "하늘천, 따지"하며 한자 공부를 하는 장면이 떠오르는 사람이 많을 것이다. 이것은 『千字文』(梁나라의 周興嗣 撰)의 서두 부분이며 初學者가 한자·한문을 배우는 교재로서 널리 사용했다.

일본에서는 『千字文』을 서사한 7~9세기 목간이 많이 출토되었다. "千字文"이라고 쓰인 목간,[23] 『千字文』의 첫구절 "天地玄黃, 宇宙洪荒"이 적힌 목간[24] 등 다양한 내용의 『千字文』 관련 목간이 일본 전국 각지의 관아·사찰 유적에서 출토되었는데 습서목간이 대부분이며 이러한 습서목간은 지방 관리가 문자를 습득하고 익혀가는 과정에서 생긴 것으로 보여지고 있다.[25] 이외에 特記할 만한 것은 『千字文』의 구절 아래에 일본어 훈독이 음차표기로 적힌 목간이다. 흔히 일본에서 音義목간으로 분류되는 목간인데 이 목간에는 『千字文』제9

그림 2. 吉田遺跡 출토 『千字文』 音義목간 판독문

구에서 제11구 "雲騰致雨, 露結爲霜, 金生麗水"의 한자에 일본어 訓(밑줄 그은 부분. 그림 2 참조)이 표기되어 있다.[26] 이 목간이 출토된 山口縣의 吉田遺跡은 고대의 山陽道 沿邊에 있는 유적이고 목간의 시기는 8세기 초로 보여지고 있으며 목간은 개인의 학습 도구라고 하기보다는 어느 정도 규모가 있는 집단에서 한자

21) 국립가야문화재연구소, 2017, 앞의 책.

22) 전덕재는 행정촌 단위로 목간을 제작하고 書寫한 것으로 보고 있고(2009, 「함안 성산산성 출토 신라 하찰목간의 형태와 제작지의 검토」, 『목간과 문자』 3, pp.63-101) 橋本繁는 군에서 제작한 것으로 보고 있다(2014, 「第三章 城山山城木簡と六世紀新羅の地方支配」, 앞의 책, pp.59-84).

23) 奈良文化財研究所, 2007, 『飛鳥藤原京木簡――飛鳥池·山田寺木簡』 게재 952호 목간.

24) 木簡學會 編, 1990, 『日本古代木簡選』, 岩波書店, pp.143 게재 藥師寺 출토 목간.

25) 渡辺晃宏, 2009, 「日本古代の習書木簡と下級官人の漢字教育」, 『漢字文化三千年』, 高田時雄 編, 臨川書店, pp.91-112.

26) 木簡學會 編, 2016, 『木簡研究』 38, p.159.

를 학습할 때에 사용한 것으로 추정되고 있다.[27] 이러한 『千字文』관련 목간을 통해 일본 고대 지방사회의 한자 습득의 모습을 엿볼 수 있다. 흥미로운 것은 吉田遺跡 출토 『千字文』목간은 한국에서 오늘날까지 알려지고 있는 "하늘 天, 따 地"와 같은 읽기와 유사하다는 것이다.

그런데 한국에서는 아직 『千字文』을 서사한 목간의 출토 사례가 없다. 應神天皇 (5세기 초기에 재위) 시기에 和邇吉師(=王仁)가 『千字文』과 『論語』를 貢進했다는 『古事記』의 기록[28]을 참고로 하면 한반도에서도 『千字文』을 사용했다고 볼 수 있다.[29] 다만 和邇吉師는 백제인으로 신라에서도 『千字文』을 사용했다는 보증은 없지만 가능성은 있다고 생각한다.

그럼 성산산성 목간에 사용된 글자가 『千字文』과 얼마만큼 겹치는지 조사해보면 당시의 관리가 한자 학습에 『千字文』을 사용했는지 알 수 있을 것이다. 성산산성 목간의 263자 중 『千字文』에도 수록되어 있는지 여부를 표시한 것이 표 2이다. 표 2의 한자 왼쪽에 있는 번호는 표 1과 같은 순번이고 한자가 있는 칸에 색이 칠해져 있는 부분은 『千字文』과 중복되는 글자이다. 표 2로부터 성산산성 목간에 사용된 글자와 『千字文』이 중복되는 글자가 141자임을 알 수 있다. 이 숫자는 성산산성 목간의 사용 글자 263자의 약 54%로 절반이 넘는다. 이 비율로부터 『千字文』을 통한 한자 학습을 하지 않았다고 보기에는 어려울 것 같다.

그러나 이상한 점이 하나 있다. 사용 빈도가 가장 높은 '稗'를 비롯한 '村', '支', '一' 등 성산산성 목간에 자주 사용된 한자가 『千字文』에는 수록되어 있지 않다는 것이다. 그럼 이런 한자는 어떤 경로를 통해 배웠을까?

冨谷至는 문자 학습자를 ⅰ. 문자를 모르는 學童, ⅱ. 문자를 읽고 쓰는 것을 필요로 하고 그러한 직업에 종사하고 있거나 종사하려고 하는 자의 두 종류로 나누어 목적에 따라 識字 수준, 학습 방법이 다르다고 한다.[30] 그리고 문자를 배우기 위한 識字 교과서도 ①관리가 행정문서를 작성하기 위하여 배우는 識字書와 ②學童이 문자를 배우거나 교양을 쌓기 위해 배우는 교과서로 분류되며 ②에 속하는 것은 『千字文』이나 『論語』, ①에 속하는 것은 『急就編』[31]이라고 하였다. 漢나라 시기의 識字 교과서로서 사용된 『急就編』은 행정문서, 장부로 사용된 居延漢簡, 敦煌漢簡에 서사된 사례가 많으며 인명, 물품명, 관직명, 죄명, 형벌명 등 문서행정에 사용되는 제도 용어로 구성되어 있어 여기에 수록된 글자를 배우면 행정문서를 작성할 수 있다고 한다.

그럼 성산산성 목간도 문서행정에 사용된 것으로 목간의 서기자가 『急就編』을 識字 교과서로 사용했을

---

27) 多田伊織, 「典籍木簡から見る、奈良時代の『千字文』『文選』の受容」, 『古代文学と隣接諸学4 古代の文字文化』, 犬飼隆 編, 竹林舎, pp.482-504.

28) 山口佳紀·神野志隆光 校注, 1997, 『新編日本古典文学全集 古事記 中巻』, 小學館, pp.266-268.

29) 『千字文』은 중국 梁나라 시기의 周興嗣에 의해 편찬된 6세기의 서적이기에 『古事記』의 기록과 맞지 않다. 이에 관해 三上喜孝는 7세기에서 8세기 전반기에 일본의 문자문화가 백제로부터 직접적인 영향을 받았다는 사실을 당시의 일본인이 강하게 의식하여 생긴 문제라고 지적하고 있다(三上喜孝, 2013, 「習書木簡からみた文字文化受容の問題」, 『日本古代の文字と地方社会』, 吉川弘文館).

30) 冨谷至, 2009, 「書記官への道—漢代下級役人の文字習得」, 『漢字文化三千年』, 高田時雄 編, 臨川書店, pp.155-180.

31) 『急就編』은 『急就篇』이라고도 『急就章』이라고도 하나 여기서는 冨谷至의 표기를 그대로 사용하였다.

가능성도 있을 것이다. 성산산성 목간에 사용된 글자 중『急就編』의 수록 한자와 비교한 것이 표 3이다. 표 2와 마찬가지로 표 3의 색이 칠해져 있는 칸의 한자가『急就編』과 중복되는 글자이다.[32] 성산산성 목간의 사용 글자 263자와 중복되는 것은 165자로 약 63%를 차지하며 그 비중은『千字文』보다 약간 많다.

성산산성 목간의 사용 한자와『千字文』,『急就編』을 함께 비교해보면『千字文』과도『急就編』과도 중복되는 것은 103자이며 중복되지 않는 것은 60자이다. 그럼 이 60자는 다른 서적에서 찾아봐야 할 것이다. 그리고『千字文』과 중복하지만『急就編』에 포함되지 않는 글자는 38자로 그중에는 '本', '及', '阿', '知', '也', '在', '云', '此', '乃' 등이 포함된다. 이 글자들은 실사보다는 허사로 사용되는 경우가 많으며 문장 작성에 필요한 요소이다. 한편,『急就編』과 중복하지만『千字文』에 포함되지 않는 글자는 62자로 '麦', '米', '豆', '刀', '竹', '蒜', '山', '買' 등 실사로 사용되는 글자가 많다. 꼬리표 목간의 공진품으로 되는 '麦', '米'도『千字文』이 아닌『急就編』에 수록된 글자이며『急就編』의 비중이 더 큰 이유도 충분히 이해가 된다.『急就編』도 한자 교재로 사용했을 가능성이 있다고 본다.

그런데 사용 빈도가 가장 높은 '稗'를 비롯한 '村', '支', '一' 등 한자는『急就編』에도 수록되어 있지 않다. 앞서 서술한 식자 교과서 중에는『論語』도 있다.『論語』목간은 신라의 지방 유적인 김해 봉황동유적과 인천 계양산성에서 출토된 바가 있다. 李成市와 橋本繁는 이 두 목간을 신라의 國學과 관련지어 지방 관아의 관리가 사용한 것으로 보고 있다. 李成市는 국학에서의『論語』시험을 위한 학습에 사용된 암송용 학습 도구로 보고 橋本繁도 지방 관아의 학교와 같은 장소에서 여러 사람이『論語』를 암송하기 위한 것으로 보면서 하급관리가 중급관리로 되기 위해『論語』를 학습했다고 한다.[33] 구체적인 용도에 대해서는 양자의 견해가 약간 다르나 초학자가 사용한 것이 아니라고 보는 점은 일치한다. 冨谷至가 지적했듯이『論語』에는 문서행정에 사용된 글자는 없고『論語』를 아무리 배워도 행정·司法文書에 사용되는 문자의 습득은 되지 않는다. 이러한 점을 고려했을 때 이상의 두『論語』목간은 성산산성 목간의 서기자와 같은 층의 하급관리가 문서행정을 이루기 위하여 사용한 식자 교과서로 보기는 어렵다. 실제로 성산산성 목간 중 사용 빈도가 가장 높은 '稗', '村', '支' 등 글자는 약 16,000자에 달하는『論語』에는 확인되지 않는다.

神文王 2년(682)에 설치된 국학에서 사용된 교재로는『論語』외에『孝經』,『周易』,『尙書』,『毛詩』,『禮記』,

---

32) 현재『急就篇』에 사용된 문자의 총수는 2144자인데, 그중 28자는 후한에 보충된 것이며, 이것을 제외한 2016자에서도 300자 정도는 중복 사용되었다(이성규, 2003,「韓國 古代 國家의 形成과 漢字 受容」,『한국고대사연구』32, pp.55-93). 표 3은 四部叢刊續編本『急就篇』의 2016자 중 중복 사용된 336자를 제외한 1680자를 성산산성 목간의 한자와 비교하여 겹치는 글자를 표시한 것이다.

33) 李成市, 2009,「新羅の識字教育と『論語』」,『漢字文化三千年』, 高田時雄 編, 臨川書店, pp.113-131; 橋本繁, 2014,「朝鮮半島出土『論語』木簡と新羅の儒教受容」, 앞의 책, pp.124-157. 그후에 李成市는 두『論語』목간이 신라 국토의 서북쪽(당)과 동남쪽(일본) 바다와 접한 변경에서 출토되었다는 공통점, 모두 公冶長篇이 서사되었다는 공통점에서 변경관아에 신라 덕치주의를 상징적으로 드러내는 시각 목간으로서 다루어졌다고 추측했다(李成市 著/山田章人 譯, 2021,「동아시아의 문자 교류와 논어 -한반도 논어 목간을 중심으로-」,『목간과 문자』26, pp.15-32). 한편 橋本繁도『論語』목간의 시각적인 효과를 중요시하며 소경이나 군의 학교에서 이루어진 釋奠과 같은 의식에 사용되었다는 새로운 가설을 추가했다(橋本繁, 2014, 앞의 책, pp.124-157).

『春秋左氏傳』, 『文選』이 있다. 그중에 『毛詩』와 『春秋左氏傳』은 안압지에서 출토한 습서목간인 187호 목간에 서사된 '箴之'가 『毛詩正義』에 보이고 '飛風'은 『春秋左傳正義』僖公條에 보이는 점으로부터 국학에서 이와 같은 유교경전류를 학습한 구체적인 모습을 볼 수 있다고 지적되고 있다.[34] 그리고 「壬申誓記石」(552년 또는 612년)에는 『詩經』, 『尙書』, 『禮記』, 『春秋左氏傳』을 3년에 걸쳐 공부하겠다는 내용이 기록되어 있어[35] 당시 왕경 지역에서는 이러한 유교경전 학습이 성행했음을 알 수 있다.

성산산성 목간과 위의 왕경인의 교재와 직접 비교하기에는 약간 거리가 있을 수 있으나 참고로 상기 유교경전 중에 사용된 '稗', '村', '支'와 같은 사용 횟수가 많은 한자가 사용된 서적은 『毛詩』와 『文選』이다. 『毛詩』는 당나라 시기의 孔穎達에 의한 주석서 『毛詩正義』를 보면 성산산성 목간의 263자 중 255자가 수록되어 약 97% 일치한다.[36] 『文選』은 고대 일본의 正倉院文書, 목간, 토기 등에 서사된 사례가 다수 남아있어 고대 일본의 하급관리가 많이 접한 서적임을 알 수 있다.[37] 그중 당나라의 李善이 주석한 『文選』이 많이 보인다.[38] 李善 注 『文選』의 수록 글자 중 성산산성 목간 사용 문자 263자와 중복되는 것은 257자로 약 98%의 일치성에 도달한다.[39] 다만 성산산성 목간의 서기자와 같은 지방관리는 『毛詩』와 『文選』을 학습자료로 했다고는 볼 수 있으나 이 두 자료는 모두 7세기 중반기의 주석본으로 성산산성 목간과 연대가 맞지 않아 이와 같은 주석본을 학습자료로 사용하지는 않았을 것이다. 하지만 이러한 서적은 『論語』와 같이 관인이 교양을 쌓기 위한 교재로 볼 수 있으나 성산산성 목간과 같은 행정문서를 작성하는 지방의 하급관리가 접할 수는 있되 識字 교재로 사용했을 가능성이 있는지에 대해서는 조금 더 검토할 필요가 있다.[40]

IV. 불교경전을 통한 습득

앞에서 서술한 『千字文』, 『急就編』과 같은 識字 교재뿐이 아니라 『毛詩』, 『文選』에도 수록되지 않은 글자 중에는 '憹'와 같은 평소에 자주 사용하지 않는 글자가 있어 주목된다(가야5598호 목간에 사용. 그림 3 참

---

34) 이용현, 2007, 앞의 논문; 權仁瀚, 2013, 앞의 논문.

35) 문화재청 국가문화유산포털 "임신서기석" 해석 내용 참조(https://www.heritage.go.kr/heri/cul/culSelectDetail.do?ccba Kdcd=12&ccbaAsno=14110000&ccbaCtcd=37&pageNo=1_1_1_0).

36) 武英殿十三經注疏本 사용. 중복되지 않는 글자는 彡, 卄, 卅, 舡, 蒜, 亐, 稿, 憹 8자 뿐이다.

37) 東野治之, 1977, 「奈良時代における『文選』の普及」, 『正倉院文書と木簡の研究』, 塙書房, pp.189-224; 佐藤信, 1997, 「習書と 落書」, 『日本古代の宮都と木簡』, 吉川弘文館, pp.429-465.

38) 일본의 고대 목간에는 李善注 『文選』 서문의 문구 "臣善言, 竊以道光九野"를 연습한 습서목간이 있으며(奈良國立文化財研究所, 1966, 『平城宮木簡一』, 奈良國立文化財研究所 수록 745·696·703·706·764호 목간) 이외에 정창원문서에도 李善 注 『文選』을 서사한 사례가 확인된다. 자세한 것은 東野治之, 1977, 앞의 논문 및 佐藤信, 1997, 앞의 논문 참조.

39) 宋淳熙尤延之本 사용. 중복되지 않는 글자는 彡, 亇, 卄, 亐, 稿, 憹 6자뿐이다.

40) 물론 '稗', '村', '支'와 같은 한자는 매우 기본적이며 실용적인 문자이기에 굳이 『毛詩』, 『文選』과 같은 典籍을 학습 자료로 보지 않아도 행정 실무를 시행하는 과정에서 또는 기본 소양으로 알고 있었을 가능성도 있지만 이러한 행정 실무, 또는 기본 소양에 포함되는 한자 또한 전해진 경로가 있을터이니 본고에서는 그 출전을 찾아보았다.

조). 이 목간의 판독문은 아래와 같다.

> 1면: 「三月中 眞乃滅村主 憹怖白」
> 2면: 「□城在弥卽尒智大舍下智(前)去白之」
> 3면: 「(卽)白 先節六十日代法 稚然」
> 4면: 「伊毛羅及伐尺(寀)言□法卅代告今卅日食去白之」

그림 3. 가야5598 목간 (『韓國의 古代木簡Ⅱ』에서 轉載)

이 목간의 '憹'자는 중국의 고대 자전에도 흔히 보이지 않는 글자이다. '憹'는 後漢 시기에 작성된 최초의 체계적인 자전인 『說文解字』(許愼 편, 100년)에 수록되지 않았으며 당나라 시기까지의 많은 자전에도 보이지 않으나 遼나라 시기의 『龍龕手鏡』(行均, 997년)[41]에 그 기록이 보인다. 편자 行均은 僧侶이며 『龍龕手鏡』에는 주로 불경에 사용된 글자가 수록되어 있다. 불교경전 중에는 이 목간과 같이 '憹'와 '怖'가 연이어서 사용된 사례는 찾지 못했으나 '憹'와 '怖'가 동시에 사용된 자료로는 경전 『大般涅槃經』, 『觀佛三昧經』, 불교백과사전 『經律異相』, 불교용어사전 『一切經音義』가 있다.[42]

그중 『大般涅槃經』(曇無讖 譯, 5세기 전반기)[43]에는 '憹'가 34회, '怖'가 8회 사용되어 사용례가 가장 많다. 『三國史記』 卷 26 百濟本紀에 보이는 백제 聖王 19년(541)에 梁나라에 사신

41) 『龍龕手鑑』이라고도 하지만 원래는 『龍龕手鏡』이었다. 高麗版 『龍龕手鏡』은 현존 여러 사본 중 가장 오래된 판본이며 遼版의 원래 형식을 그대로 전하므로 본고에서는 高麗版 『龍龕手鏡』을 사용하였다. 『龍龕手鑑』은 宋太祖 趙匡胤의 조부 趙敬의 피휘 자인 '敬'을 피하여 동음인 '鏡'을 '鑑'으로 고친 것이다(嘉定錢大昕, 1876, 『十駕齋養新祿 卷十三』, 浙江書局).

42) SAT大正新脩大藏經 텍스트 데이터베이스(https://21dzk.l.u-tokyo.ac.jp/SAT/)의 검색 결과에 의함. 다만 '憹'와 '怖'는 가야 5598 문서목간에만 등장하는 특별한 용례로 이 글자로 해당 시기 신라 지방사회의 한자 학습자료를 논하기에는 한계가 있다 고 할 수 있으나 그당시의 村主層이 이런 한자를 실제로 사용했다는 점으로부터 그 경로를 찾아보는 것은 의미가 있다고 할 수 있다.

43) 北涼의 曇無讖이 번역한 40권본을 北本, 남조 宋나라의 慧嚴·慧觀·謝靈運이 번역한 36권본을 南本이라 한다. 고구려의 승려 普德이 『열반경』 40여 권을 강연하였다는 『三國遺事』의 기록(권3, 제4 탑상 高麗靈塔寺, "僧傳云, 釋普德字智法, 前高麗龍岡縣 人也. 詳見下本傳. 常居平壤城, 有山方老僧來請講經. 師固辭不免, 赴講涅槃経四十餘卷.")으로부터 이 『열반경』은 北本임을 알 수 있다. 또한 고려시대의 『補閑集』(崔滋, 1254년)에는 신라의 승려 元曉와 義相이 普德에게 『열반경』의 가르침을 받았다고 전하 고 있으며("… 到飛來方丈 禮普德聖師云 涅槃方等教 傳授自吾師 兩聖橫經日. 元曉義相受涅槃維摩經於師.") 신라시대에 元曉를 비롯한 승려들에 의한 『열반경』의 주석서들이 간행되었다(이희재·최성렬, 2015, 「韓國의 『涅槃宗』에 관한 硏究」, 『한국교수 불자연합학회지』 21(1), pp.119-142). 따라서 신라에서는 『大般涅槃經』 북본이 사용되었다고 볼 수 있으며 본고에서도 북본 을 사용했다.

을 보내어 『毛詩』 박사, 『大般涅槃經』 등의 경전과 해설서를 요청해 허락받은 기록[44]으로부터 백제에는 『大般涅槃經』이 전해진 사실을 알 수 있다.[45] 그 당시에 신라에도 이 불교경전이 전해졌다는 보장은 없지만 가능성은 있다고 생각한다. 이러한 불교경전의 학습이 신라 지방사회에도 전해져 '㑬', '怖'와 같은 글자를 사용하게 되었을 것으로 추정된다.

『千字文』에도 『急就編』에도 수록되지 않았지만 성산산성 목간에는 사용 빈도가 높은 '稗', '村', '支'와 같은 글자가 『大般涅槃經』에는 모두 수록되어 있다. 『千字文』에도 『急就編』에도 수록되지 않은 60자 중 『大般涅槃經』에 수록된 글자는 45자이며 성산산성 목간의 263자 중 235자가 수록되어 있어 약 90%가 일치한다.[46]

『觀佛三昧經』(觀佛三昧經 譯, 東晉시기)에는 '㑬'가 1회, 『經律異相』(寶唱 撰, 516년)에도 '㑬'가 1회만 사용되었는데 『觀佛三昧經』에는 '稗'와 같은 성산산성 목간에서 사용 빈도가 가장 높은 글자의 사용이 보이지 않으며 『經律異相』은 불교백과사전인 만큼 수록 한자가 많아 성산산성 목간 사용 한자와 중복되는 것이 많으나 역시 일치도가 『大般涅槃經』만큼 높지 않다.

『一切經音義』는 SAT 대장경 데이터베이스로 검색하면 성산산성 목간의 263자 중 100% 모두가 수록되어 있다.[47] 하지만 주지하다시피 『一切經音義』는 玄應에 의한 『玄應音義』(649년), 慧琳에 의한 『慧琳音義』(9세기 초), 希麟에 의한 『續一切經音義』(987년) 세 가지 판본이 있다. SAT 대장경 데이터베이스에 탑재되어 있는 것은 『慧琳音義』이다. 『慧琳音義』는 글자 수로 127만 자 이상, 표제어 3만 어휘 이상을 수록하고 있고 역대 자전 및 『玄應音義』를 포함한 1000부 이상의 불교경전의 音義 주석뿐만 아니라 유교경전의 주석까지 다양한 내용을 포함하고 있어[48] 성산산성 목간에 사용된 한자 263자 모두가 포함된다는 것은 당연한 결과라고 할 수 있겠다.

그런데 가장 일찍 편찬된 『玄應音義』는 25권으로, 100권으로 엮어진 『慧琳音義』의 4분의 1에 불과하다.

---

44) 『三國史記』 卷26, 百濟本紀 제4, "十九年, 王遣使入梁朝貢, 兼表請毛詩博士·涅槃等經義并工匠·畫師等, 從之."(국사편찬위원회 한국사데이터베이스 https://db.history.go.kr/item/level.do?itemId=sg&levelId=sg_026_0060_0120&types=o) 비슷한 내용이 『南史』 本紀 권7, 梁武帝條에도 보인다("是歲, 宕昌、蠕蠕、高麗、百濟、滑國各遣使朝貢。百濟求涅槃等經疏及醫工、畫師、毛詩博士, 並許之。").

45) 권인한은 부여의 능산리사지에서 출토된 습서목간(9호 목간)의 '見', '公', '道', '德' 등 글자들이 경전류에 빈번하게 등장하는 것이라는 점에서 『三國史記』 백제 성왕 19년조의 기록 내용을 인용하여 "이 목간은 백제에서 이미 6세기 중반에 이르러 특정하기 어려운 어떤 경전(『毛詩』, 『大般涅槃經』 등?)에 대한 학습이 활발하게 이루어졌을 가능성을 알려준다고 하겠다."고 지적했다(權仁瀚, 2013, 앞의 논문).

46) 仇, 兮, 鄒, 彡, 谷, 々, 烋, 丁, 巾, 彤, 婁, 鐵, 卄, 宍, 史, 喙, 卅, 奚, 菽, 亐, 稿, 郝, 栗, 晏, 皂, 馮, 旅, 壬 27자가 중복되지 않는다.

47) '㑬'자에 대해서는 『一切經音義』(慧琳) 第74에 수록된 『僧伽羅刹集』의 어휘 '懊惱'에 대한 설명에 "經作㑬俗用非也"라고 적혀 있다. '㑬'는 俗字이기에 사용하는 것은 타당하지 않다는 뜻이지만 이 기록으로부터 당시에 '㑬'자를 자주 사용했다는 것을 알 수 있다. 그리고 『一切經音義』(慧琳)에는 유교경전에 사용된 어휘라고 지적되고 있는(이용현, 2007, 앞의 논문) '箴之', '飛風'도 『一切經音義』에 확인된다. 다만 '箴之'는 표제어 '刀鑯'의 '鑯'자에 대한 설명 "從金箴之壬反"에 보여 '箴'과 '之'를 나누어 봐야 하지만 텍스트 정보로는 일치한다.

48) 徐時儀 校注, 2012, 『一切經音義三種校本合刊(修訂本)』, 上海古籍出版社, pp.33-44.

성산산성 목간에 사용된 263자 중 256자를 포함하고 있어 그 비율은 97%로 된다.[49] 『玄應音義』에도 『蒼頡篇』(李斯, 秦나라 시기), 『說文解字』 등 초기의 한자 자전 및 유교경전의 내용이 포함되어 있다.

　이와 같이 『大般涅槃經』을 비롯한 불교경전의 역할도 신라 사회의 한자 전래와 수용에 있어서 아주 중요하다고 할 수 있다. 주보돈은 6세기 초를 하나의 기점으로 삼아 한문자 이해 수준이 그 전과 隔絶하게 차이가 나게 되는 계기를 불교수용으로 보고 신라에서 불교수용은 한문자의 발달에 큰 영향을 미쳤다고 한다.[50] 그리고 두 갈래로 나누어지는 불교수용의 길이 한문자의 확산과 밀접한 관련이 있다고 보고 한문자 정착 과정도 왕경에서 지방사회로 확산되는 길과 지방사회에서 시작되는 두 개의 길로 나누어진다고 지적했다. 용도에 관해서는 전자가 왕경의 지배자집단을 중심으로 한 한문자 체계로서 주로 정치적인 지배체제 유지가 주된 용도인 반면, 후자는 지방사회에서 세금체계와 같은 직접적인 행정을 수행하는 수단으로 사용된 것으로 보고 한문자에 대해 다른 용도와 기능을 지녔던 양자가 똑같은 한문자 정착의 과정을 밟은 것으로는 보이지 않는다고 지적했다.

　성산산성 목간의 경우도 마찬가지라고 생각한다. 불교수용의 두 갈래의 길이 한자문화 수용에도 적용되듯이 월성해자, 안압지(월지) 등 신라 왕경 지역의 목간 서기자와 달리 성산산성 목간에 문자를 기재한 신라 지방 관리도 적극적으로 한자문화를 수용했을 것으로 추정된다.

V. 맺음말

　이상, 본고에서는 주로 신라 지방 목간 중 제일 큰 비중을 차지하는 성산산성 목간의 用字 분석을 통해 신라의 지방 관리가 한자를 어떻게 습득하고 한자문화가 어떻게 수용되었는지에 대해 검토했다.

　성산산성의 목간 수는 253점이고 이 목간에 사용된 글자 수(글자 종류)는 263자로 수량상으로 통계에 부합하지 않는다고 할 수 있으나 신라 고대사에 있어서는 편찬을 겪지 않은 아주 중요한 1차자료이며 한 유적에서 출토된 일괄성이 있는 자료라는 점에서 용자 분석을 해보았다. 그리고 識字 교재로 주목 받고 있는 『千字文』, 『急就編』의 텍스트와 비교함으로써 신라의 지방사회에 있어서도 이러한 식자 교재를 사용했을 가능성이 있다는 것을 밝혔다. 그러나 이러한 초학자가 사용하는 교과서나 『論語』를 비롯한 유교경전에는 수록되지 않은 글자가 성산산성 목간에 다수 확인된다. 이러한 글자들은 불교경전에서 찾아볼 수 있었다. 특히 『一切經音義』에는 성산산성 목간에 사용된 글자가 모두 수록되어 있었다. 그런데 위에서도 서술했다시피 『一切經音義』는 불교용어사전으로 불경을 읽고 이해하기 위한 사전이지만 初期의 자전, 유교경전 등 수많은 서적의 내용이 포함되어 있어 불교 하나만으로 설명하기에는 어렵다. 여러 학문이 융합된 자료

---

49) 성산산성 목간에 사용된 글자 중 鄒, 夂, 卄, 卅, 蒜, 艾, 壬 7자가 포함되지 않는다.

50) 주보돈, 2002, 앞의 논문. 이밖에 윤선태도 한자문화 수용과정에서의 불교의 역할을 중요시하고 있다(윤선태, 2007, 앞의 논문; 윤선태, 2008, 앞의 논문.)

로 봐야 한다.

실제로 신라 지방사회의 한자 수용 과정도 비슷했을 것이라고 추정된다. 비록 성산산성 목간에 확인된 글자 수는 263자에 불과하나 이 목간의 서기자인 지방 관리의 사용 어휘는 이 글자의 몇 배는 되었을 것이며 『千字文』, 『急就編』과 같은 식자 교과서로 초반에는 글을 배웠을 것이지만 문서행정 진행 과정에 있어서는 유교경전 및 불교경전의 학습을 통한 소양도 쌓아야 했을 것이다.

유교·불교 외에 한자가 신라 사회에 수용됨에 있어서 通交도 아주 중요한 역할을 했다. 김희만은 대외 通交를 중심으로 한자가 전래·수용되었다고 보고 그 과정을 첫째, 신라 초기에 중국으로부터 유입된 이주민의 상황, 둘째, 고구려와의 통교를 중심으로 대고구려 외교를 통한 전래과정, 셋째, 백제를 통한 대중국 외교의 정황과 중국의 남북조 국가와의 통교 등으로 나누어 검토하였다.[51] 김희만의 지적대로 신라의 한자 전래는 대외 통교의 확대 과정을 통해서 이루어졌고 한자의 전래 자체가 중국과 고구려·백제를 경유하지 않고서는 진행되기가 어려웠으며 신라의 한자 문화는 신라 사회의 발전에 주요한 계기로 작용하였다.

요컨대 한자가 신라 사회에 정착하는 과정은 아주 복잡했다고 본다. 한자문화가 전래된 길은 하나만이 아니었을 것이다. 또한 방향도 하나만이 아니었을 것이다. 중국에서 고구려·백제를 거쳐 신라의 중앙 지역에 먼저 전파되고 그 후에 지방으로 확산되었다고 보기 어려울 듯하다. 하지만 이것을 입증할만한 구체적인 증거는 아직은 없다.

본고에서는 성산산성 목간의 용자 분석을 중심으로 신라 지방사회의 한자 습득 및 수용문제에 대해 그 실상을 파악하려 하였지만 이것만으로는 아직 부족하다고 할 수 있겠다. 한자문화가 중앙에서 지방으로 확산되었는지 아니면 지방에서도 주체적으로 받아들였는지, 이 문제를 해결하는 단서의 하나는 성산산성 목간의 연대관이라고 할 수 있겠다. 앞서 서술한 바와 같이 성산산성 목간은 6세기 중후반기에서 7세기 전반까지의 연대폭이 있는 자료군으로 보여지고 있으나 시대가 이르면 이를수록 지방 주체설이 유리해진다. 성산산성 목간을 비롯한 지방 목간을 함께 분석하고 왕경 목간과 비교 분석함으로써 답을 얻을 수 있을 것이다.

남아있는 과제가 아직 많지만 이후에는 신라 왕경 목간과의 용자에 관한 비교 분석뿐만 아니라 동시기의 중국·일본 문자자료와의 글자체 분석, 서체 분석,[52] 어휘 사용 분석 등 다방면의 분석을 통해 더욱 상세한 한자 전파 과정을 복원해 나갈 것을 약속한다.

투고일: 2023.04.30.   심사개시일: 2023.05.19.   심사완료일: 2023.06.05.

---

51) 김희만, 2022, 「신라의 한자 전래·수용과정과 표기 양상」, 『한국고대사탐구』 40, pp.93-142.
52) 성산산성 목간의 서체에 관해서는 이미 고광의, 손환일, 정현숙의 연구성과가 있어(고광의, 2008, 「6~7세기 新羅 木簡의 書體와 書藝史的 의의」, 『목간과 문자』 1, pp.111-126; 손환일, 2017, 앞의 논문; 정현숙, 2017, 「함안 성산산성 목간의 서체」, 『韓國의 古代木簡Ⅱ』, 국립가야문화재연구소, pp.470-481 등) 이러한 연구성과를 참고하면서 연구를 이어갈 생각이다.

표 1. 성산산성 목간에 사용된 한자 사용빈도 순위표

1	稗	87	45	豆	8	89	骨	3	133	子	2	177	稿	1	221	治	1
2	石	80	46	刀	8	90	於	3	134	屈	2	178	丈	1	222	置	1
3	利	76	47	居	8	91	先	3	135	部	2	179	破	1	223	不	1
4	村	76	48	奇	8	92	莫	3	136	敬	2	180	云	1	224	遣	1
5	支	75	49	珎	8	93	物	3	137	宍	2	181	殆	1	225	定	1
6	伐	61	50	斯	7	94	主	3	138	史	2	182	急	1	226	叉	1
7	一	36	51	白	7	95	私	3	139	喙	2	183	心	1	227	久	1
8	古	33	52	月	7	96	小	3	140	此	2	184	郝	1	228	拏	1
9	仇	33	53	羅	7	97	于	3	141	行	2	185	見	1	229	彼	1
10	智	31	54	卜	6	98	丁	3	142	三	2	186	糸	1	230	左	1
11	負	30	55	發	6	99	二	3	143	山	2	187	秋	1	231	旅	1
12	城	29	56	尺	6	100	能	3	144	代	2	188	栗	1	232	未	1
13	只	28	57	津	6	101	貝	3	145	法	2	189	登	1	233	幼	1
14	伊	27	58	彡	6	102	巾	3	146	言	2	190	持	1	234	力	1
15	陁	21	59	牟	6	103	士	3	147	卅	2	191	淂	1	235	虎	1
16	尒	20	60	竹	6	104	前	3	148	德	2	192	以	1	236	吾	1
17	文	20	61	沙	6	105	足	3	149	乞	2	193	智	1	237	敢	1
18	那	19	62	六	6	106	麻	3	150	恩	1	194	吏	1	238	師	1
19	兮	17	63	盖	6	107	新	2	151	立	1	195	烈	1	239	漱	1
20	波	16	64	五	6	108	弗	2	152	休	1	196	彗	1	240	財	1
21	奴	15	65	谷	5	109	彤	2	153	可	1	197	蘇	1	241	早	1
22	尸	14	66	者	5	110	婁	2	154	舌	1	198	晏	1	242	身	1
23	本	14	67	須	5	111	助	2	155	舡	1	199	原	1	243	南	1
24	礼	13	68	烏	5	112	即	2	156	弘	1	200	列	1	244	滅	1
25	十	13	69	斗	5	113	河	2	157	帝	1	201	勞	1	245	懷	1
26	之	13	70	今	5	114	陳	2	158	沒	1	202	記	1	246	怖	1
27	大	13	71	去	5	115	陽	2	159	蜜	1	203	面	1	247	在	1
28	甘	13	72	加	4	116	鐵	2	160	亢	1	204	正	1	248	舍	1
29	弥	12	73	内	4	117	蓋	2	161	花	1	205	幷	1	249	六	1
30	及	12	74	比	4	118	節	2	162	奚	1	206	作	1	250	稚	1
31	麦	12	75	勿	4	119	家	2	163	萩	1	207	瓮	1	251	然	1
32	阿	11	76	乃	4	120	千	2	164	生	1	208	皂	1	252	告	1
33	知	11	77	々	4	121	公	2	165	蒜	1	209	寧	1	253	食	1
34	毛	11	78	密	4	122	益	2	166	失	1	210	盜	1	254	壬	1
35	次	11	79	買	4	123	留	2	167	八	1	211	有	1	255	年	1
36	上	11	80	旦	4	124	好	2	168	艾	1	212	帶	1	256	牛	1
37	下	11	81	王	4	125	卅	2	169	亐	1	213	馮	1	257	杖	1
38	末	10	82	鳥	4	126	四	2	170	器	1	214	成	1	258	欣	1
39	人	10	83	多	4	127	西	2	171	光	1	215	也	1	259	卑	1
40	夷	9	84	然	4	128	皮	2	172	倦	1	216	功	1	260	貯	1
41	鄒	9	85	丘	4	129	思	2	173	入	1	217	從	1	261	仍	1
42	巴	9	86	米	4	130	赤	2	174	汝	1	218	更	1	262	息	1
43	日	9	87	中	4	131	奈	2	175	夕	1	219	荷	1	263	交	1
44	夫	9	88	干	4	132	酒	2	176	借	1	220	卒	1			

표 2. 성산산성 목간 사용 한자와 『千字文』 중복 한자 표

1	稗	45	豆	89	骨	133	子	177	稿	221	治
2	石	46	刀	90	於	134	屈	178	丈	222	置
3	利	47	居	91	先	135	部	179	破	223	不
4	村	48	奇	92	莫	136	敬	180	云	224	遣
5	支	49	珎	93	物	137	宋	181	殆	225	定
6	伐	50	斯	94	主	138	史	182	急	226	叉
7	一	51	白	95	私	139	喙	183	心	227	久
8	古	52	月	96	小	140	此	184	郝	228	擎
9	仇	53	羅	97	于	141	行	185	見	229	彼
10	智	54	卜	98	丁	142	三	186	糸	230	左
11	負	55	發	99	二	143	山	187	秋	231	旅
12	城	56	尺	100	能	144	代	188	栗	232	未
13	只	57	津	101	貞	145	法	189	登	233	幼
14	伊	58	彡	102	巾	146	言	190	持	234	力
15	阤	59	牟	103	士	147	卅	191	淂	235	虎
16	介	60	竹	104	前	148	德	192	以	236	吾
17	文	61	沙	105	足	149	乞	193	習	237	敢
18	那	62	六	106	麻	150	恩	194	吏	238	師
19	兮	63	盖	107	新	151	立	195	烈	239	漱
20	波	64	五	108	弗	152	休	196	彗	240	財
21	奴	65	谷	109	形	153	可	197	蘇	241	早
22	尸	66	者	110	婁	154	舌	198	晏	242	身
23	本	67	須	111	助	155	舡	199	原	243	南
24	礼	68	烏	112	卽	156	弘	200	列	244	滅
25	十	69	斗	113	河	157	帝	201	勞	245	懐
26	之	70	今	114	陳	158	沒	202	記	246	怖
27	大	71	去	115	陽	159	蜜	203	面	247	在
28	甘	72	加	116	鐵	160	亢	204	正	248	舍
29	弥	73	內	117	盖	161	花	205	幷	249	六
30	及	74	比	118	節	162	奚	206	作	250	稚
31	麦	75	勿	119	家	163	荻	207	瓮	251	然
32	阿	76	乃	120	千	164	生	208	皂	252	告
33	知	77	々	121	公	165	蒜	209	寧	253	食
34	毛	78	密	122	益	166	失	210	盜	254	壬
35	次	79	買	123	留	167	八	211	有	255	年
36	上	80	旦	124	好	168	艾	212	帶	256	牛
37	下	81	王	125	廾	169	亏	213	馮	257	杖
38	末	82	鳥	126	四	170	器	214	成	258	欣
39	人	83	多	127	西	171	光	215	也	259	卑
40	夷	84	烋	128	皮	172	倦	216	功	260	貯
41	鄒	85	丘	129	思	173	入	217	從	261	仍
42	巴	86	米	130	赤	174	汝	218	更	262	息
43	日	87	中	131	奈	175	夕	219	荷	263	交
44	夫	88	干	132	酒	176	借	220	卒		

표 3. 성산산성 목간 사용 한자와 『急就篇』 중복 한자 표

1	稗	45	豆	89	骨	133	子	177	稿	221	治
2	石	46	刀	90	於	134	屈	178	丈	222	置
3	利	47	居	91	先	135	部	179	破	223	不
4	村	48	奇	92	莫	136	敬	180	云	224	遣
5	支	49	珎	93	物	137	宍	181	殆	225	定
6	伐	50	斯	94	主	138	史	182	急	226	叉
7	一	51	白	95	私	139	喙	183	心	227	久
8	古	52	月	96	小	140	此	184	郝	228	挐
9	仇	53	羅	97	于	141	行	185	見	229	彼
10	智	54	卜	98	丁	142	三	186	糸	230	左
11	負	55	發	99	二	143	山	187	秋	231	旅
12	城	56	尺	100	能	144	代	188	栗	232	未
13	只	57	津	101	眞	145	法	189	登	233	幼
14	伊	58	彡	102	巾	146	言	190	持	234	力
15	陀	59	牟	103	士	147	卅	191	浔	235	虎
16	尒	60	竹	104	前	148	德	192	以	236	吾
17	文	61	沙	105	足	149	乞	193	習	237	敢
18	那	62	六	106	麻	150	恩	194	吏	238	師
19	兮	63	盖	107	新	151	立	195	烈	239	漱
20	波	64	五	108	弗	152	休	196	彗	240	財
21	奴	65	谷	109	彤	153	可	197	蘇	241	早
22	尸	66	者	110	婁	154	舌	198	晏	242	身
23	本	67	須	111	助	155	缸	199	原	243	南
24	礼	68	烏	112	卽	156	弘	200	列	244	滅
25	十	69	斗	113	河	157	帝	201	勞	245	懷
26	之	70	今	114	陳	158	沒	202	記	246	怖
27	大	71	去	115	陽	159	蜜	203	面	247	在
28	甘	72	加	116	鐵	160	冗	204	正	248	舍
29	弥	73	內	117	蓋	161	花	205	幷	249	六
30	及	74	比	118	節	162	奚	206	作	250	稚
31	麦	75	勿	119	家	163	菽	207	瓮	251	然
32	阿	76	乃	120	千	164	生	208	皂	252	告
33	知	77	々	121	公	165	蒜	209	寧	253	食
34	毛	78	密	122	益	166	失	210	盜	254	壬
35	次	79	買	123	留	167	八	211	有	255	年
36	上	80	旦	124	好	168	艾	212	帶	256	牛
37	下	81	王	125	廿	169	亏	213	馮	257	杖
38	末	82	鳥	126	四	170	器	214	成	258	欣
39	人	83	多	127	西	171	光	215	也	259	卑
40	夷	84	然	128	皮	172	倦	216	功	260	貯
41	鄒	85	丘	129	思	173	入	217	從	261	仍
42	巴	86	米	130	赤	174	汝	218	更	262	息
43	日	87	中	131	奈	175	夕	219	荷	263	交
44	夫	88	干	132	酒	176	借	220	卒		

참고문헌

1. 단행본

嘉定錢大昕, 1876, 『十駕齋養新祿』, 浙江書局.

橋本繁, 2014, 『韓国古代木簡の研究』, 吉川弘文館.

국립가야문화재연구소, 2017, 『韓國의 古代木簡Ⅱ』, 국립가야문화재연구소.

奈良國立文化財硏究所, 1966, 『平城宮木簡一』, 奈良國立文化財硏究所.

奈良文化財硏究所, 2007, 『飛鳥藤原京木簡一—飛鳥池·山田寺木簡』, 奈良文化財硏究所.

東野治之, 1977, 『正倉院文書と木簡の研究』, 塙書房.

木簡學會編, 1990, 『日本古代木簡選』, 岩波書店.

山口佳紀·神野志隆光 校注, 1997, 『新編日本古典文学全集 古事記 中巻』, 小學館.

三上喜孝, 2013, 『日本古代の文字と地方社会』, 吉川弘文館.

徐時儀 校注, 2012, 『一切經音義三種校本合刊(修訂本)』, 上海古籍出版社.

손환일 편저, 2011, 『韓國木簡字典』, 국립가야문화재연구소.

佐藤信, 1997, 『日本古代の宮都と木簡』, 吉川弘文館.

주보돈, 2002, 『금석문과 신라사』, 지식산업사.

윤용구·이용현·이동주, 2022, 『한국목간총람』, 윤재석 편저, 주류성.

2. 논문

고광의, 2008, 「6~7세기 新羅 木簡의 書體와 書藝史的 의의」, 『목간과 문자』 1.

橋本繁, 2014, 「韓国木簡論—漢字文化の伝播と受容」, 『岩波講座 日本歴史 第20巻』, 岩波書店.

橋本繁, 2020, 「六世紀新羅における識字の広がり」, 『中国学術の東アジア伝播と古代日本』, 勉誠出版.

橋本繁, 2022, 「함안 성산산성 목간의 '王私'와 '城下麥'」, 『신라사학보』 54.

權仁瀚, 2013, 「고대한국 습서 목간의 사례와 그 의미」, 『목간과 문자』 11.

김희만, 2022, 「신라의 한자 전래·수용과정과 표기 양상」, 『한국고대사탐구』 40.

多田伊織, 「典籍木簡から見る、奈良時代の『千字文』『文選』の受容」, 『古代文学と隣接諸学4　古代の文字文化』, 犬飼隆 編, 竹林舍.

渡辺晃宏, 2009, 「日本古代の習書木簡と下級官人の漢字教育」, 『漢字文化三千年』, 高田時雄 編, 臨川書店.

木簡學會 編, 2016, 『木簡研究』 38.

박남수, 2017, 「신라 법흥왕대 '及伐尺'과 성산산성 출토 목간의 '役法'」, 『신라사학보』 40.

박재복, 2011, 「향교설립 이전의 유가경전 수용과 교육현황」, 『동양고전연구』 42.

冨谷至, 2009, 「書記官への道—漢代下級役人の文字習得」, 『漢字文化三千年』, 高田時雄 編, 臨川書店.

손환일, 2017, 「함안 성산산성 출토 목간의 의미와 서체 -17차 발굴조사 성과 발표문을 중심으로-」, 『韓國

史學史學報』35.

송기호, 2002, 「고대의 문자생활—비교와 시기구분」, 『강좌 한국고대사 제5권』, 가락국사적개발연구원.

오택현·이재환, 2023, 「백제·신라 목간의 집계와 범례의 제안」, 『한국목간학회 제39회 정기발표회 자료집』.

윤선태, 2007, 「木簡으로 본 新羅 王京人의 文字生活」, 『신라문화제학술발표논문집』 28.

윤선태, 2008, 「목간으로 본 한자문화의 수용과 변용」, 『신라문화』 32.

윤선태, 2017, 「함안 성산산성 출토 신라목간의 연구 성과와 전망」, 『韓國의 古代木簡Ⅱ』, 국립가야문화재연구소.

윤선태, 2022, 「대구 팔거산성 출토 신라 지방목간」, 『신라학 리뷰』 창간호.

이성규, 2003, 「韓國 古代 國家의 形成과 漢字 受容」, 『한국고대사연구』 32.

李成市, 2009, 「新羅の識字教育と『論語』」, 『漢字文化三千年』, 高田時雄 編, 臨川書店.

李成市 著/山田章人 譯, 2021, 「동아시아의 문자 교류와 논어 – 한반도 논어 목간을 중심으로 –」, 『목간과 문자』 26.

이용현, 2007, 「목간으로 본 신라의 문자·언어 생활」, 『구결연구』 18.

이주헌, 2015, 「함안 성산산성 부엽층과 출토유물의 검토」, 『목간과 문자』 14.

이희재·최성렬, 2015, 「韓國의 『涅槃宗』에 관한 研究」, 『한국교수불자연합학회지』 21(1).

전경효, 2022, 「대구 팔거산성 출토 목간 소개」, 『목간과 문자』 28.

전덕재, 2008, 「함안 성산산성 목간의 연구현황과 쟁점」, 『신라문화』 31.

전덕재, 2009, 「함안 성산산성 출토 신라 하찰목간의 형태와 제작지의 검토」, 『목간과 문자』 3.

정현숙, 2017, 「함안 성산산성 목간의 서체」, 『韓國의 古代木簡Ⅱ』, 국립가야문화재연구소.

3. 사이트·데이터베이스

국사편찬위원회 한국사데이터베이스(https://db.history.go.kr/item/level.do?itemId=sg&levelId=sg_026_0060_0120&types=o)

문화재청 국가문화유산포털(https://www.heritage.go.kr/heri/cul/culSelectDetail.do?ccbaKdcd=12&ccbaAsno=14110000&ccbaCtcd=37&pageNo=1_1_1_0)

SAT大正新脩大藏經 텍스트 데이터베이스(https://21dzk.l.u-tokyo.ac.jp/SAT/)

〈Abstract〉

Teaching and Learning Chinese Characters in the Silla Local Society as Seen in wooden tablets of Seongsan Mountain Fortress in Haman

FANG Guohua

This paper presents a statistical analysis of the Chinese characters used in the wooden tablets of Seongsan Mountain Fortress in Haman. Wooden tablets of Seongsan Mountain Fortress are the most common among Shilla's wooden tables. The 253 piece of wooden tablets in Seongsan Mountain Fortress have 1581 characters and 263 character types. These wooden tablets were excavated from the same site. So statistical analysis is possible. These 263 characters were compared with the texts of "Qianziwen"(千字文) and "Jijiupian"(急就編) in textbooks that learn ancient characters. Therefore, it was found that Silla's local society may have used such textbooks. It is also possible that Buddhist scriptures such as "Dabanniepan-Jing" were also used as textbooks to learn Chinese characters. However, I think the process of Chinese characters settling in Silla society was very complicated. There could have been more than one path, and there could have been more than one direction. It is estimated that the Silla local society also actively accepted Chinese characters.

▶ Key words: Seongsan Mountain Fortress, wooden tablets, Silla, local society, Chinese character, Learning

운천동사적비의 역사 환경, 판독 교정

하일식*

〈국문초록〉

많은 연구자들이 청주운천동신라사적비가 발견된 당시의 판독문을 이용하여 연구해왔다. 그리고 비석의 연대나 내용에 대한 논쟁도 있었다. 그러나 기초자료를 정확히 활용하려면 비석과 판독문의 재검토가 필요하다고 생각하여 발견지의 절터와 출토 유물들을 검토했다.

운천동 절터와 흥덕사지는 통일신라부터 고려시대까지 운영된 절이었다. 서원경이 서원부로 불리던 시기의 유물도 있다. 조금 떨어진 사뇌사지에서는 주로 고려 유물이 나왔다. 통일신라 이래로 이 지역 사원에서는 청동으로 종과 그릇을 만드는 전통이 이어졌다. 고려시대 흥덕사는 금속활자를 만든 곳이기도 했다.

기존의 판독문을 교정하여 비석이 세워질 당시의 상황을 이렇게 복원해보았다. 서원경이 설치된 이듬해인 686년에 운천동 절터에 사원이 낙성되었다. 이후 여러 조형 활동을 거쳐 번듯한 모습을 갖추자 이를 기념하여 비석을 세웠다. 비문은 국왕의 후원이 있었음이 표현하고, 왕실의 신성함도 찬양했다. 삼한을 통합하여 영토가 넓어졌고, 재정이 넉넉해져서 백성이 추위와 굶주림에서 벗어나 평화와 안정이 이어진다고 했다. 이 절을 번듯하게 꾸미고 지혜로운 가르침을 행한 승려와 그 제자를 끝부분에서 언급했다. 그래서 이 비석이 686년으로부터 1세대를 넘지 않는 시점에 세워졌다고 추정했다.

▶ 핵심어: 청주운천동신라사적비, 운천동사지, 흥덕사지, 서원경, 사뇌사

---

* 연세대학교 사학과 교수

I. 발견 위치와 비석 상태

이 비석은 부러진 파편의 아랫부분으로, 1982년에 발견되어 이듬해 11월 충청북도 유형문화재로 등록되었다. 지정 명칭은 '청주 운천동 新羅事蹟碑'(이하 운천동비)이다. 비문 후반부에 "壽(垂)拱二年歲次丙戌"이라는 구절이 있어 686년(신문왕 6)이라는 연도가 확인된다. 단, 이는 과거의 일을 언급하는 문장에 나오므로 비석을 세운 시점은 그 이후가 된다.[1] 그리고 비문의 "合三韓而廣地"라는 구절은 삼국통일 후 신라인의 '三韓一統' 意識을 표현한 것으로 곧잘 언급되었다.

그동안 비석의 연대를 대체로 7세기 후반으로 이해했으나, 10년 전에 나말려초로 추정한 연구[2]가 나와서 기존의 이해를 재검토할 필요가 생겼다. 이후 '신라 삼국 통일론'을 둘러싼 논쟁 과정에서 이 비문이 더러 거론되었고, 서체를 검토해 7세기 후반이라 추정한 연구도 나왔다.[3]

비석의 연대 판단은 내용 파악을 바탕으로 이루어지는 것이 일차적이다. 그런데 내용을 거론하기 위해서는 정확한 판독이 기본이다. 그런데도 그동안 관련 연구들은 대체로 발견 당시의 판독문을 이용하는 경향이 있었다. 비문을 다시 살펴본 글이 없지 않으나[4] 기존 판독문들을 비교 대조하는 정도였다. 또 비석의 연대 논쟁 과정에서 기존 판독의 몇 글자를 전혀 다르게 읽은 경우도 있으나 수긍하기 어렵다.

운천동비를 다시 살피게 된 동기는, 판독부터 내용까지 면밀한 재검토가 미흡한 상태에서 여러 논의들이 나오고, 그와 관련한 논쟁이 이어지는 상황이 바람직한가? 하는 회의적 생각 때문이다. 금석문은 당대 텍스트로 역사 연구의 기초자료이다. 기초자료에 관한 검토가 미흡한 채 이루어지는 연구는 불완전할 수밖에 없다. 그래서 비석이 발견된 당시의 정황을 다시 추적하고, 특히 주변의 역사 환경을 검토할 필요가 있다. 비석의 상태가 매우 좋지 못하므로 탁본과 함께 실물을 직접 살펴서 기존 판독에 문제가 있다면 교정해야 한다.

이 비석은 1982년 3월 차용걸 일행이 충청북도 공무원의 언질을 받고 현장에 가서 발견하였다.[5] 발견 직후 잠시 민가에 두었다가 충북대학교 박물관으로 옮겼다. 그리고 1987년 국립청주박물관이 개관할 때 이관되었다. 이후 청주박물관에서 글자가 많은 면이 보이게끔 받침대 위에 비스듬히 전시되었고 전시 위치도 몇 번 바뀌었다. 그러나 몇 년 전 상설전시실을 개편하면서 비석은 수장고로 들어갔다.[6]

발견 당시의 학술지에도 사진이 실려 있지만, 당시의 인쇄 여건으로 앞면[7]의 모습을 뚜렷이 확인하기 어

---

1) 문화재청 설명문 등에서 더러 686년에 세웠다고 쓰고 있지만 잘못이다.

2) 윤경진, 2013, 「청주운천동사적비의 건립 시기에 대한 재검토」, 『사림』 45.

3) 전진국, 2019, 「청주 운천동 신라사적비의 제작연대 검토」, 『한국사연구』 184.

4) 신정훈, 2003, 「청주 운천동 신라사적비 재검토」, 『백산학보』 65.

5) 발견 당시의 정황은 차용걸, 1983, 「청주 운천동 고비 조사기」, 『호서문화연구』 3, 충북대 호서문화연구소; 이병도, 1983, 「서원 신라사적비에 대하여」 『호서문화연구』 3, 충북대 호서문화연구소.

6) 현재 청주박물관 측에서는 이 비석을 전시실에 다시 내놓을 계획을 갖고 있지 않은 듯하다.

7) 앞면과 뒷면을 이렇게 판단한 이유는 뒤에 내용을 살펴볼 때 쓰기로 한다.

렵다. 그리고 청주박물관에 전시되던 동안에도 글자가 많이 식별되는 뒷면과 옆면은 볼 수 있었지만 반대쪽을 확인할 수가 없었다. 현재 국사편찬위원회의 한국사데이터베이스도 뒷면과 옆면의 탁본 이미지(조동원 탁본)만 제공하고 있다.

그래서 청주박물관 수장고에 있는 비석을 직접 살펴보았다.[8] 그러나 여러 수장품들 사이에 눕혀진 비석의 뒷면과 옆면을 어렵사리 관찰하는 데 그쳤다. 크고 무거운 비석을 마음대로 움직일 수가 없었고, 반대쪽을 보려고 뒤집을 만한 공간도 없었기 때문이다.

그러던 중에 문화재청 사업의 일환으로 간행된 책자에서 앞면의 사진을 확인했다.[9] 2019년 홍선 스님의 탁본 작업 때 전시 받침대에서 바닥에 내려놓고 찍은 것이었다. 그리고 국립문화재연구원으로부터 당시에 찍은 사진의 원본을 얻었다(그림 1).[10] 또 발견 당시 정영호 선생이 작성한 비석 3면의 탁본과, 조금 시간이 지난 뒤에 작성된 것으로 짐작되는 단국대 사학과의 탁본 모두를 단국대 석주선박물관에서 열람하고 촬영할 수 있었다.[11]

[그림 1]에서 보듯이, 운천동비의 앞면은 상태가 매우 좋지 않다. 심하게 손상되었고, 작은 절구질에 쓴 것으로 추정되는 구덩이가 3개나 있었다. 최초 발견자들도 이런 점을 언급했지만, 제대로 찍은 실물 사진을 보니 놀라운 상태였다.

발견자는 마을 사람들로부터 이 비석이 빨랫돌로 쓰기도 하고 도살판으로 쓰인 적도 있다고 들었다.[12] 앞면의 도끼 자국들은 이를 뒷받침한다. 그런데 구덩이 3개 중에 2개는 이어져 있어서 "과연 절구질에 쓰려고 판 구덩이일까?" 의아한 생각도 갖는다. 다만 표면

그림 1. 2019년 탁본 작업 때의 비석 앞면(문화재청)

마모가 심하고 매끄럽게 닳아 있어서 "빨랫돌로 썼다"라는 이야기는 수긍된다. 뒷면도 이에 못지 않게 부분적 마모가 심하고 반질하게 닳았지만 도끼 자국은 없다. 그래서 구덩이가 있는 앞면을 빨랫돌을 비롯한 여러 용도로 썼고, 다시 뒤집어서 공동 우물가에서 주로 빨랫돌로 쓰지 않았을까 짐작한다.

---

8) 청주박물관 이양수 관장의 배려로 2023년 1월 16일에 2시간 가량 살펴볼 기회를 가졌다.
9) 불교중앙박물관·문화재청, 2019, 『금석문 탁본 조사보고서(강원도Ⅱ·충청북도)』, p.43에 앞면 전체 사진이 작게 실려 있다.
10) 충북대 김영관 선생이 비석 앞면 사진은 물론, 단국대 박물관의 탁본을 열람하는 데도 도움을 주었다.
11) 단국대 석주선박물관 기수연 선생을 포함한 관계자의 배려가 있었다.
12) 차용걸, 1983, 앞의 논문, p.9.

발견 당시 우물은 사용하지 않는 상태였고, 비석은 운천동 산직마을 입구의 작은 게시판 아래에 놓여 뒷면이 위를 보는 상태였다. 당시 지번으로 운천동 449번지였다. 이곳은 1980년대의 택지 조성으로 옛 지번이 사라졌고 원래 모습을 찾을 수도 없다. 그래서 청주 흥덕구청 지적팀의 도움으로 1970년대 지적도를 참고하여 발견 위치를 특정할 수 있었다.[13] 현재 흥덕구 사운로 249번길의 영송빌라와 세종빌라를 포함하는 블록으로 산정마을 어린이공원 놀터 앞이다.

1970년대의 지형도를 보면, 비석이 발견된 곳은 서쪽의 낮은 산으로 오르는 작은 골짜기 입구이다. 산에서 흘러내린 빗물이 작은 도랑이 되어 이 지점을 지나거나, 우물을 파면 물이 솟아나기 좋은 입지이다. 발견 당시에 가까운 민가 등에 몇 개의 석재들이 있긴 했으나,[14] 이들도 옮겨온 것일 가능성이 크다. 그래서 비석 발견 장소를 비석이 세워진 절터라고 판단할 수는 없다. 가까운 거리에 뚜렷한 절터가 여럿 있기 때문이다.

II. 주변 절터와 출토 유물

운천동비가 어딘가로부터 옮겨진 것이라면 원래 건립지를 추적해야 한다. 건립지는 역사와 인문지리적 환경을 비롯하여 비석을 만든 이들의 의도, 나아가 그 내용을 판단할 실마리이기 때문이다.[15] 실제로 청주 운천동 절터, 그보다 남쪽으로 좀 떨어진 사직동에서는 많은 양의 퇴장유물이 출토되었다. 또 발굴을 통해 운천동에서 확인된 흥덕사는 『직지심체요절』을 금속활자로 간행한 곳이었다. 이들 유적과 유물을 차례로 살펴본다.

1. 운천동 절터

운천동비가 발견되기 10년 전, 운천동 376-1번지(옛 지번)에서 동종을 비롯한 퇴장유물이 출토되었다. 운천동비가 발견된 곳으로부터 동쪽으로 약 400m 가량 떨어진 곳이다.[16]

1970년 4월 최용문이 집을 짓기 위해 담장 공사를 하다가 땅밑 70㎝에서 뉘어진 범종을 발견했다. 종 속에는 청동 金鼓와 금동보살입상, 향완 2점, 놋쇠 바리 2점 등이 들어 있었다.[17] 어떤 사정으로 의도적으로 묻은 퇴장유물이었다. 이들 유물은 신고 즉시 수습되어 국립공주박물관으로 옮겼다가 1987년 국립청주박물관이 개관하면서 이관되었다.

---

13) 옛 지번 몇 군데의 현재 위치를 확인하는 과정에서 흥덕구청 지적팀 이종하 주무관의 도움을 받았다.
14) 차용걸, 1983, 앞의 논문, pp.13-14 사진 참조.
15) 하일식, 2019, 「한국 고대 금석문의 발견지와 건립지」, 『한국고대사연구』 93 참조.
16) 충청북도, 1985, 『淸州雲泉洞寺址發掘調查報告書』, p.7에서 눈대중으로 150m를 언급한 뒤로 대부분 이를 반복해왔다. 그러나 측정 지점에 따라 차이가 있겠지만 운천동비 발견지와 운천동 절터는 직선거리로 350~400m이다.
17) 이 유물들의 발견 정황을 처음 소개한 것은 김영배, 1970, 「청주 운천동 출토 금동보살입상과 동종」, 『고고미술』 105이다.

이때 발견된 동종은 보존처리를 마친 뒤에 보물로 지정되어 청주박물관의 대표유물로 전시되고 있다. 높이 64㎝의 종인데 일상적으로 옮겨 다닐 수 있는 크기는 아니었다. 발견 직후에는 이 동종을 고려 초기의 것으로 추정했다.[18] 그러나 이후 다른 범종들과 비교 검토하여 '통일신라 말인 9세기 후반 또는 그 이후'[19]로 추정한다. 금동보살입상의 연대도 대체로 나말려초로 추정한다.[20]

한편 동종 속의 금고 뒷면에서 "己巳六月日句陽寺般子一重十三斤八兩棟梁道人愿長改造大匠仍及三"이라는 명문이 확인되었다.[21] 승려를 道人이라 칭한 사례는 6세기 「북한산순수비」 이래 고려시대까지 곧잘 보인다. 어떤 일의 책임자나 주도자, 혹은 시주자를 뜻하기도 하는 棟梁(樑)이란 표현은 고려 이후에 흔히 보이며, 백제 「미륵사서탑사리기」(639년, 무왕 40)의 '棟梁'이 가장 이른 사례이다.[22]

그런데 이 새김글의 '改造'라는 표현이 주목된다. 오래 전해 왔지만 더 쓸 수 없어 모아둔 器物들이 있었고, 이들을 改造하여 금고를 만들었던 것이다. 동종은 이 사원이 통일신라 이래로 고려시대까지 운영되었음을 알려준다. 그런데 '개조된' 금고와 함께 생각하면, 이 사원의 시간적 하한은 금고가 제작된 시점보다 훨씬 소급되는 것이다. 이 점은 뒤에 다시 언급한다.

이런 퇴장유물이 발견되고 10여 년이 흐른 뒤인 1984년 말, 1985년 봄 2차례에 걸쳐 청주대 박물관이 이 절터를 발굴조사했다.[23] 운천동의 대규모 택지 조성사업과 함께 이루어진 구제발굴이었다. 평지사원으로 금당지, 탑지, 중문지, 남회랑과 동회랑지 등의 유구가 확인되었다. 그리고 새김글이 있는 기와와 청동화로의 다리 몇 개, 보살상의 머리 등이 출토되었다. 다만 택지 조성공사가 진행되면서 발굴작업이 짧은 시간에 이루어져 사원 전체의 면모를 드러내지는 못했다.

특기할 것은 파편을 포함하여 20점의 작은 도가니가 출토된 점이다. 입술 부분에 주물을 따르도록 홈이 파진 것도 있었다.[24] 앞서 언급한 己巳銘 금고의 '改造'라는 표현과 직접 연관되는 유물이다. 물론 금고는 이동 가능성이 있으므로 이 절에서 쓰던 것이라고 바로 확정하기는 어렵다. 그래서 금고의 새김글에 따라 이 절터를 '구양사지'라고 한 경우도 있지만,[25] 보통은 '운천동사지'라는 이름으로 부른다.

---

18) 위의 논문, p.20.

19) 황수영, 1972, 「신라·고려 범종의 신례(13)」, 『고고미술』 113·114; 국립청주박물관, 2018, 『청주 운천동』; 김현정·김수기, 2007, 「보물 제1167호 청주 운천동 출토 통일신라 범종의 형태와 보존과학적 특성 고찰」, 『문화재』 40.

20) 김영배, 1970, 앞의 논문, p.21; 국립청주박물관, 2018, 앞의 책, p.32.

21) 이는 충청북도, 1985, 앞의 보고서도 언급한 바 있다. 판독은 국립청주박물관, 2018, 앞의 책, p.16을 인용했다. 그런데 여기 실린 사진과 청주박물관 홈페이지에서 제공되는 사진을 보면 句 자는 向 자일 가능성도 있을 듯하다.

22) 「김인문묘비」(695 이후)와 「단속사 신행선사비」(813)의 '棟梁'은 '들보'라는 뜻으로 쓰인 경우이다.

23) 충청북도, 1985, 앞의 보고서.

24) 도가니 안쪽에 청동을 녹인 쇳물이 남은 경우도 있었다(충청북도, 1985, 앞의 보고서, p.65). 국립청주박물관, 2018, 앞의 책, pp.48~49에 복원 처리된 깨끗한 도가니 사진이 실렸다.
운천동 절터 발굴보고서가 나올 무렵 흥덕사지가 확인되면서 이 절터를 흥덕사지에 부속된 일종의 주자소로 추정하기도 했다(충청북도, 1985, 앞의 보고서, p.58, p.65). 그러나 작은 도가니 파편들은 여기서 남쪽으로 600m쯤 떨어진 밭에서도 나왔다(충청북도·청주대학교 박물관, 1986, 『청주흥덕사지-학술회의보고서』, p.131의 차용걸 토론 발언). 운천동 절터와 흥덕사지는 각기 독립된 사원으로 생각하는 것이 자연스럽다.

절이 유지되던 시기를 알려주는 유물로 元豐通寶가 출토된 점도 배놓을 수 없다. 元豐은 宋 신종의 연호로 1078~1085년에 해당한다. 또 '大觀(?)'명 기와도 출토되었는데, 大觀은 송 휘종의 연호로 1107~1110년 사이에 사용되었다. 그래서 발굴보고서는 이 절이 10세기 전후에 창건되어 고려 말 내지 조선 초기에 폐사되었다고 추정했으나,[26] 앞서 지적한 '改造'라는 표현을 감안하지 못한 판단이다.

운천동 절터는 택지 조성이 끝난 뒤에 놀이터와 공원으로 남겨졌다. 현재 지번 '운천동 1487'의 '절터어린이공원'이며 2010년 청주시에서 세운 '운천동사지' 표지석이 있다.

2. 흥덕사지

운천동 일대의 택지 조성사업으로 또 다른 절터 발굴이 이루어졌다. 운천동비 발견지에서 서남쪽 7시 방향으로 약 500m 떨어지고, 운천동 절터에서 서남쪽 8시 방향으로 700m 정도에 있던 '연당리사지'로 불리던 곳이었다. 청주대 박물관이 1985년 7월~10월 긴급히 발굴 조사했다. 그런데 발굴 과정에서 1377년(우왕 3)에 『직지심체요절』을 인쇄한 흥덕사였음이 확인되어 획기적 성과로 주목받았다.

발굴을 통해 흥덕사는 남북을 중심축으로 한 사원임이 드러났고, 중문과 금당, 강당을 비롯한 부속 건물터 등이 확인되었다.[27] 그리고 치미, 기와, 작은 종, 금강저, 작은 龍頭를 비롯하여 청동제품들이 많이 출토되었다.

그런데 중요 유물들은 정확한 발굴 지점을 알 수 없는 것들이 많다. 발굴이 마무리되기 전에 이미 중장비로 절터 동쪽 경사면의 흙을 깎아내어 낮은 지대를 메우려고 쌓아둔 곳에서 발견된 것들이 더러 있기 때문이다. 일부 유물은 구제발굴이 거의 마무리된 후 금속탐지기를 동원하여 수습한 경우도 있었다.[28]

이곳이 흥덕사였음을 알려주는 禁口도 절터 동쪽의 훼손부에서 중장비가 파손한 파편이 먼저 발견되고 몸통은 뒤에 수습되었다. 이 금구에서 "甲寅五月日西原府興德寺禁口壹坐改造入重三十二斤印"이라는 새김글을 확인했다. 그리고 금속탐지기를 통해 청동 龍頭 2점과 '興德寺'가 새겨진 청동 佛鉢 뚜껑 1점도 발견되었다.

연도가 있는 유물도 출토되었는데, 서회랑지의 고막

그림 2. 大中三年己巳 명 기와

25) 충북대학교 호서문화연구소, 1993, 『청주시역사유적』, p.207.
26) 충청북도, 1985, 앞의 보고서, p.65.
27) 청주대학교박물관, 1986, 『청주흥덕사지 발굴조사보고서』.
28) 위의 보고서, pp.63-64에서 "유물들의 대부분이 사지에서 발굴된 것이 아니라 사지에서 150m 내지 30m 떨어진 여러 택지에서 발견되거나 수습된 것"이라고 밝혀두었다.

이돌 사이에 자연 석재와 함께 끼어 있던 기와에 "大中三年己巳"가 찍혀 있었다(그림 2). 大中은 당 선종의 연호로 그 3년은 849년(문성왕 11)이다. 이는 흥덕사 운영 기간을 생각할 때 시간적 하한이 된다.

연도가 있는 또 다른 유물로 청동 佛鉢이 있다. 발굴기간을 연장하고 금속탐지기를 동원하여 수습한 것인데 "皇統十年庚午四月日興德寺依止重大師領仁往生淨土之願佛鉢一盒具鋏雲口入重二斤二兩印"이 새겨져 있다. 皇統은 金 희종의 연호로 8년만 사용하고 1149년에 天德으로 바꾸었다. 흥덕사에서는 금나라 연호가 바뀐 사실을 몰랐던 것이다. 황통 10년은 1150년(의종 4)에 해당한다.

흥덕사지에서 나온 禁口의 갑인년이 언제인지 특정하기는 어렵다. 그런데 앞서 언급한 운천동 절터의 금고처럼 흥덕사지 금구도 '改造'된 것이었다. 전래되던 오랜 器物들을 녹여 다시 만들었던 것이다. 특히 주목되는 것은 西原府라는 지명이다. 이는 흥덕사지 금구의 연대를 알 수 있는 단서이다. 대부분의 경우 이를 淸州牧 설치 이전의 고려시대로 간주하지만,[29] 이는 신라 말의 유물이다. 여기에 대해서는 뒤에 운천동비의 성격을 종합할 때 언급하기로 한다.

3. 사뇌사지

1993년에 운천동 남쪽의 사직동에서 주목할 만한 퇴장유물이 또 발견되었다. 이해 10월 청주시에서 무심천 제방도로를 확장하며 대형 철제 전신주를 옮겨 설치하려고 구덩이를 파던 중, 땅 밑 3m에서 많은 청동 器物들이 겹겹이 포개진 상태로 발견되었다. 출토 유물들은 청주대 박물관이 수습했다가 곧 청주박물관으로 옮겼다. 첫 수습 과정이 체계적이지 못하여 遺構의 구조나 규모, 유물을 매납한 방법 등은 파악되지 못했다.[30]

유물이 출토된 위치는 사직동 270번지로 제방에서 무심천 쪽으로 내려가는 경사지였다. 현재의 제방은 근래에 무심천을 정비하며 축조된 것으로, 이전의 제방보다 조금 뒤로 후퇴한 상태이다. 그래서 유물이 출토된 곳은 당시의 자연제방 후면에 속하는 평지였을 것으로 추정된다.[31] 그리고 토층 조사 결과, 유물 매장 당시는 지표에서 그다지 깊지 않게 지름 약 1.5m 안팎의 구덩이를 파고 묻은 것으로 추정되었다. 인위적으로 포개진 유물의 매장 현상으로 보아 戰亂 등으로 인한 긴급 상황 발생 시의 매장유물로 짐작된다.[32]

엉겨 붙은 상태의 출토 유물을 조사하던 초기에는 수량을 361점 정도로 추정했으나 보존처리를 거치면서 400여 점에 가까운 것으로 밝혀졌다. 유물의 수 못지 않게 종류도 매우 다양했다. 반자·범종·금강령 등의 의식구, 향로·청동주전자·발우·접시 등의 공양구, 금동광배편·풍탁 등의 장엄구, 청동숟가락·청동국자 등의 생활용구 등이다.[33]

이들 유물에는 절 이름과 제작자(시주자) 이름 등이 새겨진 것들이 많다. 절 이름이 있는 유물로는 '淸州

29) 위의 보고서, p.68에서는 淸州牧 설치 전인 954년(광종 5)으로 추정했다.
30) 김홍주, 1999, 「청주 사뇌사 유물의 발견 경위」, 『고려공예전』, 국립청주박물관, pp.130-132 참조.
31) 신명희, 2014, 「청주 사뇌사 공예품 발견과 조사」, 『청주 사뇌사 금속공예』, 국립청주박물관, p.18.
32) 위의 글, p.21 참조.
33) 최응천, 2014, 「사뇌사 유물의 성격과 의의」, 『청주 사뇌사 금속공예』, 국립청주박물관의 분류를 간추렸다.

牧官中(平?)挍思惱寺'가 새겨진 기름말(油斗), '淸州思內寺' 등이 새겨진 향완과 향로 5개가 있다.

그리고 연도를 알 수 있는 것으로는 '統化十五年丁酉'가 새겨진 鉢盂, '太平十五年'이 새겨진 접시, '太和五年乙丑三月禪院寺'가 새겨진 향완 등이 있다. 統化는 遼의 연호로 그 15년은 997년(성종 16) 정유년이다. 太平은 遼의 연호로 10년간 사용되었으나 15년이라고 새겼다. 15년째 되던 해는 1035년(정종 1)이다. 太和는 金의 연호 泰和로, 그 5년 을축년이 1205년(희종 1)이다. 그리고 庚申이라는 간지에 '戶長韓車更羽'란 인명이 새겨진 향완도 있다.

사뇌사가 새겨진 유물이 많으므로 대부분의 연구는 이곳에 사뇌사가 있었다고 판단한다.[34] 새김글로 보아 이 유물들은 대체로 고려시대에 해당한다. 단, 이 점이 사뇌사가 고려시대에 창건되었음을 뜻하지는 않는다. 신라 통일기 이래의 역사를 가진 사원이었을 가능성을 열어두고 생각할 필요가 있다. 여기에 대해서는 뒤에 다시 언급할 것이다.

한편 운천동 절터와 흥덕사지에서는 이동 가능성이 높은 명문 기와들이 발견되었다. 운천동 절터에서 나온 '城'명 기와는 청주읍성을 비롯하여 와우산성, 상당산성, 청주 성화동 유적과 학천리 환호유적 등에서도 출토되었다.[35] 또 흥덕사지에서 나온 '桂香之寺'명 기와는 우암산 서쪽 기슭의 관음사에서도 발견되었다.[36]

운천동비가 발견된 곳에서 멀리 떨어지지 않은 곳에서 3개의 절터가 확인되었다. 이들의 위치와 거리를 지도에서 표시하면 [그림 3]과 같다.[37] 운천동비는 어느 절터에서 옮겨왔을까? 옮긴 주체는 빨랫돌로 쓰던 산직마을 사람들이라고 생각하는 것이 합리적이다. 운천동비 발견 지점에 또 다른 사원이 있었을 가능성은 매우 낮다. 그렇다면 산직마을 사람들이 부러진 채 놓인 비편을 바라볼 수 있는 곳, 즉 운천동 절터로 생각하는 것이 자연스럽다.[38]

산직마을 사람들이 사뇌사 부근에 있던 비석을 가져오기에는 거리가 좀 멀다. 쓰임새에 따른 이동을 생각한다면, 그보다 가까운 산자락에 형성된 마을 사람들 눈에 먼저 띄어서 활용되었을 것이다. 흥덕사지를 생각해도 마찬가지이다. 더구나 산직마을에서 흥덕사지는 보이지 않는다. 산직마을 사람이 흥덕사지로 가려면 낮은 산자락 구비를 두세 번 돌아야 한다.

운천동비는 운천동 절터에 있던 사원에 세워졌을 것이다. 농경지로 변한 운천동 절터에 있던 비석을, 산직마을 사람들이 쓰임새를 생각하며 마을 입구로 옮겼다고 추정하는 것이 합리적이다. 다만 옮겨진 시기가 조선시대였는지, 근대에 들어와서인지 판단하기는 어렵다.

---

34) 다만, 현재의 청주 사직동 용화사와 관계에 대해서는 직접 연관짓지 않는 판단이 많다.

35) 충청북도문화재연구원, 2014, 『청주읍성 성벽구간 발굴조사Ⅱ』, p.173.

36) 충청북도, 1985, 앞의 보고서, p.72; 청주대학교 박물관, 1986, 앞의 보고서, pp.59-60.

37) 구글 위성지도를 손질해서 옅게 만든 뒤에 표시하였다.

38) 운천동 절터와 관련성을 적극 언급한 견해가 이미 나와 있다(전진국, 2019, 앞의 논문).

그림 3. 운천동 부근의 절터, 유물 발견지점
　　　① 운천동사적비 발견지(1982년)
　　　② 동종 등 출토지(1970년), ③ 운천동 절터 발굴지(1984, 1985년)
　　　④ 흥덕사지 발굴지(1985년)
　　　⑤ 청동 小鐘, 銅鉢, 철제솥 파편, '皇統十年興德寺'명 禁口 수습
　　　⑥ '興德寺'명 靑銅鉢 수습
　　　⑦ '西原府興德寺'명 禁口 수습
　　　⑧ 사뇌사 퇴장유물 출토지(1993년)

III. 기존 판독 검토, 교정

이제 기존의 판독을 검토해본
다. 비석 발견 직후에 작성된 정영
호 탁본 중 앞면을 먼저 제시한다
(그림 4).[39] 이 면을 제1면으로 판
단한 의견은 발견 당시에 이미 나
왔다.[40] 오른쪽에 세로로 가늘고
긴 외곽선이 보이는데, 진흥왕 창
녕비(561)가 이런 경우이다.

그리고 비석의 아랫부분도 파손
이 심한 편이지만, 비촉의 흔적으
로 판단할 만한 돌출부가 확인된다
(그림 1 참조). 앞면에서 비촉보다
오른쪽에 글자가 새겨진 부분은 3
행 정도이다. 이 부분은 뒷면에 그
대로 적용된다. 뒷면의 왼쪽 문장
들은 이 비석의 마지막 내용에 해
당한다.

그림 4. 앞면 탁본(정영호)

다만, 앞면을 기준으로 좌측면은 그런대로 글자의 흔적을 확인할 수 있지만, 우측면은 파손이 심하여 글
자를 전혀 확인할 수 없다.[41] 앞면과 뒷면의 실물, 그리고 탁본을 같은 비율의 이미지로 대조해보면, 대략
앞면과 뒷면 각각 15행 정도를 새겼으리라 추정된다.

1. 앞면

도살판으로 쓸 때의 도끼 자국, 절구질 구덩이, 빨랫돌로 쓰일 때의 마모 등으로 비면 상태는 매우 좋지
않다. 그럼에도 불구하고 발견 초기의 판독들은 꽤 많은 글자를 읽었다. 비면의 상태를 감안하면, 기존의
판독문이 읽어낸 글자들이 너무 많다. 그래서 좀 엄격하게 다시 검토한다.

앞면 실물을 보지 못한 채 기존 판독을 재검토하는 것은 한계가 있다. 사진과 탁본을 참고하여 몇 개의

---

39) 2023년 3월부터 문화재청의 [문화유산 지식e음]에서 2019년 홍선 스님이 작업한 탁본 3면을 대형 이미지로 제공하고 있지
만, 아직 연구자들에게 잘 알려져 있지 않다.
40) 차용걸, 1983, 앞의 논문, p.9; 이병도, 1983, 앞의 논문, p.19.
41) 발견자들도 그렇게 판단하였다. 나는 이번 조사에서 우측면을 제대로 살펴보지 못했다. 수장고의 다른 유물들과 바짝 붙여 놓
여져 있어서 관찰이 불가능했다.

글자만 언급한다. 기존 판독을 되도록 존중하되 불안한 추측을 삼가려 했다. 향후 3D 스캔 등의 기자재를 활용해서 정밀 분석할 기회가 오기를 기대한다.

1행 : 기존 판독은 윗부분에서 三寶 또는 三尊之를 읽었다. 그리고 아랫부분에서는 六代之徽 또는 六代之徽經으로 읽었다. 그러나 탁본상으로는 윗부분에서 尊之 정도가 인정되고, 아랫부분에서는 六이 인정되며, 끝 글자는 經 또는 終에 가까운 글꼴이다.

2행 : 아래쪽을 國主大王으로 읽어왔다. 國은 안쪽의 획이 거의 사라졌지만 國으로 판독해도 무리가 없을 듯하다. 主는 비교적 뚜렷하게 남았다. 그러나 大 자는 인정되지 않는다. [그림 5]에서 보듯이 기존에 大로 읽은 글자는 받침(辶, 廴)을 가진 글자가 분명하다. 표면이 심하게 닳았지만 받침 획의 흔적이 선명하게 남아 있기 때문이다. 그래서 '國主□王'으로 판단했다.

그림 5. 앞면 2행 ⑦ 王

3행~13행 : 기존에 몇 글자를 읽은 경우가 있지만, 글자의 흔적밖에 인정되지 않는다.

14행 : 기존에 善天壽山長이라는 글자를 읽었다. 그런데 善은 普에 가깝게 식별된다. 天은 두 번째 가로획의 존재가 부정적이고, 세 번째 획 'ノ'과 결구상의 경사도가 어색하다. 뒷면 6행 4자 天과 비교하면 天으로 인정하기 어렵고, 오히려 人에 가깝다. 壽는 식별하기 어렵고, 山은 두 번째 획의 첫 부분이 지나치게 오른쪽으로 기울어서 인정하기 어렵다. 長도 옆의 글자 흔적과 비교하면 윗부분이 지나치게 위로 돌출하여 큰 글자가 되어버리므로 인정하기 어렵다.

15행 : 기존에 上으로 읽은 글자는 가로획이 아래를 향하므로 上으로 판단하기 애매하다. 그 외의 글자들은 식별하기 어렵다.

앞면 판독은 향후 실물 관찰할 기회가 마련되면 다시 판단할 여지가 많다. 다만, 사진상으로도 알 수 있듯이, 비석 앞면의 표면 상태가 매우 좋지 않은 탓에, 과학기재를 활용해도 얼마나 성과가 있을지는 미지수이다.

2. 뒷면

상대적으로 꽤 많은 글자를 식별할 수 있다. 표면은 매우 닳아서 반질거리며, 위쪽과 아래쪽은 마멸이 심한데, 아래쪽의 손상이 더욱 심한 편이다. 당연히 이 부분에서 읽지 못하는 글자가 많다. 이번에 조사한 결과, 기존 판독과 다른 부분만 언급한다.

1행~2행 : 몇 글자를 읽은 견해들이 있으나, 비면을 살펴서 글자를 식별하기 어려웠다.

3행 : 기존 판독의 趣皎皎而生에서 두 번째 皎 자는 'ㅋ'로 새겨졌다. 다음 글자를 而로 읽어왔으나 첫 획을 인정하기 어렵다. 오히려 四에 가까워 보인다.

4행 : 기존 판독을 대체로 수용했지만, 慈는 애매하여 □ 속에 넣었다.

5행 : 이유를 알 수 없지만, 5행만 글자의 가로 정렬이 어긋나 있다. 대체로 7~10자를 河洛靈圖로 읽었다. 圖는 俗字體인 啚로 새겨져 있다.

6행 : 기존에 가장 많은 글자를 읽은 경우가 4~17자를 天德長流於四海義心宣揚於萬邦으로 판독했다. 내용 논란에서 이 부분이 거론되기도 했으나, 그 대부분을 인정하기 어렵다. 실물과 탁본을 대조하여 天德, 流, 四 정도만 식별가능했다.

海는 거의 마멸되어 좌변 '氵'의 흔적만 겨우 인정할 수 있다(그림 6). 뒤의 10행 14자 海(그림16)와 비교해보아도 선뜻 인정하기 어렵다. 義로 읽어온 11자도, [그림 7]에서 보듯이 수긍하기에는 매우 어색한 모양이다. 초서체(义)를 상정하더라도 아랫부분이 義에 해당하지는 않아 판단을 보류한다.

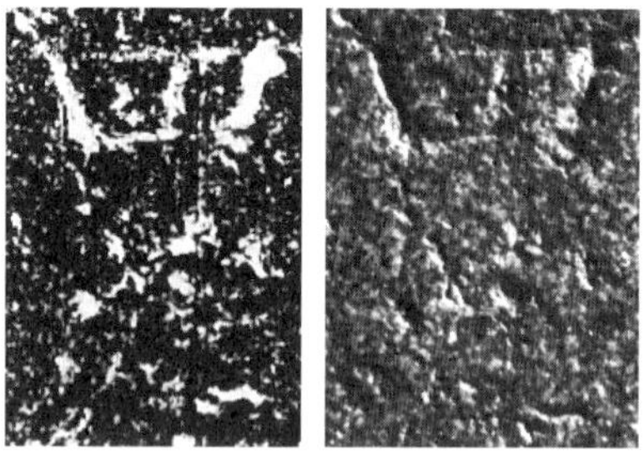
그림 6. 6행 9·10자 四海?

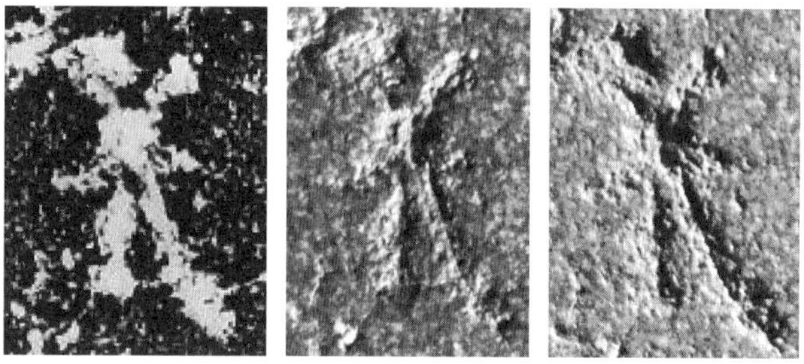
그림 7. 6행 11자

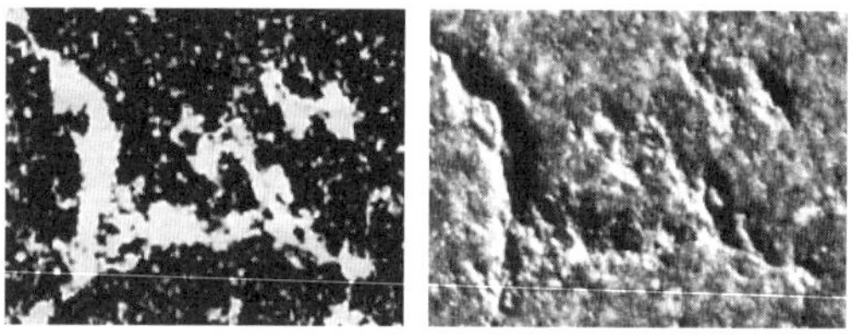
그림 8. 6행 12자

또 기존에 6행에서 心으로 판독한 글자도 [그림 8]에서 보듯이 첫 획의 흔적이 없고, 둘째 획이 이어지지 않는다. 心의 셋째, 넷째 획으로 인정할 만한 흔적도 찾기 어렵다.

한편 6행 아래를 萬邦으로 推讀한 초기 판독[42] 이후 간혹 이를 따르기도 하지만, 비면이 완전히 손상된 부분이다. 이를 萬邦으로 읽고 내용을 상상하면 곤란하다.

7행 : 흔히 4~14자를 대체로 路蘭(扇)香盛而長流□寶繹而로 읽어왔다. 그러나 路 자는 인정하기 어렵다. 그 다음 글자는 蘭은 아니고 扇에 가깝다. 그리고 香 자의 윤곽은 인정할 만하다. 마멸이 심한 다음 글자는 盛이 아니고 風에 가깝다. 扇香風이 아닐까(그림 9). 다음의 而 자는 인정하기 어렵다. 나머지 長流□寶繹而는 대략 기존 판독을 수용한다.

8행 : 대체로 5~8자를 善根具足門(歸), 11~14자를 於常行廻 또는 □而行廻로 읽어왔다. 善根具足은 분명

42) 이병도, 1983, 앞의 논문, p.20.

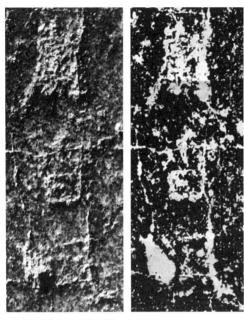

그림 9. 7행 5~7자 扇香風

그림 11. 9행 14자 澡

그림 10. 9행 12자 爻 / 8행 12자 不

하고 歸는 흐리지만 인정할 만하다. 常으로 읽었던 12자는 不 자로 보인다. [그림 10]에서 보듯이, 常이라면 주변의 다른 글자와 비교하여 반 글자 이상이 위로 올라간 모양이 된다. 不 자의 첫 획 '一' 위에 획의 흔적이 보이지 않는다. 심하게 닳았지만 不 자의 劃心은 선명하다. 그 아래의 글자 行廻도 분명하다.

9행 : 몇 글자를 제외하고 기존 판독이 대체로 인정된다. 14자는 기존에 深, 梁으로 읽어왔다. 그러나 [그림 11]의 사진과 탁본을 보면 선명한 澡 자를 확인할 수 있다. 16자는 '辶'이 있는 글자임은 분명하나 윗부분을 파악할 수 없다.

10행 : 이 행은 다른 행과 비교하면 윗부분 글자들의 세로열이 썩 고르지 못하다. 뚜렷이 식별할 수 있는 글자가 많아 대체로 기존 판독을 존중한다. 다만 기존에 滄으로 읽은 글자는 왼쪽에 'ㅒ'의 흔적은 보이지만, 오른쪽은 식별하기 어려워도 倉과 전혀 다른 흔적이다. 11행 3자 倉과 비교해도 이 글자를 滄으로 인정하기 어렵다.

海와 而는 비교적 뚜렷한 편이다. 그러나 그 아래 振威로 읽은 것은 문맥을 예상한 推讀일 뿐 식별 불가능한 글자이다. 비석 표면의 손상이 심하기 때문이다.

11행~12행 : 기존 판독대로이다. 다만 기존 판독은 12행 마지막 글자를 帛으로 추독했는데, 많이 손상된 부분이라서 애매하다. 문맥으로 보면 玉帝(옥황상제)일 여지도 배제할 수 없다(그림 12).

그림 12. 12행 玉帛(帝?)

13행 : 가장 상태가 좋은 편으로 기존 판독의 대부분을 수용한다. 다만 최근 연구가 다르게 읽은 두 글자, 그리고 기존 판독의 오류 한 글자를 언급한다.

1자 者는 "~한 것은"이라는 문장에 사용되는 者로 자획이 선명하다. 글자 상태가 굳이 언급할 필요가 없을 만큼 양호하지만, 최근 塔이라는 주장도[43] 나왔으므로 주변 글자와 함께 살펴볼 사진과 탁본을 제시한다(그림 13). 또 기존 판독은 9자를 也로 읽었지만, 龜의 약자라는 주장도[44] 있으므로 사진과 탁본을 함께 제시한다(그림 14). 이 글자들은 자획이 선명하여 논란의 여지가 전혀 없다. 也는 앞의 者를 받아서 "…한 것은 …이다"로 마무리되는 문장이다.

그림 13. 13행 1자 者   그림 14. 13행 9자 也

13행에서 중요하게 판독을 교정해야 할 글자가 기존에 海로 읽어온 11자이다. 최근에 이를 鄕으로 읽는 견해[45]도 나왔다. 그러나 사진과 탁본을 비교하거나(그림 15) 10행 14자 海와 비교해보면(그림 16), 이 글자는 海가 아니라 弥가 분명하다. 뒤에 해석하겠지만 『說苑』에 나오는 '文彌'라는 표현이다. 이어진 生知도 『논어』에 나오는 표현이다.

기존 판독에서는 行 아래에 '之'를 넣기도 했으나, 이 글자는 '艹'에 가까운 윗부분만 보이고 그 아래는 손상되어 자획의 흔적을 전혀 찾을 수 없다.

그림 15. 13행 11자 弥   그림 16. 10행 14자 海

---

43) 윤경진, 2019, 「청주운천동사적비의 건립 시기와 건립 배경」, 『한국사연구』 186, pp.145-146.
44) 위의 논문, p.146.
45) 위의 논문, p.144.

그림 17. 14행 11자 不

14행 : 이 행도 글자 상태가 비교적 깨끗하여 기존 판독을 대체로 받아들인다.

그런데 판독 교정과 무관하게, 14행 11자 不에 대해 짧게 언급해둔다. 탁본과 실물을 관찰하면 이 글자는 선명한 木 자처럼 보인다(그림 17). 그러나 다른 행과 비교하면 윗부분이 옆 글자보다 위로 돌출되었다. 세로획처럼 위로 솟은 부분을 만져보면 획이 아니라 날카로운 흠집이었다. 그래서 이 글자는 不이 분명하다. 이 비석에서는 이런 종류의 흠집이 착시를 일으키는 경우가 두세 군데 있다.[46]

또 14행의 마지막 16자는 대개 傳으로 판독해왔다. 아래쪽의 표면 파손이 심한 부분에 있는 글자이므로, 앞의 經 자와 붙여서 經傳으로 추독한 결과가 아닐까 생각한다. 그러나 經典이 아니라 經傳이란 표현은 조금 어색하다. 좌변에 'ㅓ'이 식별 가능했기 때문에 이렇게 추독하지 않았을까 생각된다. 우변을 살펴보면 象의 아랫부분으로 추정할 만한 흔적이 보인다. 그래서 이 글자는 像에 가깝다고 판단했다. 經과 傳이라는 표현일 수도 있지만, 앞의 僅庇가 "겨우 ~를 덮다"라는 뜻이므로 像이 더 어울리기 때문이다.

15행 : 비문 전체의 마지막 행으로 비교적 많은 글자를 식별할 수 있으나 14행보다는 상태가 좋지 않다. 대체로 기존 판독을 수용하지만, 기존에 意로 읽어왔던 10자는 불명자로 처리했다. 明 자도 분명치 않다. 凉 자는 비면 손상이 심하여 탁본뿐 아니라 실물을 살펴도 식별되지 않는다.

3. 좌측면

좌측면은 3행인데, 각 행의 글자들을 가로열까지 잘 맞추어 새기지는 않은 듯하다. 글자 크기는 모두 비슷하게 판단된다(그림 18).[47] 글자를 대체로 식별할 수 있는 것은 2행이다. 손상이 심한 1·3행은 글자 흔적은 보이지

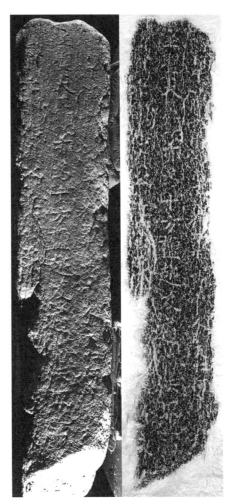
그림 18. 좌측면 실물과 탁본(문화재청)

---

46) 이 비석의 석재는 세로로 된 결을 가졌다. 그래서 세로 균열이 매우 많고, 가로 균열도 더러 있다. 세로 균열 중에는 글자를 새길 때의 타격이 세월이 흐르면서 균열로 진행된 듯이 보이는 곳도 있다. 뒤에 언급할 좌측면의 과거 판독 阿干이 대표적이다.

만 어떤 글자인지 식별하기 어렵다. 그런데도 기존에 무리하게 읽은 글자들이 더러 있다.

　1행 : 초기 판독에서 지금까지, 대체로 윗부분에서 '阿干'이라는 글자, 그리고 아랫부분까지를 '天仁阿干'으로 읽어왔다. 신라 제6등 관등 阿湌이 阿干으로 표기된 시기가 주로 나말려초라는 이해를 바탕으로, 이들 글자는 비석의 연대를 가늠하는 근거로 거론되었다.

　결론부터 말하자면, 나는 기존 판독의 이들 글자를 인정하지 않는다. 1행 윗부분에서 阿干으로 판독해온 부분의 탁본과 실물 사진 2컷을 제시하여(그림 19) 그 이유를 설명한다.[48]

　이 부분은 손상이 심하고, 특히 阿와 干 사이는 살짝 패여 있다. 기존 판독은 탁본의 평면만 고려한 듯하다. 阿干이라고 하기

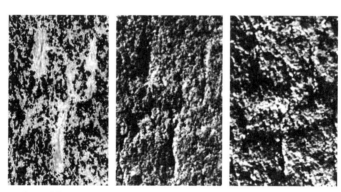

그림 19. 좌측면 상단 阿干 추정 부분

에는 干 자도 너무 작다. 세로획처럼 보이는 것은 대부분 날카로운 균열이다.[49] 그래서 1행 상단의 阿干은 불명자로 처리한다.

　이보다 아래에는 마치 '人' 자처럼 보이는 선명한 흔적이 있다. 기존 판독은 이를 글자로 인정하지 않았는데, 두 획 모두 직선이므로 人으로 보기 어려웠기 때문일 것이다. 흠집으로 판단된다.

　다음은 기존에 天仁이라고 읽은 부분이다(그림 20). 앞의 [그림 18]을 참고하여 다른 글자와 비교하면 글자 크기가 너무 작다.

　또 글꼴도 天 자로는 어색하고 균형이 맞지 않으며, 仁 자도 마찬가지다. 天의 둘째 획은 식별할 수 없고, 셋째·넷째 획은 균열인 듯하다. 仁의 우변 二의 흔적을 인정하더라도 좌변 자체가 'ㅓ'으로 인정되지 않는다. 가늘고 날카로운 균열이 탁본에서 자획처럼 착시를 일으킨 결과가 아닐까 한다. 이 두 글자를 불명자로 처리한다.

　그 아래의 阿干을 살펴보면, 위와 비슷한 판단을 내릴 수 있다. [그림 21]의 탁본과 사진에서 보듯이, 干 자는 너무 작고 阿 자는 인정하기 어렵다. 기존 판독 阿干은 불명자로 처리했다.

　2행 : 기존에 "主聖大王炤亦爲十方檀越及道場法界"로 읽어왔다. 그러나 실물을 살펴보면 王, 炤, 道, 場 자는 인정하기 어렵다. 간격이 너무 붙었고 글자 크기도 아주 작다. 특히 炤와 亦은 너무 가까이 붙은 모양이

---

47) 사진은 2019년 홍선 스님의 탁본 작업 때 찍은 것으로 국립문화재연구원에서 제공받았다.

48) 2컷의 사진은 빛 각도를 달리한 이미지이다.

49) 앞서 언급했듯이, 글자를 새길 때의 타격이 세월이 흐르면서 균열로 이어지고, 이것이 탁본상 자획과 겹쳐 있을 가능성도 배제하지 못한다. 그러나 현재의 비면을 관찰한 결과, 阿干이나 天仁 등에서 기존 판독이 세로획으로 판단한 흔적의 상당수는 균열이다.

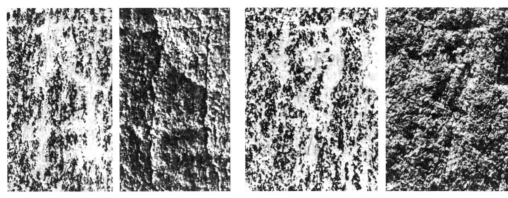

그림 20. 좌측면 1행 아래(기존 天仁 추정)　　　　그림 21. 좌측면 1행 아래(기존 阿干 추정)

므로 炤 자를 인정하기 어렵다.[50] 또 기존에 爲로 추정한 글자도 자획과 주변의 손상이 심하여 인정하기 어렵다.

3행 : 글자의 일부 흔적들만 알아볼 수 있다.

이렇게 실물과 탁본을 면밀히 살펴보면서, 기존의 판독이 무리하게 추독한 글자들을 제외하고 몇 글자를 교정한 결과는 다음과 같다.

[앞면]

1행 : … … 尊之 … … … 六 … 經(終)

2행 : … … … … … … … 國主☐王

14행 : … … … … … 普☒…

15행 :　…

[뒷면]

1행 : …

2행 : …

3행 : □□□□趣皎﹑四生…

4행 : □□□□□遂燭□慈…

5행 : □ … □□河洛靈嵒 …

6행 : □□□天德□流□四海 …

7행 : □□□□扇香風□長流□寶繹而 …

---

50) 2023년 4월 8일 발표회 때, 기존에 炤로 읽었던 글자가 願이 아닐까 하는 윤선태 교수의 지적이 있었다. 감산사 아미타불상과 미륵보살상 명문에서 願의 글꼴을 참고하면 개연성이 높다고 생각한다.

8행 : □□□固善根具足歸□□不行廻…
9행 : □□□竪鼓之塲精廬□□交兵澡…
10행 : 伐□□民合三韓而廣地居□海而…
11행 : 仁□倉府充溢民免飢寒之憂水土…
12행 : 丹穴委羽之君太平太蒙之長奉玉帛…
13행 : 者沙門普慧之所造也文弥生知行…
14행 : 壽拱二年歳次丙戌茅茨不剪僅庇經像
15행 : □化矣弟子海心法師□匠明敏清…

[좌측면]
1행 :　…
2행 : 主聖大王願亦□十方檀越及□塲法界□
3행 :　…

Ⅳ. 비문 내용, 비석의 연대

1. 비문의 내용 추정

부러져서 아랫부분만 절반 가까이 남은 비편의 앞뒤와 좌측면을 놓고 이런저런 해석과 판단을 내리는 것은 근본적 한계를 지닌다. 더구나 비면의 글자 상태도 썩 좋지 않은 편이다. 현재로서는 누구나 이 한계를 넘지 못한다. 그럼에도 불구하고 여러모로 추정한 내용을 몇 가지 적어본다.

이 비석은 事蹟碑라기보다는 어느 절의 寺蹟碑로 추정된다. 686년에 낙성된 사원에서 여러 활동을 통해 번듯한 모습을 갖춘 시점에 세운 것이다. 국왕이나 왕실의 신성함, 천지자연의 운행원리, 절이 자리 잡은 지역의 특징, 국가의 안정과 백성의 평안, 그리고 이 사원을 꾸미는데 기여한 승려들을 언급하며 마무리되어 있다.

앞면 2행 아래 國主라는 글자는 이 절을 조성할 때 국왕의 지원이 컸음을 시사한다. 물론 그렇지 않더라도 국왕을 드높이는 문구가 상투적으로 들어갈 수 있다. 그러나 좌측면의 '(國)主聖大王願'·'十方檀越'이라는 구절을 감안하면, 이 절의 창건에 국왕의 發願이 있었거나 이후 佛事에 지원이 있었음은 분명해 보인다.

뒷면 5행에는 "河洛靈圖"라는 구절이 나온다. 河圖洛書와 같은 표현으로 伏羲가 황하의 龍馬 등에서 얻었다는 그림과 夏禹가 洛水의 거북 등에서 얻었다는 글을 가리킨다. 易學의 卦와 관련해서 언급하거나 천지자연의 운행원리를 이야기할 때도 쓰지만, 천하를 다스리는 王者의 출현을 예언할 때도 더러 쓰인다. 이 비문에서는 문맥상 후자보다는 천지자연의 운행원리를 추상적으로 언급하는데 사용된 듯하다.[51]

6행의 "天德□流□四海"도 앞과 같은 맥락의 내용이 아닐까 한다. 여기서 天德은 현실의 중국 황제나 자국 군주의 德化를 뜻한다기보다는, 5행의 맥락을 이어서 천지자연 운행의 주재자 정도가 아닐까 한다.

8행의 善根具足은 불교에서 흔히 쓰이는 표현이다. 탐욕과 분노 및 무지(貪瞋癡)를 넘어선 3선근을 갖추는 것으로, 불교에서 말하는 善業을 두루 갖춘다는 뜻이다.

9행의 竪鼓之場은 북을 세워두고 전투를 치르던 곳을 말하는데, 이곳에 精廬 즉 사원이 자리 잡은 의의를 서술한 부분으로 추정된다. 뒤이은 '交兵澡…'는 맞부딪치던 병기를 씻고 뭔가를 했다는 문맥이다. 전쟁이 끝난 뒤에 생산적인 뭔가를 한다는 것을 표현했을 것이며, 앞의 내용과 통한다. 사원이 자리 잡은 지역에 관한 언급이다.

10행과 11행은 함께 짚어볼 필요가 있다. 과감히 상상한다면 10행 앞의 "伐□□民"은 "무엇을 정벌하여 백성을 구하다"라는 뜻의 문구가 아닐까 한다. 이어지는 "合三韓而廣地 居□海而 …"는 "三韓을 합쳐서 영토를 넓히고, □海에 거하며 (…하다)"라는 뜻이다. 이는 자신이 속한 국가와 국왕의 업적과 위엄을 표현한 것이다. 11행 "倉府充溢 民免飢寒之憂 水土…"는 倉府 즉 국가 재정이 넉넉해져서 백성이 굶주림과 추위 걱정을 벗어났다는 것이다. 앞에 서술된 국가·국왕의 업적이 가져온 결과를 서술했다고 할 수 있다.

12행의 丹穴은 『산해경』 南山經에서 봉황이 있다고 한 전설상의 산이다. 이 산 위에는 金과 玉이 많고, 닭처럼 생긴 봉황이 있다고 한다.[52] 뒷시기에는 봉황 자체를 가리키거나, 때로는 훌륭한 인물 또는 그 자손을 일컫는 데도 쓰였다. 그래서 丹穴委羽之君은 봉황이 날개를 맡긴 임금, 또는 위대한 先王이 국가를 맡긴 임금이란 뜻이 된다.

이어지는 "太平太蒙之長 奉玉帛…"에서 太平과 太蒙은 『爾雅』 釋地에 나오는 말이다. 멀리 齊州 이남의 태양을 이고 있는 곳을 丹穴, 북으로 북두칠성을 이고 있는 곳을 空桐, 동쪽의 해가 돋는 곳을 大平, 서쪽으로 해가 지는 곳을 大蒙이라 했다.[53] 『이아』의 단혈은 『산해경』과 다르게 쓰였다. 그러나 운천동비의 태평·태몽이 동쪽 끝과 서쪽 끝을 뜻하는 『이아』에서 가져온 것임은 분명하다. "동서쪽 땅끝의 우두머리(長)가 옥백을 받들고…", 아니면 판독에 따라서는 "동서쪽 끝의 우두머리가 玉帝(옥황상제)를 받들어…" 정도의 뜻이 될 것이다. 전자라면 현실의 王者에게 사방이 歸服함을 추상적으로 표현한 셈이고, 후자라면 지상의 모든 지배자가 천지자연 주재자의 뜻을 받든다는 뜻이 될 것이다. 5~6행과 12행을 보면, 비문 작성자는 불교는 물론 讖緯說에도 상당한 식견을 가진 사람으로 보인다.[54]

13행 "~者 沙門普慧之所造也"는 하나의 문장이다. "~는 사문 보혜가 만든 것이다"라는 뜻이다. 그런데 '~

---

51) 전체 문장을 파악할 수 없으므로, 왕실 시조의 창업을 이야기했을 여지를 배제하지는 못한다.

52) "又東五百里 曰丹穴之山 其上多金玉 丹水出焉 而南流注于渤海 有鳥焉 其狀如雞 五采而文 名曰鳳皇 首文曰德 翼文曰義 背文曰禮 膺文曰仁 腹文曰信 是鳥也 飮食自然 自歌自舞 見則天下安寧"

53) "東至於泰遠 西至於邠國 南至於濮鈆 北至於祝栗 謂之四極 觚竹 北戶 西王母 日下 謂之四荒 九夷 八狄 七戎 六蠻 謂之四海 岠 齊州以南戴日為丹穴 北戴斗極為空桐 東至日所出為大平 西至日所入為大蒙 大平之人仁 丹穴之人智 大蒙之人信 空桐之人武"

54) 이렇게 사고하고 표현하는 것을 두고 굳이 儒佛道를 구분할 필요는 없을 듯하다. 후대인의 관점과 달리, 이 3종류의 사상은 고중세 지식인의 思惟 속에서 분류되지 않고 섞여 있기 때문이다. 승려 一然도 『삼국유사』 기이의 서문에서 "帝王之將興也 膺符命受圖籙", "河出圖洛出書 而聖人作"이라 언급했다.

者'라고 표현한 것으로 보아 보혜가 만든 것은 하나가 아니라 그 이상일 가능성이 높다. 뭔가 단 하나였다면 '~是' 또는 '卽'이지 않을까? 아마 쓰임새가 같은 종류로 분류되는 것들을 묶어 '~者'라고 표현한 것이 아닐까 한다. 그리고 造는 사원 자체의 창건이나 사원 내의 전각을 지으며 사용하는 글자로는 어색하다. 그보다 작은 像이나 鐘 또는 제법 큰 器物일 것이다.

이어지는 문장 "文彌生知 行…"은 앞서 海를 彌로 판독 교정한 문장이다. 文彌는 『說苑』 권19 脩文의 "덕이 두루 차 있으면 문채가 화려하고, 속에 이치가 차 있으면 문채가 두드러진다."[55]에서 나온 말이다. 후대에 곧잘 彌文이라고도 쓰는데 '화려하고 아름다운 글' 또는 '지나치게 수식한 문장'이란 뜻으로 쓰인다. 生知는 『논어』 季氏篇에 나오는 '生而知之'의 줄임말이다.[56] 그래서 13행의 이 문장은 "아름답고 훌륭한 글(문장)과 타고난 지혜를 행하여 …"라는 뜻이 될 것이다.

탁월한 역량으로 어떤 실천 행위를 한 주어는 누구였을까? 두 가지 가능성을 상정할 수 있는데, 바로 앞의 "~者 沙門普慧之所造也"라는 구절과 연관되는지 여부이다.

첫째, "文彌生知 行…"이 앞 구절과 무관하게 새로 서술되는 문장일 가능성이다. 그렇다면 "~는 사문 보혜가 만든 것이다"로 끝맺고 나서, 내용을 바꾸어 "아름답고 훌륭한 글(문장)과 타고난 지혜를 행한" 또 다른 행위자를 서술하기 시작한 셈이 된다.

둘째, "文彌生知 行…"이 앞 구절을 이어받아 서술되는 문장일 가능성이다. 그러면 "~는 사문 보혜가 만든 것이다. (그는) 아름답고 훌륭한 글(문장)과 타고난 뛰어난 지혜를 행하여 …"로 맥락이 이어진다.

이 두 가지 가능성 중에서 후자가 더 개연성이 있지 않을까 한다. 문맥과 함께 비석의 크기를 감안하면, 2인 이상의 功績을 언급하기에는 刻字 공간이 부족할 수 있다고 판단하기 때문이다. 어쨌든 이런 문장은 사적비의 앞면에 새겨지기보다는 뒷면의 마무리 부분에 새겨지는 것이 자연스럽다. 비석의 앞뒷면을 구분하여 판단하는 중요한 근거의 하나가 이 점이다.[57] 뒤에 이어지는 14행과 15행도 이 면이 뒷면이라는 또 다른 근거가 된다.

14행 "壽拱二年 歲次丙戌"은 절의 창건 연도를 알려준다. 壽 자는 손상이 있지만 인정할 만하다. 그래서 비석 발견 당시부터 대체로 壽拱을 則天武后의 연호 垂拱과 같다고 보았다. 신라인의 발음으로 垂와 壽를 바꿔 쓸 수도 있기 때문이다.[58] 또 그 2년이 병술년인 해도 이 연호와 맞고 다른 연호에서 찾기 어렵다. 수공 2년 병술년은 686년(신문왕 6)에 해당한다.

'茅茨不剪'은 띠풀로 지붕을 이었지만 끝을 가지런히 자르지도 못하고 집의 모양새만 갖춘 상태를 가리킨다. 은유적 표현인데, 이어서 '僅庇經像' 즉 經像을 겨우 가릴 정도였다고 했다. 사원이 낙성된 686년 당시에는 볼품이 없었다는 겸손한 표현이다.

---

55) "德彌盛者文彌縟 中彌理者文彌章也." 『論衡』 권28 書解에도 "德彌盛者文彌縟 德彌彰者人彌明"라는 문장이 있다.
56) "孔子曰 生而知之者 上也 學而知之者 次也 困而學之 又其次也 困而不學 民斯爲下矣生而知之 學而知之 困而知之"
57) 발견 당시의 차용걸, 이병도의 글에서도 글자가 많은 뒷면을 '제2면'으로 이해했다. 그러나 국사편찬위원회 한국사데이터베이스 등은 이를 '제1면'으로 소개하고 있다.
58) 사뇌사 유물에서 泰和 연호가 太和로 새겨진 것과 같다.

13행에서 "~는 사문 보혜가 만든 것이다"라든가 "아름답고 훌륭한 글(문장)과 타고난 뛰어난 지혜를 행하여 …"라는 문장이 있었다. 14행은 앞서 언급한 "(이런저런 佛事와 활동을 거쳐서) 686년에는 조촐한 모습이었지만 (이제는 번듯한 면모를 갖추었다)"는 내용을 적은 문장의 시작 부분에 해당한다. 비록 비석 윗부분이 없어졌지만, 아랫부분의 문맥만으로도 이 정도의 상상은 가능하다.

마지막 15행은 "□化矣 / 弟子海心法師 □匠明敏 淸…"로 두 문장이다. "□化矣"는 앞서 적은 대부분의 내용을 마무리하는 내용으로, 어떤 교화나 상태가 이루어졌음을 뜻한다. "弟子 海心法師 □匠明敏 淸…"은 앞 구절과 내용이 이어지는 문장이 아니며, 문단을 달리하여 마지막으로 덧붙인 것이다.

이제는 절이 번듯한 면모를 갖추었음을 적은 뒤, 비문 작성자 즉 話者의 視點에서 마지막으로 언급한 사람이 海心이다.[59] 앞서 서술된 여러 佛事들을 최종 마무리하여 사적비 세우는 일을 주도한 인물이기 때문일 것이다.[60] 그는 사원에 필요한 것들을 만드는 기술과 예술적 역량을 가진 인물로 짐작된다. "□匠明敏 淸…"이라는 구절이 이를 뒷받침한다. 해심 앞에는 '弟子'라는 수식어가 붙었다. 아마 직전에 언급된 普慧의 제자였을 개연성을 생각할 수 있겠다.

좌측면은 頌 또는 讚에 해당한다. 창녕 인양사비가 참고되는데, 頌은 僧像을 바라보며 좌측면에서 시작하여 우측면으로 이어져 끝난다.[61] 좌측면 2행의 '(國)主聖大王'이란 표현은, 국왕의 위상이 한껏 높아진 분위기를 알려준다.[62] 이어서 十方檀越이 있으므로 국왕과 여러 시주자가 이 절의 창건이나 이후의 佛事를 도왔으므로 이를 칭송한 내용으로 짐작된다.

2. 비석을 세운 시기

절반으로 부러진 비석의 문장에서 운천동비를 세운 시점을 직접 드러내는 문장은 없다. 그래서 비문의 단편적 내용을 바탕으로 간접 유추하는 것이 유일한 방법이다. 먼저 연대와 관련하여 제기된 나말려초설[63]의 논거 몇 가지를 짚어본다. 같은 구절을 놓고 연구자마다 판단과 해석이 다를 수 있다. 그러나 판단의 근거가 되는 판독은 되도록 객관적이어야 한다.

이 비문의 초기 판독에서는 무리한 요소들이 많았으나, 이후 면밀한 재검토 없이 답습한 경향이 있다. 첫 번째는, 기존 판독에서 좌측면에 2번 나오는 阿干이다. 앞서 판독을 교정할 때 사진과 탁본을 제시하고 검토했듯이, 이 글자들은 阿干으로 인정하지 않는다.

설사 기존 판독대로 阿干이라 가정해도, 이것이 비석의 연대를 추정하는 근거가 되기는 어렵다. 나말려

---

59) 海心이 비문 작성자는 아니다. 弟子를 칭한 사람이 본인 이름을 앞세워 스스로를 3인칭으로 표현하는 것이 어색하기 때문이다.

60) 「문무왕릉비」(681~2, 신문왕 1~2 추정)의 말미에 "嗣王允恭因心孝友…"라고 하여 비를 세우는 주체인 현 국왕(신문왕)을 언급한 구절이 운천동비 말미에 "弟子海心法師 □匠明敏"이라고 한 구절과 묘한 대비를 이룬다.

61) 하일식, 1996, 「昌寧 仁陽寺碑文의 硏究-8세기 말~9세기 초 신라 지방사회의 단면-」, 『한국사연구』 95.

62) 감산사 미륵보살상(719년, 성덕왕 18)과 아미타여래상(720년, 성덕왕 19)에는 國主大王이라고만 표현되었다.

63) 윤경진, 2013, 앞의 논문.

초의 표기로 阿干이 나온 대표적 사례가 『삼국유사』 「가락국기」의 英規阿干이다. 또 이 시기 선사 비문 음기에 열거된 지방인들 중에서 아간을 칭한 경우가 있다. 그러나 아간이란 표기 자체는 그보다 이른 시기의 기록에서도 여럿 보인다.[64] 이를 해당 기록이 정착될 당시의 후대적 표현으로 간주할 수도 있을 것이다.

그러나 당대의 표현을 담은 금석문에서도 더러 阿干이 보인다. 「창림사탑지」(855, 문성왕 17)에는 '檢校使 阿干 前執事侍郎 金元弼'이 있다. 「황룡사찰주본기」(872, 경문왕 12)의 '執事侍郎 阿干 臣 金八元'도 마찬가지이다.[65] 이는 지방인이 아니라 중앙 관직자이다.

두 번째는, 뒷면 6행의 四海라는 표현이다. 앞서 언급했듯이, 여기서 海 자는 판독 자체가 불분명한 글자이기도 하다. 그러나 사해라고 가정하더라도 연대를 판단하는 기준은 되지 못한다. 신라 통일기에 당에 사대하고 있었기에 이 표현을 철저히 배제했다고 생각할 수는 없다. 사대 관념이 훨씬 엄격했던 『조선왕조실록』에서 사해를 접할 수 있으며, 중국에서 보낸 황제의 국서 속 표현을 제외하고 『고려사』에도 보인다.[66] 『삼국유사』와 『삼국사기』[67]는 물론이다.

신라인의 사대의식·세계관은 이분법으로 엄격하지 않았으며 다중적이었다.[68] 신라 지배층은 통일 직후 9州를 갖추었다. 『삼국사기』는 본국 영토 안에 3주, 백제 영토에 3주, 옛 고구려 남쪽 영토에 3주를 두었다고 했다.[69] 그러나 한주, 삭주, 명주는 이미 100여 년 전에 신라가 영토화한 지역이었다. 그래서 삼국에 각 3개씩의 주를 두었다는 기록을, 세월이 흐른 뒤에 삼국통일을 합리화하기 위한 표현으로 간주하기도 한다.

설령 그렇다 하더라도, 9주라는 것이 제왕의 통치가 미치는 땅 위의 온전한 구획이라는 동양사회의 오랜 관념에 바탕을 둔 것임은 분명하다. 신라인은 자국의 영토를 중국에 딸린 지역이 아니라, 그 자체 고유하고 완결된 것으로 생각하며 9개로 구획했던 것이다.

신라인의 세계관·공간관을 생각할 때, 9주 못지않게 중요한 것이 9誓幢이다. 서당은 신라의 중앙 軍團으로 영토 확대와 국가 발전과정에서 차례로 갖추어졌다. 삼국시대에 2개, 문무왕대에 2개, 신문왕대에 5개를 더 갖추어 9서당이 되었다.

---

64) 『삼국유사』 왕력의 실성마립간이나 원성왕, 기이편의 문무왕 법민, 효소왕대 죽지랑, 원성대왕, 신무대왕 염장 궁파 등에서 볼 수 있다.

65) 통일 이전의 「마운령순수비」(568년, 진흥왕 29)에 支가 떨어진 大阿干이 나오므로, 만약 아찬의 관등을 가진 사람이 있었다면 6세기 중반에도 阿干으로 표기되었을 것이다.

66) 『고려사』 권12, 세가12 예종1, "朕纘服祖宗 司牧黎庶 臨四海之遼廣." 뒤의 예종을 태자 책봉할 때 숙종이 쓴 책문 속의 표현이다.

67) 『삼국유사』 권2, 기이 제2 문무왕법민, "汝爲冢宰 均理百官 平章四海." 같은 책, 의해 제5 賢瑜珈海華嚴의 일연 讚에도 四海라는 표현이 사용되었다. 그리고 『삼국사기』 권3, 잡지1 제사 中祀에서 '四海'로 동서남북 4곳을 열거했다. 이를 고려시대 사람들의 표현으로 간주할 수도 있겠지만, 나는 그렇게 판단하지 않는다.
  四海의 용례 등은 이미 金昌謙, 2007, 「新羅中祀의 '四海'와 海洋信仰」, 『한국고대사연구』 47; 전진국, 2016, 「三韓의 용례와 그 인식」, 『한국사연구』 173; 윤경진, 2016, 「三韓一統意識의 성립 시기에 대한 재론」, 『한국사연구』 175에서 대략 지적되었다. 다만 연구자마다 상반된 해석을 할 뿐이다.

68) 하일식, 2000, 「당 중심의 세계질서와 신라인의 자기인식」, 『역사와 현실』 37 참조.

69) 『삼국사기』 권34, 지리1, "本國界內 置三州", "於百濟國界 置三州", "於故高句麗南界 置三州."

주목할 점은 문무왕·신문왕대에 신설된 군단의 구성이 백제민, 고구려민, 말갈국민, 보덕성민, 백제잔민이라는 것이다. 보덕국이 신라에 완전히 흡수된 것이 684년(신문왕 4)이었다.[70] 그리고 685년(신문왕 5) 9주 5소경을 완비한 1년 뒤에 보덕성민으로 2개 군단을 추가했고, 다시 그 이듬해에 백제잔민으로 1개 군단을 추가하면서 9서당이 갖추어졌다. 백제잔민이 어떤 대상인지는 모호하지만, 이들로 1개 군단을 더 추가하여 9개

표 1. 9서당을 갖추는 과정

명칭	창설	개칭	구성
綠衿誓幢	583년(진평왕 5)	誓幢을 개칭 (613년, 진평왕35)	
紫衿誓幢	625년(진평왕47)	郞幢을 개칭 (677년, 문무왕17)	
白衿誓幢	672년(문무왕12)		百濟民
緋衿誓幢	672년(문무왕12)	長槍幢을 개칭 (693년, 효소왕 2)	
黃衿誓幢	683년(신문왕 3)		髙句麗民
黑衿誓幢	683년(신문왕 3)		靺鞨国民
碧衿誓幢	686년(신문왕 6)		報德城民
赤衿誓幢	686년(신문왕 6)		報德城民
靑衿誓幢	687년(신문왕 7)		百濟殘民

를 갖춘 것은 다분히 의도된 것으로 판단된다.

이렇게 9서당을 갖추는 과정은 신라 지배층이 추구하던 관념을 하나씩 실현한 것이었다. 말갈까지 포함하여 여러 종족과 국가를 아우르려는 지향이었고, 신라왕의 지배력이 미치는 지역이 고유하고 독자적 세계임을 자부한 데서 나온 것이었다. 특히 의도적으로 9개를 갖춘 시기가 5개 서당을 새로 설치한 신문왕대였다는 점도 중요하다.[71] 신문왕대인 685년에 9주, 687년에 9서당이 모두 갖추어졌던 것이다.

7세기 후반의 신라 사회 분위기를 알려주는 사례는 더 있다. 신라는 나당전쟁을 이어가던 기간에 안승을 금마저에 안치했다. 그리고 670년(문무왕 10)에 고구려왕으로 책봉했고,[72] 674년(문무왕 14)에 보덕국왕으로 다시 책봉했다.[73] 이런 조치들은 안승 집단을 체제 내에 흡수하는 과정이었지만, 신라왕이 천자의 위상으로 제후국 왕을 책봉하는 형식을 취했다. 나당전쟁이 계속되는 기간조차도 신라 지배층의 자부심이 이러했고, 김춘추 사후에 태종무열왕이라는 시호를 바친 것도 비슷한 맥락이었다. 692년(신문왕 12) 당에서 태종 무열왕의 묘호를 고칠 것을 요구했으나 완곡히 거절한 일도[74] 이런 분위기가 한껏 높아져 있어서 가능했다.

따라서 설령 운천동비에 四海라는 표현이 보인다고 가정해도 이상하지 않고, 天下라는 표현도 신라인이 저어하지 않고 쓸 수 있는 것이었다. 실제 「황복사석탑기」(706, 성덕왕 5)와 「백률사석당기」(818, 헌덕왕

---

70) 『삼국사기』 신문왕 4년 11월.

71) 693년(효소왕 2)에 長槍幢을 緋衿誓幢으로 개칭한 것은, 신문왕대에 이미 완비된 9개 군단의 명칭을 '~誓幢'으로 최종 통일한 마무리였을 뿐이다.

72) 『삼국사기』 권6, 문무왕 10년 7월, "遣沙湌須彌山 封安勝爲髙勾麗王."

73) 『삼국사기』 권7, 문무왕 14년 9월, "封安勝爲報德王."

74) 『삼국사기』 신문왕 12년.

10)에서 天下라는 표현을 찾을 수 있다. 이분법적 잣대로 당시 신라인의 세계관·영토관을 재단하면 곤란한 것이다. 더구나 海는 불분명한 글자이다.

天德과 流는 천덕이 흘러 퍼진다는 뜻으로 짐작된다. 그런데 천덕은 여러 갈래의 뜻을 가진다. 현실 帝王의 德化 또는 천지자연을 관장하는 하늘의 조화라는 뜻이다. 그래서 제왕의 덕화가 사방에 퍼진다는 해석도 가능하고, 하늘의 조화가 두루 미친다는 해석도 가능하다. 다만 불완전한 글자를 놓고 선뜻 판단하기는 어렵다.[75]

비석이 세워진 연대를 가늠하려면 불완전한 판독을 삼가고, 되도록 분명히 판단할 수 있는 내용을 기준으로 생각하는 것이 바람직하다. 그럴 때 중요한 것이 아래 내용이다.

9행 "竪鼓之場 … 交兵澡 …"는 (과거) 이곳이 전쟁터였으나 (이제는) 병기를 씻고 뭔가를 했다는 내용이다. 교전이 있었던 지역이라는 점만 놓고 보면 삼국 통일전쟁, 후백제와 태봉(고려)의 각축 모두를 상정할 수 있다. 이어서 10행의 "合三韓而廣地"와 "倉府充溢 民免飢寒之憂"라는 구절은 전란을 겪은 뒤에 삼한이 합쳐지고, 창고가 가득 차서 백성이 굶주림과 추위 걱정에서 벗어났다는 것이다. 이는 어느 시기에 해당할까?

고려인이 후삼국을 통일한 결과를 "땅을 넓혔다(廣地)"라고 표현한 경우가 없다. 이는 삼국통일 후에 청주 지역에 서원소경을 건설하며,[76] 사원이 함께 조성되는 분위기에 걸맞은 표현이다. 맞부딪치던 병기를 씻었다는 구절도 문무왕의 遺詔에서 "병기를 녹여 농기구를 만들었다"라는 표현[77]과 통한다. 그러나 고려 태조가 후삼국을 통일한 이후에 이런 분위기를 표현한 기록은 찾기 어렵다. 운천동비의 이런 구절들은 신라의 삼국통일과 그 결과를 표현했을 것이다.

창고가 가득 차서 백성이 굶주림과 추위 걱정에서 벗어났다는 것도 마찬가지이다. 굶주림과 추위는 『삼국사기』 문무왕 11년조에 실린 설인귀의 글과 문무왕의 답서에 언급된,[78] 통일전쟁기에 신라 백성이 겪은 어려움과 부합한다. 창고가 가득 찼다는 것도 문무왕 유조에 나오는 표현과 맞닿아 있다.[79] 그러나 후삼국 통일 후에 고려인이 이런 문투로 결과를 표현한 사례는 없다.

이 비석의 合三韓이란 표현과 관련하여, 三韓一統 의식은 9세기에 형성된 것이라 추정하기도 한다.[80] 그런데 「월광사 원랑선사비」(890년, 진성왕 4)에 태종 무열왕이 삼한을 一統하고 전쟁을 그쳐 재앙을 영구히 없앴다는 구절이 있지만, 이것이 삼한일통 의식이 이 무렵 형성되었음을 뜻하지는 않는다. 더 이른 시기의 기록인 『삼국사기』 김유신전에서도 "삼한이 일가가 되었다"라는 표현이 보이기 때문이다.[81]

---

75) 비문 전체의 분위기로 보아 帝王의 德化 쪽이 더 가능성이 커 보이지만, 비문 작성자가 참위설에 식견을 가졌음을 감안하면 선뜻 단정하기 어렵다.

76) 『삼국사기』 권8, 신문왕 5년, "三月 置西原小京 以阿湌元泰為仕臣 置南原小京 徙諸州郡民戶分居之."

77) 『삼국사기』 권7, 문무왕 21년 7월, "鑄兵戈爲農器."

78) 『삼국사기』 문무왕 11년 7월.

79) 『삼국사기』 권7, 문무왕 21년 7월, "倉廩積於丘山."

80) 윤경진, 2014, 「삼한 인식의 연원과 통일전쟁기 신라의 천하관」, 『동방학지』, 167.

81) 『삼국사기』 권43, 열전 제3 김유신하, "三韓爲一家." 이를 신라말의 표현으로 볼 수도 있겠지만, 통일 직후 신라인이 가졌던 생각으로 판단하는 것이 자연스럽다. 이런 사례들은 기존 연구에서 이미 언급되었지만 연구자마다 해석의 차이가 있다.

쇠퇴하던 신라 말에 새삼 삼한일통 의식을 표방할 이유가 없다. 「월광사 원랑선사비」는 오래전에 표방된 의식을 이어받은 것이고, 운천동비는 통일 직후에 표방된 삼한일통 의식을 드러낸 것으로 생각하는 것이 자연스럽다. 이 문제는 이 정도로만 언급하고, 연대 문제를 더 직접 판단할 만한 실마리를 비문 자체에서 짚어보려고 한다.

이 절은 언제 낙성되었고, 비석을 언제쯤 왜 세웠는가? 하는 질문에 대한 대답의 실마리는 비문 말미에 들어 있다. 띠풀로 이은 지붕 끝을 채 다듬지도 못하여 經(像)을 겨우 가릴 정도였다고 낮추어 말한 것은 686년 낙성 당시의 모습을 표현한 것이다. 이제는 제법 여러 가지를 갖추고서 비석을 세운다고 이야기하려는 선행 문장에 해당한다.

그러면 대대적으로 '중창'하며 비석을 세웠고, 그때가 고려 초기였을까?[82] 만약 그랬다면, 200여 년 뒤에 중창하면서 낙성된 해인 병술이라는 연간지까지 언급하고 그 당시에는 볼품이 없었다는 투로 표현할 이유가 없다. 비록 낮춘 표현이라 해도, 200여 년 동안이나 별다른 노력을 하지 않다가 중창할 때 와서야 낙성 당시의 초라함을 들먹일 수는 없기 때문이다. 낙성될 때는 번듯했으나 200여 년을 지나며 퇴락한 것을 이제 다시 단장했다는 투로 쓰는 것이 차라리 자연스럽다.

단편적이나마 비문 말미의 문맥을 자연스럽게 살펴서 판단할 필요가 있다. 비석을 세운 시점은 절이 낙성된 때로부터 시간상 그다지 멀지 않다고 생각하는 것이 합리적인 것이다. 그러면 686년으로부터 얼마나 떨어진 시점이었을까? 문맥상 멀리 떨어지지 않은 시점으로 짐작되지만, 비문 속의 다른 문구들을 실마리로 삼아 생각해보자.

비문에 나오는 河洛靈圖가 왕조의 창업과 관련된 예찬이라면, 이는 신라 왕조의 시작을 뜻할 수도 있고 김씨 왕계의 출발을 언급한 것일 수도 있다.[83] 아니면 삼국통일을 달성한 무열왕-문무왕 직계가 왕위를 잇던 새로운 분위기에 편승하여, 참위설에 식견을 가진 비문 작성자가 그렇게 표현했을 수도 있다. 어느 쪽이든 통일 이후의 신라 지배층이 이런 의식을 내세울 수 있는 분위기였고, 신라 말이나 고려 초기에 이런 분위기를 상정하기는 어렵다.

또 天德이 사방으로 퍼진다는 구절이 현실 제왕의 덕화를 칭송한 것이라 본다면, 이는 신라 국왕의 위상이 전례 없이 격상되던 때일 것이다. 그 기간은 무열왕 직계가 왕위를 이어가던 초기에 해당한다. 특히 "丹穴委羽之君"에 주목할 필요가 있는데, 이는 자기 나라의 과거 어느 왕이 아니라 비석이 세워질 당시의 임금을 가리킨다. 앞서 해석했듯이 이는 "봉황이 날개를 맡긴, 곧 하늘이 내린 임금", 또는 "위대한 先王이 국가를 맡긴 (현재) 임금" 등으로 풀이할 수 있다. 어느 쪽이든 국왕을 매우 드높인 표현이다.

여기에 해당할 만한 신라 국왕으로는 문무왕과 신문왕을 떠올리게 된다. 특히 문무왕은 유조에서 아래와 같이 당부했다.

---

82) 왕건의 즉위 초기에 발생한 반역에 청주 출신 林春吉이 가담하는 등, 청주인과 국왕 권력은 이후에도 우호적이지 않았다. 따라서 국왕이 청주 지역 사원을 적극 지원하는 분위기는 아니었다고 판단한다.

83) 「문무왕릉비」 앞면의 앞부분과 함께 15대조 星漢王에 대해 "降質圓穹 誕靈仙岳 肇臨…"이라고 한 것이 참고된다.

태자는 일찍이 자신의 밝은 빛을 쌓으며 태자 자리에 오래 있었다. 위로는 재상들부터 아래로 여러 관리까지, (죽은 사람을) 보내는 의리를 어기지 말고, (즉위하여 왕위에) 있는 사람을 섬기는 예를 빠뜨리지 말라. 종묘의 주인은 잠시라도 비울 수 없으니, 태자는 관 앞에서 바로 왕위를 이어라.[84] (『삼국사기』 권7, 문무왕 21년)

이렇게 문무왕은 태자(신문왕)에게 나랏일을 맡기며, 신하들에게도 예에 맞게 잘 섬기라고 당부했다. 이 구절은 운천동비의 '丹穴委羽之君'이란 표현과 맥락이 통한다. 이 절이 낙성된 때가 686년이고, 비석이 이후 멀지 않은 시점에 세워졌다면 위대한 국왕은 문무왕, 그 遺囑을 받은 왕은 신문왕이리라 상상할 수 있다.

신라는 685년에 서원소경을 설치하면서 여러 고을의 民戶를 나누어 살게 했다.[85] 청주 일원에는 왕경 6부 가운데 사량부 주민들도 이주해서 정착했다.[86] 국가 정책으로 소경을 설치하면서 사원도 함께 조성했을 것이며, 국왕을 비롯한 귀족들의 지원이 당연히 뒤따랐을 것이다.

서원소경이 설치된 이듬해인 686년에 이 사원이 낙성되었다. 소경 건설이 미리 계획된 것이라 해도, 1년 남짓한 기간은 사원 조성에 충분한 시간은 아니었을 것이다. 그래서 운천동비는 낙성 당시에 겨우 經(像)을 가릴 정도라고 표현했다. 이후 여러 佛事를 통해 제법 번듯한 면모를 갖춘 시점에 비석을 세웠다. 그 시점은 사원이 낙성된 지 수백 년이 지난 때가 될 수 없다. 낙성된 지 몇 년 이후인 신문왕대(재위 681~692)일 가능성이 가장 크다고 생각한다.[87]

V. 나머지 문제

삼국통일 후 신라는 685년에 5소경과 9주를 완비했다. 청주에는 서원경을 두어 여러 州郡의 주민을 옮겨 살게 했다. 이때 사원도 함께 조성했는데, 운천동비가 세워진 절은 686년에 낙성되었다. 운천동 절터의 사원이었을 가능성이 크다. 그런데 낙성될 당시에는 미비한 것이 많았고, 이후 몇 년간 여러 활동을 거쳐 번듯한 면모를 갖추었다. 이때 비석을 세운 것으로 추정된다.

비를 세운 때는 686년에 낙성된 몇 년 뒤인 신문왕대일 가능성이 크다. 운천동비에는 국왕의 위상이 매우 높은 상태였음을 드러내는 표현이 보인다. "봉황이 날개를 맡긴 임금"이란 표현이 대표적이다. 또 통일전쟁 이후의 분위기를 알려주는 "무기를 씻었다", "삼한을 합쳐 땅을 넓혔다", "재정이 넉넉해져 백성이 추위와 굶주림을 면했다"는 구절이 있다. 말미에는 사찰다운 면모를 갖추는 데 기여하고 좋은 가르침으로 尊

---

84) "太子早蘊離輝 久居震位 上從羣宰 下至庶寮 送徃之義勿違 事居之禮莫闕 宗廟之主 不可暫空 太子即於柩前 嗣立王位"

85) 『삼국사기』 신문왕 5년 3월.

86) 서원경 부근에는 왕경 沙喙部 사람들도 이주해 있었다(하일식, 2011, 「신라 왕경인의 지방 이주와 編籍地」, 『新羅文化』 38 참조).

87) 물러서서 추정해도 신문왕의 뒤를 이은 효소왕대를 넘지 않은 시점이 아닐까 한다.

崇받는 승려를 언급했고, 비석을 세우는 제자도 언급했다. 여러 측면에서 고려 초기에 맞지 않고, 통일 직후 신라 사회의 분위기에 어울리는 내용들이다.

이제 운천동비의 역사 환경과 관련된 의견을 덧붙이며 마무리하고자 한다. 운천동비의 연대 문제와 간접 관련된 것이며, 지금까지 연구가 간과했던 점이다. 남은 과제라고도 할 수 있겠다.

흥덕사지 출토 金鼓의 '甲寅五月日西原府興德寺'라는 명문이다. 발견 초기에 이들 유물을 검토한 미술사와 고고학 연구는 성종대에 12牧의 하나로 淸州牧이 설치되기 이전의 고려 유물이라고만 판단했다. 干支만 새겨진 유물의 연대도 이 기간에 맞추어 추정했다. 이는 府가 나말여초에 주요 지방세력의 거점에 주어진 명칭이라는 오래된 연구[88]에 바탕을 둔 추정이다.

그러나 1989년 연구로 신라 말에 府가 존재했음이 밝혀졌고 「보림사 북탑지」에 西原部가 나오는 것도 지적되었다.[89] 「정토사 법경대사비」 음기에서는 고려 초에 中原京이 中原府로 불렸던 것도 확인된다. 소경이 언제 府로도 불리기 시작했는지 정확히 짚기는 어려우나, 대략 8세기 말 이후로 추정한다. 최근 신라 말의 府에 관한 연구도 나오고 있다.[90]

'서원부흥덕사'라는 새김글이 있는 청동 금고는 신라 통일기의 유물일 가능성이 높다. '서원부'는 흥덕사가 속한 '제도상의 행정구역'이며, 나말여초의 짧은 시간대에 쓰인 명칭이 금고에 반영되었다고 보기 어렵다. 이 판단을 뒷받침하는 것이, 고려 후기 眞覺國師 慧諶(1178~1234)의 語錄에 보이는 '四月西原府思惱寺安居'라는 제목이다.[91] 이때는 淸州牧이란 명칭이 굳어진 지 오랜 시점이다. 아마 사뇌사가 있는 곳이 '제도상' 西原府로 불린 기간이 제법 오래되어 굳어진 까닭에, 이후로도 그 호칭 관행이 이어져서 '서원부 사뇌사'로 표현된 것으로 보인다.

물론 신라 말 이 지역 지방세력들이 독립한 뒤에 西原府를 칭했을 가능성도 완전히 배제하지는 못한다. 그러나 983년(성종 2) 12목이 설치될 때까지 겨우 수십 년간의 지명이, 慧諶이 활동하던 2세기가량 뒤까지 관행적으로 그리 불렸을까? 그렇게 생각하기는 어렵다. 『고려사』에는 이곳을 940년(태조 23)에 청주로 고쳤다고 했지만,[92] 그 이전부터 이미 청주로 불리고 있었다.[93] 또 고려 초기에 지방세력의 거점이 府로 불린 기록이 더러 있지만, 청주가 해당 지방세력과 결부되어 西原府로 불린 기록은 없다.

'서원부'라는 명칭이 보이는 시간적 하한은 870년이다.[94] 그 이전부터 제도상의 행정구역 명칭으로 그렇

88) 旗田巍, 1972, 「高麗王朝成立期の府と豪族 - 郡縣制度の性格の一端 - 」, 『朝鮮中世社会史の研究』, 法政大出版部(1960, 『法制史研究』10에 첫 게재).

89) 배종도, 1989, 「新羅下代의 地方制度 개편에 대한 고찰」, 『學林』 11, 연세대학교 사학연구회.

90) 조혜정, 2020, 「新羅 下代 府의 설치와 그 의의-後三國期 이전 사례를 중심으로-」, 『신라문화』 56; 최경선, 2021, 「府를 통해 본 9세기 신라의 지방제도 개편과 의미: 「月光寺圓朗禪師塔碑」의 사례를 중심으로」, 『한국문화』 94, 서울대 규장각 한국문화연구소.

91) 五臺山月精寺藏版, 1940, 『眞覺國師語錄』, 普濟社, p.40.

92) 『고려사』 권56, 지리1 양광도 청주목, "淸州牧…新羅神文王五年 初置西原小京…太祖二十三年 改爲淸州."

93) 『삼국사기』 권50, 궁예전, "秋七月 移靑州人戶一千 入鐵圓城爲京." 당시 기록들에는 淸州와 靑州가 섞여 나온다. 이후 태조 즉위 초의 철원성 반란 등에 '청주인'이 등장하며, 이들은 개경 천도 이후에 개경에서도 활동하고 있다.

게 불리고, 이후에도 제법 오랜 기간 이어졌길래 혜심의 어록에 관행의 殘滓처럼 '서원부 사뇌사'로 표현되었을 것이다. 그래서 흥덕사지에서 출토된 '서원부흥덕사'라는 명문을 가진 유물들은 흥덕사가 '제도상의 서원부'에 속해 있던 시기에 만들어졌다고 판단하는 것이 합리적이다. 금고의 甲寅년도 고려 초가 아니라 신라통일기일 가능성이 높다. 미술사 연구의 기존 추정을 다시 짚어볼 필요가 있는 것이다.

한 걸음 더 나아가 생각해야 할 것은, 흥덕사지 출토 금고의 명문 '改造'라는 표현이다. 지금까지 여기에는 주목하지 않았다. 이 금고는 이 사원에서 오랫동안 전해오다가 더 쓸 수 없게 된 여러 器物들을 녹여서 갑인년에 다시 만든 것이다.

이런 정황은 운천동 절터의 동종과 반자에도 적용된다. 이곳 출토 반자에도 '己巳六月~改造'라는 표현이 있다. 흥덕사지 출토 유물과 마찬가지로, 오랫동안 절에 전해오다가 못쓰게 된 기물들을 모아서 기사년에 다시 주조한 것이다. 그래서 함께 출토된 동종의 연대까지도 두루 재검토할 필요가 생긴다. 사원의 이력이 반자의 기사년보다 훨씬 소급될 수 있고, 더불어 동종의 추정 연대도 신라 말보다 소급할 여지가 있는 것이다.

이렇게 제안하는 구체적 근거는 사뇌사 유물들이 보여준다. 사뇌사 유물들은 사원의 佛器들이 얼마나 오랫동안 사용되었는가를 알게 한다. 연도가 분명한 유물들은 統化 15년(997), 太平 15년(1035), 太(泰)和 5년(1205) 등이다. 어느 한 시점에 긴급히 묻은 이 퇴장유물들은 직전까지 사용되던 것들이다. 그런데도 유물들의 시간 차가 200년이 넘는다. 만약 몽골 1차 침입 때 감추어진 것이었다면, 만든 지 200년이 훌쩍 넘는 물건과 최근 만든 것들이 동시에 묻힌 셈이다.

이렇게 운천동비 주변의 절터에서 출토된 유물들은 이들 사원이 운영된 연원이 나말려초보다 더 소급될 여지를 실증적으로 보여준다. 주변 사원들이 조성되어 운영되기 시작한 시기는, 출토 유물들보다 시간상 더 소급될 수 있다. 이런 측면까지 감안하여 운천동비를 종합적으로 판단해야 하는 것이다.

투고일: 2023.05.19.　　　심사개시일: 2023.05.19.　　　심사완료일: 2023.06.01.

---

94) "西原部小尹 奈末金遂宗"(「장흥 보림사북탑지」 870년, 경문왕 10)

참고문헌

1. 조사보고서, 도록

국립청주박물관, 1999, 『고려공예전』.

국립청주박물관, 2014, 『청주 思惱寺(금속공예)』.

국립청주박물관, 2014, 『청주 思惱寺(금속공예Ⅱ)』.

국립청주박물관, 2015, 『청주 思惱寺(금속공예Ⅲ)』.

국립청주박물관, 2018, 『청주 운천동』.

청주대학교 박물관, 1986, 『清州興德寺址』.

청주대학교 박물관, 1986, 『清州興德寺址:學術會議 報告書』.

청주시·청주고인쇄박물관·청주대학교박물관, 2005, 『흥덕사지의 어제와 오늘(흥덕사지 발굴 20주년 기념 학술회의)』.

忠清北道, 1985, 『清州雲泉洞寺址發掘調査報告書』.

2. 연구논문

신정훈, 2003, 「청주 운천동 신라사적비 재검토」, 『백산학보』 65.

윤경진, 2013, 「청주운천동사적비의 건립 시기에 대한 재검토」, 『사림』 45.

윤경진, 2014, 「삼한 인식의 연원과 통일전쟁기 신라의 천하관」, 『동방학지』 167.

윤경진, 2016, 「三韓一統意識의 성립 시기에 대한 재론-근거 자료에 대한 검토를 중심으로」, 『한국사연구』 175.

윤경진, 2019, 「신라의 영토의식과 삼한일통의식」, 『역사비평』 126.

윤경진, 2019, 「청주운천동사적비의 건립 시기와 건립 배경-최근 비판에 대한 반론과 추가 판독-」, 『한국사연구』 186.

이병도, 1983, 「서원 신라사적비에 대하여」, 『호서문화연구』 3.

임창순, 1983, 「청주 운천동 발견 신라사적비 淺見 二三」, 『호서문화연구』 3, 충북대 호서문화연구소.

전진국, 2016, 「三韓의 용례와 그 인식」, 『한국사연구』 173.

전진국, 2019, 「청주 운천동 신라사적비의 제작연대 검토」, 『한국사연구』 184.

차용걸, 1983, 「청주 운천동 고비 조사기」, 『호서문화연구』 3.

〈Abstract〉

Uncheon-dong Silla Stele's Historical Environment and Interpretation Proofreading

Ha, Il-Sik

Researchers have conducted their studies with the interpretation which was made when the Cheong-ju Uncheon-dong Silla Stele was first discovered. They've debated over the construction period and the content of the stele. But in order to use the basic data properly, I thought the interpretation needed rein-vestigation. First, I reviewed the temple sites and relics in this region where the stele was found.

The nameless Uncheon-dong temple and the Heungdeok Temple were managed during the Unified Silla Era and until the Goryeo Period. Relics dating when Seowon Minor Capital was called Seowon-pu were also found. Mostly Goryeo relics have been found at Sanae Temple site. This region's temples had a tradition of melting bronze and making it into bells and bowls since the Unified Silla Era. Metal type blocks were also made from Heungdeok Temple in the Goryeo Period.

I've proofread some letters and by reexamining the stele's content, I restored the situation at that time. In 686, a year after Seowon Minor Capital was established, a temple was built in Uncheon-dong. After several constuction activities, the temple's appearance became fully fledged, and the stele was built to commemorate this event. The inscription shows the sponsorship of the crown and praises the sancti-ty of the royal family. It also wrote, with the integration of Samhan they had expanded their territories, and their coffers became plentiful which made people free from cold and starvation, leading to peace and stability. The last part of the inscription mentions a monk who made the temple fully fledged and gave wise guidance, and also his disciples. So I assumed that this stele was built less than a generation from 686.

▶ Key words: Cheong-ju Uncheon-dong Silla Stele, Uncheon-dong Temple site, Heungdeok Temple site, Seowon Minor Capital, Sanae Temple

통일신라 김생의 행서 연구[*]

– 〈태자사낭공대사백월서운탑비〉에 근거하여 –

정현숙[**]

Ⅰ. 머리말
Ⅱ. 김생 행서의 다양성
Ⅲ. 왕희지 행서와의 비교
Ⅳ. 맺음말

〈국문초록〉

이 글은 김생의 진적에 가장 가깝고 그의 필의가 가장 잘 살아있는 고려 초의 집자비인 〈태자사낭공대백월탑비〉(954)를 통해 김생 행서의 특징과 왕희지 행서와의 동이를 살피고 비가 지닌 의의를 알아보기 위한 것이다.

첫째, 김생 행서의 특징을 살폈다. 〈낭공대사비〉 양면의 3,170여 자 가운데 절반 이상을 차지하는 행서도 해서처럼 동자이형의 기본 필법을 잘 지켰고 웅강무밀함을 잘 표현했다. 특히 후면에는 초서의 필의를 지닌 글자들도 있어 변화무쌍함이 절정에 이르렀다. 이는 김생이 행초서에 능통했음을 증명하는 것이다.

둘째, 〈낭공대사비〉와 왕희지의 집자비에서 동일한 행서 글자를 선별하여 동이를 살폈다. 왕희지 집자비는 건립 시기가 이른 〈집자성교서〉(672)와 〈흥복사단비〉(721)에 한정했다. 두 서가의 동일자를 비교한 결과, 주로 정방형 또는 편방형인 김생의 행서는 획간이 빽빽하여 주로 장방형으로 쓰여 소랑한 왕희지의 행서보다 더 웅강무밀함을 알 수 있었다. 이는 바탕이 된 해서가 달랐기 때문이다. 김생의 행서는 북위, 안진경, 고신라 해서에 근거하여 힘차고 변화무쌍한데, 이것이 절제되어 정연한 왕희지 행서와 구별되는 점이다.

이 연구는 김생으로 대변되는 8세기 신라의 행서는 중국의 행서와는 사뭇 다른 분위기를 지녔고, 이것이 신라 행서의 독창성임을 말해 준다. 그리고 한국 서가의 첫 집자비인 〈낭공대사비〉는 고려가 국초에 신라

---

* 이 논문은 2021년 대한민국 교육부와 한국연구재단의 지원을 받아 수행된 연구임(NRF-2021S1A5B5A17048286).
** 원광대학교 연구교수

의 서예문화를 계승했다는 증거이므로 그 서예사적 의의가 상당히 크다.

▶ 핵심어: 김생, 태자사낭공대사백월서운탑비, 전유암산가서, 왕희지, 집자성교서, 흥복사단비

I. 머리말

8세기 신라의 명필인 김생은 『삼국사기』에 傳이 있는 유일한 서예가다. 『삼국사기』 「김생전」에 隸書와 行草 모두 入神했다고 적혀 있고, 왕희지에 비견될 만큼 행초에 뛰어났음을 말해 주는, 고려가 송나라와 교섭할 때 일어난 일화가 있다.[1] 이 기록으로 김생이 행초에서 일가를 이루었음을 알 수 있는데, 조선 초기 목판본인 〈田遊巖山家序〉로도 그것이 입증된다.

〈太子寺朗空大師白月栖雲塔碑〉(이하 〈낭공대사비〉)는 고려 초인 954년 승려 단목이 김생의 글씨로 집자한 최초의 한국 서가 집자비다. 김생의 진적이 드문 가운데 그의 진적에 가장 가까운 이 비는 필자가 선행 연구에서 밝혔듯이 김생의 해서와 행서로 집자되었다.[2] 그의 해서기 북위풍, 안진경풍, 고신라풍에 근거했음을 이미 밝혔으니[3] 이 글에서는 그의 행서를 살피고자 한다.

먼저 〈낭공대사비〉에 쓰인 김생의 행서를 통해 그 글씨의 특징을 찾아볼 것이다. 다음으로 왕희지 행서와의 비교를 통해 동이를 살피고 거기서 도출된 김생 행서의 창의성을 드러내고자 한다. 이를 통해 중국 행서와는 구별되는 8세기 신라의 행서 사조를 알 수 있다. 결과적으로 〈낭공대사비〉는 고려가 국초에 신라의 서예문화를 계승했음을 보여 주는 증거이므로 그 서예사적 의의가 상당히 크다는 것을 알게 될 것이다.

II. 김생 행서의 다양성

김생 행서의 우월함은 조선의 비평가들이 모두 인정했다. 이수장(1661~1733)은 『묵지간금』에서 "내가 漢·魏 이래 모든 명필의 필결을 주워 모아 한 책으로 만들었는데, 우리 동쪽 나라를 돌이켜 생각하니 또 (명필에 해당하는) '그러한 사람'들이 있었다. 대개 신라, 고려로부터 천 수백 년 사이에 걸쳐 '왕가의 정맥'을 얻은 이는 오직 김생 한 사람뿐이었다. 그 나머지 안평, 석봉이 이를 이었다고 하겠다."[4]라고 했다. 이는 한

---

1) 『三國史記』卷48, 列傳8 金生, "自幼能書, 平生不攻他藝, 季踰八十, 猶操筆不休. 隸書行草皆入神. …… 至今往往有真蹟, 學者傳寶之. 崇寧中, 學士洪灌隨進奉使入宋, 館於汴京, 時翰林待詔楊球·李革, 奉帝勅至館. 書圖簇, 洪灌以金生行草一卷, 示之. 二人大駭曰, 不圖今日得見王右軍手書. 洪灌曰, 非是, 此乃新羅人金生所書也. 二人笑曰, 天下除右軍, 焉有妙筆如此哉. 洪灌屢言之, 終不信."

2) 정현숙, 2019, 「통일신라 金生의 서예-〈太子郎空大師白月栖雲塔碑〉에 근거하여-」, 『목간과 문자』 23, 한국목간학회.

3) 정현숙, 2022, 「통일신라 김생의 해서 연구-〈태자사낭공대사백월서운탑비〉에 근거하여-」, 『목간과 문자』 28, 한국목간학회.

4) 李壽長, 『墨池揀金』附 「大東筆家」, "余旣捃拓漢魏以來諸家筆訣爲一書, 而顧念吾東, 亦有其人. 蓋自羅麗, 累百千載之間, 得王家正

국 서예사에서 김생이 왕희지의 종주임을 강조한 것이다.

한편 이유원(1814~1888)은 『임하필기』에서 조선의 글씨를 晉體(왕희지체)와 蜀體(조맹부체)로 나누어 설명하면서 "우리나라의 글씨는 반드시 김생을 근본으로 삼는데, 글씨가 곱고 미려한 것이 많아 진체에 가깝다"[5]라고 하여 김생을 왕희지류로 보았다.

그러나 더 세밀하게 살펴보면 〈낭공대사비〉에 쓰인 김생의 행서에는 자유자재함과 거친 웅건함이 두드러진다(표 1). 이것은 정연하면서 유려한 왕희지 행서와는 다르다. 대부분 정방형인 글자, 과감하면서 거침없는 운필, 무위적 필법은 대부분 이 비에 사용된 웅건무밀한 김생의 북위풍 해서에서 비롯되었다.

표 1. 〈낭공대사비〉의 행서 글자

가(家)	가(可)	각(覺)	각(刻)	갈(褐)	감(感)	강(降)	개(皆)	개(開)	경(慶)
경(更)	계(啓)	고(考)	고(苦)	고(故)	고(高)	공(空)	공(共)	교(敎)	구(久)
구(九)	구(俱)	구(求)	국(局)	귀(歸)	규(規)	규(闚)	극(極)	근(根)	금(今)
급(汲)	기(豈)	기(氣)	기(機)	기(其)	기(記)	김(金)	념(念)	능(能)	다(多)
당(當)	덕(德)	도(到)	도(都)	등(等)	라(羅)	래(來)	려(麗)	력(歷)	렬(烈)
렴(斂)	령(靈)	령(令)	로(老)	로(路)	류(流)	리(理)	림(林)	립(立)	매(每)
명(明)	명(銘)	목(沐)	묘(妙)	미(未)	미(美)	방(方)	백(伯)	별(別)	병(屛)

脈者, 惟金生一人而已. 其餘安平石峯可以繼之."

5) 李裕元, 『林下筆記』 卷30, 「春明逸史·東國書體」, "我東之書, 必以金生爲本, 而多姸美近於晉."

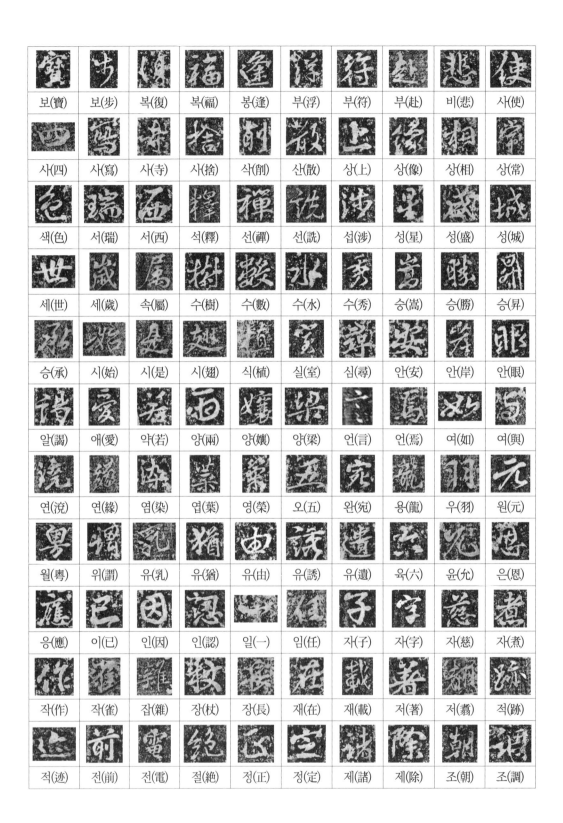

보(寶)	보(步)	복(復)	복(福)	봉(逢)	부(浮)	부(符)	부(赴)	비(悲)	사(使)
사(四)	사(寫)	사(寺)	사(捨)	삭(削)	산(散)	상(上)	상(像)	상(相)	상(常)
색(色)	서(瑞)	서(西)	석(釋)	선(禪)	선(詵)	섭(涉)	성(星)	성(盛)	성(城)
세(世)	세(歲)	속(屬)	수(樹)	수(數)	수(水)	수(秀)	숭(嵩)	승(勝)	승(昇)
승(承)	시(始)	시(是)	시(翅)	식(植)	실(室)	심(尋)	안(安)	안(岸)	안(眼)
알(謁)	애(愛)	약(若)	양(兩)	양(孃)	양(梁)	언(言)	언(焉)	여(如)	여(與)
연(浣)	연(緣)	염(染)	엽(葉)	영(榮)	오(五)	완(宛)	용(龍)	우(羽)	원(元)
월(粵)	위(謂)	유(乳)	유(猶)	유(由)	유(誘)	유(遺)	육(六)	윤(允)	은(恩)
응(應)	이(已)	인(因)	인(認)	일(一)	임(任)	자(子)	자(字)	자(慈)	자(煮)
작(作)	작(雀)	잡(雜)	장(杖)	장(長)	재(在)	재(載)	저(著)	저(羇)	적(跡)
적(迹)	전(前)	전(電)	절(絕)	정(正)	정(定)	제(諸)	제(除)	조(朝)	조(調)

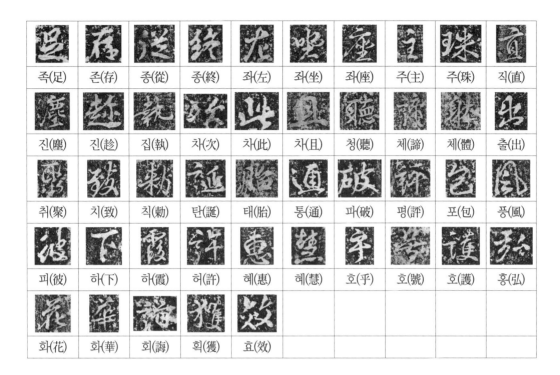

족(足)	존(存)	종(從)	종(終)	좌(左)	좌(坐)	좌(座)	주(主)	주(珠)	직(直)
진(塵)	진(趁)	집(執)	차(次)	차(此)	차(且)	청(聽)	체(諦)	체(體)	출(出)
취(聚)	치(致)	칙(勅)	탄(誕)	태(胎)	통(通)	파(破)	평(評)	포(包)	풍(風)
피(彼)	하(下)	하(霞)	허(許)	혜(惠)	혜(慧)	호(乎)	호(號)	호(護)	홍(弘)
화(花)	화(華)	회(誨)	획(獲)	효(效)					

이제 동일자를 모아 이러한 김생 행서의 특징을 구체적으로 살펴보자.

첫째, '高' 자다(표 2). 행서는 해서 필의가 있는 것과 흘림이 강한 것으로 나눠진다. 그러나 후면(후기)에서 하단으로 가기 위해 유난히 둥근 곡선을 구사한 것은 왕희지와는 다른 역동적이면서 독특한 운필이다.

둘째, '國' 자다(표 3). 전절은 원전이고 필세는 모두 향세다. 첫 획을 ㅣ 또는 ㄴ으로 표현하여 변화를 주었는데 ㅣ로 쓴 것은 안진경의 〈忠義堂帖〉에, ㄴ으로 쓴 것은 왕희지의 글씨에 보인다.

표 2. 〈낭공대사비〉의 '高' 자

전면	전면	전면	후면	후면

표 3. 〈낭공대사비〉의 '國' 자

전면	전면	전면	후면	후면

셋째, '來' 자다(표 4). 모든 글자에서 획의 굵기에 변화가 많아 웅건함과 날카로움이 공존한다. 획이 대부분 이어져 획의 변화가 많고 기운이 강하다. 마지막 글자에서 이런 특징이 두드러진다.

넷째, '無' 자다(표 5). 비문에만 사용된 글자는 대부분 정방형이다. 각 글자의 흘림의 정도, 획의 굵기, 획 간의 연결 정도, 획의 생략 정도가 다 다른 결구와 운필을 취해 그 분위기도 다양하다. 전체적으로 북위풍이 강하다.

표 4. 〈낭공대사비〉의 '來' 자

전면	전면	전면	전면	전면	전면	후면

표 5. 〈낭공대사비〉의 '無' 자

전면	전면	전면	전면	전면	전면

다섯째, '法' 자다(표 6). 氵와 去의 연결 부분에 筆痕이 끊긴 것과 노출된 것이 혼재되어 있다. 후면에는 모두 連筆이 드러나는데, 마지막 글자는 획과 연결 부분의 구분이 없어 곡선미가 돋보인다. 각 글자는 획의 굵기를 달리하여 변화를 주어 다양한 모습을 연출했다.

여섯째, '事' 자다(표 7). 결구는 모두 비슷하나 첫 획의 길이 그리고 方筆과 圓筆로 변화를 주었다. 유사한 듯 다른 다양한 모습은 김생의 유창한 운필을 잘 보여 준다.

표 6. 〈낭공대사비〉의 '法' 자

전면	전면	전면	전면	후면	후면	후면

표 7. 〈낭공대사비〉의 '事' 자

전면	전면	전면	전면	전면	전면	후면	후면	후면	후면	후면

일곱째, '尙' 자다(표 8). 전면(비문)보다 후면(후기)에 운필의 과감함과 유창함이 돋보인다. 특히 상부에서 하부로 가기 위한 연결 부분과 하부의 첫 획 사이의 여백은 독특한 공간 조성법이다. 후면의 앞 두 글자처럼 口를 굴려서 힘찬 원으로 쓴 것도 독특하다.

여덟째, '生' 자다(표 9). 결구와 필법이 전체적으로 유사하다. 그러나 첫 획의 길이와 行筆의 각도가 다르며, 중간의 둘째 가로획의 굴림을 직선, 반원 또는 원으로 달리 표현하여 단순한 글자에 변화를 주어 다양성을 추구했다.

표 8. 〈낭공대사비〉의 '尙' 자

전면	전면	후면	후면	후면	후면	후면

표 9. 〈낭공대사비〉의 '生' 자

전면	전면	전면	전면	전면	전면	전면	전면	전면	후면	후면

아홉째, '僧' 자다(표 10). 대부분 후면에서 사용되었다. 첫째, 둘째 글자의 曾 가운데 부분의 안을 × 모양으로 쓴 것이 독특하다. 후면에서는 亻의 직선미와 曾의 곡선미가 어우러진 유창한 운필이 돋보인다. 曾의 하부 曰에서도 변화를 주어 전체적으로 유사한 형태처럼 보이지만 그 속에 미세한 변화가 감지된다. 이런 과감하면서 대범한 결구도 김생 글씨의 특징이다.

열째, '深' 자다(표 11). 전면에만 6번 나오는데, 모두 행서지만 흘림의 정도가 조금씩 다르다. 氵을 다르게 표현하고, 그것과 우측 글자 사이의 여백을 달리하여 서로 다른 느낌이다. 절제된 행서에서 과감한 행서로 점차 변화되는 과정을 보여 준다.

표 10. 〈낭공대사비〉의 '僧' 자

전면	전면	후면	후면	후면	후면	후면	후면	후면

표 11. 〈낭공대사비〉의 '深' 자

전면	전면	전면	전면	전면	전면

열한째, '也' 자다(표 12). 전면과 후면의 마지막 획을 달리 표현했다. 전면의 글자는 절제미가 있고, 후면

의 글자는 자유자재하다. 각 글자의 連筆 부분이 조금 달라 색다른 느낌을 준다.

열두째, '於' 자다(표 13). 좌측은 해서의 필의가 있는 행서, 우측은 행서로 썼다. 특히 후면의 글자들은 좌우의 조합이 유창하고 능통하다.

표 12. 〈낭공대사비〉의 '也' 자

전면	전면	전면	전면	후면	후면	후면	후면

표 13. 〈낭공대사비〉의 '於' 자

전면	전면	전면	전면	전면	후면	후면	후면	후면	후면

열셋째, '遠' 자다(표 14). 辶을 ㄴ 모양으로 썼는데, 세로의 모양이 다양하고 가로는 윗부분보다 짧아 불안정하다. 해서처럼 통상 辶의 파책을 길게 하여 상부를 안정적으로 받쳐 주는데, 이것에 반하는 것이 辶이 사용된 김생 행서의 특징이다.

열넷째, '月' 자다(표 15). 후면에 더 많이 나온다. 행서 필의가 있는 북위풍 해서와 행서로 쓰였다. 특히 후면은 모두 행서인데, 반듯하게 선 '月'보다 비스듬히 누워 반달을 연상시키는 김생 특유의 '月'은 후면에서 더 많이 사용되었다. 이런 형태의 '月'은 어디에서도 없으므로 김생만의 고유한 글자라 해도 무방하다. 이런 이유로 복원된 경주 월정교의 〈월정교〉 현판 '月'에도 이 글자가 사용되었다.[6]

표 14. 〈낭공대사비〉의 '遠' 자

전면	전면	전면	전면	전면	전면	후면

---

6) 정현숙, 2018, 「김생과 최치원, 〈월정교〉로 부활하다」, 『먹의 배와 붓의 향기』, 다운샘.

표 15. 〈낭공대사비〉의 '月' 자

전면	전면	전면	전면	전면	후면	후면	후면	후면	후면

　　열다섯째, '爲' 자다(표 16). 시작 부분의 두 점을 떼기도 하고 잇기도 하고, 한 획으로 처리한 하부의 네 점은 점, 짧은 획, 긴 획의 다양한 형태로 표현하여 글자의 모습이 각양각색이다. '爲'는 김생의 행서가 얼마나 유창한지 잘 보여 주는 여러 글자 가운데 하나다.

　　열여섯째, '謂' 자다(표 17). 言에서는 점차 획을 간략하게 쓰는 것을 보여 주고, 우측 상부 田의 안을 ×로 변형한 것도 있어 이채롭다. 표 10의 '僧'과 같다. 다섯째 글자 우측 하부의 月에서 첫 획의 길이를 짧게 하여 안의 점과 더불어 ㄴ 모양인 것은 月이 부분으로 쓰일 때 김생 필법의 특징이다.

표 16. 〈낭공대사비〉의 '爲' 자

전면	전면	전면	전면	전면	전면	전면	후면	후면	후면

표 17. 〈낭공대사비〉의 '謂' 자

전면	전면	전면	전면	전면	전면	후면	후면

　　열일곱째, '有' 자다(표 18). 가로획과 삐침의 위치, 길이, 굵기, 기울기에 변화를 주고 月을 평세나 향세로 달리 표현했으나 전체 분위기는 비슷하다. 운필의 능통함이 두드러진다.

　　열여덟째, '人' 자다(표 19). 총 27번 중 전면에 17번, 후면에 10번 나온다. 해서와 행서의 구별은 파책에서 결정되는데, 후면에 행서가 훨씬 많다. 전면은 해서에서 행서로 변천되는 과정을, 후면 행서는 파격적 필법과 대담한 운필을 보여 준다. 두 획으로 구성된 간단한 글자지만 해서의 정연함과 절제미, 행서의 투박함과 강건미가 좋은 대비를 이룬다.

표 18. 〈낭공대사비〉의 '有' 자

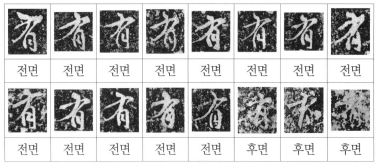

전면	전면	전면	전면	전면	전면	전면	전면
전면	전면	전면	전면	전면	후면	후면	후면

표 19. 〈낭공대사비〉의 '人' 자

전면	전면	전면	후면	후면	후면	후면	후면	후면	후면

　열아홉째, '者' 자다(표 20). 총 18번 중 전면에 9번, 후면에 9번 나온다. 대부분 행서인데, 해서에서 행서로의 변화 과정을 잘 보여 준다. 넷째 획인 삐침의 다양한 모습과 日의 직사각형, 상부가 넓은 모양, 삼각형, 비스듬히 누운 형태는 같은 서체에서 변화를 유도하는 요소로 작동한다.

　스무째, 靑이 사용된 '情', '精' 자다(표 21). 좌우가 가까워졌다 멀어지고, 바로 섰다 비스듬해지는 등 다양한 결구를 취했다. 특히 하부의 月은 개성이 넘친다. 정연함보다는 구애됨 없이 자연스럽고 편안한 마음으로 붓 가는 대로 썼다.

표 20. 〈낭공대사비〉의 '者' 자

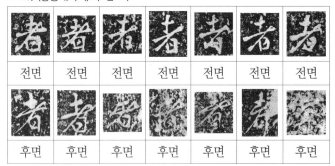

전면	전면	전면	전면	전면	전면	전면
후면	후면	후면	후면	후면	후면	후면

표 21. 〈낭공대사비〉의 '情 · 精' 자

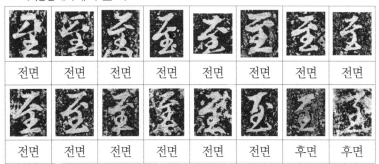

전면	전면	전면	전면	전면	전면	전면	전면

스물한째, '至' 자다(표 22). 힘찬 행서는 웅건한 북위풍 해서에 근거한 것이다. 2번 사용된 후면의 하부 土의 모습이 다르며, 아랫단 여섯째와 끝 글자에서 상부 획이 생략된 것은 다른 글자와 다르다. 특히 끝 글자의 굵기가 비슷한 가는 획이 주는 곡선미는 후면 글자의 특징이다.

스물두째, '海' 자다(표 23). 전체적으로 결구가 비슷해 유사한 느낌이지만, 氵는 운필의 속도감이 느린 것과 빠른 것이 구분된다. 여섯째, 일곱째 글자의 氵는 붓놀림이 빨라 유난히 힘차 보인다. 몇 글자는 氵와 每의 연필이 획처럼 연결되어 있어 그렇지 않은 글자들과 다른 느낌이다. 후면의 글자는 획이 가장 가늘고 부드럽지만 힘찬 기운이 있다.

표 22. 〈낭공대사비〉의 '至' 자

전면	전면	전면	전면	전면	전면	전면	전면
전면	전면	전면	전면	전면	전면	후면	후면

표 23. 〈낭공대사비〉의 '海' 자

전면	전면	전면	전면	전면	전면	전면	전면	전면	후면

스물셋째, '後' 자다(표 24). 글자의 형태가 다양하다. 좌측은 해서나 행서로, 우측은 행서로 써 한 글자에서 해서와 행서를 조합하기도 하고 거침없는 행서로 쓰기도 했다. 때로는 힘차게 때로는 날카롭게 써 변화를 주었다. 후면의 글자에는 이런 요소들이 다 들어 있다.

표 24. 〈낭공대사비〉의 '後' 자

전면	전면	전면	전면	후면	후면	후면

이상 23자에서 살폈듯이 〈낭공대사비〉의 김생 행서는 해서와 초서 필의를 아우르고 결구, 운필, 필법이 다양하고 변화무쌍하다. 집자인 단목이 동일자를 모두 다른 형태로 집자하여 김생 글자의 다양성을 더욱 도드라진다. 특히 전면보다 후면의 운필이 더욱 과감한 초서 필의를 많이 지녀 양면 글씨의 다름도 드러냈다. 이런 김생 행서의 독창성은 이 비에 쓰인 그의 해서와 그 맥을 같이 하여 서로 잘 어우러진다.

III. 왕희지 행서와의 비교

이 장에서는 김생과 왕희지의 행서를 비교하여 그 동이를 살핀다. 비교 대상인 왕희지 집자비는 당 고종 (재위 649~683)의 명으로 왕희지의 먼 후손인 승려 懷仁이 7세기 후반에 집자한 〈集字聖敎序〉(672, 그림

그림 1. 집자성교서, 672, 당

그림 2. 흥복사단비, 721, 당

그림 3. 금강경, 831, 당

1), 당 현종(재위 713~755) 때 승려 大雅가 집자한 8세기 전반의 〈興福寺斷碑〉(721, 그림 2)다. 당 문종(재위 827~840) 때인 9세기 전반에 세운 〈金剛經〉(832, 그림 3)은 대부분 이전 두 집자비에서 집자한 것이다. 따라서 〈낭공대사비〉와 〈집자성교서〉, 〈흥복사단비〉의 동일자로 김생과 왕희지 두 서가의 행서를 비교하겠다.

첫째, '開' 자다(표 25). 〈낭공대사비〉 좌우 두 세로획은 획이 굵은 배세고, 〈집자성교서〉와 〈흥복사단비1〉의 그것들은 획이 가는 평세다. 〈낭공대사비〉는 정방형이고, 〈집자성교서〉와 〈흥복사단비1〉은 장방형이다. 〈흥복사단비2〉만 좌우 두 세로획이 짧고 굵으며, 글자는 편방형이다. 門 안의 井은 〈낭공대사비〉만 편방형이고 두 세로획 사이 하단에 여백을 남기고 안쪽에 쓰인 점이 두 세로획과 같거나 더 길게 쓰인 왕희지의 두 비와 구별된다. 전체적으로 김생 글자의 획간이 빽빽하여 왕희지 글자보다 더 힘차다.

둘째, '高' 자다(표 26). '開'처럼 〈낭공대사비〉의 획은 굵고, 〈집자성교서〉와 〈흥복사단비〉의 획은 가늘다. 김생의 둘째 획 起筆은 圓筆이고 하단의 轉折은 圓轉이라 전체적으로 획이 가늘고 긴 왕희지의 글자보다 더 원만하면서 굳세다.

표 25. '開' 자 비교

낭공대사비	집자성교서	집자성교서	흥복사단비1	흥복사단비2

표 26. '高' 자 비교

낭공대사비	집자성교서	집자성교서	흥복사단비	흥복사단비

셋째, '歸' 자다(표 27). 〈낭공대사비〉 첫 획이 곡선이라 좌변의 형태가 둥글고 우변의 전절이 원만하여 글자가 향세로 보인다. 그리고 좌우변 사이에 여백이 있어 마지막 세로획을 무시하면 정방형이다. 반면 〈집자성교서〉와 〈흥복사단비〉는 상대적으로 좌우변이 직선에 가깝고 따라서 글자도 장방형에 가깝다. 전체적으로 왕희지의 글자는 필법에 충실하여 단조롭고 김생의 글자는 필법에 개의치 않아 변화무쌍하다.

넷째, '其' 자다(표 28). 〈낭공대사비〉의 상하 두 가로획이 두 세로획보다 길어 글자가 편방형이다. 반면 〈집자성교서〉와 〈흥복사단비〉는 두 가로획보다 두 세로획보다 더 길어 글자가 장방형이다. 두 서가의 차이가 이 글자에서 가장 확연하다.

표 27. '歸' 자 비교

낭공대사비	집자성교서	집자성교서	흥복사단비

표 28. '其' 자 비교

낭공대사비	집자성교서	집자성교서	집자성교서	흥복사단비

다섯째, '金' 자다(표 29). 〈낭공대사비〉는 상부 人이 투박하고 마지막 획인 가로획이 길어 안정감이 있다. 반면 〈집자성교서〉와 〈흥복사단비〉는 상부 人이 필법에 맞추어 대칭을 이룬다. 하단의 가로획들은 모두 짧아 人이 품고 있는 형상이다. 김생의 글자는 자유분방하고 왕희지의 글자는 절제미가 있어 대비를 이룬다.

여섯째, '德' 자다(표 30). 〈낭공대사비〉는 획이 굵고 우변에서 連筆의 곡선미가 두드러진다. 心의 폭이 좁고 왜소하여 우변은 전체적으로 상부가 커 불안정하다. 우변의 모습이 기괴한데 이런 형태가 김생 글자의 특징 중 하나이다. 반면 〈집자성교서〉와 〈흥복사단비〉는 획이 가늘고 획간이 성글어 시원스럽다. 우변의 心은 폭이 넓고 큼직하여 상하가 잘 어우러져 전체적으로 안정적이다.

표 29. '金' 자 비교

| 낭공대사비 | 집자성교서 | 집자성교서 | 흥복사단비 | 흥복사단비 |

표 30. '德' 자 비교

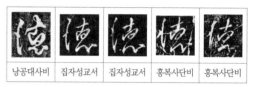

| 낭공대사비 | 집자성교서 | 집자성교서 | 흥복사단비 | 흥복사단비 |

일곱째, '林' 자다(표 31). 〈낭공대사비〉에서 첫 木의 가로획은 세로획을 5분의 2로 나누고, 둘째 木의 가로획은 세로획을 2분의 1로 나누어 각각 하단에 삐침과 파책이 몰려 있어 하단이 묵직하다. 또 첫 세로획보다 둘째 세로획의 길이가 더 길어 글자에 변화가 많다. 반면 〈집자성교서〉와 〈흥복사단비〉는 3분의 1 또는 4분의 1로 나누어 삐침과 파임이 시원하게 배치되어 있다. 또 첫 세로획과 둘째 세로획의 길이가 비슷하여 글자가 단조롭고 정형적이다. 결과적으로 김생의 필법이 왕희지보다 더 능숙하다.

여덟째, '明' 자다(표 32). 〈낭공대사비〉 日의 첫 획은 향세, 月의 鉤劃은 배세로 필세에 변화가 많다. 반면 〈집자성교서〉와 〈흥복사단비〉는 세로획이 모두 직선으로 쓰여 필세에 변화가 없고 단조롭다. 김생의 결구가 왕희지보다 더 노련하다.

표 31. '林' 자 비교

| 낭공대사비 | 집자성교서 | 집자성교서 | 흥복사단비 | 흥복사단비 |

표 32. '明' 자 비교

| 낭공대사비 | 집자성교서 | 집자성교서 | 집자성교서 | 흥복사단비 |

아홉째, '方' 자다(표 33). 〈낭공대사비〉의 둘째 획인 가로획이 유난히 길어 편방형이다. 반면 〈집자성교서〉와 〈흥복사단비〉는 획간이 성글고 둘째 획이 짧아 장방형이다. 대체로 편방형은 김생 글자의 특징이다.

열째, '福' 자다(표 34). 〈낭공대사비〉는 획이 굵어 획간이 빽빽해졌고, 示의 세로획이 짧아 글자가 정방형이다. 반면 〈집자성교서〉와 〈흥복사단비〉는 획이 가늘고 획간이 성글며, 示의 세로획이 길어 글자가 장방형이다. 왕희지의 글자는 疏朗하고, 김생의 글자는 雄强하다.

표 33. '方' 자 비교

| 낭공대사비 | 집자성교서 | 집자성교서 | 집자성교서 | 흥복사단비 |

표 34. '福' 자 비교

| 낭공대사비 | 집자성교서 | 집자성교서 | 집자성교서 | 흥복사단비 |

열한째, '使' 자다(표 35). 〈낭공대사비〉는 첫 획이 지나치게 길고 둘째 획은 상대적으로 짧다. 우변에서 긴 삐침의 곡선이 굽은 등처럼 보이는 것이 특이하고 마지막 획이 그 삐침보다 짧아 글자가 정방형이다. 좌우변의 여백이 빽빽하여 한 몸처럼 보인다. 반면 〈집자성교서〉는 향세인 좌우변의 여백이 넓어 성글며 별개의 글자로 보인다. 우변에서 마지막 획이 긴 삐침보다 아래로 처져있다. 〈흥복사단비〉는 삐침과 세로획이 길쭉하여 장방형이며 連筆이 분명하여 초서의 필법이 있다. 왕희지의 두 글자조차 전혀 다른 결구를 취하고 있다.

열두째, '常' 자다(표 36). 〈낭공대사비〉는 첫 획이 점처럼 45도로 기울어져 있다. 첫 획과 같은 위치에 쓴 마지막 획이 짧다. 획의 굵기에 변화는 많지만 글자는 흐트러짐이 없고 힘차다. 반면 〈집자성교서〉와 〈흥복사단비〉는 첫 획이 세로획으로 쓰였다. 획이 가늘고 획간이 성글어 시원스럽다. 중심에서 벗어난 마지막 획이 길어 글자가 장방형이다. 전체적으로 김생의 글자는 무밀하고 왕희지의 글자는 소랑하여 차이점이 분명하다.

표 35. '使' 자 비교

| 낭공대사비 | 집자성교서 | 흥복사단비 |

표 36. '常' 자 비교

| 낭공대사비 | 집자성교서 | 집자성교서 | 흥복사단비 | 흥복사단비 |

열셋째, '色' 자다(표 37). 〈낭공대사비〉는 첫 획인 삐침과 巴의 첫 획 가로가 길고, 마지막 획의 세로는 짧고 가로획은 길어 정방형이다. 巴 자체도 정방형이다. 반면 〈집자성교서〉와 〈흥복사단비〉의 상부와 하부는 모두 길쭉하여 장방형이다. 상술했듯이 대체로 자형이 정방형인 것이 김생 글자의 특징이다.

열넷째, '是' 자다(표 38). 〈낭공대사비〉는 획이 굵고 획간이 빽빽하여 웅강하다. 마지막 획인 파책이 삐침과 나란하여 글자가 정방형에 가깝다. 반면 〈집자성교서〉와 〈흥복사단비〉는 획이 가늘고 획간이 성글며, 미지막 획인 파책이 삐침보다 아래에 있어 글자가 장방형에 가깝다. 전체적으로 김생의 글자는 무밀하고 왕희지의 글자는 소랑하여 구별된다.

표 37. '色' 자 비교

낭공대사비	집자성교서	집자성교서	집자성교서	흥복사단비

표 38. '是' 자 비교

낭공대사비	집자성교서	집자성교서	집자성교서	흥복사단비

 열다섯째, '長' 자다(표 39). 〈낭공대사비〉의 가로획은 모두 길고 세로획은 모두 짧아 글자가 정방형이고, 〈집자성교서〉와 〈흥복사단비〉의 가로획은 모두 짧고, 세로획은 모두 길어 글자가 장방형인 점이 다르다. 전자는 획이 굵어 웅강하고, 후자는 획이 가늘어 瘦硬한 것도 차이점이다.

 열여섯째, '在' 자다(표 40). 〈낭공대사비〉의 첫 획은 굵고 길다. 이어진 삐침은 상대적으로 가늘다. 셋째 획은 다시 굵어지고 이어진 가로획은 그것보다 가는 우상향이고 이어진 세로획의 기필은 다시 굵어지고 마지막 획도 굵게 마무리했다. 반면 〈집자성교서〉와 〈흥복사단비〉는 모든 획이 가늘고 획간은 성글어 결구에 변화가 없다. 전체적으로 획의 굵기와 필법에 변화가 많은 김생의 글자가 더 노련하다.

표 39. '長' 자 비교

낭공대사비	집자성교서	집자성교서	흥복사단비	흥복사단비

표 40. '在' 자 비교

낭공대사비	집자성교서	집자성교서	흥복사단비	흥복사단비

 열일곱째, '朝' 자다(표 41). 〈낭공대사비〉의 좌변에서 하단의 세로획이 짧아 상부가 큼직하게 강조되었다. 우변은 좌변보다 아래에서 시작하여 하단은 좌변과 나란히 위치하여 하단이 강조되어 있다. 부조화인 듯한 좌우변이 잘 어우러져 조화를 이룬다. 반면 〈집자성교서〉와 〈흥복사단비〉는 가로획이 우상향이고 하단이 시원하여 정형화된 표준 필법에 해당된다. 김생과 왕희지의 결구는 확연히 다르다.

 열여덟째, '出' 자다(표 42). 〈낭공대사비〉의 가로획은 길고 세로획은 짧아 글자가 정방형이고, 상부의 기필이 강조되어 있다. 반면 〈집자성교서〉와 〈흥복사단비〉는 가로획이 짧고 세로획은 길어 글자가 장방형이고, 획의 굵기가 같거나 오히려 收筆이 강조되어 있다. 김생과 왕희지의 필법은 확연히 다르다.

표 41. '朝' 자 비교

낭공대사비	집자성교서	집자성교서	흥복사단비	흥복사단비

표 42. '出' 자 비교

낭공대사비	집자성교서	집자성교서	흥복사단비	흥복사단비

열아홉째, '許' 자다(표 43). 〈낭공대사비〉는 기필의 강하고 상부가 강조되어 있다. 마지막 획이 좌변 세로 획이 짧아 우변의 끝과 나란하여 정방형에 가깝다. 반면 〈집자성교서〉와 〈홍복사단비〉는 획이 가늘고 획간은 성글어 글자가 소랑하고, 마지막 획이 길게 쓰여 글자가 장방형이다. 김생과 왕희지 글자의 차이점이 분명해 보인다.

스무째, '乎' 자다(표 44). 〈낭공대사비〉는 획이 굵고 획간이 빽빽하고 두 가로획의 기필과 수필이 굵게 강하다. 첫 획부터 마지막 획까지 모두 힘차다. 반면 〈집자성교서〉와 〈홍복사단비〉는 상대적으로 가로획이 가늘고 획간이 성글며, 마지막 획도 상대적으로 길어 전체적으로 시원스럽다. 전체적으로 두 서가 글자의 분위기가 표 42의 '出'과 유사하다.

표 43. '許' 자 비교

낭공대사비	집자성교서	홍복사단비

표 44. '乎' 자 비교

낭공대사비	집자성교서	집자성교서	홍복사단비	홍복사단비

이상 20자의 비교에서 보듯이 〈낭공대사비〉의 김생 행서는 〈집자성교서〉나 〈홍복사단비〉의 왕희지 행서와는 확연히 다르다. 대부분 정방형인 김생의 글자는 획이 굵고 획간이 빽빽하며 결구에 변화가 많다. 반면 주로 장방형인 왕희지의 글자는 획이 가늘고 획간이 성글며 결구에 변화가 없어 단조롭다. 김생 글자의 웅강무밀함과 변화무쌍함은 필자가 선행 연구에서 밝혔듯이 주로 〈낭공대사비〉에 쓰인 그의 북위풍 해서, 부분적으로 안진경풍과 고신라풍 해서에 근거한 것이다.[7] 상대적으로 소랑한 왕희지의 행서와는 유사성이 거의 없으니 〈낭공대사비〉의 행서는 뿌리가 있는 김생 행서의 독창성이라 해도 무방하다.

IV. 맺음말

8세기에 활동한 통일신라의 명필 김생의 글씨로 집자한 〈낭공대사비〉는 고려의 명필 행서 집자비로는 두 번째 비다.[8] 『삼국사기』에 고려 사신이 명나라에 가져간 김생의 첩이 왕희지와 비견된 일화로 인해 〈낭공대사비〉에 사용된 김생의 행서가 왕희지풍이라고 인식되어 있었다.

---

7) 정현숙, 2019, 앞의 논문; 정현숙, 2022, 앞의 논문.
8) 특정 서가의 글씨도 아니고, 서체도 다른 고려의 두 번째 집자비가 있다. 이것은 〈진공대사비〉 건립 다음 해에 세워진 〈명봉사경청선원자적선사릉운탑비〉(941)다. 해서로 쓰인 비문은 선사의 문하인 □裕가 古書에서 집자했다. 고려 초의 비문에 구양순풍 해서가 많이 사용되었음에도 불구하고 □裕는 고서에서 웅강무밀한 북위 해서를 선택했다.

그러나 이 글을 통해 김생의 웅강무밀하고 변화무쌍한 행서는 소랑하고 절제된 왕희지 행서와 접점이 거의 없음을 알 수 있다. 이는, 비록 김생이 왕희지를 배웠다 하더라도 그 행서는 왕희지를 그대로 따르지 않고 오히려 자신이 구사한 북위풍, 안진경풍, 고신라풍 해서에 뿌리를 두었기 때문이다. 이것이 김생 글씨의 독창성이요 통일신라 행서의 특징 중 하나이기도 하다. 따라서 『삼국사기』의 일화는 김생이 書聖 왕희지만큼 뛰어났음을 말해 주는 것이다. 그래서 그를 海東書聖이라 부르게 되었다.

왕희지 집자비로 고려 초에서 가까운 9세기 후반에 건립된 통일신라의 〈사림사홍각선사비〉(886)가 있다. 그런데 왕희지가 아닌 8세기 김생의 글씨가 국초인 10세기 중반의 고려 집자비에서 소환된 이유는 무엇일까. 『삼국사기』에 의하면 고려 학자들이 김생의 글씨를 보배로 여겼고, 『고려사』에 의하면 김생의 글씨를 송나라로 가져간 학사 洪灌은 이전에 김생의 글씨를 열심히 공부했다. 이는 고려 전기까지 김생의 진적이 전해졌음을 말하는 것으로, 그의 글씨가 고려 문인들 사이에서 애호되었음을 알 수 있다. 김생의 글씨를 즐긴 홍관은 그 글씨에 대한 자부심이 대단했을 것이며, 그런 이유로 김생의 글씨를 송나라 문인들에게 보였을 것이다. 결과적으로 김생은 宋人들에 의해 왕희지 정도의 명필로 인정받았다.

고려의 첫 행서 집자비는 당 태종의 글씨를 집자한 〈흥법사진공대사비〉(940)다. 태종은 왕희지를 흠모하여 그의 글씨를 열성적으로 수집하고 배웠다. 그러나 태종이 쓴 〈진사비〉와 〈온탕비〉의 변화무쌍함과 웅강함은 정통서법에 충실하여 정연한 왕희지 글씨와는 차원이 다르다. 『삼국사기』에 의하면 〈진사비〉와 〈온탕비〉의 탁본은 648년에 신라에 입수되었다. 고려의 첫 집자비가 당 태종의 것이라는 사실은 신라 때 들여온 그의 글씨가 고려조까지 잘 보존되었다는 것을 말한다.

이처럼 고려 초의 두 행서 집자비 글씨는 웅강함이라는 공통점이 있다. 통일신라가 그러했듯이 후삼국을 평정하고 마침내 통일 왕조를 이룩한 고려는 국초에 강건한 왕권을 확립하는 것이 가장 시급한 과제였다. 그런 의미에서 왕희지보다는 당 태종이나 김생의 글씨가 그들의 정치의식에 더 부합했을 것이다. 동서고금을 막론하고 가장 말단의 영역인 문화예술은 정치 상황과 궤를 같이했으니 고려의 서예도 그랬다는 것을 집자비 문화를 통해 알 수 있다.

보존 상태가 온전한 〈낭공대사비〉는 한국 서가의 첫 집자비라는 사실만으로도 그 가치가 상당히 크다. 더불어 거기에 사용된 글씨도 해동서성 김생의 독창성을 잘 드러내고 있으니 이것이 고려가 국초에 신라의 서예문화를 계승한 이유 중 하나일 것이다.

투고일: 2023.05.04.   심사개시일: 2023.05.23.   심사완료일: 2023.06.01.

참고문헌

1. 원전

『高麗史』

『三國史記』

『墨池揀金』(李壽長)

『林下筆記』(李裕元)

2. 단행본

강유위 저/정세근·정현숙 옮김, 2014, 『광예주쌍집 상·하』, 다운샘.

로타 레더로제 저/정현숙 옮김, 2013, 『미불과 중국 서예의 고전』, 미술문화.

미술문화원, 1983, 『書道大字典 上·下』.

西林昭一, 1987, 『集字聖教序: 東晉 王羲之』, 東京: 二玄社.

西林昭一, 1996, 『興福寺斷碑: 東晉 王羲之』, 東京: 二玄社.

정현숙, 2016, 『신라의 서예』, 다운샘.

정현숙, 2018, 『삼국시대의 서예』, 일조각.

정현숙, 2022, 『통일신라의 서예』, 다운샘.

3. 논문

김수복, 2015, 「김생 서예의 형태미 연구」, 대전대학교 대학원 석사학위논문.

박맹흠, 2010, 「김생의 〈太子寺郎空大師白月栖雲塔碑〉 서풍 연구」, 원광대학교 동양학대학원 석사학위논문.

성인근, 2007, 「〈白月棲雲塔碑〉의 전래과정과 전승유형」, 『서예학연구』 10, 한국서예학회.

이미경, 2008, 「김생 서예 연구」, 『서예학연구』 12, 한국서예학회.

이완우, 1998, 「統一新羅 金生의 筆蹟」, 『선사와 고대』 11, 한국고대학회.

이호영, 1998, 「金生의 墨痕과 足跡에 대하여」, 『선사와 고대』 11, 한국고대학회.

정현숙, 2018, 「김생과 최치원, 〈월정교〉로 부활하다」, 『먹의 배와 붓의 향기』, 다운샘.

정현숙, 2019, 「통일신라 金生의 서예-〈太子寺郎空大師白月栖雲塔碑〉에 근거하여-」, 『목간과 문자』 23, 한국목간학회.

정현숙, 2022, 「통일신라 김생의 해서 연구-〈태자사낭공대사백월서운탑비〉에 근거하여-」, 『목간과 문자』 28, 한국목간학회.

⟨Abstract⟩

A Study of the Running Script by Kim Saeng in the Unified Silla Period
-Based on *Nanggong-daesa Stele*-

Jung, Hyun-sook

The one reliable work by Kim Saeng(金生), who is the most famous one among all the Korean calligraphers, is *Nanggong-daesa Stele*(郎空大師碑) with his original brush touch. The characters on the stele were written in the regular and running scripts of Kim collected by Monk Danmok(釋端目).

This study is to search for the characteristic of Kim's running script on the stele and the meaning of the stele. From the research, I found out the followings.

First, Kim wrote the same characters in the running script on the both sides of the stele in the different shapes like his regular script. Especially, the characters on the back side was written in the brush touch of the grass script. Such running script of Kim is harmonious with the similar mood of his regular script on the stele.

Second, I compared the characters of Kim Saeng with those of Wang Xizhi(王羲之) in the running script. To do so, I collected the same characters in the running script of Kim on *Nanggong-daesa Stele* and Wang on *Jizi Shengjiaoxu*(集字聖教序) and *Xingfusi Stele*(興福寺碑) of the T'ang period.

As a result, I found out that the shape of Kim's characters is square, and that of Wang's characters is long rectangular. Accordingly, Kim's characters are more denser and thicker than those of Wang. The reason for the difference is that the regular script based is different. Kim's running script is originated from his regular script mostly in the Northern Wei, Yan Zhenqing(顔眞卿) of the T'ang, and the old Silla styles. The difference is the characteristic of Kim's calligraphy and creativity of Silla calligraphy in the 8th century.

▶ Key words: Kim Saeng, Nanggong-daesa Stele, Geonyuam Sangaseo, Wang Xizhi, Jizi Shengjiaoxu, Xingfusi Stele

태안사 적인선사비의 사본 계통과 비문 교정[*]

- '碑末'의 기록과 관련하여 -

이일규[**]

I. 계통 분석과 校正의 필요
II. 비문의 여러 사본과 그 계통
III. 비문의 교정과 '碑末' 문제
IV. 나머지 문제

〈국문초록〉

적인선사비의 비문을 옮긴 여러 사본을 살폈는데, 그 계통을 크게 두 그룹으로 분류할 수 있다. '비말'의 기록은 서로 다른 계통의 저본에서 전해지고 있어, 그 사료적 신빙성이 제고된다. 또한 새로 확인된 태안사 소장의 『혜철국사비명』을 비롯하여 '비말'의 내용을 포함하고 있는 기록들을 검토하였다. 그 결과 '비말'은 적인선사비의 앞면 말미에 새겨졌던 내용으로 추정된다. 나아가, 광자대사 당시 태안사가 왕건으로부터 토지를 하사받을 때 이와 같은 기록이 사세 복원의 근거가 되었을 가능성도 상정된다. 한편 적인선사비의 여러 사본과 '비말' 관련 텍스트들을 살피는 과정에서, 비문에 대한 교정도 아울러 진행하였다.

▶ 핵심어: 적인선사비, 적인, 혜철, 태안사, 비말

I. 계통 분석과 校正의 필요

2019년 말 전남에서, 그동안 현존하지 않는다고 알려졌던 신라 통일기의 비석이 확인되었다.[1] 곡성 泰安寺에서 桐裏山門을 열었던 신라 말의 고승인 寂忍禪師 惠哲(785~861)의 비로, 원래 872년(景文王 12)에

* 이 논문은 2021년 대한민국 교육부와 한국연구재단의 지원을 받아 수행된 연구임(NRF-2021S1A5B5A17048815).
** 연세대학교 사학과 박사과정

세워졌는데 17세기 중후반 어느 즈음 쓰러진 이후로는 어떻게 되었는지 분명히 알려진 바가 없었다.[2]

물론, 비석 자체의 행방은 묘연했어도 일찍이 필사본으로 비문이 전해져 오고 있었기에 내용에 대한 검토가 불가능한 것은 아니었다. 불교사 분야에서 혜철과 동리산문에 관한 그간의 연구 성과가 적지 않게 축적된 것에서도 알 수 있다.[3] 그런데 불교사만큼이나 사회경제사 분야의 연구자들에게도 적인선사비는 중요한 사료로 주목받아 왔는데, 이는 비문에 포함된 독특한 내용 때문이었다.

필사본 비문에 따르면 적인비의 말미에는 '碑末' 두 글자로 시작하는 내용이 있다. 여기에는 태안사의 재산 목록을 비롯한 사찰의 사정이 구체적으로 적혀 있어, 당시 사원의 존재 양상뿐 아니라 신라 말의 사회경제상까지 엿볼 수 있는 귀중한 사료가 되었다. 이를 통해 통일기 사찰의 규모나 대토지 소유, 또 신라 귀족층의 경제 기반에 관한 연구가 이루어져 왔고,[4] 당대 소금 생산시설의 존재나,[5] 結負制 사용의 근거가 되기도 했다.[6]

그런데 이 '비말'의 기록이 정말 적인선사비의 내용이 맞는지에 대해 끊임없이 이견이 제기되었다. 적지 않은 연구자가 이를 廣慈大師 允多(864~945) 때의 기록으로 보거나,[7] 아예 그보다 뒤인 13세기의 것으로 판단하기도 한다.[8] 결국 지금 시점에서 '비말'을 토대로 신라 말의 사회상을 그려내기란 사료 비판의 차원에서 부담이 따를 수밖에 없다. 이처럼 '비말' 기록이 갖는 사료적 중요성을 생각한다면, 그 실체를 다시 분명하게 밝힐 필요가 있다.

새로 확인된 원래의 적인선사비를 직접 보고 판단할 수 있으면 최선이겠지만, 비면의 파손과 마멸이 심해 극히 일부 글자만 판독이 가능한 상태다. 이러한 까닭에 앞서 비를 재발견하여 보고한 최근의 연구에서는, 실제 비석의 길이를 측정한 후 글자가 들어갈 공간과 여백을 계산해 '비말'이 적인비 앞면 말미에 새겨졌다고 추정했다.

아울러 비면 말미에 남아있는 글자가 '비말'의 것과 일치한다는 것도 함께 제시하면서,[9] 통설대로 '비말'

1) 이일규·남혜민, 2020, 「태안사 적인선사비의 이수(螭首)와 '비말(碑末)'에 관하여」, 『역사와 현실』 117, pp.279-281.

2) 이러한 탓에, 여러 금석문 자료집에서도 이 비의 소재를 불명으로 두고 있다. 한국고대사회연구소 편, 1992, 「大安寺寂忍禪師塔碑」, 『譯註 韓國古代金石文Ⅲ』, 가락국사적개발연구원, p.32 참고. 지금 경내에 세워져 있는 적인비는 1928년에 새로 건립한 이른바 '新碑'이다.

3) 대표적 연구로는 다음이 참고된다. 최병헌, 1972, 「신라하대 선종구산파의 성립」, 『한국사연구』 7; 김두진, 1988, 「나말여초 동리산문의 성립과 그 사상」, 『동방학지』 57; 추만호, 1988, 「羅末麗初 桐裏山門」, 『先覺國師道詵의 新硏究』, 영암군; 조범환, 2006, 「新羅 下代 慧徹 禪師와 桐裏山門의 개창」, 『민족문화논총』 34 등.

4) 주요 연구 사례를 들면 다음과 같다. 김창석, 1991, 「통일신라기 田莊에 관한 연구」, 『한국사론』 25, 서울대학교 국사학과; 김기섭, 1992, 「新羅 統一期 田莊의 經營과 農業技術」, 『신라문화제학술발표논문집』 13; 김두진, 1999, 「新羅下代 禪宗山門의 社會經濟的 基盤」, 『한국학논총』 21, 국민대 한국학연구소 등.

5) 권영국, 1985, 「14세기 權鹽制의 成立과 運用」, 『한국사론』 13, 서울대학교 국사학과, p.15.

6) 이우태, 1992, 「新羅의 量田制」, 『국사관논총』 37, p.33-34.

7) 고경석, 1992, 「三國 및 統一新羅期의 奴婢에 대한 고찰」, 『한국사론』 28, 서울대 국사학과, p.34; 이병희, 1992, 「三國 및 統一新羅期 寺院의 田土와 그 經營」, 『국사관논총』 35, p.136; 박남수, 1996, 『新羅手工業史』, 신서원, pp.84-87.

8) 노명호 외, 2000, 「大安寺形止案」, 『韓國古代中世古文書硏究 (上)』, 서울대학교출판부; 최연식, 2013, 「高麗 寺院形止案의 復元과 禪宗寺院의 공간 구성 검토」, 『불교연구』 38.

의 기록은 신라 통일기의 모습을 보여주는 사료인 것으로 판단하였다. 그러나 이렇듯 비석 자체에 대한 정밀한 분석이 이루어졌음에도 논란이 충분히 해소되었다고 보기는 어렵다. 다른 측면에서 이 문제에 접근할 수는 없을까.

애초에 '비말' 기록의 실재 여부가 논란이 되었던 까닭은, 대표적인 비문 사본 간의 기재 양상이 서로 합치하지 않는 데에 있었다. 주로 활용되어 온 『朝鮮金石總覽』과 『泰安寺誌』를 보면, 『총람』은 적인비 말미에 '비말'을 기록한 반면, 『태안사지』에는 그러한 기록이 없는 대신 비슷한 내용이 광자대사 때의 사정으로 작성되어 있다. 곧 '비말'의 실재를 전하는 것은 『총람』 하나뿐이었던 셈이다.

그런데 이외에도 비문과 '비말'을 옮겨 적은 기록이 존재한다는 사실은 그동안 주목받지 못했다. 이 중에는 『조선금석총람』보다 이전에 작성되어 '비말'까지 수록한 사본도 있다. 특히 『총람』과 비교해 이체자나 글자 차이가 적지 않게 나타나므로 세심한 재검토가 필요하다. 이러한 사본이 『총람』과 다른 계통의 저본을 취했던 것은 아닐까 생각되기 때문이다. 만약 그렇다면 '비말'은 복수의 전거를 갖게 되는 셈이고, 사료로서의 신빙성도 제고될 수 있을 것이다.

이를 확인하기 위해서는 먼저 적인선사비의 비문을 수록한 여러 사본을 비교·검토해, 현존하는 사본들이 어떤 저본을 바탕으로 성립되었는지 정리할 필요가 있다. 설령 그 저본이 현재 남아있지 않더라도, 최소한 어떤 사본들이 하나의 유사한 그룹으로, 곧 같은 계통으로 묶일 수 있는지는 파악할 수 있다. 이 과정에서 사본 간 글자 차이를 비교하여 비문의 교정 작업도 더불어 진행할 것이다.

기존에도 몇몇 논고나 자료집에서 비문 교감을 시도한 바 있지만, 이러한 문제의식을 갖고 진행된 것은 아니었다. 그렇다 보니 같은 저본을 이용한 자료끼리 비교하는 등, 교감으로서 큰 의의를 두기 어려운 경우도 더러 있었다. 이 글에서는 논지 전개 과정에서 사본의 계통을 고려하며 교정한 비문을 함께 제시할 것이다.

또한 기존 연구의 경우 비문의 분석을 위한 기초 자료가 제한적이었다. 지금이라면 재발견된 원래의 비에서 판독된 몇몇 글자도 활용할 수 있고, 아직 학계에 제대로 보고되지 못한 태안사의 다른 사찰 기록도 확보하여 참고해야 한다. 이렇게 적인선사비의 여러 사본을 비교·검토하여 교정하는 한편 계통을 세워 저본의 모습을 찾아나간다면, 논란이 되는 '비말' 기록의 전거와 신빙성 문제도 현재의 막연한 이해와 다소 달라질 수 있지 않을까 한다.

II. 비문의 여러 사본과 그 계통

1. 사본의 종류와 출전, 특징

지금까지 알려진 논저나 자료집에서 적인선사비의 비문을 옮겨 적은 것은 〈표 1〉처럼 여럿 확인된다. 이

---

9) 이일규·남혜민, 2020, 앞의 논문, pp.287-290.

표 1. 적인선사비 비문을 수록한 논저 및 자료집

연번	연 대	편저자	출 전	비 고
①	1919	조선총독부	『朝鮮金石總覽 上』	A그룹
②	1934	鮎貝房之進	『雜攷』6-上	
③	1979	조동원	『韓國金石文大系 卷一』	
④	1984	허흥식	『韓國金石全文 古代』	
⑤	2009	박혜범	『동리산 사문비보』	
⑥	1993	이지관	『校勘譯註 歷代高僧碑文 新羅篇』	
⑦	~1757	?	『慧徹國師碑銘』	B그룹
⑧	1927~	?	『泰安寺誌』(『桐裡山泰安寺事蹟』)	
⑨	1915	稻田春水	『佛教振興會月報』5	
⑩	1918	이능화	『朝鮮佛教通史 上』	
⑪	1992	김영태	『三國新羅時代佛教金石文考證』	C그룹
⑫	1992	김남윤	『譯註 韓國古代金石文 Ⅲ』	
⑬	2009	김아네스	『지리산권의 금석문』	
⑭	1995	국사편찬위원회	『韓國古代金石文資料集 Ⅱ』	

들의 계통을 본격적으로 분석하기에 앞서, 그 출전과 특징을 하나씩 살펴보려고 한다. 뒤에서 다시 확인하겠지만, 특히 현대에 만들어진 것들은 기존의 사본을 그대로 가져와 수록한 것이기 때문이다.

그런데 비문을 거듭 베껴가며 또 다른 사본, 사본의 사본이 만들어질수록, 그 과정에서 잘못이 바로잡히기보다는 오식이 늘어나는 경우가 더 많다. 따라서 모든 자료를 마구잡이로 가져다 동등하게 놓고 검토와 교정의 대상으로 삼기보다는, 먼저 의미 있는 사본을 적절히 추려내는 과정을 거치는 편이 합리적일 것이다.

가장 잘 알려진 『조선금석총람』을 시작으로, 적인선사비의 비문이 실린 자료를 하나하나 살펴보자. 논지 전개의 편의와 가독성을 위해, 사본 종류 ①~⑭의 나열 순서는 후에 분석한 계통을 미리 반영하였다.

① 『조선금석총람』 (조선총독부 편, 1919 … 이하 『총람』으로도 약칭)

직접 비를 확인할 수 없었던 탓인지, 『총람』에서 적인선사비의 비문은 新羅期 금석문의 '附錄' 중 하나로 실려있다.[10] 첫머리에는 "全羅南道求禮郡馬山面黃田里華嚴寺藏寫本二依ル"라 하여, 구례 화엄사가 소장하던 사본에 따른 것임을 밝히고 있다.

---

10) 조선총독부 편, 1919, 「大安寺寂忍禪師照輪淸淨塔碑」, 『朝鮮金石總覽 上』, pp.116-120.

화엄사 소장본은 현재 그 존재를 확인할 수 없는 자료지만,[11] 『총람』이 이를 비교적 충실하게 옮겼던 것이 아닐까 짐작되는 부분이 있다. 다른 선사비에서도 확인되듯이, 문장 중에 국왕 등이 언급되는 경우 그 앞에 공백을 두거나 줄을 바꿔 존경을 표하는 것이 보통이다. 적인선사비에서도 '文聖大王'이라는 단어가 나오는데, 『총람』이 옮긴 비문을 보면 그 앞에 한 글자 빈칸을 넣어둔 것이 보이는 것이다.

비문의 건립 연도 뒤에는 아래와 같이 '비말' 기록이 이어진다.

碑　末　福田數　法席　時在福田四十　常行神衆
法　席　本定別法席無
本　傳　食二千九百三十九石四斗二升五合
例　食　布施燈油無
田畓柴　田畓幷四百九十四結三十九負　坐地三結　下院代四結七十二負　柴一百四十三結
荳原地　鹽盆四十三結
奴　婢　奴十名　婢十三口

이하 소개하는 상당수의 논저나 자료집은 이 『총람』을 저본으로 삼고 있기에, 위의 '비말'도 그대로 옮겨지고 있다.

② 『잡고』 6-上 (鮎貝房之進, 1934)

아유카이 후사노신[鮎貝房之進]은 상당히 이른 시기부터 '비말' 기록에 주목한 연구자이다. 그가 『잡고』에서 적인선사비를 다룰 때에도, 全文이 아닌 '비말' 부분만을 싣고 그에 대한 풀이를 하고 있다.[12] 여기의 '비말'은 『총람』의 것과 완전히 일치하는데다가 비의 소재 또한 '구례 화엄사 소장 사본'이라 하는 것을 볼 때, 『잡고』는 『총람』에 수록된 것을 그대로 옮겼던 것이라 생각된다. 따라서 교정에는 따로 참고하지 않는다.

③ 『한국금석문대계』 (조동원, 1979 … 이하 『대계』로도 약칭)

옮겨 적은 적인선사비 비문 첫머리에 '朝鮮金石總覽 所載'라고 적고 있어,[13] 『총람』을 저본으로 했음을 알 수 있다. 비문도 『총람』을 충실하게 옮기고 있어, 이 역시 교정에 참고할 가치는 적다. 다만 『총람』과 비교해 네 군데 정도 오식이 확인된다. 이는 아래 표로만 정리하고, 교정에는 반영하지 않는다.

---

11) 이일규·남혜민, 2020, 앞의 논문, p.291의 주77.
12) 鮎貝房之進, 1934, 「谷城 大安寺寂忍禪師照輪淸淨塔碑」, 『雜攷』 6-上(1979, 「「俗文攷」附錄 金石文」, 『朝鮮金石瑣談 (外)』, 아세아문화사, pp.485-492).
13) 조동원 편, 1979, 『韓國金石文大系 卷一 全羅南北道 編』, 원광대학교 출판국, pp.211-212.

표 2. 『총람』·『대계』 글자 비교

연번	원문(『총람』)	『총람』	『대계』	비고
1	"自襁褓已來 凡有擧措 異於常流"	已	巳	『대계』의 오식
2	"諸祖微言 地無郢匠"	郢	鄙	〃
3	"終前 三往所屈山北 而令伐杉樹"	往	住	〃
4	"近浮圖 有一株松 靑苾欝茂"	苾	苾	〃

④ 『한국금석전문』 (허흥식, 1984 … 이하 『전문』으로도 약칭)

적인비의 소재를 화엄사 소장 사본으로 밝혔고, 비문이 『총람』에 게재되어 있다고 언급하는 것으로 보아 『총람』을 저본으로 하고 있다.[14] 앞서 『대계』가 그러했듯이, 『총람』과 차이가 있는 글자는 대체로 『전문』의 잘못이다. 그러나 한 곳에서는 오히려 『총람』의 오류를 바로잡고 있기도 하다(〈표 3〉의 3). 교정할 때도 다시 언급하겠다.

표 3. 『총람』·『전문』 글자 비교

연번	원문(『총람』)	『총람』	『전문』	비고
1	"烟嵐相接 左松右石 一琴一樽 與身相親"	石	松石	『전문』의 衍字
2	"流於海表 幸斯足也"	幸	辛	『전문』의 오식
3	"師入靜室 藝名香 上感下祈"	藝	蓺	『총람』의 오식
4	"又屈理嶽 默契 谷忽有野火"	屈(居)	尼	『전문』의 오식
5	"禪師 不言黑白 亦同下獄"	獄	嶽	〃

⑤ 『동리산 사문비보』 (박혜범, 2009 … 이하 『비보』로도 약칭)

『비보』는 전문 역사 연구자의 저서는 아니지만, 적인선사비의 비문을 옮기고 나름의 해석도 싣고 있다.[15] 그런데 『전문』에만 나타나는 글자 차이가 거의 똑같이 나타나는 것으로 보아(〈표 3〉의 2~5), 『전문』을 저본으로 삼았음을 알 수 있다. 그러나 그에 더해 〈표 4〉와 같이 『비보』에만 있는 잘못도 있다. 특별히 교정에 참조할 것은 없지만, 적인비 비문을 다룬 자료는 최대한 전부 정리한다는 취지에서 언급만 해둔다.

---

14) 허흥식 편, 1984, 『韓國金石全文 古代』, 아세아문화사, pp.187-191.

15) 박혜범, 2009, 「7. 혜철국사 비문」, 『동리산 사문비보』, 도서출판 박이정, pp.157-174.

표 4. 『전문』・『비보』 글자 비교

연번	원문(『전문』)	『전문』	『비보』	비고
1	"其先 少耽洙泗之迹 長習老莊之言"	少	小	『비보』의 오식
2	(上同)	莊	壯	(上同)
3	"漸頓雲集 於四禪之室"	於	×	『비보』의 누락
4	"咸通十三年歲次壬辰八月十四日立　沙門幸宗"	幸	辛	『비보』의 오식

⑥ 『교감역주 역대고승비문』 (이지관, 1993 … 이하 『고승』으로도 약칭)

단행본에 앞서 개별 논고로 먼저 譯註가 나온 바 있고,[16] 이후 단행본에서 교감이 더해졌다.[17] 교감은 『총람』을 저본으로 삼고 『전문』을 활용했는데, 이를 통해 『총람』과 『전문』의 일부 오류들을 바로잡았다.

그러나 단순히 활자의 문제로 이체자가 나타나는 것을 오식으로 보거나,[18] 아예 제대로 적힌 원저의 글자를 오식으로 판단한 경우도 있다.[19] 또 앞서 〈표 3〉의 5번에 보이는 『전문』의 오식을 도리어 『총람』의 잘못으로 보기도 했다.[20] 이밖에도 『총람』과 비교했을 때, 『대계』나 『전문』과는 달리 『고승』에만 나타나는 글자 차이가 있다. 아래에 표로 정리하였듯이 단순히 『고승』의 오식인 것도 있지만, 『전문』에서는 짚지 못했던 『총람』의 오류 하나를 바로잡는 것도 있다(〈표 5〉의 2).

표 5. 『총람』・『고승』 글자 비교

연번	원문(『총람』)	『총람』	『고승』	비고
1	"甞住天台山國淸寺 預知有禍"	住	往	『고승』의 오식
2	"嗚戲 色相本空 去來常寂 不視生滅 濟度凡迷"	嗚	鳴	『총람』의 오식
3	"遷化忽諸分夭大椿"	忽	忽	『고승』의 오식

⑦ 『혜철국사비명』 (편자 미상, ~1757 … 이하 『혜철』로도 약칭)

『혜철국사비명』은 태안사에 소장된 사적으로, 그동안 학계나 일반에 내용이 잘 알려지지 않았던 것이다. 필자는 지난 2021년 겨울, 태안사 주지 각초 스님의 배려로 이를 직접 확인하였다. 여기에는 '地勢' '始刱禪

---

16) 이지관, 1991, 「1. 谷城 大安寺 寂忍禪師 照輪淸淨塔碑文」, 『가산학보』 1.

17) 이지관, 1993, 「3. 谷城 大安寺 寂忍禪師 照輪淸淨塔碑文」, 『校勘譯註 歷代高僧碑文 新羅篇』, 가산문고, pp.74-93.

18) 앞서 〈표 3〉의 3번에서 보듯이, 『전문』이 『총람』의 오식을 바로잡아 '蓺'를 '爇'로 교정했는데, 『고승』은 양쪽 다 잘못이고 '(爇=蓺, 蓺+灬)'이 되어야 한다고 적고 있다(p.76). 그러나 '爇'과 '爇'은 同字다.

19) 『전문』에서 "飄風互天"의 '互(=亘)'을 '瓦'로 잘못 썼다고 했으나(p.75), 지금 『전문』에는 '互'으로 올바르게 표기되어 있다.

20) 이지관, 1993, 앞의 글, p.76.

補·'佛像間閣' 등의 항목 순서로 태안사의 전반적인 사정을 기록하고, 이후 적인선사비의 비문을 싣고 있다. 그 다음에는 '福田數法席'으로 시작하는, 태안사의 재산 상황 등을 기록한 내용으로 이어진다.[21]

그 뒤에는 조금 다른 종이와 필체로, 이규보의 『東國李相國集』 권25에 실린 「大安寺同前榜(談禪榜)」을 '慧徹國師泰安寺談禪榜'이라는 제목을 달아 그대로 옮겼다.[22] 여기 말미에는 이 「대안사담선방」을 책자에 베껴 넣은 승려 鳳巖(?~1794)이 乾隆 22년(1757)에 쓴 짤막한 메모(〈그림 1c〉)가 덧붙여 있는데,[23] 이는 『혜철국사비명』의 책자가 만들어진 연대가 늦어도 1757년 이전임을 암시해준다.

그림 1a. 『혜철』 표지

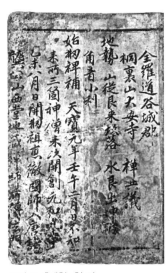

그림 1b. 『혜철』 첫 장

그림 1c. 鳳巖의 메모

여기에서의 적인비 비문은 『총람』과 비교하면 글꼴이나 글자의 차이가 상당히 많이 확인된다. 손으로 쓴 탓에 필사 과정에서 이체자가 생겨난 경우도 많겠지만, 애초에 『총람』이 참고한 화엄사 필사본과는 저본의 계통이 다를 가능성이 상정된다.

한편 『총람』 및 『총람』을 참고한 그 이후의 여러 사본과 달리, 『혜철국사비명』에는 적인비 비문 이후에 '비말'의 기록이 없다. 대신 '福田數法席'이라는 항목으로 시작되는 기록(이하 「복전수법석」 기록)이 '비말'의 내용과 비슷한데, 이는 아래와 같이 나타난다.

---

21) 후술하겠지만 이는 기존에 잘 알려진 『태안사지』의 이른바 「廣慈時大衆」 기록의 모체로 생각된다. 한편 이러한 『혜철국사비명』 책자의 항목 구성은 순천 송광사의 「修禪社形止案」과 매우 유사하다. 이는 곧 노명호 외, 2000, 「大安寺形止案」, 앞의 책 및 최연식, 2013, 앞의 논문 등에서 추정한, 이른바 '대안사형지안'의 실제 존재를 강력히 시사하는 자료가 된다. 이에 대해서는 다음 장에서 좀 더 다룰 것이다.

22) 그러나 이규보가 쓴 「대안사담선방」에서의 大安寺는 곡성 태안사의 옛 이름이 아닌, 開城에 있던 同名의 절이다. 이에 관해서는 최성렬, 2002, 「大安寺談禪榜과 泰安寺」, 『철학논총』 28, 새한철학회를 참조.

23) "歲丁丑乾隆二十二年孟夏鳳巖子幸得見于白雲居士私集中不勝感激謹書于此".

福田數法席 時在福田四十常行神衆法席

本定別法席無

本傳 食二千九百三十九石四斗二升五合 例食布施燈油無

田畓柴 田畓幷四百九十四結三十九負

　　坐地三結 下院代四結七十二負

　　柴一百四十三結

晋州任內永善縣地田畓幷九十四結十三卜七束

同任內宜寧土田畓幷一百十結二十九卜三束

靈光任內森溪縣地田畓幷十八結七十卜二束

同任內年平縣地田畓幷二十九結八十五卜

羅州任內餘惶縣地田畓幷九十七結十八卜

寶城任內五果縣地田畓幷六十一結五十五卜

昇州任內富有縣地田畓幷二十二結九十八卜八束

陝州任內加祚縣地田畓幷六十結三十卜二束

昇平縣地阿今島小楮島用老島等藿田九結九十九卜八束

荳原地塩盆一所

奴婢 奴十名 婢十三口

　이 기록은 '비말'과 다른 점이 보인다. 가장 큰 차이는 晉州 永善縣 등 지역별 토지의 결수가 자세하게 기재되어 있는 점이다. 또 '비말'에서는 荳原地의 염분을 '43결'로 기록했으나, 여기에서는 단지 '一所'라고만 적었다.[24]

　⑧『태안사지』(『동리산태안사사적』) (편자 미상, 1927~ … 이하 『태안』으로도 약칭)

　『태안사지』는 『桐裡山泰安寺事蹟』과 『泰安寺事蹟』(1943), 그리고 『佛誕禊自願金收納簿』(1930) 등의 태안사 寺籍을 묶어 1983년에 아세아문화사에서 영인한 것이다. 적인선사비의 비문은 이 중 『동리산태안사사적』에 필사되어 있다.[25] 『동리산태안사사적』은 작성연대가 분명하지 않다. 다만 원래의 적인비 비문을 요약해 새로 작성한 「新碑文」과 新碑의 음기에 들어가 있는 「桐裏山紀實」이 포함되어 있으므로, 1927년 이후가 될 것이다.[26]

---

24) 이는 기존에 『태안사지』 「廣慈時大衆」 기록과 '비말'의 차이로 지적되어 왔던 점과 같다.

25) 『桐裡山泰安寺事蹟』 제1편 제1장 제1절 「舊碑文」(1983, 『泰安寺誌』, 아세아문화사, pp.9-19).

26) 新碑를 건립한 것은 1928년이나, 그 비문(「新碑文」)과 음기는 이보다 앞서 이미 1927년에 준비되었다(『桐裡山泰安寺事蹟』 제1편 제1장 제3절 「桐裏山紀實」(『태안사지』, p.28)).

대개 『동리산태안사사적』에 수록된 「古地勢」 「片史」 「當時佛像間閣」 「談禪榜」 등의 내용은, 앞서 『혜철국사비명』의 「地勢」 「始刱剏補」 「佛像間閣」 「慧徹國師泰安寺談禪榜」 등 여러 항목에서 거의 그대로 가져온 것임이 확인된다.[27] 적인선사비의 비문을 옮긴 부분 역시 비교해보면, 약간의 이체나 오식 등을 제외하고 『혜철국사비명』에서의 비문과 거의 일치한다.

마찬가지로 '비말'은 없으며, 대신 『혜철국사비명』의 「복전수법석」 기록을 가져와 다른 편목에 「廣慈時大衆」이라는 항목으로 기재하였다.[28] 이는 기본적으로 「복전수법석」을 그대로 전재했지만, 내용 사이사이에 '同時本傳食' '同時(田畓柴)' '同時(奴婢)' 등의 구절을 추가로 집어넣었다.[29] 다소 번잡하더라도 이후의 논의를 위해 아래와 같이 옮겼는데, 다만 앞서 「복전수법석」과 일치하는 지역별 전담 내역은 일부 생략하였다.

    二. 廣慈時大衆
福田數法席時在福田四十常行神衆法席本定別法席無
    同時本傳食
本傳食二千九百三十九石四斗二升五合例食布施燈油無
    同時田畓柴
田畓幷四百九十四結三十九負
坐地三結下院代四結七十二負
柴一百四十三結
晋州任內 …(중략)… 陜川任內加祚縣地田畓幷六十結三十卜二束　昇平縣地阿今島小楮島用
老島等蘆田九結九十九卜八束　荳原地塩盆一所
    同時奴婢
奴　十名　　婢　十三口

서론에서도 언급했지만, 이는 기존 연구에서 '비말'의 기록을 광자대사 때의 사정으로 판단하는 근거가 되고는 했다. 이에 관해서는 뒤에서 다시 다루도록 한다.

⑨ 『불교진흥회월보』 5 (稲田春水, 1915 … 이하 『월보』로도 약칭)
1915년 7월에 간행된 『불교진흥회월보』 5집에 불교학자 이나다 슌스이[稲田春水]가 실은 것인데,[30] 현재 확인되는 근대 이후의 적인선사비 사본 중에서는 가장 이른 것이 아닌가 한다. 또한 단순히 원문만 기재

---

27) 이에 대한 자세한 분석은 차후 별도의 논고를 기약한다.
28) 『桐裡山泰安寺事蹟』 제3편 제7장 「雜錄」(『태안사지』, pp.142-144).
29) 이일규·남혜민, 2020 앞의 논문, p.290을 참고.
30) 稲田春水, 1915, 「全羅南道谷城郡竹谷面泰安寺事蹟」, 『불교진흥회월보』 5, 불교진흥회, pp.51-53.

한 것이 아니라 표점을 붙이고 곳곳에 分註를 단 것이 특징이다.

그러나 어떠한 사정에서인지, 적인선사가 당에서 보인 異蹟에 해당하는 비문 후반부의 백여 자 남짓("唐初與罪徒 … 不欲有聲矣")이 통째로 누락되었다. 그리고 그 밖에도 오식과 누락이 상당히 많아, 교정에 적극적으로 활용하기에는 다소 어려움이 있다. 한편 『혜철국사비명』이나 『태안사지』와 마찬가지로 글꼴이나 글자가 『총람』과는 다소 차이가 있고, '비말'은 기재되지 않았다.

⑩ 『조선불교통사』(이능화, 1918 … 이하 『통사』로도 약칭)

『조선불교통사』는 고대부터 근대에 이르기까지 한국 불교의 전시기를 다루는 역사서임과 동시에, 저자인 이능화가 수집한 수많은 불교 관련 사료를 전재하고 있어 방대한 분량의 불교 자료집이기도 하다.[31] 이에 적인선사비의 비문 또한 혜철의 입적을 전하는 기사에 '備考'로 전문이 인용되어 있다.[32]

『월보』처럼 비문에 표점과 분주를 달았는데, 『월보』와는 표점의 위치나 할주의 내용에서 차이가 있다. 또 여기에는 『총람』처럼 비문 마지막에 이어서 '비말'의 기록을 기재하고 있는데, 아래와 같다.

> 碑末
> 福田數　法席　時在福田四十　常行神衆
> 　法席
> 本定別法席無
> 　本傳　食二千九百三十九石四斗二升五合
> 　例食　布施燈油無
> 田畓柴　田畓幷四百九十四結三十九負
> 　　　　坐地　三結　下院代四結七十二負
> 　　　　柴　　一百四十三結
> 荳原地　壜盆一所
> 奴　婢　奴十名　婢十三口

이렇게 적인선사비의 비문은 물론 '비말'까지 모두 기재한 것은 1919년 간행된 『총람』보다도 앞서는 것으로 주목된다. 다만 이능화가 직접 비석을 확인했던 것은 아니라 생각된다. 실제 적인비에는 陰記가 없는데도,[33] 그의 다른 글에서는 이 '비말'을 '碑陰記'로 소개하고 있기 때문이다.[34] 이능화의 자료 수집은 대개

---

31) 김용태, 2015, 「『조선불교통사』를 통해 본 이능화의 불교 이해」, 『애산학보』 41을 참조.
32) 이능화, 1918, 『朝鮮佛教通史 上中編』, 新文館, pp.112-118.
33) 이일규·남혜민, 2020, 앞의 논문, pp.282-283.
34) 무능거사, 1925, 「李朝佛教史 (十五)」, 『불교』 16, 불교사, pp.12-13.

기존의 佛書나 친분이 있는 다른 승려들을 통해 전해 받은 寺籍 등을 통해 이루어졌다는 것을 고려하면,[35] 적인비의 비문과 '비말' 역시 그러한 과정을 거쳐 수록된 것이 아닐까 한다.

그런데 『통사』의 '비말'은 『총람』의 '비말'과 기재 양상이 약간 다르다는 사실을 미리 지적해 둘 필요가 있다. 이 또한 뒤에서 '비말'에 관해 검토할 때 다시 살펴보겠다.

⑪ 『삼국신라시대불교금석문고증』 (김영태, 1992 … 이하 『고증』으로도 약칭)

『고증』은 『총람』과 『전문』, 『통사』의 실린 비문을 적절하게 참고해 기재하였다.[36] 뒤에서 다시 여러 사본의 계통을 정리하게 되겠지만, 미리 언급하자면 결과적으로 계통이 서로 다른 사본을 활용하였던 셈이 되어 현재로서는 사실상 가장 유의미한 교정본이라 할 수 있다. 특히 한 해 앞서 나온 개별 논문[37]에서 놓친 부분을 이 단행본에서 보완한 점도 눈에 띈다. 다만, 사본 간 비문 비교는 잘 이루어졌지만 어느 쪽이 더 합당한지까지 면밀하게 판단을 내리지는 않은 것은 한계라 할 수 있다.

⑫ 『역주 한국고대금석문 Ⅲ』 (김남윤, 1992 … 이하 『역주』로도 약칭)

『역주』의 적인비 비문은 『총람』, 『대계』, 『전문』 및 『태안사지』 등을 참고했다고 밝혔다.[38] 대개 『총람』과 『전문』의 글자를 비교하였고, 간혹 『태안사지』를 교감에 활용하기는 했으나 철저하게 이루어지지는 않았다.[39] 한편, 아래 〈표 6〉과 같이 『총람』과 비교해 『역주』에만 나타나는 차이도 확인된다.

표 6. 『총람』-『역주』 글자 비교

연번	원문(『총람』)	『총람』	『역주』	비고
1	"覺曰 必得持法之子 當爲國師矣"	子	者	『역주』의 교정
2	"告生徒曰 萬物春生秋謝"	謝	死	『역주』의 오식

⑬ 『지리산권의 금석문』 (김아네스, 2009 … 이하 『지리』로도 약칭)

『역주』에만 나타나는 차이(〈표 6〉)가 그대로 옮겨진 것으로 보아, 『역주』를 주로 참고했던 것으로 생각된다.[40] 그밖에 추가적인 오류는 아래 〈표 7〉과 같고, 교정에 특별히 참고할 만한 점은 없다.

---

35) 상현거사이능화, 1917, 「朝鮮佛教通史에 就ᄒᆞ야」, 『매일신보』, 1917년 7월 15일자 제1면.

36) 김영태, 1992, 『三國新羅時代佛教金石文考證』, 민족사, pp.160-166.

37) 김영태, 1991, 「新羅(統一後期)佛教金石文 考證」, 『불교학보』 28, pp.366-370.

38) 김남윤, 1992, 「3. 大安寺 寂忍禪師塔碑」, 『譯註 韓國古代金石文 Ⅲ』, 한국고대사회연구소 편, 가락국사적개발연구원, pp.32-46.

39) 또한 출전을 밝히지 않고 정정해둔 경우도 있다(縣-懸, 輩-輩).

40) 김아네스 편, 2009, 「4. 대안사적인선사조륜청정탑비」, 『지리산권의 금석문』, 국립순천대학교 지리산권문화연구원, pp.26-36.

표 7. 『역주』-『지리』 글자 비교

표 7. 『역주』-『지리』 글자 비교

연번	원문(『역주』)	『역주』	『지리』	비고
1	"矧伊夙植間 氣生蘊靈願"	植	×	『지리』의 누락
2	"決曩代之膏肓 祛群學之蒙昧"	曩	囊	『지리』의 오식

⑭ 『한국고대금석문자료집 Ⅱ』 (국사편찬위원회, 1995 … 이하 『자료집』으로도 약칭)

여기에서는 『총람』과 『전문』, 『고증』의 3개 사본을 각각 그대로 옮겨 나열하는 것에 그치고 있다.[41] 별도로 교정을 하지는 않았는데, 다만 『총람』의 비문을 재수록하는 과정에서 네 군데 정도 오식이 생겼다.[42]

2. 사본의 계통 분석과 분류

앞에서 개별적으로 사본의 출전을 살폈듯이, ① 『총람』부터 ⑥ 『고승』까지의 적인선사비 비문은 결국 『총람』 또는 『총람』이 옮긴 화엄사 필사본을 저본으로 했다는 것을 알 수 있다. 실제로 〈표 2·3·4·5〉에서처럼 면밀히 비교했지만, 저마다의 몇몇 오식을 제외하고는 글꼴이나 글자의 차이가 거의 없다. 또 이들이 모두 본문 뒤에 '비말' 기록을 싣고 있는 까닭도 이러한 연유에서다. 따라서 이들은 같은 계통의 자료로 취급할 수 있는데, 편의상 'A그룹'으로 지칭하고자 한다.

그렇다면 『총람』과 『전문』을 활용한 『고승』은, 같은 계통인 'A그룹' 안에서 비교한 셈이 되어 교감으로서 큰 의의를 두기는 어렵다.[43] 또한 『대계』, 『전문』, 『고승』 등 'A그룹'의 사본이 만들어지는 과정에서 『총람』의 잘못이 두 군데 바로잡히기도 했지만, 오식은 열 자도 넘게 새로 생겼다. 따라서 ①~⑥의 'A그룹' 사본 가운데에는 ① 『총람』만 대표로 교정에 활용하되, 앞서 〈표 3〉의 3(藝-蓺)과 〈표 5〉의 2(鳴-嗚)로 나타난 오식만 고려하면 될 것으로 생각한다.

이제 ⑦ 이후의 사본을 살펴보자. 먼저 ⑦ 『혜철국사비명』과 이를 대체로 옮긴 ⑧ 『태안사지』, 그리고 ⑨ 『불교진흥회월보』와 ⑩ 『조선불교통사』의 글자를, 'A그룹'의 대표인 ① 『총람』과 하나씩 비교해보면 상당히 많은 부분에서 그와 분명히 구별되는 요소가 공통으로 확인된다. 이체자·통자나 오식, 누락은 물론 몇몇 글자 차이도 있는데 그 사례를 제시하면 아래 〈표 8〉과 같다. 이를 보아 이들 ⑦~⑩는 대체로 같은 계통의 사본으로 분류해도 크게 어긋나지 않을 것이다. 편의상 'B그룹'으로 부른다.

---

41) 국사편찬위원회, 1995, 「七, 大安寺寂忍禪師碑」, 『韓國古代金石文資料集 Ⅱ』, pp.391-403.

42) 巳-已(〈표 2〉의 1과 동일), 峰-蜂, 鳴-嗚(〈표 5〉의 2와 동일), 昧-眛 등이다. 그런데 현재 국사편찬위원회 '한국사데이터베이스'에서 제공하는 『조선금석총람』의 적인비 비문은 이러한 오식이 있는 해당 자료집의 것을 게재하고 있다는 문제가 있다.

43) 이 점은, 『태안사지』도 활용했으나 대체로 『총람』과 『전문』을 비교한 ⑫ 『역주』도 마찬가지이다.

표 8. A그룹(① 『총람』)–B그룹(⑦~⑩) 대비 사례

구분		이체자·통자						오식·누락 등 글자 차이						
A그룹	①	慧徹	鉤	摩	沱	屠	唯	讓讓	日	藝	此	舍	反	輩	禍殃
B그룹	⑦	惠哲	鉤	磨	沲	圖	惟	讓讓	日也	蓺+火	×	精舍	友	輩	殃禍
	⑧	惠哲	鉤	磨	沲	圖	惟	讓〃	日也	蓺+灬	×	精舍	友	輩	殃禍
	⑨	惠哲	鉤	磨	沲	圖	惟	讓讓	日也	蓺+火	×	精舍	友	輩	殃禍
	⑩	惠哲	鉤	磨	沲	圖	惟	讓讓	日也	蓺+火	×	精舍	友	輩	殃禍

그렇다면 B그룹 사본들 사이의 관계는 어떻게 될까. 앞서 언급했듯이 『태안사지』는 『혜철국사비명』에 실린 비문을 거의 그대로 옮겨 적고 있다. 다만 『혜철국사비명』의 글자 가운데에는, 최초 작성 이후에 정정·보입된 것이 서넛 정도 눈에 띈다.

가령 〈그림 2〉에서처럼 『총람』을 기준으로 "(大師知)志旣堅稟性最悟…"라는 문장이 있는데, 『혜철국사비명』의 필사본에서는 '稟' 자가 빠졌다. 그런데 '堅'과 '性' 사이에 '。' 모양의 끼움표[插入符]를 넣고, 상단 匡郭 바깥에 '稟'을 보충해 써넣은 것이 보인다. 그런데 『태안사지』에서는 이러한 보충이 이미 반영된 상태인 비문이 들어가 있다.

그림 2

『혜철국사비명』에서의 이러한 정정·보입이 언제 이루어졌는지 판단하기는 어렵다. 만일 『태안사지』의 편자가 『혜철국사비명』의 비문을 옮기는 사이에 이렇게 정정을 가했던 것이라면, 『태안사지』의 편자가 이 『혜철국사비명』 이외에 참고했던 다른 자료가 있을 경우를 완전히 부정하지는 못한다. 그러나 설령 그렇다고 하더라도, 그러한 자료는 대체로 'B그룹'의 사본들과 유사할 것으로 생각한다. 그래서 ⑦ 『혜철국사비명』과 ⑧ 『태안사지』의 관계는, ⑦이 ⑧의 저본이 되었다고 추측해도 크게 무리는 없을 것이다.

반면, ⑦ 『혜철』과 ⑨ 『월보』, 그리고 ⑩ 『통사』 간의 관계는 조금 더 불명확하다. 언뜻 보아 같은 'B그룹'에서 작성 시기가 훨씬 이른 ⑦ 『혜철국사비명』이 나머지 ⑨·⑩의 저본이 될 것이라고 생각하기 쉽다. 그러나 ⑦에 누락되거나 잘못된 글자가 ⑨와 ⑩에는 제대로 기입한 사례도 발견되는 까닭에 단순히 판단하기는 어렵다.

예를 들어 『총람』을 기준으로 "不遠中華 故來請益"이라는 구절에서, ⑦ 『혜철국사비명』 및 ⑧ 『태안사지』에서는 '益'을 '盍'로 잘못 쓰고 있는 반면, ⑨ 『월보』와 ⑩ 『통사』는 『총람』과 마찬가지로 '益'을 제대로 기재하고 있다. 또 "神通也不可以識識 智慧也不可以知知者乎"라는 구절에서도, ⑦·⑧은 '識'을 한 글자만 쓰고 다른 한 글자는 누락한 반면, ⑨·⑩은 『총람』과 마찬가지로 '識識'을 바르게 적고 있다.

물론 이는 ⑨나 ⑩의 글쓴이가 ⑦ 『혜철국사비명』의 비문을 옮기면서 문장이 올바르게 되도록 수정·보충했던 것일 수도 있으나, ⑨·⑩이 참고하거나 저본으로 삼았을 다른 사본이 존재했을 가능성도 없지는 않다. 다만 그 역시 큰 틀에서 'B그룹' 사본의 성격을 벗어나지는 못할 것이다.

이제 ⑪ 이후의 사본을 살펴보자. 위에서처럼 ①~⑥은 'A그룹', ⑦~⑩은 'B그룹'의 두 계통으로 분류할 수

있다면, ⑪『고증』과 ⑫『역주』는 서로 다른 계통의 사본을 교차해 교감한 것이 된다. ⑬『지리』는 ⑫를 옮긴 것이고, ⑭『자료집』은 ①·④·⑪을 각각 옮겨 묶은 것이다. 따라서 이들 ⑪~⑭는 A나 B 어느 그룹에도 속하지 않는 것이므로, 편의상 'C그룹'으로 구분해둔다.

다만 가장 오래된 ⑦『혜철국사비명』을 포함해 오늘날 전해지는 어떤 사본도, 직접 적인선사비의 실물을 보고 옮겼을 가능성은 낮다고 생각된다. A와 B, 계통을 막론하고 적인비의 사본에서는 여러 이체자가 쓰이고 있는데도, 실제 비면에서 확인되는 이체자는 어느 곳에서도 나타나지 않기 때문이다. 아래 판독문과 〈그림 3〉, 〈그림 4〉에 나타나듯이 비문에서 '旺'(15행)이나 '虫'(20행) 자가 확인되는데,[44] 모든 사본에서 이는 정자인 '國'과 '蟲'으로 표기하고 있는 것이다.[45]

14 … 尋大(藏) …
15 … 到旺也▨日 …
16 … 不 …
17 … 逃(師) …
18 … (知)之▨(禁) …
19 … 也其(回)天駐日(縮) …
20 … (神)呈之瑞(異)虫蛇遁其 …
21 … (得)不歸扵 …
22 … 王甚(嘉) …
23 … 生滅 …

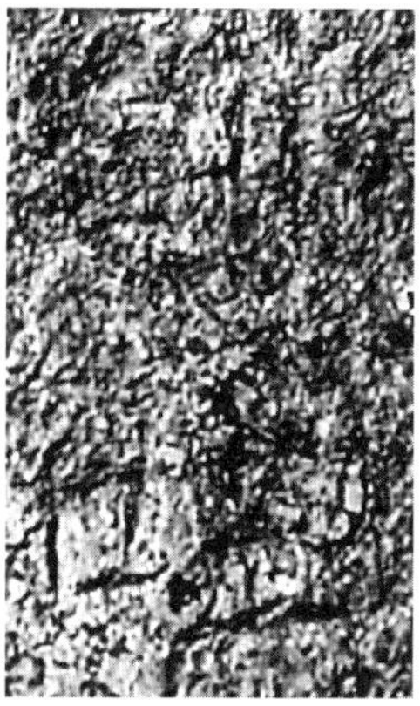
그림 3. '到旺'

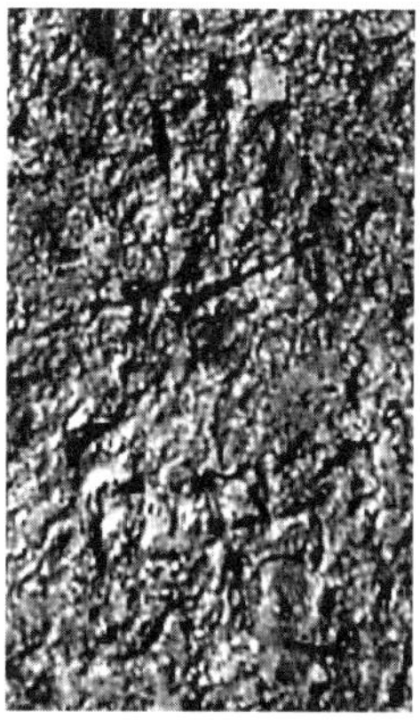
그림 4. '虫蛇'

이렇게 적인선사비 각 사본 간의 참조 관계를 추정하고, 계통을 크게 A·B·C 세 그룹으로 분류하였다. 이를 대략적으로 도식화하면 다음의 〈그림 5〉와 같다.[46]

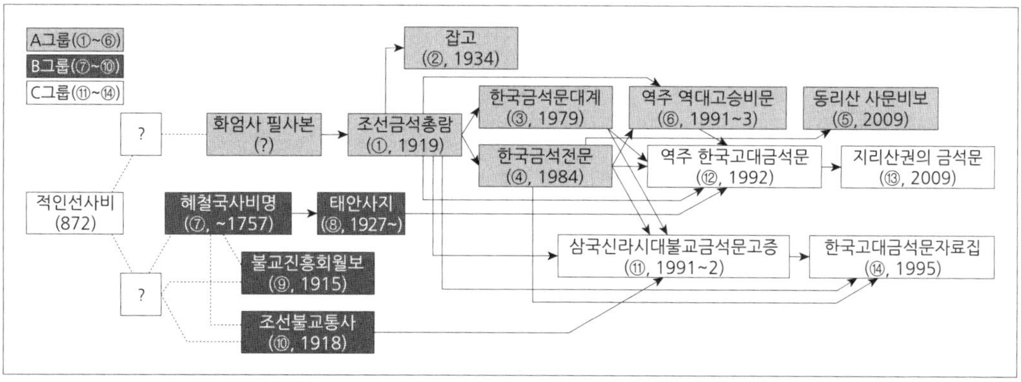

그림 5. 적인선사비 사본의 계통 분류 (A·B·C그룹)

III. 비문의 교정과 '碑末' 문제

1. 교정 비문과 '비말'의 전거

기존에 이루어진 적인선사비의 교감을 살피면, 'B그룹'에 해당하는 사본은 잘 활용되지 못하고 다소 저평가된 측면이 있다. 그러나 앞으로 제시되겠지만, 'A그룹'인 ① 『총람』에서의 오류가 'B그룹'의 ⑦ 『혜철』 ~ ⑩ 『통사』 등에서는 오히려 올바르게 기록된 경우도 적지 않다. 다만 편의상 아래 제시할 비문은 기본적으로 ①의 것을 바탕으로 삼고, 이를 주로 'B그룹'인 ⑦~⑩과 비교하면서 교정을 진행하였다. 교정에 따라 비문을 수정해야 할 경우에는, ①의 글자가 아닌 수정된 것으로 본문에 바꾸어 넣었다.

그런데 ⑦ 『혜철』과 ⑧ 『태안』은 손으로 흘려 쓴 글씨인 탓에, 활자로 표시하기 어렵거나 작은 차이를 갖는 이체자가 많다. 그래서 가령 두인변(彳)을 삼수변(氵)으로 쓰거나, 부수의 위치를 달리 하는(ex. 略-畧) 등의 자잘한 것들은 하나하나 모두 기재하지 않았고, ⑨ 『월보』나 ⑩ 『통사』에도 함께 보이거나 특기할 경우에만 언급하였다. 한편 ⑨ 『월보』는 전체적으로 누락과 오식이 너무 많아, 단독으로 오류가 있는 경우에는 역시 언급하지 않았다.

> 武州桐裏山大安寺寂忍禪師碑頌并序
> 　　　入唐謝恩兼宿衛判官翰林郎臣崔賀奉教撰
> 夫鍾也者叩之聲之聞之可能定慮鏡也者磨之光之照之足以辨形以物之無情猶妙用若此矧伊夙植
> 間[47]氣生蘊靈願[48]心非妄心行是眞行空中說有色際知空方[49]淨六塵自超十地所體大於虛空之大
> 所量深於瀚[50]海之深神通也不可以識識[51]智慧也不可以知知者乎卽禪師其人也禪師諱慧徹[52]字
> 體空俗姓朴氏京師人也其先少耽洙泗之迹長習老莊之言得喪不關於心名利全忘於世或憑高眺遠
> 或染翰吟懷而已祖高尙其事不歷公門於朔州善谷縣閑居則太白山南烟嵐相接左松右石一琴一樽
> 與身相親之人也娠禪師之初母氏得夢有一胡僧儀形肅雅衣法服執香爐徐徐[53]行來坐寢榻母氏訝

---

44) 적인선사비 실물의 판독문은 이일규·남혜민, 2020, 앞의 글, p.282의 〈표 2〉, 비면 사진은 p.280의 〈그림 8〉 참조.

45) 다만 『혜철국사비명』에서는 '蠱'의 하단 '虫虫' 부분을 흘려 썼다.

46) 실선 화살표는 비교적 분명한 참조 관계이고, 점선으로만 이은 부분은 영향을 주었거나 관계가 있을 것으로 생각하지만 불확실하거나 쉽게 단정하기 어려운 경우이다. 앞서 언급했듯이 현존하는 어떤 사본도 직접 비의 실물을 확인했던 것은 아니라고 판단되므로, 물음표('?')를 쓴 가상의 저본을 사이에 삽입해 두었다. 이러한 자료가 여럿 있었을 수도 있다.

47) 「間」: ⑩ 『통사』 「聞」

48) 「願」: ⑦ 『혜철』·⑧ 『태안』에서는 「彫」과 같은 형태로 썼다.

49) 「方」: ⑦ 『혜철』·⑧ 『태안』·⑨ 『월보』 「萬」. ⑦~⑨의 편자 혹은 그들이 참고한 저본에서 '方'을 '万'으로 잘못 읽고 정자인 '萬'으로 옮겼던 것으로 생각된다.

50) 「瀚」: ⑦ 『혜철』·⑧ 『태안』·⑨ 『월보』 「澣」. '瀚海'를 '澣海'로도 쓰므로 통한다.

51) 「識識」: ⑦ 『혜철』·⑧ 『태안』 「識」. ⑦, ⑧의 누락이다.

52) 「慧徹」: ⑦ 『혜철』·⑧ 『태안』 「惠哲」, ⑨ 『월보』 ⑩ 『통사』 「惠哲」

53) 「徐徐」: ⑦ 『혜철』·⑧ 『태안』 「徐〃」, ⑨ 『월보』 「徐々」

而復異因玆而覺曰必得持法之子⁵⁴⁾當爲國師矣禪師自襁褓已⁵⁵⁾來凡有擧措異於常流至如喧戲之
中不喧安靜之處自靜觸羶腥則嘔血見屠殺則傷情遇坐結跏禮人合掌尋寺繞佛唱梵學僧冥⁵⁶⁾符宿
業斷可知之⁵⁷⁾矣年當志學出家止于浮石山聽華嚴有五行之聰罔有半字三餘之學何究本經以爲
鈎⁵⁸⁾深索隱豈吾所能墻仞所窺不可不說於是編文織意積成卷軸決曩代之膏肓袪群學之蒙昧⁵⁹⁾同
輩謂曰昨爲切磋⁶⁰⁾之友今作誘進之⁶¹⁾師眞釋門之顔子也洎二十二受大戒也一日前夢見五色珠令
人可重忽在懷袖之中占曰我已⁶²⁾得戒珠矣受戒初飄風互天扶搖不散下壇了恬⁶³⁾然而靜十師謂曰
此沙彌感應奇之又奇也旣統具戒修心潔行念重浮囊持律⁶⁴⁾獲⁶⁵⁾生身輕不以諸緣損法不以外
境亂眞旣律且禪緇流之⁶⁶⁾龜鏡也竊念佛本無佛强以立名我本無我未嘗有物見性了之是了嗊法之
空非空默默⁶⁷⁾之心是心寂寂⁶⁸⁾之慧是慧⁶⁹⁾筌蹄之外理則必然頃得司南是也仍嘆曰本師遺敎海隔
桑田諸祖微言地無郢匠乃以元和九載秋八月駕言西邁也時也天不違乎至誠人莫奪其壯志千尋水
上秦橋迢遞⁷⁰⁾而變換炎凉萬仞山邊禹足胼胝而犯冒霜雪步無他往詣龔公山地藏大師卽第六祖付
法於懷讓讓⁷¹⁾傳道一一傳大師也大師開如來藏得菩薩心久坐西堂多方誨爾來我者略以萬計莫非
知十之學禪師曰某生緣外國問路天地⁷²⁾不遠⁷³⁾中華故來請益⁷⁴⁾儻他日無說之說無法之法流於海

---

54) 「子」: ⑫『역주』「者」
55) 「已」: ⑧『태안』「以」. 그러나 ⑦『혜철』에서는 「已」이므로 ⑧의 오식일 것이다.
56) 「冥」: ⑦『혜철』·⑧『태안』「宜」, ⑨『월보』「宜」. ⑦~⑨의 오식이다.
57) 「之」: ⑦『혜철』·⑧『태안』·⑨『월보』·⑩『통사』에는 없다.
58) 「鈎」: ⑦『혜철』·⑧『태안』·⑨『월보』·⑩『통사』「鉤」
59) 「昧」: ⑨『월보』·⑩『통사』「昧」
60) 「磋」: ⑦『혜철』·⑧『태안』·⑨『월보』「嗟」, ⑩『통사』「磋」
61) 「之」: ⑧『태안』에는 없으나, ⑦『혜철』·⑨『월보』·⑩『통사』에는 있으므로 ⑧의 누락이다.
62) 「已」: ①『총람』·⑧『태안』「己」, ⑨『월보』「已」, ⑦『혜철』·⑩『통사』·⑫『역주』「已」
63) 「恬」: ⑩『통사』「怡」. 문맥상 ⑩의 오식이다.
64) 「律」: ⑧『태안』「戒」. 그러나 ⑨『월보』·⑩『통사』에 「律」로 되어 있고, ⑦『혜철』도 좌획이 다소 훼손되었지만 남은 우획을 보아 「律」이다. ⑧의 잘못일 것이다.
65) 「獲」: ⑧『태안』·⑨『월보』「護」. ⑦『혜철』의 원문에는 「獲」으로 되어 있으나, 그 왼쪽에 끼움표(ㆍ)를 쓰고 상단에 '護'로 추정되는 글자로 정정하고 있다.
66) 「之」: ⑧『태안』에는 없으나, ⑦『혜철』·⑨『월보』·⑩『통사』에는 있으므로 ⑧의 누락이다.
67) 「默默」: ⑦『혜철』·⑧『태안』「默〃」
68) 「寂寂」: ⑦『혜철』·⑧『태안』「寂〃」
69) 「慧是慧」: ⑦『혜철』·⑧『태안』「惠是惠」, ⑨『월보』·⑩『통사』「惠是惠」
70) 「遞」: ⑦『혜철』·⑧『태안』「逓」, ⑨『월보』「遞」. 모두 同字이다.
71) 「讓讓」: ①『총람』「讓」. 그러나 ⑦『혜철』·⑨『월보』·⑩『통사』에는 「讓讓」, ⑧『태안』에는 「讓〃」이고, 문맥상 '傳道一'의 주어가 필요하므로 ①의 누락이다.
72) 「地」: ⑦『혜철』·⑧『태안』·⑩『통사』「池」. ⑦, ⑧, ⑩의 오식이다.
73) 「不遠」: ⑦『혜철』·⑧『태안』·⑩『통사』「遠不」. ⑦, ⑧, ⑩의 오식이다.
74) 「益」: ⑦『혜철』·⑧『태안』「盖」. '請益'이라는 표현이 알맞으므로 ⑦, ⑧의 오식일 것이다.

表幸斯足也大師知志旣堅稟[75]性最悟一識如舊密傳心印於是禪師已得赤水所遺靈臺豁[76]爾[77]如大[78]虛之寥廓也夫夷夏語乖機要理隱非伐柯執斧孰能與於此乎未幾西堂終乃虛舟莫留孤雲獨逝天南地北形影相隨所歷名山靈境略而不載也到西州浮沙寺披尋大藏經日夕專精晷刻無廢不枕不席至于三年文無奧而未窮理無隱而不達或默思章句歷歷在心焉以違親歲積宣法心深遂言歸君子之鄉直截乾城之浪開成四祀春二月方到國[79]也日[80]群臣同喜里閈相賀曰當時璧去山谷無人今日珠還川原得寶能仁妙旨達摩[81]圓宗盡在此矣譬諸夫子自衛反魯也遂於武州管內雙峰[82]蘭若結夏時遭陽亢山枯川渴不獨不雨亦無片雲州司懇求於禪師師[83]入靜室爇[84]名香上感下祈小間甘澤微微而下當州內原濕[85]滂沱[86]旣而大有又居[87]理嶽默契谷忽有野火四合欲燒庵舍非人力之所救亦無路以可逃[88]師端坐默念之中白雨暴下撲滅盡之渾山燎而一室獨存嘗住天台山國清寺預知有禍拂衣而去人莫知其由不久擧寺染疾死者十數入[89]唐初與罪徒同舡[90]到取城郡郡監知之枷禁推得欵禪師不言黑白亦同下獄[91]監具申奏准教斬三十餘人訖次當禪師師[92]顏容怡悅不似罪人自就刑所監不忍便殺尋有後命而幷釋放唯禪師獨免如此寂用不可思不可得也其間天駐日縮地移山禪師亦不病諸蓋[93]以和光同塵不欲有聲矣谷城郡東南有山曰[94]桐裏中有精舍[95]名曰大安其寺也千峯掩映一水澄流路迥絶而塵侶到稀境幽邃而僧徒住靜龍神呈之瑞異蟲[96]蛇遁其毒形松暗雲深夏

---

75) 「稟」: ⑦『혜철』의 원문에는 없으나, 이 앞뒤 글자 사이에 끼움표('。')를 쓰고 상단에 '稟'을 써 보충하고 있다.

76) 「豁」: ⑦『혜철』·⑧『태안』「割」. 의미상 '豁'이 올바르나, '割'도 通字가 된다.

77) 「爾」: ⑦『혜철』·⑧『태안』「尒」. ⑨『월보』에서는 「不」로 썼는데, '尒'의 오식일 것이다.

78) 「大」: ⑧『태안』「太」. 그러나 ⑦『혜철』에서는 「大」이므로 ⑧의 오식일 것이다.

79) 「國」: 실제 적인선사비의 비면에서는 「旺」이라 표기한 것으로 판독된다.

80) 「日」: ⑦『혜철』·⑧『태안』·⑨『월보』·⑩『통사』「日也」. ⑦~⑩의 衍字로 생각된다.

81) 「摩」: ⑦『혜철』·⑧『태안』·⑨『월보』·⑩『통사』「磨」. '達摩'와 '達磨' 모두 통한다.

82) 「峰」: ⑭『자료집』에서「蜂」으로 잘못 옮겨 놓고 있다. ①『총람』에도 「峰」이다.

83) 「師師」: ⑦『혜철』·⑧『태안』「師〃」

84) 「爇」: ①『총람』「藝」. 그러나 ⑦『혜철』·⑧『태안』·⑨『월보』·⑩『통사』에서「爇(蓺+火, ⑧은 蓺+灬)」이다. ①의 오식으로, ④『전문』에서도 「爇」로 바로잡았다.

85) 「濕」: ⑦『혜철』·⑧『태안』·⑩『통사』「隰」

86) 「沱」: ⑦『혜철』·⑧『태안』·⑨『월보』·⑩『통사』「沲」

87) 「居」: ⑨『월보』·⑩『통사』「居」. 同字이다.

88) 「逃」: ⑦『혜철』·⑧『태안』「迯」. 同字이다.

89) 「入」: ⑦『혜철』·⑧『태안』·⑨『월보』「人」. 앞에 '數十'이 나와 ⑦~⑨에서 오독한 것으로 생각된다. 다만 같은 계통의 ⑩『통사』에서는 「入」으로 바르게 적고 있다.

90) 「舡」: ⑩『통사』「船」

91) 「獄」: ④『전문』·⑥『고승』·⑪『고증』「嶽」. 그러나 문맥상 '下獄'이 된다. ⑦, ⑧, ⑩에서도 「獄」이다.

92) 「師師」: ⑦『혜철』·⑧『태안』「師〃」

93) 「蓋」: ⑦『혜철』의 원문에는 「盡」으로 되어 있으나, 그 왼쪽에 끼움표('。')를 쓰고 상단에 '蓋'로 정정하고 있다.

94) 「曰」: ①『총람』「曰此」. 그러나 ⑦~⑩에는 '此'가 없다. ①의 衍字로 생각된다.

95) 「精舍」: ①『총람』「舍」. 그러나 ⑦~⑩에는 '精'이 있다. ①의 누락으로 생각된다. ⑪『고증』에서도 「精舍」를 따랐다.

96) 「蟲」: 실제 비의 비면에서는 「虫」이라 표기한 것으로 판독된다.

凉冬燠斯三韓勝地也禪師擁錫來遊乃有縣⁹⁷⁾車之意爰開敎化之場⁹⁸⁾用納資禀之客漸頓雲集於四
禪之室賢愚景附於八定之門縱有波旬之儻⁹⁹⁾梵志之徒安得不歸於¹⁰⁰⁾正見悟吠堯之非斯乃復羅浮
之古作曹溪之今也哉　文聖大王¹⁰¹⁾聞之謂現多身於象末頻賜書慰問兼所住寺四外許立¹⁰²⁾禁殺
之幢仍遣使問理國之要禪師上封事若干條皆時政之急務王甚嘉焉其神益朝延王侯致禮亦不可勝
言也時春秋七十有七咸通二年¹⁰³⁾春二月六日無疾坐化支體不散神色如常卽以八日安厝於寺松峰
起石浮屠¹⁰⁴⁾之也嗚¹⁰⁵⁾戲¹⁰⁶⁾色相本空去來常寂不視生滅濟度¹⁰⁷⁾凡迷前諸¹⁰⁸⁾未度忽失¹⁰⁹⁾前緣已
得後度¹¹⁰⁾湏¹¹¹⁾達理者以爲報盡形謝¹¹²⁾而痛惜哉¹¹³⁾於焉輟斤絶絃也終前三往¹¹⁴⁾所屈¹¹⁵⁾山北而
令伐杉樹大可四圍曰有人死則將此作函子葬之歸¹¹⁶⁾於寺壁上敎畫函子圖因告生徒曰萬物春生秋
謝我則反¹¹⁷⁾之已後不得與汝輩¹¹⁸⁾說禪味¹¹⁹⁾道矣屬繡之初野獸悲號山谷盡動鴉集雀聚盡有哀聲
近浮圖有一株松靑苾欝¹²⁰⁾茂山內絶倫從開隧後春夏白秋冬黃永有吊傷¹²¹⁾之色也上聞禪師始末

---

97) 「縣」: ⑦『혜철』·⑧『태안』·⑩『통사』「懸」

98) 「場」: ⑦『혜철』·⑧『태안』·⑩『통사』「塲」

99) 「儻」: ⑩『통사』「黨」

100) 「於」: 이 글자 외에도 ①『총람』에서는 대체로 '於'로 썼으나, ⑦『혜철』·⑧『태안』에서는 '於'를 '扵'로 쓴 경우가 많다. 실제
비면에서 이 글자의 좌획은 '方'이 아닌 '扌'로 판독된다(이일규·남혜민, 2020 앞의 글, p.281의 〈그림 20〉 참조).

101) 「　文聖大王」: ①『총람』·⑦『혜철』·⑧『태안』에서는 '文聖大王' 앞에 한 글자 정도 공백을 두고 있다.

102) 「立」: ⑩『통사』「入」. ⑩의 오식이다.

103) 「年」: ⑦『혜철』·⑧『태안』「秊」

104) 「屠」: ⑦『혜철』「啚」, ⑧『태안』·⑨『월보』·⑩『통사』「圖」

105) 「嗚」: ①『총람』「鳴」. ⑦『혜철』·⑧『태안』·⑩『통사』 등에는 「嗚」으로, ①의 오식이다. ⑥『고승』에서도 바로잡았다. ⑭『자
료집』에서는 ①도 「嗚」로 쓴 것으로 잘못 옮겼다.

106) 「戲」: ⑩『통사』「戱」

107) 「度」: ⑨『월보』·⑩『통사』「渡」

108) 「諸」: ⑦『혜철』·⑧『태안』·⑩『통사』「渚」. ⑦, ⑧, ⑩의 오식일 것이다. ⑦에서의 필체를 볼 때, 혹시 '诸'를 잘못 옮긴 것은 아
닐까 한다.

109) 「失」: ⑨『월보』·⑩『통사』「先」. ⑨, ⑩의 잘못이다.

110) 「度」: ⑩『통사』「廢」. ⑩의 잘못이다.

111) 「湏」: ⑨『월보』·⑩『통사』「須」

112) 「謝」: ⑦『혜철』·⑧『태안』「讝」

113) 「哉」: ⑨『월보』·⑩『통사』「者」

114) 「往」: ⑦『혜철』에는 그 앞의 '三'과 함께 누락되었고, 앞뒤 글자인 '前'과 '所' 사이에 끼움표(。)를 쓰고 바로 옆에 '三位(?)'를
써 보충하고 있다. 이 ⑦에서의 '位(?)' 자가 다소 불명확한 까닭인지, ⑧『태안』에서는 옮기지 않고 공백으로 두었다. ⑨『월
보』는 「往」, ⑩『통사』에서는 「位」이다.

115) 「屈」: ⑦『혜철』·⑧『태안』·⑨『월보』·⑩『통사』「居」

116) 「歸」: ⑦『혜철』·⑧『태안』「㱕」, ⑨『월보』「皈」. 모두 同字이다.

117) 「反」: ⑦『혜철』·⑧『태안』·⑨『월보』·⑩『통사』「友」. ⑦~⑩의 오식이다.

118) 「輩」: ①『총람』「軰」. 그러나 ⑦~⑩에는 「輩」로, ①의 오식이다. ⑫『역주』에서도 「輩」로 바로잡았다.

119) 「味」: ⑭『자료집』에서 「眛」로 잘못 옮겨 놓고 있다. ①『총람』에도 「味」이다.

120) 「苾欝」: ⑩『통사』「鬱葱」. ⑩의 오식일 것이다.

之事慮年代久而其跡塵昧以登極八年夏六月日降綸旨碑斯文以鏡將來仍賜諡曰寂忍名塔曰照輪

清淨則__聖朝[122]之恩遇足矣禪師之景行備矣其詞曰

唯[123]我大覺兮現多身　性本空寂兮用日新　旣律且禪兮無我人　高山仰止兮莫與隣

寶月常圓兮照圓津　福河澄流兮蕩六塵　漸頓如雲兮來[124]爲賓　語默隨根兮永[125]珠貟

雨撲山火兮救昆珍　時患魃旱兮感龍神　非罪臨刑兮後命臻　預迯禍殃[126]兮及無因

遷化忽諸兮夭大椿　門徒百其兮血染巾　賜諡寂忍兮塔照輪　斯恩永世兮何萬春

　　　　中舍人臣　克一奉　教書[127]

咸通十三年歲次壬辰八月十四日立　沙門幸宗

碑末[128]

福田數法席時在福田四十常行神衆法席 本定別法席無 本傳食二千九百三十九石四斗二升五合

例食布施燈油無 田畓柴田畓幷四百九十四結三十九負 坐地三結 下院代四結七十二負 柴

一百四十三結 荳原地鹽盆一所[129] 奴婢奴十名婢十三口

　이처럼 ①『조선금석총람』으로 대표되는 'A그룹'의 사본에서 보이는 몇몇 오류가, 계통이 다른 'B그룹'의 사본에서는 올바르게 되어 있어 비문을 바로잡는 데에 적지 않은 도움이 된다. 이러한 점을 볼 때 두 사본 계통의 사료적 가치는 기본적으로 동등하게 여겨야 할 것으로 생각한다.

　그렇다면 이를 토대로 다시 '비말' 문제를 검토해보자. 서론에서도 언급했듯이 '비말' 기록의 신빙성이 의심받았던 근본적 이유는 무엇보다 전거의 단일함이었다. 대개 『총람』, 지금까지의 분석을 반영해 말하자면 'A그룹'의 사본에서만 '비말'이 전해졌다고 이해되어 온 탓이다. 이때 주목되는 것이 ⑩『조선불교통사』에도 '비말'을 옮겨 적고 있는 점이다. 이는 통념과는 달리 '비말' 기록의 전거가 단지 하나만이 아니었음을 암시

---

121)「傷」: ⑧『태안』「喪」. '吊喪'도 통하지만, ⑦『혜철』에서는「傷」이므로 ⑧의 오식일 것이다.

122)「__聖朝」: ①『총람』에는 「聖朝」 앞에 공백이 없다. 그러나 ⑧『태안』에서는 한 글자 분량의 공백을 두고 있고, ⑦『혜철』에서는 줄을 바꿔 「聖朝」부터는 새로운 행에 쓰고 있다. 앞서의 「__文聖大王」과 유사한 것으로, 실제 비면에서는 어떠한지 정확히 알 수 없으나 최소한 한 칸 이상의 空格으로 존경 표시가 있었을 가능성이 있다.

123)「唯」: ⑦『혜철』·⑧『태안』·⑨『월보』·⑩『통사』「惟」

124)「來」: ①~⑨에서는 모두「未」이고, ⑩『통사』에서만「來」로 썼다. ⑪『고증』도 ⑩의「來」로 판단하였다. 비의 본문 내용 "用納資禀之客 漸頓雲集於四禪之室"을 생각할 때, '來'가 좀 더 자연스럽다고 생각된다.

125)「永」: ①~⑨에서는「永」이고, ⑩『통사』에서만「求」로 썼다. ⑪『고증』은 ⑩의「求」로 판단하였다.

126)「禍殃」: ⑦『혜철』·⑧『태안』·⑨『월보』·⑩『통사』「殃禍」

127)「書」: ⑦『혜철』·⑧『태안』·⑨『월보』·⑩『통사』에서는 누락되었다.

128) 실제 비문에서는 이 두 글자를 쓰지 않았을 것으로 판단한다.

129)「一所」: ①『총람』에서는「四十三結」. 그러나 ⑩『통사』에서는「一所」이며, ⑦『혜철』의「복전수법석」기록에서도 '荳原地塩盆一所'로 쓰고 있으므로 ①의 오식일 것이다.

해준다.

『통사』는 『총람』보다도 일찍 간행되었다. 그래서 『통사』가 『총람』을 참조하여 '비말'의 기록을 옮겼을 수는 없다. 게다가 『통사』의 '비말'은 『총람』의 그것과 기재 양상에서도 다소 차이를 보인다. 앞에서 각각 전문을 옮긴 바 있지만, 내용 중에 '碑末'이나 '法席', '田畓柴' 등의 항목에서 『총람』과는 줄바꿈이 다르다. 또 荳原地의 염분에 대해 『총람』은 '四十三結'로 쓰고 있지만, 『통사』에서는 그렇지 않고 '一所'로 되어 있다. 이는 『통사』의 '비말'이, 『총람』이 옮겨 적은 화엄사 필사본 등과는 다른 출처에서 비롯되었을 가능성을 보여준다.

그리고 지금까지 검토한 것처럼, 『통사』와 『총람』의 비문은 서로 다른 계통의 사본에 해당한다. 『총람』은 'A그룹'인 반면, 『통사』는 'B그룹'에 속한다. 따라서 이러한 점을 두루 고려하면, 'A그룹'뿐만 아니라 'B그룹' 계통에서도 비문에 이어지는 '비말'을 전해오던 저본이 있었을 개연성이 높다고 판단된다. 곧 '비말'의 기록은 복수의 전거를 갖게 되는 셈인데, 이러한 추정이 옳다면 지금까지 제기되었던 사료의 사실성이나 신빙성 문제를 어느 정도 해소할 수 있지 않을까 생각한다.

물론 그럼에도 여전히 남는 의문이 있다. ⑧ 『태안사지』 「廣慈時大衆」 기록이 '비말'보다 구체적이면서도 그 내용의 시기를 다르게 기록하고 있는 문제다. '비말'은 적인선사가 입적하고 비가 세워질 즈음의 사정일 것인데, 「광자시대중」은 이처럼 광자대사 때의 내용이라 했다. 양자가 상충하는 점은 어떻게 풀어야 할까. 또 서론에서 언급했듯이, 「광자시대중」과 '비말'이 아예 13세기 고려 때의 기록일 것이라고 본 견해는 어떻게 이해하면 좋을까.

이에 관해서는 「광자시대중」이 보고 그대로 옮긴 것으로 생각되는 ⑦ 『혜철국사비명』 「福田數法席」 기록을 함께 고려해야 할 것이다. 다음 절에서 '비말'과 「광자시대중」, 「복전수법석」 등 서로 유사한 텍스트들이 어떠한 상관관계를 맺고 있는지 따져보면서, 이러한 문제를 이어서 살펴보고자 한다.

2. '비말' 관련 텍스트의 형성

앞서 언급했듯이 『태안사지』(『동리산태안사사적』)의 편자는 寺誌를 작성할 때 그 내용의 여러 부분을 『혜철국사비명』에서 그대로 가져오고 있다. 다만 『혜철국사비명』에서의 기재 순서와는 배치를 달리 구성한다거나, 항목의 표제를 수정·보입하는 등 편자의 가필이 들어간 부분도 이따금 눈에 띈다.[130]

『태안사지』 「廣慈時大衆」 또한, 『혜철국사비명』 「福田數法席」의 내용을 그대로 옮기면서도 편자 나름의 판단이 작용했다. 앞에서도 전문을 제시했지만, '廣慈時大衆'이라는 표제는 물론, '本傳', '田畓幷', '奴婢' 등의 항목 이름 앞에 거듭 부기된 '同時'라는 표현은 원래 「복전수법석」에 있지 않다. 「복전수법석」만 보자면 그 내용의 시점을 밝히는 문구는 찾아볼 수 없는 것이다.

요컨대 「광자시대중」 전체가 광자대사 때의 내용이라는 이해는 1920년대 이후, 근대의 寺誌 편찬자가

---

130) 이는 『태안사지』 편자가 『혜철국사비명』과 함께 참조했을 다른 태안사 소장 책자인 『광자대사비명』(1774년 추정)에 대해서도 마찬가지이다.

추정한 것에 지나지 않는다.[131] 따라서 지금처럼 『태안사지』「광자시대중」 내의 표현을 두고 곧바로 '비말'과 시기적 상충을 논하는 것은 곤란하다. 그보다는 그 저본인 『혜철국사비명』「복전수법석」을 기준으로 삼아 검토해야 할 것이다.

물론 그밖에 「복전수법석」의 기재 내용은 모두 「광자시대중」과 일치한다. 전답의 소재 지역을 나열할 때 「복전수법석」에는 '陝州'로 표기한 것을, 「광자시대중」에서는 '陝川'으로 잘못 옮긴 곳이 하나 있을 뿐이다. 따라서 '廣慈時'나 '同時'와 같이 『태안사지』의 편자가 임의로 삽입한 표현에 관한 이해를 제외하면, 일찍이 「광자시대중」 기록을 두고 이루어졌던 분석도 「복전수법석」을 다룰 때 여전히 유효한 측면이 있다.

기존 연구에서 제시되었던 견해를 바탕으로, '비말'과 「복전수법석」의 관계에 대한 가능성을 정리해보면 다음과 같다.[132]

> ⓐ '碑末'은 적인선사 때의 사정 → 이를 상세하게 쓴 것이 「福田數法席」
> ⓑ 「복전수법석」은 고려 때의 사정 → 이를 축약해 쓴 것이 '비말'
> 　ⓑ-1 「복전수법석」은 고려 초 광자대사 때의 기록
> 　ⓑ-2 「복전수법석」은 고려 13세기경의 기록
> ⓒ '비말'은 적인선사 때의 사정 → 고려 이후 내용을 추가한 것이 「복전수법석」

ⓐ와 ⓑ 모두 '비말'과 「복전수법석」이 그 본질에서 같은 내용이라는 점에서는 이해가 일치한다. 그러나 ⓐ는 '비말'을 적인비의 내용으로 인정하여 「복전수법석」에 구체적으로 보이는 지역별 토지 결수까지도 모두 적인선사 때의 사정으로 간주하는 반면,[133] ⓑ는 「복전수법석」은 물론 '비말'도 고려 이후의 것으로 보아 비문의 일부로 인정하지 않는다. 그런데 ⓐ의 입장은, 「복전수법석」에만 보이는 여러 군현의 領屬 관계가 『고려사』 지리지에 보이듯 대체로 고려 초에 이루어졌다는 점에서 받아들이기 어렵다.[134]

한편 ⓑ의 견해, 특히 ⓑ-1에서 「복전수법석」은 물론 '비말'도 고려 초 광자대사 때의 기록으로 봤던 것은, 기존에 『태안사지』「광자시대중」의 '廣慈時'와 같은 표현을 고려한 탓이 크다. 그러나 이를 논외로 하더라도 '비말' 기록을 신빙하기 어렵고, 적인선사 때의 것으로 보기 어렵다는 근거가 몇 가지 구체적으로 지적된 바 있다.

가령 ㉠ '비말'에 염분이 있었다는 '荳原地'라는 지명은 신라 때는 '荳原縣'이고 고려에 와서야 '荳原縣'이 되므로, 이는 고려 초의 사실을 전한다고 봐야 한다는 것이다. 또한 ㉡ 다른 자료를 볼 때 鹽盆을 헤아리는 단위는 '坐'나 '所'이므로, 염분이 '43結'이었다고 쓴 '비말'은 믿기 어렵다는 점도 들었다. 그리고 ㉢ 「복전수

---

131) 광자대사비에 윤다가 태조로부터 전결과 노비를 하사받았다는 내용을 통해 추정한 것으로 짐작된다.
132) 이하 기존 연구들에서 '비말'과 함께 그 내용을 비교·분석한 것은 「광자시대중」이지만, 논지 전개의 편의상 「복전수법석」으로 쓴다.
133) 추만호, 1988, 앞의 논문이 대표적이다.
134) 최연식, 2013, 앞의 논문, p.167.

법석」의 지역별 전답 결수가 '비말'의 전답 총계와 비슷하므로, '비말'은 「복전수법석」의 요약이며 좀 더 충실한 「복전수법석」이 원전이 아닐까 하는 것 등이다.[135]

이에 대한 부분적 반론은 이미 제시되어 있지만, 이 글에서 주목했던 사실도 함께 포함해 다시 검토해보자. 먼저 ㉠ '두원지'에 관해서는, 행정구역명으로서 '두원현'이라 쓴 것은 아니므로 이것이 그저 현지에서 사용되는 지명이라면 문제가 없다는 반론이 있었다.[136] 이는 큰 틀에서 동의하지만, 좀 더 보완 설명이 필요할 것으로 생각된다.

특히 기왕의 논의에서는 고려 때 지명인 '荳原縣'에만 주목하여, 신라 경덕왕이 개칭하기 이전에 백제의 '豆肹縣'이었다는 점은[137] 그다지 고려되지 않았다. 인천 계양산성의 '主夫(吐)'명 기와나 포천 반월산성의 '馬忽'명 기와 등 여러 문자자료를 통해 알려져 있듯이, 신라가 고구려나 백제의 영토를 차지한 뒤에도 기존 지명은 통일 이후까지 오랫동안 유지되었다. 나아가 이는 경덕왕이 지명을 일괄하여 고친 이후에도 관습적으로 계속 사용되었을 가능성이 크다.[138]

이를 고려하면 신라 말의 기록에서 '두원지'가 나타나는 것 역시 비슷한 맥락으로 이해할 수 있지 않을까 한다. '豆'는 荳와 同字로 필사하며 섞일 수 있는 글자이고,[139] '肹'은 栗木郡의 이칭인 '冬斯肹'처럼 때때로 지명 말미에 쓰이던 글자다.[140] 이처럼 이미 백제 때 지명인 豆肹은 荳原과도 통하는 측면이 있다. 그렇다면 고려 초에 '두원현'으로 바뀌기 이전에 '두원'이라는 지명이 신라인들 사이에 사용되고 있었더라도 그리 부자연스러운 일은 아니라고 생각한다.

한편 ㉡ 염분의 단위에 관해서는 기존의 지적에 공감되는 측면도 있다. '염분 43결'이라는 표현을 두고 이것이 鹽田까지 포함하는 소금 생산시설이기 때문이었을 것이라는 추정도 있지만,[141] 간단히 받아들이기는 어렵다. 松廣寺 고려 고문서인 「修禪社形止案」에는 염전의 시납 사실이 두 번 나타나는데, 이를 살피더라도 염전 또한 '곳[庫]' 내지 '座'로 헤아렸다고 생각되기 때문이다.[142]

그런데 설령 그렇다고 하더라도 이를 문제 삼아 '비말'의 사료적 신빙성까지 낮추어 볼 수는 없다. 잘 알려진 ①『조선금석총람』의 '비말'에서는 '염분 43結'로 쓰고 있지만, 앞서 살펴봤듯이 ⑩『조선불교통사』의 '비말'에서는 「복전수법석」과 마찬가지로 '염분 1所'로 전하고 있기 때문이다. 따라서 이는 『총람』을 비롯한

---

135) 박남수, 1996, 앞의 책, pp.83-87.

136) 이경복, 2003, 「新羅末·高麗初 大安寺의 田莊과 그 經營」, 『이화사학연구』 30, p.121의 주8.

137) 『삼국사기』 지리3 신라 분령군, "荳原縣 本百濟豆肹縣 景德王改名 今荳原縣"

138) 이와 관련해서는 김태식, 1995, 「『三國史記』 地理志 新羅條의 史料的 檢討」, 『三國史記의 原典 檢討』, 정구복 外 편, 한국정신문화연구원, pp.196-198을 참고.

139) 신라 때 지명인 '荳原'의 '荳' 자도 荳와 필사 과정에서 섞일 수 있다.

140) 이밖에 신라 會津縣(나주 다시면)이 되는 同名의 백제 豆肹縣도 있다.

141) 권영국, 1985, 앞의 논문, p.15의 주38.

142) "…寶城郡任內 南陽縣□[地] 鹽田七庫 山田三庫 幷三結七十卜 昇郡平[昇平郡]地 吐叱村 鹽田六庫 節□[席]肆座"(노명호 외, 2000, 「修禪社形止案」, 앞의 책, pp.390-391. 강조는 필자). 박남수, 1996, 앞의 책, p.86의 주35에서는 '庫'를 염전·산전의 倉庫로 보고 이어지는 '幷 3結 70卜'를 그 부지의 면적으로 보았다. 그러나 '3결 70부'는 산전 3곳에 해당하는 면적이고, 염전은 7곳, 6곳, 4좌 등으로만 기재한 것으로 생각한다.

'A그룹' 계통의 비문 사본에 미흡한 점이 있다는 사실은 될 수 있어도, '비말' 기록 자체의 신뢰도에 영향을 주지는 못한다.

마지막으로 ㉢은 적극적인 논거가 되기 어렵다. 이것만으로는 어느 한쪽이 다른 쪽의 요약인지 혹은 반대로 詳述인지 판단할 수 없기 때문이다. 오히려 여기에는 기왕의 반론처럼 중요한 맹점이 있는데, 곧 '비말'의 전답 결수와 「복전수전답」의 지역별 세부 전답 총계가 비슷하기는 하지만 꼭 일치하지는 않는다는 것이다. 坐地와 下院代, 柴地 등을 제외하고 순수 田畓만 볼 때 '비말'에서는 494결 39부이지만, 「복전수전답」에서는 '晋州任內 永善縣地'부터 '陝州任內 加祚縣地'까지 여덟 곳의 전답을 모두 더하면 495결 2속이 된다.

이러한 차이는 '비말'과 「복전수법석」의 작성 시기를 분리해서 이해하려는 ㉢의 입장에서 주요 근거가 된다. 좀 더 구체적으로 말해 「복전수법석」에만 보이는 지역별 세부 토지 결수는 고려 이후의 사정이고, 나머지 '비말'과 일치하는 부분은 적인선사 시기의 내용이라는 것이다. 이는 ⓐ나 ⓑ의 견해보다 한층 진전된 접근이라 생각하는데, 전답 총액의 차이 외에도 그렇게 판단할 만한 양상은 더 있다. 가령 '비말'에서는 면적을 기재할 때 '부'를 '負' 자로 쓰고 있는 데에 비해, 「복전수법석」의 세부 내역에서는 이를 '卜' 자로만 표기하는 것이다.[143]

나아가 「복전수법석」에서 지역별 전답 결수가 柴地의 총계 직후에 이어지는 것은, 기재 위치가 다소 어색한 측면도 있다. 만약 어떤 한 시점에 태안사의 보유 토지가 체계적으로 정리되었다면, 좀 더 합리적인 기재 순서를 기대할 수 있기 때문이다. 가령 여덟 곳 전답의 세부 결수는 전답 총계의 바로 앞이나 뒤에 기록하고, 이어서 시지 총계, 그리고 그 이후에 藿田과 염분 등 '田畓柴' 이외의 토지 내역을 배치하는 편이 자연스러웠을 것이다. 지금의 「복전수법석」은 그렇지 않은 탓에, 이미 있던 '비말'의 텍스트에 훗날 작성된 지역별 토지 내역을 적당히 끼워 넣어 완성한 것 같은 인상을 준다.

이렇듯 ㉢의 추론이 대체로 합당하다면, ⓑ-2에서의 지적도 큰 문제가 되지는 않는다. ⓑ-2의 핵심 논지는, '비말'은 「복전수법석」의 요약·재정리에 불과하며 이는 모두 13세기 이후에 작성된 기록이라는 것이다. 「복전수법석」과 선사비 비문을 비롯하여 『태안사지』의 여러 내용을 조합하면, 고려 13세기 「修禪社形止案」과 유사한 형식의 이른바 「大安寺形止案」을 복원할 수 있다는 점을 그 근거로 삼는다.[144]

고려 때 만들어졌을 「대안사형지안」의 존재와 그 성격에 대한 추정에는 대체로 공감이 된다. 무엇보다도, 앞서 언급했듯이 태안사가 소장한 18세기 책자 『혜철국사비명』의 내용과 구성이 이러한 추정에 상당히 부합하고 있기 때문이다.[145] 기왕의 연구가 『혜철국사비명』을 참고하지 못했던 상황임에도, 『태안사지』와 「수선사형지안」을 정밀하게 비교·분석하여 내린 타당한 추측이었던 셈이다.

그러나 앞서 '비말'과 그 이외 「복전수법석」 내용의 작성 시기를 구분해 검토했듯이, 고려 「대안사형지

---

143) 이경복, 2003, 앞의 논문, p.123.

144) 노명호 외, 2000, 「大安寺形止案」, 앞의 책, pp.419-420; 최연식, 2013, 앞의 논문, pp.159-172.

145) 다만 기존에 「대안사형지안」의 구성에 대해 '불상간각 ~ 당탑비' + 광자대사비 + 적인선사비 + 복전수법석'으로 추정했으나(최연식, 2013, 앞의 논문, pp.168-169), 『혜철국사비명』에는 '불상간각' 앞에 '지세'와 '시창비보'가 더 있고, '당탑비' 이후 광자비는 없이 바로 적인비로 이어진다.

「안」의 존재를 인정하더라도 '비말'까지 함께 13세기의 기록이라 단정할 수는 없다. 오히려 그렇게 보는 데에는 상당한 무리가 따른다. 만일 ⓑ-2의 견해에 따라 '비말'이 실제 적인비의 내용이 아니며, 「대안사형지안」 작성 이후에 요약되어 만들어진 텍스트라고 가정해보자. 그러한 전제 위에서 '비말' 기록의 형성 과정을 상상해보면, 다음과 같이 우연과 착오가 거듭되지 않고는 불가능에 가깝다는 결론에 이르게 된다.

즉, 가령 누군가가 「대안사형지안」에서 적인선사비의 비문만을 따로 필사해 옮기려 했는데, 우선 (1) 비문에 이어 기재된 「복전수법석」 부분까지 적인비에 포함된 내용이라고 착각해야 한다. 나아가 (2) 비문의 내용으로 오해한 「복전수법석」에서 지역별 토지 결수만큼은 자의적으로 제외하고, (3) 심지어 그렇게 요약한 내용을 비교적 흔한 '碑陰記'도 아니라 '碑末記'라고 콕 집어 추측했던 것이 된다.

이렇게 따져볼 때 '비말'과 '복전수법석'의 선후 관계를 ⓑ처럼 생각하기는 어렵다. 그보다는 ⓒ와 같이 '비말'의 내용은 적인선사가 입적한 즈음부터 이미 존재하고 있었고, 「복전수법석」에만 보이는 여러 지역의 토지 내역 부분은 고려 태조 때 추가되어 지금처럼 남았다고 이해하는 편이 자연스럽다.[146]

다만 일부의 이해처럼,[147] 고려 태조 때 태안사가 '비말'의 기존 494결 38부와 「복전수법석」의 495결 2속을 더해 약 천여 결의 전답을 보유하게 되었던 것은 아니라고 생각한다. 왕건이 승려 寶壤의 도움에 대한 보답으로 雲門寺에 500결을 내렸던 것도,[148] 운문사의 전신으로서 이미 쇠락한 5개 岬寺가 신라 이래로 보유했던 토지를 그대로 인정·복원해주는 조치였다는 견해가 참고된다.[149]

태안사의 사정도 이와 비슷했을 것이다. 나아가 왕건의 토지 하사도, 어쩌면 기존의 이해처럼 태안사가 보유하고 있던 토지를 단순히 '인정'해주는 조치에 그쳤던 것만은 아닐지도 모른다. 주지하듯이 889년(진성왕 3) 이래 초적의 활동 지역은, 영월 흥녕사나 합천 해인사 등 당시 부유했던 사찰에까지 미쳤다.[150] 이즈음 태안사에 머물던 광자대사 역시 산적의 침입을 받았던 사실이 그 비문에 드러나기도 하는 것처럼, 태안사도 공격 목표가 되었을 개연성은 높다.

더구나 적인선사 때부터 보유하던 태안사의 田莊은 대개 여러 지역에 분산되어, 반드시 本寺에 근접한 땅에만 국한되지는 않았을 것이다.[151] 그런데 초적뿐 아니라 각 지방 세력가들의 발호나 다른 사원의 침탈 등으로 인해, 멀리 떨어진 전장은 관리가 어려워지고 때로는 연고가 끊겨버리는 상황도 자연스럽게 그려진다.[152] 결국 사찰이 실리는 취할 수 없고 그저 장부상에서 숫자로만 헤아려지는 전답도 더러 생겨났을 것이라 추측된다. 그렇다면 태조의 토지 하사는, 신라 말의 혼란기를 거치며 손실된 태안사의 재산을 '복구'해주

---

146) 「복전수법석」에 보이는 8개 지역의 전답이 최씨 정권하에서 형성되었다고 보기는 어렵다. 『태안사지』를 통해 일반적으로 알려진 것과는 달리, 태안사는 최우 때 중창된 사실이 없다(최성렬, 2002, 앞의 논문 참조). 따라서 같은 시기 수선사에서와 같은 대규모 시납이 있었을 것으로 기대하기도 어렵다.

147) 『泰安寺事蹟』 제5장 「本寺의 維持費」(『태안사지』, pp.206-208) 및 김두진, 1988, 앞의 논문, pp.17-18.

148) 『삼국유사』 권4, 의해5 보양이목.

149) 김윤곤, 1982, 「麗代 寺院田과 그 耕作農民」, 『민족문화논총』 2·3, pp.150-151; 김두진, 1999, 앞의 논문, pp.14-16.

150) 하일식, 1997, 「해인사전권(田券)과 묘길상탑기(妙吉祥塔記)」, 『역사와 현실』 24, pp.26-29 참조.

151) 김두진, 1999, 앞의 논문, pp.21-27을 참고.

152) 신라 중앙귀족에 대한 언급이기는 하나, 하일식, 1997, 앞의 논문, pp.30-33이 참고된다.

는 조치였을 가능성도 있다.

그런데 이러한 寺勢 복원이 아무리 국왕의 恩典이라고 해도, 회복하고 싶은 옛 모습에 대한 아무런 기준 없이 이루어졌다고 생각하기는 어렵다. 아마도 일찍이 사찰에서 작성하여 갖고 있던, 때로는 官의 검증을 받은 장부가 그러한 근거가 되었을 것이다.[153] 앞서 운문사의 사례에서도, 일찍이 5개 갑사 중 하나인 嘉西 岬에 시납된 토지 내역이 帳籍에 남아 고려 때까지 전해졌다는 사실이 참고된다.[154]

태안사의 경우, '비말'이 사세 복원의 기준·근거로 활용되었던 것은 아닌가 한다. 그런데 이미 여러 옛 전 장에 대한 연고가 끊어진 상황에서, 반드시 예전과 똑같은 곳의 전답을 그대로 다시 취할 수도, 그럴 필요 도 없었다. 결국 사찰 입장에서는 실질적으로 보유하는 토지 총계를 이전의 500결 수준으로 되돌리면 족했 을 것이다. 그래서 여건이 되는 지역의 전답으로 분급 받는 과정에서, '비말' 494결 38부와 「복전수법석」 495결 2속과 같은 다소 간의 차이도 자연스럽게 생겨났으리라 추측된다.

다만 '비말'이 결과적으로 사세 복원의 근거가 되었다고 하더라도, 이것이 처음부터 그 목적으로 작성된 기록이라고 볼 수는 없다. 일찍부터 신라 국가 차원에서는 사찰, 특히 그 보유 재산을 상시로 파악하는 한 편 이를 문서화하고 있었을 것이기 때문이다. 앞서 장적에 남아 전해졌다는 가서갑의 토지 시납 사실 또한 7세기의 일이었듯이, 사원 재산과 관련해 이를 문서로 관리·보존하는 행정은 통일기는 물론 그 이전 시대 부터도 초보적이나마 시행되고 있었으리라 생각된다.[155]

조금만 더 상상을 보태보자. 그렇다면 적인선사 시기의 태안사에도 '비말'의 내용을 포함해 더 많은 정보 를 담은, 곧 「대안사형지안」의 전신이나 원형이라 할 수 있는 장적이 일찍부터 만들어져 보관되었을 가능 성도 크다. 만약 '비말'이 무언가를 요약·발췌한 기록이라고 한다면, 아마도 신라 말 태안사에서 작성되었 을 바로 그와 같은 문서가 원본이 되어야 마땅할 것이다.

이러한 기록은 본디 국가 차원의 사원 파악, 때로는 '통제'를 위해 처음 작성되었을 것이다. 그러나 아이 러니하게도 적인선사 입적 전후의 정치적·사회적 혼란 속에서는, 사찰이 스스로의 재산을 지키고 어쩌면 훗날에라도 보전받기 위한 근거로 삼으려 선사비 한쪽 말미에 이를 새기고 있는 것이다.[156]

IV. 나머지 문제

지금까지 태안사 적인선사비의 비문을 담은 여러 사본을 살펴 그 계통을 따지고, 이를 통해 논란이 되어 온 '비말' 기록에 관한 문제를 살폈다. 비문의 사본들은 이체자나 오식, 누락과 글자 차이 등 분명히 구별되

153) 노명호, 1992, 「羅末麗初 豪族勢力의 경제적 기반과 田柴科體制의 성립」, 『진단학보』 74, pp.12-13.
154) 『삼국유사』 권4, 의해5 원광서학.
155) 노명호, 1992, 앞의 논문, p.12를 참고.
156) '비말'을 적인선사비에 새겼던 배경에 대해서는 이일규·남혜민, 2020, 앞의 논문, pp.292-296을 참고.

는 요소를 보아 크게 두 가지 계통으로 분류할 수 있었다. 이에 종래 단일한 전거로만 이해했던 '비말'의 기록이 서로 다른 복수의 저본에서 전해지는 점을 확인하였고, 그 사료적 신빙성을 제고할 수 있다는 것을 밝혔다.

그리고 기존의 논의를 바탕으로, 『태안사지』의 「광자시대중」이나 새로 확인된 태안사 소장의 『혜철국사비명』에서 「복전수전답」 등 '비말'의 내용을 포함하고 있는 기록을 검토하였다. 그 결과 '비말'의 전답 총계 등은 적인선사 때 사정으로, 「복전수법석」(혹은 「광자시대중」)에만 나타나는 지역별 토지 내역은 고려 태조 이후의 사정으로 각기 분리해 판단할 수 있었다.

이에 '비말'은 적인선사비 말미에 새겨졌던 내용이며, 나아가 이후 광자대사 당시 태안사가 왕건으로부터 토지를 하사받을 때 이와 같은 기록이 사세 복원의 근거가 되었을 가능성을 추정해 보았다. 아울러 이렇듯 적인선사비의 여러 사본과 '비말' 관련 텍스트들을 살피는 과정에서, 나름대로 비문에 대한 교정도 함께 진행하였다.

그러나 이들 논의와 긴밀히 관련되어 있고 또 좀 더 분명히 밝혀야 함에도, 글의 주된 논지에서 벗어나거나 글쓴이의 역량 부족으로 언급을 미룬 것들이 있다. 특히 사회경제적 시각에서의 검토가 부족했다고 생각되는데, 가령 기존 일부 논의에서 제기했듯이 당시 태안사의 보유 전답이 소유지인가 수조지인가 하는 문제가 있다. 이는 물론 태안사에만 국한된 논의가 될 수도 없지만, 이러한 점들까지 심도 있게 살펴볼 수는 없었다.

또한 신자료라 할 수 있는 『혜철국사비명』에 대한 문제도 있다. 이 글에서는 논지 전개상 「복전수전답」 항목에만 초점을 맞춘 까닭에, 자료의 전체상을 잘 드러내지 못했다. 이것이 기존 연구에서 추정한 이른바 「대안사형지안」에 가까운 문서라는 점, 그리고 이를 토대로 현존하는 고려 송광사 문서인 「수선사형지안」에 대한 이해를 보완하는 논의가 향후 좀 더 자세하게 이루어져야 한다.

아울러 이 『혜철국사비명』을 비롯해 태안사에 보존된 옛 사적을 종합적으로 검토할 필요도 있다. 근대에 만들어진 『태안사지』에 여러 오류가 있고, 이러한 오류로 지금 태안사의 연혁과 역사적 성격을 이해하는 데에도 문제가 있다는 사실이 기존에 어느 정도 확인된 바 있다. 이에 그 저본이 되었던 태안사의 옛 사적을 통해 『동리산태안사사적』 등의 형성 과정을 밝히고, 잘못을 바로잡는 한편 알려지지 않은 사실을 발굴해 정리하는 작업도 요구될 것이다.

| 투고일: 2023.04.18. | 심사개시일: 2023.05.17. | 심사완료일: 2023.06.05. |

참고문헌

『慧徹國師碑銘』(태안사 소장)
『桐裡山泰安寺事蹟』(1983, 『泰安寺誌』, 아세아문화사 영인본)

이능화, 1918, 『朝鮮佛教通史 上中編』, 新文館.
조선총독부 편, 1919, 『朝鮮金石總覽 上』.
한국고대사회연구소 편, 1992, 『譯註 韓國古代金石文Ⅲ』, 가락국사적개발연구원.
김영태, 1992, 『三國新羅時代佛教金石文考證』, 민족사.
이지관, 1993, 『校勘譯註 歷代高僧碑文 新羅篇』, 가산문고.
박남수, 1996, 『新羅手工業史』, 신서원.
노명호 외, 2000, 『韓國古代中世古文書研究 (上)』, 서울대학교출판부.

김윤곤, 1982, 「麗代 寺院田과 그 耕作農民」, 『민족문화논총』 2·3.
권영국, 1985, 「14세기 權鹽制의 成立과 運用」, 『한국사론』 13, 서울대학교 국사학과.
김두진, 1988, 「나말여초 동리산문의 성립과 그 사상」, 『동방학지』 57.
추만호, 1988, 「羅末麗初 桐裏山門」, 『先覺國師道詵의 新研究』, 영암군.
노명호, 1992, 「羅末麗初 豪族勢力의 경제적 기반과 田柴科體制의 성립」, 『진단학보』 74.
김두진, 1999, 「新羅下代 禪宗山門의 社會經濟的 基盤」, 『한국학논총』 21, 국민대학교 한국학연구소.
최성렬, 2002, 「大安寺談禪牓과 泰安寺」, 『철학논총』 28, 새한철학회.
이경복, 2003, 「新羅末·高麗初 大安寺의 田莊과 그 經營」, 『이화사학연구』 30.
최연식, 2013, 「高麗 寺院形止案의 復元과 禪宗寺院의 공간 구성 검토」, 『불교연구』 38.
이일규·남혜민, 2020, 「태안사 적인선사비의 이수(螭首)와 '비말(碑末)'에 관하여」, 『역사와 현실』 117.

⟨Abstract⟩

Manuscripts' Filiation and Text Correction of the Tae'an-sa Monastery Stone Tablet for Master(Seonsa) Jeog'in: Regarding 'Bimal' Portion of the Tablet[*]

LEE, Il-Kyu

Several copies of Stone Tablet for Master(Seonsa) Jeog'in can be classified into two groups. The record of 'Bimal' is handed down from copies of different groups, so it is highly reliable. And I reviewed the multiple records of 'Bimal', including a newly identified booklet owned by Tae'an-sa Temple. As a result, it is estimated that 'Bimal' was engraved at the end of the front of the tablet. Furthermore, it is also assumed that the records like above could have been the basis for the restoration of property when the temple received land from the king at the time of Gwangja Daesa. Meanwhile, in the process of examining several copies of the tablet, I also carried out text correction.

▶ Key words: Monastery Stone Tablet for Master(Seonsa) Jeog'in, Jeog'in, Hyecheol, Tae'an-sa Temple, Bimal (The End Portion of the Tablet)

---

* This work was supported by the Ministry of Education of the Republic of Korea and the National Research Foundation of Korea (NRF-2021S1A5B5A17048815).

신출토 문자자료

부여 동남리 49-2번지 유적 출토 목간의 의의

부여 동남리 49-2번지 유적 출토 목간의 의의

고상혁*

Ⅰ. 머리말
Ⅱ. 출토 정황
Ⅲ. 출토 목간 소개
Ⅳ. 맺음말

〈국문초록〉

부여 동남리 49-2번지 유적에서는 판독이 가능한 총 5점의 목간이 출토되었다. 목간은 벚나무류, 소나무류, 삼나무류에 속하는 나무를 가공하여 사용하였고, 형태나 판독된 문자 내용을 통해 많은 글자가 쓰인 2점은 문서용 목간이고, 나머지 3점은 하찰로 사용했을 것으로 추정된다. 특히 〈목간①〉은 출납, 이동, 재고 상황 등으로 해석할 수 있는 글자가 확인되어 행정 관부의 출납을 담당하던 관리가 기록한 문서나 장부의 용도로 파악되며, 〈목간②〉 또한 곡물의 출납과 관련된 기록으로 파악되었다. 이렇듯 이번에 확인된 새로운 문자 자료는 백제 중앙의 행정상 복원과 더불어 도량형을 파악하는 데에도 귀중한 자료를 제공할 것으로 기대된다.

부여 동남리 49-2번지 유적은 기존에 목간이 다수 출토되던 지역과 다소 동떨어져 있고, 교통로상 중요한 지점으로서 대로가 확인된다는 점에서 목간이 출토된 유구의 성격과 사비도성의 구조를 복원하는 데 실마리를 제공할 수 있는 자료이다.

▶ 핵심어: 사비시대, 목간, 화지산, 행정 관부, 문서, 장부

---

* 동국대학교 WISE캠퍼스 고고미술사학과

I. 머리말

부여에서 목간은 1983년에 官北里 유적에서 최초로 발굴되었으나, 묵서 판독에 어려움이 있어 연구자들의 관심을 끌지 못하였다. 그러다가 1995년 발간된 부여 宮南池 유적 보고서에 1호 목간으로 소개된 목간에 '西部後巷'이라는 墨書가 확인되면서 5부 5항의 실재성이 증명되었고, 이로 인해 연구자들 사이에 목간 자료의 가치가 새롭게 인지되기 시작하였다. 이후 부여의 여러 유적에서 연이어 목간이 출토되면서 목간에 대한 연구자들의 관심이 크게 고조되었다.[1]

부여의 목간은 6세기 전반에서 7세기 중반의 것이 대부분이며, 백제 후기 사비도성이 위치했던 부여읍은 지형적으로 백마강의 범람에 따른 도성의 침수가 잦아 유기질인 목간의 보존에 좋은 환경을 제공하였다. 목간의 내용에 있어 왕실 사원인 능산리 사지에서는 종교, 의약 및 물품운송과 관련된 다양한 내용의 목간이 많이 출토되었고, 관청으로 보이는 관북리와 쌍북리에서는 환곡, 율령제, 부역 및 균역의 징발을 위한 호적 정리와 같은 관청에서 사용된 문서와 기록들이 확인되었다.[2] 쌍북리 56번지 유적에서는 논어 목간이 출토되기도 하였다.[3]

목간은 작성 목적과 작성자 등에서 사비도성과의 연관성이 주목되었고, 사료상 사비도성이 계획적인 도성으로 세워졌음을 짐작할 수 있었지만, 그 구체적인 내용을 알 수 없었다. 하지만 목간들을 통해 백제 왕경에 대한 이해와 사비도성의 구조를 파악하기 위한 실마리가 제공되었다.[4] 부여 동남리 49-2번지 유적은 기존 목간이 집중적으로 출토되는 쌍북리와 관북리 일대가 아니라 사비도성 남쪽의 화지산 유적에 인접하여 있다는 점과 중요한 교통로로 사용되었을 대로가 확인되었다는 점에서 목간 내용의 판독 결과는 사비도성의 구조를 복원하는 하나의 실마리가 될 것으로 기대된다.

II. 출토 정황

부여 동남리 49-2번지 유적은 LH대전충남지역본부에서 마을정비형 공공주택 건설사업을 계획하면서 (재)울산문화재연구원에 의해 2021년 10월 26일부터 2022년 10월 28일에 걸쳐 정밀발굴조사(조사면적: 13,088㎡)가 이루어졌다.[5] 이 유적에서 발견된 목간은 총 5점으로 백제문화권 문화재 보존·관리 정책사업

---

1) 윤선태, 2013, 「백제 목간의 연구현황과 전망」, 『백제문화』 49, 공주대학교 백제문화연구소, p.245.

2) 정훈진, 2016, 「부여쌍북리 백제유적 출토 목간의 성격: 201-4번지 및 328-2번지 출토 목간을 중심으로」, 『목간과문자』 16, 한국목간학회, pp.211-214.

3) 김성식·한지아, 2018, 「부여 쌍북리 56번지 사비한옥마을 조성부지 유적 출토 목간」, 『목간과 문자』 21, 한국목간학회, pp.346-347.

4) 홍승우, 2013, 「부여 지역 출토 백제 목간의 연구 현황과 전망」, 『목간과 문자』 10, 한국목간학회, pp.28-29.

5) 이 글은 (재)울산문화재연구원의 최득준, 김훈희, 김일중 연구원이 함께 조사한 결과이며, 필자가 대표하여 원고를 작성하였다.

의 일환으로 국립부여문화재연구소에서 목간의 보존 처리를 지원하여, 글자 판독 및 묵서흔을 확인할 수 있었다. 이들 목간은 2022년 11월 10일 보도자료를 통해 공개되었다.[6]

1. 입지와 환경

조사지역이 위치한 동남리는 부여읍의 남쪽에 위치하고 있다. 동남리의 지형을 살펴보면, 동쪽에 위치한 금성산(124.3m)에서 서쪽으로 분지하여 형성된 저평한 구릉지가 동·서방향으로 뻗어 있다. 남쪽 일대는 화지산(43.8m)과 궁남지가 자리하며 일부 저지대가 형성되어 있다. 서쪽 일대는 구릉 사면부와 백마강 사이에 형성된 충적지와 접하고 있으며, 북쪽은 부소산과 금성산 사이에 형성된 시가지가 형성되어 있다. 동쪽으로 가탑리, 서쪽으로 구교리 및 군수리, 남쪽으로 왕포리, 중정리, 북쪽으로 구아리, 쌍북리와 접하고 있다. 동남리는 대부분의 지대가 평탄한 지형으로 이루어져 있으며, 동쪽에서 남동쪽 방향으로 하천이 흐르고 있다. 백제시대에는 사비군, 통일신라시대에는 부여군, 고려시대에는 공주에 속하기도 하였으며, 조선시대에는 부여현 현내면 지역이었다. 1914년 행정구역 개편 때에 동산리·마천리·신대리·남산리·학서리 일부와 대방면 탑동 일부를 병합하여 동산과 남산의 이름 따서 동남리라 하였고 부여군에 편입되었다.

유적은 화지산과 금성산 사이의 남북으로 뻗은 곡부에 해당하며, 발굴조사 당시 논으로 이용되고 있었다. 이곳은 부소산성에서 남쪽으로 연결되는 주요 교통로상에 위치한다는 점과 연접한 부여 가탑리 가탑들 유적 5지점에서 도로와 건물지들이 확인되어 이와 유사한 성격의 유구들이 확인될 것으로 기대되었다.

2. 층위

시굴조사에서 지형과 지물을 고려하여 총 9개를 설치하였고, 이 중 유구가 확인되지 않은 1기의 트렌치를 기준으로 하여 유물이 확인되지 않는 층까지 조사를 실시하였다. 그 결과 총 3개의 문화층(IV·VI·VIII층)을 확인하였다. 토층에 대한 상세 설명은 도면 1과 같다.

---

6) 목간의 판독은 국립부여문화재연구소와 한국목간학회의 주도로 이루어졌다.

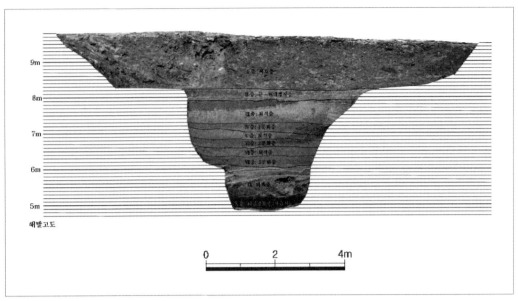

도면 1. 기준 토층(4트렌치)

   Ⅰ층: 최근 복토된 층으로 황갈색 사질점토로 구성.
   Ⅱ층: 근·현대 경작층으로 갈색 사질점토로 구성.
   Ⅲ층: 회갈색 사질층으로 유물 및 유구가 확인되지 않는 간층.
   Ⅳ층: 1문화층으로 갈색 사질점토층이며 도로, 수혈, 구상유구 등이 확인.
   Ⅴ층: 회갈색 사질층으로 유물 및 유구가 확인되지 않는 간층.
   Ⅵ층: 2문화층으로 갈색사질점토층이며 백제시대 건물지가 확인.
   Ⅶ층: 회갈색 사질층으로 유물 및 유구가 확인되지 않는 간층.
   Ⅷ층: 3문화층으로 갈색사질점토층이며 백제시대 유물이 포함된 층.
   Ⅸ층: 갈색, 흑색 사질점토층으로 유물이 확인되지 않는 비문화층.
   Ⅹ층: 흑색 니질 점토층으로 유물이 확인되지 않는 비문화층.

3. 발굴조사

1) 경과

 발굴조사는 현장의 여건을 고려하여 남북으로 임의의 선을 설정한 후 서쪽을 먼저 조사한 후 동쪽을 조사하였다. 총 4차에 걸쳐 이루어진 전문가검토회의 결과에 의거 서쪽의 Ⅰ·Ⅱ구역은 2문화층 중층과 일부 하층에 대한 조사를 실시하였고, 3문화층에 대해서는 2문화층 유구가 확인되지 않는 공간을 설정하여 Pit 조사를 실시하여 유구가 확인되지 않는 유물포함층임을 확인하였다.

 동쪽의 Ⅲ·Ⅳ구역은 1문화층에 대해서만 조사가 이루어졌다. 모든 구역에 대한 조사가 완료된 이후 유적 전면에 고운 모래를 복토하여 미조사 구간을 보존하였다.

부여(366124)

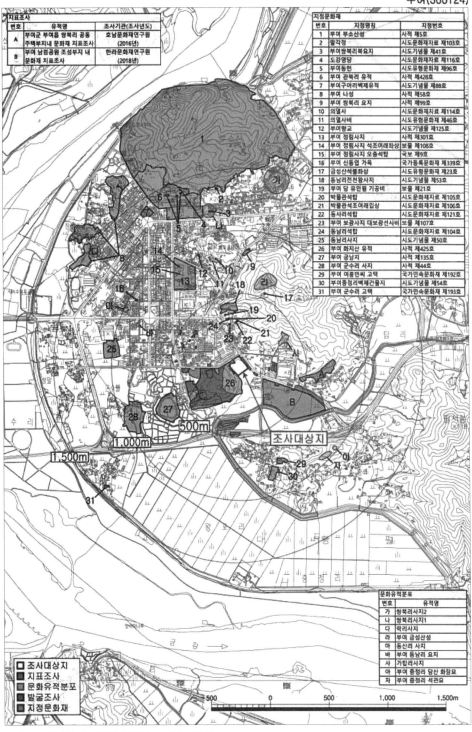

지표조사			
번호	유적명	조사기관(조사년도)	
A	부여군 부여읍 쌍북리 공동주택부지내 문화재 지표조사	호남문화재연구원(2016년)	
B	부여 남령공원 조성부지 내 문화재 지표조사	한라문화재연구원(2018년)	

지정문화재		
번호	지정명칭	지정번호
1	부여 부소산성	사적 제5호
2	팔각정	시도문화재자료 제103호
3	부여쌍북리복묘지	시도기념물 제41호
4	도강영당	시도문화재자료 제116호
5	부여동헌	시도유형문화재 제96호
6	부여 관북리 유적	사적 제428호
7	부여구아리백제유적	시도기념물 제88호
8	부여 나성	사적 제58호
9	부여 쌍북리 요지	사적 제99호
10	의열사	시도문화재자료 제114호
11	의열사비	시도유형문화재 제46호
12	부여향교	시도기념물 제125호
13	부여 정림사지	사적 제301호
14	부여 정림사지 석조여래좌상	보물 제108호
15	부여 정림사지 오층석탑	국보 제9호
16	부여 신동엽 가옥	국가등록문화재 제339호
17	금성산석불좌상	시도유형문화재 제23호
18	동남리전천왕사지	시도기념물 제53호
19	부여 당 유인원 기공비	보물 제21호
20	박물관석탑	시도문화재자료 제105호
21	박물관석조여래입상	시도문화재자료 제106호
22	동사리석탑	시도문화재자료 제121호
23	부여 보광사지 대보광선사비	보물 제107호
24	동남리석탑	시도문화재자료 제104호
25	동남리사지	시도기념물 제50호
26	부여 화지산 유적	사적 제425호
27	부여 궁남지	사적 제135호
28	부여 군수리 사지	사적 제44호
29	부여 여흥민씨 고택	국가민속문화재 제192호
30	부여중정리백제건물지	시도기념물 제54호
31	부여 군수리 고택	국가민속문화재 제193호

문화유적분포	
번호	유적명
가	쌍북리사지2
나	쌍북리사지1
다	학리사지
라	부여 금성산성
마	동산리 사지
바	부여 동남리 요지
사	가탑리사지
아	부여 중정리 당산 화장묘
자	부여 중정리 석관요

도면 2. 조사대상지 및 주변유적 분포도〈1/25,000〉

2) 조사 내용

(1) 1문화층

1문화층은 상층, 하층으로 구분된다. 상층에서는 4차 도로 1면, 동서도로 1면, 건물지 5동, 수로 1기, 구 10기, 우물 1기, 암거시설 1기, 매납유구 1기, 수혈 5기, 주혈군이 확인되었다. 하층에서는 3차도로 1면이 확인되었다.

(2) 2문화층

2문화층에서 상층, 중층, 하층으로 구분된다. 상층에서는 2차 도로 1면, 건물지 2동, 수혈 1기, 구 4기, 수로, 경작유구, 주혈군이 조사되었다. 중층에서는 1차 도로 1면, 건물지 1동, 수로, 우물 1기, 경작유구, 주혈군이 조사되었다. 하층에서는 수로, 경작유구가 조사되었다.

(3) 3문화층

북서쪽의 3문화층은 2문화층 하층 경작유구에서 아래로 약 15~30㎝에서 확인되었다. 동고서저의 지형이며 토양은 흑갈색 사질점토층에 해당된다. 유구는 확인되지 않았고 유물은 토기 잔편만 출토되었다. 일부 유물이 확인되지 않는 지역에 트렌치를 설정하여 약 50㎝ 정도 아래까지 하강하였다. 유기물이 포함된 흑갈색 점토층이 확인되었는데 이 층은 시굴조사 당시 최하층인 니질점토층(비문화층)에 해당된다.

남서쪽의 3문화층은 서쪽의 화지산 자락의 말단부에 해당한다. 서고동저의 지형으로 완만한 경사를 이루고 있다. 내부토는 흑갈색 사질점토층이다. 일부 지역에서 자연 수로가 확인되지만 유구는 확인되지 않았고 유물은 소량의 토기편이 출토되었다.

4. 유적의 성격

부여 동남리 49-2번지 유적에서 출토된 목간의 출토 정황을 파악하기 위해서는 도로, 격자상의 수로의 건물지의 배치에 주목할 필요가 있다.

1) 도로

도로의 노선 방향과 노면의 너비(노폭)는 장소의 중요도와 성격이 반영된 요소로 도로를 통해 주변에 위치한 건물의 기능을 판단할 수 있다. 노선 방향은 지형이나 지세의 영향을 받기 때문에 공간구획과 원활한 통행을 위해 지역별 구획체계의 주축 방향에 맞추어 용지를 최대한 활용하고 구역 간 연계성을 높이기 위해 진북 또는 남북방향을 고려하지 않고 축조하였다.[7] 그러나 도성 중심부를 포함한 대부분 도로의 주축 방향이 진북이거나 진북에 가깝지만, 도성 외곽지역인 쌍북리·가탑리 일대는 도로의 방향이 지세의 영향

---

7) 황인호, 2012, 「百濟 泗沘都城의 都市計劃에 대한 검토」, 『고고학』 11-3호, 중부고고학회, pp.121-122.

을 받는 것으로 나타난다.[8] 부여 동남리 49-2번지 유적은 행정구역은 동남리에 해당하지만 지형을 고려한다면 가탑리로 분류할 수 있다. 이곳에서 확인되는 도로는 북서-남동 방향으로 축조되어 쌍북리·가탑리와 동일한 양상을 보인다. 한 가지 다른 유적과 다른 점은 방향을 달리하는 도로가 직교하지 않고 각도를 달리하여 삼거리를 형성하고 있다는 점이다. 이는 일반적인 방리 구획의 관점으로는 이해할 수 없으나, 나성 성문의 위치를 통해 보았을 때 도성 중심부에서 화지산과 금성산 사이의 고개를 지나 남동쪽 염창리와 동쪽 능산리의 성문으로 연결되는 도로가 이곳을 기점으로 나누어지는 것으로 추정된다.

사비시대 수레의 폭이 140~180㎝ 정도인 점에서 수레 한 대가 통행할 경우, 측구를 제외한 노폭은 적어도 2m 내외가 되어야 하고 두 대가 교행한다면 굴대가 서로 부딪치지 않아야 하므로 4m 이상의 폭이 되어야 하는 셈이 된다. 사비도성 내에서 확인된 도로의 폭(측구 제외)은 약 2.3m부터 13.1m까지 확인되고, 노폭 기준은 5.5~9.4m(中路), 5.4m 이하(小路), 9.5m 이상(大路)으로 구분할 수 있다.[9] 부여 동남리 49-2번지 유적 도로의 노폭은 2문화층 상층에서 일시적으로 약 8.0m 정도가 확인되기도 하지만, 대부분 9.5m 이상의 대로를 유지하였다.

부여 중심지에서 남동쪽으로의 교통은 지리적인 요인으로 인해 화지산과 금성산 사이의 고개를 넘어야한다는 점에서 이 유적에는 중요한 도로가 축조되었던 것으로 보인다. 도로의 방향에 있어서는 지형적 요인이 반영되어 중심부에 해당하지는 않는 것으로 추정된다.

2) 수로

사비도성의 서남쪽은 백마강이 감싸듯이 반원형으로 둘러져 있고 북동쪽은 표고 약 100m 내외의 부소산과 금성산 그리고 필서봉 등의 산지가 병풍처럼 감싸고 있다. 전체적으로 비교적 낮은 야산과 저평지로 이루어진 동고서저, 북고남저형의 지형 흐름이 나타난다. 이러한 입지조건을 이용하여 도성의 동쪽과 북쪽에는 외곽성을 구비하고 서쪽과 남쪽은 백마강을 자연해자로 활용하였다. 도성에 축조된 건물군은 지형을 기준으로 구릉평탄면, 구릉사면, 평지·저평지에 입지하고 있으며, 건물군이 입지한 곳은 택지와 마당 등과 같이 지면 위가 드러난 공간을 평탄하게 조성하기 위한 대지조성 작업이 이루어졌다.[10] 사비도성 내부는 대부분 저습한 지역이기 때문에 이러한 연약지반을 보강하고 건물이 들어설 부지를 조성하기 위한 대규모 성토대지 조성작업이 필요하다.[11]

건물지 주변으로는 주구를 돌려 배수의 기능을 강화하기도 하는데 특히 평지·저평지에 입지한 경우 대부분 성토대지 조성이 이루어진 뒤 주구가 설치되었다. 이는 입지의 특성상 치수와 관련된 배수시설의 설계가 중요하기 때문에 건물축조 계획단계에서부터 설계한 것으로 보인다.

---

8) 강소희, 2018, 「백제 사비도성의 건물군 기능 연구」, 『韓國考古學報』 106, 韓國考古學會, p.178.

9) 李昄燮, 2014, 「百濟 수레와 泗沘都城의 道路施設」, 『韓國考古學報』 93, 韓國考古學會. p.209-211.

10) 김왕직, 2011, 『알기 쉬운 한국건축 용어사전』, 동녘, p.45.

11) 許眞雅, 2010, 「성토대지 조성을 통해 본 사비도성의 공간구조 변화와 운용」, 『湖西考古學』 22, 湖西考古學會, p.55.

부여 동남리 49-2번지 유적의 수로가 건물지 주변의 주구와 다른 점은 건물지 주변 이외에도 경작지를 포함하는 부분에서도 사용되었고, 건물지나 도로가 축조된 구역에서는 수로가 굴착된 이후 상부에 시설을 축조하기 위한 대지조성이나 도로의 노체가 축조된다는 점과 모든 수로가 격자상으로 상호 연결되어 있다는 점이다. 이는 본격적인 대지조성 이전에 전체적인 지하수위를 낮추기 위한 행위로 보이며, 도로의 설치나 건물지의 활용 계획이 변경됨에 따라 새롭게 굴착되기도 하고, 매몰되기도 하였다. 그 과정에서 수로의 방향은 도로의 방향과 수평을 이루거나 직교하고 있어 공통된 방향성을 잃지 않았다.

3) 건물지

사비도성 내 건물의 주축 방향은 지형적 입지와 인근 도로의 주축 방향에 따라 차이가 확인된다. 구릉 평탄이나 구릉 사면에 입지한 경우 지형의 영향을 받아 건물을 조성하였다. 평지·저평지에 입지한 건물은 일정한 방향성을 나타내고 있으며, 동남리, 군수리, 능산리 등 중심부에 입지한 건물은 주축 방향이 진북에 가깝지만, 쌍북리, 가탑리 일대의 건물들은 인접한 도로의 주축 방향을 따라 다양하게 나타난다. 사비도성 내 도로는 기본적으로 동서남북 방향으로 구성되어 있지만 지형적인 한계에 의해 일부 도로에서 방향의 변화가 확인되기도 한다. 건물들 역시 도로와 함께 일정한 규칙성에 따라 배치되고 있다. 따라서 평지·저평지에 입지한 건물군은 의도적으로 구획화된 방향성을 갖는 것을 알 수 있다.[12]

부여 동남리 49-2번지 유적 중앙의 도로를 중심으로 동쪽에서는 벽주건물지와 굴립주건물지가 확인되고 있다. 서쪽에서는 초석식과 굴립주식이 조합을 이룬 건물지가 확인된다. 건물지와 도로 사이에는 경작지가 조성되었다. 도로를 중심으로 동쪽과 서쪽의 구성이 다르다고 할 수 있는데 건물의 주축 방향은 도로와 평행하게 배치되어 규칙성을 유지하고 있다. 도로 동쪽의 벽주 건물지는 중복양상이 심하고, 벽주 건물지 중에서도 대형에 속하는 것이다. 서쪽의 건물지는 초석을 사용한다는 점에서 차별성이 있으나 이 건물이 화지산과의 연관성이 높은지, 도로와의 연관성이 높은지는 알 수 없지만 이 건물지와 관련하여 대부분의 목간이 확인되었다는 점에서 목간의 내용은 이 건물의 성격을 추론하는데 중요한 자료가 될 것이다.

5. 목간 출토 정황

목간은 모두 2문화층에서 출토되었다. 출토된 목간 중 Ⅱ지구 도로와 인접해 있는 수로에서 확인된 1점(2번)을 제외하면 4점 모두 Ⅰ지구 1·2호 건물지와 관련된 유구에서 확인되었다.

이 중 1점(5번)은 2호 건물지의 마당으로 추정할 수 있는 건물 동쪽 구와의 사이에서 출토되었으며, 3점은 1호 건물지 남쪽 수로 내부에서 확인되었다. 1호 건물지 남쪽 수로는 기준토층으로 인해 연결 여부를 확인할 수 없었으나 평면상 배치 방향을 고려할 때 건물지를 둘러싸고 있는 수로와 연결되는 것으로 볼 수 있다.

건물지는 최상층과 차상층을 조사한 이후 보존이 결정되어 초축의 양상을 파악할 수는 없었으나 최소 3

---

12) 강소희, 2018, 앞의 논문, pp.178-179.

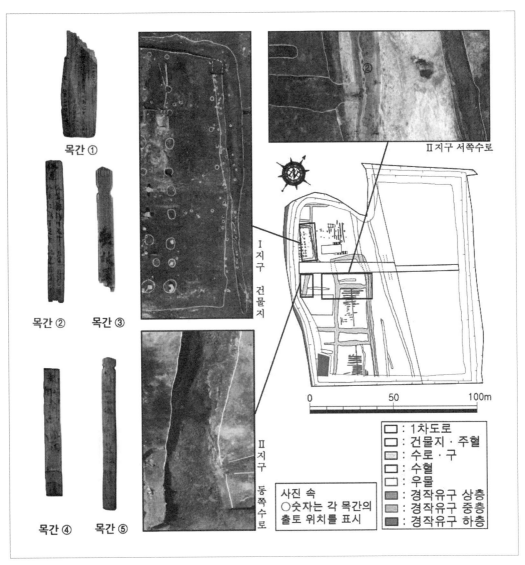

목간 ①

목간 ②　목간 ③

목간 ④　목간 ⑤

Ⅱ지구 서쪽수로

Ⅰ지구 건물지

Ⅱ지구 동쪽수로

사진 속
○숫자는 각 목간의
출토 위치를 표시

0　　　　50　　　　100m

	: 1차도로
	: 건물지 · 주혈
	: 수로 · 구
	: 수혈
	: 우물
	: 경작유구 상층
	: 경작유구 중층
	: 경작유구 하층

도면 3. 유적 내 목간 출토 유구

차례 이상 증·개축이 이루어지며 비교적 장시간 존속하였던 것으로 추정된다. 건물지와 수로의 평면상 방향을 고려할 때 건물지와 수로의 배치는 처음부터 고려되었던 것으로 보이며, 증·개축이 이루어지는 과정에서 건물지를 둘러싸고 있던 수로는 점차 매몰되었기에 기존보다 작은 규모의 구를 새롭게 굴착한 것으로 추정된다. 이는 건물지 상부를 덮고 있는 각종 유기물들이 토층상으로 연결되어 수로에 퇴적되는 양상을 통해 확인된다.

수로의 내부와 건물지 상부에는 인위적으로 절단된 나뭇가지 이외에, 각종 동물의 뼈와 취식된 것으로 보이는 밤껍질, 살구씨, 탈곡된 곡식 등이 다량으로 확인되었다. 목간은 이러한 유기물 속에서 출토되었다.

이러한 잔존 유기물의 구성은 일종의 생활 쓰레기로 추정되며, 이로 보아 건물지 주변에서 확인된 목간은 당시 건물지에 거주하는 사람들이 생활하는 과정에서 발생한 쓰레기와 함께 수로에 폐기한 것으로 추정된다.

도로와 인접한 수로에서 확인된 1점의 목간은 주변의 폐기 양상을 확인할 별다른 흔적이 발견되지 않았다.

III. 출토 목간 소개

목간은 벗나무류, 소나무류, 삼나무류에 속하는 나무를 가공하여 사용하였고, 형태나 판독된 문자 내용을 통해 많은 글자가 적힌 2점은 문서용 목간이고, 나머지 3점은 품목이 간략히 기재된 하찰[13]로 사용했을 것으로 추정된다. 특히 〈목간①〉은 날짜(十二月十一日), 금(金), 중량(重)을 뜻하는 글자와 더불어 출납[内], 이동[送 : 보내는(送) 혹은 맞이하는(逆)으로 해석], 재고 상황[亡] 등으로 해석할 수 있는 글자가 확인되어 행정 관부의 출납을 담당하던 관리가 기록한 문서나 장부의 용도로 파악되었다. 또한 세로로 표기한 행간의 빈 공간에 이음표(ヽ)를 써서 문자를 거꾸로 써 내려가는 흥미로운 사서법도 확인하였다.

또한 도량형 연구에 있어 백제의 무게 단위를 새롭게 해석할 수 있는 단서도 확인하였다. 〈목간①〉에서 여러 번 등장하는 '중(重)'과 관련하여 기존에 알려진 무령왕릉에서 출토된 다리작명 은제 팔찌에 새겨진 '주(主)'가 '중(重)'의 이체자[14]로 사용되었을 가능성에 대한 연구자들의 의견이 제기되었다.

한편 〈목간②〉에서는 곡물 중 하나인 피(稗)와 함께 이동[送], 연령 등급(丁), 사람 이름, 용량 단위(斗) 등으로 볼 수 있는 글자가 확인되어 역시 곡물의 출납과 관련된 기록으로 파악되었다. 더욱이 피는 함안 성산산성 출토 목간에서도 확인되어 고대 식량에서 중요한 의미를 지녔다는 정보를 제공한다.

이렇듯 이번에 확인된 새로운 문자 자료는 백제 중앙의 행정상 복원과 더불어 도량형을 파악하는 데에도 귀중한 자료를 제공할 것으로 기대된다.

---

13) 하찰(下札) : 물품(꾸러미)의 꼬리표 목간으로 상단에 끈을 묶을 수 있게 홈이 파여 있거나 구멍이 있음
14) 이체자(異體字) : 한자에서 글자 모양은 다르지만 같은 글자로 취급되는 글자

부여 동남리 유적 출토 〈목간①〉(뒷면)

근적외선 초분광촬영본

⋮	⋮		
□	□		⋮
作	因		□
八	涇		甲
重	用		可
不/分	金		子
速/纏	三		作
金	重		用
	又		三
	□		重
	來		又
	尔		已
	牟	重	漲
	作	丑	木
	因		末 水 作 □

3행과 2행의 내용이 연결
2행 회전 표기 (해석 역순)

판독결과
(□:미판독, 추정자 표기/⦙⦙⦙: 이체자)

도면 4. 목간① 뒷면 모습 및 판독글자

부여 동남리 유적 출토 〈목간①〉(앞면)

근적외선 초분광촬영본

판독결과(□:미판독, 추정자 표기/ : 이체자)

5행과 3행의 내용이 연결
3행 회전 표기(해석 역순)

도면 5. 목간① 앞면 모습 및 판독글자

부여 동남리 유적 출토 〈목간②〉(앞면)

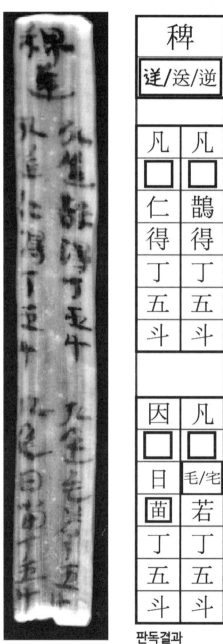

稗	
送/送/逆	
凡	凡
□	□
仁	鵲
得	得
丁	丁
五	五
斗	斗
因	凡
□	□
日	毛/宅
苗	若
丁	丁
五	五
斗	斗

근적외선 초분광촬영본

판독결과
(□:미판독, 추정자 표기)

도면 6. 목간② 뒷면 모습 및 판독글자

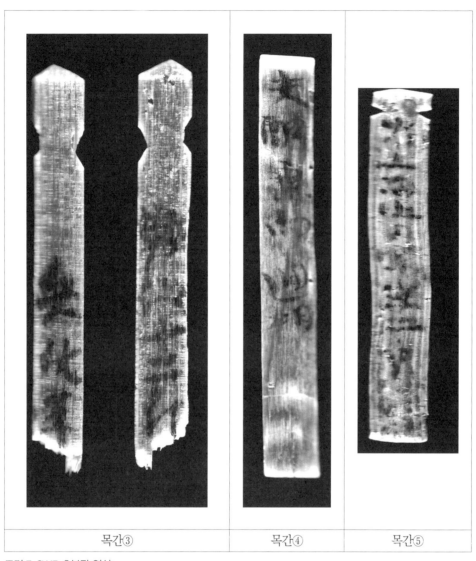

목간③	목간④	목간⑤

도면 7. SWIR 초분광 영상

Ⅳ. 맺음말

지금까지 부여 동남리 49-2번지 유적 출토 목간에 대해 살펴보았다. 이 유적의 성격에서 가장 주목되는 점은 부소산성에서 출발하여 남쪽으로 이어지는 교통로가 이 유적을 기점으로 두 개의 노선으로 갈라진다는 점이다. 이 도로는 총 6번의 증개축을 거치며 장시간 사용되었다는 점이 그 중요성을 말해주고 있다. 이러한 도로를 백제왕도 방리의 일부로 볼 수 있는가의 문제는 추가 검토가 필요하지만, 화지산과 금성산 사이의 고개 남쪽으로는 생활유적의 밀도가 떨어진다는 점에서 본 유적이 사비 왕동 내에서도 중심에서 주변으로 변화하는 기점이라는 의미를 부여할 수는 있을 것이다.

다수의 목간이 출토된 Ⅱ문화층의 1·2호 건물지를 화지산 유적과 연관 지을 것인지, 아니면 도로의 효율적 이용을 필요로 하는 전혀 다른 성격의 시설로 판단할 것인가는 아직 속단할 수 없지만 출토된 목간의 판독 결과가 출납, 이동, 재고 상황과 연관 지을 수 있다는 점은 이 건물의 성격을 규명하는데 중요한 판단 근거가 될 것으로 보인다.

발굴 조사자의 입장에서 향후 목간의 발굴 정황과 판독 결과가 상호보완적인 입장에서 진전된 논의로 발전하길 기대한다.

투고일 : 2023.04.20.   심사개시일: 2023.05.17.   심사완료일: 2023.06.01.

강소희, 2018, 「백제 사비도성의 건물군 기능 연구」, 『韓國考古學報』 106, 韓國考古學會.

김성식·한지아, 2018, 「부여 쌍북리 56번지 사비한옥마을 조성부지 유적 출토 목간」, 『목간과 문자』 21, 한국목간학회.

김왕직, 2011, 『알기 쉬운 한국건축 용어사전』, 동녘.

윤선태, 2013, 「백제 목간의 연구현황과 전망」, 『백제문화』 49, 공주대학교 백제문화연구소.

李販燮, 2014, 「百濟 수레와 泗沘都城의 道路施設」, 『韓國考古學報』 93, 韓國考古學會.

정훈진, 2016, 「부여쌍북리 백제유적 출토 목간의 성격: 201-4번지 및 328-2번지 출토 목간을 중심으로」, 『목간과문자』 16, 한국목간학회.

許眞雅, 2010, 「성토대지 조성을 통해 본 사비도성의 공간구조 변화와 운용」, 『湖西考古學』 22, 湖西考古學會.

홍승우, 2013, 「부여 지역 출토 백제 목간의 연구 현황과 전망」, 『목간과 문자』 10, 한국목간학회.

황인호, 2012, 「百濟 泗沘都城의 都市計劃에 대한 검토」, 『고고학』 11-3호, 중부고고학회.

〈Abstract〉

The Meanings of Wooden Tablets from the Site of 49-2 Dongnam-ri, Buyeo

Ko SangHyuk

Five decipherable wooden tablets were excavated from the site of 49-2 Dongnam-ri, Buyeo. They were processed and used from trees belonging to cherry trees, pine trees, and cedar trees. Judging from the shape and text content, it is estimated that there are two wooden tablets for documents with many characters and three wooden tablets(荷札) for product tags. In particular, the contents of 〈Wooden Tablet ①〉 can be interpreted as documents or ledgers recorded by administrative departments in charge of checking, transporting, and procured goods. The contents of 〈Wooden Tablet ②〉 was also identified as a record related to the receipts and disbursements of grain. In this way, the new character records confirmed this time is expected to provide valuable data for understanding weights and measures(度量衡) as well as administrative restoration of the central Baekje Kingdom.

The location of the site of 49-2 Dongnam-ri is somewhat far from the area where many wooden tablets have been previously excavated. In that the road is identified as an important point in the traffic route, it is data that can provide a clue to the character of the excavated remains and the structure of the Sabi City Wall(泗沘都城).

▶ Key words: period after the transfer of the capital to Sabi(泗沘時代), wooden tablets, Hwajisan Mountain, administrative departments, document, ledger.

〈日文要約〉

扶余東南里49-2番地遺跡出土の木簡意味

高相赫

　扶余東南里49-2番地遺跡からは判読が可能な計5点の木簡が出土した。木簡は桜の木類、松類、杉類に属する木を加工して使用し、形態や判読された文字の内容を通じて多くの文字が書かれた2点は文書用木簡で、残りの3点は荷札として使用したものと推定されるとなる。特に〈木簡①〉は出納、移動、在庫状況等と解釈できる文字が確認され行政官府の出納を担当していた官吏が記録した文書や帳簿の用途と把握される。また〈木簡②〉は穀物の出納に係る記録と把握された。このように今回確認された新しい文字資料は百済中央の行政上の復元とともに、度量形の把握にも貴重な資料を提供することが期待される。

　扶余東南里49-2番地の遺跡は、これまで木簡が多数出土していた地域と多少かけ離れており、交通路上の重要な地点として大通りが確認されることから、木簡が出土した遺構の性格と泗沘都城の構造を復元するための手掛を提供できる資料である。

▶ 核心語: 百済時代、泗沘王都、木簡、行政官府、文書、帳簿

새로 발견된 餘杭郡太夫人 泉氏 墓誌 고찰[*]

拜根兴 著[**]

張元燮 譯[***]

〈국문초록〉

2001年, 陜西省考古研究院은 西安市 长安县에서 『唐故餘杭郡太夫人泉氏墓誌』의 일부분을 수습하였다. 墓主는 入唐 高句麗人인 천개소문의 손자 泉獻誠의 증손녀로서, 그녀는 元和 2年(807)에 京師 長安에서 享年 82세로 병으로 생을 마감했다. 이 誌文에서 주목할 만한 것은 그 내용 가운데 '泉同濟'라는 인물을 泉獻誠의 아들로 언급한 것이다. 이는 기존 문헌과 石刻 자료에서는 없는 기록으로서 이번에 처음 드러난 내용이다. 동시에 이 묘지문은 泉氏夫人의 貫籍을 '錢唐(塘)人'이라고 명확하게 기록하고 있는 점도 눈여겨 볼 만하다.

본고에서는 기존의 사료를 바탕으로 入唐 고구려 이민자들인 泉氏家門이 唐人共同體에 융합되어가는 과정을 살펴보고 泉氏夫人의 인물과 事跡을 고찰하고자 한다. 이를 통하여 '泉同濟'라는 인물이 실제로는 존재하지 않는 허구의 인물로서 泉氏夫人의 貫籍이 바뀔 수 있었던 이유가 開天時代(713~741)의 정치 상황과 밀접한 관련이 있었음을 밝혀내고자 한다.

▶ 핵심어: 餘杭郡太夫人, 泉氏夫人墓志铭, 入唐 高句麗移民者, 唐人共同體, 錢唐人

---

[*] 이 논문은 中國 陜西省文物局에서 주관하고 陜西历史博物馆이 간행하는 文物考古 및 박물관 연구 학술지인 『文博』 2022年 第3期에 「《唐故余杭郡太夫人泉氏墓志》 考释」이라는 제목으로 발표되었다. 譯者는 이 논문을 통해 최근 중국학계에서 발표되고 있는 墓誌銘 연구의 현황을 알리고자 한다.

[**] 陜西师范大学 歷史文化学院 教授

[***] 동원대학교 교수

I. 머리말

이미 알려진 바와 같이 고구려 천씨가문이 당에 투항한 후 泉男生, 泉獻誠 父子는 唐朝의 영토 개척에 많은 功을 세웠다. 천남생은 遼東의 任地에서 죽었고 그의 아들 헌성은 唐周 교체기의 소용돌이에서 억울하게 누명을 쓰고 죽었다. 그의 억울함은 무주정권이 들어선 후에 비로소 밝혀졌다. 泉男産은 관직을 받아 천수를 누렸으며 泉男建은 죄를 짓고 嶺南으로 유배되어 그의 그 후 행적을 알 수 없다.

1920~30년대에 이르러 陇海铁路가 부설되면서 洛阳의 北邙山에 묻혔던 泉氏家門 사람들의 墓誌가 하나둘 세상에 드러나게 되었다. 그 과정에서 泉男生, 泉獻誠, 泉毖, 泉男建의 墓誌가 나왔고, 이를 통하여 학계에서는 정사에 기록된 사실 외에 더 많은 정보를 알 수 있게 되었다.[1] 이로 인하여 高句麗移民者[2]였던 泉氏家門과 관련된 문제는 국내외 학계의 중요한 議題 가운데 하나가 되었다.[3]

이런 가운데 최근 泉獻誠의 증손녀인 천씨부인 묘지가 西安市 长安区에서 발견되어 陝西省考古研究院에 소장되었다는 반가운 소식이 전해졌다.[4] 이 묘지는 천씨가문이 입당한 후 번영과 관련된 궤적, 高句麗移民者들이 唐人共同體에 편입되어 가는 오랜 과정, 그리고 唐 元和年間(806~820)의 많은 문제와 관련된 연구 자료를 제공해 주었다.

본고는 諸賢들의 가르침을 바탕으로 묘지명을 해석하고 고찰하였다. 많은 叱正을 바란다.

---

1) 罗振玉, 1987, 「唐代海东藩阀志存」, 『石刻史料新編(第二輯)』 11, 新文丰出版公司編, 台北: 新文丰出版公司, pp.11517-11533.
2) 한국학계에서는 高句麗 멸망과정에서 唐으로 유입된 사람들을 '高句麗遺民'이라는 용어로 통칭하고 있다. 그러나 현재 중국학계에서는 이들을 '高句麗移民'이라고 사용하고 있다(역자 주).
3) 杜文玉, 2002, 「唐代泉氏家族研究」, 『渭南师院学报』 4, pp.34-40; 纪宗安·姜清波, 2004, 「论武则天与原高丽王室和权臣泉氏家族」, 『陕西师范大学学报』 6, pp.71-75; 董延寿·赵振华, 2005, 「洛阳, 西安出土北魏与唐高句丽人墓志及泉氏墓志」, 『东北史地』 4, pp.2-19; 苗威, 2011, 「泉男生及其后代移民唐朝述论」, 『东北史地』 3, pp.34-40; 苗威, 2011, 「泉男生移民唐朝史事疏证」, 『北华大学学报』 5, pp.58-64; 拜根兴, 2012, 「唐代高丽百济移民研究: 以长安洛阳出土墓志为中心」, 『中国社会科学出版社』; 김영관·조범환, 2016, 「高句麗泉男生 墓誌銘에 대한 소개와 연구현황」, 『韓國古代史探究』 22, 韓國古代史探究學會, pp.7-35; 장병진, 2016, 「泉男産 墓誌의 역주와 찬술전거에 대한 고찰」, 『高句麗渤海研究』 55, 韓國高句麗渤海學會, pp.37-64; 冯立君, 2018, 「高句丽泉氏与唐朝的政治关系」, 『社会科学战线』 8; 拜根兴, 2019, 「入唐高句丽移民研究的现状及问题」, 『社会科学战线』 8, pp.180-194.
4) 故宫博物院·陝西省考古研究院 編, 2021, 『新中国出土墓志·陕西(第四卷)』, 北京: 文物出版社, pp.173-174.

II. 泉氏夫人 墓誌銘과 誌文 해석

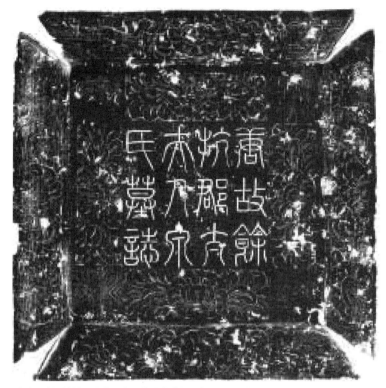

사진 1. 唐故餘杭郡太夫人泉氏墓志志蓋拓本(汉景帝阳陵博物院 李明 研究員 提供)

천씨부인 묘지석은 陝西省考古研究院이 2001년 西安市 長安县 長安区에서 수습하여 소장하게 되었다. 이 때문에 구체적인 출토 시기를 알 수 없다. 또, 묘지석의 출토지에 대해서는 長安县 관할구역이라는 것을 제외하고는 다른 정보가 없다.

그러나 묘지문 중에,

> "아들이 있는데 衛尉少卿으로 이름을 平陽이라 한다. 元和 3년 춘정월 24일에 萬年縣 洪固鄉 鳳棲原에 무덤을 만들고 장사를 지낸다."

라고 기록한 점으로 미루어 보면, 묘지석 출토지점은 지금의 西安市 長安区 凤栖原 일대가 틀림없다.

誌蓋의 윗부분은 둘레 49㎝, 너비 49㎝, 두께 7.5㎝이고, 글자는 4行으로 매 行에 3字씩 기록하였다(〈사진 1〉 참조). 誌石은 길이 49㎝, 폭 49㎝, 두께 7㎝로 지문은 24行이고 매 행마다 2~26字로 楷書體이다(〈사

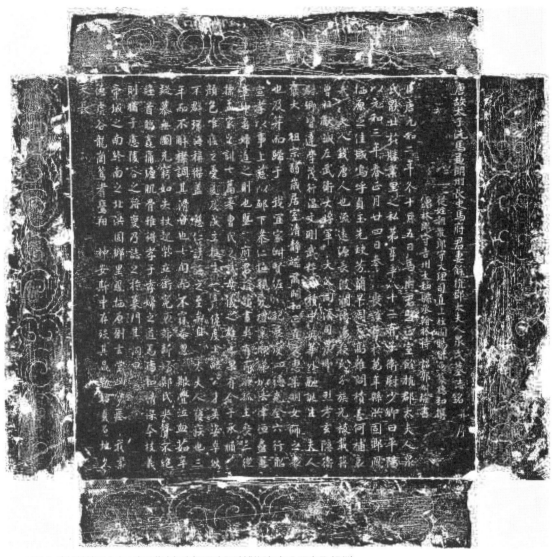

사진 2. 唐故餘杭郡太夫人泉氏墓志拓本(汉景帝阳陵博物院 李明 研究員 提供)

진 2〉 참조).

　誌文의 撰者는 천씨부인의 조카인 泉孺弘으로 천씨부인 형제의 아들이다.[5] 천유홍은 당시 朝散郎守大理寺直上柱國으로 임명되어 緋魚袋를 하사받았는데, 그 가운데 大理寺直은 唐代의 '直官'과 관련되어 있으며,

---

5) 誌文 가운데 "孺弘은 본손과 지손들에게 정이 깊으니 의리로 보면 곧 아들과 다를 바가 없다. 장차 언덕과 골짜기가 변하는 것이 염려되어 이에 墓門에 기록한다."라고 한 것으로 볼 때, 孺弘이라는 인물이 泉氏太夫人 시댁(夫家) 가문의 從姪이라고는 볼 수 없다.

그 내용은 『唐六典』 「吏部郞中」 조목에 기록되어 있다.[6]

여기에 대해서는 李錦繡가 자세하게 논술한 바가 있다.[7] 이에 따르면, 천유홍이라는 인물은 大理寺에서 중요한 직책을 맡고 있었으므로 마땅히 '吏' 職의 하나에 속해야 한다. 다만, 그 직급은 그다지 높지 않았다. 이런 사실로 보면, 670년대 泉男生이 당에 투항한 때로부터 9세기 초까지는 입당해 온 다른 민족의 인사들과 마찬가지로, 천씨가문의 후예들도 이미 唐人共同體의 일원으로써 당 조정에서 중하위급 관직을 맡고 있었음을 알 수 있다.

위에서 인용한 誌文에서

"孺弘은 본손과 지손들에게 정이 깊으니 의리로 보면 곧 아들과 다를 바가 없다. 장차 언덕과 골짜기가 변하는 것이 염려되어 이에 墓門에 기록한다."

라고 기록한 것으로 볼 때, 천유홍과 묘주 천씨부인은 아주 가까운 사이였고 천씨부인의 시댁(夫家)에 대해서도 많은 왕래가 있었던 사이라고 볼 수 있다. 이런 까닭으로 지문의 내용은 맥락이 분명하고 깊은 정이 절절하게 표현되었다. 朱筆로 비석에 글을 새긴 사람은 儒林郞守吉州太和縣丞 翰林待詔 郭叔瑜라는 인물이다. 그런데 이 사람 역시 현존하는 문헌과 그동안 출토된 墓誌 資料는 물론, 다른 사서의 기록에서도 찾을 수 없었다.

필자는 입당 고구려 이민자인 천씨가문의 번성과 발전에 관련되는 묘지문 내용의 중요성을 감안하여 탁본의 초본을 필사했다. 그 내용은 다음과 같다.

〈번역문〉

唐故太子洗馬兼朗州長史馬府君妻餘杭郡太夫人泉氏墓誌銘 -並序

돌아가신 太子洗馬 兼 朗州長史 馬府君의 처 餘杭郡太夫人泉氏 墓誌銘
- 서문을 함께 쓰다.

從姪朝散郞守大理寺直上柱國賜緋魚袋孺弘撰
儒林郞守吉州太和縣丞翰林待詔郭叔瑜書

---

6) 『唐六典』 卷2, "凡諸司置直 皆有定制. (……大理寺大理寺明法二人 太常寺三十人 光祿寺十人 鴻臚寺譯語並計二十人 金銀作一人 漆作一人 太府 太仆 衛尉 司農寺各三人……. 外官直考者 選同京官. 其前官及常選人 每年任選. 若散官 三衛 勳官直諸司者 每年與折一番)."

7) 李錦綉, 1988, 『唐代制度史略論稿』, 北京: 中国政法大学出版社, pp.1-56.

從姪 朝散郎 守[8] 大理寺直 上柱國 緋魚袋를 하사받은 孺弘이 짓고,

儒林郎 守 吉州太和縣丞翰林待詔 郭叔瑜가 글씨를 쓰다.

巨唐元和二年冬十月五日, 馬府君之正室餘杭郡太夫人泉氏, 厭世於勝業裏之私第, 享年八十二。有子衛尉少卿曰平陽, 以元和三年春正月廿四日, 奉喪護葬於萬年縣洪固鄕鳳棲原之佳城[9]。

唐 元和 2년(807) 겨울 10월 5일에 馬府君의 正室 餘杭郡太夫人 泉氏가 勝業裏의 私第[10]에서 세상을 떠나니 향년 82세이다. 아들이 있으니 衛尉少卿으로 이름을 平陽이라고 한다. 元和 3년(808) 봄 정월 24일에 萬年縣 洪固鄕 鳳棲原에 무덤을 만들고 장사를 지낸다.

嗚呼！貞玉先缺, 芳蘭早彫, 天高難問, 積善何補 哀哉！夫人錢唐人也, 流遠源長, 波瀾湯湯；

오호라！좋은 옥은 먼저 이지러지고, 향기로운 난초는 일찍 시드는구나. 하늘이 높아 묻기 어려우니, 善을 쌓았어도 무슨 도움이 있으리오？슬프도다！부인은 錢唐人이다. 흐름은 멀고 근원이 길어서 물결이 넘실대는구나.

授氏分族, 光被載籍。曾祖獻誠, 左武衛大將軍, 大父同濟, 司農卿; 烈考玄隱, 衛尉卿, 皆達學茂行, 溫文剛武。粹和積中, 英華外融。誕生夫人, 褒大祖宗。弱歲居室, 淸淨端肅, 閑和正直, 文惠柔明, 女師之表也。

氏를 주고 종족을 나누니 그 밝음이 호적에 실려졌다. 증조할아버지는 獻誠으로 左武衛大將軍이었고, 할아버지는 同濟로 司農卿이었으며, 아버지는 玄隱으로 衛尉卿이었다. 모두 학문에 통달하고 행실이 빼어났다. 문장에 능하고 무예도 겸비하였으며 순수하고 온화함을 갖추어 그 아름다움이 겉으로 드러났다. 夫人이 태어나서 祖宗을 더욱 크게 이루었다. 어린 나이에도 집안에 거할 때 맑고 깨끗하고 단정하고 엄숙하고 조용하였으며, 화평하고 정직하며 문장이 있고, 은혜로우며 부드럽고 밝아서 女師[11]의 표본이 되었다.

及笄而歸於我, 宜家淑賢, 佐祀展虔, 四德克全, 六行昭宣。孝以事上, 慈以恤下。恭仁撫親, 愛禮讓洽。娣姒法律, 恒蠹憲章, 坤離婦道之則也。暨府君捐館, 晝哭有節, 撫孤主喪, 三從標孟家之訓, 七篇著曹氏之誡, 母儀之雄也。果有令子, 承順顏色, 唯疾之憂。

성년이 되어 우리 집으로 시집와 집안을 화목하게 함에 착하고 어질었다. 제사를 정성을 다해 모시고 四

---

8) 品階는 낮지만 實職이 높을 때는 직함의 위에다 '守'를 붙인다. 오늘날로 비교하면 직무대행과 같다. 반대로 품계가 높지만 실직이 낮을 때는 '行' 자를 붙인다. 이를 行守法이라 한다(역자 주).

9) '佳城'은 일반적으로 墓地를 이르는 용어로 쓰인다(역자 주).

10) 私邸를 말한다(역자 주).

11) 여자가 지녀야 할 도리와 여자로서 해야 할 일에 대해서 가르치는 이를 女師라고 하였다. 예전에 딸을 출가시키려는 이들은 반드시 尊者에게 나아가 배우게 하였는데, 이를 가르치는 이들을 지칭하는 말이다(역자 주).

德[12]이 능히 온전하였고, 여섯 가지 행실(六行)[13]이 사방에 널리 알려졌다. 효도로써 어른을 섬기고 사랑으로써 아랫사람들을 돌보아서 공손하고 어질게 어루만져 친하며 사랑과 예와 사양함이 흡족하고 동서들에게 법도가 있고, 항상 憲章[14]을 일삼아서 坤卦와 離卦는 婦道의 법칙이었다.

府君께서 세상을 떠나니[15] 슬피 우는데 절도가 있었고, 외로운 아들을 어루만지고 위로하니, 三從之道는 孟氏의 가르침[16]을 표본으로 삼았고, 七篇은 曹氏(班昭)[17]의 가르침을 보여주었으니 어머니로서의 갖추어야 할 규범(母儀)은 자못 뛰어났다. 자식이 있으므로 안색을 순하게 하면서 오직 병이 있을까 근심하였다.

爰及成立, 挺生一彦, 偉度上略公才, 英姿卓然不群, 環海稱傑, 蓋慈仁誘誨之至矣. 自太夫人寢疾也, 三年而不解襟, 調其滑甘也; 七旬而不寐, 奄忽艱疊, 泣血茹辛, 疑慕無圖, 充窮如失, 杖起柴立, 銜冤哀號. 新婦鄭氏, 哭聲不絶, 髽首臨竁, 痛纏肌骨, 雅得孝子孝婦之道焉. 孺弘情深本枝, 義則猶子, 慮陵穀之將變, 乃志之於墓門. 其詞曰:

이에 자라서 어른이 되어 어엿한 선비로 거듭나니 큰 도량은 위로 三公이 될 재주를 갖추었고, 뛰어난 자태의 우뚝 솟아남은 뭇사람들과 달랐다. 온 세상이 호걸이라 칭하니 모두 어머니로서 자애롭고 어질게 이끌어 가르쳐 줌이 지극한 탓이었다.

(아들이) 太夫人(泉氏)이 병들어 눕자, 3년이 지나도록 옷고름을 풀지 않았고 먹고 마시는 것도 법도가 있었다. 70일을 잠을 자지 않았는데, 갑자기 상을 당하여 피눈물을 흘리며 참고 견디었다. 그리움을 이길 수 없음을 걱정하고 배고픔을 잊으면서 지팡이를 짚고 마른 나무와 같이 서서 원통한 심정으로 슬프게 부르짖었다. 신부 鄭氏의 곡하는 소리가 끊어지지 아니하였으며, 삼베로 머리를 묶고 무덤 앞에 서서 슬픔이 살과 뼈에 얽히도록 하였으니 효자와 효부의 도리가 비할 바가 없었다. 孺弘은 本孫과 支孫들에게 정이 깊을 뿐만 아니라 의리상으로도 곧 아들과 다를 바가 없다.

언덕과 골짜기가 장차 변할까(지형이 바뀌어 장차 墓를 잃게 되지나 않을까 걱정한다는 의미) 염려하여 이에 墓門에 기록한다.

---

12) 사람의 본성에 있는 네 가지 덕으로 仁, 義, 禮, 智를 가리킨다. 사람은 원래 天道의 元, 亨, 利, 貞을 받아서 이 네 가지 본성을 갖게 되었다고 한다(역자 주).

13) 여섯 가지 선행. 즉 孝·友·睦·婣·任·恤(『周禮』 地官 大司徒)(역자 주).

14) 憲은 법이요, 章은 표창한다는 뜻으로 모범을 표창한다는 말이다(역자 주).

15) 捐館: 살고 있던 집을 버림. 곧 귀인의 죽음을 말한다(역자 주).

16) 後漢 梁鴻의 아내인 孟光이 남편에게 식사를 드릴 때, 밥상을 자기의 눈썹 높이만큼이나 높이 받들어 그를 공경하였다는 고사로서 '孟光擧案'이라는 고사성어로 전한다(역자 주).

17) 後漢 扶風 安陵 사람. 여류 시인. 이름은 班昭로 자는 惠班이고, 일명 姬다. 曹世叔에게 출가하였으나 남편과는 일찍 사별하고 '曹大家'라고 불렸다. 『漢書』 편찬자 班固와 서역 경영에 활약한 무장 班超의 누이동생으로 박학다식했다. 그녀는 반고가 『漢書』를 완성하지 못하고 죽자, 和帝의 명을 받고 그 일을 계승하여 『漢書』 중의 8편 「表」와 「天文志」를 완성함으로써 『漢書』 편찬을 완결하였다. 그 후 그녀는 궁중에 초빙되어 황후를 비롯한 여러 부인들의 교육을 담당하였으며, 또 그녀가 지어낸 『女誡』 7편은 정숙한 부녀자의 도리를 論述한 것이다. 그 외의 저서로, 여행 체험에 의거하여 지어낸 『東征賦』가 있고, 賦·頌·銘·誄·問·注·哀辭 등을 합하여 16편이 있다(역자 주).

그 글에 이르기를:

帝城之南, 終南之北; 洪固鄕裏, 鳳棲原側; 玄堂幽夐, 瘞我柔德。
虎轂龍崗, 鴛鶖鸞翔; 神安斯中, 存歿其昌; 勒銘貞石, 地久天長。
帝城의 남쪽이요 종남산의 북쪽으로 洪固鄕 鳳棲原이로다,
玄堂[18]의 깊은 무덤은 나의 부드러운 덕을 묻었도다.
호랑이 골짜기, 용의 언덕이고 원앙새가 날고 난새가 나네.
이 가운데 신이 편안하므로 나거나 죽음이 모두 창대하리라.
좋은 돌에 명문을 새기니 하늘과 땅처럼 영원하기를 바라노라.

이처럼 위의 묘지문이 제공하는 정보에 의하면, 천씨부인은 死後에 수도 長安 인근의 萬年縣 洪固鄕 鳳棲原에 장사지냈다. 이는 천씨부인보다 먼저 죽어서 唐의 東都 洛陽 北邙山에서 발견된 泉男生, 泉獻誠, 泉毖, 泉男産의 墓와는 확실히 구별된다. 그 이유는 당연히 唐周 政權 교체기에 이들의 매장 시기와 천씨가족 人士들의 위상이 서로 같지 않았다는 것과 관련이 있을 가능성이 있다.

III. 泉氏家族 入唐 후 가문의 推移

1. 泉氏家族 관련 사료의 분석

천씨가족과 관련하여 문헌과 석각 묘지에 모두 관련된 기록이 있다. 『泉男生墓誌』에 의하면 다음과 같다.[19]

公姓泉, 諱男生, 字元德, 遼東郡平壤城人也。原夫遠系, 本出於泉, 旣托神以隤祉, 遂因生以命族。其猶鳳産丹穴, 發奇文於九苞; 鶴起青田, 稟靈姿於千載。是以空桑誕懿, 虛竹隨波, 並降乾精, 式標人傑。遂使洪源控引, 態掩金樞, 曾堂延袤, 勢臨瓊欓。曾祖子遊, 祖太祚, 並任莫離支; 父蓋金, 任太大對盧。乃祖乃父, 良冶良弓, 並執兵鈐, 鹹專國柄。桂婁盛業。赫然淩替之資; 蓬山高視, 碻乎伊霍之任。公貽厥傳慶, 弁幘乃王公之孫; 宴翼聯華, 沛鄒爲荀令之子。……

---

18) 무덤의 내부를 가리키는 말이다. 『文選』에 실린 謝朓의 「齊敬皇後哀策文」에 "푸른 장막을 언덕에 펴니 현당의 문이 열렸구나 (翠帟舒阜, 玄堂啓扉)."라고 하였는데, 呂延濟가 註를 붙이기를 "현당은 무덤 속이다(玄堂, 謂墓中也.)."라고 하였다(역자 주).
19) 周紹良 主編, 1992, 『唐代墓志汇编·调露 023』, 上海: 古籍出版社, pp.667-669.
  이 번역문은 권덕영 교수의 번역문을 참고하였다(권덕영, 2021, 『재당 한인 묘지명 연구 (역주편)』, 한국학중앙연구원출판부, pp.212-269).

……以調露元年十二月廿六日壬申窆於洛陽邙山之原, 禮也。哀子衛尉寺卿獻誠, 夙奉庭訓。早紆朝戲。拜前拜後, 周魯之寵既隆; 知死知生, 弔贈之恩彌縟彌。茹荼吹棘, 踐霜移露, 痛送微之顯顯傾。……

公은 성이 泉이고 이름은 男生이며 자는 元德으로, 遼東郡 平壤城 사람이다. 무릇 멀리 계보를 살펴보면, 본래 샘(泉)에서 나와 이미 神에 의탁하여 복을 내려 받고 마침내 이로 인하여 태어났으므로 泉을 종족의 성씨로 사용하였다. 마치 봉황이 丹穴에서 나 아홉 가지 색깔의 깃털(九苞)에 기묘한 무늬를 드러내고, 鶴이 靑田에서 나와 천 년 동안 신령스러운 모습을 지니는 것과 같았다. 이는 空桑[20]이 懿를 낳고 虛竹이 물결(波)을 따라온 것으로 모두 하늘의 精氣를 받아 삼가 걸출한 인물이 출현하였음을 나타내는 것이다. 마침내 가업의 큰 근원(洪源)을 끌어당겨 이끄니 그 모습은 金樞를 가릴 듯하였고 집안의 堂字가 늘어나 길게 이어지니 그 기세는 화려한 궁실(瓊檻)에 버금갈 정도였다.

증조할아버지 子遊와 할아버지 太祚는 모두 莫離支를 역임하였고, 아버지 蓋金은 太大對盧를 역임하였다. 할아버지와 아버지는 선조를 본받고 가업을 이어(良治良弓) 모두 병권을 잡고 나라의 권세를 오로지 하였다. 桂婁의 성대한 왕업이 혁혁하게 바뀔 수 있는 기틀을 마련하였고, 蓬萊山에서의 위엄(高視)은 伊尹과 霍光보다 강직하고 굳세었다(確乎).

公은 조상이 물려준(胎厥) 경사를 전해 받아 의관(弁幘)은 왕공의 후손과 같았고, 선조가 남긴 계책(宴翼)으로 영화를 계속 누려 沛鄒는 荀令의 자손과 같이 되었다. …(中略)…

調露 원년(679) 12월 26일 壬申에 洛陽 邙山 언덕에 관을 묻으니, 의례에 합당하도다(禮也). 아들(哀子) 衛尉寺卿 獻誠은 일찍이 아버지의 가르침(庭訓)을 받들어 이른 나이에 조정의 관복(朝戲) 인끈을 늘어뜨렸다. 전후로 받은 관작은 周瑜와 魯肅의 총애만큼 융성하였고, 죽은 이를 아는 사람과 살아있는 이를 아는 사람(知生知死)들이 조문하고 贈物을 보내온 은혜는 두루 성대하였다. 키워준 은정을 갚지 못해 씀바귀를 씹듯 괴로워했고(茹荼吹棘), 아침이슬처럼 떠나감에 맨발로 서리를 밟듯(踐霜移露) 고통스러워하였다. …(下略)…

『泉獻誠墓誌』[21] 기록은 다음과 같다.

君諱獻誠, 字獻誠, 其先高句驪國人也, 夫其長瀾廣派, 則河之孫, 燭後光前, 乃日之子. 柯葉森鬱,

---

20) 마른 뽕나무로서 곧 부모가 없이 태어났다는 말이다. 옛날에 有侁氏가 뽕을 따다가 伊尹을 마른 뽕나무 속에서 얻었다는 故事에서 유래되었다(역자 주).
21) 周紹良 主編, 1992, 『唐代墓志汇编·大足 001』, 上海: 古籍出版社, pp.984-985.
이 번역문은 권덕영 교수의 번역문을 참고하였다(권덕영, 2021, 앞의 책, pp.270-306).

世爲蕃相. 曾祖大祚, 本國任莫離支捉兵馬, 氣壓三韓, 聲雄五部. 祖蓋金, 本國任太大對盧捉兵馬, 父承子襲, 秉權耀寵. 父男生, 本國任太大莫離之, 率衆歸唐, 唐任特進兼使持節遼東大都督, 右衛大將軍, 檢校右羽林軍, 仍仗內供奉, 上柱國, 卞國公, 贈幷益二州大都督, 謚曰襄 …(中略)…

有子玄隱, 玄逸, 玄靜, 踐霜濡露, 崩襟殞神. 懼今昨遞遷, 陵谷頹易, 乃拓故域, 建新墳, 簫挽之聲哀以聞, 古來不獨今逆昔, 陌上飛旌空靡靡, 郭門弔客何紛紛. 粵以大足元年歲次辛醜二月甲辰朔十七日庚申葬於芒山之舊營, 禮也. …(下略)…

君의 이름(諱)은 獻誠이며 字도 헌성으로 그 선조는 高句驪 사람이다. 무릇 큰 물결이 길게 이어져 넓게 퍼져나가니 강(河)의 후손이고, 후대의 불빛이 선대를 빛나게(光前) 하니 해(日)의 자손이로다. (그 선조는) 가지와 잎이 무성하고 울창해져서 대대로 蕃國의 재상이 되었다.

증조할아버지 大祚는 本國(高句驪)에서 莫離之에 임명되어 兵權을 장악하였고, 기세는 삼한을 압도하고 명성은 五部에서 뛰어났다. 할아버지 蓋金(蓋蘇文)은 本國(高句驪)에서 太大對盧에 임명되어 병권을 장악하였으나, 아버지가 물려주고 아들이 이어받아 권력을 휘어잡고 총애받음이 찬연히 빛났다. 아버지 男生은 本國(高句驪)에서 太大莫離之에 임명되었는데, 무리를 이끌고 당에 귀순하였다. 唐은 그를 特進에 임명하고 使持節遼東大都督, 右衛大將軍, 檢校羽林軍, 仗內供奉, 上柱國, 卞國公을 겸하게 하였으며, 幷州와 益州 두 주(州)의 大都督을 추증하고 시호를 襄公이라 하였다(諡曰襄). …(中略)…

자식으로 玄隱, 玄逸, 玄靜이 있었는데. 부모에 대한 그리운 마음에 슬픔이 서리를 밟는 듯 하였고(踐霜濡露), 가슴이 무너지고 정신을 잃을 정도였다. 어제와 오늘이 차례로 지나가면 언덕과 골짜기가 무너지고 바뀔 것을 걱정하여 이에 옛 묘역을 넓혀서 새로 무덤을 만들었다. 挽歌의 피리소리가 슬프게 들리니, 예로부터 단지 오늘을 어제로 되돌릴 수 없을 뿐이로다. 논두렁길 위에 휘날리는 깃발은 공중에서 펄럭이고, 성문 바깥(郭門) 조문객은 어찌 그리도 어지러이 많은가(紛紛).

大足 元年(701) 歲次 辛醜, 2월 甲辰 초하루, 17일 庚申에 芒山의 조상 묘역(舊營)에 장사지내니, 의례에 부합하도다(禮也). …(下略)…

泉獻誠의 손자인 『泉毖墓誌』[22]에도 이와 비슷한 기록이 있다.

…(上略)… 諱毖, 字孟堅, 京兆萬年人也。曾祖特進、卞國襄公男生; 祖左衛大將軍、卞國莊公獻誠:

---

22) 周绍良 主编, 1992, 『唐代墓志汇编·开元 378』, 上海: 古籍出版社, pp.1417-1418.
　　이 번역문은 권덕영 교수의 번역문을 참고하였다(권덕영, 2021, 앞의 책, pp.334-347).

父光祿大夫、衛尉卿、卞國公隱。並繼代承家, 榮章疊祉。惟子克茂貽厥, 早著聲芬。年甫二歲, 受封淄川縣開國男, 尋進封淄川子, 食邑四百戶; 又授 驍騎尉, 以蔭補太廟齋郎。屬有事於後土, 授宣德郎, 尋蒙放選。即開府、儀同三司、朝鮮王高臧之外孫, 太子詹事、太原公王暐之子婿。…(下略)…

…(上略)… 이름은 悊이고 자는 孟堅으로 京兆府 萬年縣 사람이다. 증조할아버지는 特進卞國襄公 男生이고, 할아버지는 左衛大將軍卞國莊公 獻誠이며, 아버지는 光祿大夫衛尉卿卞國公隱이다. 모두 대를 잇고 가문을 계승하여 영화가 빛났고 복록이 겹쳐 쌓였으며, 자손들은 조상이 물려준 덕(胎厥)으로 더욱 번창하여 일찍부터 아름다운 명성을 드러내었다.
나이 겨우 두 살에 淄川縣開國男에 봉해졌고 곧이어 淄川子 食邑 400호로 올려 봉해졌다. 또, 驍騎尉에 임명되었고 선조의 공적으로 太廟齋郎에 보임되었다. 마침 토지신을 제사하는 일에 참여하여(有事於後土) 宣德郎을 받았고, 얼마 후에 발탁되어 관직을 맡게 되었다. 곧이어 開府儀同三司朝鮮王 高臧의 외손 太子詹事太原公 王暐의 사위가 되었으니…(下略)…

위에서 인용한 묘지 사료와 현재까지 수집된 자료를 분석하여 필자는 泉氏家族의 발전과정을 두 단계로 나누고자 한다.

먼저, 平壤城 시절에는 천개소문의 祖父 泉子遊와 父親 泉太祚는 모두 莫離支에 올라 막강한 권력을 누렸다. 그러나 6세기 말에서 7세기 초 당시에는 고구려의 왕권이 상대적으로 막강하여 고구려의 정치발전 과정에서 왕의 지위를 감히 넘볼 수 없었다. 그러다가 642년, 천개소문이 정변을 일으켜 고구려 榮留王과 20여 명의 大臣을 살해하고 왕의 조카 高臧을 왕으로 옹립하였다. 그리고 스스로 막리지에 올라 정권을 장악하였다. 이런 상황은 천개소문이 병에 걸릴 때까지 계속되었고 이로 인하여 고구려의 왕권은 점점 약화되어 갔다.[23]

또, 泉蓋蘇文에게는 淵淨土(실제로는 泉蓋淨土)라는 아우가 있었다. 『삼국사기』 신라본기에 의하면, 唐高宗 總章 원년 8월에 신라가 일찍이,

"元器와 淨土를 唐에 파견하였는데 淨土는 당에 남아 돌아오지 않았고 元器는 돌아왔다. 칙령을 내려 이후부터는 女人 헌납을 금지시켰다."[24]

라고 기록하고 있다. 이 기록에서 '淨土'는 '淵淨土'로서 곧 '泉蓋淨土'를 말한다. 다른 史書의 기록에 보면,

---

23) 拜根興, 2008, 「追踪高句麗末代王高臧冢墓所在: 兼論高臧入唐后生活」, 『陝西历史博物馆馆刊』 15, 西安: 陝西出版社, pp.15-22.
24) 『三國史記』 卷6, 新羅本紀 文武王條(李丙燾, 1997, 『역주 삼국사기』, 乙酉文化社, p.164).

> "男生이 국내성에서 아들 獻誠을 당에 파견하여 구원을 간청하였고, 천개소문의 동생 연정
> 토 또한 땅을 분할하여 항복했다."[25]

라고 하였다. 연정토가 천개소문의 아우라는 것은 명백하다.

사실, 일찍이 그로부터 2년 전인 乾封 원년(666)에 이르러 연정토는 고구려의 국력이 약해지고 나당연합군의 공격이 점점 강력해지는 상황에서, 천남생 형제의 권력다툼으로 인한 내홍으로 고구려의 내부 정세가 분열되는 현실을 충분히 인지하고 있었을 것이다. 당시 그는 천남생 일파를 지지하고 있었기 때문에, 남생이 남산, 남건 형제의 보복 청산을 두려워하여 할 수 없이 국내성으로 달아난 후에는 자신도 고구려의 남방전선을 지키고 있다는 점을 이용하여 부하들을 이끌고 신라에 투항한 것이다. 史書에는 "高句麗 貴臣 淵淨土가 12개 城과 763戶, 3,542명의 백성을 이끌고 來投해 왔다. 淨土와 관리 24명에게 衣物과 식량, 家舍를 주고 王都와 州府에 배치하고 8개 성을 완성하여 거기에 士卒을 보내 지키게 하였다."[26]라고 하였다.

그러나, 연정토는 신라에 귀순하기 직전까지도 사람을 남생에게 보내 소통했을 것이고 唐朝에서도 이런 사실을 충분히 알고 있었을 것이다. 이는 곧 연정토가 비록 부하들을 이끌고 신라에 귀순했지만, 그의 최종 목적지는 오히려 唐이었다. 신라조정에서도 이런 사실을 충분히 알고 있었으므로 2년 후에 일부러 그를 당에 사신으로 파견한 것이다.

연정토는 당에 남아 돌아오지 않았고 신라도 그런 사정을 알고 있었기 때문에 인정을 베풀어 곧바로 연정토의 家屬을 당으로 보냈다. 이는 곧 천개소문 집권 말기에 동생이었던 그가 조카들의 대립이 갈수록 첨예화되어 자기로서는 그들 사이의 화해를 조정할 수 없다고 판단했기 때문에 소극적인 태도를 보일 수밖에 없었음을 의미한다. 그리고, 그 후 내부 사정의 전개 상황으로 보면, 천씨 형제 사이에 권력다툼이 진행되는 과정에서 그로서는 마땅히 남생 일파를 지지하는 편에 서야 했다는 것을 의미한다.

2. 入唐 제1세대 泉男生 兄弟

현존하는 『舊唐書』, 『新唐書』, 『三國史記』, 『日本書紀』 등의 史書에 따르면, 泉蓋蘇文에게는 세 아들, 즉 泉男生, 泉男建, 泉男産이 있었다. 이들 형제들이 모두 같은 母系인지 여부에 대해서는 문헌사료와 다른 기록을 대조해 보면 의심할 여지가 없어 보인다. 다만, 그들 형제 사이에 정권 다툼이 진행되는 과정에서 천개소문의 부인은 맏아들인 천남생 진영을 지지하고 있었을 가능성이 매우 크다. 왜냐하면, 현존하는 『泉男生墓誌銘』과 『泉獻誠墓誌銘』으로 볼 때, 입당 후 泉蓋蘇文의 夫人이 맏아들 천남생 일가와 함께 살았다고 기록하고 있기 때문이다. 어쩌면 그녀는 수십 년 동안 고구려의 철권통치자였던 남편 천개소문과 함께 했기 때문에, 군세고 강한 의지와 남다른 叡智를 지니고 있었을 것이다.

아들 男生이 遼東의 부임지에서 죽어 집안의 대들보가 무너지고, 자식을 먼저 보낸 부모로서의 참혹한

---

25) 『新唐書』 卷220, 東夷·高麗傳(歐陽修·宋祁, 1985, 『新唐書 第20冊』, 北京: 中華書局, p.6196).
26) 『三國史記』 卷6, 新羅本紀 文武王條(李丙燾, 1997, 앞의 책, p.164).

심정을 당하기도 하였다. 만약 일반 백성의 부모라 하더라도 이런 상황에서 어떻게 대처해야 좋을지 몰랐을 것이다. 그러나 그녀는 맏아들을 잃은 비통한 심정을 꾹 참고 늙은 몸을 돌보지 아니하고 음식을 먹지 아니하면서(輟食) 손자 獻誠으로 하여금 그의 부친 男生이 없는 비상 상황에서 朝野의 복잡한 국면을 잘 추슬러 나가도록 이끌었다.

그녀의 위엄이 있는 슬기로운 대처는 泉氏家族의 기둥이 되었으므로 그녀를 가히 女丈夫라 할만하다. 아들을 잃은 어머니로서의 애통한 마음은 능히 짐작할 수 있지만, 혼란스러운 와중에서도 이를 두려워하지 않고 슬기롭게 대처해 나간 것은 大家 여인으로서의 閨範은 가히 널리 전해질 만하다고 할 것이다.

男産은 입당 후 司宰少卿을 수여 받았고 이어서 金紫光大夫가 더해졌으며 員外에 同正員을 두었다. 그리고 朝鮮半島와 관련된 사무의 통역 직책을 맡았다.[27] 이를 통해 볼 때, 男山은 새로운 환경에 빠르게 적응하여 그 성과를 거두었고, 그 결과 오래지 않아 營繕監 大匠으로 자리를 옮겼다.

男建은 당으로 압송된 후, 그의 형 男生이 여러 방면으로 구원 활동을 편 덕에 다행히 당고종이 그의 중죄를 사면하여 嶺南으로 유배를 보내는 것으로 마무리가 되었다. 그러나 그가 그 후 洛陽이나 長安으로 다시 돌아왔는지는 관련 자료가 없어서 확인할 수 없다. 그와 같은 항렬로 男生의 叔父 淵淨土에게도 아들이 있었는데 바로 남생의 4촌 형제이다.

최근에 새로 출토된 『大唐右驍衛永寧府果毅都尉泉府君故夫人高氏墓誌』[28]에는 墓主 高氏에 대해,

"結姅泉門, 纔盈晦朔, 未諧歸展, 俄事淪亡. 惟其所生, 悲摧玉掌. (천씨 가문에 시집와서 겨우 그믐과 초하루를 채웠을 뿐인데 함께 歸展[29]하지도 못하고 갑자기 죽었다. 생각하면 그 所生[30]의 슬픔은 옥같이 고운 손이 부러지는 것과 같다."[31]

라고 하였다. 즉, 高氏의 夫君이 입당 고구려인 泉氏였는데 그녀가 천씨와 결혼한 지 불과 한 달 만에 집에서 병으로 죽었다고 하였다.

이 묘지에 대해서는 필자를 포함하여 중국학자 王其禕, 樓正豪와 한국학자 金榮官, 金秀鎭 등이 논문을 발표한 바 있다. 김수진은 高氏의 남편 泉氏는 당연히 入唐 고구려 귀족인 淵淨土의 아들이었을 것으로 보았다.[32] 필자도 김수진의 의견에 동의한다. 이렇게 보면 입당 천씨가족의 제1세대는 천씨 3형제를 제외하

---

27) 장병진, 2016, 「泉男産 墓誌의 역주와 찬술전거에 대한 고찰」, 『高句麗渤海硏究』 55, 韓國高句麗渤海學會.

28) 高句麗遺民 高提昔의 묘지. 묘지의 개석과 지석은 2012년 중국 西安 동쪽 근교인 龙首原에서 출토되었다. 묘지에는 고제석 일가가 당으로 이주하게 된 경위와 26세의 나이로 죽은 고제석의 미덕·혼인 등에 대한 내용이 들어 있다. 지문의 내용 중에 "천씨 가문에 시집와서(結姅泉門)"라는 구절을 통해, 그녀가 같은 고구려 유민인 천씨 일가와 通婚한 것을 알 수 있다(역자 주).

29) 歸展: '展'에는 '살핀다'라는 뜻이 있으므로, '歸展'은 고향으로 돌아가서 부모님을 찾아뵙는다는 뜻이다(역자 주).

30) 所生: 고제석은 결혼한 지 한 달 만에 사망하여 자녀가 있을 수 없기 때문에 여기서는 부모를 지칭한다(역자 주).

31) 王其禕, 2013, 「国内城高氏:最早入唐的高句丽移民—新发现唐上元年《泉府君夫人高提昔墓志》释读」, 『陕西师范大学学报』 3.

32) 김수진, 2017, 「唐京 高句麗 遺民 研究」, 서울대학교 국사학과 박사학위논문.

고도 그의 숙부 연정토의 아들인 천씨가 있었던 셈이다. 당연히 갓 결혼한 고씨가 무엇 때문에 갑자기 병으로 죽었는지는 설명하기는 어렵지만, 어쩌면 고씨가 아직 신혼생활에 적응하지 못하여 갑작스러운 질병으로 세상을 떠났을 수도 있고, 아니면 수도 長安의 여름 더위를 이기지 못하여 병을 얻어 죽음에 이르렀을 수도 있다. 다만, 이들 천씨 형제들의 이후의 인생 행적에 대해서는 사료의 기록이 없어서 의문스러운 점이 남아 있다.

泉獻誠은 16세에 入唐했는데, 비록 그의 부친 남생과 숙부 남산, 남건 그리고 堂叔인 천씨와는 같은 세대에 속하지 않지만, 그들이 모두 비슷한 시기에 入唐하였기 때문에 당연히 천씨가족 入唐 제1세대로 보아야 할 것이다.

3. 入唐 泉氏家族 제2세대 상황

『泉獻誠墓誌銘』에 보면 다음과 같이 기록되어 있다.

> 자식으로 玄隱, 玄逸, 玄靜이 있었는데. 부모에 대한 그리운 마음에 슬픔이 서리를 밟는 듯하였고(踐霜濡露), 가슴이 무너지고 정신을 잃을 정도였다. 어제와 오늘이 차례로 지나가면 언덕과 골짜기가 무너지고 바뀔 것을 걱정하여 이에 옛 묘역을 넓혀서 새로 무덤을 만들었다. 挽歌의 피리소리가 슬프게 들리니, 예로부터 단지 오늘을 어제로 되돌릴 수 없을 뿐이로다. 논두렁길 위에 휘날리는 깃발은 공중에서 펄럭이고, 성문 바깥(郭門) 조문객은 어찌 그리도 어지러이 많은가(紛紛).[33]

이 내용을 보면 獻誠에게는 세 아들이 있었는데, 玄隱과 玄逸 그리고 玄靜 등 삼형제였다. 이들 가운데 현일과 현정 두 사람의 행적은 알 수 없다. 玄隱이 22세에 죽은 아들 천비를 위해 묘지명을 지은 해는 開元 21년(733)이다. 이로 보아 개원 21년에도 玄隱은 여전히 건재하였으며 그의 나이를 추산해 보면 대략 50세 전후였던 것으로 보인다.

설명이 필요한 부분은 泉氏夫人 墓誌銘 가운데 다음과 같은 구절이다.

> 증조할아버지는 獻誠으로 左武衛大將軍이었고, 할아버지는 同濟로 司農卿이었으며, 아버지는 玄隱으로 衛尉卿이었다. 모두 학문에 통달하고 행실이 빼어났다. 문장에 능하고 무예도 겸비하였으며 순수하고 온화함을 갖추어 그 아름다움이 겉으로 드러났다.[34]

이 대목에서 분명해진 것은 誌文에 기록된 泉獻誠, 泉玄隱 父子 사이에 司農卿 泉同濟라는 새로운 인물이

---

33) 周绍良 主编, 1992, 『唐代墓志汇编·大足 001』, 上海: 古籍出版社, pp.984-985.
34) 故宮博物院·陝西省考古研究院 编, 2021, 앞의 책, pp.173-174.

들어가 있다는 점이다. 이렇게 해서 泉玄隱 형제들이 지금까지 알려진 대로 천헌성의 아들이 아니라 손자로 바뀌었다.

이 문제에 대해 필자는 부정적인 입장이다. 그 이유는 다음과 같다.

먼저, 천씨부인 묘지는 唐憲宗 元和 3년(808)에 지은 것으로, 천남생, 천헌성 부자가 입당한 때로부터 130년이나 지난 때였다. 이 시기에 이르면 이미 입당한 후 천씨가족의 찬란했던 가문의 영광은 존재하지 않았다. 그들은 입당했던 다른 민족 사람들과 마찬가지로 여러 세대를 걸치면서 이어져 오는 동안 자신들의 선조에 대한 기억들이 명확하지 않게 되었다. 따라서 이런 식으로 어느 정도 이상한 일들이 일어나는 것을 피할 수 없게 되었다.

둘째, 천씨부인 묘지를 찬술한 泉孺弘은 당시 唐 조정에서 中下級에 속하는 관원이었다. 지문에 의하면 그는 천씨부인과 아주 가까운 사이였으며, 천씨부인 형제의 아들로서 아무런 문제가 없다. 그가 이 지문을 찬술할 당시의 나이는 알 수 없다. 그가 이 묘지문을 찬술할 당시 아마도 杭州에 있었던 것 같은데, 그의 官品級으로 보아 특히 安史의 亂 후에 그가 京師 長安에 가서 그의 부친과 할아버지의 事跡을 조사했을 가능성은 희박하다.

그렇다면 천유홍이 천씨가문의 정보를 어디서 얻었을까? 노쇠한 고령의 고모를 통해 들었을까, 아니면 다른 가족의 입을 통해 대대로 전해진 것일까? 사실이 그러하다면 의심할 여지도 없이 여러 경로를 통해 들은 정보 사이에 편차가 있었다는 것을 쉽게 짐작할 수 있다.

셋째, "朝議大夫行文昌膳部外郎護軍梁惟忠"이 武周의 국가 의지를 대표하여 찬술하였고, 비석에 朱筆로 쓴 자가 누구인지 알 수 없는『泉獻誠墓誌銘』으로 보면, 지문의 내용 중에 천헌성에게는 현은, 현일, 현정 세 아들이 있다고 명확하게 기록하고 있지만, '泉同濟'라는 인물은 보이지 않는다. 기록에 근거해 볼 때, 開元 15년(727)에 천헌성의 맏아들 현은이 칙령으로『泉獻誠碑』문장을 짓고, 둘째 아들 정일이 그 글을 正書했다. 또, 당시 상당한 영향력이 있던 文人 蘇晉이 銘文을 쓰고 彭杲가 朱筆를 썼음에도[35] '泉同濟'라는 인물은 찾아볼 수 없다.

唐 元和年間(806~820)에 출현한『元和姓纂』이라는 책과 岑仲勉 교수의 「附記」를 찾아봐도 '泉同濟'라는 인물은 존재하지 않는다.[36] 南宋의 陳思道人의『寶刻叢編』에도 천헌성의 아들 현은 등에 대한 기록이 있다. 여기에 대해서는 필자가 이미 논술한 바 있으므로 재론의 여지가 없다.[37] 이는 武周와 唐朝로부터 많은 주목을 받아 천헌성에 대한 억울한 오류를 바로 잡아주기 위해 지은 묘지명과 開元 15년에 칙령으로 세운 『泉獻誠碑』에도 이른바 천헌성의 아들로서 '泉同濟'라는 인물에 대한 언급은 없음을 알 수 있다.

이런 상황을 자세히 살펴보면, 천헌성의 墓誌도 그의 사후 10년 후에 찬술되었고,『泉獻誠碑』도 역시 그의 사후 20여 년이나 지나 세워진 것이다. 만약 실제로 천헌성의 아들로 '泉同濟'가 있었다면, 이런 일을 꾸

---

35)『金石錄』卷6,「目錄」(趙明誠 著/金文明 校注, 2005,『金石錄校注』, 桂林: 廣西師範大學出版社, p.97).

36)『元和姓纂』卷5(林寶 撰/鬱賢皓·陶敏 整理/岑仲勉 校記, 1994,『元和姓纂』, 北京: 中華書局, p.550).

37) 拜根兴, 2012,『唐代高丽百济移民研究:以西安洛阳出土墓志为中心』, 北京: 中国社会科学出版社, pp.157-158.

민 武周와 唐朝 당국자 또는 천헌성의 세 아들이 모두 알고 있으면서도 이를 외면했다는 것을 의미하는데, 이런 일은 상상하기 어려운 일이다.

넷째, 천현은이 아들 천비를 위해 묘지명을 찬술하였는데 천씨 父祖 항렬을 언급하면서 墓主에 대해 "이름은 毖이고 자는 孟堅으로 京兆府 萬年縣 사람이다. 증조할아버지는 特進 卞國襄公 男生이고, 할아버지는 左衛大將軍 卞國莊公 獻誠이며, 아버지는 光祿大夫 衛尉卿 卞國公 隱이다."라고 하였다. 만약 천현은 위에 실제로 부친으로 '泉同濟'라는 인물이 있었다면, 지문 가운데 그에 대해 단 한마디도 언급하지 않은 것은 논리에 맞지 않는다. 따라서 정확하게 이해해야 할 것은, 바로 '泉同濟'라는 허무맹랑한 인물을 泉玄隱이 아무런 근거도 없이 만들어내는 것은 불가능하다는 점이다.

다섯째, 헌성과 현은 父子 사이에 한 세대를 더 추가하여 헌성 사후 약 120여 년이 지나 천씨부인 묘지를 찬술한 유홍에게 어떤 고려사항이 있었는지를 점검해 볼 필요가 있다. 즉, 당시 사람들의 관심을 끌어야 하는 이유가 있는지, 아니면 혹시 자기 자신을 천씨가족 후예 가운데 차지하는 위상을 드러내려고 했던 것일까? 이와 관련해서는 더 이상의 자료들이 없지만, 충분히 의문이 가는 부분이다.

종합적으로 말하면, 필자는 천씨부인 지문에 나타나는 '泉同濟'라는 인물은 존재하지 않는 가공의 인물이 확실하다고 생각한다. 이처럼 앞으로 발견되는 새로운 墓誌史料 또한 마땅히 자세하게 고찰하여 역사의 진실을 되찾도록 해야 할 것이다.

『泉男産墓誌銘』의 말미에 "通直郎 襄城縣 開國子 泉光富는 나이가 18세이다. 長安 2년(702) 4월 23일 낙양현 땅에 장사지내다."[38]라는 구절이 있다. 長安 2년은 702년으로 천광부가 당시 18세이므로 이를 기준으로 추산하면 그는 685년에 태어났다. 그의 부친인 男産이 668년에 入唐하였으므로 그는 男産이 입당한 후 거의 20년 후에 비로소 태어난 것이다.

그의 어머니는 고구려 사람이었을까, 아니면 唐나라 사람이었을까? 당시 정황으로 볼 때, 그의 모친이 당나라 사람이었을 가능성을 배제할 수 없다. 毋庸諱는 泉獻誠과 泉光富가 비록 堂兄弟 사이지만 두 사람 사이의 연령차가 30여 세나 될 뿐만 아니라 천광부가 당에서 태어났기 때문에 이 두 사람을 따로 구분할 필요가 있다고 주장한다. 왜냐하면 당시 나이가 18세에 불과한 천광부는 당연히 천씨가족 入唐 제2세대 인물 중의 하나이기 때문이다.

Ⅳ. 泉氏夫人과 8세기 중후반 泉氏家族의 상황

1. 8세기 중후반 泉氏家族의 후예

위에서 언급한 천현은이 그의 아들을 위하여 쓴 『泉毖墓誌銘』에는 京兆萬年人 泉毖 일생의 사적을 담고 있다. 천비는 그의 할아버지와 부친의 軍功으로 불과 2살에 淄川縣開國男에 봉해졌다가 곧 淄川子에 봉해

---

38) 周绍良 主编, 1992, 『唐代墓志汇编·长安 008』, 上海古籍出版社, pp.995-996.

져 식읍 4백호를 받았다. 조금 더 나이가 들면서 또 정6품의 武散官驍騎尉에 제수되었으며 이와 함께 門蔭으로 太廟齋郞을 재수받았다. 그리고 토지신을 제사하는 일에 참여하여(有事於後土) 宣德郞을 제수받았다.[39)

천비는 성년이 된 후 開府儀同三司 朝鮮王 高藏의 외손으로인 太子詹事 太原公 王暐의 딸과 혼인하였다. 이와 관련해 보면, 고구려 마지막 왕 고장(보장왕)이 入唐한 후에 일찍이 자신의 딸을 太原王氏에게 시집을 보냈음을 알 수 있다. 이는 곧, 唐 朝庭이 입당한 고구려 왕실을 회유하기 위하여, 조정이 직접 나서서 高句麗 王室과 당시 唐의 名門大族인 太原王氏 사이에 혼인을 주선했을 가능성이 높다. 이렇게 해서 두 가문 사이에 혼인 관계가 성립된 것으로 보인다.[40)

천비가 高藏의 외손녀인 왕위의 딸과 결혼한 것은 8세기 초 무렵에 이르러 입당 고구려 이민자 上層의 결혼 선택이 확대되었으며, 이로 인하여 당인공동체에 통합되어가는 속도가 현저하게 빨라졌음을 보여주는 것이라고 하겠다. 따라서 상술한 천비의 誌文 중의 '京兆萬年人'이라고 쓴 부분에 대한 설명이 가능하다. 한편 천비는 開元 17년(728) 京兆府 興寧裏 집에서 향년 22세의 젊은 나이에 생을 마감했다. 이를 근거로 보면, 그는 707년에 태어난 것으로 보인다.[41)

이밖에 또 한 사람의 道士 泉景仙[42)이 있는데 그 또한 천비의 堂兄弟 가운데 한 사람이다. 천경선도 고구려 이민자의 후예이다. 그의 墓誌와 관련하여 어떤 학자들은 그들의 論著를 통해 그 내용을 명확하게 기술하고 있다.

2009년 3월 11일, 西安文物保护考古研究院의 张全民 선생이 灞桥区 席王 街道 唐家寨의 唐舍娃로부터 전화를 받고 직접 席王 萧家寨로 가서 이 青石石刻의 일부분을 수집했다. 이 석각은 萧家寨에 사는 마을 주민 한 사람이 흙을 파다가 발견한 것이었다. 마을 주민과 张全民 선생이 석각이 출토된 현장에서 살펴본 결과에 따르면, 다른 유물은 발견되지 않았다고 한다. 이 석각은 정방형으로 한 변의 길이 36㎝, 두께 7㎝로서 모양이 왜소하고 글자가 많지 않다. 그 글의 내용은 "唐 淸簡先生은 스승 泉景仙을 존경하여 이곳에 劍을 묻노라. 中元, 天寶 甲午歲, 建寅月, 葡日辛酉."이다.[43)

그러나 여기에 포함된 정보는 오히려 그리 중요하지 않다. 위에서 서술한 『천남생묘지』, 『천헌성묘지』, 『천비묘지』 등의 석각묘지 자료와 『삼국사기』, 『삼국유사』의 기록에 따르면, 천남생과 천헌성 부자는 입당한 후에 고구려 이민자 1세대가 되었으며 그 후에 당에서 그의 가계가 번성하였다.

위에서 언급한 바와 같이, 천헌성의 세 아들, 즉 현은, 현일, 현정의 이름을 통해서 보면, 그들의 이름은 모두 도교적 색채가 뚜렷하다. 이것은 그의 증조부 천개소문이 도교를 신봉한 것과 관련이 있는지에 대한

---

39) 周紹良 主編, 1992, 『唐代墓志汇编·开元 378』, 上海古籍出版社, pp.1417-1418.

40) 姜清波, 2010, 『入唐三韩人研究』, 暨南大学出版社, pp.92-93.

41) 泉獻誠이 666年 入唐할 때 그의 나이가 16세였으므로 651年에 태어난 것이 확실하다. 그는 707年에 이르도록 건재했는데, 당시 그의 나이는 56세였다. 그의 長子 泉玄隱은 707年에 아직 40세가 되지 않았던 것으로 보인다.

42) 雷闻, 2015, 『太清宫道士吴善经与中唐长安道教』, 世界宗教研究, pp.66-81.

43) 위의 책, pp.66-81.

문제이므로 이 부분에 대해서는 좀 더 자세한 검토가 따라야 한다. 천경선의 이름도 역시 이와 다를 바가 없다. 그가 天寶 甲午에 신선이 되어 승천했다고 하는 해는 곧 당현종 천보 14년(754)이다.

현존하는 자료에는 천현은의 아들로 천비가 기록되어 있을 뿐, 그다음 세대에 대한 내용은 들어 있지 않다. 천비는 22세에 죽었는데 그의 부인은 고구려 마지막 왕 고장의 외손녀 왕위의 딸이다. 그의 묘지에는 그의 다음 세대에 대한 기록이 없으므로 후사는 없는 것으로 보인다. 현일과 현정 두 사람의 기록도 이와 비슷하다. 다만 이들이 모두 도교를 신봉한 사람들이라는 점을 감안해 보면 어느 정도 이해가 가능하다.

어찌 되었든 천개소문이라는 인물이 고구려 말기에 도교 신앙을 널리 신봉하도록 함으로써, 일정 부분 고구려 멸망을 가속화시킨 것은 분명하다. 그런데 천씨가족의 도교 신봉은 오히려 100여 년 후 唐玄宗 天寶 年間에 이르기까지 지속된 점은 분명 신기한 일이 아닐 수 없다.

2. 泉氏夫人 墓誌의 몇 가지 문제

『泉氏夫人墓誌銘』의 기록에 의하면, 천씨는 元和 2년(807)에 82세의 나이로 병으로 세상을 떠났다. 이를 통해 유추해 보면 그녀는 726년에 태어났다. 이것은 곧 천현은의 아들 천비가 태어난 지 13년이 지난 해로서 천현은이 다시 딸 하나를 더 얻었다는 것을 의미한다. 당연히 고구려 名門大族 출신으로서 입당 후에도 명성이 높았던 천씨가족의 嫡孫이었음을 감안해 보면, 천현은은 분명히 1명의 부인이나 첩실을 두는 데 그치지 않았을 것이다. 그러므로 나이가 50세에 이르러서도 자녀가 태어날 수 있었을 것이고, 이러한 추론은 충분히 이해가 가능한 부분이다.

그러나 묘지에서는 천씨부인은 '錢唐(錢塘)人'이라고 기록하였다. 이것은 천씨부인이 출생할 당시 또는 그 후에 천현은이 강남으로 移居하여 그의 貫籍을 '錢唐'으로 개칭한 것은 아닐까 한다. 이와 관련하여 현존하는 문헌과 고고학 자료에는 정확한 근거가 아직 나타나지 않고 있으므로 그녀의 관적이 바뀐 이유에 대해서는 이후의 연구를 기대한다. 그러나 唐朝 開元(713~741), 天寶年間(742~756)의 정국의 변화 흐름을 분석해 보면, 다음과 같은 몇 가지 가능성을 추론해 낼 수 있다.

첫째, 天寶末에 安史의 亂이 터지자 그동안 건재하던 천은현이 전란을 피하여 가족을 이끌고 전란의 중심지인 京師長安을 탈출하여 浙江 일대로 피난하여 전전[44]하다가 최종적으로 정착한 곳이 바로 '錢唐'이었다. 그리고 그 후, 천씨가족 중 한 지파가 錢唐을 籍貫으로 삼은 것이다. 이들의 移居가 비록 전란으로 인한 것이지만, 이 또한 고구려 천씨가족이 입당한 후에 당인공동체에 융합되어가는 과정을 보여주는 중요한 사례의 하나라고 할 수 있다.

둘째, 당 조정이 開元年間(713~741)에 도교를 대대적으로 신봉하고 적극적으로 포교할 때, 정치적으로는 이미 자신감을 잃었지만 깊은 도교의 신앙심을 가진 천씨가족 후예들이 새로운 터전인 錢唐으로 이거하

---

44) 李学勤·徐吉军 主编, 2021, 『长江文化史』, 长江出版社.

安史의 亂이 일어났을 때, 泉氏夫人의 나이는 이미 20여 세였다. 당시 唐人의 일반적인 결혼연령대로 볼 때, 그녀는 이미 결혼한 사람이었을 것이다. 그러므로 泉氏家族의 한 支派가 南方으로 移居한 시기는 좀 더 빨랐을 가능성도 있다.

여 도교 신앙 수행의 포부를 실현시킬 수 있다고 생각하였다. 따라서 남방으로 이거하여 錢唐을 그들의 정착지로 삼았다.[45]

셋째, 開元年間에 이르러 장강유역은 사회경제적으로 발전하는 추세가 비약적으로 나타났다. 당시 입당천씨가족은 당 조정으로부터 반복적으로 이용당하고 있는 것에 대해 염증을 느끼고 있었다. 또 長安과 洛陽 세력 사이에 벌어지는 정치적 暗鬪와 政爭이 자신들에게까지 미칠 것을 두려워하고 있었다. 이 때문에 경기지역을 벗어나 절강의 해안가 방면인 錢唐으로 이거하여 정착한 것이다. 물론, 위의 세 가지 분석은 모두 천씨가족의 강남 이주에 대한 이유의 가능성으로 제시한 것이지만, 그 타당성 여부에 대해서는 이후에 발굴되는 사료를 통하여 연구되어야 할 부분이다.

천씨부인의 남편 馬府君에 대하여, 일본학자 케가사와 야스노리(氣賀澤保規)의 『新編唐代墓誌所在總合目錄(2017)』와 근년에 출판된 『洛陽流散唐代墓志彙編續集』, 『陝西省考古研究院新入藏墓志』, 『洛陽新獲墓志百品』 등 墓誌 總集에는 그와 관련된 내용이 없어 단서를 찾을 수 없다. 당나라 때 林寶가 쓰고 岑仲勉이 校記한 『元和姓纂』에도 역시 그에 대한 언급이 없다.[46]

마부군은 일찍이 太子洗馬 兼 朗州長史를 지냈는데 지문에 '故'자가 있어 그가 천씨부인보다 먼저 세상을 떠난 것으로 판단하는 데에는 별 문제가 없다. 그러나 그가 언제 세상을 떠났는지에 대해서는 언급이 없다. 다만, 誌文에 보면,

> 暨府君捐館, 畫哭有節, 撫孤主喪, 三從標孟家之訓, 七篇著曹氏之誡, 母儀之雄也。
> (府君께서 세상을 떠나니 슬피 우는데 절도가 있었고, 외로운 아들을 어루만지고 위로하니,
> 三從之道는 맹씨(孟光) 집안의 가르침을 표본으로 삼았고, 七篇은 曹氏(班昭)의 경계를 나타
> 내었으니 어머니로서 갖추어야 할 법도(母儀)는 자못 뛰어났다.)

라는 기록과 천씨부인이 82세의 나이로 세상을 떠난 것으로 볼 때, 그가 세상을 떠난 시기는 아마 그보다 훨씬 오래 전이었을 것이다. 다시 말하면, 마부군은 천씨부인과 결혼하여 아들을 낳은 지 얼마 지나지 않은 시기에 세상을 떠났고, 천씨부인은 홀로 아들을 성년이 될 때까지 키워낸 것이다.

당시 태자세마는 東宮에 속한 관리로 從5品下의 지위에 있으면서 司經局에서 규정·기획 따위를 작성하고 관계 사항을 배분하는 직책을 맡았다. 經, 史, 子, 集의 四庫 道士를 간행하고 편집하는 일과 正本과 副本, 貯本을 수립하고 제공하는 직책이었다. 무릇 천하의 모든 도서는 이 동궁에 들어왔으며 동궁에서는 이를 모두 받아 소장하였다.[47]

---

45) 浙江省 杭州에는 唐高宗 弘道年間에 세운 道教 天柱觀이 있다. 당현종 재위기간 동안 저명한 도사 朱法滿, 葉法善, 司馬承禎, 吳筠 등이 모두 이곳에서 도교 활동에 종사하였다. 천주관은 강남지역에 미친 영향은 대단하였다(刘凯, 2014, 「唐末五代杭州天柱观与江南道教发展论考: 以钱镠所撰《天柱观记》为中心」, 『中山大学学报』 2, pp.99-109).

46) 『元和姓纂』 卷7(林寶 撰/鬱賢皓·陶敏 整理/岑仲勉 校記, 1994, 앞의 책, pp.1034-1044).

47) 『唐六典』 卷26(李林甫 等 撰/陳仲夫 點校, 1992, 『唐六典』, 北京: 中華書局, p.666).

그런데, "兼"이라는 글자가 있는 것으로 보아 馬府君은 山南東道 朗州刺史에 속하는 長史로 임명된 것으로 보이는데, 아마도 어떤 연고로 太子洗馬의 직책을 虛授했을 가능성이 크다. 그러나 지문의 찬자는 오히려 虛授의 관직을 의도적으로 앞으로 내세워 京師의 관리가 지방의 실제 관직을 겸직한 것처럼 만드는 현상이 벌어진 것이다. 지방의 관리로 임명되면 다른 연고에 의해 허수의 관직을 받을 가능성이 있지만, 京師의 관직은 지방의 실무를 겸임하고 있어서 황실의 귀족을 제외하면 그럴 가능성은 극히 희박하다.

이렇게 보면, 일찍이 관직의 서열이 從5品下의 지위에 오른 馬府君은 사회적으로는 그다지 입신출세한 사람이 아니었기 때문에, 대대로 이어져 내려오는 문헌에 이름을 남기지 못했던 것으로 보인다. 물론 앞으로 그와 관련된 墓誌가 세상에 나와 그에 대하여 좀 더 많은 정보가 알려지기를 기대한다.

한편, 餘杭郡太夫人으로도 불리는 泉氏夫人은 당연히 그의 아들 馬平陽이 맡았던 衛尉少卿 관직과 관련이 있을 것이다. 그리고 당시 일반적으로 부부를 동일 구역 또는 하나의 墓室에 매장하는 것이 관례였으므로, 천씨부인의 남편인 마부군은 마땅히 萬年縣 洪固鄕 鳳棲原에 매장되었어야 한다. 그러나 그 여부에 관해서는 지문 가운데 어떤 언급도 없기 때문에 좀 더 면밀한 검토가 따라야 한다.

천씨부인 아들 마평양의 관직이 衛尉少卿이므로 그녀는 당연히 京師長安 勝業裏 저택에서 아들이 관직에 재직하는 동안 그와 함께 생활하면서 아들이 승업리에 정착하게 된 것과 관련이 있었을 것이다. 바로 이런 이유 때문에 貫籍이 錢唐이며 餘杭郡太夫人의 封號를 받은 천씨부인이 만년에 아들을 따라 京師에서 생활한 것은 당연한 일이다.

誌文에는 천씨부인을 언급하여,

> 及笄而歸於我, 宜家淑賢, 佐祀展虔, 四德克全, 六行昭宣。
> (성년이 되어 우리 집으로 시집와서 집안을 화목하게 함에 착하고 어질었으며 제사를 도움에 정성을 다해 四德(仁·義·禮·智)이 능히 온전하였고, 여섯 가지 행실(六行, 孝·友·睦·嫺·任·恤)이 사방에 널리 알려졌다.)[48]

라고 하였다. 즉, 천씨부인은 15세에 馬家로 시집왔고, 당시 이른바 四德과 六行을 갖추었을 뿐만 아니라, 위로는 효성이 지극하고 아래로는 자비로우며 공손하고 예의를 갖추고 婦道에 밝았다고 하였다. 특히 남편이 세상을 떠난 후에는 슬픔을 참으며 장례를 치렀으며, 孟軻와 劉肥 모친의 가르침을 본보기로 삼아 온갖 고생을 견디면서도 고아가 된 아들을 잘 길러 튼튼하고 건강하게 성장시켰다.

지문에서는 이런 사실을 일러,

> 爰及成立, 挺生一彦, 偉度上略公才, 英姿卓然不群, 環海稱傑, 蓋慈仁誘誨之至矣。
> (이에 자라서 어른이 되어 어엿한 선비로 거듭나니 큰 도량은 위로 三公이 될 재주를 갖추

---

48) 故宮博物院·陝西省考古研究院 編, 2021, 앞의 책, pp.173-174.

었고, 뛰어난 자태의 우뚝 솟아남은 뭇 사람들과 달랐다. 온 세상이 호걸이라 칭하니 모두
자애롭고 어질게 이끌어 가르쳐 줌이 지극한 탓이었다.)[49]

이라고 기록하고 있다. 이것은 곧 그녀의 아들 馬平陽이 좋은 재목으로 성장할 수 있었던 데에는 천씨부인
의 지극한 정성이 있었다는 것을 말한다. 誌文 가운데에서도 아들 마평양 부부가 어머니 천씨부인이 병석
에 누워있는 기간 동안 정성을 다해 보살폈다고 하였는데,

> "太夫人(泉氏)이 병들어 눕자, 3년이 지나도록 옷고름을 풀지 않았고 먹고 마시는 것도 법도
> 가 있었다. 70일을 잠을 자지 않았는데, 갑자기 상을 당하여 피눈물을 흘리며 참고 견디었
> 다. 사모함을 이길 수 없음을 걱정하고 배고픔을 잊으면서 지팡이를 짚고 마른 나무와 같이
> 서서 원통한 심정으로 슬프게 부르짖었다. 신부 鄭氏가 곡하는 소리가 끊어지지 아니하고
> 삼베로 머리를 묶고 무덤 앞에 서서 슬픔이 살과 뼈에 얽혔으니 효자와 효부의 도리가 비할
> 바가 없었다."[50]

라고 표현한 데에서도 알 수 있다.

　위의 史料를 통해 다음과 같은 내용을 알 수 있다. 먼저, 천씨부인이 병석에 누운 기간이 아주 길었다는
점이다. 여기에서 '3년'이나 '7旬'이라는 표현은 시간이 매우 길었다는 것을 의미하는 용어들이지 사실이 아
니다. 둘째, 마평양 부부는 모친의 일상생활을 보살피는 데 자신들의 건강에 영향을 미칠 정도로 아주 정성
을 들임으로써 효도의 모범이 되었다고 할 수 있다. 셋째, 이들 기록이 다소 형식적인 미사여구로 과장되게
표현된 것으로 의심되기는 하지만, 천씨부인에 대한 아들 마평양 부부의 효심은 매우 지극하였음을 짐작할
수 있다.

　묘지문에는 천씨부인의 葬地가 萬年縣 洪固鄕 鳳棲原의 佳城이라고 하였다. "佳城"은 일반적으로 "墓地"
를 이르는 용어다. 그러므로 위에서 논의한 바와 같이 그녀의 夫君 馬府君의 葬地도 마땅히 이곳이어야 한
다. 그런데 문제는 묘지문에 마부군이 언제 죽었으며 어디에 묻혔는지 언급이 없다는 점이다. 당시 사람들
사이에는 "遷葬"의 풍습이 유행했는데, 관직이 衛尉少卿이었던 마평양이 어쩌면 모친을 안장하면서 부친의
유골을 이곳으로 천장했을 가능성이 크다고 볼 수 있다.

　물론 묘지문에는 천씨부인이 마부군의 본처(正室)라고 했다. 본처가 있다면 반드시 첩(側室)이 있다는 것
을 의미한다. 아마도 마부군과 첩이 함께 다른 곳에 합장되어 있었으므로, 이때 비로소 衛尉少卿 馬平陽이
그의 모친을 京師 萬年縣 洪固鄕 鳳棲原에 장지를 정한 것이 아닐까? 묘지문은 고증자료로서는 다소 불충분
한 부분이 있으므로 다른 자료로 증거가 될만한 내용이 아직 없다. 그러므로 여기에서는 다만 연구자들이

---

49) 위의 책, pp.173-174.
50) 위의 책, pp.173-174.

참고할 수 있도록 다양한 가능성을 제시할 뿐이다.

어찌 되었든 현존하는 사료에서 천씨부인은 고구려 이민자인 천씨가족의 후예가 분명하다. 그녀의 墓誌가 세상에 그 모습을 드러냄으로써 천씨가족이 唐에서 어떻게 뿌리를 내리고 번성해 나갔는지에 대해, 새로운 모습을 학계에 제공했다는 점에서 주목할 만한 가치가 있다.

이 밖에 천씨가족이 唐으로 移居한 뒤에 그들의 도교 신앙이 여러 대에 걸쳐 신봉되었는데, 이런 점으로 보아 천개소문으로부터 이어진 천씨가족의 도교 신앙심이 매우 견고하였음을 알 수 있다.

V. 맺음말

본고에서는 그동안 이루어 놓은 학계의 연구성과를 기초로, 『泉氏夫人墓誌銘』의 기록을 이용하여 고구려 이민자인 천씨가족이 唐에 移居한 후, 점차 唐人共同體로 융합되어가는 과정을 살펴보았다. 즉, 천씨가족의 제1대는 唐과 武周政權에서 영토를 개척하는 데에 전력을 기울였고, 제2대에 이르러 점차 唐人共同體에 융합되어가는 과정에서 泉獻誠의 손자 泉毖의 貫籍이 "京兆萬年"으로 바뀌고, 그의 손녀인 천씨부인에 이르러서는 "錢唐人"이 되었다.

墓誌의 誌文 내용으로만 이해해야 하는 문제이기 때문에 그 자세한 내용은 알 수 없다. 일련의 예를 들면, 천씨부인의 관적이 바뀌게 된 이유, 그리고 墓誌를 지은 泉孺弘의 부친은 누구일까라는 점 등이다. 즉, 천씨부인의 남편인 마부군 관직의 변천과 그의 아들 마평양이 경사 장안의 관직에 임용되는 등의 문제에 대해 모두 확실한 해답을 내놓기는 현재로서는 어려운 부분이다. 이와 관련하여 앞으로 좀 더 많은 고구려 이민자들의 묘지 사료가 세상에 모습을 나타내어 학계에서 폭넓은 검토가 이루어짐으로써 입당 고구려 이민자들이 당에서 정착하고 점차 당인 공동체에 융합되어가는 과정의 실상이 제공하게 되기를 기대한다.

끝으로, 본고에서 사용할 수 있도록 墓誌銘의 拓本 사진을 제공해 주신 汉景帝阳陵博物院의 李明 研究員께 진심으로 감사드린다.

| 투고일: 2023.05.16. | 게재확정일: 2023.05.25. |

참고문헌

『金石錄』(趙明誠 著/金文明 校注, 2005, 『金石錄校注』, 桂林: 廣西師範大學出版社)

『唐六典』(李林甫 等/陳仲夫 校注, 1992, 北京: 中華書局)

『三國史記』

『新唐書』

『元和姓纂』(林寶 著/鬱賢皓·陶敏 整理/岑仲勉 校記, 1994, 『元和姓纂』, 北京: 中華書局)

『周禮』

姜清波, 2010, 『入唐三韩人研究』, 暨南大学出版社.

故宮博物院·陝西省考古研究院 编, 2021, 『新中国出土墓志·陝西(第四卷)』, 北京: 文物出版社.

권덕영, 2021, 『재당 한인 묘지명 연구 (역주편)』, 한국학중앙연구원출판부.

권덕영, 2021, 『재당 한인 묘지명 연구 (자료편)』, 한국학중앙연구원출판부.

김수진, 2017, 「唐京 高句麗 遺民 研究」, 서울대학교 국사학과 박사학위논문.

雷闻, 2015, 『太清宫道士吴善经与中唐长安道教』, 世界宗教研究.

拜根兴, 2012, 『唐代高丽百济移民研究: 以长安洛阳出土墓志为中心』, 中国社会科学出版社.

李锦绣, 1998, 『唐代制度史略论稿』, 北京: 中国政法大学出版社.

이병도, 1997, 『역주 삼국사기』, 乙西文化社.

李学勤·徐吉军 主编, 2021, 『长江文化史』, 长江出版社.

赵明诚 着/金文明 校注, 2005, 『金石录校注』, 桂林: 广西师范大学出版社.

周绍良 主编, 1992, 『唐代墓志汇编·调露 023』, 上海: 古籍出版社.

周绍良 主编, 1992, 『唐代墓志汇编·大足 001』, 上海: 古籍出版社.

周绍良 主编, 1992, 『唐代墓志汇编·开元 378』, 上海: 古籍出版社.

周绍良 主编, 1992, 『唐代墓志汇编·长安 008』, 上海: 古籍出版社.

纪宗安·姜清波, 2004, 「论武则天与原高丽王室和权臣泉氏家族」, 『陝西师范大学学报』 6.

김영관·조범환, 2016, 「高句麗泉男生 墓志銘에 대한 소개와 연구현황」, 『韓國古代史探究』 22, 韓國古代史探究學會.

董延寿·赵振华, 2005, 「洛阳、西安出土北魏与唐高句丽人墓志及泉氏墓志」, 『东北史地』 4.

杜文玉, 2002, 「唐代泉氏家族研究」, 『渭南师院学报』 4.

罗振玉, 1987, 「唐代海东藩阀志存」, 『石刻史料新编(第二辑)』, 新文丰出版公司 编, 台北 新文丰出版公司.

苗威, 2011, 「泉男生及其后代移民唐朝述论」, 『东北史地』 3.

苗威, 2011, 「泉男生移民唐朝史事疏证」, 『北华大学学报』 5.

拜根兴, 2008, 「追踪高句丽末代王高臧冢墓所在: 兼论高臧入唐后生活」, 『陕西历史博物馆馆刊』 15, 西安: 陕
　　西出版社.

拜根兴, 2019, 「入唐高句丽移民研究的现状及问题」, 『社会科学战线』 8.

刘凯, 2014, 「唐末五代杭州天柱观与江南道教发展论考: 以钱镠所撰『天柱观记』为中心」, 『中山大学学报』 2.

장병진, 2016, 「泉男産 墓誌의 역주와 찬술전거에 대한 고찰」, 『高句麗渤海研究』 55, 韓國高句麗渤海學會.

冯立君, 2018, 「高句丽泉氏与唐朝的政治关系」, 『社会科学战线』 8.

⟨Abstract⟩

Interpretation of the epitaph of the late Lady Quan of Yuhang Prefecture of the Tang Dynasty

Bai Genxing

In 2001, the Shaanxi Provincial Institute of Archaeology collected a piece of epitaph belonging to the late Lady Quan of Yuhang Prefecture of the Tang Dynasty in Chang'an County, Xi'an City. The tomb occupant was the "great" granddaughter of Quan Xiancheng from Goguryeo during the Tang Dynasty. Quan Xiancheng died in year two of the Yuanhe Era in Chang'an at the age of 82. Of note in the epitaph was its mentioning of the son of Quan Xiancheng, Quan Tongji, which was the first time it appeared in historical documents and stone artefact inscriptions. Meanwhile, the epitaph also clearly states that Lady Quan's ancestral hometown was Qiantang. Based on current evidence, this article further explores the incorporation process the Goguryeo Quan family became an integral part of the Tang-people entity. It examines historical events related to Lady Quan and suggests that Quan Tongji was in fact an imaginative figure. The article also speculates that the change of Lady Quan's ancestral hometown might be related to the political situation of the Kaiyuan Era of the Tang Dynasty.

▶ Key words: Lady Quan, immigration to the Tang Dynasty, Tang-people entity

신라 비석에 남아있는 練習 刻字

박홍국[*]

> Ⅰ. 머리말
> Ⅱ. 신라 비석의 練習 刻字 고찰
> Ⅲ. 刻字 후 마무리 작업
> Ⅳ. 맺음말

〈국문초록〉

서예가나 비석 刻字工이 첫 글씨를 쓰거나 새길 때 조금은 긴장하지 않았을까? 특히 刻字工의 경우 石質이나 특성이 어떤지 알 수 없어서 1~2글자를 연습으로 새겨보는 경우도 있었을 것이다.

필자는 2019년 7월 국립경주박물관에 전시되어 있는 경주 남산신성비 제1비의 명문 下部面에 '辛' 자를 두 번이나 새겨 놓은 글자를 보고 난 뒤 이에 해당하는 신라 古碑의 연습 각자에 대하여 메모하여 왔다. 현재까지 9例를 들 수 있게 된 것을 계기로 이 글을 작성하게 되었으며, 고찰 결과를 요약하면 다음과 같다.

첫째, 연습 각자의 대상이 된 글자는 대부분 비문에 나오는 글씨 중에 1~2자를 택하였음을 알 수 있었다.

둘째, 비석에서 연습 각자가 남아있는 부분은 세울 때 땅에 묻히는 면, 귀부나 이수(또는 비갓)의 홈에 끼워지는 면, 공교롭게 비문면에 있어서 우리가 연습 각자인지 여부를 가리기 어려운 것 등으로 분류할 수 있었다.

셋째, 현재 논란이 계속되고 있는 울진 봉평리 신라비 제1행 끝자 '亙(五)' 자도 연습 각자임을 고증하였다.

넷째, 삼국시대 古碑라 할지라도 건립 당시에 새겨진 銘文의 刻劃 內部에 주로 붉은 안료를 칠[書丹]하는 등 刻字 後 과정이 있었음을 기술하였다.

▶ 핵심어: 練習 刻字, 신라 古碑, 남산신성비, 북한산비, 명활산성작성비, 울진 봉평리 신라비, 학가산 신라 古碑, 書丹, 채색 장엄

---

* 위덕대학교 연구교수

I. 머리말

2019년 7월 필자는 拙稿「김천 수도암비의 조사와 김생 진적」『신라사학보』46호 집필을 마무리하기 위하여 수차례 국립경주박물관의 금석문 전시실을 드나들면서 경주 남산신성비 제1비의 묻히는 뿌리 부분에 '辛' 자가 2군데 있는 것을 볼 수 있었다. 신라시대 刻字工들도 비문을 새기기 전에 돌의 재질이나 특성을 알기 위하여 연습으로 글자를 새긴 것을 알고 흥미롭게 생각하였다. 그렇지만 따로 논고를 작성할 만한 주제가 되기 어렵다고 판단하고 단순한 기억으로 남겨둔 바 있다.

그 뒤 이와 같은 연습 각자가 있는 비석 5例를 볼 때까지도 선행연구 결과물을 찾지도 않았고, 듣지도 못한 채 3년 가까운 시일이 경과하였다.

불과 4개월 전에 간략하나마 古碑의 연습 각자에 대한 기술 내용[1]이 있는 글을 뒤늦게 확인하고 용기백배하여 이 글의 작성에 착수하게 되었다. 그렇지만 이토록 단순한 사항을 새삼스레 1편의 글로 정리할 필요가 있을까라는 생각이 들어 조사 작업을 멈춘 적도 있었다.

그런데 필자가 연습 각자로 보는 글자를 碑文으로 보고 해석문에 들어가는 경우도 있는 것을 보고 역시 1가지 주제로 정리한 글도 필요하다는 생각에 다시 조사 작업을 계속하게 되었다. 따라서 필자의 이 글이 앞으로 연습 각자가 있는 비석이 발견될 때 비문의 판독 작업과 해석에 조금이라도 보탬이 될 수 있기를 기대한다.

이 글의 기술 순서는 해당 비석의 건립 시기와 상관없이 누가 보아도 연습 각자라는 것이 명확해 보이는 사례를 먼저 정리한 뒤, 비문면에 남아있는 연습 각자를 고찰하려 한다. 또한 비문 각자 후에 명문이 보다 또렷하게 보일 수 있도록 조치하였던 방법에 대해서도 약술할 것이다.

II. 신라 비석의 練習 刻字 고찰

1. 비석의 뿌리 부분에 새겨진 연습 각자

1) 경주 남산신성비 제1비

경주 남산신성비(이하 남산신성비로 표기함)는 진평왕대인 591년 남산에 신성을 쌓을 때 왕경부터 지방까지 전국에 걸친 力役 동원이 있었던 사실을 알려주는 금석문이다. 남산신성과 그 주변 구역에서 지금까

---

1) 권인한, 2019, 「습서와 낙서, 그리고 부호」, 『문자와 고대 한국 2』, 한국목간학회 편, 주류성, p.536에 "먼저 좌측은 경주 남산신성비 제1비의 탁본(부분)으로서 하부에 「辛」 자가 새겨져 있음이 주목되는데, 「辛」 자는 본문의 첫 글자이므로 본문 글씨를 새긴 사람(또는 쓴 사람)이 본문을 새기거나 쓰기 전에 미리 글자를 연습해본 것으로밖에 해석되지 않는바, 이를 낙서적인 성격의 습각(習刻)의 사례로 보는 데에 이견은 없을 것이다"라는 설명이 있다.

그림 1. 남산신성비 제1비 하부의 '辛' 자
(국립경주박물관, 2017, 『신라문자자료 Ⅰ』, p.196 그림을 부분 전재)

지 모두 10기의 비가 발견되었는데, 그 기록하는 형식이 거의 같다. 즉 辛亥年에 성을 쌓았고, 3년 안에 무너진다면 공사 관계자들이 법에 따라 죄를 받을 것을 맹세한다는 내용으로 시작하여, 지방은 郡과 村 단위로, 왕경은 部와 里 단위로 그 책임자와 기술자 등 참여한 이들의 명단을 새겼다.

그중 제1비의 연습 각자는 앞 주1과 같이 권인한에 의하여 적시된 바 있다(그림 1). 연습 각자가 분명한 '辛' 자는 이 비석을 성벽 안쪽에 세웠을 때 땅에 묻혔던 부분에 해당한다. 이를 조금 자세히 관찰하면 2·3행의 끝 글자 아랫부분과 4행 끝 글자의 맨 아래에 각각 1글자씩 새겨져 있다. 각 '辛' 자는 위쪽의 비문 글자보다는 1.3배 가량 큰 편이며, 획 내부도 깔끔하게 쪼아내지 않은 상태이다. 연습 각자의 대상을 비문의 첫 글자로 한 것이 눈길을 끈다.

2) 경주 남산신성비 제8비

제8비는 높이 22.5㎝의 역삼각형에 가까운 小片으로 왼쪽 상부에 '京日' 2자가 새겨져 있다. '京' 자는 높이 약 3㎝, '日' 자는 높이 약 2㎝이다. 제8비의 면은 거의 가공되지 않은 상태이다.[2] 그런데 '京日' 2글자를 자세히 관찰하면 글자의 세로선이 맞지 않으며, 비교적 여유가 있는 오른쪽 면에도 다른 명문이 보이지 않는다(그림 2).

그림 2. 남산신성비 제8비의 '京日'
(국립경주박물관, 2002, 『문자로 본 신라』, p.35 그림 47을 전재)

따라서 '太日' 2글자는 비문이 아니며, 연습 각자임을 금방 알 수 있다. 그러므로 제8비는 비문면을 잃어버린 비석 最下部로 보아야 할 것이다.

한편 '太日' 2글자 중 '太'는 비문의 글자 중에서 人名이나 村名, '日'은 경주 남산신성비의 제1행에 나오는 '二月廿六日'의 '日' 자를 연습 각자 대상으로 삼았던 것으로 짐작된다.

2. 비좌·이수(또는 비갓)에 꽂히는 부분에 있는 연습 각자

1) 안동 학가산 국사봉 신라 古碑

(1) 조사 경위

필자가 국립경주박물관에서 학예연구사로 근무하던 1984년 6월경에 다음의 문헌을 읽고 깜짝 놀랐다. 그래서 주말에 예천군 보문면에서 1박 한 후 바로 학가산(해발 892m)의 최고봉인 국사봉을 향하여 폭우 속에 올라갔으나, 군인들의 제지를 받아 정상 부근까지는 가보지도 못하고 하산한 바 있다.

0925-01-043	鶴駕山城	醴泉郡普門面上城洞	醴泉郡誌에 의하면 "鶴駕山 山頂에 있으며 두 城址가 있고 전하는 바로는 王이 寓居하던 곳으로 城內에 대궐터 및 六曹터가 있고 그중에 國祠라는 높은 봉우리가 있어 그위에는 몇 개의 石碑가 있으나 오랫동안 風雨에 磨滅되어 읽을 수가 없고 다만 明昌 二字만 알 수 있다" 하였다. 현재는 標高 800m의 높은 鶴駕山 산정에 自然石으로 둘레 약 1000m, 높이 2m~3m의 自然城壁을 이루었으며 東南은 天然의 절벽을 이용하였고 安東쪽 主城의 前哨城으로 추측된다.	國有	古蹟資料

(문화재관리국, 1977, 『문화유적총람 (中卷)』, 예천군, p. 378의 학가산성조에서 전재)

그로부터 29년이 지난 2013년 3월 중순, 안동 거주 장두강(前 교장)의 저서 『鶴駕山』(2010, 안동문화원)을 보고 국사봉까지의 안내를 부탁하였다. 2013년 3월 24일 장두강의 안내로 국사봉에 올라 비좌 속에 남아있는 최하단부(그림 3-1)를 발견하고, 끄집어내어 판독 불능의 명문이 있음을 확인하였다. 2일 후인 3월 26일, 필자는 관할 관청인 국립경주문화재연구소에 「안동시 북후면 학가산 국사봉 정상 추정 古碑 하단부 확인 보고」라는 제목의 문건을 발송하였다.

2013년 6월 7일에는 국립경주문화재연구소 학예연구실장 이주헌 연구관 일행이 비좌의 전체 크기(가로 약 103㎝, 폭 약 18.5㎝)를 실측하였으며(그림 3-2), 그날 이후 古碑 하단부(그림 4)는 안동시립박물관에 수장되어 있다.

---

2) 제7비의 비문면도 다듬은 흔적이 거의 없다.

그림 3-1. 학가산 고비의 잔존한 하부 촉 부분(굴착 전)

그림 3-2. 학가산 古碑 비좌 (가로: 줄자의 범위)

그림 4. 학가산 古碑 하부 촉 부분의 銘文

그림 5. 국사봉 정상의 동–서 방향 V자형 자연 홈(서쪽에서 촬영)

국사봉에 올라가 보면, 동서 방향으로 大小의 V자형 홈(그림 5)이 있는데, 혹시 앞 『문화유적총람』의 내용대로 몇 기의 비석이 있었는지는 이들 홈 내부의 흙을 제거하여 보면 판명될 것으로 기대하고 있다.

(2) 조선시대 학가산 유람록

한편 영남문헌연구원이 펴낸 『조선시대 학가산 유람록』의 내용 중에, 노경임(1569~1620)은,

"… 암벽의 틈 사이로 오르니 그 위에는 평평하고 넓어서 수십 명이 앉을 수 있었다. 돌을 쌓아 臺를 만들었는데 대 위에는 겨우 1자쯤 되는 부숴진 비석이 있었다. 글자의 字劃이 마모되어 알아보기가 어렵고 오직 '會昌 十一年'[3]의 3~4글자뿐이다. 회창은 중국 唐나라 무종의 연호이다. …"[4]

---

3) 당 會昌은 7년 1월까지 사용되었다. '十一년'은 '二年'(842년)의 誤記일 가능성이 크다.

손흥례(1548~1578)는,

> "… 봉우리 위에 쌓인 돌 사이에는, 깨진 비석이 이끼 속에 있다. 다만 '회창 2년(842)에 대왕이 순수하였다[會昌二年大王巡].'는 일곱 글자만 식별할 수 있을 뿐이고 나머지는 고찰할 수가 없다. 오래된 산성이 산을 둘러 있는데, 혹은 무너져 있기도 하고 혹은 남아있기도 하다. 이미 巡狩할 때 쌓은 것인 듯하다. 하지만 가파른 바위와 끊어진 험지는 군주가 와서 노닐고 쉴 수 있는 곳이 아니다. 역시 병란을 피해서 온 사람이 만든 것이 아니겠는가? 하지만 옛 역사에 아무 증거가 없으므로 억측하여 논구할 수가 없다. …"[5]

김진귀(1779~1855)는,

> "… 또 비석이 깨지고 이지러져 분간하기 어려우나 '泰昌[6]眞興王' 몇 글자를 볼 수 있으니 이것은 신라 때의 고적이다. …"[7]

라고 하였다. 위의 글들을 보면 1기의 비석에 대한 것인지, 아니면 앞의 『문화유적총람』처럼 여러 기의 비석이 있었는지에 대해서는 단언하기 어렵다. 하지만 『문화유적총람』의 내용은 옛 『예천군지』에 의지한 내용이므로, 근대 이전에 이미 국사봉 위의 비석들은 아래로 떨어지거나 없어진 것으로 짐작된다.

위에서 살펴본 비좌에 꽂힌 부분에 남아있는 명문은 판독 여부와 상관없이 연습 각자임이 확실하지만, 현재까지 어떤 글자인지는 읽지 못하였다.

2) 唐 柴將軍碑[8]

시장군비는 1997년 경북 김천시 남면 미륵암 殿閣 내에 있는 석조미륵입상이 조사된 후, 그 매몰된 하반부를 노출시키는 과정에서 발견되었다. 모두 3개의 비편이 출토되었는데, 가장 큰 61×68㎝의 비편에서 삼국 통일전쟁 시기에 활동한 唐의 柴將軍에 관한 내용이 확인되었다. 이 비석은 664~668년 사이에 건립되었던 것으로 추정[9]된다.

이 비편은 비의 우측 상부, 즉 시작 부분에 해당하는데, 비편의 상부 제3~4행 시작 글자의 윗부분을 보

---

4) 영남문헌연구원 편, 2012, 『조선시대 학가산 유람록』, 안동시, p.86.
5) 영남문헌연구원 편, 2012, 앞의 책, p.73.
6) 진흥왕대 연호 '太昌'의 誤記였을 가능성도 있어 보인다.
7) 영남문헌연구원 편, 2012, 앞의 책, p.173.
8) 시장군비는 당나라 장수가 세운 비석이지만 신라 강역에서 발견되었으며, 이 글 제2절에 기술하기 적합한 例에 해당한다는 점에서 같이 다룬다.
9) 張忠植, 1999, 「金泉 彌勒庵 柴將軍碑의 調査」, 『韓國古代史研究』15, pp.125-126 및 p.140.

그림 6. 시장군비 이수에 꽂히는 부분에 있는 '想大'
(국립경주박물관, 2002, 『문자로 본 신라』, p.43의 그림 60을 부분 전재)

면, 오른쪽으로 60~70°가량 기울어진 모습의 '想' '大' 2글자가 새겨져 있다(그림 6).[10] 이 2글자 중 '想' 자는 비문의 제4행(3번째 글자)에서 바로 찾아볼 수 있다. 따라서 이 2글자도 비석 건립 당시 이수[11]에 꽂히는 부분에 연습한 글자로 보아야 할 것이다.

3. 비문면에 있는 연습 각자

1) 경주 남산신성비 제2비

제2비 제1행의 2~5번째 글자의 오른쪽 여백에는 '阿大兮村' 4글자가 새겨져 있다(그림 7). 경주 남산신성비 제1비~제10비 중에서 이처럼 村名이 비문면의 여백에 새겨져 있는 것은 제2비밖에 없다. '阿大兮村' 4字는 비문의 글씨처럼 깔끔하게 각자되어 있어, 비문과 구별하기 어려울 정도이다. 또한 阿大兮村은 이 비석의 비문(제7행~제8행)에 나오며, 울진 봉평비의 제7행 끝부분에도 새겨져 있어 주목되는 村名이다.

필자는 제2비에 보이는 '阿大兮村'이 정해진 비문 즉 "辛亥年…"으로 시작하기 전에 새겼다는 점에서 연

---

10) 위의 논문, p.130에는 "… 그리고 상부 外緣部에 옆으로 "惚大" 2字가 보이나 비문 내용과는 무관한 것으로 판단되었다."라고 하였으나, 필자는 직지 성보박물관에서 비편을 실견한 결과 첫 글자의 '心' 변이 글자 하부 전체를 차지하고 있다는 점에서 '惚'보다는 '想'에 가깝다고 보고 '想大'로 판독하였다.
11) 국립부여박물관에 있는 당 유인원기공비의 예를 볼 때, 비갓이 아닌 이수가 올려져 있었을 것이다.

그림 7. 남산신성비 제2비의 '阿大兮村'
(국립경주박물관, 2017, 『신라문자자료 Ⅰ』, p.210 그림을 부분 전재)

습 각자로 본다. 그러나 남산신성비 제1비·제8비와 달리 비문면에 정교하게 새겨졌다는 점에서 비교된다. 이 '阿大兮村' 4글자는 아마도 2기 이상의 남산신성비 제작을 의뢰받은 刻字工이 다른 구역의 축성을 담당한 집단의 비석과 구별하기 위하여 새긴 것일까? 필자는 그렇게 생각하지 않는다. 당시 각자공은 이 4글자를 연습의 대상으로 골랐을 뿐이다. 이처럼 비문면의 여백에 새겨져 있지만, 문장이 연결되지 않는 글자는 모두 연습 각자이다.

2) 명활산성작성비

이 비석은 진흥왕대인 551년 명활산성을 쌓을 때 그 축성과 관련한 내역을 알려주는 것이다. 1988년 경주시 보문동의 명활성 북문지 근방 성벽에서 발견되었다. 축성 시점과 공사 기간, 이에 관련된 지방관과 지방 유력자, 공사를 담당한 실무자들과 이들이 맡은 공사 구간의 길이 등이 새겨져 있다.

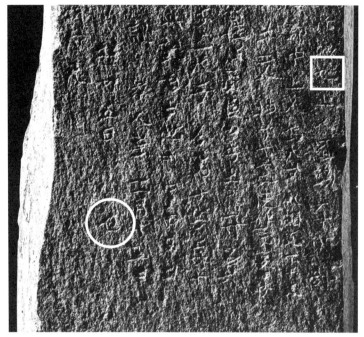

그림 8. 명활산성작성비의 '也'
(국립경주박물관, 2017, 『신라문자자료 Ⅰ』, p.184 그림을 부분 전재)

명활산성작성비(그림 8)를 보면, 제8행의 끝부분 '積卅五日' 아래에 약 3칸을 띄우고 새긴 '也' 자가 있다. 이 '也' 자에 대해서 "「也」는 8-⑫ 사이에 3~4字가 들어갈 만큼 띄었다"[12]는 설명이 있는 반면에 "「16」번째 글자인 也자로 그 앞의 글자와의 사이에 2-3자 가량이 공란이 있는데, 그 이유는 불분명하다"라고 기술한 논고[13]도 있다.

이 '也' 자는 글자 세로가 약 2㎝ 정도로 비문 글자와 크기도 비슷하다. 한편 제8행의 '也' 자 이외에도 이 비석 제1행의 '也' 자는 "…… 月中作城也上人邏頭 ……" 문장 속에 위·아래로 띄운 부분 없이 刻字되어 있다. '也'는 "한句의 끝에 붙여서 결정의 뜻을 나타내는"[14] 어조사이므로, 비문으로 보아 해석하여도 큰 무리는 없겠지만, 이처럼 띄워서 새길 이유는 전혀 없는 것이다. 따라서 이 비석 碑文面 제8행의 끝에 따로 1글자만 새겨져 있는 '也' 자는 연습 각자인 것이 분명하다. 그뿐만 아니라 이 명활산성작성비의 비문을 새긴 사람은 제1행의 비문 중에 '也' 자를 선택하여 연습하였음을 알 수 있다.

---

12) 朴方龍, 1988, 「明活山城作城碑의 檢討」, 『美術資料』 41, p.65.

13) 金昌鎬, 1989, 「明活山城作城碑의 再檢討」, 『斗山 金宅圭博士 華甲記念 文化人類學 論叢』, p.4.

14) 張三植·李家源 편저, 1973, 『詳解 漢字大典』, 裕庚出版社, p.42.

3) 북한산 진흥왕 순수비

북한산 진흥왕 순수비(이하 북한산비로 표기함)는 진흥왕이 새로 넓힌 영토를 순수하면서 세운 3기의 비석 가운데 하나다. 다른 두 비는 북한에 있고, 남한에는 서울 북한산 비봉에 세워진 이 비석이 있다. 일찍이 조선 후기부터 잘 알려져 실학자들의 연구 대상이 되었다. 진흥왕이 순수한 배경과 경과, 그리고 이때 그를 따랐던 신료들의 명단이 새겨져 있다. 다만 상단부의 마멸이 심하여 건립연대를 비문에서 직접 확인할 수 없다.

한편 북한산비의 판독표 대부분은 제11행까지만 나와 있는데, 제12행까지 표시하고 제11행의 아랫부분 '…△歲記井△△△' 중 '歲' 자 바로 위의 '△' 자 왼쪽에 '智' 자 1글자를 제시한 예가 있다(그림 9).[15]

'智' 자로 보이는 부분 위에도 명문이 아닌가 하는 刻痕이 보이지만, 탁본이나 사진으로 판독할 수 있는 상태는 아니었다. 이 '智' 자의 위치는 그 위쪽의 명문 유무와 관계없이 비문이 끝나고 난 부분이거나 처음부터 비문이 없는 부분에 새긴 것이 분명해 보인다. 그뿐만 아니라 이 '智' 자는 왼쪽으로 약 10° 정도 기울어진 모습이라서 연습 각자로 분류해도 무방할 것으로 본다(그림 10). 즉 북한산비의 刻字工은 현재 마멸이 심한 상태인데도 수가 인원 기사인 제8·9행에 각각 2번이나 보이는 '智' 자를 보고

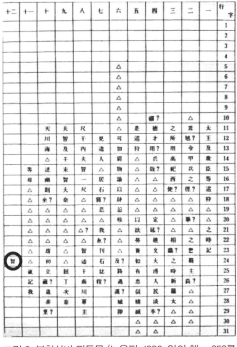

그림 9. 북한산비 판독문 (노용필, 1996, 앞의 책, p.252를 전재)

十二	十一	十	九	八	七	六	五	四	三	二	一	行\字
												1
												2
												3
												4
								△				5
								△				6
								△				7
								△				8
								△				9
									碑?		△	10
	天	夫	尺		見		是	地	之	竟	太	11
	川	智	干		見	可	逑	才	所	地?	王	12
	海	及	內		道	加	狗?	用?	用	令	及	13
等	△	千	夫	人	鑠	△	物	兵	高	甲	△	14
毌	建	未	智	△	△	物	故?	祀	民	臣	等	15
△	南	智	一	居	△	△	△	△	西	之	等	16
△	則	大	尺	石	△	以	△	使?	復?	祖	17	
△	失?	婁	干	霜?	紳	△	△	△	将	18		
△	△	△	△	忍	益	△	△	△	△	19		
△	△	△	智?	鴒	以	定	△	華?	△	20		
△	△	△	△?	我	欲	延?	△	△	21			
△	△	△	△	朴?	勞	絶	相	之	時	22		
△	眉	△	智	刊	△	賈	文	蔵?	巴	記	23	
歲	△	初	△	道	石	及?	如	大	之	藉	24	
立	△	駐	干	比	路	有	時	主	25			
記	藏?	丁	南	程?	通	忠	人	新	薛?	26		
我	道	火	川	還?	伋	民	躬	△	27			
非	奈	軍	城	誠	大	△	28					
里?	未	主	陟	誠	本?	△	29					
				△	△	△	30					
				△	△	31						

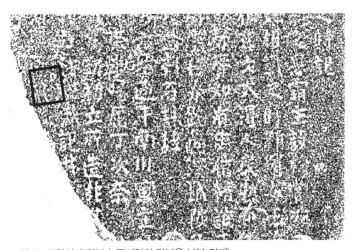

그림 10. 북한산비 탁본 (e뮤지엄의 탁본을 부분 전재)

---

15) 노용필, 1996, 『新羅眞興王巡狩碑研究』, 일조각, p.252.
또한 필자도 위 저서의 저자에게 전화로 확인 과정을 거쳤으며, 2023년 3월 1일 국립중앙박물관에 전시 중인 북한산 진흥왕 순수비를 육안 관찰하면서 비록 조명 상태가 만족스럽지는 못한 가운데 '智'자 痕이 있다는 것까지는 인식한 바 있다.

그림 11. 북한산비 우측면의 조선 시대 명문

이 글자를 선택하여 연습하였던 것으로 본다.

북한산비를 보면 제1행 오른쪽 여백의 폭은 약 6.5㎝, 제11행의 왼쪽 여백 폭은 약 10㎝로 추산되므로 제12행이 처음부터 없었다고 단언하기는 어려워 보인다.

또한 이 북한산비의 우측면에는, 가운데에 '己未 八月 二十日 李濟鉉 龍仁人'이라는 追刻文이 있다. 이 추각 명문은 중앙의 좋은 자리를 선점하였다는 점에서 양쪽의 金正喜 추각문보다 빠른 1799년 또는 1739년에 새겨진 것으로 짐작된다. 그런데 이 글씨를 새긴 사람은 刻字 도구를 완비하지 못하였으며, 刻字 실력도 부족했던 것으로 생각된다.

그 때문이었는지 모르지만, 우측면 상부에 연습으로 '文' 자를 먼저 새겨본 듯하다(그림 11). '文' 자는 그 아래 추각문 중에는 보이지 않지만, 習字할 때 '永' 자 다음으로 자주 쓰이는 글자이다.

이 같은 필자의 추정은 '己未 八月' 부분까지는 연습 각자 '文'과 비슷한 수준의 글씨 상태가, 그 아래로 내려가면서 현저히 나아지는 것을 보면 이 추각문을 새긴 사람의 각자 실력에 대한 필자의 평가를 누구라도 수긍할 수 있을 것 같다. 즉, 북한산비 우측면 상부의 '文' 자는 조선 후기의 연습 각자이다.

4) 울진 봉평리 신라비

울진 봉평리 신라비(이하 봉평비라 표기함)는 울진 지역의 촌락인 居伐牟羅 男弥只村과 그곳 주민에 대한 처벌 내용 등이 담긴 비석이다. 1988년 울진군 죽변면 봉평2리에서 발견되었다. 失火 사건이 발생하여 이에 대한 조치를 기록한 것으로 이해되며, 또한 奴人村이나 奴人法 등 奴人과 관련된 언급이 나타나는 것이 주목된다.

봉평비에 대한 기술에 앞서 필자는 어디까지나 금석학 전공자가 아닌 역사고고학 연구자의 입장에서 관찰한 결과를 기술할 것이다.

그리고 이 봉평비의 연습 각자 有無를 논하자면 알고 넘어가야 할 사항이 있다. 그것은 각자공이 새겨야 할 비문을 쓴 종이를 비면에 접착시키고 각자하였는지에 대한 문제이다. 결론을 먼저 말하자면 봉평비의 비문면에 직접 글을 적어 놓고 각자하였다[16]는 사실이다. 필자의 이와 같은

---

16) 경주에 거주하는 석공 명장 윤만걸에 따르면 명필의 글씨를 쓴 종이를 비면에 붙이고 새기는 것은 매우 희귀한 경우였고, 1980년대 이전은 대부분 석재면에 직접 글을 쓰고 그것을 새겼다고 한다.

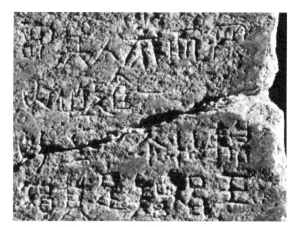

그림 12. 봉평비 균열부 (오세윤 사진 부분 게재)

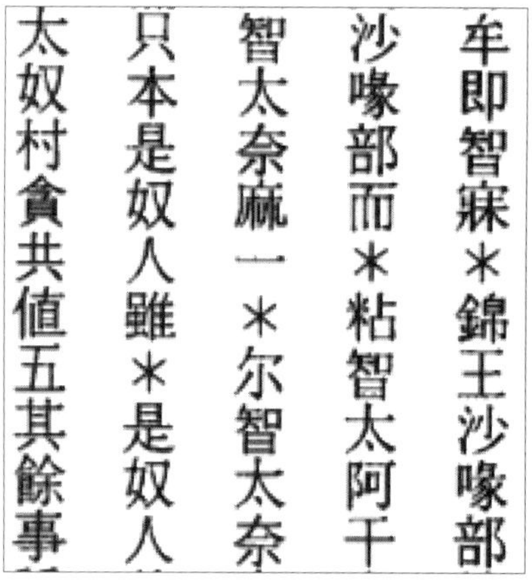

牟即智寐*錦王沙喙部
沙喙部而*粘智太阿干
智太奈麻一*尒智太奈
只本是奴人雖*是奴人
太奴村貪共値五其餘事

그림 13. 판독문의 균열부 표시 '*'
(『신라문자자료 Ⅰ』, p.91 부분 전재)

추정은 비석 중간부에 횡으로 남아있는 균열선이 증명하여 주고 있다. 이 균열선의 위·아래 비문을 보면 균열선을 피하여 비문을 새긴 것을 알 수 있다(그림 12 및 그림 13의 판독문).

이 균열선 왼쪽 부분(제5행부터)의 글자들은 오른쪽 제1~4행에서 線을 피하여 새긴 것과는 달리 線에 의하여 上下로 나뉘어져 있다는 점은, 봉평비 建碑 당시에는 제4행 부분까지만 갈라져 있었다는 것을 생생하게 증명하여 주고 있다.

최근 이 봉평비에 대한 가장 큰 관심사는 제1행의 끝자인 '五' 자인 듯하다(그림 14). 먼저 이 글자를 찾아낸 논고,[17] 기존 판독문에 '五' 자를 합하여 내용을 고찰한 글,[18] 그리고 '五' 자 자체가 있지 않음을 고찰·주장한 논문[19]도 있다.

그뿐만 아니라 "따라서 그 '비문의 흔적 같은 것'은 비문이 아니라, 역시 공백 부분이었다는 뜻이 된다. 그러나 그 공백은 현저하게 균형이 맞지 않고, 또 그 자리에 '비문의 흔적 같은 것'이 없지도 않다. 이 두 가지로 미루어보아, 비문을 잘못 새겼다는 설을 제기하고자 한다. 즉 처음 「□夫智」의 아래에 3자 정도 새기려고 하다가 刻字者가 잘못 새겨서 이를 지우고 2행 첫 글자로 줄을 바꾼 것이 아닐까?(筆者 意譯)"라고 본 견해[20]도 있다.

이처럼 봉평비에서 논란의 중심에 있는 제1행의 끝에 있는 '五' 자에 대한 필자의 관찰 결과는 역시 그 자리에 '五' 자가 있으며, 그것은 비문이 아닌 연습 각자임에 틀림없다는 것이다.

17) 심현용, 2009, 「고고자료로 본 5~6세기 신라의 강릉지역 지배방식」, 『문화재』 42-3, 국립문화재연구소, p.21.

18) 노중국, 2010, 「포항중성리비를 통해 본 麻立干시기 신라의 분쟁처리 절차와 六部체제의 운영」, 『韓國古代史硏究』 59, pp.79-80.

19) 하일식, 2018, 「울진 봉평비의 '오(五)'자 논란에 대해」, 『역사와 현실』 110, pp.3-11.

20) 武田幸男, 2003, 「新羅蔚珍鳳坪碑の'教事'主體と奴人法」, 『朝鮮學報』 187, p.9.

그림 14. 제1행 끝 글자 ('㐅')

그림 15. 제1행 제7자 ('㐅')
(오세윤 사진 부분 게재)

그림 16. 제5행 제17자 ('㐅')
(오세윤 사진 부분 게재)

이 '五' 자는 신라 古碑에 남아있는 연습 각자 중에서 새겨진 위치, 즉 '□夫智'에 이어서 띄어 새기지 않았기 때문에 가장 찾아내기 어려운 연습 각자이다.

거기에 앞서 필자는 이 '五' 자의 존재를 부정하면서 "오른쪽 부분이 심하게 손상되어서 글자가 있는 부위가 평면이 아니라 '⌒' 모양으로 표면이 경사져 있다."[21]고 본 견해는 탁월한 관찰력을 보여주었다고 생각한다. 그렇지만 바로 그 자리에는 분명히 '五' 자가 있다. 먼저 석재면에 먹으로 비문을 적은 사람도 이 부분에 글자를 새기는 것이 적합하지 않다고 판단하여 글씨를 쓰지 않았다. 그런 상황에서 각자공은 공교롭게도 바로 이 자리에 한때 유행하였으며,[22] 이 碑의 제1행과 제5행에도 나오는(그림 15·16) 특이한 형태의 '㐅(五)' 자를 연습 각자의 대상으로 골라서 새겨보았던 것이다.

다음으로 봉평비에서 敎를 집행한 14인을 나열한 아래의 비문을 살펴보자.

① 喙部 牟卽智 寐錦王, ② 沙喙部 徙夫智 葛文王, ③ 本波部 □夫智 (五: 제1행의 끝 글자)干支, ④ 岑喙部 美昕智 干支, ⑤ 沙喙部 而粘智 太阿干支, ⑥ 吉先智 阿干支, ⑦ 一毒夫智 一吉干支, ⑧ 喙 勿力智 一吉干支, ⑨ 慎宍智 居伐干支, ⑩ 一夫智 太奈麻, ⑪ 一尒智 太奈麻, ⑫ 牟心智 奈麻, ⑬ 沙喙部 十斯智 奈麻, ⑭ 悉尒智 奈麻

이를 보면 모두 인명 뒤에 매금왕·갈문왕·관등(위호)을 새겨 놓았는데, 이 간단명료한 명문의 인명과 매금왕·갈문왕·관등(위호) 사이에 숫자가 들어갈 이유가 있을까?

한편 이 '㐅(五)'자가 重位制를 가리키는 것이라면 바로 뒤에 '重阿湌',[23] '三重阿湌'[24] 등과 같이 '㐅(五)'자

21) 하일식, 2018, 앞의 논문, p.6.
22) 심현용, 2019, 「울진 성류굴 제8광장 新羅 刻石文 발견 보고」, 『木簡과 文字』 22, p.356에서 "이는 제8광장에서 524년의 울진 봉평리 신라비에서 보이는 모래시계 모양의 다섯 오(㐅[五])자가 3개나 확인되는 것에서도 충분히 가능하다."라고 하고 있다.
23) 국립경주박물관, 2002, 『문자로 본 신라』, p.198 감산사 석조미륵보살입상 명문 판독문 「…重阿湌金志誠…」, p.199 감산사 석

다음에 '重' 또는 그와 의미가 같은 글자도 새겨져 있어야 할 것이다.

또한 필자는 제10행 끝부분의 "…世中" 다음 글자는 '子'가 아닌 '字'임을 확인할 수 있었다.[25] '子' 위에 'ㅗ' 획이 선명하다(그림 17). 그렇다면 이 구절(三百九十八)은 봉평비에 새겨진 비문의 글자 수를 적시한 것이 분명해 보인다. 현재 논란이 되고 있는 제1행 말미의 연습 각자 '五' 자를 제외하면 나머지 숫자의 合이 정확히 398자이다.

이처럼 제1행 끝에 있는 '五' 자는 새겨진 위치가 워낙에 공교로웠을 뿐이고, 결코 비문이 될 수 없다.

이상과 같이 분명히 제1행의 끝 구절 '□夫智' 아래에 띄워 새기지 않고 연결되어 있는 '五' 자를 연습 각자로 보는 필자의 견해가 강변이라고 생각할 수도 있을 것이다. 이 글자처럼 비문면에 연습 각자를 남겨두었을 때 혼란을 야기할 소지가 있다는 생각은 오히려 우리가 현대인이기 때문에 그런 걱정을 하게 되는 것이 아닐까 한다.

그림 17. 봉평비 제10행 '字' (오세윤 사진 부분 게재)

하지만 봉평비의 연습 각자 '五' 자가 당시 이 비석을 건립하고 난 뒤에 보기 싫은 부분이었거나 결정적인 혼란을 야기하지 않았을 것이라는 점은 다음의 Ⅲ장에서 설명할 것이다.

5) 聖住寺 朗慧和尙塔碑

현재 보령 성주사지에 남아있는 이 비석[26]의 비면은 높이 251㎝, 폭 148㎝로 남아있는 신라 비석 중에 가장 크다. 비면에는 도합 5,120자[27]가 새겨져 있다.

이 비면의 좌측 상부의 여백에는 '巨筏', '憲', '已于' 5글자가 비문과 같은 필체와 크기로 새겨져 있다.[28]

이 글자들을 살펴보면 '巨筏'은 제53행의 "…觀光堯日下 巨筏悉能捨…" 부분에, '憲'은 제28행의 "…憲安大王…"과 제29행의 "…憲王嗣立…"에, '已'는 제3행의 "…和尙盥浴已趺坐示滅…" 외에도 8행·11행·16행·25행·28행·44행 등 6개소에 있으며, '于'는 제13행의 "…則天鍾斯二餘慶嶽降于" 외에도 16행·18행·22

조아미타불입상 명문 판독문 「…金志全重阿飡…」.

24) 『三國史記』 권10, 신라본기 제10 원성왕 7년 11월조, "以內省侍郎 金言爲三重阿飡."

25) '字'로 판독한 연구자는 문경현, 윤현수, 손환일, 심현용 등이다(국립경주박물관, 2017, 앞의 책, p.99를 재인용).

26) 낭혜화상탑비의 건립 시기에 대해서는 여러 설이 있으나, 이 글에서는 국립경주박물관 2002, 앞의 책, p.248에 나와 있는 890년에 따라 신라비로 보았다.

27) 최연식, 1992, 「聖住寺 朗慧和尙塔碑」, 『역주 한국고대 금석문 제3권』, 한국고대사회연구소 편, p.90.

28) ① 최연식, 위의 글, p.125에는 이 5글자를 비문에 포함시키지 않았으며,
　② 하일식, 2016, 「신라의 得難 신분과 阿飡重位制」, 『한국고대사연구』 82, pp.281-282에는 '…이외에도 비문의 마지막 行, 즉 書者를 기록한 行의 윗부분에 새겨진 '巨筏', '憲', '已于' 등의 글자는 여전히 의문이다.'라고 기술하였다.
　필자는 이 비석 좌측 여백에 의미를 알 수 없는 5글자가 있다는 사실을 연세대학교 하일식 교수로부터 제보받았으며, 이에 깊이 감사드린다.

그림 18-1. 성주사 낭혜화상탑비 좌상부 여백 부분(성균관대학교박물관, 2008, 『신라 금석문 탁본전』, p.112 탁본을 부분 전재)

연습 각자	巨筏	憲	已	于
본문 중 글자 사례	 巨筏	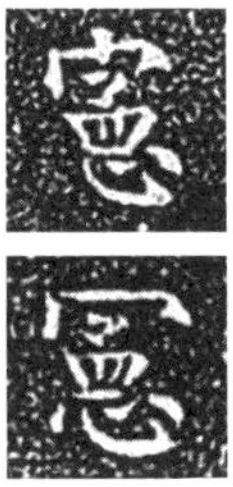 憲	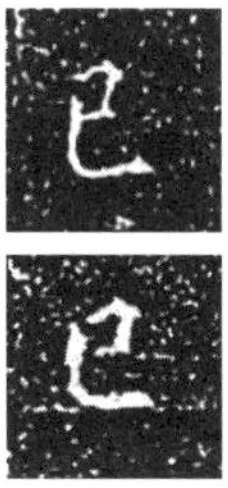 已	 于
	53행	28행/<u>29행</u>	3행/<u>44행</u>	13행

그림 18-2. 성주사 낭혜화상비의 연습 각자와 비문에 나오는 글자

행·44행 등 4개소에 보이므로 모두 비문에 나온다(그림 18).

따라서 이 글자들도 비문이 아니며, 모두 연습 각자이다. 그렇지만 연습 각자가 5글자나 되는 것은 매우 이례적이다. 이처럼 다수의 글자로 연습하였다는 사실은 무려 5,000이 넘는 글자를 새기는 작업 시작 전에 刻字工이 느꼈던 중압감을 여실히 보여주고 있다.

한편 필자의 이 글을 읽는 이 중에는 당시 각자공이 연습 각자의 위치를 정할 때, 보다 간명하게 비신의 좌우 측면에 새긴 예를 아직까지 찾을 수 없는 것에 대하여 의문을 품을 수도 있겠다. 그 의문에 대한 필자의 답은 간단명료하다. 일정 규모 이상의 비석에 刻字할 때는 비신을 눞혀 놓고 새겼기에 좌우 측면 부분에 연습하자면 편한 자세를 취할 수 없으며, 충분한 연습 효과도 거둘 수 없기 때문이다.

이제까지의 기술 내용을 요약하면 연습 각자가 있는 부분만 남아있고, 비문면이 전부 결실되어 대조할 수 없는 남산신성비 제8비 하부와 학가산 古碑의 하부 측에 새겨진 연습 각자를 제외한 나머지 7例는 모두 비문면에 새겨야 할 글자 중에서 골라 연습한 것을 알 수 있다.

이상과 같이 신라 古碑에 남은 연습 각자의 현황에 대하여 약술하였으며, 각 비에 있는 해당 연습 각자를 이제까지 서술한 순서와 관계없이 시대순으로 나열하여 요약하면 다음 〈표 1〉과 같다.

표 1. 신라 비석에 남아있는 연습 각자 현황표

연번	碑(片)名	건비시기	연습 각자	위 치	비 고
1	울진 봉평리 신라비	524년	五	비문면 (제1행의 끝)	'Ｘ' 자형, 비문 글자 수 398자
2	명활산성작성비	551년	也	비문면 (제8행의 끝에서 세 칸 띄운 곳)	본문과 구별되지 않는 각자 상태
3	북한산비	555~ 568년	智	비문면 (제11행의 좌측 아래)	글자가 왼쪽으로 기울어져 있음
4	남산신성비 제2비	591년	阿大兮村	비문면 (제1행 두 번째 글자의 오른편)	비문의 글자와 구별하기 어려울 정도로 단정한 刻字
5	남산신성비 제1비	591년	辛	땅에 묻히는 부분	'辛' 자가 2개 있음
6	남산신성비 제8비	591년	奈日	땅에 묻히는 부분	下部만 잔존, 비문 전부 망실
7	학가산 고비	삼국~ 통일신라	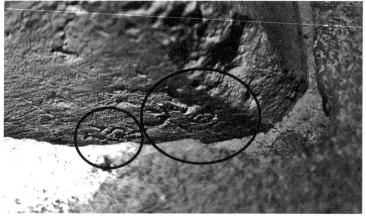	비좌에 꽂히는 부분	현재 판독 불능, 비문 전부 망실
8	시장군비	664~ 668년	想·大	이수에 꽂히는 부분	글자가 오른쪽으로 많이 기울어져 있음, 비문 2/3 정도 망실
9	성주사 낭혜화상탑비	890년경	巨筏·憲· 己子	비문면 좌측여백 상부	글자수가 5자로 많음, 비문과 같은 수준의 각자상태

한편 비좌와 이수(또는 비갓)에 꽂히는 부분에 연습 각자를 하던 관행은 조선시대에도 계속되었음을 경주 옥산서원 이언적 신도비에서도 확인할 수 있다(그림 19).[29]

그림 19. 경주 옥산서원 이언적 신도비(1577년)의 비좌에 꽂히는 부분에 있는 연습 각자
(오세윤 사진 게재)

III. 刻字 후 마무리 작업

1. 書丹 및 채색 장엄

우리는 古碑를 대할 때 긴 세월을 보내면서 풍화 등에 의한 비문면의 마모 상태 외에는 建碑 당시에도 현재와 비슷한 모습이었다고 생각하기 쉽다.

그러나 실제로는 刻字 후에 朱砂나 辰砂를 아교에 혼합하여 刻劃 내부에 칠[書丹]을 하였다(그림 20).[30]

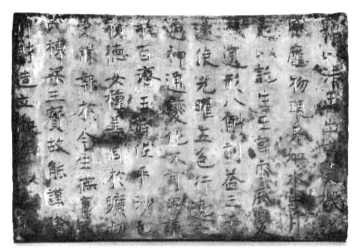

그림 20-1. 익산 미륵사지 서탑 출토 금제 사리봉영기 書丹 상태 (문화재청)

그림 20-2. 안양 만안교비 명문의 書丹 상태

이 과정은 비석의 건립 목적에 부합되는 것으로, 우선 새긴 글자가 또렷하게 보이는 것이야말로 刻字와 더불어 아주 중요한 작업이라 할 것이다. 실제로 백색 화강암이나 내부까지 검은 烏石에 刻字하더라도 조명이 없으면 깊게 새긴 큰 글씨 정도만 쉽게 식별할 수 있다. 그래서 刻字 후 書丹한 비석이라도 우선 붉은 칠이 떨어져 나가고, 字劃마저 풍화작용을 받으면서 그 존재 자체가 잊히는 과정을 밟게 되는 것이다.

〈그림 21〉은 불과 6년 만에 ① 지면에서 빗방울이 튀어 오르고 ② 비석 상부의 빗물이 아래로 흐르면서 먼저 아래쪽의 刻劃 內部 白色이 박락되는 현상을 생생히 보여주고 있다. 따라서 古碑 중에서도 넓은 비갓을 갖추거나 碑閣 내부에 있는 것이 비교적 書丹의 잔존 상태가 좋은 것을 알 수 있다. 어느 경우에도 비석 하부의 書丹 박락이 심한 것은 마찬가지이다.

---

29) 이 연습 각자는 오세윤 문화재 전문 사진작가가 2022년 이언적 신도비를 정밀 촬영할 때 발견한 것이다. 하지만 비좌와 비신 사이의 틈이 좁으며, 심한 예각 상태로 내려보아야 하기 때문에 새겨진 글자들을 판독하기 어렵다.

30) 손환일, 2019, 「삼국시대 石碑의 제작과 樣式의 변모」, 『한국사상과 문화』 99, p.123 등.

그림 21. 경주 율동 마애여래삼존입상 문화재 표지석 (2017년 건립)

그림 22. 충주 정토사 홍법국사비 (1017년)

그뿐만 아니라 충주 정토사 홍법국사비(그림 22)를 보면 비면에 검은색과 흰색이 섞여 있어 현 상태는 물론이고 書丹하여도 명문을 식별하기 어렵다. 따라서 홍법국사비의 경우에는 비면 全面을 색칠하고 그 색과 명도나 채도가 대비되는 색을 刻劃 내부에 칠하였다고 보아야 한다. 그렇지 않으면 여러 사람들에게 그 내용을 널리 알려야 하는 建碑의 기본 목적을 이루기 어렵다.

이와 더불어 고승의 탑비 등도 종교 건조물이기 때문에 최대한으로 숭고하고, 장엄한 모습을 보여주기 위하여 귀부와 이수(또는 비갓)까지 채색 장엄하였음도 잊어서는 안 될 것이다.[31]

통일신라시대~고려시대의 탑비의 귀부 중에는 기적적으로 채색의 일부가 남아있는 것을 볼 수 있다. 합천 영암사지 서귀부(그림 23-1·2·3)의 경우에는 거북의 입을 깊게 조각하였기 때문에, 그리고 목 아랫부분의 붉은 칠은 바로 위의 머리 부분이 비바람을 조금이나마 막아주었기에 현재 우리가 그 칠의 잔존 부분을 실견할 수 있는 것이다.

---

31) 박홍국, 1998, 「附論: 한국 석조탑상 채색론」, 『한국의 전탑연구』, 학연문화사, pp.221-282 참조.

그림 23-1. 합천 영암사지 서귀부

그림 23-2. 귀부 입 안 부분의 주칠 잔존 상태

그림 23-3. 귀부 목 아랫부분의 주칠 잔존 상태

2. 마무리 작업

1기의 비석이 완성되자면 이제까지 살펴본 내용 외에도 글자를 새기는 중에 발생한 誤刻 부분을 보완·수정하는 작업이 필요하다.

문자를 쓰거나 새기는 일에 종사하는 사람들의 '영원한 숙제'는 誤字 수정작업이다(그림 24)[32].

우리는 종이에 잘못 쓴 글자를 지우개로 지우거나 화이트 용액 도포 등 쉽고 다양한 방법을 가지고 있지만, 前代에는 돌에 새겨진 오자를 어떻게 수정했던 것일까? 비석의 경우 잘못된 부분에 같거나 비슷한 석재의 가루에 유황을 혼합하여 획 안에 넣어 밀착시킨 후 그 부분의 면을 再整面하였다.[33]

---

32) 이 비석은 일제강점기인 1934년에 '…興武王墓'로 새겼던 것인데, 1998년 '墓'자 획 안을 시멘트로 메우고 그 면 위에 '陵'자를 새겼다. 맑은 날씨에는 그다지 눈에 띄지 않지만, 비가 와서 수분을 흡수하면 〈그림 24-②〉처럼 '墓'자가 선명하게 보인다.

33) 필자가 평소 짐작하여왔던 비석 글자 수정방법을 경주 거주 刻字 石工 김규조(73세)에게 문의하여 확인받은 내용이다.

그림 24-1. 김유신 장군묘 앞에 있는 '개국공순충장렬흥무왕묘' 비석 하부

그림 24-2. 원래 새겨졌던 '墓'자 자리를 메우고 '陵'자를 새긴 부분

그리고 앞의 방법은 삼국시대나 50여 년 전까지도 큰 변화는 없었을 것으로 생각한다. 따라서 건립 當時부터 비각 안에 있어서 손상을 적게 입은 비석의 오류수정 부분을 정밀한 계측기로 분석하여 보면, 극히 미량이나마 유황성분을 검출할 수 있을 것으로 기대하고 있다.

요약하면 ① 땅에 묻히는 부분과 ② 비좌나 이수(또는 비갓)에 꽂히는 부분에 남아있는 연습 각자에 대해서는 마무리 작업이 전혀 필요하지 않다. 한편 ③ 비문면에 남아있는 연습 각자 중에 새긴 획이 그다지 깊지 않은 것은 書丹을 하지 않는 것만으로도 거의 눈에 띄지 않게 된다. 그렇지만 성주사지 낭혜화상탑비처럼 글자 수가 많고, 또렷한 연습각자에는 유황+돌가루 혼합재로 획을 메웠을 것이 틀림없다. 더군다나 낭혜화상탑비의 석재는 黑灰色에 가까워 비문에 書丹하여도 명도 차이가 크지 않아 명문이 잘 보이지 않았을 것이므로 여백 全面에 명도가 높은 백색 또는 미황색을 칠하였을 가능성도 배제하기 어렵다. 이렇게 하였을 경우 연습 각자는 전혀 눈에 띄지 않았을 것이다. 따라서 낭혜화상탑비와 같은 주요 비석을 연습 각자가 눈에 띄는 상태로 건립하지는 않았을 것으로 본다.

그렇지만 연습 각자를 가리기 위하여 메운 유황·돌가루 성분이 수백 년이 지나도 그대로 남아있기는 어렵다. 그리고 우리는 특히 성주사지 낭혜화상탑비에서 연습 각자가 그대로 드러나 있는 상태를 보고 있기 때문에 그 실체를 알아내는데도 오랜 세월이 필요하였던 것이다.

IV. 맺음말

이상과 같이 신라 古碑에서 찾아낸 9例의 練習 刻字에 대하여 역사고고학 연구자로서의 관찰 내용과 필자의 견해를 피력하였다.

첫째, 연습 각자의 대상이 된 글자는 대부분 비문에 나오는 글씨 중에 1~2자를 택하였음을 알 수 있었다.

둘째, 이제까지 살펴본 신라 古碑의 연습 각자가 있는 위치는 비석을 세웠을 때 ① 땅에 묻히는 하부, ② 비좌나 이수(또는 비갓)의 홈에 꽂히는 부분, ③ 碑文面으로 나누어진다.

셋째, 신라 古碑의 연습 刻字가 있는 비석 중에서 봉평비 제1행의 끝 글자는 비문으로 오인할 수 밖에 없는 공교로운 부분에 있으나, '五(五)' 자로 역시 연습 각자임에 틀림없음을 강조하였다.

넷째, Ⅲ장을 통하여 천 수백 년 전에 제작 완료되어 건립되었던 신라 비석들의 모습은 현재 우리가 대하고 있는 상태와는 많이 달랐으며, 비문면의 연습 각자들도 거의 눈에 띄지 않았음을 설명하였다.

필자는 눈이 밝지 못한 가운데 주된 답사지가 경상남·북도에 거의 한정되어 있어 연습 刻字의 예를 이상의 9기밖에 예시하지 못하였다. 하지만 좀 더 찾아보면 연습 刻字가 남아있는 비석이 더 있을 것이다.

이처럼 소략한 글이지만 앞으로 새로운 古碑가 발견·발굴되었을 때, 특히 연습 각자가 비문으로 오인되어 그 해석에까지 영향을 주는 것을 방비하는데 참고가 될 수 있기를 바란다.

§ 감사의 글

2013년과 2023년 등 2차례에 걸쳐 노구를 이끌고 필자를 학가산 국사봉까지 안내·동행하여 주신 안동의 장두강 선생님, 필자가 글을 쓸 때마다 각고 끝에 촬영한 유물·유적 사진을 흔쾌히 내어주며 응원해주시는 오세윤 문화재 전문 사진 작가님께 머리 숙여 감사드린다.

| 투고일: 2023.06.11. | 게재확정일: 2023.06.12. |

『三國史記』.

국립경주박물관, 2002, 『문자로 본 신라』.
국립경주박물관, 2017, 『신라문자자료 Ⅰ』.
노용필, 1996, 『新羅眞興王巡狩碑硏究』, 일조각.
문화재관리국, 1977, 『문화유적총람 (中卷)』, 예천군.
성균관대학교 박물관, 2008, 『신라 금석문 탁본전』.
영남문헌연구원 편, 2012, 『조선시대 학가산 유람록』, 안동시.
장두강, 2010, 『鶴駕山』, 안동문화원.
張三植·李家源 편저, 1973, 『詳解 漢字大典』, 裕庚出版社.

권인한, 2019, 「습서와 낙서, 그리고 부호」, 『문자와 고대 한국 2』, 한국목간학회 편, 주류성.
金昌鎬, 1989, 「明活山城作城碑의 再檢討」, 『斗山 金宅圭博士 華甲記念 文化人類學 論叢』.
노중국, 2010, 「포항중성리비를 통해 본 麻立干시기 신라의 분쟁처리 절차와 六部체제의 운영」, 『韓國古代
    史硏究』 59.
武田幸男, 2003, 「新羅蔚珍鳳坪碑の'敎事'主體と奴人法」, 『朝鮮學報』 187.
朴方龍, 1988, 「明活山城作城碑의 檢討」, 『美術資料』 41.
박홍국, 1998, 「附論: 한국 석조탑상 채색론」, 『한국의 전탑연구』, 학연문화사.
손환일, 2019, 「삼국시대 石碑의 제작과 樣式의 변모」, 『한국사상과 문화』 99.
심현용, 2009, 「고고자료로 본 5~6세기 신라의 강릉지역 지배방식」, 『문화재』 42-3, 국립문화재연구소.
심현용, 2019, 「울진 성류굴 제8광장 新羅 刻石文 발견 보고」, 『木簡과 文字』 22.
張忠植, 1999, 「金泉 彌勒庵 柴將軍碑의 調査」, 『韓國古代史硏究』 15.
최연식, 1992, 「聖住寺 朗慧和尙塔碑」 『역주 한국고대 금석문 제3권』, 한국고대사회연구소 편.
하일식, 2016, 「신라의 得難 신분과 阿飡重位制」, 『한국고대사연구』 82.
하일식, 2018, 「울진 봉평비의 '오(五)'자 논란에 대해」, 『역사와 현실』 110.

휘 보

학술대회, 신년휘호, 자료교환

학술대회, 신년휘호, 자료교환

1. 학술대회

1) 제38회 정기발표회 "신출토 문자자료의 향연"

■ 일시 : 2023년 2월 7일 13:30~18:00
■ 장소 : 국립중앙박물관 교육관 제 1강의실
■ 주최: 한국목간학회·국립중앙박물관·

■ 일정

　　　　사회 : 이병호(공주교대)
13:30~13:40 : 인사말 – 이성시(한국목간학회장) 및 박물관 관계자
13:40~14:15 : 평양 오야리 고분군 출토 칠기와 동경 명문 소개 – 이태희(국립중앙박물관)
14:15~15:30 : 부여 동남리 49-2번지 신출토 목간 소개 – 고상혁(울산문화재연구원)
15:30~16:00 : 신년휘호 – 硏泉 李鐘岩 先生
16:00~17:20 : 광개토왕릉비의 비면 현황과 비문 판독 – 여호규(한국외국어대학교)
17:20~17:45 : 한국목간학회 총회

2) 한국목간학회 제39회 정기발표회

■ 일시 : 2023년 4월 8일(토) 13:30~17:30
■ 장소 : 중앙대학교 203관 512호
■ 주최 : 한국목간학회

■ 일정

　　　　사회 : 이병호(공주교육대학교)

13:30~13:40 : 인사말 – 김병준(한국목간학회장)

13:40~14:40 : 차자표기법 '역상불역下譯上不譯下'가 신라에서 생성된 배경과 주체 – 백두현(경북대학교)

14:40~15:40 : 백제·신라 목간의 집계와 범례의 제안 – 오택현(동국대학교)·이재환(중앙대학교)

15:40~16:00 : 휴식

16:00~17:30 : 청주 운천동 사적비의 역사 환경, 판독 교정 – 하일식(연세대학교)

3) "백제 목간 – 나무에 쓴 백제 이야기" 기념학술심포지엄

■ 일시 : 2023년 5월 25일(목) 10:00~18:00

■ 장소 : 국립부여박물관 사비마루

■ 공동주최 : 부여군, 국립부여박물관, 국립부여문화재연구소

■ 공동주관 : 한국목간학회, 백제학회

■ 일정

개회식

　　　　사회 : 신영호(국립부여박물관 학예연구실장)

10:00~10:30 : 개회사 및 개막선언 – 윤형원(국립부여박물관장)

　　　　　　환영사 – 박정현(부여군수) / 장성용(부여군의회 의장)

　　　　　　축사 – 김연수(국립문화재연구원장) / 노중국(前 백제세계유산등재추진위원장)

　　　　　　기념사진촬영

〈1부〉

　　　　사회 : 이재환(중앙대학교)

10:40~11:10 : 기조강연

　　　　　　한국 목간 연구의 지평: 聖語制(Hieroglossia)로 본 한국 목간

　　　　　　발표: 이성시(일본 와세다대학 명예교수)

11:10~11:40 : 부여 지역 목간의 발굴 현황과 분포

　　　　　　발표: 심상육(국립부여문화재연구소) │ 토론: 서정석(공주대학교)

11:40~13:30 : 점심 식사 및 특별전 관람

13:30~14:00 : 부여 동남리 목간 재검토
　　　　　　발표: 윤선태(동국대학교) │ 토론: 하시모토 시게루(경북대학교)

14:00~14:30 : 부여 쌍북리 56번지 목간 재검토
　　　　　　발표: 이병호(공주교육대학교) │ 토론: 정동준(국민대학교)
14:30~14:45 : 휴식

〈2부〉
　　　　사회 : 박재용(충남역사문화연구원)
14:45~15:15 : 부여 출토 백제 목간의 서체
　　　　　　발표: 고광의(동북아역사재단) │ 토론: 오택현(동국대학교)
15:15~15:45 : 디지털 가시화 기술을 활용한 부여 석조 명문 재검토 기초연구
　　　　　　발표: 김지호(국립부여박물관)·조영훈(공주대학교) │ 토론: 김영심(한국외국어대학교)
15:45~16:00 : 휴식
16:00~18:00 : 종합토론
　　　　　　좌장: 김병준(서울대학교)

4) 한국목간학회 제40회 정기발표회

■ 주최 : 한국목간학회
■ 일시 : 2023년 6월 16일(금) 13:30~17:40
■ 장소 : 중앙대학교 310관 826호

■ 일정
　　　　사회 : 이병호(공주교육대학교)
13:30~13:40 : 인사말 – 김병준(한국목간학회장)
13:40~14:50 : 『삼국지』韓傳의 구성과 弁辰 – 윤용구(경북대학교)
14:50~15:10 : 휴식
15:10~16:20 : 백제 지역 출토 기와 명문에 대한 국어학적 연구 – 이건식(단국대학교)
16:20~17:40 : 돈황 투르판 출토문서로 보는 당대 관문서와 문서행정 – 박근칠(한성대학교)

2. 신년휘호

* 2023년 2월 7일

* 研泉 李鐘岩 先生

3. 자료교환

日本木簡學會와의 資料交換

* 韓國木簡學會 『木簡과 文字』 29호 일본 발송

부록

학회 회칙, 간행예규, 연구윤리규정

학회 회칙

제 1 장 총칙

제 1 조 (명칭)　본회는 한국목간학회(韓國木簡學會, The Korean Society for the Study of Wooden Documents)라 한다.

제 2 조 (목적)　본회는 목간을 비롯한 금석문, 고문서 등 문자자료와 기타 문자유물을 중심으로 한 연구 및 학술조사를 통하여 한국의 목간학 발전에 이바지함을 목적으로 한다.

제 3 조 (사업)　본회는 목적에 부합하는 다음의 사업을 한다.
　　1. 연구발표회
　　2. 학보 및 기타 간행물 발간
　　3. 유적·유물의 답사 및 조사 연구
　　4. 국내외 여러 학회들과의 공동 학술연구 및 교류
　　5. 기타 위의 각 사항의 사업을 수행하기 위해 필요한 사업

제 4 조(회원의 구분과 자격)
　　① 본회의 회원은 본회의 목적에 동의하여 회비를 납부하는 개인 또는 기관으로서 연구회원, 일반회원 및 학생회원으로 구분하며, 따로 명예회원, 특별회원을 둘 수 있다.
　　② 연구회원은 평의원 2인 이상의 추천을 받아 평의원회에서 심의, 인준한다.
　　③ 일반회원은 연구회원과 학생회원이 아닌 사람과 기관 및 단체로 한다.
　　④ 학생회원은 대학생과 대학원생으로 한다.
　　⑤ 명예회원은 본회의 발전에 크게 기여한 회원 또는 개인 중에서 운영위원회에서 추천하여 평의원회에서 인준을 받은 사람으로 한다.
　　⑥ 특별회원은 본회의 활동과 운영에 크게 기여한 개인 또는 기관 중에서 운영위원회에서 추천하여 평의원회에서 인준을 받은 사람으로 한다.

제 5 조 (회원징계)   회원으로서 본회의 명예를 손상시키거나 회칙을 준수하지 않았을 경우 평의원회의 심의와 총회의 의결에 따라 자격정지, 제명 등의 징계를 할 수 있다.

제 2 장 조직 및 기능

제 6 조 (조직)   본회는 총회·평의원회·운영위원회·편집위원회를 두며, 필요한 경우 별도의 위원회를 구성할 수 있다.

제 7 조 (총회)
① 총회는 정기총회와 임시총회로 나누며, 정기총회는 2년에 1회 정기적으로 개최하고 임시총회는 필요한 때에 소집할 수 있다.
② 총회는 회장이나 평의원회의 의결로 소집한다.
③ 총회는 평의원회에서 심의한 학회의 회칙, 운영예규의 개정 및 사업과 재정 등에 관한 보고를 받고 이를 의결한다.
④ 총회는 평의원회에서 추천한 회장, 평의원, 감사를 인준한다. 단 회장의 인준이 거부되었을 때는 평의원회에서 재추천하도록 결정하거나 총회에서 직접 선출한다.

제 8 조 (평의원회)
① 평의원은 연구회원 중 평의원회의 추천을 받아 총회에서 인준한 자로 한다.
② 평의원회는 회장을 포함한 평의원으로 구성한다.
③ 평의원회는 회장 또는 평의원 4분의 1 이상의 요구로써 소집한다.
④ 평의원회는 아래의 사항을 추천, 심의, 의결한다.
　　1. 회장, 평의원, 감사, 편집위원의 추천
　　2. 회칙개정안, 운영예규의 심의
　　3. 학회의 재정과 사업수행의 심의
　　4. 연구회원, 명예회원, 특별회원의 인준
　　5. 회원의 자격정지, 제명 등의 징계를 심의

제 9 조 (운영위원회)
① 운영위원회는 회장과 회장이 지명하는 부회장, 총무·연구·편집·섭외이사 등 20명 내외로 구성하고, 실무를 담당할 간사를 둔다.
② 운영위원회는 평의원회에서 심의·의결한 사항을 집행하며, 학회의 제반 운영업무를 담당한다.
③ 부회장은 회장을 도와 학회의 업무를 총괄 지원하며, 회장 유고시에는 회장의 권한을 대행한다.

④ 총무이사는 학회의 통상 업무를 담당, 집행하며 회장을 대신하여 재정·회계사무를 대표하여 처리한다.

⑤ 연구이사는 연구발표회 및 각종 학술대회의 기획을 전담한다.

⑥ 편집이사는 편집위원을 겸하며, 학보 및 기타 간행물의 출간을 전담한다.

⑦ 섭외이사는 학술조사를 위해 자료소장기관과의 섭외업무를 전담한다.

제 10 조 (편집위원회)　편집위원회는 학보 발간 및 기타 간행물의 출간에 관한 제반사항을 담당하며, 그 구성은 따로 본회의 운영예규에 정한다.

제 11 조 (기타 위원회)　기타 위원회의 구성과 활동은 회장이 결정하며, 그 내용을 평의원회에 보고한다.

제 12 조 (임원)

① 회장은 본회를 대표하고 총회와 각급회의를 주재하며, 임기는 2년으로 한다.

② 평의원은 제 8 조의 사항을 담임하며, 임기는 종신으로 한다.

③ 감사는 평의원회에 출석하고, 본회의 업무 및 재정을 감사하여 총회에 보고하며, 그 임기는 2년으로 한다.

④ 임원의 임기는 1월 1일부터 시작한다.

⑤ 임원이 유고로 업무를 수행할 수 없게 된 때에는 평의원회에서 보궐 임원을 선출하고 다음 총회에서 인준을 받으며, 그 임기는 전임자의 잔여임기가 1년 미만인 경우는 잔여임기에 규정임기 2년을 더한 기간으로 하고, 잔여임기가 1년 이상인 경우는 잔여기간으로 한다.

제 13 조 (의결)

① 총회에서의 인준과 의결은 출석 회원의 과반수로 한다.

② 평의원회는 평의원 4분의 1 이상의 출석으로 성립하며, 의결은 출석한 평의원 과반수의 찬성으로 한다.

제 3 장 출판물의 발간

제 14 조 (출판물)

① 본회는 매년 6월 30일과 12월 31일에 학보를 발간하고, 그 명칭은 "목간과 문자"(한문 "木簡과 文字", 영문 "Wooden documents and Inscriptions Studies")로 한다.

② 본회는 학보 이외에 본회의 목적에 부합하는 출판물을 발간할 수 있다.

③ 본회가 발간하는 학보를 포함한 모든 출판물의 저작권은 본 학회에 속한다.

제 15 조 (학보 게재 논문 등의 선정과 심사)

① 학보에는 회원의 논문 및 본회의 목적에 부합하는 주제의 글을 게재함을 원칙으로 한다.

② 논문 등 학보 게재물은 편집위원회에서 선정한다.

③ 논문 등 학보 게재물의 선정 기준과 절차는 따로 본회의 운영예규에 정한다.

제 4 장 재정

제 16 조 (재원)   본회의 재원은 회비 및 기타 수입으로 한다.

제 17 조 (회계연도)   본회의 회계연도 기준일은 1월 1일로 한다.

제 5 장 기타

제 18 조 (운영예규)   본 회칙에 명시하지 않은 운영에 필요한 사항은 따로 운영예규에 정한다.

제 19 조 (기타사항)   본 회칙에 규정되지 않은 사항은 일반관례에 따른다.

부칙

1. 본 회칙은 2007년 1월 9일부터 시행한다.

2. 본 회칙은 2009년 1월 9일부터 시행한다.

3. 본 회칙은 2012년 1월 18일부터 시행한다.

4. 본 회칙은 2015년 10월 31일부터 시행한다.

5. 본 회칙은 2021년 11월 23일부터 시행한다.

편집위원회에 관한 규정

제 1 장 총칙

제 1 조 (명칭)   본 규정은 '편집위원회에 관한 규정'이라 한다.

제 2 조 (목적)   본 규정은 한국목간학회 편집위원회의 조직 및 편집 활동 전반에 관한 세부 사항을 규정하는 것을 목적으로 한다.

제 2 장 조직 및 권한

제 3 조 (구성)   편집위원회는 회칙에 따라 구성한다.

제 4 조 (편집위원의 임명)   편집위원은 세부 전공 분야 및 연구 업적을 감안하여 평의원회에서 추천하며, 회장이 임명한다.

제 5 조 (편집위원장의 선출)   편집위원장은 편집위원 전원의 무기명 비밀투표 방식으로 편집위원 중에서 선출한다.

제 6 조 (편집위원장의 권한)   편집위원장은 편집회의의 의장이 되며, 학회지의 편집 및 출판 활동 전반에 대하여 권한을 갖는다.

제 7 조 (편집위원의 자격)   편집위원은 다음과 같은 조건을 갖춘자로 한다.
  1. 박사학위를 소지한 자.
  2. 대학의 전임교수로서 5년 이상의 경력을 갖추었거나, 이와 동등한 연구 경력을 갖춘자.
  3. 역사학·고고학·보존과학·국어학 또는 이와 관련된 분야에서 연구 업적이 뛰어나고 학계의 명망과 인격을 두루 갖춘자.

4. 다른 학회의 임원이나 편집위원으로 과다하게 중복되지 않은 자.

제 8 조 (편집위원의 임기)   편집위원의 임기는 2년으로 하되, 연임할 수 있다.

제 9 조 (편집자문위원)   학회지 및 기타 간행물의 편집 및 출판 활동과 관련하여 필요시 국내외의 편집자문위원을 둘 수 있다.

제 10 조 (편집간사)   학회지를 비롯한 제반 출판 활동 업무를 원활히 하기 위하여 편집간사 약간 명을 둘 수 있다.

제 3 장 임무와 활동

제 11 조 (편집위원회의 임무와 활동)   편집위원회의 임무와 활동 내용은 다음과 같다.
    1. 학회지의 간행과 관련된 제반 업무.
    2. 학술 단행본의 발행과 관련된 제반 업무.
    3. 기타 편집 및 발행과 관련된 제반 활동.

제 12 조 (편집간사의 임무)   편집간사는 편집위원회의 업무와 활동을 보조하며, 편집과 관련된 회계의 실무를 담당한다.

제 13 조 (학회지의 발간일)   학회지는 1년에 2회 발행하며, 그 발행일자는 6월 30일과 12월 31일로 한다.

제 4 장 편집회의

제 14 조 (편집회의의 소집)   편집회의는 편집위원장이 수시로 소집하되, 필요한 경우에는 3인 이상의 편집위원이 발의하여 회장의 동의를 얻어 편집회의를 소집할 수 있다. 또한 심사위원의 추천 및 선정 등에 필요한 경우에는 전자우편을 통한 의견 수렴으로 편집회의를 대신할 수 있다.

제 15 조 (편집회의의 성립)   편집회의는 편집위원장을 포함한 편집위원 과반수의 출석으로 성립된다.

제 16 조 (편집회의의 의결)   편집회의의 제반 안건은 출석 위원 과반수의 찬성으로 의결하되, 찬반 동수인 경우에는 편집위원장이 결정한다.

제 17 조 (편집회의의 의장)　편집위원장은 편집회의의 의장이 된다. 편집위원장이 참석하지 아니한 경우에는 편집위원 중의 연장자가 의장이 된다.

제 18 조 (편집회의의 활동)　편집회의는 학회지의 발행, 논문의 심사 및 편집, 기타 제반 출판과 관련된 사항에 대하여 논의하고 결정한다.

부칙
제1조 이 규정은 운영위원회의 의결을 거쳐 2007년 11월 24일부터 시행한다.
제2조 이 규정은 운영위원회의 의결을 거쳐 2009년 1월 9일부터 시행한다.
제3조 이 규정은 운영위원회의 의결을 거쳐 2012년 1월 18일부터 시행한다.

학회지 논문의 투고와 심사에 관한 규정

제 1 장 총칙

제 1 조 (명칭)   본 규정은 '학회지 논문의 투고와 심사에 관한 규정'이라 한다.

제 2 조 (목적)   본 규정은 한국목간학회의 학회지인 『목간과 문자』에 수록할 논문의 투고와 심사에 관한 절차를 정하고 관련 업무를 명시함에 목적을 둔다.

제 2 장 원고의 투고

제 3 조 (투고 자격)   논문의 투고 자격은 회칙에 따르되, 당해 연도 회비를 납부한 자에 한한다.

제 4 조 (투고의 조건)   본 학회에서 발표한 논문에 한하여 투고하는 것을 원칙으로 한다.

제 5 조 (원고의 분량)   원고의 분량은 학회지에 인쇄된 것을 기준으로 각종의 자료를 포함하여 20면 내외로 하되, 자료의 영인을 붙이는 경우에는 면수 계산에서 제외한다.

제 6 조 (원고의 작성 방식)   원고의 작성 방식과 요령 등에 관하여는 별도의 내규를 정하여 시행한다.

제 7 조(원고의 언어)   원고는 한국어로 작성함을 원칙으로 하되, 외국어로 작성된 원고의 게재 여부는 편집회의에서 정한다.

제 8 조 (제목과 필자명)   논문 제목과 필자명은 영문으로 附記하여야 한다.

제 9 조 (국문초록과 핵심어)   논문을 투고할 때에는 국문과 외국어로 된 초록과 핵심어를 덧붙여야 한다. 요약문과 핵심어의 작성 요령은 다음과 같다.

1. 국문초록은 논문의 내용과 논지를 잘 간추려 작성하되, 외국어 요약문은 영어, 중국어, 일어 중의 하나로 작성한다.
2. 국문초록의 분량은 200자 원고지 5매 내외로 한다.
3. 핵심어는 논문의 주제 및 내용을 대표할 만한 단어를 뽑아서 요약문 뒤에 행을 바꾸어 제시한다.

제 10 조 (논문의 주제 및 내용 조건)　논문의 주제 및 내용은 다음에 부합하여야 한다.
1. 국내외의 출토 문자 자료에 대한 연구 논문
2. 국내외의 출토 문자 자료에 대한 소개 또는 보고 논문
3. 국내외의 출토 문자 자료에 대한 역주 또는 서평 논문

제 11 조 (논문의 제출처)　심사용 논문은 온라인투고시스템을 이용한다.

제 3 장　원고의 심사

제 1 절 : 심사자

제 12 조 (심사자의 자격)　심사자는 논문의 주제 및 내용과 관련된 분야에서 박사학위를 소지한 자를 원칙으로 하되, 본 학회의 회원 가입 여부에 구애받지 아니한다.

제 13 조 (심사자의 수)　심사자는 논문 한 편당 2인 이상 5인 이내로 한다.

제 14 조 (심사 의뢰)　편집위원장은 편집회의에서 추천·의결한 바에 따라 심사자를 선정하여 심사를 의뢰하도록 한다. 편집회의에서의 심사자 추천은 2배수로 하고, 편집회의의 의결을 거쳐 선정한다.

제 15 조 (심사자에 대한 이의)　편집위원장은 심사자 위촉 사항에 대하여 대외비로 회장에게 보고하며, 회장은 편집위원장에게 이의를 제기할 수 있다. 심사자 위촉에 대한 이의에 대하여는 편집회의를 거쳐 편집위원장이 심사자를 변경할 수 있다. 다만, 편집회의 결과 원래의 위촉자가 재선정되었을 경우 편집위원장은 회장에게 그 사실을 구두로 통지하며, 통지된 사항에 대하여 회장은 이의를 제기할 수 없다.

제 2 절 : 익명성과 비밀 유지

제 16 조 (익명성과 비밀 유지 조건)　심사용 원고는 반드시 익명으로 하며, 심사에 관한 제반 사항은 편집위원장 책임하에 반드시 대외비로 하여야 한다.

제 17 조 (익명성과 비밀 유지 조건의 위배에 대한 조치)   위 제16조의 조건을 위배함으로 인해 심사자에게 중대한 피해를 입혔을 경우에는 편집위원 3인 이상의 발의로써 편집위원장의 동의 없이도 편집회의를 소집할 수 있으며, 다음 각 호에 따라 위배한 자에 따라 사안별로 조치한다. 또한 해당 심사자에게는 편집위원장 명의로 지체없이 사과문을 심사자에게 등기 우송하여야 한다. 편집위원장 명의를 사용하지 못할 경우에는 편집위원 전원이 연명하여 사과문을 등기 우송하여야 한다. 익명성과 비밀 유지 조건에 대한 위배 사실이 학회의 명예를 손상한 경우에는 편집위원 3인의 발의만으로써도 해당 편집위원장 및 편집위원에 대한 징계를 회장에게 요청할 수 있으며, 이 경우 그 처리 결과를 학회지에 공지하여야 한다.

　　1. 편집위원장이 위배한 경우에는 편집위원장을 교체한다.
　　2. 편집위원이 위배한 경우에는 편집위원직을 박탈한다.
　　3. 임원을 겸한 편집위원의 경우에는 회장에게 교체하도록 요청한다.
　　4. 편집간사 또는 편집보조가 위배한 경우에는 편집위원장이 당사자를 해임한다.

제 18 조 (편집위원의 논문에 대한 심사)   편집위원이 투고한 논문을 심사할 때에는 해당 편집위원을 궐석시킨 후에 심사자를 선정하여야 하며, 회장에게도 심사자의 신원을 밝히지 않는 것을 원칙으로 한다.

제 3 절 : 심사 절차

제 19 조 (논문심사서의 구성 요건)   논문심사서에는 '심사 소견', 그리고 '수정 및 지적사항'을 적는 난이 포함되어야 한다.

제 20 조 (심사 소견과 영역별 평가)   심사자는 심사 논문에 대하여 영역별 평가를 감안하여 종합판정을 한다. 심사 소견에는 영역별 평가와 종합판정에 대한 근거 및 의견을 총괄적으로 기술함을 원칙으로 한다.

제 21 조 (수정 및 지적사항)   '수정 및 지적사항'란에는 심사용 논문의 면수 및 수정 내용 등을 구체적으로 지시하여야 한다.

제 22 조 (심사 결과의 전달)   편집간사는 편집위원장의 지시를 받아 투고자에게 심사자의 논문심사서와 심사용 논문을 전자우편 또는 일반우편으로 전달하되, 심사자의 신원이 드러나지 않도록 각별히 유의하여야 한다. 논문 심사서 중 심사자의 인적 사항은 편집회의에서도 공개하지 않는다.

제 23 조 (수정된 원고의 접수)   투고자는 논문심사서를 수령한 후 소정 기일 내에 원고를 수정하여 편집위원장에게 송부하여야 한다. 기한을 넘겨 접수된 수정 원고는 학회지의 다음 호에 접수된 투고 논문과

동일한 심사 절차를 밟되, 논문심사료는 부과하지 않는다.

제 4 절 : 심사의 기준과 게재 여부 결정

제 24 조 (심사 결과의 종류)   심사 결과는 '종합판정'과 '영역별 평가'로 나누어 시행한다.

제 25 조 (종합판정과 등급)   종합판정은 ①揭載 可, ②小幅 修正後 揭載, ③大幅 修正後 再依賴, ④揭載 不可 중의 하나로 한다.

제 26 조 (영역별 평가)   영역별 평가 기준은 다음과 같다.
1. 학계에의 기여도
2. 연구 내용 및 방법론의 참신성
3. 논지 전개의 타당성
4. 논문 구성의 완결성
5. 문장 표현의 정확성

제 27 조 (게재 여부의 결정 기준)   심사용 논문의 학회지 게재 여부는 심사자의 종합판정에 의거하여 이들을 합산하여 시행한다. 게재 여부의 결정은 최종 수정된 원고를 대상으로 한다.

제 28 조 (게재 여부 결정의 조건)   게재 여부 결정의 조건은 다음과 같다.
1. 심사자의 2분의 1 이상이 위 제25조의 '①게재 가'로 판정한 경우에는 게재한다.
2. 심사자의 2분의 1 이상이 위 제25조의 '③게재 불가'로 판정한 경우에는 게재를 불허한다.

제 29 조 (게재 여부에 대한 논의)   위 제28조의 경우가 아닌 논문에 대하여는 편집회의의 토의를 거친 후에 게재 여부를 확정하되, 이 때에는 영역별 평가를 참조한다.

제 30 조 (논문 게재 여부의 통보)   편집위원장은 논문 게재 여부에 대한 최종 확정 결과를 투고자에게 통보하여야 한다.

제 5 절 : 이의 신청

제 31 조 (이의 신청)   투고자는 심사와 논문 게재 여부에 대하여 이의를 신청할 수 있다. 이 때에는 200자 원고지 5매 내외의 이의신청서를 작성하여 심사 결과 통보일 15일 이내에 편집위원장에게 송부하

여야 하며, 편집위원장은 이의 신청 접수일로부터 15일 이내에 이에 대한 처리 절차를 완료하여야 한다.

제 32 조 (이의 신청의 처리)　이의 신청을 한 투고자의 논문에 대해서는 편집회의에서 토의를 거쳐 이의 신청의 수락 여부를 의결한다. 수락한 이의 신청에 대한 조치 방법은 편집회의에서 결정한다.

제 4 장　게재 논문의 사후 심사 및 조치

제 1 절 : 게재 논문의 사후 심사

제 33 조 (사후 심사)　학회지에 게재된 논문에 대하여는 사후 심사를 할 수 있다.

제 34 조 (사후 심사 요건)　사후 심사는 편집위원회의 자체 판단 또는 접수된 사후심사요청서의 검토 결과, 대상 논문이 그 논문이 수록된 본 학회지 발행일자 이전의 간행물 또는 타인의 저작권에 귀속시킬 만한 연구 내용을 현저한 정도로 표절 또는 중복 게재한 것으로 의심되는 경우에 한한다.

제 35 조 (사후심사요청서의 접수)　게재 논문의 표절 또는 중복 게재와 관련하여 사후 심사를 요청하는 사후심사요청서를 편집위원장 또는 편집위원회에 접수할 수 있다. 이 경우 사후심사요청서는 밀봉하고 겉봉에 '사후심사요청'임을 명기하되, 발신자의 신원을 겉봉에 노출시키지 않음을 원칙으로 한다.

제 36 조 (사후심사요청서의 개봉)　사후심사요청서는 편집위원장 또는 편집위원장이 위촉한 편집위원이 개봉한다.

제 37 조 (사후심사요청서의 요건)　사후심사요청서는 표절 또는 중복 게재로 의심되는 내용을 구체적으로 밝혀야 한다.

제 2 절 : 사후 심사의 절차와 방법

제 38 조 (사후 심사를 위한 편집위원회 소집)　게재 논문의 표절 또는 중복 게재에 관한 사실 여부를 심의하고 사후 심사자의 선정을 비롯한 제반 사항을 의결하기 위해 편집위원장은 편집위원회를 소집할 수 있다.

제 39 조 (질의서의 우송)　편집위원회의 심의 결과 표절이나 중복 게재의 개연성이 있다고 판단된 논문에 대해서는 그 진위 여부에 대해 편집위원장 명의로 해당 논문의 필자에게 질의서를 우송한다.

제 40 조 (답변서의 제출)   위 제39조의 질의서에 대해 해당 논문 필자는 질의서 수령 후 30일 이내 편집위원장 또는 편집위원회에 답변서를 제출하여야 한다. 이 기한 내에 답변서가 없을 경우엔 질의서의 내용을 인정한 것으로 판단한다.

제 3 절 : 사후 심사 결과의 조치

제 41 조 (사후 심사 확정을 위한 편집위원회 소집)   편집위원장은 답변서를 접수한 날 또는 마감 기한으로부터 15일 이내에 사후 심사 결과를 확정하기 위한 편집위원회를 소집한다.

제 42 조 (심사 결과의 통보)   편집위원장은 편집위원회에서 확정한 사후 심사 결과를 7일 이내에 사후 심사를 요청한 이 및 관련 당사자에게 통보하여야 한다.

제 43 조 (표절 및 중복 게재에 대한 조치)   편집위원회에서 표절 또는 중복 게재로 확정된 경우에는 회장에게 지체 없이 보고하고, 회장은 운영위원회를 소집하여 다음 각 호와 같은 조치를 집행할 수 있다.
    1. 차호 학회지에 그 사실 관계 및 조치 사항들을 기록한다.
    2. 학회지 전자판에서 해당 논문을 삭제하고, 학회논문임을 취소한다.
    3. 해당 논문 필자에 대하여 제명 조치하고, 향후 5년간 재입회할 수 없도록 한다.
    4. 관련 사실을 한국연구재단에 보고한다.

제 4 절 : 제보자의 보호

제 44 조 (제보자의 보호)   표절 및 중복 게재에 관한 이의 및 논의를 제기하거나 사후 심사를 요청한 사람에 대해서는 신원을 절대적으로 밝히지 않고 익명성을 보장하여야 한다.

제 45 조 (제보자 보호 규정의 위배에 대한 조치)   위 제44조의 규정을 위배한 이에 대한 조치는 위 제17조에 준하여 시행한다.

부칙
제1조(시행일자) 본 규정은 2007년 11월 24일부터 시행한다.
제2조(시행일자) 본 규정은 2009년 1월 9일부터 시행한다.
제3조(시행일자) 본 규정은 2015년 10월 31일부터 시행한다.
제4조(시행일자) 본 규정은 2018년 1월 12일부터 시행한다.

학회지 논문의 투고와 원고 작성 요령에 관한 내규

제 1 조 (목적)   이 내규는 본 한국목간학회의 회칙 및 관련 규정에 따라 학회지에 게재하는 논문의 투고와 원고 작성 요령에 대하여 명시하는 것을 목적으로 한다.

제 2 조 (논문의 종류)   학회지에 게재되는 논문은 심사 논문과 기획 논문으로 나뉜다. 심사 논문은 본 학회의 학회지 논문의 투고와 심사에 관한 규정에 따른 심사 절차를 거쳐 게재된 논문을 가리키며, 기획 논문은 편집위원회에서 기획하여 특정의 연구자에게 집필을 위촉한 논문을 가리킨다.

제 3 조 (기획 논문의 집필자)   기획 논문의 집필자는 본 학회의 회원 여부에 구애받지 아니한다.

제 4 조 (기획 논문의 심사)   기획 논문에 대하여도 심사 논문과 동일한 절차의 심사를 시행하는 것을 원칙으로 하되, 편집위원회의 의결을 거쳐 심사를 면제할 수 있다.

제 5 조 (투고 기한)   논문의 투고 기한은 매년 4월 말과 10월 말로 한다.

제 6 조 (수록호)   4월 말까지 투고된 논문은 심사 과정을 거쳐 같은 해의 6월 30일에 발행하는 학회지에 수록하며, 10월 말까지 투고된 논문은 같은 해의 12월 31일에 간행하는 학회지에 수록하는 것을 원칙으로 한다.

제 7 조 (수록 예정일자의 변경 통보)   위 제6조의 예정 기일을 넘겨 논문의 심사 및 게재가 이루어질 경우 편집위원장은 투고자에게 그 사실을 통보해 주어야 한다.

제 8 조 (게재료)   논문 게재의 확정시에는 일반 논문 10만원, 연구비 수혜 논문 30만원의 게재료를 납부하여야 한다.

제 9 조 (초과 게재료)   학회지에 게재하는 논문의 분량이 인쇄본을 기준으로 20면을 넘을 경우에는 1

면 당 2만원의 초과 게재료를 부과할 수 있다.

제 10 조 (원고료) 학회지에 게재되는 논문에 대하여는 소정의 원고료를 필자에게 지불할 수 있다. 원고료에 관한 사항은 운영위원회에서 결정한다.

제 11 조 (익명성 유지 조건) 심사용 논문에서는 졸고 및 졸저 등 투고자의 신원을 드러내는 표현을 쓸 수 없다.

제 12 조 (컴퓨터 작성) 논문의 원고는 컴퓨터로 작성함을 원칙으로 하며, 문장편집기 프로그램은 「한글」을 사용할 것을 권장한다.

제 13 조 (제출물) 원고 제출시에는 온라인투고시스템을 이용하며, 연구윤리규정과 저작권 이양동의서에 동의하여야 한다.

제 14 조 (투고자의 성명 삭제) 편집간사는 심사자에게 심사용 논문을 송부할 때 반드시 투고자의 성명과 기타 투고자의 신원을 알 수 있는 표현 등을 삭제하여야 한다.

제 15 조 (출토 문자 자료의 표기 범례 등 기타) 출토 문자 자료의 표기 범례를 비롯하여 위에서 정하지 않은 학회지 논문의 투고와 원고 작성 요령 및 용어 사용 등에 관한 사항들은 일반적인 관행에 따르거나 편집위원회에서 결정한다.

부칙
제1조(시행일자) 이 내규는 2007년 11월 24일부터 시행한다.
제2조(시행일자) 이 내규는 2009년 1월 9일부터 시행한다.
제3조(시행일자) 이 내규는 2012년 1월 18일부터 시행한다.
제4조(시행일자) 이 내규는 2015년 10월 31일부터 시행한다.
제5조(시행일자) 이 내규는 2018년 1월 12일부터 시행한다.

韓國木簡學會 研究倫理 規定

제 1 장 총칙

제 1 조 (명칭) 이 규정은 '한국목간학회 연구윤리 규정'이라 한다.

제 2 조 (목적) 이 규정은 한국목간학회 회칙 및 편집위원회 규정에 따른 연구윤리 등에 관한 세부사항을 규정하는 것을 목적으로 한다.

제 2 장 저자가 지켜야 할 연구윤리

제 3 조 (표절 금지) 저자는 자신이 행하지 않은 연구나 주장의 일부분을 자신의 연구 결과이거나 주장인 것처럼 논문이나 저술에 제시하지 않는다.

제 4 조 (업적 인정)

1. 저자는 자신이 실제로 행하거나 공헌한 연구에 대해서만 저자로서의 책임을 지며, 또한 업적으로 인정받는다.

2. 논문이나 기타 출판 업적의 저자나 역자가 여러 명일 때 그 순서는 상대적 지위에 관계없이 연구에 기여한 정도에 따라 정확하게 반영하여야 한다. 단순히 어떤 직책에 있다고 해서 저자가 되거나 제1저자로서의 업적을 인정받는 것은 정당화될 수 없다. 반면, 연구나 저술(번역)에 기여했음에도 공동저자(역자)나 공동연구자로 기록되지 않는 것 또한 정당화될 수 없다. 연구나 저술(번역)에 대한 작은 기여는 각주, 서문, 사의 등에서 적절하게 고마움을 표시한다.

제 5 조 (중복 게재 금지) 저자는 이전에 출판된 자신의 연구물(게재 예정이거나 심사 중인 연구물 포함)을 새로운 연구물인 것처럼 투고하지 말아야 한다.

제 6 조 (인용 및 참고 표시)

1. 공개된 학술 자료를 인용할 경우에는 정확하게 기술하도록 노력해야 하고, 상식에 속하는 자료가

아닌 한 반드시 그 출처를 명확히 밝혀야 한다. 논문이나 연구계획서의 평가 시 또는 개인적인 접촉을 통해서 얻은 자료의 경우에는 그 정보를 제공한 연구자의 동의를 받은 후에만 인용할 수 있다.

2. 다른 사람의 글을 인용하거나 아이디어를 차용(참고)할 경우에는 반드시 註[각주(후주)]를 통해 인용 여부 및 참고 여부를 밝혀야 하며, 이러한 표기를 통해 어떤 부분이 선행연구의 결과이고 어떤 부분이 본인의 독창적인 생각·주장·해석인지를 독자가 알 수 있도록 해야 한다.

제 7 조 (논문의 수정)　저자는 논문의 평가 과정에서 제시된 편집위원과 심사위원의 의견을 가능한 한 수용하여 논문에 반영되도록 노력하여야 하고, 이들의 의견에 동의하지 않을 경우에는 그 근거와 이유를 상세하게 적어서 편집위원(회)에게 알려야 한다.

제 3 장 편집위원이 지켜야 할 연구윤리

제 8 조 (책임 범위)　편집위원은 투고된 논문의 게재 여부를 결정하는 모든 책임을 진다.

제 9 조 (논문에 대한 태도)　편집위원은 학술지 게재를 위해 투고된 논문을 저자의 성별, 나이, 소속 기관은 물론이고 어떤 선입견이나 사적인 친분과도 무관하게 오로지 논문의 질적 수준과 투고 규정에 근거하여 공평하게 취급하여야 한다.

제 10 조 (심사 의뢰)　편집위원은 투고된 논문의 평가를 해당 분야의 전문적 지식과 공정한 판단 능력을 지닌 심사위원에게 의뢰해야 한다. 심사 의뢰 시에는 저자와 지나치게 친분이 있거나 지나치게 적대적인 심사위원을 피함으로써 가능한 한 객관적인 평가가 이루어질 수 있도록 노력한다. 단, 같은 논문에 대한 평가가 심사위원 간에 현저하게 차이가 날 경우에는 해당 분야 제3의 전문가에게 자문을 받을 수 있다.

제 11 조 (비밀 유지)　편집위원은 투고된 논문의 게재가 결정될 때까지는 심사자 이외의 사람에게 저자에 대한 사항이나 논문의 내용을 공개하면 안 된다.

제 4 장 심사위원이 지켜야 할 연구윤리

제 12조 (성실 심사)　심사위원은 학술지의 편집위원(회)이 의뢰하는 논문을 심사규정이 정한 기간 내에 성실하게 평가하고 평가 결과를 편집위원(회)에게 통보해 주어야 한다. 만약 자신이 논문의 내용을 평가하기에 적임자가 아니라고 판단될 경우에는 편집위원(회)에게 지체 없이 그 사실을 통보한다.

제 13 조 (공정 심사)　심사위원은 논문을 개인적인 학술적 신념이나 저자와의 사적인 친분 관계를 떠

나 객관적 기준에 의해 공정하게 평가하여야 한다. 충분한 근거를 명시하지 않은 채 논문을 탈락시키거나, 심사자 본인의 관점이나 해석과 상충된다는 이유로 논문을 탈락시켜서는 안 되며, 심사 대상 논문을 제대로 읽지 않은 채 평가해서도 안 된다.

제 14 조 (평가근거의 명시)   심사위원은 전문 지식인으로서의 저자의 인격과 독립성을 존중하여야 한다. 평가 의견서에는 논문에 대한 자신의 판단을 밝히되, 보완이 필요하다고 생각되는 부분에 대해서는 그 이유도 함께 상세하게 설명해야 한다.

제 15 조 (비밀 유지)   심사위원은 심사 대상 논문에 대한 비밀을 지켜야 한다. 논문 평가를 위해 특별히 조언을 구하는 경우가 아니라면 논문을 다른 사람에게 보여주거나 논문 내용을 놓고 다른 사람과 논의하는 것도 바람직하지 않다. 또한 논문이 게재된 학술지가 출판되기 전에 저자의 동의 없이 논문의 내용을 인용해서는 안 된다.

제 5 장 윤리규정 시행 지침

제 16 조 (윤리규정 서약)   한국목간학회의 신규 회원은 본 윤리규정을 준수하기로 서약해야 한다. 기존 회원은 윤리규정의 발효 시 윤리규정을 준수하기로 서약한 것으로 간주한다.

제 17 조 (윤리규정 위반 보고)   회원은 다른 회원이 윤리규정을 위반한 것을 인지할 경우 그 회원으로 하여금 윤리규정을 환기시킴으로써 문제를 바로잡도록 노력해야 한다. 그러나 문제가 바로잡히지 않거나 명백한 윤리규정 위반 사례가 드러날 경우에는 학회 윤리위원회에 보고할 수 있다. 윤리위원회는 윤리규정 위반 문제를 학회에 보고한 회원의 신원을 외부에 공개해서는 안 된다.

제 18 조 (윤리위원회 구성)   윤리위원회는 회원 5인 이상으로 구성되며, 위원은 평의원회의 추천을 받아 회장이 임명한다.

제 19 조 (윤리위원회의 권한)   윤리위원회는 윤리규정 위반으로 보고된 사안에 대하여 제보자, 피조사자, 증인, 참고인 및 증거자료 등을 통하여 폭넓게 조사를 실시한 후, 윤리규정 위반이 사실로 판정된 경우에는 회장에게 적절한 제재조치를 건의할 수 있다.
단, 사안이 학회지 게재 논문의 표절 또는 중복 게재와 관련된 경우에는 '학회지 논문의 투고와 심사에 관한 규정'에 따라 편집위원회에 조사를 의뢰하고 사후 조치를 취한다.

제 20 조 (윤리위원회의 조사 및 심의)   윤리규정 위반으로 보고된 회원은 윤리위원회에서 행하는 조

사에 협조해야 한다. 이 조사에 협조하지 않는 것은 그 자체로 윤리규정 위반이 된다.

제 21 조 (소명 기회의 보장)   윤리규정 위반으로 보고된 회원에게는 충분한 소명 기회를 주어야 한다.

제 22 조 (조사 대상자에 대한 비밀 보호)   윤리규정 위반에 대해 학회의 최종적인 징계 결정이 내려질 때까지 윤리위원은 해당 회원의 신원을 외부에 공개해서는 안 된다.

제 23 조 (징계의 절차 및 내용)   윤리위원회의 징계 건의가 있을 경우, 회장은 이사회를 소집하여 징계 여부 및 징계 내용을 최종적으로 결정한다. 윤리규정을 위반했다고 판정된 회원에 대해서는 경고, 회원자격정지 내지 박탈 등의 징계를 할 수 있으며, 이 조처를 다른 기관이나 개인에게 알릴 수 있다.

제 6 장 보칙

제 24 조 (규정의 개정)
  1. 편집위원장 또는 편집위원 3인 이상이 규정의 개정을 發議할 수 있다.
  2. 재적 편집위원 3분의 2 이상의 찬성으로 개정하며, 총회의 인준을 얻어야 효력이 발생한다.

제 25 조 (보칙)   이 규정에 정해지지 않은 사항은 학회의 관례에 따른다.

부칙
제1조(시행일자) 이 규정은 2007년 11월 24일부터 시행한다.

Wooden Documents and Inscriptions Studies No. 30.   June. 2023

[Contents]

The Korean Society for the Study of Wooden Documents

木簡과 文字 연구 29

엮은이 | 한국목간학회
펴낸이 | 최병식
펴낸날 | 2023년 7월 31일
펴낸곳 | 주류성출판사
　　　　서울시 서초구 강남대로 435
　　　　전화 | 02-3481-1024 / 전송 | 02-3482-0656
　　　　www.juluesung.co.kr
　　　　e-mail | juluesung@daum.net

책　값 | 20,000원
ISBN　978-89-6246-510-5　94910
세트　　978-89-6246-006-3　94910

＊ 이 책은 「木簡과 文字」 30호의 판매용 출판본입니다